Güllemann · Tonner · Bachert · Becker · Miras
Wirtschaftsprivatrecht

AF289315

Wirtschaftsprivatrecht

BGB Allgemeiner Teil · Schuldrecht · Sachenrecht · Handels- und Gesellschaftsrecht

von

Dr. Dirk Güllemann

Dr. Norbert Tonner

Dr. Patric Bachert

Dr. Antonio Miras

Professoren an der Hochschule Osnabrück

Dr. Udo Becker

Professor an der Ostfalia Hochschule Braunschweig/Wolfenbüttel

7., vollständig neu bearbeitete Auflage

Verlag Franz Vahlen München

Die Autoren
Prof. em. Dr. Dirk Güllemann, Prof. Dr. Norbert Tonner, Prof. Dr. Patric Bachert, Prof. Dr. Antonio Miras lehr(t)en sämtlich Wirtschaftsprivatrecht an der Hochschule Osnabrück, Prof. Dr. Udo Becker lehrt an der Ostfalia Hochschule Braunschweig/Wolfenbüttel. Sie sind durch zahlreiche Veröffentlichungen ausgewiesen.

Zitiervorschlag: Güllemann/Verfasser WirtschaftsPrivR Rn.

ISBN (Print) 978 3 8006 6996 7
ISBN (eBook) 978 3 8006 6997 4

© 2023 Verlag Franz Vahlen GmbH
Wilhelmstraße 9, 80801 München

Satz: Fotosatz Buck
Zweikirchener Straße 7, 84036 Kumhausen

Druck und Bindung: Beltz Bad Langensalza GmbH
Am Fliegerhorst 8, 99947 Bad Langensalza

Umschlaggestaltung: Ralph Zimmermann – Bureau Parapluie

chbeck.de/nachhaltig

Gedruckt auf säurefreiem, alterungsbeständigem Papier
(hergestellt aus chlorfrei gebleichtem Zellstoff)

Vorwort zur 7. Auflage

Nachdem das Gemeinschaftsbuch sechs Auflagen unter gemeinsamer Verantwortung von fünf Hochschullehrern der Hochschule Osnabrück erlebt hat, steht nach nunmehr 20 Jahren ein großer Autorenwechsel ins Haus. Drei Kollegen/innen der HS Osnabrück haben das Team verlassen, nämlich die Kollegen/innen Shirley Aunert-Micus, Siegmar Streckel und Ursula Eva Wiese, die auf eigenen Wunsch ausgeschieden sind. Ihnen gilt unser großer Dank für ihren jahrelangen engagierten Einsatz an dem Buch.

Nachdem das Werk im Laufe der Jahre immer umfangreicher geworden ist, bedurfte es jetzt einer grundlegenden Straffung bei gleichzeitiger Bewältigung der Schuldrechtsreform 2022 und der für 2024 in Kraft gesetzten Reform der Gesellschaft Bürgerlichen Rechts (MoPeG). Für diese herausfordernden Aufgaben konnten unsere beiden Osnabrücker Kollegen Patric Bachert und Antonio Miras gewonnen werden sowie Kollege Udo Becker von der Ostfalia Hochschule Braunschweig/Wolfenbüttel. Die Zuordnung der Themenbereiche haben wir im Wesentlichen so vorgenommen: Die Themenbereiche von Shirley Aunert-Micus übernahm Antonio Miras, die von Siegmar Streckel jetzt Patric Bachert und die von Kollegin Wiese nun Kollege Becker. Sie alle haben einen neuen, eigenständigen Text entwickelt, so dass die 7. Auflage nicht nur personell, sondern auch inhaltlich neue Akzente setzt.

Verlag und Autoren sind sich zugleich darin einig, dass eine deutliche Kürzung des Textes unbedingt nötig ist, um den Umfang des Buches unter 500 Seiten zu halten. Dementsprechend wurde das Buch durchgängig verschlankt, zum Beispiel bei den Themen von Kauf, Werkverträge, Sachenrecht um etwa 30 %. Andererseits mussten neue Themen aufgenommen werden, die durch die Reform des Zivilrechts im Jahre 2022 ausgelöst wurden. So mussten die vom Gesetzgeber neu geschaffenen Verträge über digitale Produkte (§§ 327 ff. BGB) sowie der Verbrauchsgüterkauf über digitale Produkte (§§ 475a ff. BGB) behandelt werden. Ferner wurde die schon gesetzgeberisch verabschiedete, aber erst 2024 in Kraft tretende Neuregelung der BGB-Gesellschaft bereits jetzt dargestellt, um das Werk zukunftssicher zu machen. Abweichungen zur bis Ende 2023 geltenden Regelung wurden kenntlich gemacht. Damit ist das Werk auf dem neuesten Stand der Gesetzgebung, die auf europarechtlichen Vorgaben beruht. Die erstgenannte Reform basiert auf der europäischen Digitale-Inhalte-Richtlinie EU 2019/770 und die zweite auf der ebenfalls europäischen Warenkauf- Richtlinie EU 2019/771, die die frühere Warenkaufrichtlinie aus dem Jahr 1999 abgelöst hat. Beide Richtlinien folgen dem Grundsatz der Vollharmonisierung, so dass die EU-Mitgliedstaaten kein höheres Verbraucherschutzniveau als das der Richtlinien vorsehen dürfen. Deutschland hat die Digitale-Dienste-RL durch Gesetz vom 25.6.2021 umgesetzt und in Buch 2 Abschnitt 3 einen neuen Titel 2a über „Verträge über digitale Produkte" (§§ 327–327u BGB nF) eingefügt. Die Umsetzung der Warenkauf-RL erfolgte durch das Gesetz zur Regelung des Verkaufs von Sachen mit digitalen Elementen und anderer Aspekte des Kaufvertrags vom 25.6.2021 und betrifft neben einer Neuregelung der allgemeinen Sachmängelhaftung vor allem den Verbrauchsgüterkauf (§§ 474 ff. BGB). Beide Neuregelungen gelten in Deutschland seit dem 1.1.2022 und stellen nach verbreiteter Meinung die größte Schuldrechtsreform seit 20 Jahren dar. Sie weisen den Weg in ein neues digitales Zivilrecht. Wegen ihrer Affinität werden die Neuregelungen im Bereich der §§ 327 ff. BGB sowie der §§ 474 ff. BGB aus einer Hand von Kollegen Becker vorgestellt.

Er ist gleichfalls für BGB-Gesellschaft zuständig. Diese wurde durch das Personengesellschaftsrechtsmodernisierungsgesetz (MoPeG) vom 10.8.2021 umfassend neu geregelt. Das Gesetz zur Neuregelung der §§ 705 ff. BGB tritt zwar erst ab 1. Januar 2024 in Kraft, wirft aber schon jetzt seine Schatten voraus und wird daher in diesem Lehrbuch bereits behandelt.

Selbstverständlich wurden in dieser Neuauflage auch die Neuregelungen im AGB-Recht durch das Gesetz für faire Verbraucherverträge und sonstige Gesetzesänderungen berücksichtigt. Somit befindet sich das Werk auf dem aktuellen Stand der Gesetzgebung vom 1. Juli 2022.

Adressaten des Lehrbuchs sind in erster Linie Studierende an Fach-/Hochschulen im Studiengang Wirtschaftsrecht, in betriebswirtschaftlichen Studiengängen sowie in Studiengängen mit betriebswirtschaftlichen Schwerpunkten. Darüber hinaus richtet sich das Buch an Studierende der Wirtschaftswissenschaften an Universitäten, an Berufs- und Verwaltungsakademien, also an alle, die ein Basiswissen im Wirtschaftsprivatrecht benötigen. Es ist gleichermaßen in Bachelor- und Masterstudiengängen einsetzbar.

Das Buch behandelt die wirtschaftsrelevanten Bereiche des Bürgerlichen Rechts sowie des Handels- und Gesellschaftsrechts. Schwerpunkte sind die drei ersten Bücher des BGB, also der Allgemeine Teil, das Recht der Schuldverhältnisse und das Sachenrecht, ausgewählte Kapitel des HGB sowie das Gesellschaftsrecht mit den Gesellschaftsformen GbR, OHG, KG, GmbH und AG.

Das vorgelegte Werk ist als Lernbuch konzipiert. Oberste Ziele sind für die Autoren eine kompakte Information und eine gute didaktische Aufbereitung. Viele Beispiele, Grafiken, Checklisten, Merksätze, Wiederholungsfragen (mit Verweisung auf die einschlägigen Textstellen im Buch) und kurze Fälle mit Lösungshinweisen sollen den Lernerfolg fördern. Bei den Fallbeispielen wird angegeben, ob diese Master- oder Bachelorniveau haben. Bei allen Beispielen ist auf Aktualität und Lebensnähe Wert gelegt worden; wo sie nicht mehr der Lebenswirklichkeit entsprachen, sind sie ersetzt worden. Besonders wichtig ist den Autoren eine verständliche Sprache und eine gute Lesbarkeit. Wegen der Praxisorientierung wird auf die Erörterung wissenschaftlicher Streitfragen weitgehend verzichtet. Anstelle eines allgemeinen Literaturverzeichnisses werden vor jedem Kapitel spezifische Angaben zu weiterführender Literatur gemacht. Als Gesetzestext wird die preisgünstige und aktuelle NWB-Textausgabe „Wichtige Gesetze des Wirtschaftsprivatrechts" aus dem Verlag Neue Wirtschaftsbriefe (NWB) empfohlen, die genau auf den hier vermittelten Stoff zugeschnitten ist.

Da vier der Autoren als Kollegen an der Fakultät Wirtschafts- und Sozialwissenschaften der Hochschule Osnabrück unterrichten, betrachten sie das Buch als Gemeinschaftswerk der Hochschule. Alle fünf Autoren sind seit Jahren in Forschung und Lehre gleichermaßen aktiv. Sie bürgen somit für eine wissenschaftlich fundierte, praxisbezogene Darstellung Sie übernehmen selbstverständlich nur für ihren eigenen Teil die wissenschaftliche Verantwortung.

Dabei sind die Themen wie folgt zugeordnet:

Prof. Dr. Patric Bachert	Kapitel 1, 3, 4, 5 und 18
Prof. Dr. Udo Becker	Kapitel 2, 6, 9, 10.8 (Verbraucherverträge über digitale Produkte), 13.1.13 (Verbrauchsgüterkauf) und 19
Prof. em. Dr. Dirk Güllemann	Kapitel 7, 13, 15 und 17
Prof. Dr. Antonio Miras	Kapitel 8, 16, 20 und 21
StB Prof. Dr. Norbert Tonner	Kapitel 10, 11, 12 und 14

Gesamtkoordination, Redaktion und Vorwort stammen von dem Unterzeichner.

Wir – die Autoren – freuen uns über jede Art von Anregungen, Hinweisen und Fragen zur weiteren Verbesserung des Buches und wünschen ihm eine positive Aufnahme und Verbreitung.

Osnabrück, im Juli 2022   im Namen aller Autoren: Dirk Güllemann
Email: d.guellemann@hs-osnabrueck.de

Inhaltsübersicht

Inhaltsverzeichnis

Abkürzungsverzeichnis

Abl. . . . . Amtsblatt
Abl. EG . . . . Amtsblatt der Europäischen Gemeinschaften
AcP . . . . Archiv für die civilistische Praxis (Zeitschrift)
ADSp . . . . Allgemeine Deutsche Spediteurbedingungen
aE . . . . am Ende
aF . . . . alte Fassung
AG . . . . Aktiengesellschaft; in Zitaten: Amtsgericht
AGB . . . . Allgemeine Geschäftsbedingungen
AGBG . . . . Gesetz zur Regelung des Rechts der Allgemeinen Geschäftsbedingun-
                        gen
AGG . . . . Allgemeines Gleichbehandlungsgesetz
AktG . . . . Aktiengesetz
allM . . . . allgemeine Meinung
AnwBl. . . . . Anwaltsblatt (Zeitschrift)
AP . . . . Arbeitsrechtliche Praxis (Zeitschrift)
AO . . . . Abgabenordnung
ARUG . . . . Gesetz zur Umsetzung der Aktionärsrichtlinie
AT . . . . Allgemeiner Teil
B2B . . . . Business to Business
B2C . . . . Business to Consumer
BAG . . . . Bundesarbeitsgericht
BÄO . . . . Bundesärzteordnung
BauGB . . . . Baugesetzbuch
BayOblG . . . . Bayerisches Oberstes Landesgericht
BB . . . . Der Betriebsberater (Zeitschrift)
Bd. . . . . Band
BetrVG . . . . Betriebsverfassungsgesetz
BeurkG . . . . Beurkundungsgesetz
BGB . . . . Bürgerliches Gesetzbuch
BGBl. . . . . Bundesgesetzblatt
BGH . . . . Bundesgerichtshof
BGHZ . . . . Entscheidungen des Bundesgerichtshofs in Zivilsachen
BNotO . . . . Bundesnotarordnung
BRAO . . . . Bundesrechtsanwaltsordnung
BSG . . . . Bundessozialgericht
BT . . . . Bundestag
BT-Drs. . . . . Bundestagsdrucksache
BVerfGG . . . . Gesetz über das Bundesverfassungsgericht
II. BV . . . . Verordnung über wohnungswirtschaftliche Berechnungen
bzgl. . . . . bezüglich
bzw. . . . . beziehungsweise
C2B . . . . Comsumer to Business
C2C . . . . Consumer to Consumer
CA . . . . Court of Appeal
c.i.c . . . . culpa in contrahendo
CIM . . . . Einheitliche Rechtsvorschriften für den Vertrag über die internationale
                        Eisenbahnbeförderung von Gütern
CISG . . . . Convention on Contracts for the International Sale of Goods
                        (= UN-Kaufrecht)

HGB . . . . Handelsgesetzbuch
hL . . . . herrschende Lehre
hM . . . . herrschende Meinung
HR . . . . Handelsregister
Hrsg. . . . . Herausgeber
HRV . . . . Verordnung über die Einrichtung und Führung des Handelsregisters
Hs. . . . . Halbsatz
idR . . . . in der Regel
iHv . . . . in Höhe von
insb. . . . . insbesondere
InsO . . . . Insolvenzordnung
IPR . . . . Internationales Privatrecht
iSd . . . . im Sinne des
iSv . . . . im Sinne von
iVm . . . . in Verbindung mit
JA . . . . Juristische Arbeitsblätter (Zeitschrift)
Jb.J.ZivRWiss. . . . . Jahrbuch Junger Zvilrechtswissenschaftler
Jura . . . . Juristische Ausbildung (Zeitschrift)
JuS . . . . Juristische Schulung (Zeitschrift)
JZ . . . . Juristenzeitung
Kap. . . . . Kapitel
kfm. . . . . kaufmännisch
KG . . . . Kommanditgesellschaft; in Zitaten Kammergericht
KGaA . . . . Kommanditgesellschaft auf Aktien
KG-Report . . . . Kammergericht-Report
KSchG . . . . Kündigungsschutzgesetz
KStG . . . . Körperschaftsteuergesetz
KWG . . . . Gesetz über das Kreditwesen
LAG . . . . Landesarbeitsgericht
LG . . . . Landgericht
lit. . . . . litera (= Buchstabe)
Lkw . . . . Lastkraftwagen
MarkenG . . . . Gesetz über den Schutz von Marken und sonstigen Kennzeichen
MedR . . . . Medizinrecht
MitbestG . . . . Mitbestimmungsgesetz
Montan-
MitbestErgG . . . . . Montan-Mitbestimmungsergänzungsgesetz
MoMiG . . . . Gesetz zur Modernisierung des GmbH-Rechts und zur Bekämpfung von Missbräuchen
Montan-MitbestG Montanmitbestimmungsgesetz
MüKo . . . . Münchener Kommentar
mwN . . . . mit weiteren Nachweisen
nF . . . . neue Fassung
NJW . . . . Neue Juristische Wochenschrift
NJW-RR . . . . Neue Juristische Wochenschrift – Rechtsprechungs-Report
Nr. . . . . Nummer
NWB . . . . Neue Wirtschafts-Briefe (Zeitschrift)
NZA . . . . Neue Zeitschrift für Arbeitsrecht
NZG . . . . Neue Zeitschrift für Gesellschaftsrecht
OHG . . . . offene Handelsgesellschaft
OLG . . . . Oberlandesgericht
OVG . . . . Oberverwaltungsgericht
ParteiG . . . . Gesetz über die politischen Parteien
PatG . . . . Patentgesetz

1 Einführung

Literatur: Brox/Walker, Allgemeiner Teil des BGB, 45. Aufl. 2021; Musielak/Hau, Grundkurs BGB, 17. Aufl. 2021; Schwabe, Lernen mit Fällen, Allgemeiner Teil des BGB, 15. Aufl. 2021; Martinek/Omlor, Grundlagenfälle zum BGB für Anfänger, 4. Aufl. 2021; Schimmel, Juristische Klausuren und Hausarbeiten richtig formulieren, 14. Aufl. 2020.

1.1 Was ist Wirtschaftsprivatrecht?

Dieses Buch behandelt das Wirtschaftsprivatrecht. Was ist damit gemeint? Unter **1** „Recht" versteht man **Regeln, die mit staatlicher „Hoheitsgewalt" durchgesetzt** werden können, zB durch Gerichtsvollzieher oder Polizei. Davon zu unterscheiden sind moralische, gesellschaftliche oder religiöse Regeln, die ebenfalls unser Handeln im Alltag bestimmen können, aber nicht mit staatlichen Mitteln durchgesetzt werden.

> **Beispiel:** Wer beim Hobbysport ständig mogelt, kann deswegen nicht verklagt werden. Er wird aber bald keine Spielpartner mehr finden.

Die Gesamtheit der geltenden Rechtsregeln bezeichnet man als die „**Rechtsordnung**". **2** Nach der eingangs genannten Definition könnten Rechtsregeln grundsätzlich unabhängig von gesellschaftlichen oder moralischen Normen sein. Eine Rechtsordnung, die den Werten einer Gesellschaft erheblich widerspricht, wäre auf Dauer aber zum Scheitern verurteilt oder nur mit diktatorischen Mitteln aufrecht zu halten. Im Wirtschaftsprivatrecht finden sich verschiedene „Einfallstore", über die gesellschaftliche Normen in das Recht einfließen können. Rechtsgeschäfte (zB Verträge), die „gegen die guten Sitten verstoßen", sind nach § 138 BGB nichtig. Nach § 242 BGB muss der Schuldner einer Leistung diese so erbringen wie es „Treu und Glauben mit Rücksicht auf die Verkehrssitte" erfordern. Der Grundsatz von Treu und Glauben, also ein im weitesten Sinne „redliches" Verhalten, wird über die genannten Paragrafen hinaus als „allgemeiner Rechtsgrundsatz" im gesamten Privatrecht angewendet.

> **Beispiel:** Käufer K kauft ein Auto vom Verkäufer B und will den Kaufpreis in Zehn-Cent-Stücken bezahlen. Dies wäre keine Leistung „nach Treu und Glauben", sondern eher eine Schikane nach § 226 BGB. Die Zahlung kann vom Verkäufer zurückgewiesen werden.

Das **Privatrecht** ist ein Teil der Rechtsordnung. Diese hat sich in verschiedene Kate- **3** gorien ausdifferenziert, von denen die beiden nächstgrößeren das Privatrecht und das „**öffentliche Recht**" sind. Zum öffentlichen Recht gehören im Wesentlichen die Rechtsnormen, bei denen der Staat Bürgern in einem „**Über-Unterordnungsverhältnis**" gegenübertritt, also zB behördliche Anordnungen oder Verbote erlässt. Es geht im öffentlichen Recht also häufig um die Frage, unter welchen Voraussetzungen staatliche Eingriffe in die Freiheit der Bürger zulässig sind. Dazu haben sich verschiedene Theorien und Argumentationsmuster herausgebildet, die im Privatrecht keine Rolle spielen. Juristisch spricht man insofern von einer „**Dogmatik**" des öffentlichen und des Privatrechts. Zum öffentlichen Recht gehören zB das Verwaltungsrecht, das Steuerrecht, das Sozialrecht etc. Auch das **Strafrecht** gehört an sich zum Öffentlichen Recht. Es hat sich aber mittlerweile zu einem eigenen Rechtsgebiet mit sehr ausdifferenzierter Dogmatik entwickelt. Das Privatrecht regelt die Beziehungen und Rechte Privater im Verhältnis zu anderen Privaten. Es ist im Unterschied zum öffentlichen Recht durch die **Gleichordnung** der Beteiligten und deren grundgesetzlich garantierte „allgemeine Handlungsfreiheit" (Art. 2 GG) gekennzeichnet. Auch der Staat kann privatrechtlich handeln. Kauft eine Behörde Bürobedarf, so tritt sie dem Verkäufer wie jeder andere Kunde gegenüber. Es gelten daher die Regeln des privatrechtlichen Kaufvertragsrechts.

4 Das **Wirtschaftsprivatrecht** ist eine Unterkategorie des Privatrechts. Es umfasst alle privatrechtlichen Regeln, die für wirtschaftliches Handeln relevant sind. In diesem Buch werden die zentralen Regeln des Privatrechts dargestellt, die für nahezu jede wirtschaftliche Tätigkeit gelten. Daneben gibt es noch eine Vielzahl von Gesetzen zu Spezialgebieten, die aus Platzgründen hier nicht behandelt werden können. Dazu gehört zum Beispiel das Arbeitsrecht, das auch ganz überwiegend dem Privatrecht zuzuordnen ist.

1.2 Rechtsquellen – wie entsteht Recht?

5 Die „**Rechtsquellenlehre**" beschäftigt sich mit der Frage, woher das Recht kommt bzw. wie Rechtsregeln entstehen. Ein Ansatz zur Beantwortung dieser Frage findet sich im **Rechtsstaatsprinzip** des Grundgesetzes. Nach Art. 20 Abs. 3 GG ist sind die Gesetzgebung („**Legislative**") an die verfassungsmäßige Ordnung, die vollziehende Gewalt („**Exekutive**" = Regierung, Verwaltung) und die Rechtsprechung („**Judikative**") an „Gesetz und Recht" gebunden. Der Gesetzgeber ist nicht an (seine) Gesetze gebunden, da es ja gerade Aufgabe des Gesetzgebers ist, Gesetze zu erlassen, zu ändern oder auch abzuschaffen.

6 Die Unterscheidung von Recht und Gesetz in Art. 20 Abs. 3 GG bedeutet nicht, dass Recht und Gesetz in einem Gegensatz stehen. Im Gegenteil bilden **Gesetze** den weitaus größten Teil der Rechtsordnung. Man nennt Gesetze auch „**positives**" **Recht**, was mit „gesetztem" (geschriebenem) Recht übersetzt werden kann (von lateinisch „ponere" = setzen, legen, stellen). Die Bindung von Exekutive und Rechtsprechung an „Recht" neben den Gesetzen basiert vor allem auf den Erfahrungen aus dem Nationalsozialismus, als offensichtlich unerträgliches Unrecht in formal gültige Gesetze gegossen wurde. In Nachhinein haben sich viele Verantwortliche damit verteidigt, lediglich diese Gesetze angewendet zu haben. Das Grundgesetz bringt zum Ausdruck, dass in Ausnahmefällen auch Gesetze „Unrecht" und damit nicht bindend sein können, wenn sie gegen ganz elementare Vorstellungen von Gerechtigkeit verstoßen. Damit erkennt das Grundgesetz teilweise „**naturrechtliche**" Vorstellungen an, nach denen Handlungen unabhängig von der Gesetzeslage „ihrer Natur nach" Recht oder Unrecht sein können. Das Hinwegsetzen über Gesetze muss jedoch eine absolute **Ausnahme** für die Extremfälle bleiben, in denen das Gesetz als unerträgliches „**gesetzliches Unrecht**" empfunden wird. Der BGH hat zB unter Berufung hierauf einen DDR-Grenzsoldaten wegen der Erschießung von Flüchtenden an der innerdeutschen Grenze verurteilt, obwohl dieser nach der damaligen Gesetzeslage freizusprechen gewesen wäre (BGHSt 39, 1 – Mauerschützen). Das

Bundesverfassungsgericht hat eine Verfassungsbeschwerde gegen diese Entscheidung zurückgewiesen (BVerfG NJW 1997, 929).

Als weitere Rechtsquelle ist das sogenannte „**Gewohnheitsrecht**" anerkannt. Es 7
entsteht, wenn sich Personen (1.) über eine **lange Zeit** (2.) in einer bestimmten Weise **verhalten** und dies (3.) als **rechtlich** (nicht nur moralisch etc.) **geboten** ansehen. Ein Beispiel für Gewohnheitsrecht im Wirtschaftsprivatrecht ist das sogenannte „**kaufmännische Bestätigungsschreiben**" (dazu unten → Rn. 888).

Eine Rechtsordnung kann niemals lückenlos alle möglichen Fallgestaltungen erfassen. 8
Insbesondere die obersten Bundesgerichte können Lücken entsprechend der Wertungen der Rechtsordnung im Wege der so genannten „**richterlichen Rechtsfortbildung**", auch „**Richterrecht**" genannt, schließen. Ob die so gefundenen Regeln Rechtscharakter haben, wird teilweise verneint (Dagegen zB DHS/Jachmann-Michel, GG, Art. 95 Rn. 15). Praktisch hat das Richterrecht aber dieselbe Wirkung wie allgemeingültige Rechtsnormen. Als Beispiel für Richterrecht gilt zB das gesamte **Arbeitskampfrecht** (Streik, Aussperrung etc.). Das Recht zu Arbeitskämpfen ist in Art. 9 Abs. 3 GG anerkannt, aber gesetzlich nicht geregelt. Das BAG hat sich in vielen Urteilen um Schließung dieser Gesetzeslücke bemüht und Regeln für den Arbeitskampf aufgestellt.

1.3 Nationale Gesetze in Deutschland

Im nationalen Recht steht in Deutschland an oberster Stelle das **Grundgesetz**. Es 9
enthält insbesondere die Grundrechte sowie Regeln zur Staatsorganisation. Alle anderen nationalen Rechtsregelungen in Deutschland müssen mit dem Grundgesetz vereinbar sein. Es kann nur mit einer Zweidrittel-Mehrheit im Bundesrat und im Bundestag geändert werden, einige Bestimmungen überhaupt nicht (vgl. Art. 79 GG).

An zweiter Stelle stehen die „**formellen Bundesgesetze**". Dies sind die vom Bun- 10
destag beschlossenen Gesetze. Diesen kommt eine besonders hohe Bedeutung zu, weil sie unmittelbar von der gewählten Volksvertretung beschlossen wurden. Das BGB trat zwar schon vor Gründung der Bundesrepublik in Kraft. Es gilt trotzdem (weitestgehend) als formelles Bundesgesetz, weil der Bundestag das BGB später an vielen Stellen geändert und so die unveränderten „alten" Teile implizit gebilligt hat (vgl. Leipold, Gibt es noch vorkonstitutionelle Vorschriften im BGB?, NJW 2003, 2627). Bestimmte Gesetze mit besonderer (zB finanzieller) Bedeutung für die Länder bedürfen laut Grundgesetz der **Zustimmung des Bundesrats**, also der Vertretung der Länder auf Bundesebene. Andernfalls kann der Bundesrat zwar **Einspruch** gegen ein Gesetz einlegen, aber vom Bundestag überstimmt werden.

Nach Art. 80 GG kann der Bundestag per Gesetz die Bundes- oder eine Landesregie- 11
rung sowie einzelne Bundesminister ermächtigen, **Rechtsverordnungen** zu erlassen. Der Bundestag regelt dann die wesentlichen Grundfragen in einem Gesetz und delegiert die Detailregelungen der Durchführung per Rechtsverordnung an die genannten Organe. Ein Beispiel hierfür ist das Straßenverkehrsgesetz, welches in § 6 das Bundesministerium für Verkehr und digitale Infrastruktur zu einer Reihe von Verordnungen ermächtigt, darunter auch die **Straßenverkehrsordnung** (StVO). Man spricht bei Rechtsverordnungen von **Gesetzen im „materiellen Sinn"**, weil sie zwar abstrakt-generelle Rechtsregelungen enthalten, aber nicht von einem Parlament verabschiedet werden. Sie stehen unterhalb der formellen Bundesgesetze.

Bachert

12 Zu den materiellen Gesetzen gehören auch die **Satzungen**. Satzungen werden typischerweise von Körperschaften des öffentlichen Rechts (zB Landkreise und Gemeinden) im Rahmen ihrer Selbstverwaltung erlassen. Ein Beispiel hierfür sind gemeindliche **Bebauungspläne**. Soweit es sich bei den satzungsgebenden Institutionen um solche handelt, die durch Bundesgesetz gegründet wurden, gehören ihre Satzungen zum Bundesrecht, ansonsten zum Landesrecht.

13 Auch auf **Landesebene** gibt es formelle Landesgesetze, Rechtsverordnungen und Satzungen. Ob ein Land oder der Bund für ein Gesetz zuständig ist, richtet sich nach der im Grundgesetz geregelten **Gesetzgebungskompetenz**. Diese liegt zwar im Grundsatz nach Art. 70 Abs. 1 GG bei den Ländern, praktisch überträgt das Grundgesetz in den Artt. 73, 74 aber die meisten Kompetenzen dem Bund. Bei den Ländern verbleiben ua wichtige Kompetenzen im Bereich Kultur und Bildung sowie Gefahrenabwehr (Polizei- und Ordnungsrecht). In einigen Fällen können sich die Gesetzgebungskompetenzen von Bund und Ländern überschneiden, weil ein Sachverhalt mehrere Gebiete berührt. Widersprechen sich in diesem Fall Bundes- und Landesrecht, ordnet Art. 31 GG den **Vorrang des Bundesrechts** an, um eine Einheitlichkeit im Bundesgebiet zu gewährleisten. Der Vorrang gilt für jegliches Bundesrecht, zB auch für Satzungen (vgl. BAG NZA 1994, 690).

Rechtsquelle	Beispiel	Quelle, Zuständigkeit
Verfassung	Grundgesetz	Bundestag/Bundesrat (qualifizierte Mehrheit)
Gesetz	BGB; Niedersächsisches Hochschulgesetz	Parlament (Land oder Bund)
Verordnung	Straßenverkehrsordnung (StVO)	Regierung oder Minister (Land oder Bund)
Satzung	Bebauungsplan, Abfallgebührensatzung	zB Kommunalparlament, Stadt- oder Gemeinderat

1.4 Recht der Europäischen Union (EU)

14 Ein großer Teil des deutschen Rechts basiert heute auf dem Recht der EU. Zum EU-Recht gehört maßgeblich der **AEUV-Vertrag** und der **Vertrag über die Europäische Union** (EU-Vertrag), das sogenannte **Primärrecht** der EU. Dieses enthält Regelungen, die zum Teil vergleichbar sind mit Regelungen im Grundgesetz (zB zur Organisation der EU), zum Teil mit Regelungen in einfachen Gesetzen (etwa zu Wettbewerbsregeln).

15 Änderungen dieser Verträge müssen von den Mitgliedstaaten beschlossen werden. Die EU selbst darf Recht durch **Verordnungen** und **Richtlinien** (vgl. Art. 288 AEUV) setzen, soweit das Primärrecht sie dazu ermächtigt. Verordnungen gelten wie nationale Gesetze unmittelbar in den Mitgliedstaaten. Richtlinien richten sich dagegen an die Mitgliedstaaten und müssen von diesen erst in nationales Recht umgesetzt werden. Ein Beispiel ist die sogenannte „Verbrauchsgüterkaufrichtlinie" der EU, die

zu vielen Änderungen im nationalen Kaufvertragsrecht und darüber hinaus geführt hat. Nur in Ausnahmefällen können sich Bürger unmittelbar auf Richtlinien berufen.

Das EU-Recht steht **über** dem nationalen einfachen Recht. Ob es über dem nationalen Verfassungsrecht steht, ist umstritten. Der EuGH geht von einem unbedingten **Anwendungsvorrang des EU-Rechts** auch gegenüber nationalem Verfassungsrecht aus (EuGH EuZW 2022, 326). Das BVerfG sieht dagegen das Grundgesetz an oberster Stelle, hält sich aber in der Praxis bei der verfassungsrechtlichen Prüfung von Akten der Europäischen Union ausdrücklich zurück. Erst einmal wurde auf Europarecht gestützter Akt als verfassungswidrig eingestuft (BVerfG NJW 2020, 1647 – PSPP Anleihekaufprogramm der EZB). 16

1.5 Das BGB

Im Zentrum der deutschen Privatrechtsordnung steht das Bürgerliche Gesetzbuch (BGB). Es gilt für Privatpersonen wie für Unternehmen gleichermaßen. Vorschriften des BGB finden auf praktisch jede rechtliche Beziehung im Privatrecht Anwendung.

1.5.1 Geschichte des BGB

Das BGB geht auf das antike römische Zivilrecht zurück. Dieses war das Recht der römischen **Bürger** („Cives", daher die Bezeichnung Zivilrecht) und galt zB nicht für Sklaven oder Fremde ohne Bürgerrechte. Es wurde erstmalig um das Jahr 530 im sogenannten „**Corpus iuris civilis**" durch den oströmischen **Kaiser Justinian** in geschriebene Form gebracht. Zum Corpus gehört neben dem Gesetzestext („**Codex**") noch ein Lehrbuch („**Institutiones**") und ein „Kommentar" mit Erläuterungen zum Gesetz („**Digesten**" oder auch „**Pandekten**" genannt). Vor diesem Hintergrund bezeichnet man als „**Zivilrechtssysteme**" die Rechtsordnungen, die auf **geschriebenen Gesetzen** beruhen und ihren Ursprung im antiken römischen Recht haben. 17

Ab dem 11. Jahrhundert setzte sich das Römische Recht langsam in Mitteleuropa durch (sog. „**Rezeption**" des römischen Rechts), so zB in Frankreich 1804 oder im Deutschen Reich im Jahr 1900 eben mit dem BGB. Das Zivilrecht wurde in vielen Teilen der Welt teilweise im Wege der Kolonialisierung (vor allem Südamerika), teilweise auch freiwillig (zB Japan) übernommen. Es ist heute das weitestverbreitete Rechtssystem der Erde. Seit 1900 ist das BGB vielfach **geändert** worden. Nach Inkrafttreten des Grundgesetzes 1949 musste zB die **Gleichberechtigung** der Geschlechter auch in den Vorschriften des BGB umgesetzt werden. In späterer Zeit kamen immer mehr Vorschriften zum **Verbraucherschutz** in das BGB, und aktuell werden neue Vorschriften in das BGB eingefügt, um das Gesetz an die **Digitalisierung** vieler Lebensbereiche anzupassen. 18

In **England** und von dort aus ua nach Nordamerika, Australien und in den englischen Kolonien hat sich nicht das Zivilrecht, sondern das sogenannte „**Common Law**" verbreitet. Es basiert nicht auf geschriebenen Gesetzen, sondern auf Gerichtsentscheidungen im Einzelfall. Diesen kommt dann für spätere Entscheidungen eine bindende **Präjudizwirkung** zu („Rule of precedent"), so dass sich im Laufe der Zeit ein Fundus an „**Fallrecht**" („Case Law") herausbildet, der viele Rechtsfragen klärt. 19

Bachert

20 Neben diesen Rechtssystemen gibt es auf der Welt noch andere, von denen das **islamische Recht ("Scharia")** in jüngerer Zeit aufgrund der gestiegenen wirtschaftlichen Bedeutung nahöstlicher Länder vermehrte Bedeutung erlangt hat. Das islamische Recht basiert vor allem auf dem **Koran** sowie auf den überlieferten Reden und Handlungen Mohammeds (**"Sunna"**). Es enthält keine den westlichen Systemen vergleichbar konkreten Rechtsregeln, sondern oft relativ auslegungsbedürftige Verhaltensanforderungen.

1.5.2 Aufbau des BGB

21 Das BGB ist unterteilt in fünf "Bücher". Diese sind der "Allgemeine Teil", das Schuldrecht, das Sachenrecht, das Familienrecht und das Erbrecht. Mit etwas gutem Willen lässt sich dem BGB ein **"Lebenslaufprinzip"** entnehmen.

In § 1 definiert das BGB den Zeitpunkt der Rechtsfähigkeit eines Menschen mit der Vollendung seiner **Geburt**. Anschließend regelt der **Allgemeine Teil** Fragen von Bedeutung für das gesamte BGB, etwa wann Willenserklärungen wirksam werden oder wie Verträge zustande kommen. Die §§ 106 ff. regeln die "Geschäftsfähigkeit" zB von **Minderjährigen**, auch Regeln zur Verjährung sind im Allgemeinen Teil zu finden.

Im Laufe seines Lebens wird ein Mensch unterschiedliche Verträge schließen, zB einen Ausbildungs- oder Arbeitsvertrag eingehen, eine Wohnung anmieten etc. Das **Vertragsrecht** ist ein wesentlicher Bestandteil des zweiten Buchs des BGB, des sogenannten **Schuldrechts**. Daneben enthält es noch weitere Regelungen über **"gesetzliche Schuldverhältnisse"**, die nicht aus Verträgen resultieren.

Später wird der Mensch dann vielleicht in größerem Umfang Eigentum erwerben, möglicherweise sogar eine Immobilie. Der Erwerb von Eigentum und Besitz an beweglichen Sachen und Immobilien ist im dritten Buch des BGB geregelt, dem sogenannten **Sachenrecht**.

Das vierte Buch des BGB behandelt das **Familienrecht**. Dort geht es um Eheschließung, Sorgerechts- und Unterhaltsfragen etc.

Mit dem fünften Buch schließt sich der Kreis. Es beschäftigt sich mit den letzten Dingen des Lebens und regelt das **Erbrecht**, also insbesondere die Erbfolge mit und ohne Testamentserstellung.

1.6 Aufbau der deutschen Gerichtsbarkeit

22 Wie gesehen kann das deutsche Recht in die großen Gebiete Privatrecht, öffentliches Recht und Strafrecht unterteilt werden. In Deutschland haben sich unterschiedliche **Gerichtszweige** herausgebildet, die für bestimmte Rechtsgebiete zuständig sind. Neben dieser Aufteilung in der Breite gibt es innerhalb der einzelnen Gerichtsbarkeiten verschiedene **"Instanzen"**, dh höhere und niedrigere Gerichte. Die nachstehende Tabelle soll dies etwas verdeutlichen.

Europarecht / Europäischer Gerichtshof Grundgesetz / Bundesverfassungsgericht							
Privatrecht			Öffentliches Recht				
Bürger-liches Recht (BGB)	Handels-, Gesell-schafts- und sonst. Wirtsch.-Recht	Arbeits-recht	Verwal-tungs-recht	Sozial-recht	Steuer-recht	Straf-recht	Patent-recht/ Marken-recht (tw. ÖR, tw. ZR)
BGH	BGH	BAG	BVerwG	BSG	BFH	BGH	BGH
OLG	OLG	LAG	OVG/ VGH	LSG		OLG	
LG	LG					LG	
AG	AG	ArbG	VG	SG	FG	AG	BPatG

Die historisch ältesten Rechtsgebiete sind das Privat- und das Strafrecht. Für beide 23
Gebiete sind die sogenannten „**ordentlichen**" Gerichte zuständig, angefangen beim
Amtsgericht (AG) bis hin zum Bundesgerichtshof (BGH). Im Gegensatz dazu stehen
die „**Fachgerichtsbarkeiten**", die im Laufe der Zeit für bestimmte Rechtsgebiete
eingerichtet wurden. **Arbeitsgerichte** sind für Streitigkeiten aus dem Arbeitsrecht
zuständig, **Verwaltungsgerichte** für solche aus dem Verwaltungsrecht. Das Verwaltungsrecht ist ein sehr weiter Bereich und regelt im Kern die Tätigkeit der Behörden.
Das **Sozialrecht** ist ein Unterfall des Verwaltungsrechts. Es regelt zum einen die gesetzliche Sozialversicherung (zB Kranken-, Renten- und Arbeitslosenversicherung),
zum anderen einen Teil der staatlichen Unterstützungsleistungen wie Sozialhilfe
oder Grundsicherung. Das **Steuerrecht** gehört ebenfalls zum öffentlichen Recht, hat
aber schon 1922 eine eigene Gerichtsbarkeit erhalten. Das **Patent- und Markenrecht** besteht wie das Kartellrecht sowohl aus öffentlich-rechtlichen wie aus privatrechtlichen
Vorschriften und hat mit dem Bundespatentgericht ein eigenes Fachgericht erhalten.

Innerhalb dieser Gerichtszweige gibt es unterschiedliche **Instanzen**. Die **ordentliche** 24
Gerichtsbarkeit kennt als einzige vier unterschiedliche Gerichte. Die erste Instanz ist
dabei regelmäßig das **Amts- oder Landgericht**. Zum Amtsgericht kommen alle Streitigkeiten bis 5.000 EUR **Streitwert** sowie unabhängig vom Streitwert alle familien-
und mietrechtlichen Streitigkeiten. Über 5.000 EUR Streitwert ist erster Instanz das
Landgericht zuständig. Ist eine Partei mit einer erstinstanzlichen Entscheidung nicht
einverstanden, so kann sie in vielen Fällen **Berufung** einlegen. Voraussetzung hierfür
ist regelmäßig ein Beschwerdewert von mindestens 600 EUR, dh der Beklagte muss
mindestens 600 EUR zahlen, oder der Kläger hat 600 EUR weniger zugesprochen
bekommen als eingeklagt. Die Berufung geht vom Amtsgericht zum Landgericht
(in Familiensachen zum OLG), vom Landgericht zum **Oberlandesgericht**. Dort wird
der Sachverhalt noch einmal bewertet und geprüft, es können eingeschränkt auch
neue Beweismittel eingeführt werden. Gegen die Berufungsentscheidung ist dann
das Rechtsmittel der **Revision** möglich, wenn bestimmte, enge Voraussetzungen

Bachert

vorliegen. Revisionsgerichte sind anders als die unteren Instanzen keine Tatsachengerichte. Sie stellen also nicht selbst zB durch Beweiserhebungen den Sachverhalt noch einmal fest, sondern überprüfen lediglich anhand der Akte die Entscheidung der Berufungsinstanz auf Fehler. In der ordentlichen Gerichtsbarkeit ist das Oberlandesgericht das Revisionsgericht bei Berufungsentscheidungen der Landgerichte, ansonsten der BGH. Eine Besonderheit besteht im **Strafrecht**. Schwere Verbrechen werden dort erstinstanzlich bei der großen Strafkammer des Landgerichts angeklagt. Es gibt dann anders als bei kleineren Delikten keine Berufung mehr, sondern nur noch die Revision zum BGH.

25   In der **Arbeits-, Sozial- und Verwaltungsgerichtsbarkeit** gibt es anders als in der ordentlichen Gerichtsbarkeit nur ein erstinstanzliches Gericht. In einigen Bundesländern (zB Bayern, Baden-Württemberg) heißt das Berufungsgericht Verwaltungsgerichtshof, in anderen Oberverwaltungsgericht. Im **Steuerrecht** und im **Patent-/Markenrecht** gibt es keine Berufung, sondern nur die Revision zum Bundesfinanzhof bzw. zum BGH.

1.7 Das gerichtliche Mahnverfahren

26   Besondere Bedeutung kommt in der Praxis dem gerichtlichen **Mahnverfahren** zu. Es ist vor allem dann sinnvoll, wenn keine Verteidigung des Schuldners gegen den Anspruch zu erwarten ist. Zudem stellt der Mahnantrag ein einfaches Mittel dar, kurzfristig die drohende Verjährung eines Anspruchs zu hemmen (§ 204 I Nr. 3 BGB). Geregelt ist das Mahnverfahren in den §§ 688 ff. der Zivilprozessordnung (ZPO). Der Gläubiger stellt beim Amtsgericht per Formular (§ 703c ZPO) einen **Mahnantrag**, in dem er ganz knapp den Sachverhalt beschreibt, auf dem seine Forderung basiert. Sind die formalen Anforderungen erfüllt, erlässt das Gericht ohne inhaltliche Prüfung des Anspruchs einen **Mahnbescheid** (§ 692 ZPO) und stellt diesen zu.

Der Antragsgegner kann dann **Widerspruch** einlegen (§ 694 ZPO), ein entsprechendes Formular wird dem Mahnbescheid regelmäßig beigefügt. Er hat dafür bis zur „Verfügung" (Fertigstellung und Abgabe in den Geschäftsgang des Mahngerichts) eines Vollstreckungsbescheids Zeit (§ 694 I ZPO), mindestens aber zwei Wochen (§ 692 I Nr. 3 ZPO). Legt der Antragsgegner rechtzeitig Widerspruch ein, so kommt es auf **Antrag** einer Partei zu einem **streitigen Verfahren** (also einem Klageverfahren), andernfalls zu einem Verfahrensstillstand (§ 696 ZPO). Der Antragsteller kann diesen Antrag bereits in seinen Mahnantrag aufnehmen, wenn er sich sicher ist, notfalls klagen zu wollen. Wird ein solcher Antrag gestellt, so fordert das Gericht den Antragsteller auf, seinen Anspruch innerhalb von zwei Wochen ausführlich wie in jedem Klageverfahren zu begründen (§ 697 ZPO).

27   Legt der Antragsgegner nicht rechtzeitig Widerspruch ein, so erlässt das Mahngericht auf Antrag einen **Vollstreckungsbescheid** (§ 699 ZPO). Dieser Vollstreckungsbescheid steht einem „Versäumnisurteil" gleich, bei dem es der Beklagte versäumt hat, sich ordnungsgemäß zu verteidigen (§ 700 ZPO). Gegen diesen Vollstreckungsbescheid kann der Antragsgegner innerhalb von zwei Wochen nach Zustellung (§§ 700, 399 ZPO) **Einspruch** einlegen. Macht er dies, so geht das Verfahren in ein streitiges Klageverfahren über (§ 700 III ZPO), ansonsten wird der Vollstreckungsbescheid rechtskräftig. Der geltend gemachte Anspruch verjährt damit erst in dreißig Jahren (§ 197 I Nr. 3 BGB).

1.8 Methodik der Fallbearbeitung

Die juristische Tätigkeit kann grob in zwei Bereiche unterteilt werden. Die sogenann- 28
te **„Kautelarjurisprudenz"** (von „Kautel" = Vorbehalt, Absicherung) befasst sich vor
allem mit der **Vertragsgestaltung**. Der andere Bereich ist die **Fallbearbeitung**, also die
rechtliche Bewertung eines Sachverhalts im Hinblick auf eine bestimmte Rechtsfra-
ge. Man spricht insoweit auch von der **„Richterperspektive"**, weil die nachträgliche
rechtliche Bewertung eines abgeschlossenen Sachverhalts der richterlichen Tätigkeit
am ehesten entspricht.

1.8.1 Anspruchsgrundlagen

Bei Rechtsstreitigkeiten geht es häufig darum, dass eine Partei von einer anderen Par- 29
tei etwas verlangt, was diese verweigert. Dies kann zB die Zahlung eines Geldbetrags
oder die Herausgabe einer Sache sein. Das Gericht muss dann prüfen, ob angesichts
des jeweiligen Sachverhalts der klagenden Partei dieses Recht zusteht, andernfalls
wird es die Klage abweisen. Das Recht, von einem anderen ein Tun oder ein Unterlassen zu verlangen, bezeichnet § 194 BGB als einen **„Anspruch"**. Das Gericht muss
also prüfen, ob es eine Rechtsvorschrift gibt, die in dieser Situation dem Kläger ein
solches Recht zuspricht. Derartige Vorschriften werden als **„Anspruchsgrundlagen"**
bezeichnet. Die Fallbearbeitung beginnt in der Regel mit der Suche nach möglicherweise einschlägigen Anspruchsgrundlagen. Anspruchsgrundlagen können unterschiedlich formuliert sein. Gemeinsam ist ihnen, dass sie im Ergebnis einer Person
das Recht geben, von einer anderen Person etwas zu verlangen, also einen Anspruch.

> **Beispiel:** Nach § 985 BGB kann der Eigentümer vom Besitzer die Herausgabe einer
> Sache **verlangen** (= Anspruchsgrundlage für den Eigentümer). Nach § 433 I 1 BGB
> wird der Käufer einer Sache durch den Kaufvertrag zur Kaufpreiszahlung **verpflich-
> tet** (= Anspruchsgrundlage für den Verkäufer).

Die Fallbearbeitung beginnt im Regelfall mit der **„4-W-Frage"**

> **„Wer** (der „Gläubiger") will **was** (das „Anspruchsziel") **von wem**
> (dem „Schuldner") **woraus** (die „Anspruchsgrundlage")?

Bei der Suche nach der Anspruchsgrundlage ist unbedingt darauf zu beachten, 30
dass diese auch **zum geltend gemachten Anspruchsziel passt**. § 433 I 1 BGB gibt dem
Käufer einen Anspruch auf Lieferung der Sache. Verlangt der Käufer dagegen zB
Schadensersatz wegen verspäteter Lieferung, so ist eine andere Anspruchsgrundlage
zu suchen, die als „Rechtsfolge" ein Recht auf Schadensersatz gewährt. Dies könnte
zB § 280 I BGB sein.

Das BGB enthält rund 2.400 Paragrafen. Von diesen sind aber nur sehr wenige
Anspruchsgrundlagen. Die restlichen Normen kommen zur Anwendung bei der
Prüfung, ob die in der Anspruchsgrundlage genannten Voraussetzungen erfüllt
sind oder dem Anspruch etwas entgegensteht.

> **Beispiel:** Voraussetzung für einen Zahlungsanspruch des Verkäufers aus § 433 I
> 1 BGB ist ein Kaufvertrag. Ob dieser wirksam zustande gekommen ist, ergibt sich

aus den Vorschriften über Rechtsgeschäfte in den §§ 104–185 BGB. Diese sind also anzuwenden bei der Prüfung, ob ein Kaufvertrag vorliegt.

1.8.2 Juristischer Gutachtenstil und Subsumtion

1.8.2.1 Die Hypothese als Einstieg in das juristische Gutachten

31 Bei der Bearbeitung juristischer Fälle geht es also häufig um die Prüfung, ob einer Partei ein geltend gemachter Anspruch zusteht. Dabei hat sich eine bestimmte Arbeitsweise eingebürgert, die als „**juristischer Gutachtenstil**" bezeichnet wird. Ein juristisches Gutachten beginnt mit der Aufstellung einer **Hypothese**, denn die Voraussetzungen für den Anspruch müssen ja erst noch geprüft werden.

> **Beispiele:** Macht der Verkäufer V einen Zahlungsanspruch in Höhe von 100 EUR gegen den Käufer K geltend, so lautet die Hypothese *„V könnte einen Anspruch auf Zahlung von 100 EUR aus § 433 II BGB haben"*.
>
> Will der Eigentümer E sein an den L ausgeliehenes Buch zurückhaben, so lautet die Hypothese *„E könnte gegen L einen Anspruch auf Herausgabe des Buches aus § 985 BGB haben"*.

Eine solche Hypothese wird regelmäßig der erste Satz in einem juristischen Gutachten sein.

1.8.2.2 Die Subsumtionstechnik

32 Die eingangs aufgestellte Hypothese muss anschließend geprüft werden. Damit sie stimmt, müssen zunächst die in der Anspruchsgrundlage genannten **Tatbestandsmerkmale** gegeben sein, so dass die dort genannte **Rechtsfolge** eintritt. Es ist also der Sachverhalt daraufhin zu untersuchen, ob der dort geschilderte tatsächliche Lebenssachverhalt mit dem in der Vorschrift genannten abstrakten Tatbestandsmerkmal übereinstimmt. Dies wird bezeichnet als das „**Subsumieren eines Sachverhalts unter ein Tatbestandsmerkmal**".

33 Die Subsumtion erfolgt im Wege eines logischen Schlusses, auch „**Syllogismus**" genannt. Diese Technik wurde im vierten vorchristlichen Jahrhundert von dem griechischen Philosophen **Aristoteles** entwickelt. Dabei wird aus zwei wahren Aussagen („Prämissen") ein logischer Schluss gezogen. Im Standardbeispiel dazu wird aus der **Prämisse 1** *„Alle Griechen sind sterblich"* und der **Prämisse 2** *„Aristoteles ist ein Grieche"* der **Schluss** *„Aristoteles ist sterblich"* gezogen.

Dies kann zB auf den Fall übertragen werden, dass der Eigentümer E vom Dieb D die Rückgabe des gestohlenen Fahrrads verlangt. Anspruchsgrundlage hierfür ist § 985 BGB. Dann entspricht der **Prämisse 1** der abstrakte **Gesetzestext**, zB bei § 985 BGB „Der Eigentümer kann vom Besitzer die Herausgabe der Sache verlangen". Ähnlich der Prüfung im klassischen Beispiel, ob Aristoteles ein Grieche ist (**Prämisse 2**) muss bei § 985 BGB nun der Reihe nach geprüft werden, ob in dem **konkreten Lebenssachverhalt** (1.) E tatsächlich Eigentümer der Sache und (2.) D Besitzer der Sache. Nur wenn das stimmt (also auch die Prämisse 2 **wahr** ist), kann der **Schluss** gezogen werden, dass E die Herausgabe des Fahrrads verlangen kann.

34 Manche Anspruchsgrundlagen haben nur eine einzige Tatbestandsvoraussetzung, bei § 433 I 1 BGB ist dies der Kaufvertrag. Hat eine Vorschrift aber wie in dem Fahr-

radbeispiel mehr als eine Tatbestandsvoraussetzung (E Eigentümer, D Besitzer), so ist die Fallprüfung nach den einzelnen Tatbestandsmerkmalen zu **untergliedern**. Am Anfang der Subsumtion steht daher die **genaue Herausarbeitung** der einzelnen **Tatbestandsmerkmale** einer Vorschrift. Dazu muss der Text der Vorschrift genau gelesen und in seine Bestandteile **zerlegt** werden.

> **Beispiel:** Bei § 823 I BGB (lesen!) könnten diese zB wie folgt unterteilt werden: (1.) Verletzung von Leben, Körper, Gesundheit etc., (2.) Schaden, (3.) Schaden aus Verletzung entstanden („Kausalität"), (4.) Rechtswidrigkeit, (5.) Vorsatz oder Fahrlässigkeit.

Anschließend erfolgt im Wege einer **Drei-Schritt-Prüfung (Obersatz** (= Prämisse 1), **35 Subsumtion** (= Prämisse 2, auch „Untersatz" genannt), **Ergebnis** (Schluss)) die eigentliche Subsumtion, getrennt nacheinander für jedes Tatbestandsmerkmal.

> **Beispiel:** K will von B 100 EUR Schadensersatz, weil B das Handy des K beschädigt hat. Die Eingangshypothese lautet also *„K könnte einen Anspruch gegen B auf Zahlung von 100 EUR aus § 823 I BGB haben"*. Anschließend sind die einzelnen Tatbestandsmerkmale zu subsumieren:
>
> 1. **Abstraktes Tatbestandsmerkmal 1 nennen:** *„1. Voraussetzung hierfür ist eine Verletzung von Leben, Körper, Gesundheit, Freiheit, Eigentum etc. des K. In Betracht kommt hier eine Verletzung des Eigentums des K am Handy."* In vielen Fällen muss das abstrakte Tatbestandsmerkmal erst noch **näher definiert** werden, bevor man sein Vorliegen im konkreten Fall prüfen kann. Die Definition gehört noch zum Obersatz. Sie lautet hier *„Das Eigentum wird durch Entzug der Sache oder ihrer Nutzungsmöglichkeit sowie durch Beschädigung der Sache verletzt."*
> 2. **Subsumtion (Ist dieses Tatbestandsmerkmal im konkreten Fall erfüllt?):** *„Laut Sachverhalt gehört das Handy dem K. Vorliegend hat B das Handy des K beschädigt."*
> 3. **Ergebnis (Schlussfolgerung):** *„Folglich hat B das Eigentum des K am Handy verletzt"*
>
> **Diese Prüfung ist dann für jedes Tatbestandsmerkmal zu wiederholen** (*„2. Weitere Voraussetzung ist, dass dem K ein Schaden entstanden ist. Schaden ist…"* (**Definition**). **Anschließend Subsumtion, dann Ergebnis).**
>
> Sind alle erforderlichen Tatbestandsvoraussetzungen erfüllt, so tritt die in § 823 I genannte Rechtsfolge ein. Am Ende der Prüfung steht ein **Gesamtergebnis**: *„Gesamtergebnis: K hat einen Anspruch gegen B auf Zahlung von 100 EUR aus § 823 I BGB".* (Bzw. „keinen Anspruch", wenn nicht alle erforderlichen Merkmale gegeben sind).

Der juristische Gutachtenstil wird häufig als gekünstelt oder zumindest sehr um- **36** ständlich empfunden. Sein großer Vorteil ist es, dass er zu sehr **genauem Arbeiten** zwingt, indem für jedes Tatbestandsmerkmal genau **am Sachverhalt begründet** und ausformuliert werden muss, ob es vorliegt bzw. nicht (Ist der Kläger tatsächlich Eigentümer der Sache? Liegt tatsächlich ein Kaufvertrag vor? Woraus ergibt sich dies genau?). Nicht selten fällt erst bei der konkreten Begründung auf, dass doch Zweifel am Vorliegen einer Voraussetzung bestehen. Mit zunehmender Erfahrung bei der Fallbearbeitung können einzelne Prüfungsschritte abgekürzt werden und nur noch das Ergebnis festgehalten werden.

Bachert

> **Beispiel:** K kauft bei B ein neues Notebook und stellt fest, dass das Notebook defekt ist. K tritt daraufhin vom Kaufvertrag nach § 323 I BGB zurück, ohne dem V eine Frist zur „Nacherfüllung" zu setzen, wie § 323 I BGB verlangt. § 323 I BGB setzt einen Vertrag voraus. Dieser liegt hier eindeutig vor, so dass man kurz formulieren kann: *„K könnte ein Rücktrittsrecht nach § 323 I BGB zustehen. 1. Ein Kaufvertrag liegt laut Sachverhalt vor."* So gewinnt man Zeit für die eigentlich problematischen Aspekte des Fall, also die Frage, ob K nach § 323 II BGB ohne vorherige Fristsetzung zurücktreten durfte oder nicht.

Diese verkürzte Darstellung sollte nur bei wirklich **eindeutigen** Sachverhalten verwendet werden. Denn sie birgt natürlich die Gefahr, dass man etwas übersieht.

1.8.3 Der „Anspruchsaufbau" in der juristischen Fallprüfung

37 Ansprüche können nach ihrer Entstehung auch wieder untergehen oder zumindest vor Gericht ihre Durchsetzbarkeit verlieren. Dies ist bei der Anspruchsprüfung eines Falls zu berücksichtigen. Die Anspruchsprüfung erfolgt daher üblicherweise in drei Stufen:

Aufbau bei der Prüfung von Ansprüchen

I. Anspruch entstanden	1. Liegen die Tatbestandsvoraussetzungen der Anspruchsgrundlage vor? 2. Bestehen eventuell Einwendungen, die trotzdem die Entstehung des Anspruchs verhindern? **Beispiel:** V verkauft dem K ein Bild, welches aber schon vor dem Verkauf verbrannt ist. Ein wirksamer Kaufvertrag als Tatbestandsmerkmal liegt vor (vgl. § 311a I BGB), aber der Lieferanspruch des K aus § 433 I 1 BGB ist wegen „Unmöglichkeit" der Lieferung im Sinne von § 275 I BGB trotzdem nicht entstanden.
II. Anspruch untergegangen	Ist der Anspruch eventuell durch bestimmte Umstände oder Handlungen nachträglich untergegangen? **Beispiel:** K kauft bei V in Internet einen Stuhl. Nach Erhalt widerruft K seine Bestellung nach §§ 355 I, 312g BGB. Der zuvor **entstandene** Zahlungsanspruch des V aus § 433 II BGB **geht** durch den Widerruf **nachträglich unter.**
III. Anspruch durchsetzbar	Kann ein bestehender Anspruch noch nicht oder nicht mehr vor Gericht durchgesetzt werden? **Beispiel:** V verkauft dem K am 1.6.2018 ein Buch auf Rechnung, K vergisst zu zahlen. Am 1.2.2022 bemerkt V dies und verlangt Zahlung aus § 433 II BGB. Der Anspruch ist **entstanden** und auch **nicht untergegangen,** er kann weiterhin von K erfüllt werden. K kann jedoch auch nach § 214 I BGB die Zahlung wegen Verjährung verweigern. Der Anspruch ist **nicht mehr durchsetzbar.**

Zusammenfassend empfiehlt sich bei der Anspruchsprüfung eine **Gliederung** wie 38
folgt:

Zunächst wird eine Hypothese aufgestellt: „A könnte einen Anspruch gegen B aus
§ (xy) haben".

Anschließend erfolgt eine **Prüfung** nach folgender Gliederung

I. Anspruch entstanden
    1. Tatbestandsmerkmal 1 (Subsumtion in Drei-Schritt-Prüfung)
    2. Tatbestandsmerkmal 2 (Subsumtion in Drei-Schritt-Prüfung)
    3. …
    Zwischenergebnis: Der Anspruch ist nicht/entstanden.
II. Anspruch untergegangen
    Die Prüfung des Untergangs von Ansprüchen erfolgt naturgemäß nur, wenn
    diese zuvor entstanden sind. Ansonsten ist die Prüfung mit I. beendet.
    Zwischenergebnis: Der Anspruch ist nicht/untergegangen.
III. Anspruch durchsetzbar
    Die Prüfung der Durchsetzbarkeit von Ansprüchen erfolgt naturgemäß nur,
    wenn diese zuvor entstanden und nicht bereits untergegangen sind. Ansonsten
    ist die Prüfung mit I. bzw II. beendet.
    Zwischenergebnis: Der Anspruch ist nicht/durchsetzbar.

1.9 Die Auslegung von Gesetzen

Gesetzestexte sind nicht immer ganz eindeutig, sondern können auf verschiedene 39
Weisen interpretiert werden. Juristisch spricht man von der „Auslegung" von Gesetzen. Eine Subsumtion unter ein bestimmtes Tatbestandsmerkmal kann erst dann
erfolgen, wenn diesem Merkmal im Wege der Auslegung eine bestimmte Bedeutung
zugewiesen wurde.

> **Beispiel:** Nach § 701 I BGB haftet ein Hotelbetreiber für die von Gästen eingebrachten
> Sachen mit Ausnahme von Fahrzeugen und in Fahrzeugen befindliche Sachen der
> Gäste (§ 701 IV). Das LG Bückeburg (NJW 1970, 1853) hatte zu entscheiden, ob ein vom
> Hotelparkplatz gestohlenes Faltboot ein „Fahrzeug" im Sinne des § 701 IV BGB ist.

Bei der Auslegung von Gesetzen haben sich verschiedene **Auslegungsmethoden** 40
herausgebildet. Diese sollen im Folgenden dargestellt werden. Die Auslegungsmethoden sind zwar nicht selbst gesetzlich festgelegt. Das BVerfG hat jedoch eine
Entscheidung eines Landgerichts als Verstoß gegen die Bindung an Recht und Gesetz
aus Art. 20 III GG angesehen, weil diese sich mit keiner der üblichen Auslegungsmethoden begründen lasse (NJW 2005, 1927). Welche sind dies nun?

1.9.1 Der Wortlaut der Norm

Ausgangspunkt der Auslegung ist der Wortlaut der Norm, also der jeweilige Text. 41
Zunächst ist zu fragen, ob das Gesetz selbst eine Definition des Begriffs enthält. Dies
kann in unterschiedlicher Weise erfolgen.

Bachert

Beispiele: In den §§ 90 ff. BGB definiert der Gesetzgeber nacheinander verschiedene Begriffe im Zusammenhang mit „Sachen" in jeweils eigenen Paragrafen. Der wichtige Begriff der Fahrlässigkeit ist – anders als Vorsatz – im Gesetz ausdrücklich in § 276 II BGB definiert. Manchmal verwendet der Gesetzgeber auch „Klammerdefinitionen" wie zB die Klammerdefinition des Begriffs „unverzüglich" in § 121 I BGB.

Gibt es keine Definition im Gesetz, so muss in der juristischen **Literatur und Rechtsprechung** gesucht werden, ob sich ein bestimmtes Begriffsverständnis in der **Fachsprache** herausgebildet hat. Dazu kann man sich unter anderem verschiedener juristischer Datenbanken bedienen.

Beispiel: Der wichtige Begriff des Eigentums ist im BGB nicht ausdrücklich gesetzlich definiert. Dies bleibt Rechtsprechung und Literatur überlassen. (§ 903 BGB definiert den Eigentumsbegriff nicht, sondern setzt ihn voraus, vgl. MüKo/Brückner, 8. Aufl. 2020, BGB, § 903, Rn. 1).

Finden sich weder im Gesetz noch in der Rechtsprechung und Literatur eine anerkannte Definition so kann auf die **allgemeine Bedeutung** eines Begriffs zurückgegriffen werden, also zB die Definition in verbreiteten Lexika und Wörterbüchern wie etwa dem Duden Wörterbuch.

Bleiben danach **Zweifel**, wie ein Begriff auszulegen ist, so ist der Wortlaut grundsätzlich **weit auszulegen**. Ist also eine Auslegung des Wortlauts denkbar, die einen bestimmten Sachverhalt erfasst, so ist zunächst diese Auslegung zu wählen. Ein engeres Verständnis des Begriffs kann sich dann später aus den anderen Auslegungsmethoden ergeben.

Beispiel: In dem Faltboot-Fall lässt der Wortlaut „Fahrzeug" zu, dass auch Faltboote erfasst sind, weil man mit diesem auf einem Gewässer „fahren" kann.

1.9.2 Die Gesetzessystematik

42 Die „systematische Auslegung" betrifft die Stellung der Norm im Gesetz und ihr Verhältnis zu anderen Vorschriften. Im Ausgangspunkt ist von der „**Einheit der Rechtsordnung**" auszugehen, dh Vorschriften sollen so ausgelegt werden, dass sie einander nicht widersprechen oder ins Leere laufen lassen. Man muss also eine Vorschrift in ihrem **Zusammenhang mit anderen Vorschriften** betrachten.

Beispiel: Nach § 133 BGB ist bei der Auslegung von Willenserklärungen auf den „wirklichen Willen" des Erklärenden abzustellen, also darauf, was dieser gemeint hat, selbst bei einem Versprecher. Nach § 157 BGB ist bei der Auslegung von Verträgen dagegen auf „Treu und Glauben mit Rücksicht auf die Verkehrssitte" abzustellen, also auf das objektiv Erklärte, nicht auf das subjektiv Gemeinte. Verspricht sich der Verkäufer bei Abschluss eines Vertrags und nennt einen zu niedrigen Preis, gilt dann nach § 133 BGB sein wirklicher Wille oder nach § 157 BGB der objektiv erklärte Preis? Aus der **Gesetzessystematik** ergibt sich, dass § 157 BGB hier Vorrang hat, also der objektiv erklärte Preis gilt. Der Verkäufer kann seine Erklärung nach § 119 I BGB wegen „Erklärungsirrtums" anfechten. Das setzt aber voraus, dass ohne Anfechtung nach § 157 BGB der Preis gilt, den er versehentlich genannt hat. Sonst würde es keine Erklärungsirrtümer geben und § 119 I insoweit leer laufen.

Bachert

Als weiteres systematisches Argument ist anerkannt, dass **Ausnahmen** vom gesetz- 43
lichen Regelfall grundsätzlich **eng auszulegen** sind. Lässt also der Wortlaut einer
Norm eine enge oder weite Auslegung zu, so ist bei Ausnahmevorschriften tenden-
ziell die engere Auslegung anzuwenden.

> **Beispiel:** Kommt der Mieter mit zwei Monatsmieten in Zahlungsrückstand, so
> kann der Vermieter den Mietvertrag nach § 543 II Nr. 3 BGB fristlos kündigen. Die
> Kündigung wird nach § 569 III Nr. 2 BGB unwirksam, wenn der Mieter die Miete in-
> nerhalb von zwei Monaten nach Einreichung einer Räumungsklage nachzahlt. Nach
> Auffassung des Landgerichts Berlin macht die Nachzahlung nicht zur eine fristlose
> Kündigung unwirksam, sondern auch eine wegen des Mietrückstand gleichzeitig
> ausgesprochene fristgemäße Kündigung. Es hat dies unter anderem damit begrün-
> det, dass der Wortlaut von § 569 III Nr. 2 BGB nur von „Kündigung" spricht, nicht aber
> von „fristloser Kündigung". Der BGH hat dies unter anderem mit systematischen
> Argumenten abgelehnt: Zum einen ergebe sich aus der Überschrift zu § 569 klar,
> dass dieser nur fristlose Kündigungen betreffe. Zum anderen stelle § 569 III BGB
> eine **Ausnahme** von dem Grundsatz auf, dass der Zahlungsverzug zur Kündigung
> führen könne. Daher sei die Vorschrift eng auszulegen und auf die fristlose Kündi-
> gung zu beschränken.

1.9.3 Die historische Auslegung

Bei der historischen Auslegung geht es in zweierlei Hinsicht um die Gesetzesge- 44
schichte. Zum einen wird die **Entstehungsgeschichte** des Gesetzes herangezogen,
um herauszufinden, was der Gesetzgeber mit einer Vorschrift bezweckt hat. Dazu
gehören insbesondere die **Amtliche Begründung** zum Gesetzentwurf sowie mögliche **Ausschussprotokolle**, falls ein Gesetz während des Gesetzgebungsverfahrens in
Ausschüssen beraten wurde und von dort Änderungsvorschläge kamen, die später
in das Gesetz aufgenommen wurden.

Zur historischen Auslegung gehört zudem die Frage nach dem **Rechtszustand vor** 45
Inkrafttreten des Gesetzes. In der Regel kann davon ausgegangen werden, dass
der Gesetzgeber mit einer Gesetzesänderung auch eine Änderung der Rechtslage
anstrebt. Bei mehreren Auslegungsmöglichkeiten ist dann diejenige vorzuziehen,
die dies umsetzt.

1.9.4 Die teleologische Auslegung nach Sinn und Zweck der Norm

Zwar hat keine Auslegungsmethode stets Vorrang vor den anderen. Praktisch ist 46
aber die teleologische Auslegung häufig die mit der größten Bedeutung. Es ist – oft
durch Blick in die Gesetzesmaterialien – herauszufinden, was der Gesetzgeber mit
der Vorschrift erreichen wollte, also deren Sinn und Zweck. Die Auslegung einer
Norm sollte diesem Sinn und Zweck gerecht werden, soweit die anderen Auslegungsmethoden dem nicht klar entgegenstehen. Rechtsprechung und Literatur
lassen in manchen Fällen sogar eine teleologische Reduktion bzw. Erweiterung über
den Wortlaut einer Vorschrift hinaus zu.

> **Beispiel:** Nach § 181 BGB darf ein Stellvertreter (Bevollmächtigter) ohne beson-
> dere Erlaubnis im Namen des von ihm Vertretenen keine Verträge mit sich selbst

schließen („Insichgeschäft"), um Interessenkonflikte zu vermeiden. Bevollmächtigt V seinen Freund F, Vs Auto zu verkaufen, so kann F das Auto ohne besondere Gestattung also nicht an sich selbst verkaufen. Beauftragt F aber seine Freundin D, als Fs Stellvertreterin das Auto für ihn zu kaufen, so schließt F formal nicht mit sich selbst, sondern mit D den Vertrag, auch wenn D als Fs Vertreterin handelt. Obwohl der § 181 diesen Fall vom Wortlaut her nicht erfasst, wird die Vorschrift im Wege der **teleologischen Erweiterung** auch auf diese Konstellation angewendet. Denn auch hier besteht die Gefahr, dass F sich zulasten von V einen Vorteil verschafft.

Umgekehrt wäre es dem V nach § 181 BGB verboten, seinem sechsjährigen Sohn S einen Teddy zu schenken und S als dessen Vater bei diesem Schenkungsvertrag zu vertreten (§ 1629 I BGB). Denn V würde hier einen Vertrag mit sich selbst als Vertreter seines Sohnes schließen. Da hier offenkundig kein Interessenkonflikt vorliegt, würde man hier § 181 BGB im Wege der **teleologischen Reduktion** trotz seines Wortlauts nicht anwenden.

1.9.5 Die verfassungs- und europarechtskonforme Auslegung

47 Wie bereits beschrieben stehen das Verfassungs- und das Europarecht über den anderen „einfachen" Gesetzen. Diese müssen also damit vereinbar sein. Die Gerichte müssen also bei der Auslegung der Gesetze auch die Rechtsprechung des BVerfG insbesondere zu Grundrechten sowie die Rechtsprechung des EuGH zur Auslegung des Europarechts berücksichtigen.

1.10 Die analoge Anwendung von Gesetzen

48 Ist ein Gesetz selbst bei weitester Auslegung des Wortlauts auf einen Sachverhalt nicht anwendbar, so kommt neben der teleologischen Erweiterung auch eine analoge („**entsprechende**") Anwendung dieses Gesetzes in Betracht. Diese basiert auf der Erkenntnis, dass ein Gesetzgeber niemals fehlerfrei lückenlos alle Sachverhalte im Gesetzestext erfassen kann, auf die das Gesetz an sich Anwendung finden sollte. Manchmal macht zB die technische Entwicklung Fortschritte, so dass neue Situationen entstehen, manchmal übersieht der Gesetzgeber bei der Formulierung vielleicht schlicht etwas. Dann kann Raum für eine analoge Anwendung von Vorschriften sein, die vom Wortlaut her an sich nicht einschlägig sind.

49 Die Voraussetzungen für eine analoge Anwendung von Vorschriften sind

1. Planwidrige Regelungs- lücke	Ist das Gesetz gemessen an seiner objektiven Regelungsabsicht **unvollständig**? Ist davon auszugehen, dass der Gesetzgeber diese Fallgestaltung geregelt hätte, wäre sie ihm damals bewusst gewesen? Oder ergibt sich zB aus den Gesetzesmaterialien, dass der Gesetzgeber diesen Fall gesehen hat, aber gerade nicht in der Vorschrift erfassen wollte?
2. Vergleich- barkeit der Sachverhalte	Falls eine planwidrige Lücke vorliegt: Ist der vorliegende Sachverhalt im Hinblick auf die **Interessen der Beteiligten** soweit **vergleichbar**, dass der Gesetzgeber diesen in gleicher Weise wie die im Gesetz geregelten Fälle geregelt hätte?

Beispiel: Veräußert der Eigentümer eine **von ihm selbst** vermietete Immobilie, so tritt nach § 566 I BGB der Käufer in den Mietvertrag mit dem Mieter ein, so dass dieser den Mietvertrag nicht verliert. Der BGH hatte einen Fall zu entscheiden, bei dem die verkaufte Immobilie nicht direkt vom Eigentümer selbst vermietet wurde, sondern mit seiner Zustimmung **von einem Dritten** in eigenem Namen, aber wirtschaftlich für Rechnung des Eigentümers. Der Wortlaut von § 566 I BGB ist hier nicht einschlägig. Der BGH hat die Vorschrift allerdings analog angewendet. Er hat hier eine planwidrige Regelungslücke im Gesetz gesehen und eine vergleichbare Interessenlage bejaht: Für den Mieter sei es unerheblich, ob er vom Eigentümer oder von einem Dritten miete, der vom Eigentümer dazu eingeschaltet werde.[1] In beiden Fällen solle er nach der Veräußerung seinen Mietvertrag behalten können.

Kontrollfragen:

1. Was unterscheidet Rechtsregeln von anderen Regeln des gesellschaftlichen Miteinanders? → Rn. 1
2. Was unterscheidet das Privatrecht vom öffentlichen Recht? → Rn. 3
3. Art. 20 III GG unterscheidet zwischen „Gesetz" und „Recht". Was ist damit gemeint? → Rn. 6
4. Welche nationalen Rechtsquellen gibt es? → Rn. 5–8
5. Wie ist das BGB aufgebaut? → Rn. 21
6. Welche Gerichtszweige gibt es in Deutschland? → Rn. 22–25
7. Wann ist für eine zivilrechtliche Klage erstinstanzlich das Amtsgericht zuständig, wann das Landgericht? Welche Rechtsmittel können ggf. anschließend bei welchen Gerichten eingelegt werden? → Rn. 24
8. Was ist unter „Anspruchsaufbau" bei juristischen Gutachten zu verstehen? → Rn. 37
9. Welche Methoden der Gesetzesauslegung kennen Sie? → Rn. 39–47
10. Was sind die Voraussetzungen für eine analoge Anwendung einer Vorschrift? → Rn. 49

---

[1]   BGH NZM 2017, 847.

Bachert

2 Personen und Objekte im Rechtsverkehr

Literatur: *Eidenmüller*, The Rise of Robots and the Law of Humans, ZEuP 2017, 765.; *Fleischer*, Gesetz und Vertrag als alternative Problemlösungsmodelle im Gesellschaftsrecht, ZHR 168 (2004), 673.

Die Rechtsordnung unterscheidet grundsätzlich zwischen **natürlichen und juristischen Personen**. 50

Natürliche und juristische Personen sind Rechtssubjekte. Sie können Träger von Rechten und Pflichten sein.

Natürliche Personen sind mit Vollendung der Geburt rechtsfähig (vgl. § 1 BGB). Nicht umfasst sind Maschinen, Roboter oder künstliche Intelligenz.

Juristische Personen sind im BGB nicht definiert. Sie stellen künstliche Gebilde dar, 51 die wirtschaftlich betrachtet als Zusammenfassung von Personen, Rechten und/oder Sachen zu beschreiben sind. Es handelt sich um rechtlich anerkannte Organisationen mit eigener Rechtsfähigkeit.

Unterschieden werden juristische Personen des Privatrechts und des öffentlichen 52 Rechts. Im Privatrecht sind dies insbesondere die Körperschaften (rechtsfähiger Verein (eV), Aktiengesellschaft (AG) sowie die Gesellschaft mit beschränkter Haftung (GmbH), aber auch die Stiftung). Juristische Personen des öffentlichen Rechts sind beispielsweise der Bund, die Länder und die Gemeinden.

2.1 Natürliche Personen

Zunächst wird auf die natürlichen Personen eingegangen. Wichtige rechtserhebliche 53 Eigenschaften einer natürlichen Person sind die Rechtsfähigkeit und die Handlungsfähigkeit.

2.1.1 Rechtsfähigkeit

Unter **Rechtsfähigkeit** ist die Fähigkeit zu verstehen, Träger von Rechten und Pflich- 54 ten zu sein. Jede natürliche Person ist mit Vollendung der Geburt – also mit dem ersten selbstständigen Atemzug – rechtsfähig. Die Rechtsfähigkeit ist damit an keine bestimmte Altersstufe, einen bestimmten Reifegrad oder an geistige Fähigkeiten gebunden. Auch Säuglinge sind rechtsfähig. Die Rechtsfähigkeit eines gezeugten, aber noch nicht geborenen Menschen (sog. **nasciturus**) wird für einzelne Fälle anerkannt (vgl. zB §§ 844 II S. 2, 1923 II BGB). Ebenso bewirkt die Schädigung eines **Embryos** eine Gesundheitsverletzung, die mit der Vollendung der Geburt zu einem Anspruch des Kindes auf Schadensersatz führt.

> **Beispiele**: Ein zweijähriges Kind überlebt als einzige Person der Familie einen Verkehrsunfall. Das Kind kann trotz seines Alters Erbe sein. Eine Schwangere wird infolge eines Verkehrsunfalls leicht verletzt. Bei dem drei Monate später geborenen Kind werden Hirnschädigungen festgestellt, die auf den Unfall zurückzuführen sind. Das Kind hat nach der Geburt Anspruch auf Schadensersatz.

Becker

Die Rechtsfähigkeit endet mit dem Tode des Menschen. Entscheidend ist der medizinisch festgestellte Hirntod. Mit dem Tode tritt der Erbfall ein und die Erbschaft geht als Ganzes, mitsamt den Schulden, auf den oder die Erben über (vgl. § 1922, 1967 BGB). Ebenso erlöschen höchstpersönliche Rechte und Pflichten mit dem Tode, vgl. zB §§ 38 S. 1, 613 S. 1 BGB zur Mitgliedschaft beim Verein und zur Nichteinforderbarkeit von Diensten vom Erben.

2.1.2 Handlungsfähigkeit

55 Die **Handlungsfähigkeit** kennzeichnet die Fähigkeit von Personen, rechtswirksam handeln zu können und durch rechtlich wirksame Handlungen Rechtsfolgen herbeiführen zu können. Dazu gehört die Fähigkeit, Verträge schließen zu können oder Willenserklärungen abgeben zu können. Die Handlungsfähigkeit umfasst die Geschäftsfähigkeit und die Deliktsfähigkeit.

2.1.2.1 Geschäftsfähigkeit

56 Unter **Geschäftsfähigkeit** versteht man die Fähigkeit, selbstständig Rechtsgeschäfte vornehmen zu können.

Im Gegensatz zur Rechtsfähigkeit ist die Geschäftsfähigkeit grundsätzlich am Lebensalter ausgerichtet. Das Gesetz regelt nur die Fälle, in denen altersbedingt oder aufgrund von Beeinträchtigungen die volle Geschäftsfähigkeit fehlt. Zentrale Vorschriften sind § 2 BGB und §§ 104 ff. BGB.

57 Die **Rechtsfolgen rechtsgeschäftlicher Handlungen** Geschäftsunfähiger, beschränkt geschäftsfähiger Personen sowie voll geschäftsfähiger Personen sind unterschiedlich ausgestaltet:

Willenserklärungen von **Geschäftsunfähigen** sind nichtig (§ 105 BGB).

> **Beispiel**: Ein fünfjähriges Kind kann kein eigenständiges Kaufangebot abgeben und auch keine rechtlich wirksame Annahmeerklärung abgeben. Es kann aber fremde Erklärungen, zB der Eltern, als Bote überbringen.

Eine Sonderregelung enthält § 105a BGB für volljährige Geschäftsunfähige. Deren Rechtsgeschäfte gelten, soweit es sich um **Geschäfte des täglichen Lebens** handelt, als wirksam, sobald sie abgewickelt sind. Dabei muss es sich allerdings um Geschäfte handeln, die mit geringen Mitteln bewirkt werden, wie zB Einkäufe für den alltäglichen Bedarf.

58 Ebenfalls nichtig sind gem. § 105 II BGB Willenserklärungen, die Personen im Zustand der Bewusstlosigkeit oder in einem Zustand vorübergehender Störung der Geistestätigkeit abgeben. Für die Annahme einer Bewusstlosigkeit genügt eine hochgradige Trübung des Bewusstseins. Die Störung muss dazu geführt haben, dass die freie Willensbestimmung ausgeschlossen ist und keine freie Entscheidung und Abwägung möglich ist.

> **Beispiele**: Eine hochgradige Bewusstseinstrübung kann eintreten bei erheblichem Blutalkoholgehalt, in der Regel bei einer Blutalkoholkonzentration von mehr als 3,0 Promille, bei Drogeneinfluss oder hohem Fieber.

Willenserklärungen von **beschränkt Geschäftsfähigen** werden in den Rechtsfolgen 59
unterschiedlich beurteilt. Diese sind zwar schützenswert, sollen aber an das Er-
werbsleben herangeführt werden. Daher sind Willenserklärungen von beschränkt
Geschäftsfähigen nicht von vornherein nichtig. Einen Sonderfall regelt § 111 BGB.
Danach sind **einseitige Rechtsgeschäfte** von Minderjährigen (Personen von sieben
bis zur Volljährigkeit mit 18 Jahren) unwirksam, wenn sie ohne die notwendige
vorherige Zustimmung (**Einwilligung**, § 183 BGB) des gesetzlichen Vertreters erfolgen. Eine nachträgliche Zustimmung (**Genehmigung**, § 184 I BGB) kann den Mangel
nicht heilen.

> **Beispiele für einseitige Rechtsgeschäfte**: Kündigung, Bevollmächtigung, Anfech-
> tung.

Im Übrigen hängt die Wirksamkeit von rechtsgeschäftlichen Erklärungen, die für 60
den beschränkt Geschäftsfähigen nicht lediglich einen rechtlichen Vorteil bringen,
von der Einwilligung des gesetzlichen Vertreters ab. **Gesetzliche Vertreter** iSd § 107
BGB sind in der Regel die **Eltern**, §§ 1626 I, 1629 I BGB. **„Lediglich rechtlich vorteilhaft"** meint ein Geschäft, das nicht wirtschaftlich betrachtet, sondern rechtlich betrachtet nur einen Vorteil mit sich bringt; auch werden rechtlich „neutrale" Geschäfte mitumfasst.

> **Beispiele**: Der Kauf eines Computers ist für Minderjährige rechtlich von Nachteil,
> da sie mit dem Abschluss eine Zahlungsverpflichtung eingehen, mag das Geschäft
> wirtschaftlich betrachtet auch noch so günstig sein. Dagegen ist die Annahme einer
> Schenkung selbst bei einem für Minderjährige ungeeigneten Gegenstand wie etwa
> einem Messer lediglich rechtlich vorteilhaft, da keine Pflichten mit der Annahme
> der Schenkung eingegangen werden.

Für Geschäfte, die für Minderjährige mit **rechtlichen Nachteilen** verbunden sind, für 61
die eine Einwilligung der gesetzlichen Vertreter nicht vorliegt, legt das Gesetz fest,
dass bis zur Erteilung der Genehmigung das Geschäft **schwebend unwirksam** ist
(§§ 108 I, 109 BGB). Dessen Wirksamkeit hängt von der nachträglichen Zustimmung
(Genehmigung) ab, vgl. § 184 I BGB. Wird die Genehmigung nicht erteilt, so wird
das Geschäft endgültig unwirksam.

> **Beispiel**: Ein 16-jähriger Minderjähriger schließt einen Vertrag über den Kauf eines
> Smartphone. Der Vertrag ist ohne Einwilligung der Eltern schwebend unwirksam.
> Verweigern die Eltern die Genehmigung, kommt es zur (endgültigen) Unwirksam-
> keit des Vertrages.

Der Schwebezustand kann bis zur Entscheidung über die Genehmigung durch
die andere Vertragspartei beendet werden, indem diese den gesetzlichen Vertreter
zur Erklärung der Genehmigung auffordert. Der Vertreter hat dann zwei Wochen
Zeit, die Genehmigung zu erklären. Nach Ablauf der Frist ohne Abgabe einer Ge-
nehmigungserklärung gilt diese als verweigert (§ 108 II BGB). Allerdings ist der
Vertragspartner bis zur Genehmigungserteilung auch zum Widerruf berechtigt,
wenn ihm die Minderjährigkeit oder das Fehlen der Einwilligung nicht bekannt
waren (§ 109 BGB).

> **Beispiel**: Fordert in dem oben genannten Beispiel der Händler die Eltern zur Erklärung der Genehmigung am 01.03.2022 auf und äußern sich die Eltern nicht, gilt mit Ablauf des 15.03.2022 die Genehmigung als verweigert. Der Händler hätte auch die Möglichkeit des Widerrufs, § 109 I S. 1 BGB, um sich von dem Vertrag zu lösen.

Wird ein bei Vertragsschluss Minderjähriger zwischenzeitlich volljährig, kann er selbst darüber entscheiden, ob er den Vertrag genehmigen will oder nicht (§ 108 III BGB).

62 Darüber hinaus ist die Haftung Volljähriger für Verbindlichkeiten, die unter Mitwirkung des gesetzlichen Vertreters noch während der Minderjährigkeit entstanden sind, beschränkt. Der volljährig Gewordene kann sich gem. § 1629a BGB darauf berufen, dass sich die Haftung auf den Bestand des Vermögens, das bei Eintritt der Volljährigkeit vorhanden ist, beschränkt.

63 Nach § 110 BGB, dem **sog. Taschengeldparagraph**, ist ein Rechtsgeschäft eines Minderjährigen ohne Einwilligung oder Genehmigung wirksam, wenn der Minderjährige die Leistung mit Mitteln bewirkt, die ihm zu diesem Zweck oder zur freien Verfügung überlassen wurden. Entscheidend ist, dass die Leistung vollständig erbracht sein muss, da Ratenvereinbarungen oder Kreditgeschäfte von § 110 BGB nicht erfasst werden.

> **Beispiel**: Der 15-jährige C erhält monatlich von seinen Eltern 75 EUR Taschengeld zur freien Verfügung. Er kauft in einem Monat für 60 EUR Inliner und schließt mit einem Händler einen Kaufvertrag über einen Computer mit monatlichen Raten zu 50 EUR.
>
> Der Kaufvertrag über die Inliner ist nach § 110 BGB wirksam; der zweite Kaufvertrag bedarf nach § 108 BGB der Genehmigung.

63a Nach § 112 BGB kann der gesetzliche Vertreter mit Genehmigung des Vormundschaftsgerichts dem Minderjährigen eine selbstständige Betriebsführung gestatten. Dieser ist dann für die Folgegeschäfte, die der Geschäftsbetrieb mit sich bringt, voll geschäftsfähig.

> **Beispiel**: Eine minderjährige Jungunternehmerin, die nach § 112 BGB zur selbstständigen Betriebsführung ermächtigt ist, kann Personal einstellen, Waren kaufen und verkaufen etc.

63b Nach § 113 BGB führt eine Ermächtigung des gesetzlichen Vertreters, ein Dienst- oder Arbeitsverhältnis einzugehen dazu, dass der Minderjährige für alle Rechtsgeschäfte, die mit dem Vertragsverhältnis zusammenhängen, voll geschäftsfähig ist. Von § 113 BGB nicht erfasst wird der Ausbildungsvertrag, da dieser nicht Dienst- oder Arbeitsvertrag ist.

> **Beispiel**: Der 16-jährige S wird nach dem Schulabbruch von seinen Eltern ermächtigt, ein Arbeitsverhältnis mit dem Inhaber eines Handygeschäftes einzugehen. S schließt selbstständig den Vertrag. Nach vier Monaten kündigt S enttäuscht den Vertrag.
>
> Sowohl die Eingehung als auch die Kündigung des Arbeitsverhältnisses sind von § 113 BGB gedeckt.

2.1.2.2 Deliktsfähigkeit (Schuldfähigkeit)

Ein weiterer Teil der Handlungsfähigkeit ist die **Deliktsfähigkeit**. Deliktsfähigkeit **64** ist die Fähigkeit von Personen, für rechtswidrige **unerlaubte Handlungen** verantwortlich gemacht werden zu können, also zivilrechtlich schadensersatzpflichtig zu sein. Die strafrechtliche Verantwortlichkeit ist davon getrennt zu beurteilen. Eine Schadensersatzpflicht setzt grundsätzlich **schuldhaftes und verantwortliches Handeln** voraus. Der Gesetzgeber unterscheidet drei Stufen, in denen nach dem Alter bzw. nach festgestellten psychischen Einschränkungen des Schädigers differenziert wird.

Deliktsunfähig und damit nicht für Schäden verantwortlich sind Kinder, die noch **65** nicht das siebente Lebensjahr vollendet haben (§ 828 I BGB). Gleiches gilt für bewusstlose Personen und Personen, die sich in einem die freie Willensbildung ausschließenden Zustand krankhafter Störung der Geistestätigkeit befinden (§ 827 BGB).

Im Jahre 2002 wurden weitere Haftungsbeschränkungen in § 828 BGB eingefügt: **66** Gem. § 828 II BGB sind Kinder, die das siebente, aber nicht das zehnte Lebensjahr vollendet haben, nicht verantwortlich für Schäden, die sie bei einem Unfall mit einem Kraftfahrzeug, einer Schienenbahn oder einer Schwebebahn verursachen. Dieser Haftungsausschluss gilt nicht bei **vorsätzlichem Verhalten** (zB Steine auf fahrende Pkw werfen) und wenn kein „Unfall" (zB bei Beschädigung eines ordnungsgemäß geparkten Pkw) vorliegt. Im Übrigen sind Minderjährige bis zur Vollendung des achtzehnten Lebensjahres für Schäden dann nicht verantwortlich, wenn sie bei Begehung der unerlaubten Handlung nicht die zur Erkenntnis der Verantwortlichkeit erforderliche Einsicht haben, § 828 III BGB.

> **Beispiel**: Zwei Kinder, sechs und neun Jahre alt, spielen im elterlichen Garten. Beide werfen Pflastersteine auf vorbeifahrende Fahrzeuge. Dabei wird ein Lkw erheblich beschädigt.
>
> Das sechsjährige Kind ist deliktsunfähig. Es kann nicht zum Schadensersatz herangezogen werden. Eine andere Frage ist, ob die Eltern des Kindes oder dessen Aufsichtspersonen wegen einer Verletzung der Aufsichtspflicht nach § 832 BGB haftbar gemacht werden können. Dagegen könnte eine Haftung des Neunjährigen grundsätzlich möglich sein. Das Haftungsprivileg gem. § 828 II BGB greift nicht, da eine vorsätzliche Schädigung gegeben ist. Die Haftung dieses Kindes hängt letztlich unter Berücksichtigung der Regelung des § 828 III BGB davon ab, ob es altersgemäß in der Lage war, die Gefährdung und die Rechtswidrigkeit seiner Handlung zu erkennen. In der Regel wird für die Feststellung ein psychiatrisches Gutachten zur Person eingeholt.

Eine Ersatzpflicht Deliktsunfähiger oder nicht haftbar zu machender beschränkt **67** Deliktsfähiger kann aus **Billigkeitsgründen nach § 829 BGB** in Betracht kommen. Eine Haftung kann im Einzelfall greifen, wenn die Umstände eine Schadloshaltung des Geschädigten erfordern, der Schädiger in erheblich besseren Vermögensverhältnissen lebt und die Ersatzpflicht dessen finanzielle Möglichkeiten nicht überschreitet.

Volle Deliktsfähigkeit besteht für Personen ab Vollendung des 18. Lebensjahres, es **68** sei denn, bei diesen greifen die Einschränkungen nach § 827 BGB.

Becker

69 Die soeben genannten Grundsätze gelangen über § 276 I S. 2 BGB auch außerhalb des Deliktsrechts bei vertraglichen Schadensersatzansprüchen zur Anwendung.

2.1.3 Bedeutung des Wohnsitzes

70 Der **Wohnsitz** einer Person hat rechtliche **Bedeutung für die Durchsetzung von Rechten**, insbesondere im Wege der Klage (dazu → Rn. 24).

Der Wohnsitz der natürlichen Person ist der Ort, wo sich der räumliche Schwerpunkt der Lebensverhältnisse befindet (§ 7 I BGB). Das Bürgerliche Gesetzbuch sieht vor, dass natürliche Personen an mehreren Orten den Wohnsitz haben können (§ 7 II BGB). Entscheidend ist der Wille der Person, sich an einem Ort oder mehreren Orten niederzulassen oder einen Wohnsitz aufzugeben (§ 7 III BGB).

Bei Geschäftsunfähigen und beschränkt Geschäftsfähigen besteht grundsätzlich die Notwendigkeit der Einwilligung der gesetzlichen Vertreter zur Begründung oder zum Wechsel eines Wohnsitzes. Bei minderjährigen Kindern ist von Gesetzes wegen der Wohnsitz der sorgeberechtigten Eltern oder des sorgeberechtigten Elternteils maßgebend (vgl. §§ 8, 11 BGB). Eine Spezialregelung enthält § 9 BGB für Soldaten.

> **Beispiele für die Bedeutung des Wohnsitzes**: Der Wohnsitz eines Beklagten ist allgemeiner Gerichtsstand, § 13 ZPO; der Wohnsitz des Schuldners ist im Zweifel der Erfüllungsort, § 269 I BGB.

2.1.4 Namensrecht

71 Der **Name** ist eine sprachliche Kennzeichnung für eine Person zur Unterscheidung von anderen Personen, er dient der Identifikation des Namensträgers. Zugleich ist der Name Ausdruck der Persönlichkeit und Ausdruck des Persönlichkeitsrechts. § 12 BGB schützt den Namen vor folgenden Beeinträchtigungen: Wird das Recht zum Namensgebrauch bestritten **(Namensleugnung)**, kann der Berechtigte die Beseitigung der Beeinträchtigung und bei Gefahr weiterer Beeinträchtigungen die Unterlassung weiterer Handlungen verlangen.

> **Beispiel**: Eine Namensleugnung erfolgt durch hartnäckige Verwendung einer falschen Schreibweise.

72 Der zweite Fall betrifft die **Namensanmaßung**, indem ein anderer unbefugt den gleichen Namen verwendet und dadurch schutzwürdige Interessen des Namensträgers verletzt. Auch in diesem Fall besteht Anspruch auf Beseitigung bzw. bei Wiederholungsgefahr besteht ein Anspruch auf Unterlassung.

> **Beispiel**: Der Gebrauch eines Stadtnamens durch Dritte als Domain-Name, zB Osnabrück.de; Wolfenbüttel.de.

Nach dem Wortlaut des § 12 BGB sind nur Namen natürlicher Personen geschützt. Die Rechtsprechung hat jedoch den Anwendungsbereich der Norm erweitert und den Namensschutz auch auf juristische Personen des öffentlichen Rechts (zB Gemeinden) und des privaten Rechts (zB auf den Vereinsnamen bei Vereinen) und sonstige Personenvereinigungen (politische Parteien, Gewerkschaften) ausgedehnt.

Becker

Auch Pseudonyme fallen unter den Schutz des § 12 BGB. Über den Beseitigungs- und Unterlassungsanspruch hinaus ergibt sich ein Schadensersatzanspruch des Namensberechtigten, wenn der Verwender des Namens schuldhaft gehandelt hat. Anspruchsgrundlage für den Schadensersatzanspruch ist § 823 I BGB, da das Namensrecht ein sonstiges Recht iSd § 823 I BGB ist.

2.1.5 Natürliche Personen als Verbraucher/Unternehmer

Die ursprüngliche Konzeption des BGB ging von „mündigen Bürgern" aus, welche **73** sich auf Augenhöhe begegnen und ihre Rechtsverhältnisse insbesondere durch Verträge regeln. Allerdings identifiziert insbesondere der europäische Gesetzgeber eine strukturelle Unterlegenheit von **Verbrauchern** gegenüber **Unternehmern** und sucht diese zu beseitigen.

Dieses Ziel wird insbesondere durch Widerrufsrechte, also das Recht sich einseitig ohne Grund vom Vertrag zu lösen und durch Informationspflichten verfolgt. Widerrufsrechte existieren etwa bei Fernabsatzverträgen (§§ 312c, 312g BGB) oder bei Haustürgeschäften (§§ 312b, 312g BGB). Informationspflichten existieren beispielsweise nach § 312d BGB iVm Art. 246a EGBGB.

Verbraucher sind dabei nach § 13 BGB definiert als natürliche Personen, soweit sie **Rechtsgeschäfte weder zu gewerblichen Zwecken noch für selbstständige berufliche Zwecke** abschließen. Umfasst werden über den Wortlaut hinaus aber auch Gesellschaften Bürgerlichen Rechts, solange ein zu privaten Zwecken vorgenommenes Rechtsgeschäft vorliegt. Zur privaten Sphäre zählen Urlaub, Sport, Gesundheitsvorsorge und Vorsorgemaßnahmen, Versicherungsgeschäfte sowie die Vermögensverwaltung.

Beispiel: Verbraucher V bestellt über Fernkommunikationsmittel (Telefon, E-Mail, SMS) Waren. Zum Schutz des Verbrauchers besteht gem. § 312g BGB für V ein Widerrufsrecht gem. § 355 BGB. Eine Begründung ist nicht notwendig.

Ebenfalls als „Verbraucher" iSd § 13 BGB anzusehen sind **Arbeitnehmer**. Der Arbeitsvertrag ist Verbrauchervertrag iSv § 310 III BGB.

Ergänzend zu § 13 BGB definiert § 14 BGB den **Unternehmerbegriff**. Unternehmer sind natürliche Personen (zB Freiberufler, Handwerker, Landwirte), juristische Personen (zB AG, GmbH), rechtsfähige Personengesellschaften (zB OHG, KG) soweit sie in Ausübung ihrer gewerblichen oder beruflichen Tätigkeit handeln.

Kontrollfragen:

1. Was ist unter der Rechtsfähigkeit und der Deliktsfähigkeit
   zu verstehen? → Rn. 54, 64
2. Wann beginnt die Rechtsfähigkeit? → Rn. 54
3. Wer ist zur Genehmigung von Rechtsgeschäften Minderjähriger berechtigt? → Rn. 60
4. Welche Rechtssituation besteht, wenn ein Minderjähriger einen Kaufvertrag ohne die Einwilligung der gesetzlichen Vertreter schließt? → Rn. 61

Becker

Aufgabe 1 (Leistungsniveau: Bachelorstudiengang)

Der 17-jährige A möchte an einem Skateboard-Wettbewerb in H teilnehmen. Um seine Gewinnchancen zu verbessern, kauft A im Sportgeschäft T ein Spezial-Skateboard für 950 EUR. Er vereinbart mit dem Verkäufer eine Anzahlung von 300 EUR. Den Betrag hat A zu Weihnachten von seinen Eltern geschenkt bekommen. Zur Finanzierung des Restbetrags will A einen Job als Zeitungszusteller annehmen und den Betrag monatlich mit 50 EUR abbezahlen. Als seine Eltern davon erfahren, sind sie verärgert. Sie wollen nicht, dass ihr Sohn sich derart verschuldet.

Lösungshinweise:

Der Abschluss des Kaufvertrages war für den Minderjährigen A nicht lediglich rechtlich vorteilhaft, da A damit eine Zahlungsverpflichtung einging, § 107 BGB. Daher war die Einwilligung der Eltern für die Wirksamkeit des Rechtsgeschäfts grundsätzlich erforderlich. Die Ausnahmeregelung des sog. Taschengeldparagraphen (§ 110 BGB) greift nicht, da A und T eine Kreditvereinbarung mit einem Ratenzahlungsgeschäft abschließen wollten. Kreditgewährungen sind über § 110 BGB nicht abgedeckt, die Leistung wird nicht mit eigenen Mitteln vollständig bewirkt, sodass es bei den Rechtsfolgen des § 108 I BGB bleibt. Der Vertrag ist schwebend unwirksam. Da die Eltern das Geschäft ablehnen, ist der Vertrag (endgültig) unwirksam. Die Rückabwicklung richtet sich nach § 812 I S. 1 Var. 1 BGB.

Aufgabe 2 (Leistungsniveau: Bachelorstudiengang)

Der 14-jährige Schüler V legt im Klassenzimmer dem Schüler S einen Knallkörper auf den Tisch, um diesen zu erschrecken. Der Knallkörper explodiert und verursacht ein Feuer, bei dem die auf dem Tisch befindlichen Bücher des S verbrennen. S erleidet Verbrennungen zweiten Grades an den Händen und verlangt, vertreten durch seine Eltern, Schadensersatz und Schmerzensgeld von V.

Lösungshinweise:

S könnte gegen K einen Anspruch aus § 823 I BGB haben. Die Haftungsvoraussetzungen für den Anspruch auf Schadensersatz sind grundsätzlich erfüllt: V hat den Körper und die Gesundheit des S rechtswidrig verletzt. Aufgrund des Brandes sind die Bücher und damit Eigentum des S widerrechtlich zerstört worden. Fraglich ist aber, ob V überhaupt deliktsfähig ist und damit schuldhaft gehandelt haben kann. V ist minderjährig, sodass § 828 BGB anzuwenden ist. Maßgebend ist, ob V die zur Erkenntnis der Verantwortlichkeit erforderliche Einsicht hatte, § 828 III BGB. Dies hängt von der Beurteilung des Einzelfalles ab. Von einem 14-jährigen Heranwachsenden ist bei altersgemäßer Entwicklung zu erwarten, dass er die Gefahren, die beim Umgang mit Knallkörpern bestehen, kennt; zumal, wenn sie bewusst zur Herbeiführung einer Schrecksituation bei Personen eingesetzt werden. Ob V nach seinem individuellen Entwicklungsstand diesen Reifegrad zu der Zeit hatte, wird im Zweifelsfall durch ein psychiatrisches Gutachten festzustellen sein.

Wenn V deliktsfähig ist, hat er nach § 823 I BGB den Schaden für die verbrannten Bücher und in Höhe der Heilbehandlungskosten gegenüber S zu leisten. Auch kann S von V gem. §§ 823 I iVm § 253 II BGB ein angemessenes Schmerzensgeld verlangen.

2.2 Juristische Personen

Literatur: *Schauhoff/Mehren*, Die Reform des Stiftungsrechts, NJW 2021, 2993; *Raiser*, Der Begriff der juristischen Person, AcP 199 (1999), 104.

Juristische Personen wurden bereits als eine Zusammenfassung von Personen, Sa-   74
chen und/oder Rechten beschrieben, die selbst Träger von Rechten und Pflichten sein können (→ Rn. 51). Die Rechtsfähigkeit wird ihnen zuerkannt, sodass sie Verbindlichkeiten begründen können und klagen bzw. verklagt werden können.

Der Art nach werden juristische Personen unterteilt in solche des **öffentlichen Rechts** und des **Privatrechts**.

2.2.1 Juristische Personen des öffentlichen Rechts

Juristische Personen des öffentlichen Rechts sind zB Körperschaften wie Bund, Län-   75
der, Gemeinden, Kreise, Kirchen sowie Anstalten und Stiftungen des öffentlichen Rechts.

Körperschaften des öffentlichen Rechts sind Vereinigungen mit eigener Rechtspersönlichkeit, die den Mitgliedern gegenüber verselbstständigt sind. Sie haben wegen der ihnen übertragenen Aufgaben hoheitliche Befugnisse.

Anstalten sind juristische Personen, die mit einem eigenen Bestand von persönlichen und sachlichen Mitteln ausgestattet sind. Sie dienen einem besonderen Zweck öffentlicher Verwaltung (zB Sparkassen, Rundfunkanstalten).

Stiftungen des öffentlichen Rechts bestehen aus einer zweckgebundenen Vermögensmasse, die auf Dauer einem bestimmten öffentlichen Zweck gewidmet sind (zB Stiftung Preußischer Kulturbesitz). Öffentlich-rechtlichen Charakter erwirbt eine Stiftung, indem sie vom Staat durch Gesetz oder Verwaltungsakt als Stiftung des öffentlichen Rechts errichtet wird.

2.2.2 Juristische Personen des Privatrechts

Juristische Personen des Privatrechts sind unter anderem: Die privatrechtliche Stif-   76
tung, der eingetragene Verein (eV), die Gesellschaft mit beschränkter Haftung (GmbH) und die Aktiengesellschaft (AG).

Im Folgenden wird neben einer kurzen Darstellung der Stiftung im Schwerpunkt der rechtsfähige Verein dargestellt. Die Personengesellschaften (GbR, Offene Handelsgesellschaft und Kommanditgesellschaft) werden in Kapitel 19 beschrieben. Die Kapitalgesellschaften (GmbH, Aktiengesellschaft) werden in Kapitel 20 und 21 dargestellt.

2.2.2.1 Die Stiftung

Die Stiftung des Privatrechts ist eine **mit Rechtsfähigkeit ausgestattete juristische**   77
Person, die einen vom Stifter bestimmten Zweck mit einer dazu gewidmeten Vermögensmasse fördern soll. Mit dem Gesetz zur Vereinheitlichung des Stiftungsrechts und zur Änderung des Infektionsschutzgesetzes vom 16.07.2021 (BGBl I 2021, 2947 ff.) treten zum 01.07.2023 einige Änderungen in Kraft; die neuen §§ sind im Folgenden als „nF" gekennzeichnet.

Die Voraussetzungen, unter denen eine Stiftung Rechtsfähigkeit erlangt, sind einheitlich und abschließend in §§ 80 ff. BGB geregelt. Für die Entstehung einer rechtsfähigen Stiftung ist ein **privatrechtliches Stiftungsgeschäft und die Anerkennung** durch die zuständige Behörde des Bundeslandes erforderlich. Die Anerkennung ist somit ein Verwaltungsakt, der nach Abschluss des landesrechtlichen Verfahrens erteilt wird und keine privatrechtliche Willenserklärung. Ein Rechtsanspruch auf **Anerkennung als rechtsfähige Stiftung** besteht, soweit folgende Voraussetzungen des § 80 II BGB erfüllt sind: Die Anforderungen an das Stiftungsgeschäft gem. § 81 BGB müssen erfüllt sein (zB verbindliche Erklärung des Stifters zur Vermögenswidmung, Aufstellung einer verbindlichen Satzung etc.), die dauernde und nachhaltige Erfüllung des Stiftungszweckes muss gesichert erscheinen und der Stiftungszweck darf das Gemeinwohl nicht gefährden, dh der Stiftungszweck darf nicht gegen gesetzliche Verbote oder die guten Sitten verstoßen.

78 Eine rechtsfähige Stiftung muss einen Vorstand haben (§ 84 BGB nF), der die Stiftung im Rechtsverkehr vertritt, § 84 II BGB nF. Dasselbe ergab sich nach bisheriger Rechtslage aus § 86 BGB, welcher einzelne Vorschriften des Vereinsrechts für anwendbar erkärte, vgl. § 86 iVm § 26 BGB. Abweichende Vertretungsregelungen können in der Satzung getroffen werden (§ 86 iVm § 26 II BGB, § 84 III BGB nF). Ebenso kann der Stifter weitere Organe vorsehen (§ 84 III BGB nF).

79 Ab dem 01.07.2023 sieht das BGB darüber hinaus eine Unterscheidung zwischen Verbrauchsstiftungen vor, die innerhalb einer bestimmten Zeit das Vermögen zur Erfüllung des Zwecks verbrauchen und sonstigen, auf unbestimmte Zeit angelegten Stiftungen. Auch werden detaillierte Regelungen über die Satzungsänderung (§ 85a BGB nF) und die Vereinheitlichung von Stiftungen durch Zulegung (§ 86 BGB nF) und Zusammenlegung (§ 86a BGB nF) neu in das BGB aufgenommen.

2.2.2.2 Der Verein

80 Der rechtsfähige bürgerlich-rechtliche Verein ist die Grundform der (privaten) Körperschaft. Zur Erlangung der Rechtsfähigkeit bedarf ein Verein, dessen Zweck nicht auf einen wirtschaftlichen Geschäftsbetrieb gerichtet ist, der Eintragung in das Vereinsregister (§ 21 BGB). Ein Verein, dessen Zweck auf **einen wirtschaftlichen Geschäftsbetrieb** gerichtet ist, erlangt die Rechtsfähigkeit durch staatliche Verleihung (§ 22 BGB). Die für die Unterscheidung zwischen nichtwirtschaftlichem und wirtschaftlichem Verein anzuwendenden Kriterien lassen sich wie folgt fassen: Vereine, die ideellen Hauptzwecken dienen, sind den **Idealvereinen** zuzuordnen, selbst wenn diese Vereine im Nebenzweck auch wirtschaftlich tätig sind, zB durch Verkäufe an Vereinsmitglieder oder die Vermietung von Vereinseigentum an Dritte. Ein wirtschaftlicher Verein ist dagegen anzunehmen, wenn er objektiv einem wirtschaftlichen Zweck dient. Im Wesentlichen wird darauf abgestellt, ob der Verein Leistungen am Markt gegen Entgelt anbietet und wie ein Unternehmer am Wirtschaftsverkehr teilnimmt.

> **Beispiele**: Nichtwirtschaftliche Vereine: Sportvereine, karitativ tätige Vereine, Lohnsteuerhilfevereine, Car-Sharing-Vereine, Inkassovereine.
>
> Wirtschaftliche Vereine: Verwertungsgesellschaft Wort.

Im Wirtschaftsleben hat der wirtschaftliche Verein keine große Bedeutung, da bei 81
der Verfolgung wirtschaftlicher Ziele meist die Rechtsform der GmbH, der AG oder
die der Genossenschaft gewählt werden muss und nur in Sonderfällen die notwendige
staatliche Konzession erteilt wird („...in Ermangelung besonderer bundesgesetzlicher
Vorschriften", § 22 BGB). Im Weiteren wird daher auf den **nichtwirtschaftlichen
Verein** eingegangen.

Die **Gründung** eines Vereins verläuft in der Regel in mehreren Schritten. Zur körperschaftlichen
Organisation durch die Gründer gehören die Vereinbarung einer
Satzung, die Bestellung des Vorstandes, die Anmeldung zur Eintragung in das
Vereinsregister, die Erlangung der Rechtsfähigkeit durch Eintragung.

Soll der Verein Rechtsfähigkeit erlangen, sind für die Gründung wenigstens sieben
Personen erforderlich, da eine Eintragung in das Vereinsregister nur mit Erreichen
der entsprechenden Mindestmitgliederzahl erfolgt, vgl. §§ 56, 57 BGB.

Ein Vorverein besteht nach Vereinbarung der Satzung und vor der Eintragung in
das Register als nicht eingetragener Verein. Personen, die in dieser Phase für den
Verein handeln, haften Dritten gegenüber persönlich (§ 54 S. 2 BGB), nicht aber die
(nicht handelnden) Mitglieder. Die Haftung der Handelnden erlischt erst mit der
Eintragung des Vereins. Bereits entstandene Verbindlichkeiten gehen auf den eingetragenen
Verein über.

Aufgrund der Vereinsautonomie hat ein Verein das Recht, sich in freier Selbstbestimmung 82
eine eigene Ordnung zu geben. Diese wird in einer satzungsmäßigen
Ordnung autonom festgelegt (Satzungsautonomie).

Die **Satzung** (Statut) hat für die Eintragung im Vereinsregister nach § 57 BGB den
Vereinszweck, den Namen und den Sitz des Vereins zu enthalten. Auch muss daraus
ersichtlich sein, dass der Verein eingetragen werden soll (§ 57 BGB). Weitere Soll-
Inhalte nennt § 58 BGB. Es sind: Regelungen für den Eintritt und Austritt von Mitgliedern,
ob und welche Beiträge von Mitgliedern zu leisten sind, wobei diese dort
nicht schon der Beitragshöhe nach bestimmt sein müssen. Die Satzung soll ebenso
Regelungen zur Bildung des Vorstandes sowie zur Nennung der Voraussetzungen,
unter denen die Mitgliederversammlung einzuberufen ist, die Form der Berufung
und die Regelungen zur Notwendigkeit der Beurkundung der Beschlüsse enthalten.

Die Satzung soll von mindestens sieben Mitgliedern unterzeichnet sein und den Tag
der Errichtung angeben (§ 59 II BGB). Eine besondere Form für die Satzung schreibt
das Gesetz nicht explizit vor. Für das Anmeldeverfahren zur Eintragung in das
Vereinsregister legt § 59 II BGB aber fest, dass die Satzung in Urschrift sowie eine
Abschrift der Urkunde zur Bestellung des Vorstandes beim Amtsgericht eingereicht
werden muss.

Für die Anmeldung zur Eintragung in das Vereinsregister und damit für die Erlangung
der Rechtsfähigkeit sind in den §§ 56–59 BGB elementare Inhalte festgeschrieben.
Soweit diese Anforderungen bei der Anmeldung des Vereins nicht erfüllt sind,
wird der Verein nicht eingetragen (vgl. § 60 BGB).

Zentrale Organe des Vereins sind die **Mitgliederversammlung** und der **Vorstand**. In 83
§ 32 BGB werden Aufgaben der **Mitgliederversammlung** benannt. Sie ist generell
zuständig für **Beschlussfassungen in Angelegenheiten des Vereins**, wenn diese nicht
vom Vorstand oder einem anderen Vereinsorgan zu besorgen sind. Die Mitglieder-

Becker

versammlung ist damit das oberste Organ des Vereins. Weitere Zuständigkeitsregelungen der Mitgliederversammlung enthalten §§ 27, 33, 44 BGB: So entscheidet sie nach § 27 BGB über die Bestellung des Vorstandes und über den Widerruf der Bestellung, soweit keine abweichende Satzungsbestimmung besteht. Ferner entscheidet sie über Satzungsänderungen (§ 33 BGB) und die Auflösung des Vereins (§ 41 BGB).

Die Beschlüsse der Mitgliederversammlung werden mit einfacher Mehrheit der erschienenen Mitglieder gefasst (§ 32 I BGB). Für die Abstimmung ist die Mehrheit der abgegebenen Stimmen maßgebend.

> **Beispiel**: Auf einer Mitgliederversammlung eines Vereins mit 120 Mitgliedern stimmen zum Tagesordnungspunkt „Entlastung des Vorstandes" von 87 anwesenden Mitgliedern 48 für und zwei gegen die Entlastung. Alle weiteren Mitglieder enthalten sich der Stimme. Der Vorstand ist mehrheitlich entlastet.

84 In Abweichung zur einfachen Stimmenmehrheit wird in § 33 I BGB für **Satzungsänderungen** eine Ausnahme gemacht. Für Änderungsbeschlüsse bedarf es einer Dreiviertelmehrheit der erschienenen Mitglieder. Für Änderungen des **Vereinszwecks** ist die Zustimmung aller Mitglieder erforderlich. Auch die Zustimmung der abwesenden Mitglieder muss hierbei (schriftlich) erfolgen. Allerdings kann die Satzung abweichende Regelungen zur grundsätzlichen Zuständigkeit der Mitgliederversammlung (§ 32 BGB) und zur Beschlussfassung der Versammlung und Satzungsänderung (§ 33 BGB) vorsehen (siehe § 40 BGB).
Beschlüsse der Mitgliederversammlung sind wirksam, wenn das für die Beschlussfassung vorgesehene Verfahren eingehalten wurde (zB nach der Satzung die Form der Einberufung der Versammlung der Mitglieder, die Bezeichnung der einzelnen Tagesordnungspunkte, (§ 32 I BGB). Fehlerhafte Beschlüsse sind grundsätzlich nichtig.

85 Der **Vorstand** ist gerichtlich wie außergerichtlich das **Vertretungsorgan des Vereins** im Rechtsverkehr (§ 26 I S. 2 BGB). Er hat die Stellung eines gesetzlichen Vertreters und kann aus mehreren Personen bestehen (§ 26 I S. 1 BGB). In diesem Fall wird der Verein durch die Mehrheit der Vorstandsmitglieder vertreten, § 26 II BGB.

> **Beispiel**: Ein Verein hat einen aus drei Personen bestehenden Vorstand. Soweit in der Satzung für alle Mitglieder des Vorstandes ein Alleinvertretungsrecht festgelegt ist, kann jedes Mitglied für den Verein rechtswirksam handeln. Fehlt in der Satzung eine Festlegung zum Vertretungsrecht, so bedarf es für eine Beschlussfassung nach § 28 BGB stets einer Mehrheitsbildung unter den Vorstandsmitgliedern.

Die Mitgliederversammlung kann zudem Beschlüsse fassen, die den Vorstand im Innenverhältnis nach §§ 27 III, 665 BGB binden, da die Mitgliederversammlung das Weisungsrecht hat.

86 Die **Vertretungsmacht des Vorstandes** ist grundsätzlich unbeschränkt, kann aber durch die Satzung beschränkt werden. Bei einem eingetragenen Verein wirken Beschränkungen der Vollmacht nur dann, wenn sie Dritten gegenüber bekannt gemacht wurden oder im Register eingetragen wurden (§§ 70, 68 BGB).

87 Die Bestellung der Vorstandsmitglieder erfolgt durch die Mitgliederversammlung (§ 27 BGB). Dies gilt in der Regel auch für die Abberufung der Vorstandsmitglieder.

Zudem wird ein Dienstvertrag zwischen Vorstand und Verein geschlossen. Bei unentgeltlicher Tätigkeit gelten die Normen des Auftragsrechts (vgl. § 27 III BGB).

Pflichtwidriges Handeln der Vorstandsmitglieder führt grundsätzlich zu einer **88** Haftung gem. § 280 I BGB wegen Verletzung der Pflichten aus dem Bestellungsverhältnis. Allerdings wird das Haftungsrisiko dadurch reduziert, dass zumindest einmal jährlich in einer Mitgliederversammlung dem Vorstand regelmäßig Entlastung erteilt wird. Folge dieser Entlastung ist, dass Ansprüche, zB Schadensersatzansprüche, die im Rahmen der Geschäftsführung entstanden sind, ausgeschlossen werden, soweit diese Maßnahmen der Mitgliederversammlung bekannt waren bzw. bekannt sein konnten. Darüber hinaus haftet der Vorstand unter den Voraussetzungen des § 31a BGB nur für Vorsatz und grobe Fahrlässigkeit.

Der **Verein haftet** für die durch seine Vertreter begründeten rechtsgeschäftlichen **89** Verbindlichkeiten. Für Schäden, die durch den Vorstand, ein Mitglied des Vorstandes oder einen anderen verfassungsmäßig berufenen Vertreter (§ 30 BGB) im Rahmen der Vereinstätigkeit verursacht werden, haftet der Verein Dritten gegenüber nach § 31 BGB. Diese Norm findet entsprechende Anwendung auf GmbH, AG und auch auf die Personengesellschaften.

> **Beispiel**: Ein Vorstandsmitglied verursacht im Rahmen seiner Geschäftstätigkeit bei einem Vertragspartner des Vereins fahrlässig Sachschäden am Eigentum des Vertragspartners.
>
> Der Verein haftet für die durch das Vorstandsmitglied verursachten Schäden. Das schädigende Verhalten des Vorstandsmitgliedes wird nach § 31 BGB dem Verein als eigenes Handeln zugerechnet. Daneben kann auch eine eigene Haftung des handelnden Vorstands aus unerlaubter Handlung nach § 823 I BGB bestehen.

Für die Schulden des Vereins haften die einzelnen Mitglieder grundsätzlich nicht.

> **Beispiel**: Ein Gläubiger hat gegenüber dem Verein TuS eV offene Forderungen aus Lieferverträgen iHv 8.000 EUR. Für die Verbindlichkeiten haftet der Verein, es haften nicht die einzelnen Mitglieder A, B, C etc.

Eine **sog. Durchgriffshaftung** mit der Folge der unmittelbaren Haftung der einzelnen **90** Mitglieder besteht in der Regel nicht. Sie kann nur in besonderen **Ausnahmefällen** anerkannt werden. Nach der Rechtsprechung führt zB eine Unterkapitalisierung nicht ohne Weiteres zu einer Durchgriffshaftung. Dagegen ist eine Durchgriffshaftung möglich, wenn eine Vermögensvermischung zwischen Vereinsvermögen und Privatvermögen erfolgt ist. Die Durchgriffshaftung bedarf in jedem Einzelfall der Rechtfertigung aus Treu und Glauben (§ 242 BGB) und beruht auf dem Gedanken des Rechtsmissbrauchs.

Vereinsmitglieder, die Schulden des Vereins begleichen, haben einen Erstattungsanspruch gegenüber dem Verein, § 31a II BGB.

2.2.2.3 Der nichtrechtsfähige Verein

Idealvereine, die **nicht zur Eintragung in das Vereinsregister** angemeldet werden oder **91** aus besonderen Gründen nicht eingetragen werden sollen, erlangen **keine Rechtsfähigkeit**. Für diese Vereine sind nach § 54 I S. 1 BGB nF ab dem 01.01.2024 die Vorschriften über den eingetragenen Verein entsprechend anzuwenden. Auf einen **nicht rechtsfähigen wirtschaftlichen Verein**, dem also die Verleihung verwehrt wird, sollen hingegen die Regelungen über die GbR (§§ 705 ff. BGB, dazu → Rn. 921) Anwendung finden, § 54 I S. 2 BGB nF. Damit wird im Wesentlichen die Rechtslage kodifiziert, die bislang durch Auslegung aus § 54 BGB gewonnen wurde. Daneben haften nach § 54 II BGB nF (bislang: § 54 S. 2 BGB) die Handelnden eines nicht rechtsfähigen Vereins für Rechtsgeschäfte, die im Namen des nichtrechtsfähigen Vereins getätigt werden, persönlich mit ihrem Vermögen (sog. **Repräsentantenhaftung**).

?

Kontrollfragen

1. Was unterscheidet den rechtsfähigen Verein von dem nichtrechtsfähigen Verein? → Rn. 80
2. Welche Voraussetzungen müssen erfüllt sein, damit ein Verein in das Vereinsregister eingetragen wird? → Rn. 81
3. Welche Aufgaben hat der Vorstand eines Vereins? → Rn. 85

Aufgabe 1 (Leistungsniveau: Bachelorstudiengang)

Vorstandsmitglied V des TuS eV verursacht, als er für den Verein Geräte besorgen will, einen Unfall, bei dem ein Fußgänger zu Schaden kommt. Wer haftet für die Schäden des Fußgängers (zB Verdienstausfall, Mehrbedarf an Hilfsmitteln)?

Lösung V haftet nach § 823 I BGB persönlich, da er durch die Verletzung des Fußgängers eine rechtswidrige unerlaubte Handlung begangen hat. Der Verein haftet nach § 31 iVm § 823 I BGB ebenfalls für den Schaden, den V als Vertreter während seiner Tätigkeit für den Verein verursacht hat.

Aufgabe 2 (Leistungsniveau: Bachelorstudiengang)

Der Sportverein Turn eV wählt einen neuen Vorstand. Der Vorstand beschließt als erste Handlung eine Umbenennung des Vereins in Funsport eV, weil er meint, diese Benennung sei werbewirksamer. Die Mehrzahl der Mitglieder ist über dieses eigenmächtige Handeln verärgert und fragt, ob die Umbenennung rechtens ist.

Lösung Die Mitgliederversammlung ist das zentrale Organ des Vereins. Sie entscheidet nach § 32 BGB in den Angelegenheiten des Vereins. Dazu zählt auch eine grundsätzliche Angelegenheit wie die Namensnennung. Der Vorstand wäre dazu nur befugt, wenn eine entsprechende Beschlussfassung der Mitgliederversammlung für die Aufgabe gegeben wäre. Davon kann hier nicht ausgegangen werden. Die Entscheidung ist nicht rechtens.

2.3 Objekte des Rechtsverkehrs (§§ 90 ff. BGB)

Literatur: *Wietfeld*, Der maßgebliche Zeitpunkt zur Beurteilung der Wesentlichkeit von Bestandteilen, NJW 2022, 1273; *Bydlinski*, Der Sachbegriff im elektronischen Zeitalter, AcP 198 (1998), 287.

2.3.1 Rechtsobjekte

Rechtssubjekten werden grundsätzlich Gegenstände des Rechtsverkehrs zugeord- 92
net. Diese sog. Rechtsobjekte können körperliche Gegenstände, Tiere, unkörperliche
Gegenstände, insbesondere Rechte wie Forderungen und Immaterialgüter (geistige
Werke) sein. Die §§ 90 bis 103 BGB enthalten die maßgebenden Vorschriften zu den
Rechtsobjekten.

2.3.2 Sachen

Sachen sind nach § 90 BGB körperliche Gegenstände. Entscheidend ist die Körper- 93
lichkeit, durch die sie sich von Rechten unterscheiden.

> **Beispiele**: Bücher, Waren jeder Art und Grundstücke. Dagegen sind Strom, fließen-
> des Wasser oder Computerdaten unkörperliche Gegenstände.

Sachen sind im Recht zu unterteilen in **bewegliche und unbewegliche Sachen** (Grundstücke), teilbare und unteilbare Sachen.

2.3.2.1 Bewegliche Sachen

Bewegliche Sachen sind solche, die weder Grundstücke noch Grundstücksteile sind. 94
Im Weiteren sind bei den beweglichen Sachen vertretbare und nicht vertretbare Sachen zu unterscheiden. § 91 BGB definiert **vertretbare Sachen** als bewegliche Sachen,
die im Rechtsverkehr nach Zahl, Maß und Gewicht bestimmt zu werden pflegen.
Nicht die Individualität, sondern die Austauschbarkeit steht im Vordergrund. Maßgebend ist die Anschauung des Rechtsverkehrs. Daher sind zB viele Konsumgüter
wie Lebensmittel, Kleidung, Möbel aus Serienfertigung etc zu den vertretbaren Sachen zu zählen. Ebenso werden aber auch Geld und Wertpapiere erfasst.

Nicht vertretbare Sachen sind dagegen nach individuellen Wünschen und Vorstellungen hergestellt.

> **Beispiele**: Sonderanfertigungen von Sachen, Spezialmaschinen, Einbauküchen so-
> wie generell gebrauchte Sachen.

Die Unterscheidung zwischen **vertretbaren und unvertretbaren Sachen** ist von Be- 95
deutung für verschiedene Schuldverhältnisse. Beispielsweise wird beim Sachdarlehensvertrag gem. § 607 BGB die Überlassung einer vertretbaren Sache geschuldet.
Der unregelmäßige Verwahrungsvertrag nach § 700 BGB beinhaltet die Hinterlegung
vertretbarer Sachen.

2.3.2.2 Verbrauchbare und nicht verbrauchbare Sachen

Der Gesetzgeber unterscheidet bei den beweglichen Sachen noch zwischen **ver-** 96
brauchbaren und **nicht verbrauchbaren** Sachen. **Verbrauchbare Sachen** sind nach § 92
BGB solche, deren bestimmungsgemäßer Gebrauch in dem Verbrauch oder der
Veräußerung besteht.

> **Beispiele**: Lebensmittel, Brennmaterial. Nicht: Kleidung, da sie der Abnutzung
> unterliegt.

Ebenso gelten nach § 92 II BGB auch Sachen als verbrauchbar, die zu einem Warenlager oder zu einem sonstigen Sachenbegriff gehören, dessen bestimmungsgemäßer Gebrauch in der Veräußerung der einzelnen Sachen besteht.

Beispiel: Waren aus Tiefkühllagern (zB Fleisch) oder Warenlager sonstiger Art.

2.3.2.3 Unbewegliche Sachen

97 Unbewegliche Sachen sind **Grundstücke** (Immobilien). Die Bedeutung der Unterscheidung wird beispielsweise beim Erwerb sichtbar. Grundstücke werden durch Auflassung und Eintragung in das Grundbuch erworben (§§ 873 I, 925 I S. 1 BGB). Bei beweglichen Sachen erfolgt der Eigentumswechsel aufgrund dinglicher Einigung und Übergabe (§ 929 S. 1 BGB).

2.3.2.4 Teilbare und unteilbare Sachen

98 Die Unterscheidung in **teilbare und unteilbare Sachen** ist dort relevant, wo Sachen ohne Wertminderung in gleichartige Teile zerlegt werden können.

Beispiel: Geld ist teilbar. Nicht teilbar ist ein Tier oder ein Haus etc. Bedeutsam ist die Unterscheidung beispielsweise für die Auseinandersetzung einer Gemeinschaft, siehe § 752 BGB.

2.3.2.5 Bestandteile, Zubehör, Nutzungen, Früchte, Lasten

99 Rechtlich bedeutsam bei Sachen ist die Zuordnung von Bestandteilen, Zubehör sowie Nutzungen, Früchte und Lasten.

100 Da Sachen sehr häufig aus verschiedenen Bestandteilen zusammengefügt sind, wird für die rechtliche Zuordnung zwischen **wesentlichen und unwesentlichen Bestandteilen** einer Sache unterschieden. Ein **Bestandteil** ist **wesentlich**, wenn ein Teil bei natürlicher, wirtschaftlicher Betrachtung nicht von der Sache gelöst werden kann, ohne dass durch die Trennung der eine oder andere Teil zerstört oder in seinem Wesen verändert würde (vgl. § 93 BGB).

Beispiele: Ein Kraftfahrzeug ist aus Bestandteilen zusammengesetzt. Die Karosserie ist wesentlicher Bestandteil. Gleiches gilt auch für die Bremstrommel eines Lkw. Dagegen ist der Motor eines Fahrzeugs kein wesentlicher Bestandteil, da dieser austauschbar ist. In Geräten eingebaute Messinstrumente sind in der Regel ebenfalls nicht wesentlicher Bestandteil.

Für Grundstücke regelt § 94 BGB in Erweiterung des Bestandteilbegriffs, dass hier auch die mit dem Grund und Boden fest verbundenen Sachen, *solange* sie mit dem Grund und Boden zusammenhängen, zu den wesentlichen Bestandteilen gehören. Von einer festen Verbindung ist dann auszugehen, wenn die Trennung unverhältnismäßig teuer wäre oder für die Sache schädliche Folgen hätte. Wesentliche Bestandteile von Grundstücken werden deshalb nach § 946 BGB bewegliche Sachen, die fest mit dem Grundstück verbunden werden. Das bisherige Eigentumsrecht an der Sache geht unter.

> **Beispiel**: Ein erbautes Haus wird wesentlicher Bestandteil des Grundstücks; ebenso Zäune und Mauer oder Badanlagen im Wohnhaus.

Zu den wesentlichen Bestandteilen eines Gebäudes gehören gem. § 94 II BGB die zur Herstellung des Gebäudes eingefügten Sachen. Hierunter fallen alle Sachen, ohne die das Gebäude nach der Verkehrsanschauung noch nicht fertig gestellt ist.

> **Beispiele**: Wesentliche Bestandteile sind zB Fenster, die eingebaute Heizungsanlage, die Dachkonstruktion. Die Folge ist, dass Lieferanten mit dem Einbau ihr Eigentum an den Sachen verlieren, auch wenn sie einen Eigentumsvorbehalt nach §§ 449, 158, 929 BGB vereinbart haben.

Sachen, die nur zu einem **vorübergehenden Zweck** mit dem Grund und Boden verbunden werden, sind **Scheinbestandteile** (vgl. § 95 BGB).

> **Beispiel**: Vorübergehende Unterkünfte zur Durchführung eines Bauvorhabens. Eingegrabene Pflanzen für den Verkauf. Auch zB Windkraftanlagen mit vereinbarter Abbaupflicht.

Unter **Zubehör** sind **bewegliche Sachen** zu verstehen, die nicht Bestandteil der Hauptsache sind. Zubehör dient dem wirtschaftlichen Zweck der Hauptsache und steht in einem dieser Bestimmung entsprechenden räumlichen Verhältnis zur Hauptsache, vgl. § 97 BGB. Das Zubehör ist sonderrechtsfähig und kann somit gesondert übertragen und übereignet werden. **101**

> **Beispiele**: Das Inventar eines Hotels; die Alarmanlage in einer Eigentumswohnung. Kein Zubehör sind dagegen Möbel oder Lampen des Mieters oder in einem Betrieb gelagerte und zum Verkauf bestimmte Waren.

Da das Zubehör dem wirtschaftlichen Zweck der Hauptsache dient, soll es in der rechtlichen Zuordnung der Hauptsache folgen. Für den Grundstückserwerb regelt § 926 I BGB, dass bei entsprechender Vereinbarung das Zubehör mit der Veräußerung eines Grundstückes mit übergehen soll. Beispielsweise erstreckt sich bei Kaufverträgen die Verpflichtung des Veräußerers im Zweifel auch auf Übereignung des Zubehörs (§ 311c BGB). § 98 BGB legt fest, dass das Inventar von Betriebsgebäuden dem wirtschaftlichen Zweck der Hauptsache zu dienen bestimmt ist und damit Zubehör ist. Die Auflistung des gewerblichen Inventars und des landwirtschaftlichen Inventars ist jedoch zT veraltet und auch nicht abschließend.

> **Beispiele**: Maschinen eines gewerblichen Betriebes, Gerätschaften, die Dekoration eines Restaurants, Büroeinrichtungen. Zum landwirtschaftlichen Inventar zählen die Geräte, das Vieh, welches zB zu Zuchtzwecken oder zur Gewinnung von Erzeugnissen gehalten wird oder Mastvieh.

Der Begriff der **Früchte und Nutzungen** ist im Bürgerlichen Gesetzbuch von rechtlicher Bedeutung für die Gebrauchsüberlassungsverträge wie zB die Pacht (§ 581 BGB) und den Nießbrauch (§§ 1030, 1031 BGB). **102**
Mit dem Pachtvertrag erlangt der Pächter das Recht, neben dem Gebrauch des verpachteten Gegenstandes auch Früchte als Ertrag der Bewirtschaftung zu ziehen. Mit der Einräumung eines Nießbrauchs gem. § 1030 BGB erlangt der Nießbraucher das

Recht der Nutzungsziehung. Er kann je nach Regelungsinhalt die Früchte aus einer Sache ziehen oder eine Sache zB vermieten oder verpachten.

Nutzungen sind somit die **Früchte einer Sache oder eines Rechts**, insbesondere einer Forderung sowie die **Vorteile**, welche der Gebrauch der Sache oder des Rechtes gewährt (§ 100 BGB).

> **Beispiele**: Sachfrüchte wie Obst, Pflanzen, Bäume; Gebrauchsvorteile wie das Bewohnen eines Hauses; unmittelbare und mittelbare Rechtsfrüchte wie die Ernte von gepachtetem Land; das Stimmrecht als Mitglied eines Vereins; Dividende aus Unternehmensanteilen.

In den §§ 953 bis 957 BGB wird geregelt, wer Berechtigter an Früchten und sonstigen Bestandteilen nach der Trennung von der Muttersache ist. Dies ist grundsätzlich der Eigentümer. Doch sehen die nachfolgenden Vorschriften Abweichungen vor.

> **Beispiel**: § 954 BGB (Erzeugnisse fremder Sachen): Wer zB ein Kiesabbaurecht hat, erwirbt das Eigentum am Kies mit der Gewinnung.

103 **Lasten** sind Verpflichtungen, die vom Eigentümer oder einem Inhaber einer Sache oder eines Rechtes aus der Sache oder dem Recht zu leisten sind (vgl. § 103 BGB).

> **Beispiel**: Regelmäßig wiederkehrende Lasten sind Hypotheken- und Grundschuldzinsen, Prämien einer Sachversicherung, sowie öffentlich-rechtliche Lasten wie Grundsteuer, Abgaben.

Einmalige Lasten sind Erschließungsbeiträge, Deichlasten, anfallende Einkommenssteuer.

2.3.2.6 Tiere

104 Der im Jahre 1990 eingefügte § 90a BGB stellt klar, dass Tiere nicht den Sachen gleichgestellt werden dürfen. Für sie gelten gesonderte Schutzvorschriften wie das Tierschutzgesetz. Im Übrigen sind die für Sachen geltenden Vorschriften entsprechend anwendbar.

2.3.3 Rechte

105 Zu den Rechtsobjekten zählen auch unkörperliche Gegenstände, insbesondere **Rechte**. Rechte lassen sich unter unterschiedlichen Gesichtspunkten in Kategorien zusammenfassen.

Eine bedeutsame Unterscheidung ist die Aufteilung in **absolute oder relative Rechte**.

2.3.3.1 Absolute und relative Rechte

106 **Absolute Rechte** wirken gegenüber jedermann. Sie werden in der Regel nicht durch Vertragsbeziehungen begründet. Absolute Rechte sind zB Persönlichkeitsrechte des Menschen und die in § 823 I BGB genannten Rechte und Rechtsgüter Leben, Körper, Gesundheit, Freiheit, Eigentum. Ebenso zählen dazu das Besitzrecht sowie Patent- und Urheberrechte.

Relative Rechte richten sich gegen bestimmte Personen. In der Regel ist es der Verpflichtete aus einem Rechtsgeschäft. Im Weiteren wird auf die Ausführungen im 4. Kapitel (→ Rn. 137 ff.) verwiesen.

Im Weiteren wird zwischen **schuldrechtlichen und dinglichen Rechten** unterschieden. Schuldrechtliche Rechte können die Parteien grundsätzlich nach ihrem Willen schaffen und in der Regel frei gestalten, insbesondere schuldrechtliche Ansprüche. Dingliche Rechte sind im Gesetz hingegen abschließend genannt (numerus clausus, → Rn. 828). **107**

> **Beispiele für dingliche Rechte**: Eigentumsrechte, Sicherungsrechte und Verwertungsrechte (zB Pfandrecht, Hypothekenrechte) oder Nutzungsrechte (zB Dienstbarkeiten, Nießbrauch).

2.3.3.2 Einreden, Einwendungen

Einreden gewähren das Recht, die Durchsetzbarkeit rechtlicher Ansprüche einer anderen Person zu verhindern. Einreden haben rechtshemmende Wirkung, das heißt, der Anspruch bleibt bestehen, er kann aber bei Geltendmachung der Einrede nicht mehr realisiert werden. Er ist somit in seiner Durchsetzbarkeit gehemmt. Diese Wirkung tritt allerdings nur dann ein, wenn der Schuldner die Einrede geltend macht. Beispiele für Einreden sind: **108**

- Die Einrede des nichterfüllten Vertrags (§ 320 BGB) **109**

> **Beispiel**: Unternehmer U hat bei dem Hersteller H eine Maschine bestellt. Als H zum vereinbarten Termin nicht liefert, teilt U dem H mit, dass H für alle Kosten, die aufgrund des Verzugs entstehen, aufkommen müsse. H erwidert, U habe die vereinbarte Vorauszahlung in Höhe der Hälfte des Preises nicht geleistet, sodass er auch nicht in Verzug sei.
>
> H macht die Einrede des nichterfüllten Vertrags geltend. Da die vereinbarte Vorauszahlung nicht erfolgte, konnte U auch nicht in Leistungsverzug kommen.

- Einrede der Verjährung (§ 214 BGB) **110**

> **Beispiel**: Kaufmann K hat gegenüber einem Privatkunden aus einem Kaufvertrag noch eine Forderung iHv 5.500 EUR. Trotz Mahnungen zahlt der Kunde nicht. Nach fünf Jahren verklagt K den Kunden auf Zahlung. Dieser beruft sich darauf, dass die Forderung verjährt sei.
>
> Unabhängig von einer Fristberechnung im Einzelnen ist festzustellen, dass die Forderung nach drei Jahren verjährt ist, vgl. §§ 195, 199 BGB (Näheres zur Verjährung unter → Rn. 350 ff.). Im Beispielsfall konnten die Mahnungen die Verjährungsfrist nicht hemmen, vgl. § 204 BGB. Da der Schuldner die Einrede der Verjährung geltend macht, ist der Anspruch nicht mehr durchsetzbar.

- Das Zurückbehaltungsrecht (§ 273 BGB) **111**

> **Beispiele**: Ein Arbeitgeber weist einem Arbeitnehmer einen mit Schadstoffen kontaminierten Arbeitsplatz zu. Der Arbeitnehmer verweigert die Arbeitsleistung mit dem Hinweis, dass ihm ein gesundheitlich unbedenklicher Arbeitsplatz zugewiesen

werden müsse. Mit der Zuweisung eines die Gesundheit gefährdenden Arbeitsplatzes verletzt der Arbeitgeber nebenvertragliche Pflichten aus dem Arbeitsvertrag. Im Einzelfall ist zu prüfen, welche Arbeitsschutzvorschriften verletzt sind. Der Arbeitnehmer kann sich mit Recht auf das Zurückbehaltungsrecht nach § 273 BGB berufen.

112 Von den Einreden sind **Einwendungen** zu unterscheiden. Diese hindern nicht nur die Durchsetzbarkeit eines Rechtes, sondern beseitigen das Recht als solches. Zu unterscheiden sind **rechtshindernde und rechtsvernichtende Einwendungen**. Bei ersteren kommt der Anspruch gar nicht erst zum Entstehen, bei letzteren entsteht er, wird jedoch wieder vernichtet.

Beispiele für rechtshindernde Einwendungen: Eine zur Leistung aufgeforderte Person beruft sich auf die Nichtigkeit einer Vereinbarung mit dem Einwand, der Vertragspartner sei nicht geschäftsfähig gewesen.

Die Sittenwidrigkeit eines Vertrages (§ 138 BGB) oder der Verstoß gegen ein gesetzliches Verbot nach § 134 BGB (zB bei sog. Schwarzarbeiter) wird vorgetragen.

Beispiele für rechtsvernichtende Einwendungen: Ein Anspruch wird durch Anfechtung, Rücktritt, Kündigung oder Erfüllung vernichtet. Eine Ausschlussfrist wird versäumt: Ein Reisender versäumt es, innerhalb eines Monats nach der vertraglich vorgesehenen Beendigung der Reise gegenüber dem Reiseveranstalter Mängel geltend zu machen (§ 651g BGB).

Einwendungen werden im Prozessverfahren von Amts wegen berücksichtigt, sodass eine Berufung auf diese Tatsache nicht zwingend nötig ist.

?

Kontrollfragen

1. Was unterscheidet bewegliche von unbeweglichen Sachen?	→ Rn. 94, 97
2. Was zählt zu den Rechtsobjekten? Nennen Sie Beispiele	→ Rn. 92 ff.
3. Züchter Z will den Schäferhund Rex verkaufen. Tierschützer T meint, ein Tier sei kein Rechtsobjekt und könne nicht verkauft werden. Wer hat Recht?	→ Rn. 104
4. Welche Einreden enthält das BGB?	→ Rn. 109 ff.
5. Welche Wirkungen haben Einreden?	→ Rn. 108
6. Welche Wirkungen haben Einwendungen?	→ Rn. 112

3. Grundlagen des Handelsrechts

Literatur: Brox/Henssler, Handelsrecht, 23. Aufl. 2020; Wörlen/Kokemoor/Lohrer, Handelsrecht, 14. Aufl. 2021; Lettl, Handelsrecht, 5. Aufl. 2021; Lieder, Die Publizität des Handelsregisters nach dem DiRUG, DNotZ 2021, 830-845.

3.1 Handelsrecht als Sonderprivatrecht der Kaufleute

Als Handelsrecht im weitesten Sinne können alle Vorschriften angesehen werden, **113** die sich auf den „Handel" im Sinne von Wirtschaftsverkehr auswirken, unabhängig davon, in welchem Gesetz sie geregelt sind. Hier sollen wie üblich unter Handelsrecht die Vorschriften des Handelsgesetzbuchs (HGB) verstanden werden. Das HGB trat zeitgleich mit dem BGB in Kraft, schon seit 1861 galt aber in allen Staaten des „Deutschen Bundes" das Allgemeine Deutsche Handelsgesetzbuch, welches 1900 durch das HGB abgelöst wurde. Der Bedarf für einen einheitlichen Rechtsrahmen für den Handel wurde also schon früher erkannt als im allgemeinen Privatrecht.

Das HGB ist wie das BGB in einzelne „**Bücher**" unterteilt. Das erste Buch enthält **114** einige grundlegende Regeln des Handelsrechts zum so genannten „**Handelsstand**". Das zweite Buch behandelt die **Handelsgesellschaften** und wird hier im Kapitel 19 „Personengesellschaften" behandelt. Das dritte Buch behandelt die „**Handelsbücher**" und wird üblicherweise in der Betriebswirtschaftslehre behandelt. Das vierte Buch enthält Bestimmungen zu für den Warenhandel wichtigen „**Handelsgeschäften**", insbesondere zum Handelskauf und zu Transportgeschäften. Das fünfte Buch schließlich regelt den **Seehandel** und ist typischerweise Gegenstand von Spezialliteratur.

Die Vorschriften des HGB betreffen nur Kaufleute, folgerichtig definieren gleich die ersten Paragrafen des HGB den Kaufmannsbegriff. Das HGB geht davon aus, dass Kaufleute **geschäftserfahren** sind. Dementsprechend ist der **Schutz** von Kaufleuten im Vergleich zum BGB teilweise **eingeschränkt**.

> **Beispiel:** § 766 I BGB will Personen durch ein Schriftformerfordernis vor der übereilten Übernahme einer Bürgschaft schützen. Kaufleute können nach § 350 HGB dagegen eine Bürgschaft auch kurzerhand mündlich vereinbaren.

Das HGB enthält darüber hinaus verschiedene Regelungen, die der **schnelleren Abwicklung** von Handelsgeschäften dienen.

> **Beispiel:** Schließen sich Personen zu einer „BGB-Gesellschaft" zusammen (zB um als Wohngemeinschaft eine Wohnung anzumieten), so ist für jedes Geschäft der Gesellschaft die Zustimmung aller Gesellschafter erforderlich, sofern diese nichts anders vereinbaren (§ 709 I BGB). Ist die Gesellschaft aber auf den Betrieb eines Handelsgewerbes ausgerichtet, so wird sie zu einer „Offenen Handelsgesellschaft", bei der jeder Gesellschafter allein handeln kann (§ 114 I HGB). Eine gemeinschaftliche Geschäftsführung wäre für den Handelsverkehr viel zu umständlich.

Das HGB enthält anders als das BGB keine umfassende Regelung, sondern beschränkt sich auf die Regelung bestimmter Sachverhalte. Soweit das HGB keine Sonderregeln enthält, gilt auch für Kaufleute das BGB.

> **Beispiel:** Ein Verbraucher kann Mängel einer gekauften Sache innerhalb der zweijährigen Verjährungsfrist des §438 I Nr.3 BGB gegenüber dem Verkäufer geltend machen. Ein Kaufmann muss dagegen gelieferte Ware unverzüglich auf Mängel untersuchen und ggf. dem Verkäufer einen Mangel anzeigen, sonst verliert er seine Gewährleistungsrechte (§377 I HGB). Der Sachmangel selbst ist im HGB nicht definiert. Er richtet sich für Verbraucher ebenso wie für Kaufleute nach §434 BGB.

Ähnlich wie Treu und Glauben oder der „Verkehrssitte" im BGB kommt im Handelsrecht den **„Handelsgewohnheiten und -gebräuchen"** eine besondere Bedeutung zu (§346 HGB). Diese sind insbesondere bei der Auslegung von Erklärungen oder der Schließung von Lücken in vertraglichen Vereinbarungen zu beachten.

3.2 Kaufleute

3.2.1 Ist-Kaufleute

115 Die ersten Paragrafen des HGB definieren den zentralen Begriff des „Kaufmanns". Nach §1 I HGB ist Kaufmann, **wer ein Handelsgewerbe betreibt.** Handelsgewerbe ist nach §1 II HGB jeder Gewerbebetrieb, es sei denn, er erfordert nach Art und Umfang keinen in kaufmännischer Weise eingerichteten Gewerbebetrieb.

> Gewerbe ist jede
> - selbstständige und berufsmäßige Tätigkeit,
> - die auf Gewinnerzielung durch einen
> - auf Dauer eingerichteten Geschäftsbetrieb zielt.

Durch das Merkmal der Selbständigkeit werden Arbeitnehmer aus dem Kaufmannsbegriff herausgenommen. Auf „Gewinnerzielung ausgerichtet" bedeutet nicht notwendig, dass dies auch gelingt. Verluste ändern nichts an der Kaufmannseigenschaft. „Auf Dauer" meint nicht unbefristet, soll aber verhindern, dass kurze, befristete Tätigkeiten gleich als Gewerbe eingestuft werden.

> **Beispiel:** Der beim Automobilhersteller H beschäftigte Arbeitnehmer A kauft jedes Jahr einen Pkw zu Mitarbeiterkonditionen und verkauft seinen „Jahreswagen" vom letzten Jahr. Dies ist mangels Dauerbetriebs noch kein Gewerbe.

116 **Kein Gewerbe** stellen die so genannten **„freien Berufe"** dar. Auch wenn sie alle Merkmale des Gewerbes erfüllen, so soll bei ihnen doch im Vordergrund die Erreichung eines „edleren", nicht gewerblichen Zwecks stehen. Zu den freien Berufen gehören zB medizinische oder künstlerische, aber auch rechts- oder steuerberatende Berufe. Letztlich ist dies nur historisch bzw. mit einer effizienten Interessenvertretung dieser Berufsgruppen zu erklären. Welche Berufe zu den „freien Berufen" gehören, lässt sich im Wesentlichen aus §1 **PartnGG** entnehmen, der für diese Berufe eine eigene Gesellschaftsform („Partnerschaftsgesellschaft") eingeführt hat.

Trotz Erfüllung der genannten Merkmale liegt ein Handelsgewerbe dann nicht vor, **117** wenn das Unternehmen „**nach Art und Umfang keinen in kaufmännischer Weise eingerichteten Geschäftsbetrieb erfordert**" (§1 II HGB). Dies erfordert stets eine Bewertung des Einzelfalls. Bei der „**Art**" des Gewerbebetriebs ist vor allem zu berücksichtigen, wie **komplex** die Geschäftstätigkeit ist. Dazu gehören zB die Finanzierung über Fremdkapital, Notwendigkeit eines Warenwirtschaftssystems, nationale oder internationale Tätigkeit, Schwierigkeit der Tätigkeit im Hinblick auf betriebswirtschaftliche oder rechtliche Risiken, Vielfalt der erbrachten Leistungen oder Erzeugnisse, Vielzahl an Lieferanten, Notwendigkeit einer Buchhaltung etc. Der „**Umfang**" des Gewerbebetriebs wird häufig am **Umsatz** bemessen, aber auch an der **Zahl der Beschäftigten** (Notwendigkeit einer Lohnbuchhaltung). Fraglich wird die Erforderlichkeit vor allem bei kleineren Einzelhandelsgeschäften oder Dienstleistern sein.

> **Beispiele:** Das OLG Koblenz hat 1988 bei einem Bekleidungsgeschäft mit einem Jahresumsatz von rund 230.000 DM und eine Lagerbestand mit einem Wert von rund 100.000 DM die Erforderlichkeit bejaht. Ausschlaggebend waren ua die Vielzahl der Lieferanten, die hohe Anzahl einzelner Verkäufe, die Notwendigkeit, auf Marktveränderungen in der Mode zu reagieren sowie verschiedene Darlehn zur Finanzierung des laufenden Geschäftsbetriebs (NJW-RR 1989, 420).
>
> Das KG Berlin hat 1959 die Erforderlichkeit bei einer Werkskantine mit 10 Beschäftigten und (1959!) einem Jahresumsatz von 291.000 DM abgelehnt, da im Wesentlichen nur ein Mittagessen angeboten wurde und es sich um eine einfache Tätigkeit handelte, deren Abwicklung keine komplexen kaufmännischen Überlegungen erforderte (NJW 1959, 1829).

Bleibt unklar, ob eine kaufmännische Einrichtung erforderlich ist, so spricht nach **118** §1 II HGB eine **Vermutung für die Erforderlichkeit**. Fehlt bei einem Gewerbebetrieb die Erforderlichkeit einer kaufmännischen Organisation, so handelt es sich um ein „**Kleingewerbe**". Für Kleingewerbe gilt nur das BGB, sofern sie sich nicht freiwillig in das Handelsregister eintragen lassen (§2 HGB, dazu unten 3.2.4).

„**Betreiber**" des Gewerbes sind die Personen, die unmittelbar oder mittelbar aus den **119** im Rahmen des Gewerbebetriebs abgeschlossenen Rechtsgeschäften berechtigt und verpflichtet werden.

> **Beispiele:** Mitglieder des Vorstands einer AG oder der Geschäftsführung einer GmbH sind nicht selbst Kaufleute, sondern nur Beschäftigte einer Handelsgesellschaft. Die persönlich haftenden Gesellschafter einer Personengesellschaft (OHG-Gesellschafter, Komplementäre einer KG) sind Kaufleute. Nicht persönlich haftende Gesellschafter einer Personengesellschaft (zB Komplementäre der KG) sowie Gesellschafter einer Kapitalgesellschaft sind mangels (unbeschränkter) persönlicher Haftung dagegen keine Kaufleute.

Bei Ist-Kaufleuten hängt die Kaufmannseigenschaft nicht von einer Eintragung ins Handelsregister (§29 HGB) ab („e.K.", eingetragener Kaufmann). Die Eintragung kann aber mit Zwangsgeld durchgesetzt werden (§14 HGB).

Bachert

3.2.2 Kann-Kaufleute, Kaufleute kraft Eintragung

120 Betreibt jemand einen Gewerbebetrieb, der keinen in kaufmännischer Weise eingerichteten Geschäftsbetrieb erfordert (Kleingewerbe), so **kann** derjenige die Firma (zur Firma unten 3.4.) trotzdem zum Handelsregister anmelden (§ 2 S. 2 HGB). Mit der Eintragung in das Handelsregister wird das Kleingewerbe zum Handelsgewerbe (§ 2 S. 1 HGB). Wird die Firma wieder gelöscht, so entfällt auch die Kaufmannseigenschaft, sofern nicht zwischenzeitlich die Voraussetzungen für einen Ist-Kaufmann eingetreten sind.

§ 5 HGB legt fest, dass mit der Eintragung der Firma ein Handelsgewerbe besteht, also eine Kaufmannseigenschaft vorliegt. Die Vorschrift stammt aus einer Zeit, als es nicht eintragungsfähige Gewerbebetriebe gab, und verleiht trotzdem (fehlerhaft) vorgenommenen Eintragungen eine **konstitutive Wirkung**, macht also das Gewerbe in jedem Fall zum Handelsgewerbe. Seit 1998 kann jedoch jeder Gewerbebetrieb nach § 2 HGB im Handelsregister eingetragen werden, so dass § 5 praktisch bedeutungslos ist (MüKoHGB/Schmidt, HGB, § 5 Rn. 6).

3.2.3 Scheinkaufleute

121 Unter bestimmten Voraussetzungen müssen sich Personen wie Kaufleute behandeln lassen, obwohl sie es tatsächlich nicht sind. Man spricht hier von „Scheinkaufleuten". Die Voraussetzungen hierfür sind

Bestehen eines **Rechtsscheins der Kaufmannseigenschaft**	zB durch Kürzel „e.K." auf Briefkopf oder falsche Firma, Übertreiben des eigenen Geschäftsbetriebs als Kleingewerbetreibender, Auftreten als persönlich haftender Gesellschafter einer Personengesellschaft etc.
Zurechnung des Rechtsscheins zum Scheinkaufmann	Der Scheinkaufmann hat den Rechtsschein selbst gesetzt oder mindestens fahrlässig nicht verhindert, dass ein anderer diesen Rechtsschein entstehen lässt. **Bsp.**: Ein Angestellter unterzeichnet mit „ppa" als Prokurist. Prokura kann nur vom Inhaber eines Handelsgewerbes (Kaufmann) erteilt werden (§ 48 HGB I). Der Inhaber des Gewerbebetriebs muss dies also unterbinden, will er nicht als Kaufmann gelten.
Handeln des Dritten im **Vertrauen auf den Rechtsschein**	Der Geschäftspartner darf **keine Kenntnis** von der wahren Lage haben und diese jedenfalls auch nicht **grob fahrlässig nicht kennen**. Ein Blick in das Handelsregister vor dem Geschäftsabschluss wird vom Geschäftspartner jedoch nicht erwartet. Zudem muss davon auszugehen sein, dass der Dritte das Geschäft ohne Vertrauen auf den Rechtsschein nicht abgeschlossen hätte.

Als Faustformel lässt sich zudem festhalten, der der Geschäftspartner **wählen** kann, ob er den Rechtsschein gegen sich gelten lassen will (dann Anwendung der HGB-Vorschriften) oder nicht. Im Einzelfall ist hier jedoch vieles noch ungeklärt (BeckOK HGB/Schwartze, HGB, § 5, Rn. 58).

3.2.4 Formkaufleute

§ 6 I HGB erklärt die Vorschriften über Kaufleute auch auf die **Handelsgesellschaften** 122 für anwendbar. Im HGB sind die **Personenhandelsgesellschaften** OHG (Offene Handelsgesellschaft) und KG (Kommanditgesellschaft) geregelt (dazu in diesem Buch Kapitel 19).

§ 6 II HGB betrifft „Vereine", die in anderen Gesetzen als Handelsgesellschaften definiert werden. Diese sind unabhängig vom Vorliegen der Voraussetzungen des § 1 II HGB stets handelsrechtlich Handelsgesellschaften. Mit „Verein" meint das Gesetz im Unterschied zu Personenhandelsgesellschaften die körperschaftlich strukturierten (Kapital-)Gesellschaften. Dazu gehören insbesondere die GmbH (§ 13 III GmbHG) und die Aktiengesellschaft (§ 3 I AktG) (dazu in diesem Buch Kapitel 20, 21). Diese sind Formkaufleute unabhängig vom tatsächlichen Betreiben eines Handelsgewerbes.

> **Beispiel:** Die „Gemeinnutz GmbH" widmet sich spendenfinanzierten Sozialprojekte für Jugendliche (keine Gewinnerzielungsabsicht). Die „Anwalts-GmbH" bietet Rechtsberatung an (freiberufliche Tätigkeit). Beide GmbHs sind Handelsgesellschaften nach §§ 6 II HGB, 13 III GmbHG.

Kontrollfragen

1. Können auf Kaufleute auch Vorschriften des BGB angewendet werden? → Rn. 113, 114
2. Definieren Sie den Begriff des Gewerbes → Rn. 115
3. Hängt die Kaufmannseigenschaft beim Ist-Kaufmann von einer Eintragung in das Handelsregister ab? → Rn. 119
4. Ist der Geschäftsführer einer GmbH ein Kaufmann? → Rn. 119
5. Welche Handelsgesellschaften kennen Sie? → Rn. 122
6. Unter welchen Voraussetzungen ist jemand „Scheinkaufmann"? Was ist die Folge? → Rn. 121

Aufgabe 1 (Leistungsniveau Bachelorstudiengang)

B betreibt in Osnabrück einen Hamburger-Imbiss mit einer Halbtagskraft. Da das Geschäft gut läuft, beginnt er bald mit der Eröffnung von insgesamt acht weiteren Standorten in Osnabrück und Münster. Er beschäftigt am Ende 20 Mitarbeiter und macht einen Umsatz von rund 1,5 Mio. EUR. Im Handelsregister ist B nicht eingetragen. Lieferant L stellt dem B wegen einer verspäteten Zahlung „Fälligkeitszinsen" nach § 353 BGB in Rechnung. Zu Recht?

Lösung

Nach § 353 BGB sind (nur) Kaufleute untereinander zu Fälligkeitszinsen verpflichtet. Bs Zahlungspflicht hängt also davon ab, ob er Kaufmann ist. Er betreibt einen Gewerbebetrieb, der ursprünglich ein Kleingewerbe im Sinne von § 1 II HGB war. Mit 20 Mitarbeitern in zwei Städten und 1,5 Mio. EUR Umsatz erfordert sein Gewerbe mittlerweile aber einen in kaufmännischer Weise eingerichteten Gewerbebetrieb. Er ist zum Ist-Kaufmann geworden, bei dem es auf die Eintragung in Handelsregister nicht ankommt. B muss daher Fälligkeitszinsen zahlen.

Bachert

3.3 Das Handelsregister

3.3.1 Begriff und Inhalt

123 Das Handelsregister ist ein öffentliches Register mit für den Handelsverkehr wichtigen Informationen über Unternehmen. Es wird in elektronischer Form bei den Amtsgerichten geführt (§ 8 I HGB). Das HGB sieht zudem ein „Unternehmensregister" in § 8b vor, welches verschiedene öffentliche Register mit relevanten Unternehmensinformationen zusammenführt und über das Internet zugänglich macht.

Das Gesetz sieht an einigen Stellen vor, dass bestimmte Informationen zum Register angemeldet werden müssen, also **„eintragungspflichtig"** sind. Andere sind nur **„eintragungsfähig"**, zB die Eintragung bei Kann-Kaufleuten. Manche Informationen werden auch von Amts wegen ohne Anmeldung eingetragen.

> **Beispiele:** Nach § 29 HGB müssen Kaufleute ihre Firma (§ 17 HGB), den Ort und die Geschäftsanschrift ihrer inländischen Niederlassung zum Handelsregister anmelden. Bei Personenhandelsgesellschaften sind daneben noch die Gesellschafter mit Geburtsdatum und Wohnort sowie die Vertretungsmacht der Gesellschafter anzumelden (§ 106 HGB). Im Handelsregister ist von Amts wegen die Insolvenzeröffnung einzutragen. Nach § 53 HGB sind die Erteilung von Prokura sowie deren Erlöschen anzumelden. Betreffend die Anmeldung von Kapitalgesellschaften sehen das Aktien- und das GmbHG Anmeldepflichten mit umfangreichen Informationen zur Gesellschaft vor (§§ 15 AktG; 8 GmbHG).

Das Handelsregister besteht aus den Abteilungen A (im Wesentlichen Einzelkaufleute und Personengesellschaften) und B (im Wesentlichen Kapitalgesellschaften).

3.3.2 Die Publizität des Handelsregisters

124 Das Handelsregister dient vornehmlich der Information von Geschäftspartnern und ggf. auch Behörden über ein Unternehmen. Diese müssen sich auf die Informationen im Handelsregister verlassen können. § 27 III der Handelsregisterverordnung (HRV) ordnet daher an, dass die eintragende Person beim Amtsgericht die Eintragung auf ihre Richtigkeit und Vollständigkeit sowie ihre Abrufbarkeit aus dem Datenspeicher (§ 48 HRV) prüfen soll. Die **Bekanntmachung** von eingetragenen Informationen erfolgt nach § 10 I HGB durch die erstmalige Abrufbarkeit der Information über das **Gemeinsame Registerportal der Länder**, nicht mehr wie bisher durch gesonderte elektronische Bekanntmachung. Die Abrufbarkeit soll nach § 10 II HGB unverzüglich nach der Eintragung ermöglicht werden.

125 Das HGB widmet mit dem wichtigen § 15 HGB der **Publizität des Handelsregisters** einen eigenen Paragrafen.

§ 15 I HGB behandelt die **„negative Publizität"** des Handelsregisters, also den Fall, dass eine eintragungpflichtige Tatsache (noch) **nicht eingetragen und bekannt gemacht** wurde. § 15 I HGB soll einerseits einen zusätzlichen Anreiz schaffen, eintragungspflichtige Tatsachen auch anzumelden. Andererseits trägt er dem Umstand Rechnung, dass vom Anmelden des Umstands bis zu seiner Bekanntmachung häufig ein gewisser Zeitraum liegt.

> **Beispiel:** Erteilt Kauffrau K ihrem Angestellten A Prokura und meldet diese anschließend zum Handelsregister an (§ 53 I HGB), so wird ein gewisser Zeitraum zwischen der Erteilung der Prokura und der Bekanntmachung vergehen. Gleiches gilt für das Erlöschen der Prokura zB durch Widerruf (§ 53 II HGB).

§ 15 I HGB besagt, dass eintragungspflichtige Tatsachen solange Dritten nicht entgegengehalten werden können, bis sie entweder bekanntgemacht oder diesen (anderweitig) bekannt geworden sind. Weiß also der Dritte in dem obigen Beispiel nichts vom Widerruf der Prokura, so kann sich K auf diesen Widerruf bis zur Bekanntmachung gegenüber dem Dritten nicht berufen. Für ihn gilt weiterhin die bekanntgemachte – falsche – Rechtslage. Dies gilt unabhängig davon, ob der Dritte zuvor in das Handelsregister geschaut hatte oder nicht.

§ 15 II HGB statuiert eine **Karenzphase** für den Dritten. Für Geschäfte, die innerhalb **126** von 15 Tagen nach Bekanntmachung geschlossen wurden, gilt die bekannt gemachte Tatsache nicht, sofern der Dritte nachweist, dass er die Tatsache weder kannte noch kennen musste (dh fahrlässig nicht kannte). Nach überwiegender Ansicht wird jedenfalls bei Kaufleuten Fahrlässigkeit generell bejaht, wenn sie eine bekannt gemachte Tatsache nicht kennen, so dass faktisch eine **Informationspflicht** besteht (MüKoHGB/Krebs, HGB, § 15, Rn. 76).

§ 15 III HGB behandelt den praktisch seltenen Fall, dass eine eintragungspflichtige **127** Tatsache unrichtig eingetragen (und letztlich auch bekanntgemacht) worden ist, die so genannte „**positive Publizität**". Sofern Dritte den wahren Sachverhalt nicht kennen, können sich auf den – falschen – Inhalt des Handelsregisters berufen.

> **Beispiel:** Kauffrau K erteilt ihren Angestellten A und B „gemeinschaftlich" Prokura, so dass diese nur zusammen handeln können (§ 48 II HGB). Bei der Anmeldung geht aber versehentlich der Zusatz der gemeinschaftlichen Prokura verloren, so dass A und B laut Handelsregister jeweils Einzelprokura haben. Dies gilt dann Dritten gegenüber, die von der Gesamtprokura keine Kenntnis haben und mit A oder B einzeln Geschäfte abschließen.

§ 15 V HGB nimmt Eintragungen über Zweigniederlassungen ausländischer Gesellschaften von der Publizitätswirkung aus, da diese ohne Überprüfung ihrer Richtigkeit über das „Europäische System der Registervernetzung" nach der EU-Gesellschaftsrechtsrichtlinie eingetragen werden.

?

Kontrollfragen

1. Warum gibt es für Kaufleute ein eigenes Handelsrecht? → Rn. 114
2. Welche Gerichte führen das Handelsregister? → Rn. 123
3. Nennen Sie je eine eintragungspflichtige und eine eintragungsfähige Tatsache. → Rn. 123
4. Wie ist das Handelsregister aufgeteilt? → Rn. 123
5. Wo ist die „negative Publizität" des Handelsregisters geregelt, wo die „positive"? → Rn. 125–127

Aufgabe 1 (Leistungsniveau Bachelorstudiengang)

P ist bei dem Kaufmann K im Vertrieb angestellt und laut Arbeitsvertrag für die Betreuung von Großkunden zuständig. Am 1.3. erteilt K dem P Prokura nach § 48 HGB, also eine umfassende (§ 49 HGB) Vertretungsbefugnis. Die Prokura wird am 10.3. im Handelsregister eingetragen und bekanntgemacht. Zwei Tage zuvor hatte P bereits von dem Lieferanten L Waren im Wert von 10.000 EUR gekauft. L verlangt Zahlung von K. K wendet ein, dass die Prokura erst nach dem Abschluss des Vertrags eingetragen wurde und P nach seinem Arbeitsvertrag nur zum Vertrieb bevollmächtigt sei. Mit Erfolg?

Abwandlung: K widerruft einige Zeit später Ps Prokura. Das Erlöschen der Prokura wird am 1.8. im Handelsregister eingetragen, am 8.8. kauft P trotzdem erneut Waren von L, der von dem Widerruf nichts weiß. Hat L einen Anspruch gegen K auf Zahlung?

Lösung

L hat einen Anspruch gegen K auf Zahlung der 10.000 EUR aus § 433 II BGB, wenn K wirksam von P vertreten wurde (§ 164 BGB). Eine Vertretungsmacht des P kann sich hier nur aus der Prokura ergeben. Diese wurde vor Abschluss des Kaufvertrags erteilt. Fraglich ist, ob K einwenden kann, dass die Prokura erst danach in das Handelsregister eingetragen und bekanntgemacht wurde. Dies könnte sich aus § 15 HGB ergeben. Nach § 15 I kann sich derjenige, in dessen Angelegenheiten die Tatsache (Prokura) einzutragen war (hier Eintragungspflicht aus § 53 HGB), auf diese bis zur Bekanntmachung nicht berufen. Die Prokura war vorliegend jedoch „in Ks Angelegenheiten" einzutragen, da dieser Inhaber des Handelsgeschäfts ist. § 15 I verhindert dagegen nicht, dass L sich auf die tatsächliche Lage beruft.

In der **Abwandlung** wurde das Erlöschen der Prokura bereits bekanntgemacht, so dass L dies grundsätzlich gegen sich gelten lassen muss. Nach § 15 II HGB gilt dies jedoch nicht für Rechtshandlungen innerhalb von zwei Wochen nach Bekanntmachung, wenn der Geschäftspartner beweist, dass er das Erlöschen weder kannte noch kennen musste (infolge von Fahrlässigkeit nicht kannte). Die Zwei-Wochen-Frist ist hier eingehalten. Nach hM gehört zur Sorgfalt eines Kaufmanns jedoch die Kenntnis der Eintragungen seiner Geschäftspartner im Handelsregister. L musste daher das Erlöschen kennen im Sinne von § 15 II HGB. Mangels anderer Grundlage für eine Vertretungsmacht hat P den K daher nicht wirksam vertreten, und L hat keinen Anspruch gegen K.

3.4 Die Handelsfirma

3.4.1 Einführung

128   Anders als im allgemeinen Sprachgebrauch ist gemäß § 17 HGB handelsrechtlich die „Firma" nur der **Handelsname**, unter dem ein Kaufmann im Handelsverkehr auftritt („firmiert"). Er kann unter diesem Namen klagen und verklagt werden. **Nicht-Kaufleute** können zwar keine Firma im eigentlichen Sinne haben, dürfen aber auch „**Geschäftsbezeichnungen**" nutzen. Diese beziehen sich nicht auf den Inhaber, sondern auf den Geschäftsbetrieb bzw. das Geschäftslokal. Nach außen sind Firma und bloße Geschäftsbezeichnung oft nicht unterscheidbar, allerdings enthält das HGB zur Firma verschiedene Regelungen. Die Wahl der Geschäftsbezeichnung ist weit-

gehend frei, sofern sie nicht den Eindruck eines kaufmännischen Unternehmens vermittelt. Häufig leiten sich Geschäftsbezeichnungen aus der Branche ab („Spielwaren Schmidt") oder haben sich traditionell entwickelt („Gasthaus zum Grünen Jäger").

> **Beispiel:** Kann-Kaufmann Ralf Rose betreibt einzelkaufmännisch eine Blumenhandlung. Er kann den Namen „Ralf Rose" als **Firma** wählen, aber zB auch „Blütenwiese". Ist Ralf Rose nicht im Handelsregister eingetragen, so kann er zwar keine Firma haben, dennoch „Blütenwiese" oder „Ralf Rose Blumenhandlung" als **Geschäftsbezeichnung** für sein Blumengeschäft wählen.

Unternehmen sind den Kunden häufig nur unter ihrer Firma bekannt, so dass eine bekannte Firma mit gutem Ruf einen echten Wert darstellt, der uU höher als die sonstigen Vermögenswerte des Unternehmens sein kann.

Systematisch kann zwischen verschiedenen **Firmenarten** unterschieden werden. **129** Üblicherweise sind dies

1. die „Personenfirma", abgeleitet vom Namen des Inhabers: „Ralf Rose e.K."
2. Die „Sachfirma", abgeleitet vom Geschäftsgegenstand: „Blumenmeer e.K."
3. Die „Fantasiefirma", frei gebildet: „Grüner Traum e.K."
4. Die „Mischfirma" als Kombination aus Personen- und Sachfirma: „Ralf Rose Blumenhandlung e.K."

Rechtlich besteht zwischen diesen Firmenarten kein Unterschied. Eine eingeführte Firma wird auch bei Personenfirmen oft nach ihrer Übernahme durch einen Erwerber von diesem fortgeführt, („Ralf Rose e.K., Inhaber Thomas Tulpe"). Die Zulässigkeit dieser Fortführung richtet sich nach den §§ 22-24 HGB.

Die Bedeutung der Firma wird daran deutlich, dass diverse Angaben zur Firma im Handelsregister eintragungspflichtig sind. Dazu gehören zB die (erstmalige) Angabe der Firma selbst (§ 29 HGB), spätere Änderungen der Firma (§ 31 I HGB) sowie ihr Erlöschen (§ 31 II HGB, vor allem bei Einstellen des Geschäftsbetriebs).

3.4.2 Grundsätze der Firmenbildung

Die hohe Bedeutung der Handelsfirma im Rechtsverkehr bedingt, dass die Wahl der **130** Firma handelsrechtlichen Beschränkungen unterliegt. Diese werden nachfolgend dargestellt:

3.4.2.1 Firmenwahrheit und -klarheit

Nach § 18 HGB muss die Firma **Unterscheidungskraft** besitzen und darf keine **irre- 131 führenden Angaben** enthalten. Die Firma muss also zunächst geeignet sein, das Unternehmen von anderen zu unterscheiden. Daran fehlt es zB bei bloßen Gattungsbezeichnungen. Die Firma „Bäckerei" für eine Bäckerei besitzt keine Unterscheidungskraft gegenüber anderen Bäckereien und ist daher nicht eintragungsfähig. Im Übrigen gilt als abstrakt unterscheidungskräftig **jede les- und artikulierbare Kombination** aus (mindestens einem) lateinischen Buchstaben und/oder arabischen Zahlen. Auch übliche Sonderzeichen wie Kommata oder Fragezeichen sind zulässig.

Bachert

> **Beispiel:** „BCE e.K.", „M5 GmbH", „Undicht, Schief und Krumm Bauunternehmen AG". Nicht ausreichend wäre dagegen „123 AG".

Nach § 19 I HGB muss die Firma einen **Hinweis auf die Kaufmannseigenschaft** durch die dort genannten Zusätze wie „e.K.", „oHG" etc. enthalten. Haben eine oHG oder eine KG keine natürlichen Personen als persönlich haftende Gesellschafter (zB bei der GmbH & Co. KG), so muss dies aus der Firma hervorgehen.

Irreführend im Sinne des § 18 II HGB ist eine Firma, wenn sie beim maßgeblichen Geschäftsverkehr objektiv Fehlvorstellungen über das Unternehmen hervorrufen kann. Diese werden sich häufig auf in § 5 UWG genannte Umstände beziehen, also die Person des Inhabers, den Geschäftsgegenstand des Unternehmens, seine Größe etc.

> **Beispiele:** Ein Reiseunternehmen führt die Firma „Serengeti-Reisen", bietet aber gar keine Reisen dorthin an. Die „Manuel Neuer Fußballschule" hat tatsächlich mit dem Nationaltorwart Manuel Neuer nichts zu tun.

132 Freiberuflern steht die Partnerschaftsgesellschaft nach dem PartGG zur Verfügung. Der BGH hat die Firma „n. partners GmbH" bei einer Rechtsanwalts-GmbH nicht als irreführend angesehen, da sich aus der Bezeichnung GmbH hinreichend deutlich ergebe, dass es sich nicht um eine Partnerschaftsgesellschaft handele (BGH NJW 2021, 1952).

133 Auch § 30 HGB ist eine Ausprägung des Irreführungsverbots. Danach muss sich die Firma von anderen, **am gleichen Ort oder der gleichen Gemeinde** eingetragenen Firmen hinreichend unterscheiden. Die räumliche Beschränkung hat vornehmlich historische Gründe. Ihre Berechtigung wird durch die Digitalisierung des Handelsregisters zunehmend fraglich. Nicht am gleichen Ort/Gemeinde eingetragene Kaufleute können ggf. namens- und wettbewerbsrechtliche (§§ 12 BGB; 5, 15 MarkenG) Ansprüche geltend machen.

3.4.2.2 Firmenbeständigkeit

134 Die Firma kann grundsätzlich nach Belieben geändert werden. Für die geänderte Firma gelten dann die gleichen Grundsätze wie für die Firmenbildung (§§ 18 ff. HGB). Umgekehrt kann jedoch auch ein Interesse an der Beibehaltung einer eingeführten Firma trotz geänderter Umstände bestehen („**Firmenbeständigkeit**"). Betreibt zB ein Einzelkaufmann sein Unternehmen unter einer Personenfirma (Paul Lange e.K.), stellt sich die Frage, ob ein Unternehmensnachfolger diese am Markt eingeführte Firma weiterführen kann, oder ob dies dem Grundsatz der **Firmenwahrheit- und Klarheit** widerspricht. § 22 HGB gestattet die Fortführung ausdrücklich, mit oder ohne einen die Nachfolge kennzeichnenden Zusatz („Paul Lange e.K., Inhaber Lutz Lässig"). Dann haftet der Erwerber den Geschäftspartnern nach § 25 I 1 HGB allerdings für die unter der Firma eingegangenen Alt-Verbindlichkeiten. Haben der Veräußerer oder dessen Erben der Fortführung der Firma zugestimmt, was nach § 22 I HGB ohnehin zur Fortführung der Firma erforderlich ist, so gehen auch die vor dem Erwerb entstandenen Forderungen aus dem Geschäftsbetrieb auf den Erwerber über (§ 25 I 2).

Die bloße Übernahme der Firma ohne Übernahme des Geschäfts ist nach § 23 HGB nicht möglich.

§ 24 HGB enthält Regelungen zur **Firmierung von Handelsgesellschaften nach Ge-** 135
sellschafterwechsel. Da § 22 HGB die Beibehaltung der Firma sogar bei Übertragung
eines einzelkaufmännischen Unternehmens erlaubt („Vollübertragung"), gestattet
§ 24 I HGB dies folgerichtig auch bei einem bloßen Gesellschafterwechsel („Teilüber-
tragung"). Der Name eines ausscheidenden Gesellschafters darf wie bei § 22 HGB
nur mit Zustimmung von ihm selbst oder seiner Erben weiter verwendet werden
(§ 24 II HGB). Die Firmenfortführung ist nach dem klaren Wortlaut auch zulässig,
wenn durch die Aufnahme eines Gesellschafters aus einem einzelkaufmännischen
Unternehmen eine oHG oder eine KG wird. Es muss dann allerdings der nach § 19
HGB passende Zusatz hinzugefügt werden. Nach der (allerdings schon älteren)
Rechtsprechung des BGH gilt dies ebenso, wenn aus einer Personenhandelsgesell-
schaft der vorletzte Gesellschafter ausscheidet, so dass aus dieser ein einzelkauf-
männisches Unternehmen wird (BGH NJW 1989, 1798, 1799).

> **Beispiele:** Nimmt Kaufmann Anton den Bert in sein einzelkaufmännisches Unter-
> nehmen auf, so entsteht eine oHG. Dennoch darf die alte Firma „Anton" mit dem
> Zusatz „oHG" weitergeführt werden. Scheidet aus der Anton & Bert oHG der Anton
> aus, so kann die Firma „Anton und Bert" mit dem Zusatz „e.K." weitergeführt wer-
> den, auch wenn es sich künftig um ein einzelkaufmännisches Unternehmen handelt.

3.4.2.3 Firmenschutz

Kaufleute haben ein legitimes Interesse am Schutz ihrer Firma. Dieser erfolgt zum 136
einen durch das Registergericht (Amtsgericht), indem es die Voraussetzungen für
die Eintragung prüft. Liegen diese nicht vor, so wird es die Eintragung ablehnen.
Das Registergericht kann das unbefugte Verwenden einer Firma nach § 37 I HGB
durch Anordnung von Ordnungsgeld unterbinden („**Firmenmissbrauchsverfahren**").
§ 37 II HGB gibt Personen, die in ihren Rechten durch den unbefugten Gebrauch
einer Firma verletzt werden, einen privatrechtlichen **Unterlassungsanspruch**.

> **Beispiel:** Trotz fehlender Zustimmung (§ 22 I HGB) betreibt der Erwerber Lutz Läs-
> sig das von Ralf Rose erworbene Blumengeschäft unter der Firma „Ralf Rose e.K."
> weiter. Ralf Rose hat einen Unterlassungsanspruch aus § 37 II HGB.

Es kommen daneben auch Ansprüche aus § 12 BGB analog (Namensrecht), § 1004
BGB und § 823 BGB, § 15 IV MarkenG sowie nach § 8 UWG in Betracht.

Kontrollfragen

1. Was bezeichnet der Begriff „Firma"? → Rn. 128
2. Was ist Voraussetzung für das Führen einer Firma? → Rn. 128
3. Welche Arten der Firma gibt es? → Rn. 129
4. Was muss jede Firma enthalten? → Rn. 131
5. Welche Grundsätze der Firmenbildung kennen Sie? → Rn. 130–135
6. Kann eine Personenfirma trotz des Ausscheidens oder
   Hinzukommens von Gesellschaftern fortbestehen? → Rn. 135

Aufgabe 1 (Leistungsniveau Masterstudiengang)

Alfred Aalig und Hans Heringsen gründen einen Fischhandel unter der Firma „Aalig & Heringsen Fischhandel oHG". Nach dem Tod von Hans tritt wie gesellschaftsvertraglich vereinbart sein Sohn Harald Heringsen in seine Gesellschafterstellung ein, die Firma bleibt unverändert. Als auch Harald verstirbt, wird er von seiner Ehefrau Helene Heringsen beerbt, die statt seiner Gesellschafterin wird. Helene zerstreitet sich mit Alfred und scheidet aus der Gesellschaft aus, um einen eigenen Fischhandel unter der Firma „Heringsen Fischhandel e.K." zu gründen. Alfred führt das Unternehmen unter der Firma „Aalig und Heringsen e.K." weiter. Helene verlangt von Alfred, das „Heringsen" aus der Firma zu streichen. Zu Recht?

Lösung

Helene könnte einen Anspruch auf Unterlassung des Führens der Firma „Aalig & Heringsen" gegen Alfred aus §37 II HGB haben. Voraussetzung dafür ist, dass die Firma unrechtmäßig geführt wird. Nach dem Ausscheiden von Helene wird das Unternehmen allein von Alfred Aalig einzelkaufmännisch geführt. Die Firma „Aalig und Heringsen" könnte daher irreführend sein im Sinne von §18 II HGB. Nach §24 I HGB kann jedoch die bisherige Firma trotz des Ausscheidens eines Gesellschafters fortgeführt werden (Firmenbeständigkeit). Nach §24 II HGB bedarf die Fortführung der Firma der Zustimmung des ausscheidenden Gesellschafters oder seiner Erben, wenn beim Ausscheiden eines Gesellschafters dessen Name in der Firma enthalten ist. Vorliegend könnte dies der Fall sein, da der Nachname Helenes in der Firma enthalten ist. Es ist aber zu berücksichtigen, dass sich die Firma auf den Nachnamen ihres Schwiegervaters Hans Hering bezieht, nicht den von Helene. Es ist gewissermaßen Zufall, dass beide den gleichen Nachnamen tragen. Mit Helene scheidet also **kein namensgebender Gesellschafter** aus, so dass ihre Zustimmung nicht erforderlich ist. Nach dem Tod von Hans wäre die Zustimmung seines Sohnes Harald nötig gewesen. Dieser hat jedoch in die Firmenfortführung eingewilligt.

Helene hat keinen Anspruch auf Unterlassung nach §37 II HGB. (Vgl. zum Ganzen BGH NJW 1989, 1798).

Bachert

4. Das Rechtsgeschäft

Literatur: Brox/Walker, Allgemeiner Teil des BGB, 45. Aufl. 2021; Musielak/Hau, Grundkurs BGB, 17. Aufl. 2021; Schwabe, Lernen mit Fällen, Allgemeiner Teil des BGB, 15. Aufl. 2021; Martinek/Omlor, Grundlagenfälle zum BGB für Anfänger, 4. Aufl. 2021. **137**

Der Alltag besteht aus einer Vielzahl von Tätigkeiten. Die meisten von ihnen sind rein tatsächliche Handlungen, so genannte „**Realakte**" ohne rechtliche Bedeutung.

> **Beispiel:** Fahrradfahren, ein Buch lesen etc.

In manchen Fällen soll jedoch mit einer Handlung auch eine bestimmte **Rechtsfolge 138 erzielt**, zB ein Vertrag geschlossen oder gekündigt werden. Diese Handlungen werden als „**Rechtsgeschäfte**" bezeichnet. Das Mittel zur Tätigung eines Rechtsgeschäfts ist die „**Willenserklärung**".

> **Merke:** Ein Rechtsgeschäft besteht immer aus mindestens einer wirksamen „Willenserklärung" (→ Rn. 143).

4.1 Arten

4.1.1 Verpflichtungs- und Verfügungsgeschäfte: das Trennungsprinzip

Rechtsgeschäfte können sich hinsichtlich ihrer Wirkung unterscheiden. Ein wichti- **139** ger Unterschied ist der zwischen Verpflichtungs- und Verfügungsgeschäften. **Verpflichtungsgeschäfte** sind Rechtsgeschäfte, die Pflichten für eine oder beide Parteien begründen. In der Regel sind dies Verträge.

> **Beispiel:** Durch den Kaufvertrag wird der Verkäufer zur Übereignung und Übergabe einer Sache verpflichtet (§ 433 I BGB), durch den Mietvertrag der Vermieter zur Überlassung der Mietsache (§ 535 I 1 BGB).

Der Kaufvertrag über ein Buch begründet lediglich einen **Anspruch** gegen den Verkäufer auf Übereignung (ein weiteres Rechtsgeschäft nach § 929 BGB) des Buches. Erst mit der anschließend erfolgenden Übereignung und Übergabe ändert sich die Eigentumslage. Die Übereignung ist damit ein **Verfügungsgeschäft**.

> **Definition Verfügungsgeschäft:** Ein Verfügungsgeschäft ist ein Rechtsgeschäft, mit dem ein Recht unmittelbar begründet, aufgehoben oder übertragen wird.

Die **Begründung** eines Rechts kann zB durch die Bewilligung einer Grundschuld an **140** einem Grundstück erfolgen, die **Aufhebung** eines Rechts durch die Löschung der Grundschuld nach Abzahlung eines Darlehns. Auch wenn beide Geschäfte oft zeitlich zusammenfallen, sind sie rechtlich doch getrennt zu betrachten („**Trennungsprinzip**").

> **Beispiel:** Der Kunde legt an der Supermarktkasse einen Schokoriegel und einen Euro auf die Kasse, anschließend verlässt er mit dem Riegel das Geschäft. Es liegen drei Rechtsgeschäfte vor: Verpflichtungsgeschäft (Kaufvertrag), Verfügungsgeschäft 1 (Übereignung Riegel), Verfügungsgeschäft 2 Übereignung Münze).

4.1.2 Abstraktionsprinzip

141 Die Verfügung über Rechte erfolgt nicht ohne Grund (lateinisch „causa"), sondern typischerweise zur Erfüllung von Pflichten aus einem Verpflichtungsgeschäft. Man bezeichnet in diesen Fällen das Verpflichtungsgeschäft als „**Kausalgeschäft**" und das Verfügungsgeschäft als „**Erfüllungsgeschäft**".

Verpflichtungs- und Verfügungsgeschäft sind nach dem Trennungsprinzip zu unterscheiden. Nach dem „**Abstraktionsprinzip**" gilt dies auch für die Beurteilung ihrer Wirksamkeit: Mängel des Kausalgeschäfts wirken sich regelmäßig nicht auf das Erfüllungsgeschäft aus.

> **Beispiel:** K kauft im Geschäft von V einen Pullover. Zuhause stellt er fest, dass dieser aus Kunstfaser statt wie von V behauptet aus Wolle besteht. K kann sein Angebot zum Kauf anfechten (§§ 142, 123 BGB) und damit den Kaufvertrag (Kausalgeschäft) beseitigen. Auf die Wirksamkeit der Übereignung des Pullovers (Erfüllungsgeschäft) hat diese Anfechtung jedoch wegen des Abstraktionsprinzips keinen Einfluss. V hat nur einen Anspruch gegen K auf Rückübereignung (weiteres Verfügungsgeschäft) des Pullovers aus § 812 I 1 Alt. 1 BGB.

142 Es kann vorkommen, dass der gleiche Mangel sowohl beim Kausal- als auch beim Erfüllungsgeschäft vorliegt („**Fehleridentität**") und zur Unwirksamkeit beider Geschäfte führt, zB wenn ein Geschäftsunfähiger ein Buch (1.) verkauft und (2.) übereignet. Das ändert jedoch nichts an der getrennt vorzunehmenden Bewertung. Insbesondere bei **sittenwidrigen Geschäften** (§ 138 BGB) ist zu prüfen, ob die Sittenwidrigkeit nur das Kausal- oder auch (ausnahmsweise) das Erfüllungsgeschäft umfasst (Beispiel bei BGH NJW-RR 2006, 888). Beim „Wucher" ordnet das Gesetz dies selbst an (§ 138 II BGB „oder gewähren").

4.2 Die Willenserklärung

143 Ein Rechtsgeschäft besteht aus mindestens einer „Willenserklärung". Für **einseitige** Rechtsgeschäfte (zB Kündigung, Widerruf etc.) reicht eine Willenserklärung aus, **mehrseitige** Rechtsgeschäfte bestehen aus mehreren Willenserklärungen (zB Verträge, Beschlüsse).

Bei Willenserklärungen werden üblicherweise drei Aspekte unterschieden: (1.) der Handlungswille, (2.) der Rechtsbindungswille und (3.) der Geschäftswille.

4.2.1 Bestandteile einer Willenserklärung

4.2.1.1 Handlungswille

144 Der Handlungswille ist der Wille, überhaupt handeln zu wollen. Ohne ihn kann regelmäßig keine Willenserklärung vorliegen. Er fehlt zB bei unwillkürlichen Äu-

ßerungen im Schlaf etc. Aus diesem Grunde kann auch Schweigen abgesehen von einigen, ua bei → Rn. 883 dargestellten Ausnahmefällen nicht als Willenserklärung gedeutet werden. Die Parteien können zudem natürlich vereinbaren, dass das Schweigen einer Partei als Zustimmung gelten soll.

4.2.1.2 Der Rechtsbindungswillen/das Erklärungsbewusstsein

Der Wille, eine Rechtsfolge auszulösen, wird Rechtsbindungswillen oder auch Er- **145** klärungsbewusstsein genannt. Er unterscheidet die Willenserklärung vom Realakt. Der Rechtsbindungswillen fehlt zB bei der „**invitatio ad offerendum**" (→ Rn. 181) und grenzt den Vertrag von einem rechtlich unverbindlichen „**Gefälligkeitsverhältnis**" ab.

In seltenen Fällen kann es vorkommen, dass einer Partei innerlich („subjektiv") der **146** Rechtsbindungswillen fehlt, der äußere Anschein aber „objektiv" den Eindruck eines solchen Willens vermittelt.

> **Beispiel:** Im klassischen fiktiven Lehrbuchfall „**Trierer Weinversteigerung**" winkt bei einer Auktion jemand einem Freund (Realakt), der Auktionator interpretiert dies aber entsprechend den örtlichen Gepflogenheiten als Gebot (Willenserklärung) und erteilt einen Zuschlag (§ 156 BGB).

Der BGH (NJW 1984, 2279) und die ganz herrschende juristische Literatur stellen in derartigen Fällen unter Berufung auf Treu und Glauben (§ 242 BGB) darauf ab, ob (1.) der Geschäftspartner die Handlung objektiv als Willenserklärung deuten musste, also auf den „**objektiven Empfängerhorizont**" und (2.) ob der Handelnde diese Deutung **hätte erkennen können**. Ist das der Fall, so liegt eine Willenserklärung vor. Der winkende Weinersteigerer kann aber sein Angebot nach § 119 I BGB anfechten, wenn ihm die Bedeutung seines Winkens nicht klar war (→ zur Anfechtung siehe Rn. 229).

4.2.1.3 Der Geschäftswille

Vom Rechtsbindungswillen, überhaupt rechtlich handeln zu wollen, kann der „Ge- **147** schäftswille" zum Abschluss eines konkreten Rechtsgeschäfts unterschieden werden, etwa eines bestimmten Vertrags. Der Geschäftswille ist nicht maßgeblich für das Vorliegen einer Willenserklärung.

> **Beispiel:** K verschreibt sich bei seinem Angebot und bietet dem V 86 EUR für ein Buch statt 68 EUR wie eigentlich beabsichtigt. Dass K keinen Geschäftswillen hatte, 86 EUR zu bieten, ändert nichts am Vorliegen einer Willenserklärung. K kann diese lediglich nach § 119 I 2 Alt. BGB wegen Erklärungsirrtums anfechten.

4.2.1.4 Geheimer Vorbehalt, Scheingeschäft und Scherzerklärung

Ein Auseinanderfallen von innerem Willen und äußerem Erklärungstatbestand liegt auch in den Fällen der §§ 116-118 BGB vor.

Ein „**geheimer Vorbehalt**", das nach außen Erklärte subjektiv nicht zu wollen, beein- **148** trächtigt die Wirksamkeit der Erklärung nicht, solange der Erklärungsempfänger

Bachert

diesen Vorbehalt nicht kennt (§ 116). Das „**Scheingeschäft**" (§ 117 BGB) ist ein Unterfall der „falsa demonstatio" (→ Rn. 175). Das objektiv Erklärte weicht vom eigentlich Gemeinten ab, was beide Parteien wissen. Dann gilt das Gemeinte, nicht das objektiv Erklärte. Ist überhaupt keine rechtliche Bindung gewollt, so ist die „Pseudo-Willenserklärung" nichtig (§ 117 I BGB). Soll das Scheingeschäft ein tatsächlich gewolltes Rechtsgeschäft verdecken, so gilt dieses – und selbstverständlich alle auf es anwendbaren Rechtsvorschriften (§ 117 II BGB).

> **Beispiel:** V verkauft an K ein Grundstück für 250.000 EUR. Um Steuern zu sparen, enthält der notariell beurkundete Kaufvertrag (Scheingeschäft) jedoch nur einen Kaufpreis von 200.000 EUR. Nach § 117 II BGB gilt der tatsächlich gewollte Vertrag über 250.000 EUR. Da dieser Kaufpreis aber nicht notariell beurkundet (§ 311b I BGB) wurde, ist der Vertrag formnichtig (§ 125 S. 1 BGB).

149 Bei der „**Scherzerklärung**" nach § 118 BGB fehlt dem Erklärenden der Rechtsbindungswille. Er geht anders als beim geheimen Vorbehalt irrtümlich davon aus, dass der Empfänger dies erkennt. Trotz des nach außen „objektiv" vorhandenen Rechtsbindungswillens ist die Scherzerklärung nichtig.

4.2.2 Empfangsbedürftige und nicht empfangsbedürftige Willenserklärungen

150 Rechtsgeschäfte sollen Rechtsfolgen auslösen, von denen in der Regel auch Dritte betroffen sind. Deren Interessen muss das Gesetz berücksichtigen. Aus diesem Grunde sind **nahezu alle** Willenserklärungen „**empfangsbedürftig**", das heißt sie werden erst wirksam, wenn sie von jemandem „empfangen" werden. **Nicht empfangsbedürftige** Willenserklärungen werden dagegen schon **mit Abgabe** wirksam, ohne dass jemand von ihnen Kenntnis haben muss. Der praktisch einzige bedeutsame Fall einer nicht empfangsbedürftigen Willenserklärung ist das **Testament**.

> **Beispiel:** Empfangsbedürftig sind grundsätzlich alle Vertragsangebote und -annahmen, Kündigungen etc. Sie müssen dem Empfänger zugehen bzw. von diesem vernommen werden (→ Rn. 152). Das nicht empfangsbedürftige Testament entfaltet dagegen schon ab seiner Errichtung Rechtswirkung, auch wenn es danach jahrelang unentdeckt in einer Schublade liegt.

4.2.3 Wirksamkeit von Willenserklärungen

4.2.3.1 Abgabe der Willenserklärung

151 Damit eine Willenserklärung Rechtswirkung entfalten kann, muss sie zunächst **abgegeben** werden. Abgegeben ist sie dann, wenn der Erklärende die Erklärung willentlich so in Verkehr bringt, dass sie ohne sein weiteres Zutun den Empfänger erreichen kann.

> **Beispiele:** Mündliche Äußerung gegenüber dem Empfänger, Aufgabe eines Briefes zur Post, drücken des „Sende-Buttons" bei Emails.

4.2.3.2 Zugang von Willenserklärungen

Eine empfangsbedürftige Willenserklärung bedarf des „Empfangs". Das BGB ver- **152** wendet den Begriff „Empfang" nicht, sondern erklärt in § 130 I 1 BGB bei empfangs- bedürftigen Willenserklärungen unter **Abwesenden** den „**Zugang**" als Wirksam- keitszeitpunkt.

4.2.3.2.1 Unterschied Erklärung unter An- oder Abwesenden

Das Gesetz unterscheidet zwischen Erklärungen **unter Anwesenden** und solchen **153** unter **Abwesenden** (§§ 130 I, 147 I BGB). Anders als der Wortlaut suggeriert, geht es dabei aber tatsächlich um die Unterscheidung zwischen „**verkörperten**", also in dauerhafter Form vorliegenden Willenserklärungen, und **nicht verkörperten**, also mündlichen Erklärungen.

> **Beispiel:** Ein Angebot per Telefon oder Videokonferenz gilt als Angebot unter Anwe- senden, auch wenn die Gesprächspartner Tausende Kilometer voneinander entfernt sind. Übergibt der A dem B ein schriftliches Angebot (also im Brief verkörpert) persönlich, so gilt dies als eine Erklärung unter Abwesenden.

4.2.3.2.2 Zugang empfangsbedürftiger Willenserklärungen

Nach § 130 I 1 BGB wird eine (1.) empfangsbedürftige, (2.) einem Abwesenden ge- **154** genüber abgegebene Willenserklärung wirksam, wenn sie diesem „zugeht".

> **Definition Zugang**
>
> Der Zugang erfolgt, wenn die Willenserklärung
>
> a) so in den **Machtbereich** des Empfängers gelangt,
> b) dass unter normalen Umständen mit **Kenntnisnahme zu rechnen** ist.

„Machtbereich" bedeutet, dass der Empfänger andere vom Zugriff auf die verkör- perte Erklärung **ausschließen** kann, also tatsächlich „Macht" über die Erklärung hat.

> **Beispiele**: Briefkasten, Email-Postfach, Entgegennahme eines Schriftstücks per Hand.

Der Zugang (oder die „Vernehmung" bei Anwesenden → Rn. 157) kann auch über **155** **Mittelspersonen** erfolgen. Darunter fallen solche Personen, die vom Empfänger als „**Empfangsboten**" oder **Empfangsvertreter** (§ 164 III BGB) eingesetzt werden (zB Angestellte des Empfängers). Erfasst sind aber auch Personen, die nach **Verkehrs- auffassung** (also üblichen Gepflogenheiten) als geeignet und ermächtigt angesehen werden, Erklärungen in Empfang zu nehmen (zB erwachsene **Familienangehörige**, nicht aber zB Nachbarn). Zugang oder Vernehmung müssen dann bei der Mittels- person erfolgen.

„**Unter normalen Umständen**" bedeutet, dass Sondersituationen, die einer Kennt- nisnahme entgegenstehen, unberücksichtigt bleiben. Erfolgt die tatsächliche Kennt- nisnahme allerdings früher als unter normalen Umständen, so gilt der frühere Zeitpunkt.

> **Beispiel:** V setzt dem K eine Frist zur Annahme eines Angebots bis Montag 24.00 Uhr. Am Sonntag kommt K ins Krankenhaus. Gelangt die Annahme so früh in den Briefkasten des V, dass dieser unter normalen Umständen bis Montag um 24.00 Uhr von ihr Kenntnis nimmt, so ist sie rechtzeitig zugegangen. Es kommt nicht darauf an, wann V aus dem Krankenhaus zurückkehrt und das Annahmeschreiben tatsächlich liest.
>
> Wirft der Arbeitgeber G eine Kündigung abends um 20.00 Uhr in den Briefkasten des Arbeitnehmers A, so ist unter normalen Umständen damit zu rechnen, dass A die Post erst wieder am Folgetag kontrolliert. Dann erst geht die Kündigung zu. Schaut ausnahmsweise aber noch um 21.00 Uhr in den Briefkasten und liest die Kündigung, so wird sie schon dann wirksam.

156 Nach § 130 I 2 BGB wird die Willenserklärung nicht wirksam, wenn dem anderen vor oder gleichzeitig mit ihrem Zugang ein **Widerruf** zugeht.

> **Beispiel:** K nimmt um 24.00 Uhr per Email ein Angebot des V an und widerruft dieses drei Stunden später. Unter normalen Umständen ist davon auszugehen, dass V beide Emails erst am Folgetag liest. Der Widerruf geht daher gleichzeitig mit der Annahme zu, so dass kein Vertrag zustande kommt.

157 Der Empfang einer Erklärung **unter Anwesenden** erfolgt mangels verkörperter Willenserklärung nicht mit deren Zugang, sondern nach der so genannten „**Vernehmungstheorie**" dann, wenn der Empfänger diese aus Sicht eines sorgfältigen Erklärenden „vernommen", also verstanden hat. Sprach- oder Hörprobleme gehen zulasten des Empfängers, soweit diese für den Erklärenden nicht erkennbar sind (vgl. MüKoBGB/*Einsele*, BGB, § 130, Rn. 28).

158 **Vereitelt** der Erklärungsempfänger den Zugang der Erklärung entgegen Treu und Glauben (§ 242 BGB), so gilt nach dem BGH eine Zugangsfiktion (BGH NJW 1998, 976). Die Erklärung gilt als zu dem Zeitpunkt zugegangen, zu dem der Zugang ohne die Vereitelung erfolgt wäre.

> **Beispiel:** A erwartet die Kündigung seines Mietvertrags und klebt seinen Briefkasten zu.

Bei der Bewertung der Zugangsvereitelung als treuwidrig sind alle Umstände des Einzelfalls zu berücksichtigen. Nicht oder unterfrankierte Sendungen darf der Empfänger zurückweisen. Gibt ein Kaufmann eine Emailadresse auf seinem Briefkopf an, so muss er sicherstellen, dass ihn Erklärungen unter dieser Adresse erreichen können.

Die Zugangsfiktion gilt nur dann, wenn der Erklärende **unverzüglich einen zweiten Zugangsversuch unternimmt**, sobald er das Fehlschlagen des ersten Versuchs bemerkt. Andernfalls ist die Erklärung nicht zugegangen (BGH NJW 1998, 976).

4.2.4 Formbedürftigkeit von Willenserklärungen

4.2.4.1 Gesetzliche Formerfordernisse

159 Art. 2 I GG garantiert die „allgemeine Handlungsfreiheit" des Menschen. Für Rechtsgeschäfte folgt daraus die „**Privatautonomie**", also die Freiheit, Rechtsgeschäfte

(insbesondere Verträge, sog. „**Vertragsfreiheit**") mit beliebigen Personen, mit beliebigem Inhalt und in beliebiger Form zu schließen.

Willenserklärungen können folglich grundsätzlich **in jeder beliebigen Form** wirksam abgegeben werden.

> **Beispiele:** Notariell beurkundeter Grundstücksvertrag, Brief, Email, SMS, mündliche Erklärungen, Kopfnicken, Geld auf die Kasse legen etc.

Die allgemeine Handlungsfreiheit kann nach Art. 2 I GG durch die „verfassungsmäßige Ordnung", dh alle mit der Verfassung vereinbaren Rechtsnormen eingeschränkt werden. Dazu gehören auch **Formvorschriften** für Rechtsgeschäfte. Der Gesetzgeber hat dazu in den §§ 126 ff. BGB bestimmte Formarten definiert und verweist dann bei einzelnen Rechtsgeschäften auf diese Form.

Häufig dienen Formvorschriften dem **Schutz vor Abgabe übereilter Erklärungen**, etwa bei der Bürgschaft (§ 766 BGB) sowie der späteren **Beweisbarkeit** des Inhalts einer Erklärung (zB § 623 BGB). Ist wie bei Grundstückskaufverträgen eine notarielle Beurkundung erforderlich (§ 311b I BGB), so soll zudem eine rechtliche **Belehrung** der Parteien durch den Notar gesichert werden.   **160**

§ 126 BGB regelt die **Schriftform**, welche zum Beispiel bei Bürgschaften (§ 766 BGB) oder bei der Befristung von Arbeitsverträgen (§ 14 IV TzBfG) erforderlich ist. Erforderlich ist nach Abs. 1 die **eigenhändige Unterschrift** unter ein Dokument oder die (praktisch sehr seltene) **notarielle Beglaubigung** eines anstelle seiner Unterschrift abgegebenen Handzeichens des Erklärenden (der sog. „Paraphe", zB Kreuze, Striche, Initialen). Zur Einhaltung der Schriftform muss das eigenhändig unterzeichnete Dokument selbst dem Empfänger **zugehen** (→ Rn. 154). Es reicht nicht aus, dass er eine Kopie, Foto, Datei, Fax etc. erhält, auf der die Unterschrift abgebildet ist.   **161**

Bei **Verträgen** müssen nach § 126 II BGB entweder beide Parteien auf **derselben** Urkunde unterschreiben oder jeweils eine Partei auf **gleichlautenden** Urkunden, die die andere Seite dann erhält.

> **Beispiel:** V übersendet dem K einen von V unterzeichneten Bürgschaftsvertrag für dessen Akten und bittet K, eine beigefügte Kopie unterzeichnet an V zurückzusenden. Beide Parteien haben dann ein gleichlautendes Exemplar, welches nur von der anderen Seite unterzeichnet ist. Dies wahrt die Schriftform.

Entscheidend (für die Beweisfunktion) ist dabei der **identische Wortlaut** der Urkunden, nicht lediglich ein identischer Inhalt. So kann sichergestellt werden, dass keine Partei nachträglich Änderungen an ihrem Exemplar vornimmt.

> **Beispiel:** B bietet dem V schriftlich an, sich für seinen Freund F gegenüber dem V zu verbürgen. F schreibt zurück, er nehme die Bürgschaft gerne an. Die bei Privatleuten nach § 766 BGB erforderliche Schriftform ist nicht gewahrt, weil B und F weder auf derselben noch jeweils auf gleichlautenden Urkunden unterschrieben haben.

Die Schriftform kann nach § 126 III BGB durch die elektronische Form ersetzt werden, sofern nicht das Gesetz (wie zB in § 623 BGB für Kündigungen) dies ausschließt.

Bachert

162 Die **elektronische Form** (§ 126a BGB) meint nicht lediglich ein Dokument in elektronischer Form (Email, Digitalfoto, pdf etc.), sondern erfordert eine **qualifizierte elektronische Signatur** nach der IVT-Verordnung (EU) Nr. 910/2014 sowie dem Vertrauensdienstegesetz, mit der das Dokument elektronisch **verknüpft** wird. Über gesetzlich vorgegebene Methoden (zB Chipkarten) wird sichergestellt, dass die elektronische Signatur vom Erklärenden stammt.

163 Die **Textform** nach § 126b BGB erfordert, dass ein lesbarer Text auf einem dauerhaften Datenträger abgegeben wird. „Datenträger" sind nach § 126b I 2 BGB alle Medien, die eine Aufbewahrung oder Speicherung über einen „angemessenen" Zeitraum ermöglichen. Dies müssen nicht notwendig digitale Speicher sein, auch eine Papierkopie fällt darunter. Wichtig ist, dass die Erklärung **lesbar** ist.

> **Beispiele:** Email, SMS, Chatnachricht, Kopie, Fax

Die Textform soll im Regelfall der **Dokumentation** des Inhalts einer Erklärung dienen. Sie wird im BGB zB gefordert in § 312h oder § 510 I 3 BGB.

164 Die **notarielle Beurkundung** nach § 128 BGB ist vor allem bei Immobiliengeschäften (vgl. § 311b I BGB) und der Gründung von Kapitalgesellschaften (§§ 2 I GmbHG, 23 I AktG) erforderlich. Der Notar nimmt die **Erklärungen** der Beteiligten (also zB den Grundstückskaufvertrag) auf und liest diese anschließend zur Genehmigung der Beteiligten noch einmal vor (vgl. § 13 BeurkG – Vorlesen, Genehmigen, Unterschreiben).

165 Bei der **öffentlichen Beglaubigung** (§ 129 BGB) beglaubigt ein Notar die **Identität** der Unterzeichnenden, welche das Dokument in seiner Gegenwart unterzeichnen. Ein beglaubigtes Handzeichen statt einer Unterschrift reicht wie bei § 126 I BGB aus. Der öffentlichen Beglaubigung bedürfen zB die Anmeldung eines Vereins zum Handelsregister (§ 77 BGB) sowie die Bestimmung des Ehenamens, sofern dieser nicht bereits bei Eheschließung vor dem Standesamt bestimmt wurde (§ 1355 BGB).

4.2.4.2 Vereinbarte („gewillkürte") Formerfordernisse

166 Im Rahmen ihrer Privatautonomie können Personen auch rechtsgeschäftlich vereinbaren, dass (künftige) Rechtsgeschäfte zwischen ihnen einer bestimmten Form genügen müssen, wenn das Gesetz kein Formerfordernis enthält. Verträge enthalten häufig **Schriftformklauseln**. „Einfache" Schriftformklauseln bestimmen, dass Änderungen des Vertrags der Schriftform bedürfen. „**Doppelte**" Schriftformklauseln bestimmen darüber hinaus ausdrücklich, dass auch Änderungen der Schriftformklausel selbst der Schriftform bedürfen. Damit soll Streit über das, was vereinbart wurde, vermieden werden. Werden in AGB bestimmte Formerfordernisse für **einseitige** Erklärungen (zB Kündigung, Fristsetzung etc.) aufgestellt, so ist § 309 Nr. 13 BGB zu beachten.

Näheres zur vereinbarten Form enthält § 127 BGB.

167 Häufig werden die Parteien Begriffe wie „Schriftform" oder „Textform" benutzen, ohne diese näher zu definieren. § 127 I BGB enthält eine **Auslegungsregel**, dass diese Begriffe dann wie in der gesetzlichen Definition zu verstehen sind.

Bachert

Diese Auslegungsregel wird durch § 127 II BGB direkt wieder eingeschränkt. Danach gilt, sofern sich kein anderer (strengerer) Wille der Parteien feststellen lässt, zur Wahrung der Schriftform auch die „**telekommunikative**" Übermittlung mittels Anlagen nach § 3 Nr. 60 TKG. Nach ganz hM befreit § 127 II BGB nur vom Erfordernis der eigenhändigen Unterschrift, nicht dagegen von der Schriftlichkeit der Erklärung (MüKoBGB/*Einsele*, BGB, § 127, Rn. 10). Email, Fax etc. reichen also aus, eine rein **mündliche Erklärung per Telefon** dagegen nicht. Ausreichend ist nach § 127 II BGB zudem ein **Briefwechsel**, wobei umstritten ist, ob die Briefe unterzeichnet sein müssen (MüKoBGB/*Einsele*, a.aO). § 127 III BGB lässt weitere Erleichterungen zur Wahrung einer vereinbarten **elektronischen Form** zu.

4.2.4.3 Folgen von Formverstößen

Ein Verstoß gegen **gesetzliche** Formvorschriften führt grundsätzlich zur **Nichtigkeit** 168 des Rechtsgeschäfts nach § 125 S. 1 BGB. In seltenen Fällen lässt das Gesetz die „**Heilung**" von Formverstößen zu, zB beim formnichtigen Grundstückskaufvertrag durch die spätere Übereignung des Grundstücks (§ 311b I 2 BGB).

In eng begrenzten **Ausnahmefällen** kann sich von einer Formnichtigkeit profitierende Partei nach Treu und Glauben (§ 242 BGB) nicht auf den Formmangel berufen. Der BGH nimmt dies an, wenn die die Unwirksamkeit wegen Formverstoßes die Existenz einer Vertragspartei gefährdet (BGH NJW 1972, 1189 – formnichtiger Grundstückskaufvertrag) oder die sich auf die Formwirksamkeit berufende Partei grob treuwidrig verhalten hat (BGH WM 1955, 1172 – Berufung auf Formnichtigkeit nach jahrelanger Durchführung eines Vertrags).

Ein Verstoß gegen eine **vereinbarte** Form führt „**im Zweifel**" ebenfalls zur Nichtigkeit, dh wenn nicht zweifelsfrei festgestellt werden kann, dass die spätere Abrede trotz Formverstoßes nach dem Parteiwillen wirksam sein soll (→ zur Auslegung Rn. 171). Das kann zB dann der Fall sein, wenn die Formklausel lediglich Beweis- oder Dokumentationszwecken dienen soll („**deklaratorische**" Klausel) und diese Funktion trotz des Formverstoßes erreicht wird. Ein gesetzliches Beispiel hierfür ist § 127 II 2 BGB. Dieser lässt zur Wahrung einer gewillkürten Schriftform im Regelfall die telekommunikative Übermittlung zu, weil auch dadurch der Inhalt der Erklärung ausreichend **dokumentiert** wird (→ Rn. 167).

Außerdem können die Parteien im Rahmen ihrer Privatautonomie (→ Rn. 159) die 169 Schriftformklausel auch **später formfrei (!) aufheben** und so wirksam etwas anderes vereinbaren.

> **Beispiel:** V und K vereinbaren im Kaufvertrag neben einer einfachen Schriftformklausel, dass K die gekaufte Ware bei V abholt. Anschließend einigen sich V und K telefonisch darauf, dass V dem K die Ware zuschickt.

Unter welchen Voraussetzungen eine spätere Aufhebung der Schriftformklausel angenommen werden kann, ist im Einzelnen sehr umstritten und kann hier nicht detailliert dargestellt werden (vgl. eingehend MüKoBGB/*Einsele*, BGB, § 125, Rn. 71). Zum Teil wird verlangt, dass die Parteien „deutlich zum Ausdruck bringen", die Schriftformklausel aufzuheben (BGH NJW 1991, 1750, 1751), nach anderer Auffassung soll auch eine **konkludente Aufhebung** sogar dann möglich sein, wenn den Parteien das Schriftformerfordernis gar nicht bewusst ist (BAG NZA 2007, 801, 803).

Bachert

Da auch eine konkludente Aufhebung einer Schriftformklausel eine Vertragsänderung ist, bedarf sie stets einer **Einigung** aller Vertragsparteien. Kündigt etwa eine Partei einen Vertrag formwidrig einseitig, so kann dadurch das Formerfordernis nicht aufgehoben werden.

170 Bei **doppelten Schriftformklauseln** ist die Wirksamkeit formwidriger Erklärungen regelmäßig „zweifelhaft", so dass an sich Nichtigkeit nach § 125 S. 2 BGB einträte. Werden – wie in den meisten Fällen – **Schriftformklausel als AGB** vereinbart, so gehen jedoch auch **formwidrige Individualvereinbarungen** gemäß 305b BGB der Schriftformklausel vor, so dass selbst die doppelte Schriftformklausel keine Wirkung entfaltet. Die in der Praxis häufig vorkommenden Schriftformklauseln haben also nur eine sehr eingeschränkte rechtliche Relevanz.

4.2.5 Auslegung von Willenserklärungen

4.2.5.1 Die „erläuternde" Auslegung von Willenserklärungen und Verträgen

171 Wie jede Äußerung sind auch Willenserklärungen auszulegen, dh ihr Inhalt muss festgestellt werden. Ein „Ja, ich will" beim Standesamt hat eine andere Bedeutung als die gleiche Antwort auf die Frage des Bäckers, ob man das gleiche Brot wie sonst nimmt. Das BGB enthält hierzu zwei allgemeine Auslegungsvorschriften, § 133 und § 157 BGB.

172 Nach § 133 BGB ist der **„wirkliche Wille"** des Erklärenden zu ermitteln, also das, was der Erklärende („subjektiv") erklären wollte. Nach § 157 BGB sind Verträge so auszulegen, wie **„Treu und Glauben mit Rücksicht auf die Verkehrssitte** es erfordern". § 157 BGB gilt entgegen seines Wortlauts für **alle empfangsbedürftigen Willenserklärungen**, nicht nur für Verträge (BeckOK BGB/*Wendtland*, BGB, § 157, Rn. 2).

173 Mit „Treu und Glauben" stellt der Gesetzgeber darauf ab, wie ein im weitesten Sinne **redlicher Empfänger** eine Erklärung verstehen **darf** („**objektiver Empfängerhorizont**"). Er muss also die Erklärung unter Heranziehung aller ihm bekannten Umstände wie zB Parteiinteressen, Vertragsverhandlungen, sonstige Dokumente etc. auslegen, nicht lediglich in einem ihm vorteilhaften Sinne. Mit der in § 157 gesondert angesprochenen Verkehrssitte sind die **Gepflogenheiten** bei Geschäften dieser Art gemeint, zB die Verwendung bestimmter Begriffe oder Handelsklauseln in einer Branche. Bestehen insoweit keine Besonderheiten, so ist auf den **allgemeinen Rechtsverkehr** abzustellen. Es ist also zu fragen, wie die abgegebene Erklärung **üblicherweise** verstanden wird, sofern nicht die Umstände nach Treu und Glauben ausnahmsweise ein anderes Verständnis erfordern.

174 Widersprechen sich der wirkliche Wille und der objektive Empfängerhorizont, **geht § 157 BGB dem § 133 BGB vor**. Dies folgt systematisch daraus, dass § 119 I BGB für diese Fälle eine Anfechtungsmöglichkeit des Erklärenden vorsieht (→ Rn. 232).

> **Beispiel:** K will auf der Internetversteigerungsplattform E ein Gebot abgeben. Er vertippt sich und bietet statt 100 EUR 500 EUR, was für den Verkäufer nicht erkennbar ist. Damit bietet K rechtlich nach § 157 BGB 500 EUR.

175 § 133 BGB ist dagegen maßgeblich für **nicht empfangsbedürftige Willenserklärungen** wie insbesondere das Testament. Mangels Empfangsbedürftigkeit kann es hier nicht auf einen Empfängerhorizont ankommen. Nur § 133 BGB ist zudem anzuwenden

auf Fälle, in denen beide Parteien einen Begriff in derselben unüblichen Form verwenden. Da ihre Interessen verwirklicht werden sollen, gilt dann das von ihnen Gewollte. Die beiderseitig falsche Verwendung eines Begriffs schadet nicht (lateinisch *„Falsa demonstratio (non nocet)"*).

4.2.5.2 Die „ergänzende" Vertragsauslegung

Beim Vertragsschluss können die Parteien häufig nicht alle Eventualitäten vorher- **176** sehen und im Vertrag regeln. Dann stellt sich ggf. die Frage nach einer „ergänzenden" Vertragsauslegung (im Unterschied zur erläuternden Auslegung, bei der eine bestehende vertragliche Regelung ausgelegt wird).

Eine ergänzende Vertragsauslegung setzt ähnlich einer Gesetzesanalogie zunächst eine „Lücke" im Vertrag voraus. An dieser fehlt es, wenn die Parteien einen Sachverhalt ganz bewusst nicht geregelt haben, weil sie sich zB hierüber nicht einig waren. Es ist also zu fragen, ob die Parteien etwas geregelt hätten, wäre ihnen diese Lücke bewusst gewesen.

Liegt eine Lücke vor, so ist zunächst zu prüfen, ob sie durch Anwendung des **dispo-** **177** **sitiven Gesetzesrechts** geschlossen werden kann. Dann scheidet im Regelfall eine ergänzende Vertragsauslegung aus (BGH NJW 2004, 1590, 1591; anders für Gesellschaftsverträge BGH NJW 1979, 1705).

> **Beispiel:** K und V schließen einen Kaufvertrag, treffen aber keine Regelungen über Mängel der Kaufsache. Dann gelten die dispositiven §§ 434 ff. BGB, für eine ergänzende Vertragsauslegung ist kein Raum.

Gibt es kein auf diese Situation anwendbares dispositives Recht oder widerspricht dies den im Vertrag zum Ausdruck kommenden Interessen der Parteien, so kommt eine ergänzende Vertragsauslegung in Betracht.

> **Beispiel:** Ein Stromliefervertrag bestimmt, dass der Versorger Preiserhöhungen durch höhere „Steuern und Abgaben" an den Kunden weiterreichen darf. Anschließend tritt ein Gesetz in Kraft, wonach Versorger verpflichtet sind, Strom aus erneuerbaren Energien (zB Solar- oder Windenergie) zu festgelegten Preisen zu beziehen, die deutlich über dem Marktpreis für sonstigen Strom liegen. Der Versorger argumentiert, dass mit der „Steuer- und Abgabenklausel" jegliche staatlich veranlasste Erhöhung der Beschaffungskosten erfasst ist, und will die erhöhten Beschaffungskosten an den Kunden weitergeben. Gesetzlich ist hierzu nichts geregelt.

Laut BGH (NJW-RR 2004, 262) sind die derartig erhöhten Beschaffungskosten nach üblichem Sprachgebrauch keine „Steuern und Abgaben", da sie nicht direkt an den Staat zu bezahlen sind (**erläuternde Auslegung**). Dispositives Recht ist insoweit nicht vorhanden. Die Parteien hätten aber diese Kosten in die Klausel aufgenommen, wenn sie mit diesem Gesetz gerechnet hätten, so dass der Kunde zahlen muss (**ergänzende Auslegung**). Denn nach der vertraglichen Risikoverteilung sollen staatlich verursachte Mehrkosten vom Kunden getragen werden.

?

Kontrollfragen

1. Definieren Sie den Begriff „Rechtsgeschäft". Was unterscheidet das Rechtsgeschäft von einem Realakt? → Rn. 138
2. Nennen Sie je ein Beispiel für ein Verpflichtungs- und für
   ein Verfügungsgeschäft. → Rn. 139
3. Was besagt das Abstraktionsprinzip? → Rn. 141
4. Was sind erforderliche Bestandteile einer Willenserklärung? → Rn. 144
5. Wann wird eine empfangsbedürftige Willenserklärung
   unter Abwesenden wirksam? → Rn. 154
6. In welcher Form müssen Rechtsgeschäfte getätigt werden? → Rn. 159
7. Was ist der Unterschied zwischen Schriftform und Textform? → Rn. 161
8. Führt der Verstoß gegen eine vertragliche Schriftformklausel stets zur Nichtigkeit des Rechtsgeschäfts? → Rn. 168
9. Welches sind die beiden grundlegenden Auslegungsre-
   geln im BGB? In welchem Verhältnis stehen diese zueinander? → Rn. 171
10. Was ist der Unterschied zwischen erläuternder und er-
    gänzender Vertragsauslegung? → Rn. 176

Aufgabe 1 (Leistungsniveau Bachelor)

Nach LG Hanau NJW 1979, 721: Die Schule S bestellt durch ihre Lehrerin L beim Großhändler G *„20 gros Rollen"* Toilettenpapier. L geht davon aus, dass „gros" für „große" steht. Im Großhandel steht „gros" aber für 12 Dutzend (144 Stück). G liefert folglich 2880 Rollen. Liegen hier zwei übereinstimmende Willenserklärungen vor? **Hinweis:** Lassen Sie Vertretungsfragen außer acht und behandeln Sie nachstehend die Erklärung der L als Erklärung der S.

Lösung

Um zu prüfen, ob die Willenserklärungen übereinstimmen, sind sie auszulegen.

1. Bestellung der S: Der wirkliche Wille (§ 133 BGB) der S war auf 20 große Rollen gerichtet. Die Bestellung ist eine empfangsbedürftige Willenserklärung, so dass auch § 157 BGB anwendbar ist. Der „objektive Empfängerhorizont" des G nach § 157 BGB ist nach Treu und Glauben mit Rücksicht auf die Verkehrssitte zu bestimmen. Branchenüblich bedeutet „20 gros Rollen" 2.880 Rollen. Anhaltspunkte dafür, dass G den Irrtum der S erkennen musste, sind dem Sachverhalt nicht entnehmbar (Annahme: Auch diese Menge Rollen ist für Schulen nicht so außergewöhnlich, etwa für Projekte). Nach dem objektiven Empfängerhorizont hat S folglich 2.880 Rollen bestellt. Dieser ist bei empfangsbedürftigen Erklärungen gegenüber dem wirklichen Willen vorrangig und somit maßgeblich. Sonst könnte der wirkliche Wille niemals vom Erklärungsinhalt abweichen, und ein Inhaltsirrtum (§ 119 I BGB) wäre nicht möglich (→ Rn. 236).
2. Annahme des G: G hat sowohl subjektiv als auch objektiv die Bestellung über 2.880 Rollen angenommen.
3. Ergebnis: Es liegen zwei übereinstimmende Willenserklärungen vor.

Aufgabe 2 (Leistungsniveau Bachelor)
V verkauft dem K 10.000 Liter Heizöl. Im individuell ausgehandelten Liefervertrag steht ua, dass Änderungen des Vertrags der Schriftform bedürfen, was auch für die Aufhebung des Schriftformerfordernisses selbst gelte. Der Liefervertrag sieht eine Zahlungsfrist von 14 Tagen ab Lieferung ohne Abzug vor. V und K vereinbaren nach Vertragsschluss per Fax, dass K zwei Prozent Nachlass (Skonto) auf den Kaufpreis erhalte, falls er innerhalb von drei Tagen nach Lieferung zahle. K zahlt entsprechend frühzeitig. Ist der Nachlass wirksam vereinbart?

Lösung

Der ursprüngliche Vertrag sah keinen Nachlass vor. Fraglich ist, ob er durch die späteren Telefaxe wirksam geändert worden ist. Die Erklärungen von V und K per Fax **stimmten überein und sind zugegangen**.

Fraglich ist, ob sie nach § 125 S. 2 BGB wegen **Formverstoßes** unwirksam sind. Beide Parteien haben vereinbart, dass Änderungen zu ihrer Wirksamkeit der Schriftform bedürfen. Nach § 127 I BGB bestimmt sich auch die vereinbarte Schriftform im Zweifel nach § 126 BGB. Die Faxe erfüllen nicht die Anforderungen nach § 126 II BGB mangels eigenhändiger Unterschrift. Nach § 127 II BGB genügt allerdings zur Wahrung der vereinbarten Schriftform auch die telekommunikative Übermittlung, soweit nicht ein anderer Wille der Parteien anzunehmen ist. Das Fax ist ein Telekommunikationsmittel nach § 3 Nr. 60 TKG. Ein Wille, wonach ein Fax nicht ausreichend sein sollte, ist dem Sachverhalt nicht zu entnehmen. Daher wahren die Faxe vorliegend die Schriftform.

Ergebnis: Das Skonto ist wirksam vereinbart.

5 Der Vertrag

Literatur: Brox/Walker, Allgemeiner Teil des BGB, 45. Aufl. 2021; Musielak/Hau, Grundkurs BGB, 17. Aufl. 2021; Schwabe, Lernen mit Fällen, Allgemeiner Teil des BGB, 15. Aufl. 2021; Martinek/Omlor, Grundlagenfälle zum BGB für Anfänger, 4. Aufl. 2021; Däubler/Beck, AGG, 5. Aufl. 2022; Mann, Die Einbeziehung von AGB in Verträgen zwischen Unternehmern, BB 2017, 2178-2184.

Das praktische bedeutsamste Rechtsgeschäft ist der Vertrag. Ein Vertrag ist ein **178** mehrseitiges Rechtsgeschäft, so dass auf den Vertrag die Vorschriften über **Willenserklärungen** (→ Kap. 4) Anwendung finden. In den §§ 145 ff. BGB finden sich weitere spezielle Regeln über den Vertragsschluss. Gesetzliche Regeln zu einzelnen **Vertragstypen** sind im Besonderen Teil des Schuldrechts (§§ 433 ff. BGB) geregelt.

5.1 Vertragsbegriff

Das BGB enthält keine allgemeine Vertragsdefinition. § 145 BGB erwähnt einen **179** „Antrag", im moderneren Sprachgebrauch das „**Angebot**" genannt. § 146 BGB erwähnt die **Annahme**, woraus eine allgemeine Vertragsdefinition abgeleitet werden kann.

Definition Vertrag

Ein Vertrag besteht aus mindestens zwei übereinstimmenden, mit Bezug aufeinander abgegebenen wirksamen Willenserklärungen, Angebot und Annahme.

Ob die Erklärungen übereinstimmen und wirksam sind, richtet sich nach den in Kap. 4 dargestellten Regelungen über die Wirksamkeit (Form, Zugang) und die Auslegung von Willenserklärungen (§§ 133, 157 BGB). Die Annahme muss mit Bezug auf das Angebot abgegeben worden sein. Dies fehlt bei den (praktisch extrem seltenen) sich kreuzenden Erklärungen.

Beispiel: Bieten V per Fax dem K 500 Paar Schuhe für 1.000 EUR und gleichzeitig K dem V ohne Kenntnis des Angebots per Fax 1.000 EUR für 500 Paar Schuhe, dann stimmen die Erklärungen zwar inhaltlich überein, sind aber nicht mit Bezug aufeinander abgegeben worden.

5.1.1 Angebot

Ein Angebot muss nach § 146 BGB angenommen werden können. Es muss daher so **180** **konkret** sein (ggf. nach Auslegung), dass der Empfänger es mit einem schlichten „Ja" annehmen kann. Insbesondere muss klar sein, welche **Leistung** der Anbietende vom Empfänger haben will und welche **Gegenleistung** er selbst anbietet. Dies kann sich auch durch Auslegung aus den Umständen ergeben.

> **Beispiele:** Im Supermarkt macht der Kunde durch das Auflegen der Ware auf die Kasse ein Angebot, welches durch den Kassierer angenommen wird. Durch Auslegung ergibt sich, dass der Kunde den im Markt ausgezeichneten Preis anbietet, obwohl der dies nicht ausdrücklich erklärt. Die Aussage des V gegenüber seinem Freund F „Ich biete dir mein Auto zum Kauf an" ist mangels Preisangabe kein (annahmefähiges) Angebot.

181 **Werbeanzeigen, Schaufensterauslagen**, Warenregale im Geschäft, Internetseiten etc. sind regelmäßig mangels **Rechtsbindungswillens** (→ Rn. 145) kein Angebot, weil der Werbende sonst Gefahr liefe, eine für ihn nicht erfüllbare Anzahl von Verträgen einzugehen. Diese werden daher lediglich als „**invitatio ad offerendum**" (Einladung zur Abgabe von Angeboten) an die potentiellen Kunden ausgelegt. Das Angebot geht dann also vom Kunden aus, der Werbende entscheidet über die Annahme.

Das Angebot ist grundsätzlich nach § 145 BGB mit Wirksamkeit **bindend**, solange der Antragende nicht seine Bindung ausgeschlossen hat („freibleibendes" Angebot), das Angebot abgelehnt wurde oder nach den §§ 147 ff. BGB erloschen ist.

5.1.2 Annahme

Die §§ 147 ff. BGB enthalten Regeln über die Annahme von Angeboten.

5.1.2.1 Rechtzeitigkeit der Annahme

182 Das Angebot erlischt nach § 146 BGB, wenn es nicht rechtzeitig angenommen wird.

Nicht verkörperte (→ Rn. 153) Angebote können nach § 147 I BGB nur **sofort** angenommen werden, sofern keine Annahmefrist nach § 148 BGB bestimmt wurde. **Verkörperte** Willenserklärungen können bis zu dem Zeitpunkt angenommen werden, in welchem der Antragende den Eingang (Zugang) der Antwort **unter regelmäßigen Umständen erwarten** darf (§ 147 II BGB). Die zu ermittelnde **Gesamtfrist** setzt sich aus einer **Überlegungsfrist** und einer **Übermittlungsfrist** zusammen, wobei vom gleichen Kommunikationsmittel wie beim Angebot auszugehen ist. Benutzt der Antwortende ein schnelleres Kommunikationsmittel (zB Email statt Brief), so kann er länger über die Annahme nachdenken. Die Überlegungsfrist bestimmt sich nach den Umständen des Einzelfalls (Komplexität des Geschäfts, Zeit für unternehmensinterne Willensbildung, erkennbare Eilbedürftigkeit, Feiertage etc.). Bei Gewerbemietverträgen auch mit größeren Unternehmen setzt der BGH ca. 2–3 Wochen als Gesamtfrist an, bei finanzierten Immobilienkäufen ca. vier Wochen (vgl. BGH NJW 2016, 1441, 1443). Bei einfachen Kaufverträgen wird die Frist häufig mit wenigen Tagen zu bemessen sein.

183 Ist die verspätete Annahme allein auf für den Antragenden **erkennbare Verzögerungen bei der Übermittlung** (zB ungewöhnlich lange Postlaufzeiten, erkennbar am Poststempel des Briefs) zurückzuführen, so muss der Antragende dem Antwortenden die Verzögerung spätestens unverzüglich (ohne schuldhaftes Zögern) nach dem Empfang **anzeigen**. Geschieht dies nicht, so gilt die Antwort als nicht verspätet (§ 149 BGB). In Ausnahmefällen kann zudem Treu und Glauben (§ 242 BGB) einer Berufung auf die Verspätung entgegenstehen (vgl. BGH NJW 2016, 1441, 1443).

Ist die Annahme verspätet, so gilt sie als neues Angebot (§ 150 I BGB). Der ursprünglich Anbietende kann entscheiden, ob er dieses Angebot annimmt

5.1.2.2 Annahme ohne Zugang

Nach § 151 BGB kann eine Annahme auch ohne Erklärung erfolgen, wenn der An- 184
tragende entweder darauf verzichtet hat oder dies nach der Verkehrssitte nicht zu
erwarten ist. Anders als die Formulierung vermuten lässt, wird nicht auf eine Annahmeerklärung verzichtet, sondern nur auf deren Zugang. Es muss auch zum
Schutz der Empfänger eine (idR konkludente) Annahmeerklärung vorliegen. § 151
BGB betrifft häufig Fälle, in denen der Antragende dem Empfänger einseitig einen
Vorteil verspricht, von dessen Annahme ohnehin auszugehen ist

> **Beispiele:** Der Hersteller legt seinen Waren eine Garantiekarte bei (Angebot eines
> selbständigen Garantievertrags). Der Annahmewille kann hier im Abheften der
> Karte gesehen werden. Ein Arbeitgeber verspricht im Wege einer „Gesamtzusage" im
> Intranet oder anderer Form seinen Arbeitnehmern die Zahlung von Weihnachtsgeld.
> Er erwartet keine ausdrückliche Annahme dieses Angebots, welche nur unnötige
> Arbeit für die Personalabteilung bedeutete. Der Annahmewille der Arbeitnehmer
> manifestiert sich in der Hinnahme des Geldes bzw. dem Ausgeben.

Eine insoweit wichtige Vorschrift ist der § 241a BGB. Bei **Zusendung unbestellter** 185
Waren an Verbraucher sind abgesehen von den Fällen des § 241a II BGB Ansprüche
gegen diese ausgeschlossen. Es kann daher nicht in Handlungen des Verbrauchers
(Nutzen, Beschädigen, Wegwerfen) eine Annahmehandlung im Sinne von § 151 BGB
gesehen werden.

5.1.3 Abweichen von Angebot und Annahme

Es kann vorkommen, dass der Empfänger eines Angebots dieses nicht einfach an- 186
nimmt, sondern die Annahme mit Änderungen am ursprünglichen Angebot verbindet.

> **Beispiel:** V bietet K seinen Gebrauchtwagen für 10.000 EUR an. K erklärt, er nehme
> das Auto, wolle aber für 10.000 EUR noch einen Satz Winterreifen dazu.

5.1.3.1 Gegenangebot nach § 150 II BGB

§ 151 BGB behandelt derartige Änderungen als Ablehnung des Angebots verbunden 187
mit einem neuen **(Gegen-)Angebot**, über welches der Erstanbietende dann entscheiden kann. Es gilt danach ein **„Alles oder nichts-Prinzip"**. Eine konkludente Annahme des Gegenangebots kann zB darin liegen, dass der Erstanbietende seine Leistung
anschließend erbringt.

> **Beispiel:** V bietet dem K einen Pkw an mit Zahlung des Kaufpreises bei Lieferung.
> K nimmt das Angebot mit der Modifikation an: Zahlung 50 % des Kaufpreises bei
> Lieferung, 50 % zwei Wochen später. V liefert den Wagen. Hierin kann eine schlüs-
> sige Annahme des Gegenangebots gesehen werden.

5.1.3.2 Offener und versteckter Dissens

188   Das „Alles oder nichts-Prinzip" des § 150 II BGB wird durch die Regeln über den Einigungsmangel („**Dissens**") modifiziert. Ein Dissens liegt vor, wenn die **Auslegung** (→ Rn. 171) von Angebot und Annahme ergibt, dass diese nicht vollständig übereinstimmen, also ein Fall des § 150 II BGB vorliegt. Die Auslegung kann aber zudem ergeben, dass der Erstanbietende dem „Gegenangebot" nicht uneingeschränkt zugestimmt hat, obwohl der Vertrag durchgeführt worden ist. In diesen Fällen kommen die Dissensregelungen zum Tragen.

189   Beim **offenen** Dissens (§ 154 BGB) haben sich die Parteien **teilweise** geeinigt, teilweise noch nicht, was ihnen auch **bewusst** ist. Ein Vertrag hinsichtlich der Teileinigung gilt in diesem Fall nur dann als geschlossen, wenn keine **Zweifel** daran bestehen, dass sich die Parteien trotz der teilweise fehlenden Einigung schon binden wollen. Das kann regelmäßig nur dann der Fall sein, wenn die fehlenden Einigung vertragliche Nebenpunkte betrifft („**accidentalia negotii**"). Ein starkes Indiz für einen Bindungswillen ist, dass die Parteien bereits mit der **Durchführung des Vertrags** begonnen haben. Dann kann der Einigungsmangel sogar Hauptpflichten („**essentialia negotii**") betreffen.

> **Beispiel:** Makler M wird von Eigentümer E mit der Vermakelung einer Immobilie beauftragt und findet die Käuferin K. Eine Provision kann M von K nur verlangen, wenn er auch mit K einen Maklervertrag mit Provisionsvereinbarung abschließt. Die Provisionshöhe im vom M daher aufgestellten Vertrag ersetzt K durch den Passus „nach Vereinbarung". Eine solche kommt aber nicht mehr zustande. Der BGH hat hier einen Vertrag trotz fehlender Einigung über die Provisionshöhe bejaht, da der Maklervertrag trotz fehlender Einigung durchgeführt wurde (BGH NJW 2002, 817).

190   Beim **versteckten Dissens** (§ 155) gehen die Parteien **irrtümlich** von einer tatsächlich nicht vorhandenen Einigung aus. Auch hier ist also zunächst im Wege der **Auslegung** festzustellen, ob übereinstimmende Willenserklärungen vorliegen oder nicht. Nur wenn dies nicht der Fall ist, kommt ein versteckter Dissens in Betracht. Häufig ergibt sich nach dem objektiven Empfängerhorizont doch ein Konsens. Ist dies nicht der Fall, so kommt nach der Auslegungsregel des § 155 BGB trotzdem ein Vertrag zustande, wenn anzunehmen ist, dass die Parteien den Vertrag auch ohne Einigung über diesen Punkt geschlossen hätten („**hypothetischer Parteiwille**"). Ein solcher kann wie bei § 154 BGB typischerweise nur angenommen werden, wenn die fehlende Einigung einen **vertraglichen Nebenpunkt** betrifft.

Ist von einem solchen Willen auszugehen, so ist die Lücke durch das **dispositive Recht** und ggf. durch **ergänzende Vertragsauslegung** zu schließen (→ Rn. 176).

5.1.3.3 Praxisfall „Kollidierende AGB"

191   Unternehmen verwenden in der Praxis regelmäßig allgemeine Geschäftsbedingungen (zB Verkaufs- oder Einkaufsbedingungen), die sich nahezu immer von denen ihrer Vertragspartner unterscheiden.

> **Beispiel:** Verkäufer V bietet dem Käufer K 1000 Autoreifen für 50.000 EUR an und fügt seine Lieferbedingungen bei. K nimmt unter Beifügung seiner AGB an. In Vs

Bachert

AGB ist ein Abzug bei schneller Zahlung („Skonto") ausgeschlossen, laut Ks AGB reduziert sich der Preis um 2 Prozent bei Zahlung innerhalb einer Woche. Beide AGB enthalten „Abwehrklauseln", nach denen andere AGB nicht akzeptiert werden. V liefert die Reifen. K zahlt innerhalb von drei Tagen 49.000 EUR, V verlangt weitere 1.000 EUR.

Die durch Ks AGB modifizierte Annahme stellt nach §150 II BGB ein Gegenangebot 192 dar, welches durch die Lieferung **konkludent angenommen** worden sein könnte (so die „**Theorie des letzten Wortes**", dh der zuletzt verschickten AGB). Der BGH (NJW 1995, 1671, 1672) verneint bei Vorliegen von **Abwehrklauseln** eine konkludente Annahme, so dass ein Dissens nach §154 I BGB vorliege: Jedenfalls bei Verwendung von Abwehrklauseln könne kein Vertragspartner davon ausgehen, dass der andere seinen Bedingungen zustimme. Die Durchführung belege jedoch zweifelsfrei den Bindungswillen der Parteien, so dass ein Vertrag ohne die sich widersprechenden AGB zustande gekommen sei („**Restgültigkeitstheorie**"). Entstandene Lücken sind über dispositives Recht (vgl. §306 II BGB) bzw. ergänzende Vertragsauslegung zu schließen. In dem **Beispielfall** gilt daher die Skonto-Klausel nicht. Da im Gesetz kein Skonto vorgesehen ist, muss K noch 1.000 EUR zahlen.

5.2 Vorvertragliche Kontakte, Verhandlungen etc.

Bei nicht alltäglichen Geschäften werden vor Vertragsschluss häufig Verhandlungen 193 geführt, sonstige Absprachen getroffen etc.

Beispiel: K aus Osnabrück sieht ein Angebot des V aus Münster für einen Gebrauchtwagen. Er kündigt V für Freitagabend eine Besichtigung an. Als er aus Osnabrück bei V ankommt, hat dieser den Wagen bereits verkauft, ohne K zu informieren. K will von F die Kosten der unnötigen Fahrt ersetzt erhalten.

Die vertraglichen **Hauptleistungspflichten** nach §241 I BGB (im Beispielfall Übergabe und Übereignung, Kaufpreiszahlung) entstehen erst mit Vertragsschluss. Nach §311 II BGB entsteht jedoch in den dort genannten Fällen bereits vor Vertragsschluss ein Schuldverhältnis, das die Parteien zur Rücksicht auf die Interessen, Rechte und Rechtsgüter der anderen Seite verpflichtet (vertragliche **Nebenpflichten** – §241 II BGB). Wichtigste Konsequenz daraus sind Schadensersatzansprüche bei schuldhafter Verletzung dieser Nebenpflichten. §311 II BGB nennt folgende Voraussetzungen:

Vorvertragliche Schuldverhältnisse nach §311 II BGB

- Aufnahme von Vertragsverhandlungen ODER
- Anbahnung eines Vertrags mit Möglichkeit der Einwirkung auf bzw. Anvertrauung von Rechten, Rechtsgütern, Interessen ODER
- Ähnliche geschäftliche Kontakte.

Der Aufnahme von **Vertragsverhandlungen** (Nr. 1) geht in der Regel die **Anbahnung** 194 (Nr. 2) vor. An die Anbahnung sind nur geringe Anforderungen zu stellen, so dass unverbindliche Informationsgespräche oder ein bloßer „Einkaufsbummel" ausreichen. Eine **Einwirkungsmöglichkeit** muss nicht extra gewährt werden, sie ergibt sich in der Regel aus der Situation. Insbesondere müssen die Vertragspartner übliche **Verkehrssicherungspflichten** einhalten, damit die Anbahnung sicher erfolgen kann.

> **Beispiel:** K schaut sich im Schuhgeschäft des S Schuhe an (Anbahnung). Der Marmorboden ist rutschig, weil S hereingetragenen Schneematsch nicht beseitigt (Verletzung einer Verkehrssicherungspflicht). K rutscht aus. Mit dem Betreten des Geschäfts hat K dem S eine Einwirkungsmöglichkeit auf seine Gesundheit gegeben. Es besteht ein Schuldverhältnis nach § 311 II Nr. 2 BGB.

195 § 241a BGB stellt klar, dass durch die **Zusendung unbestellter Waren** außer in den Fällen des § 241 II BGB keinerlei Ansprüche gegen den Verbraucher begründet werden können. Es entsteht dadurch also auch kein Schuldverhältnis nach § 311 BGB.

196 „**Ähnliche geschäftliche Kontakte**" (Nr. 3) ist eine Auffangvorschrift für nicht von Nr. 1 oder 2 erfasste Fälle. Ihre Bedeutung ist angesichts der weiten Formulierung von Nr. 1 und 2 gering. Nr. 3 kann zB Aufklärungspflichten durch Dritte begründen, die am späteren Vertrag gar nicht beteiligt sind, aber von diesem profitieren (vgl. BGH NJW 2005, 3778 – Aufklärungspflicht eines Maklers).

In dem **Ausgangsfall** (Autokauf) liegt mindestens ein Anbahnungsverhältnis vor (Nr. 2), bei dem K dem V die Möglichkeit der Einwirkung auf Ks Vermögensinteressen (Kosten für Autofahrt) gewährt hat, so dass ein Schuldverhältnis vorliegt. V kann sich daher nach § 280 I BGB schadensersatzpflichtig machen, wenn er den K nicht rechtzeitig von dem anderweitigen Verkauf informiert.

5.3 Das Allgemeine Gleichbehandlungsgesetz (AGG)

197 Für Rechtsgeschäfte und damit auch Verträge gilt die Privatautonomie (→ Rn. 159). Verträge können grundsätzlich mit beliebigen Personen (Abschlussfreiheit), mit beliebigem Inhalt (Inhaltsfreiheit) sowie in beliebiger Form (Formfreiheit) geschlossen oder abgelehnt werden, soweit nicht das Gesetz etwas anderes bestimmt. Eine Einschränkung der Abschluss- und Inhaltsfreiheit findet sich im AGG.

Das AGG enthält im ersten Abschnitt einen allgemeinen Teil mit Ziel- und Begriffsbestimmungen etc. Der zweite Teil behandelt die praktisch bedeutsamere Diskriminierung im **Arbeitsrecht**. Das AGG ist nach § 2 I Nr. 8 AGG aber auch in eng begrenzten Bereichen des **Zivilrechts** anwendbar. Näheres zu diesen Fällen regelt der dritte Abschnitt des AGG.

5.3.1 Ziel des AGG

198 Ziel des AGG ist es nach dessen § 1, **Benachteiligungen** aus den dort genannten sieben Gründen **zu verhindern oder zu beseitigen**. Den problematischen Begriff der „**Rasse**" verwendet der Gesetzgeber nicht, weil er selbst von der Existenz unterschiedlicher „Menschenrassen" ausgeht, sondern um derartige Fehlvorstellungen im Gesetz adressieren zu können. Mit „**ethnischer Zugehörigkeit**" ist die Volkszugehörigkeit (nach Sprache, geographischer Herkunft, Kultur etc.) gemeint, unabhängig von der Staatsangehörigkeit. Beide Begriffe sollen vor allem Benachteiligungen von Personen mit Migrationshintergrund entgegenwirken. „**Geschlecht**" meint die Unterteilung in biologisch weibliche, männliche bzw. intersexuelle Personen („di-

vers", vgl. § 22 III PStG) . Die „**sexuelle Identität**" umfasst die sexuelle Orientierung (homo-/heterosexuell etc.), aber ebenso wie das Merkmal „Geschlecht" auch die Transsexualität (näher BAG NZA 2016, 888, 891). „**Religion**" und „**Weltanschauung**" unterscheiden sich vor allem dadurch, dass Religion ein „transzendentes" Element enthält, welches über die irdische Existenz des Menschen hinausgeht (zB Glaube an Gott, Wiedergeburt etc.). „Weltanschauung" meint nicht jede politische Einstellung, sondern muss ein ähnliches System von Werten und Handlungsmaximen enthalten wie Religion, jedoch ohne deren transzendentes Element. Für den Begriff der **Behinderung** kann auf § 2 I SGB IX zurückgegriffen werden. Eine Behinderung liegt danach vor, wenn jemand länger als 6 Monate durch körperliche, geistige oder seelische Beeinträchtigungen an der Teilhabe am gesellschaftlichen Leben gehindert ist. Wegen des **Alters** können sowohl Jüngere als auch Ältere diskriminiert werden.

5.3.2 Verbot der Benachteiligung

5.3.2.1 Anwendungsbereich

Das AGG ist nach § 2 I Nr. 8 anwendbar auf den Zugang zu und die Versorgung mit Gütern und Dienstleistungen, die der Öffentlichkeit zur Verfügung stehen, einschließlich Wohnraum. Näheres enthält § 19 AGG.   199

§ 19 AGG enthält ein relativ ausdifferenziertes Benachteiligungsverbot. Nach § 19 Abs. 1 AGG ist eine Benachteiligung aus den in § 1 genannten Gründen bei **Massengeschäften** unzulässig sowie bei Geschäften, bei denen das Ansehen der **Person** eine **nachrangige Bedeutung** hat („**massenähnliche Geschäfte**"). Dies wird regelmäßig dann der Fall sein, wenn es dem Anbieter lediglich um die Zahlungsfähigkeit der Person geht (MüKoBGB/*Thüsing*, AGG, § 19, Rn. 40). Nach Nr. 2 gilt das Benachteiligungsverbot zudem bei **Privatversicherungen**.

> **Beispiele:** Einkauf im Supermarkt, Kinobesuch, Besuch einer Sportveranstaltung (Massengeschäfte). Gesetzliches Beispiel für ein massenähnliches Geschäft ist die Vermietung durch Vermieter mit mehr als 50 Wohnungen im Bestand (vgl. § 19 V AGG). Ein Festival, dass sich ausdrücklich an jüngere Besucher richtet, fällt nach dem BGH wegen des damit verbundenen „Ansehens der Person" nicht unter § 19 I Nr. 1 AGG (NJW 2021, 2514).

Eine Benachteiligung wegen der **Rasse oder ethnischen Herkunft** ist nach § 19 II AGG in den Fällen des § 2 I Nr. 5-8 (Sozialschutz, soziale Vergünstigungen, Bildung, öffentlich zugängliche Güter einschließlich Wohnraum) sogar unabhängig davon unzulässig, ob es sich um Massen- oder massenähnliche Geschäfte handelt. Bei dem zivilrechtlich wichtigen Fall der „öffentlich zugänglichen Güter" wird gleichwohl häufig ein Massengeschäft vorliegen.

5.3.2.2 Benachteiligung

Die Benachteiligung ist in § 3 AGG geregelt. Die Vorschrift erfasst vier Fälle   200

- Die unmittelbare Benachteiligung (Abs. 1)
- Die mittelbare Benachteiligung (Abs. 2)
- „Mobbing" (Abs. 3)
- Sexuelle Belästigung (Abs. 4)

Bachert

Die sexuelle Belästigung wird durch den Verweis auf § 2 I Nr. 1-4 AGG nur im Kontext des Arbeitsverhältnisses erfasst. Die von Abs. 1 erfassten Benachteiligungen knüpfen **direkt** an ein in § 1 genanntes Merkmal an.

> **Beispiele:** Eine Versicherung verweigert den Vertragsschluss mit der Begründung, der Kunde sei zu alt. Eine Diskothek verweigert Personen den Zutritt wegen deren Migrationshintergrund.

201   Häufig wird nicht direkt an in § 1 genanntes Merkmal angeknüpft, sondern an andere Umstände, die typischerweise besser oder schlechter von Personen mit einem in § 1 genannten Merkmal erfüllt werden können (zB kann die Anforderung längerer Berufserfahrung typischerweise von Älteren besser erfüllt werden als von Jüngeren, eine „akzentfreie Sprache" hat oft einen Zusammenhang mit der ethnischen Herkunft etc.).

> **Beispiel:** Ein Verbot, Hunde mit in einen Theatersaal zu bringen, kann Blinde wegen ihrer Sehbehinderung benachteiligen (LG München, Urt. v. 13.09.2019 – 14 S 1245/18).

Derartige Verhaltensweisen werden als „mittelbare Benachteiligung" nach § 3 II AGG erfasst, sofern für sie kein sachlicher Grund besteht und die Maßnahme verhältnismäßig ist.

> **Beispiele:** Das LG München hat im Beispielfall das Hundeverbot als gerechtfertigte Maßnahme angesehen, um die Sicherheit der Theaterbesucher im Brandfall zu gewährleisten. Die Forderung einer akzentfreien Sprache kann allenfalls dann gerechtfertigt sein, wenn es speziell darauf ankommt.

5.3.2.3 Rechtfertigung einer Benachteiligung

202   Eine **mittelbare** Benachteiligung liegt nach § 3 II AGG nicht vor, wenn für die Verwendung des mittelbar benachteiligenden Kriteriums etc. ein sachlicher Grund vorliegt und die Verhältnismäßigkeit gewahrt wird. Die Rechtfertigung einer **unmittelbaren** Benachteiligung richtet sich nach §§ 20, 19 III AGG.

203   Nach § 20 I können Benachteiligungen wegen aller Merkmale nach § 1 AGG mit Ausnahme von Rasse und ethnischer Herkunft sowie Weltanschauung durch einen sachlichen Grund gerechtfertigt werden, wobei das Gesetz hier praktisch wichtige Regelbeispiele für sachliche Gründe gibt. Ob § 20 I AGG in analoger Anwendung auch Benachteiligungen wegen der Weltanschauung erfasst, ist umstritten (näher BeckOK BGB/*Wendtland*, AGG, § 20, Rn. 39f). Benachteiligungen wegen der „Rasse" oder ethnischen Herkunft können nach § 20 I AGG aber niemals gerechtfertigt werden, allenfalls nach § 19 III AGG.

204   § 19 III AGG gestattet Benachteiligungen bei der Vermietung von Wohnraum im Hinblick auf die dort genannten Aspekte Bewohner- und Siedlungsstruktur sowie ausgeglichener Verhältnisse. Damit soll nicht eine möglichst homogene Struktur, sondern eine „soziale Stadt- und Wohnungspolitik" sowie „ein Zusammenleben der Kulturen" ermöglicht werden (BT-Drucks. 16/1780, 42). Danach sind auch Benachteiligungen aus Gründen der ethnischen Herkunft grundsätzlich denkbar.

Bachert

§ 20 II 2 AGG gestattet es Privatversicherern, bei ihren Prämien oder Aufnahmebedingungen nach den dort genannten Merkmalen zu differenzieren, sofern dies „auf anerkannten Prinzipien risikoadäquater Kalkulation" beruht. In der Kranken- und Pflegeversicherung fallen zB viele Kosten erst mit höherem Alter an, weil Jüngere seltener krank oder pflegebedürftig sind. Versicherer können dies berücksichtigen. Der EuGH hat aus europarechtlichen Gründen unterschiedliche Versicherungstarife für Männer und Frauen für unzulässig erklärt, selbst wenn dies unter Risikoaspekten gerechtfertigt wäre (EuGH NJW 2011, 907 – Unisex-Tarife/Tests Achats).

5.3.2.4 Ansprüche bei Verletzung des zivilrechtlichen Benachteiligungsverbots

Nach § 21 I AGG können Benachteiligte **Beseitigung** und (bei Wiederholungsgefahr, **205** etwa bei Mobbing) **Unterlassung** künftiger Benachteiligungen verlangen. Der Inhalt des Beseitigungsanspruchs richtet sich nach der Art der Benachteiligung: Wird eine Person vertraglich schlechter behandelt als andere, so kann der Beseitigungsanspruch auf **Gleichbehandlung** gehen, bei benachteiligenden Vertragsbedingungen auf deren **Nichtanwendung**. Bei diskriminierender Verweigerung eines Vertragsschlusses kann sich ein **Kontrahierungszwang** ergeben (str., vgl. MüKoBGB/*Thüsing*, AGG, § 21, Rn. 17).

> **Beispiel:** Wird einem Diskothekenbesucher wegen seiner ethnischen Herkunft der Einlass verweigert, so kann sich ein Zugangsanspruch aus § 21 AGG ergeben.

§ 21 II AGG sieht zudem Schadensersatzansprüche vor. **Vermögensschäden** sind alle **206** finanziellen Einbußen infolge der Diskriminierung.

> **Beispiel:** Eine große Wohnungsgesellschaft verweigert einem Mietinteressenten einen Vertrag, da dieser transsexuell ist. Hätte der Mietinteressent die Wohnung ansonsten erhalten, steht ihm ein Schadensersatzanspruch zu, wenn er infolgedessen eine teurere Wohnung anmieten muss.

Ein entschädigungspflichtiger **Nicht-Vermögensschaden** entsteht bereits allein durch **207** die mit der Benachteiligung verbundene Herabwürdigung. Hier muss das Gericht eine „angemessene Entschädigung" festsetzen. Diese wird ua davon abhängen, ob es sich um eine unmittelbare oder mittelbare Benachteiligung handelt, dem Grad des Verschuldens etc.

In Anbetracht der EuGH-Entscheidungen Decker (NJW 1991, 628) und Draehmpaehl **208** (NJW 1997, 1839) dürfte das Verschuldenserfordernis nach Satz 2 mit Europarecht unvereinbar sein (str., näher MüKoBGB/*Thüsing*, AGG, § 21, Rn. 39).

5.3.2.5 Beweisfragen

Benachteiligende Personen werden ihre Motive nicht immer offen legen. Vor diesem **209** Hintergrund kommt der Frage, wie eine Benachteiligung vor Gericht nachgewiesen werden soll, besondere Bedeutung zu. Nach § 22 I AGG muss der Kläger Indizien vorlegen, die eine Benachteiligung wegen eines in § 1 genannten Grundes vermuten lassen. Die Vermutung bezieht sich auf die Kausalität zwischen Merkmal und Benachteiligung, der Kläger muss also das Vorliegen eines Merkmals sowie der

Schlechterbehandlung vollumfänglich beweisen. Ob das Merkmal tatsächlich kausal für die Absage war, lässt sich von außen nicht beweisen. Daher gilt nach §22 I AGG eine Vermutung für die Kausalität zwischen Merkmal und Benachteiligung. Diese muss der Benachteiligende ggf. widerlegen, sonst verliert er den Prozess.

> **Beispiel:** In einer Stellenanzeige des Bauunternehmens B wird ein „Maurer" gesucht. Erhält Maurerin M auf ihre Bewerbung eine Absage ohne nähere Begründung, so muss sie die Absage, die Stellenanzeige sowie ihr Geschlecht darlegen. §22 I AGG stellt dann eine Vermutung auf, dass M wegen ihres Geschlechts benachteiligt wurde. B muss diese widerlegen.

Kontrollfragen

1. Definieren Sie den Vertragsbegriff   → Rn. 179
2. Welche Bestandteile muss ein wirksames Angebot umfassen? → Rn. 180
3. Wie lange hat der Empfänger eines Angebots Zeit, um zu antworten?   → Rn. 182
4. Kann eine Annahme wirksam sein, die dem Anbietenden gar nicht zugeht?   → Rn. 184
5. Was ist der Unterschied zwischen einem offenen und einem versteckten Dissens? Welches Prinzip betreffend abweichende Annahmeerklärungen wird damit modifiziert? → Rn. 188
6. Erläutern Sie die Begriffe „Theorie des letzten Wortes" und „Restgültigkeitstheorie" im Zusammenhang mit kollidierenden AGB   → Rn. 192
7. Kann ein Schuldverhältnis schon vor einem Vertragsschluss entstehen? Falls ja, was ist die Folge → Rn. 193
8. Aufgrund welcher Merkmale darf nach dem AGG grundsätzlich nicht benachteiligt werden?   → Rn. 198
9. Was ist der Unterschied zwischen unmittelbarer und mittelbarer Benachteiligung nach dem AGG → Rn. 200
10. Welche Rechtsfolgen haben Verstöße gegen das AGG? → Rn. 205

Aufgabe 1 (Leistungsniveau Master)

Die Musikgruppe Kelly-Family (K) will die Plattenfirma wechseln. Mit ihrer alten Plattenfirma P vereinbart K zum Abschied die Veröffentlichung eines „Best-Of"-Albums. Zur Erfüllung des Vertrags muss K die Zustimmung zur Veröffentlichung von Liedern auf dem Album erteilen. K verweigert diese mit der Begründung, die von P ausgewählten Lieder seien vielleicht Ks kommerziell erfolgreichste, keinesfalls aber die (künstlerisch) besten Lieder, was mit „Best of" gemeint sei. P meint, mit „Best of" seien die kommerziell erfolgreichsten Lieder gemeint und verklagt K auf Zustimmung zur Veröffentlichung aus dem Vertrag. Ist dieser mit dem von P behaupteten Inhalt zustande gekommen?

Lösung

Ein Vertrag besteht aus mindestens zwei übereinstimmenden wirksamen Willenserklärungen, Angebot und Annahme.

Sowohl P als auch K haben jeweils eine Erklärung mit dem Inhalt „Best of" abgegeben. Fraglich ist, ob damit eine Einigung über die kommerziell erfolgreichsten Titel zustande gekommen ist. Nach ihrem tatsächlichen Willen (§ 133 BGB) von K und P ist dies nicht der Fall (P: kommerziell erfolgreichste / K: künstlerisch beste). Verträge sind jedoch nach dem objektiven Empfängerhorizont auszulegen (157 BGB). Zu fragen ist also, ob „Best of" nach Treu und Glauben mit Rücksicht auf die Verkehrssitte objektiv das eine oder andere meinen. Das OLG Köln (NJW-RR 2000, 1720) hat dies nach Anhörung von Sachverständigen verneint. „Best of" müsse nicht notwendig die kommerziell erfolgreichsten Lieder meinen. Musiker veröffentlichen häufig „Best of" Alben mit unterschiedlichen Titeln, teilweise fehlen aus urheberrechtlichen Gründen erfolgreiche Titel auf „Best of" Alben, wenn zB der Autor des Titels eine Band zwischenzeitlich verlassen hat. Es lasse sich im Ergebnis keine feste Bedeutung des Begriffs „Best of" feststellen. Daher liege keine Einigung der Parteien vor, sondern ein versteckter Dissens nach § 155 BGB. Da nicht davon auszugehen sei, dass die Parteien den Vertrag ohne eine Einigung in diesem zentralen Punkt geschlossen hätten, ist kein Vertrag geschlossen worden. (Intuitiver scheint die Auslegung durch P (kommerziell erfolgreichste, dann Vertragsschluss mit diesem Inhalt).

Bachert

Aufgabe 2 (Leistungsniveau Bachelor)

V macht dem K per Email am Montag ein Angebot über 10 Stühle und setzt K eine Frist bis Mittwoch, 14.00 Uhr. Die Annahme des K per Email erreicht den K am Mittwoch um 16.00 Uhr. Aus der Kopfzeile der Email kann V jedoch erkennen, dass K die Email bereits um 13.30 Uhr verschickt hatte. Sie wurde wegen Problemen mit Vs Emailanbieter aber erst verspätet an V weitergeleitet. Das Problem war V am Montag schon bei anderen Emails aufgefallen. Gehen Sie davon aus, dass V Emails grundsätzlich umgehend erreichen. Als K sich wegen der Bestellung am Montag der Folgewoche bei V meldet und die Lieferung verlangt, lehnt V das ab. Er meint, K habe sein Angebot nicht rechtzeitig angenommen. Hat K einen Anspruch auf Lieferung der Stühle aus § 433 I BGB?

Lösung

K hat einen Lieferanspruch, wenn ein wirksamer Kaufvertrag zwischen V und K geschlossen wurde. Dieser besteht aus mindestens zwei wirksamen Willenserklärungen, Angebot und Annahme.

V hat hier ein **Angebot** gemacht. Das Angebot könnte aber nach § 146 BGB **erloschen** sein, wenn K es nicht rechtzeitig angenommen hätte. V hat hier eine Annahmefrist nach § 148 BGB bestimmt, die K nicht eingehalten hat. Die Annahme könnte aber nach § 149 BGB als nicht verspätet gelten. Voraussetzung ist, dass diese dem V **bei regelmäßiger Beförderung rechtzeitig zugegangen** sein würde. Dies ist laut Sachverhalt der Fall, da Emails den V umgehend erreichen. V konnte die Verzögerung **erkennen** (hier an der Kopfzeile, zudem wusste V bereits von den Emailproblemen). Somit hätte V den K unverzüglich (ohne schuldhaftes Zögern, § 121 BGB) über die Verspätung **informieren** müssen, ansonsten gilt die Annahme als nicht verspätet. V hat die Verspätung am Mittwoch bemerkt, den K aber erst auf dessen Anruf am Montag der Folgewoche informiert. Dies ist zu lang, da für eine Anzeige keine lange Überlegungsfrist benötigt wird und zudem V selbst dem K eine kürzere Frist für die Annahme gesetzt hat. V muss daher schneller reagieren. (Falls überhaupt von einer Anzeige gesprochen werden kann, wenn V lediglich auf die Nachfrage des K reagiert).

Die Annahme war demnach nicht verspätet, K hat einen Lieferanspruch aus § 433 I 1 BGB.

6 Mängel des Rechtsgeschäfts und deren Folgen

Literatur: *Neuberger,* Verbraucherkreditzinsen und gesetzliche Wuchergrenze in der Niedrigzinsphase, VuR 2021, 403; *Tolksdorf,* Der Umfang der Inkassoerlaubnis nach dem „Lexfox-Urteil" des Bundesgerichtshofs, ZIP 2021, 2049; *Paulus/Matzke,* Smart Contracts und das BGB – Viel Lärm um nichts? – ZfPW 2018, 431.

Grundsätzlich ist es jedermann freigestellt, seine Verhältnisse im Rahmen der Vertragsfreiheit (§ 311 I BGB), Eigentumsfreiheit (§ 903 BGB) und Testierfreiheit (§ 1937 BGB) nach Belieben zu regeln. Allerdings sind insbesondere der Vertragsfreiheit äußere Grenzen gesetzt: Rechtsgeschäfte können an Mängeln leiden, die zur Nichtigkeit führen. Darüber hinaus kann mit der Anfechtung bei beachtlichen Willensmängeln durch Erklärung die Nichtigkeit einer zunächst wirksamen Willenserklärung herbeigeführt werden. **210**

6.1 Nichtigkeit von Rechtsgeschäften

Nichtigkeit bedeutet, dass ein Rechtsgeschäft – unabhängig vom Willen der Beteiligten – **ohne rechtliche Wirkung** ist. Insbesondere der Vertragsfreiheit sind vor allem zum Schutz spezieller Personen oder Personengruppen und zum Schutz gewichtiger Interessen der Allgemeinheit Schranken gesetzt. **211**

6.1.1 Besonders schutzwürdige Personen

Durch eine Nichtigkeitsanordnung besonders geschützte Personen sind **Minderjährige**, die das siebente Lebensjahr noch nicht vollendet haben und Personen, die sich in einem nicht nur vorübergehenden Zustand krankhafter Störung der Geistestätigkeit befinden (§ 104 BGB). Jene als **geschäftsunfähig** eingestuften Personen können keine wirksamen Rechtsgeschäfte schließen, da nach § 105 I BGB deren Willenserklärungen nichtig sind. **212**

Ebenso sind Willenserklärungen von geschäftsfähigen Personen nichtig, wenn diese im Zustand der Bewusstlosigkeit oder vorübergehenden Störung der Geistestätigkeit abgegeben werden, § 105 II BGB.

> **Beispiele**: Hohes Fieber, Drogenkonsum; bei Alkoholkonsum in der Regel erst ab einer Blutalkoholkonzentration von 3,0 Promille. .

Verträge, die von **Minderjährigen** (zwischen dem vollendeten siebenten Lebensjahr bis zur Volljährigkeit) ohne Einwilligung des gesetzlichen Vertreters geschlossen werden und die nicht lediglich rechtlich vorteilhaft sind, sind nicht von vornherein nichtig, sondern schwebend unwirksam, vgl. § 108 BGB. Erst die Verweigerung der Genehmigung des gesetzlichen Vertreters führt zur Unwirksamkeit des Vertrages und zwar rückwirkend, bezogen auf den Zeitpunkt des Vertragsschlusses. **213**
Zur Geschäftsfähigkeit bzw. zu den Stufen der Geschäftsfähigkeit wird auf die Ausführungen des 2. Kapitels (→ Rn. 56 ff.) verwiesen.

214 Ebenso schutzwürdig sind Personen, in deren Namen ein Vertreter ohne Vertretungsmacht einen Vertrag schließt, vgl. § 177 BGB. Wird die Genehmigung durch den Vertretenen verweigert oder nach Maßgabe des § 177 II BGB nicht erklärt, ist das Rechtsgeschäft endgültig unwirksam und steht einem nichtigen Geschäft gleich.

6.1.2 Formverstöße

215 Vom Grundsatz der Formfreiheit sieht das Gesetz Ausnahmen vor, indem bestimmte **Formerfordernisse** für den Abschluss einzelner Rechtsgeschäfte verlangt werden. Beispielsweise bedarf der Vertrag zum Erwerb oder zur Übertragung eines Grundstücks der notariellen Beurkundung (§ 311b I BGB, § 128 BGB). Ebenso sind Schenkungsversprechen gem. § 518 BGB notariell zu beurkunden. Für Bürgschaftsverträge besteht hingegen ein Schriftformerfordernis (§ 126 BGB) gem. § 766 BGB.

216 Die Nichtbeachtung der gesetzlichen Formvorschriften führt gem. § 125 S. 1 BGB zur Nichtigkeit des Rechtsgeschäfts. Nur in den gesetzlich bestimmten Fällen kann ein Formmangel geheilt werden, so zum Beispiel durch die Auflassung und Grundbucheintragung im Falle des § 311b I BGB oder mit der Vollziehung der Schenkung (§ 518 II BGB) oder durch die Erfüllung der Hauptverbindlichkeit durch den Bürgen (§ 766 S. 3 BGB). Für **vertraglich vereinbarte Formerfordernisse** sieht § 125 S. 2 BGB vor, dass die Nichteinhaltung der vereinbarten Form im Zweifel die Nichtigkeit des Rechtsgeschäfts zur Folge haben soll, soweit die Auslegung der Formvorschrift nicht zu einem anderen Ergebnis führt.

> **Beispiel**: Zwei Parteien vereinbaren für nachträgliche Nebenabreden zum Vertrag die Schriftform. Auch die Aufhebung der Schriftformklausel soll der Schriftform bedürfen. Die Parteien bringen damit zum Ausdruck, dass ihnen die Einhaltung der Schriftform besonders wichtig ist, insbesondere, dass die Schriftformklausel selbst nicht konkludent durch eine mündliche Nebenabrede aufgehoben werden können soll. Wäre die Klausel in AGB vereinbart, so würde sich eine nachträgliche mündliche Abrede in jedem Fall durchsetzen, § 305b BGB.

6.1.3 Gesetzliche Verbote

217 Rechtsgeschäfte, die gegen ein gesetzliches Verbot verstoßen, sind gem. § 134 BGB grundsätzlich nichtig. Der **Begriff des Verbotsgesetzes** ist weit gefasst und schließt neben Bundes- und Landesgesetzen auch Rechtsverordnungen oder berufsständisches Satzungsrecht mit ein. Das Verbot muss nicht ausdrücklich im Gesetz formuliert sein, sondern kann sich auch aus dem Regelungszusammenhang ergeben.

> **Beispiele**: Verstöße gegen Strafgesetze; Arzneimittelgesetz als Verbotsgesetz; Verstoß gegen das RDG. Beispiel für ein von § 134 BGB unabhängiges, direktes Verbot: § 17 TPG: Verbot des Organ- und Gewebehandels.

218 Häufig muss durch Auslegung nach dem Sinn und Zweck der Vorschrift der Verbotscharakter ermittelt werden, da Formulierungen wie „ist unzulässig" oder „darf nicht" nicht ohne Weiteres auf ein gesetzliches Verbot schließen lassen. Die Rechtsfolge der Nichtigkeit soll ohnehin nur dann eintreten, wenn gem. § 134 BGB „sich nicht aus dem Gesetz ein anderes ergibt".

Für die Abwägung, ob ein Verstoß zur Nichtigkeit des Geschäftes führt, sind folgen- 219
de Aspekte maßgebend:

- Richtet sich das Verbot **gegen beide Parteien** (oder alle Beteiligten) des Geschäftes, so ist in der Regel eine Nichtigkeit des verbotswidrigen Geschäftes anzunehmen. Aus der beiderseitigen Verbotsregelung ergibt sich, dass das Geschäft keine Wirkung haben soll (zB: Abrede unter bewusstem Verstoß gegen das SchwarzArbG).
- Richtet sich das Verbot an **eine Partei**, ist das verbotswidrige Geschäft in der Regel gültig. Die Nichtigkeit des Rechtsgeschäfts kommt nur dann in Betracht, wenn sich aus dem Zweck des Verbots die **Notwendigkeit der Nichtigkeitsrechtsfolge** begründet, also wenn der **Schutzzweck** nur durch die Nichtigkeitsfeststellung erreicht werden kann (zB: Schenkungen entgegen des Verbots nach § 10 Bundesangestelltentarifvertrag, BAT, sind wirksam, da das Verbot sich nur gegen den Empfänger richtet).

Von § 134 BGB erfasst werden auch **Umgehungsgeschäfte** und damit Geschäfte, **die** 220 **den gleichen rechtswidrigen Erfolg** durch Gestaltungsmöglichkeiten erreichen wollen, die scheinbar nicht von dem Verbotsgesetz erfasst werden.

6.1.4 Sittenwidrige Rechtsgeschäfte

Als Generalklausel ist in § 138 I BGB bestimmt, dass ein Rechtsgeschäft, das gegen 221
die guten Sitten verstößt, nichtig ist. In § 138 II BGB sind spezielle Regelfälle genannt, bei denen ein **wucherisches Rechtsgeschäft** und damit dessen Nichtigkeit anzunehmen ist.

6.1.4.1 Der Wuchertatbestand, § 138 II BGB

Für den **Tatbestand des Wuchers** gem. § 138 II BGB müssen objektive und subjektive Voraussetzungen erfüllt sein.

Im **objektiven Tatbestand** ist ein **auffälliges Missverhältnis** zwischen Leistung und 222
Gegenleistung erforderlich. Dazu ist eine Gegenüberstellung des objektiven Wertes der beiderseitigen Leistungen, die zum Zeitpunkt des Vertragsschlusses vereinbart wurden, vorzunehmen. Ein auffälliges Missverhältnis wird häufig an die sog. Grenze des Doppelten geknüpft. Ist innerhalb einer Vertragsbeziehung vereinbart, dass die zu erbringende Leistung des Schuldners um 100 % oder mehr über dem objektiven Marktpreis liegt, so ist über ein auffälliges Missverhältnis nachzudenken.

> **Beispiele**: Eine Versicherungsprämie für einen Versicherungsnehmer liegt doppelt so hoch wie die anderer Anbieter. Eine vereinbarte Maklerprovision liegt mit dem fünffachen Betrag über der marktüblichen Provision. Bei Zinssätzen kann sowohl ein im Marktvergleich doppelt so hoher Zinssatz als auch eine besonders niedrige Verzinsung „auffällig" sein.

Für die Feststellung eines auffälligen Missverhältnisses sind stets die Umstände des Einzelfalles zu berücksichtigen. Beispielsweise sind besonders hohe Liebhaberpreise für Gegenstände (zB Sammelobjekte) nicht ohne Weiteres wucherisch. Gleiches gilt, wenn sich ein erhöhtes Ausfallrisiko des Schuldners in einem erhöhten Zinssatz niederschlägt.

223 Der **subjektive Tatbestand** erfordert, dass eine der oben genannten Situationen oder Gegebenheiten ausgenutzt worden ist. Eine **Zwangslage** kann aus wirtschaftlichen oder sonstigen Umständen gegeben sein, zum Beispiel bei Not- oder Gefährdungssituationen, die eine Sach- oder Geldleistung dringend erforderlich machen. **Ausnutzung der Unerfahrenheit** ist nicht schon bei mangelnder Rechts- oder Fachkenntnis der anderen Person gegeben; andererseits soll Unerfahrenheit in bestimmten Wirtschaftszweigen ausreichend sein. Bei **mangelndem Urteilsvermögen** ist die betroffene Person nicht in der Lage, die Leistungen richtig zu bewerten, während eine **erhebliche Willensschwäche** eine deutlich verminderte psychische oder krankheitsbedingte Widerstandsfähigkeit verlangt.

6.1.4.2 Sittenwidrigkeit, § 138 I BGB

224 Sittenwidrigkeit gem. § 138 I BGB ist zu bejahen, wenn ein Rechtsgeschäft gegen „das **Anstandsgefühl aller billig und gerecht Denkenden**" verstößt. Maßgebend sind die in der Gemeinschaft oder in den betroffenen Gruppen anerkannten **Wertanschauungen zum Zeitpunkt des Rechtsgeschäfts**. Der Maßstab der guten Sitten wird dabei durch die herrschende Rechts- und Sozialmoral konkretisiert.

Innerhalb der Rechtsprechung wurden in einer Vielzahl von Einzelfallentscheidungen **Falltypen** herausgebildet, die belegen, dass sittenwidriges Verhalten im Geschäftsverkehr, im Arbeitsleben, innerhalb der Ehe- und Familiengemeinschaft sowie gegenüber der Allgemeinheit erfasst wird. Exemplarisch dafür sind:

- **Kreditverträge**, die wegen überhöhter Verzinsung auch ohne Ausbeutung einer Zwangslage (§ 138 II BGB) bei einem **auffälligen Missverhältnis zwischen Vertragszins und Marktzins** sittenwidrig sein können, wenn der Kreditgeber die schwächere Lage der Vertragspartei ausgenutzt hat.

  Ein auffälliges Missverhältnis wird bejaht werden können, wenn die Gesamtbelastung für den Schuldner ca. doppelt so hoch liegt, wie der Marktstandard oder bei einem absoluten Zinsunterschied von 12 Prozentpunkten.

- **Knebelungsverträge**, durch welche die wirtschaftliche Freiheit eines Vertragspartners extrem beschränkt wird, zB durch umfassende Kontroll- und Entscheidungsrechte eines Darlehnsgebers; durch übermäßige zeitliche Vertragsdauer bei Bierbezugsverträgen, Tankstellenlieferungsverträgen etc. Die Rechtsprechung setzt hier allerdings unterschiedliche Grenzen, zB sind bei Bierbezugsverträgen Laufzeiten von 15 Jahren bis maximal 20 Jahren zulässig. Dagegen wurde bei einem Tankstellenlieferungsvertrag mit einer Laufzeit von 15 Jahren der Vertrag für sittenwidrig erklärt.

- Ausnutzung einer **Macht- und Monopolstellung**, insbesondere durch sittenwidrige Klauseln im Mietvertrag, welche zB die Mieter zur Kinderlosigkeit verpflichten; beim Maklervertrag mit zeitlich unbefristetem Alleinverkaufsrecht.

- **Übersicherungen**, zB durch Vereinbarung einer Globalzession (Abtretung), wenn sie auch Forderungen umfasst, die der Vertragspartner anderen Lieferanten aufgrund verlängerten Eigentumsvorbehalts abtreten muss.

225 Die Rechtsfolge der Nichtigkeit bei Feststellung der Sittenwidrigkeit erfasst grundsätzlich nur das Verpflichtungsgeschäft und nicht das abstrakte Verfügungsgeschäft, es sei denn, die Sittenwidrigkeit umfasst gerade auch die Vollziehung der Leistung. Dies ist insbesondere bei Übersicherungen der Fall.

6.2 Nichtigkeit bei Willensmängeln

Rechtsgeschäftliche Erklärungen können aus unterschiedlichen Gründen auf Wil- 226
lensmängeln beruhen. Ein grundsätzlicher Mangel besteht bei fehlender oder eingeschränkter Geschäftsfähigkeit, sodass Willensmängel zur Nichtigkeit oder schwebenden Unwirksamkeit führen (dazu → Rn. 56 ff.). Weitere Willensmängel können sich aus **Willensvorbehalten und Irrtümern** bei der Willenserklärung ergeben.

6.2.1 Geheimer Vorbehalt, Scherzerklärung

In den §§ 116–118 BGB sind der **geheime Vorbehalt**, die sog. Scherzerklärung und das 227
Scheingeschäft geregelt. Für den Fall des einseitigen geheimen Vorbehalts (§ 116 BGB)
und der einseitigen nicht ernsthaft gemeinten Willenserklärung (§ 118 BGB) stellt
der Gesetzgeber klar, dass diese Willenserklärungen nicht von vornherein nichtig
sind. Bei Unkenntnis des geheimen Vorbehalts aufseiten des Empfängers ist die
Willenserklärung zu dessen Schutz wirksam. Liegt eine Scherzerklärung vor, so ist
die Willenserklärung nichtig, aber nur dann, wenn der Erklärende sie ohne Täuschungsabsicht in der Erwartung abgibt, dass der Empfänger die mangelnde Ernsthaftigkeit erkennt.

Beispiel: A ist Eigentümer eines wertvollen Sportwagens, den sein Freund F oft bewundert. Anlässlich eines Besuchs bei seinem lebensgefährlich erkrankten Freund
F erklärt er diesem, dass er ihm seinen Sportwagen zum Freundschaftspreis, dh
50 % unter dem Verkehrswert, anbiete. Bei der Abgabe der Erklärung hat A in Wirklichkeit nicht den Willen, den Wagen zu verkaufen, sondern er will dem F in seiner
Krankheitssituation lediglich sein Mitgefühl zeigen. F stimmt dem Angebot zu. Als
F wieder gesund ist, besteht er auf Erfüllung.

Der geheime Vorbehalt des A führt nicht zur Nichtigkeit der Erklärung. Das Angebot
auf Abschluss eines Kaufvertrags ist wirksam und führt mit der Annahme durch F
zum Vertragsabschluss. A müsste im Zweifelsfall den Vorbehalt und die Kenntnis
des F vom Vorbehalt beweisen, um sich auf § 116 S. 2 BGB berufen zu können.

6.2.2 Scheingeschäft

Eine weitere Nichtigkeitsanordnung findet sich für das sog. Scheingeschäft in § 117 228
BGB. Danach ist eine Willenserklärung nichtig, welche mit Einverständnis des
Empfängers nur zum Schein abgegeben wird.

Beispiel: G erwirbt ein Grundstück für den Preis von 60.000 EUR, das er ein Jahr
später an den Erwerber E weiterverkauft. In dem notariellen Vertrag zwischen G
und E wurde im Einvernehmen ein Kaufpreis iHv 60.000 EUR angegeben, obwohl in
Wahrheit ein Kaufpreis von 160.000 EUR vereinbart worden war. Der niedrigere Preis
wurde angegeben, um die steuerlichen Lasten (vgl. § 8 I GrEStG) beim Weiterverkauf
zu reduzieren. Als E nur 60.000 EUR bezahlt und weitere Zahlungen verweigert,
beruft G sich auf § 117 BGB.

Ein Scheingeschäft liegt vor, da der erklärte niedrigere Kaufpreis nicht gewollt
war. Das eigentlich gewollte verdeckte Rechtsgeschäft (Kauf über 160.000 EUR) ist
nicht beurkundet worden und damit aufgrund des Formmangels nach §§ 311b, 125

S. 1, § 117 II BGB nichtig. Nach § 311b S. 2 BGB kann der Formmangel nur durch die Auflassung (§ 925 I S. 1 BGB) und die Eintragung (§ 873 I BGB) des Erwerbers in das Grundbuch geheilt werden.

6.3 Anfechtung von Willenserklärungen

229 Nicht immer führt ein Willensmangel automatisch zur Nichtigkeit. Vielmehr liegt bei Bestehen eines Anfechtungsgrunds, etwa eines Irrtums nach § 119 BGB oder einer arglistigen Täuschung oder widerrechtlichen Drohung gem. § 123 BGB die Möglichkeit vor, eine Willenserklärung anzufechten und dadurch ihre Nichtigkeit herbeizuführen.

230 Eine **wirksame Anfechtung**, mit der eine zuvor bindende Erklärung vernichtet wird, setzt voraus:

- das Bestehen eines Anfechtungsgrundes gem. §§ 119 ff. BGB
- eine Anfechtungserklärung, § 143 BGB
- die Einhaltung der Anfechtungsfrist, § 121 BGB und § 124 BGB und Einhaltung der Fristen gem. § 121 II BGB und § 124 III BGB.

6.3.1 Anfechtungsgründe

231 Nicht jeder Willensmangel führt zu einer Anfechtbarkeit. Vielmehr sind diese (grundsätzlich) im BGB niedergelegt.

6.3.1.1 Irrtümer bei der Willenserklärung

232 Häufig entstehen Mängel der Willenserklärung aufgrund von Irrtümern bei der Abgabe einer Erklärung. Nicht jeder Irrtum ist allerdings rechtlich beachtlich. Das Bürgerliche Gesetzbuch enthält in den §§ 119 ff. BGB die zentralen Irrtumstatbestände. Im Folgenden werden die dort geregelten Irrtumsfälle entwickelt.

6.3.1.2 Begriff des Irrtums und Abgrenzungen

233 Ein Irrtum ist gegeben, wenn der Wille und die Erklärung **unbewusst** auseinander fallen. Während in §§ 116–118 BGB von bewussten Willensmängeln die Rede ist, sind in § 119 BGB **unbewusste Abweichungen** zwischen Geschäftswille und Erklärung geregelt. Die Vorschrift erfasst den **Irrtum des Erklärenden**.

Ein Irrtum ist somit nicht gegeben, wenn eine Erklärung in bewusster Unkenntnis abgegeben wird, zB wenn ein Dokument ungelesen unterschrieben wird oder wenn trotz mangelndem Verständnis des Regelungsinhalts ein Vertrag unterschrieben wird.

234 **Abzugrenzen** von den Irrtumsfällen sind Fälle von **Dissens** nach §§ 154, 155 BGB. Dissens bedeutet, dass die Vertragserklärungen zweier Parteien nicht übereinstimmen, sodass ein offener oder verdeckter Einigungsmangel besteht, der in der Regel dazu führt, dass der Vertrag nicht zustande kommt (→ Rn. 189 ff.). Im Falle eines Willensmangels aufgrund unbewussten beachtlichen Irrtums kommt hingegen eine wirksame, wenn auch anfechtbare Vereinbarung zustande.

Becker

6.3.1.3 Der unbeachtliche Irrtum

Bei den Irrtumsfällen ist zwischen beachtlichen und unbeachtlichen Irrtümern zu 235
unterscheiden. **Sogenannte Motivirrtümer** sind grundsätzlich **unbeachtlich**, berechtigen also nicht zur Anfechtung. Ein Motivirrtum ist gegeben, wenn Wille und Erklärung zwar übereinstimmen, aber der Beweggrund für die Erklärung – also das Motiv – auf falscher Grundlage beruht.

> **Beispiele für rechtlich unerhebliche Motivirrtümer sind**: Kauf von Wertpapieren mit dem Motiv eines erwarteten Kursanstiegs; Kauf einer Sache im Glauben an eine Wertsteigerung.

Im Falle eines beiderseitigen Motivirrtums kommt eine Störung der Geschäftsgrundlage in Betracht (→ Rn. 243).

6.3.1.4 Der Inhaltsirrtum (§ 119 I 1. Alt. BGB)

§ 119 I BGB unterscheidet **zwei Irrtumsfälle**, die den Erklärenden zur Anfechtung 236
berechtigen. Die **erste Alternative** regelt **den sog. Inhaltsirrtum**. Der Erklärende befindet sich bei der Abgabe seiner Willenserklärung über deren Inhalt in einem Irrtum. **Er erklärt das, was er erklären will**, allerdings verbindet er mit der Erklärung eine **andere Bedeutung** als die, die sie nach dem objektiven Erklärungswert hat (Merksatz: Er weiß, was er sagt, aber er weiß nicht, was er damit sagt).

> **Beispiel**: A bestellt in einem Restaurant in Köln einen „halven Hahn" in der Erwartung, dass er ein halbes Hähnchen serviert bekommt. A will eine rechtsverbindliche Verpflichtung eingehen und macht dies auch; allerdings bezeichnet „halver Hahn" im Rheinland ein Roggenbrötchen mit Käse. A irrt sich also darüber, welche Bedeutung der Erklärung im Rechtsverkehr zukommt. Ein Vertrag über ein Käsebrötchen kommt zustande, die Willenserklärung des A ist allerdings anfechtbar. Ein **Inhaltsirrtum nach § 119 I BGB** kann vielgestaltig sein:

Der **Irrtum über den Geschäftstyp**, etwa die Annahme eines Angebots, welches nicht 237
auf den Erwerber einer Waschmaschine, sondern auf den Erwerb eines Geschirrspülers gerichtet ist.

Der **Irrtum über die Person** des Geschäftspartners aufgrund einer Verwechselung gleichnamiger Personen.

Der **Irrtum über den Geschäftsgegenstand**, zum Beispiel durch Irrtum über die Identität einer gekauften Sache.

Der **Irrtum über die Rechtsfolgen der Erklärung**, soweit die Rechtsfolgen unmittelbar Gegenstand der Erklärung sind: Ein Händler schließt beim Verkauf einer Ware die Haftung für „Rechtsmängel" aus und meint damit irrtümlicherweise, auch die „Sachmängelhaftung" gem. § 434 BGB auszuschließen.

Der **beachtliche Rechtsfolgeirrtum** ist von dem sog. **unbeachtlichen Rechtsfolgeirrtum** zu unterscheiden. Unbeachtlich ist ein Rechtsfolgeirrtum, wenn sich Rechtsfolgen unabhängig vom Willen des Erklärenden aus dem Gesetz ableiten. Kauft beispielsweise eine Person ein vermietetes Haus zwecks Eigennutzung, so tritt gem. § 566 BGB die Folge „Kauf bricht nicht Miete" ein. Ein **Irrtum über den gesetzlich**

Becker

festgelegten Rechtseintritt ist unbeachtlich. Gleiches gilt im Rahmen des § 362 HGB hinsichtlich der Rechtsfolge des Schweigens (→ Rn. 884), nicht aber bei kaufmännischen Bestätigungsschreiben (→ Rn. 888).

6.3.1.5 Der Erklärungsirrtum (§ 119 I 2. Alt. BGB)

238　Gem. **§ 119 I 2. Alt. BGB** liegt ein **Erklärungsirrtum** vor, wenn der Erklärende eine Erklärung dieses Inhalts überhaupt nicht abgeben wollte (Merksatz: Er weiß nicht was er sagt). Kennzeichnend für den Erklärungsirrtum ist, dass nicht erklärt wird, was erklärt werden soll, sondern dass etwas anderes geäußert oder geschrieben wird.

> **Beispiele**: Jemand verschreibt sich und gibt eine falsche Bestellnummer an; ein Verkäufer nennt einen falschen Preis. Auch die aufgrund eines Vertippens erfolgende Einstellung eines falschen Startpreises auf der Angebotsseite einer eBay-Versteigerung ist anfechtbar.

Das Vorliegen eines Erklärungsirrtums berechtigt ebenso wie der Inhaltsirrtum zur Anfechtung der rechtsgeschäftlichen Erklärung.

239　Die Regelung des **§ 119 I 2. Alt. BGB** findet entsprechende Anwendung, wenn dem Erklärenden das Erklärungsbewusstsein fehlt, er aber hätte erkennen können, dass seine Erklärung als Willenserklärung aufgefasst wird. Auch in diesem Fall kann der Erklärende anfechten (vgl. das Beispiel bei → Rn. 146).

6.3.1.6 Der Kalkulationsirrtum

240　Die im Gesetz nicht geregelten Kalkulationsirrtümer betreffen Sachverhalte, in denen ein Vertragspartner eine Willenserklärung auf der Basis einer fehlerhaften Kalkulation bzw. Berechnung abgibt. Hier ist wie folgt zu differenzieren.

241　Zunächst ist auf den **offenen (externen) Kalkulationsirrtum** einzugehen. Sofern die Vertragsparteien eine **Berechnungsgrundlage als maßgeblich vereinbart** haben und hierbei ein Rechenfehler erfolgt, ist lediglich eine rechtlich unbeachtliche Fehlkennzeichnung gegeben (**falsa demonstratio non nocet**, was bedeutet, dass eine unrichtige Bezeichnung des wirklich Gewollten nicht schadet).

> **Beispiel**: Geschäftsinhaber A und Händler B verhandeln einen Kaufvertrag, A soll von B 100 Rasenmäher zum Preis von je 250 EUR kaufen. In dem Vertrag heißt es dann: 100 zu je 250 EUR = 22.000 EUR.
>
> Die Auslegung der Vereinbarung (§§ 133, 157 BGB) ergibt, dass der vereinbarte Gesamtbetrag von 25.000 EUR zu bezahlen ist, da nur eine Falschbezeichnung gegeben ist: Vor dem Hintergrund der Verhandlungen steht die Berechnungsgrundlage im Vordergrund, nicht das (falsche) Ergebnis.

242　Lässt sich nicht nach §§ 133, 157 BGB ermitteln, ob Berechnungsgrundlage oder Ergebnis maßgeblich sein sollen, so bleibt im Zweifel nur die Annahme der Perplexität: Wegen fehlender Eindeutigkeit ist die Willenserklärung unwirksam, es muss neu erklärt werden.

> **Beispiel**: A bekommt von Händler B ein Angebot, in dem es heißt: 100 Rasenmäher zum Preis von je 250 EUR = Gesamtpreis 22.0000 EUR. Es ist nicht ohne weiteres erkennbar, ob die Berechnungsgrundlage oder der Gesamtpreis maßgeblich sein sollen.

Ist die Berechnungsgrundlage maßgeblich und irren beide Parteien über dieses 243 Motiv, so ist die Behandlung dieses **offenen Kalkulationsirrtums** umstritten. Nach der älteren Rechtsprechung des Reichsgerichts soll ein „erweiterter" Inhaltsirrtum gegeben sein, der zur Anfechtung in entsprechender Anwendung des § 119 BGB berechtigt (vgl. RGZ 162, 198 ff.). In der neueren Rechtsprechung und im Schrifttum wird dagegen bei diesem offenen (externen) Kalkulationsirrtum ein unbeachtlicher Motivirrtum bejaht und ein Anfechtungsrecht verneint.

> **Beispiel**: Bei einem Wertpapiergeschäft gehen beide Parteien beim Vertragsschluss davon aus, dass der vereinbarte Preis dem aktuellen Börsenkurs entspricht. Später stellt sich heraus, dass der Kurs im Zeitpunkt des Vertragsschlusses deutlich niedriger lag.

Es liegt weder eine (unschädliche) falsa demonstratio noch (versteckter) Dissens vor. Beide Parteien wollen ein Geschäft zum vereinbarten Preis schließen, Wille und Erklärung fallen nicht auseinander. Nach heute hM ist das Problem des beiderseitigen Irrtums über § 313 BGB (Störung der Geschäftsgrundlage, → Rn. 500) zu lösen. Gem. § 313 II BGB stehen wesentliche falsche Vorstellungen der Parteien einer Veränderung der Umstände nach § 313 I BGB gleich (subjektive Geschäftsgrundlage). Als Rechtsfolge kommt eine Vertragsanpassung oder ein Rücktritt in Betracht (vgl. § 313 III BGB). Wird dagegen die Berechnungsgrundlage, zum Beispiel eine Preiskalkulation, **dem** 244 **Vertragspartner nicht aufgedeckt**, dann liegt ein **interner Kalkulationsirrtum** vor, der als Motivirrtum nicht zur Anfechtung berechtigt.

> **Beispiele**: Abweichend zu den oben genannten Fällen gibt Händler B auf Anfrage des A nur den intern ermittelten Endpreis von 22.000 EUR an. Dieser (interne) Berechnungsfehler erlaubt keine Anfechtung der Erklärung: B weiß was er sagt und er weiß auch was er damit sagt.

6.3.1.7 Irrtum über verkehrswesentliche Eigenschaften (§ 119 II BGB)

§ 119 II BGB regelt den sog. **Eigenschaftsirrtum**. Vorausgesetzt wird, dass sich der 245 Irrtum auf eine verkehrswesentliche Eigenschaft einer Sache oder einer Person bezieht. **Sache** ist hierbei nicht im Sinne von § 90 BGB zu verstehen, sondern umfasst auch unkörperliche Gegenstände wie zB Unternehmen oder Forderungen.

Eigenschaften sind alle gegenwärtigen wertbildenden Faktoren, zB Merkmale, die 246 auf der natürlichen Beschaffenheit einer Sache beruhen oder die auf tatsächlichen oder rechtlichen Verhältnissen sowie Beziehungen zur Umwelt beruhen. **Verkehrswesentlich** ist eine Eigenschaft dann, wenn sie für die Wertschätzung einer Person oder Sache von erheblicher Bedeutung ist. Das hängt ganz vom einzelnen Geschäft ab, insbesondere von dem Vertragszweck und der Verkehrsauffassung und welche „wertbildenden Faktoren" eine Rolle spielen. Keine Eigenschaft ist hingegen der Wert der Sache selbst.

Becker

> **Beispiele**: Verkehrswesentliche Eigenschaft einer Sache kann im einzelnen Fall sein: Stoff, Größe, Echtheit (zB bei Kunstwerken), auch Objekte mit Sammlerwert (zB der Golf von Kardinal Ratzinger); ebenso aber auch das Herstellungsjahr oder die Fahrleistung bei Fahrzeugen, die Lage und Bebaubarkeit eines Grundstücks.

Verkehrswesentliche Eigenschaft einer Person kann beispielsweise sein: Das Geschlecht, das Alter, die Vertrauenswürdigkeit, die Zahlungsfähigkeit oder Kreditwürdigkeit. Nicht darunter fällt die Schwangerschaft als vorübergehender Zustand. Eine Krankheit ist nur dann verkehrswesentlich, wenn sie dauerhaft die Leistungsfähigkeit erheblich reduziert.

247 Die Anfechtung aufgrund Eigenschaftsirrtums ist durch die Vorschriften zur **Mängelhaftung im Kaufrecht und Werkvertragsrecht** ausgeschlossen. Die Regelungen gehen als Spezialvorschriften dem Anfechtungsrecht nach § 119 II BGB vor, da nahezu jede Beschaffenheitsabweichung auch einen Irrtum über eine verkehrswesentliche Eigenschaft darstellt und der Vorrang der Nacherfüllung (→ Rn. 592) umgangen werden würde.

6.3.1.8 Übermittlungsfehler (§ 120 BGB)

248 Wird eine Willenserklärung durch eine Übermittlungsperson oder eine Einrichtung unrichtig übermittelt (§ 120 BGB), so wird dieser Fall **wie ein Erklärungsirrtum iSd § 119 I 2. Alt. BGB** behandelt. Der Erklärende kann die fehlerhaft übermittelte Willenserklärung anfechten.

Übermittlungsperson kann sein: Ein Erklärungsbote, zB die Deutsche Post AG, dagegen nicht ein Vertreter, da dieser eine eigene Willenserklärung abgibt.

6.3.1.9 Arglistige Täuschung

249 Eine **arglistige Täuschung** setzt eine **Täuschungshandlung** voraus, die darauf gerichtet ist, bei einer anderen Person einen Irrtum hervorzurufen oder aufrechtzuerhalten. Die Täuschungshandlung kann sowohl durch ein aktives Tun als auch durch ein bloßes Unterlassen oder Unterdrücken von Tatsachen erfolgen. Das Unterlassen ist allerdings nur dann einer positiven Handlung gleichzustellen, wenn eine Rechtspflicht zur Aufklärung besteht.

> **Beispiele**: Aktives Tun durch Vorspiegeln oder Entstellen von Tatsachen, zB durch die Behauptung, eine Sache sei neuwertig, obwohl sie gebraucht ist. Die Täuschung über wesentliche Eigenschaften einer Sache, zB die Gebrauchstauglichkeit. Ein Unterlassen durch Verschweigen liegt vor, wenn zB ein wesentlicher Mangel einer Kaufsache unterdrückt wird oder Fragen nicht vollständig beantwortet werden.

250 Hinzu kommt, dass die Täuschungshandlung für die abgegebene Erklärung **ursächlich** sein muss.

> **Beispiel**: Die von dem Verkäufer verschwiegene Unfallfreiheit eines Fahrzeuges ist für den Käufer Anlass für den Kauf.

251 Wird die **Täuschungshandlung durch einen am Geschäft unbeteiligten Dritten** vorgenommen, so kann der Getäuschte seine abgegebene Erklärung gegenüber dem

Erklärungsempfänger gem. §123 II BGB nur dann anfechten, wenn dieser die Täuschung kannte oder kennen musste. Nicht „Dritter" iSd §123 II BGB ist im Verhältnis zur kreditgebenden Bank der Vermittler eines Darlehensvertrags, so dass unabhängig von Kenntnis/Kennenmüssen angefochten werden kann. Gleiches gilt, falls Vertreter oder Hilfspersonen wie Verhandlungsgehilfen des Erklärungsempfängers Täuschungshandlungen vornehmen.

> **Beispiel**: Ein Angestellter einer Firma spiegelt einem Käufer nicht vorhandene Eigenschaften des Produktes vor, sodass dieser einen Kaufvertrag mit dem Inhaber eingeht. Der Inhaber muss sich die Täuschung seines Angestellten zurechnen lassen.

Eine Täuschung ist **„arglistig"**, wenn sie **vorsätzlich, also mit Wissen und Wollen** auf die Hervorrufung oder Aufrechterhaltung eines Irrtums abzielt. Fahrlässiges Verhalten genügt nicht. 252

Als ungeschriebenes Tatbestandsmerkmal ist die Widerrechtlichkeit anzusehen. Der Gesetzgeber ging davon aus, das jede Täuschung widerrechtlich ist. Allerdings kann in bestimmten Situationen „ein Recht zur Lüge" gegeben sein, etwa bei unzulässigen Fragen im Bewerbungsgespräch, zB die Frage nach einer bestehenden Schwangerschaft. 253

6.3.1.10 Widerrechtliche Drohung

Ein widerrechtliches Drohen wird definiert als das vorsätzliche Inaussichtstellen eines künftigen Übels. Der Erklärende wird in eine **Zwangslage** versetzt, die ihn zur Abgabe einer Willenserklärung veranlasst. Gewalt in Form der vis compulsiva ist erfasst (psychischer Zwang), nicht aber in Form der vis absoluta (unwiderstehlicher Zwang, wie etwa das Führen der Hand zu einer Unterschrift; eine solche Erklärung wäre dem Erklärenden schon gar nicht zurechenbar, da kein Handlungswille vorliegt, vgl. → Rn. 144). 254

Die Drohung kann sich auch gegen Dritte richten. Die Widerrechtlichkeit der Drohung kann sich aus dem verfolgten Zweck, dem angedrohten Mittel oder der Inadäquanz von Mittel und Zweck ergeben.

> **Beispiele**: Eine Widerrechtlichkeit des Mittels liegt bei Androhung rechtswidrigen Verhaltens vor, zB Drohung mit Gewalt; mit willkürlichem Vertragsbruch. Widerrechtlichkeit des Zwecks ist zB gegeben bei einer Drohung mit einer tatsächlich gegebenen Möglichkeit zum Rücktritt, um eine Mitwirkung an einer strafbaren Handlung zu erreichen. Eine Widerrechtlichkeit der Mittel-Zweck-Relation ist gegeben, wenn mit einer tatsächlich gegebenen Möglichkeit zum Rücktritt gedroht wird, wenn nicht eine fällige Schuld aus einem anderen Vertragsverhältnis erfüllt wird.

Ebenso wie bei der arglistigen Täuschung muss auch die widerrechtliche Drohung ursächlich für die Abgabe der Erklärung sein. 255

6.3.2 Anfechtungserklärung (§ 143 BGB)

Die Anfechtung muss gem. §143 I BGB gegenüber dem Anfechtungsgegner erklärt werden. Der Anfechtungsgegner ist in der Regel der Vertragspartner bzw. bei einseitigen Rechtsgeschäften der Empfänger der Erklärung. Für die **Anfechtungserklä-** 256

Becker

rung reicht es aus, wenn mit der Erklärung deutlich gemacht wird, dass wegen eines Willensmangels (Irrtum, Täuschung, Drohung) eine abgegebene Willenserklärung vernichtet werden soll. Die Erklärung ist an keine Form gebunden. Eine Teilanfechtung kann nur bei teilbaren Rechtsgeschäften erfolgen.

6.3.3 Anfechtungsfristen (§§ 121, 124 BGB)

257 Die **Anfechtungsfristen** sind für die Irrtumsfälle nach §§ 119, 120 BGB und § 123 BGB unterschiedlich geregelt. Im Falle des Inhalts- und Erklärungsirrtums sowie eines Übermittlungsirrtums muss die Anfechtung nach Kenntnis des Anfechtungsgrundes gem. § 121 I S. 1 BGB **ohne schuldhaftes Zögern** (unverzüglich) erfolgen. Eine Überlegungsfrist oder die Einholung einer Beratung ist dem Anfechtungsberechtigten einzuräumen, sodass die Frist nach den Umständen des Einzelfalles zu bemessen ist. Für die Rechtzeitigkeit der Anfechtung genügt es nach § 121 I S. 2 BGB, wenn die Anfechtungserklärung unverzüglich abgesandt wird.

258 Für die Anfechtung aufgrund **arglistiger Täuschung** oder **widerrechtlicher Drohung** gem. § 123 BGB besteht eine **Jahresfrist.** Sie wird gerechnet ab dem Zeitpunkt, in dem die Täuschung aufgedeckt wird oder in dem die aufgrund der Drohung bestehende Zwangslage endet, § 124 BGB. Die Jahresfrist dient dem Schutz des Getäuschten oder Bedrohten.

259 Das Anfechtungsrecht ist in jedem Fall auf eine **Höchstfrist von zehn Jahren** begrenzt (§ 121 II BGB, § 124 III BGB).

6.3.4 Ausschlussgründe

260 Eine Anfechtung kann nur dann erfolgen, wenn sie nicht im Einzelfall ausgeschlossen ist. Ein solcher **Ausschlussgrund** ist die **Bestätigung des anfechtbaren Rechtsgeschäfts** (§ 144 BGB). Eine Bestätigung kann durch konkludentes Handeln erfolgen.

> **Beispiel**: Verkäufer V bemerkt, dass er beim Vertragsschluss irrtümlich einen falschen Preis genannt hat. Gleichwohl besteht er innerhalb der Anfechtungsfrist gegenüber dem Käufer K auf Erfüllung des Vertrages. Eine Anfechtung ist damit ausgeschlossen.

6.3.5 Rechtsfolgen der Anfechtung

6.3.5.1 Nichtigkeit (§ 142 BGB)

261 Mit der Anfechtung wird die angefochtene Willenserklärung vernichtet, sie ist als **von Anfang an nichtig** (ex tunc) anzusehen, sodass auch das Vertragsverhältnis nichtig wird. Da Gegenstand der Anfechtung eine Willenserklärung ist, kann grundsätzlich sowohl das Verpflichtungsgeschäft (zB § 433 BGB) als auch das Verfügungsgeschäft (zB § 929 S. 1 BGB) angefochten werden. Allerdings wird sich der Anfechtungsgrund, wie zB der Erklärungsirrtum, oft nicht auf die Übereignung beziehen, etwa, weil bei dieser kein Verschreiben vorlag. Im Fall des § 123 BGB wird auch die zum Verfügungsgeschäft führende Willenserklärung von der Täuschung oder Drohung beeinflusst sein.

> **Beispiel**: A stellt nach der Veräußerung seines Pkw an B fest, dass er sich über den Inhalt seiner Erklärung geirrt hat, er wollte zum Preis von 400 EUR und nicht 40 EUR verkaufen und erklärt die Anfechtung nach § 143, § 119 I 1. Alt. BGB.
>
> Mit der Anfechtung wird die zum Kaufvertrag führende Willenserklärung und damit der Kaufvertrag unwirksam, § 142 I BGB. Das Verfügungsgeschäft, also die Übereignung der Sache, leidet an keinem Irrtum und bleibt unberührt; der (wirksam) übereignete Pkw ist nach § 812 I S. 1 Var. 1 BGB zurück zu übereignen.

Ausnahmen von der Rückwirkung der wirksamen Anfechtung bestehen bei bereits 262 in Vollzug gesetzten Arbeitsverhältnissen und Gesellschaftsverträgen. Die Anfechtung einer Willenserklärung führt bei Arbeitsverhältnissen aus Gründen des Vertrauensschutzes zu einer Nichtigkeit der Vertragsbeziehungen erst ab dem Zugang der Anfechtungserklärung (ex nunc) und bei Gesellschaftsverträgen nur zu einem Sonderkündigungsrecht.

Eine **Ausnahme von der Nichtigkeit** der wirksamen Anfechtung besteht, wenn der 263 Anfechtungsgegner neben dem erklärten auch das wirklich Gewollte akzeptiert hätte.

> **Beispiel**: K möchte eine Uhr zum Preis von 40 EUR erwerben, verspricht sich aber und erklärt gegenüber V, zum Preis von 60 EUR erwerben zu wollen. V akzeptiert dies, K, der kein Interesse mehr an der Uhr hat, erklärt im Nachgang die Anfechtung. V wäre auch bereit, die Uhr für 40 EUR zu verkaufen. In diesem Fall kann sich K nach Treu und Glauben, § 242 BGB, nicht auf die Nichtigkeit nach § 142 I BGB berufen, sondern muss den Vertrag nach den wirklich gewollten Konditionen gegen sich gelten lassen.

6.3.5.2 Schadensersatzverpflichtung (§ 122 BGB)

Eine weitere Rechtsfolge der Anfechtung ist die **Schadensersatzverpflichtung des** 264 **Anfechtenden**. Der Anfechtende muss bei einer Anfechtung nach §§ 119, 120 BGB dem Anfechtungsgegner Schadensersatz leisten, § 122 BGB. Der **Anfechtende hat den Vertrauensschaden** (sog. negatives Interesse, die Parteien sind so zu stellen, als wären sie einander nie begegnet) zu ersetzen und muss die wirtschaftlichen Nachteile ausgleichen, die dem Vertragspartner im Vertrauen auf die Gültigkeit des Geschäftes entstanden sind, zB Fahrt- oder Portokosten. Der Schaden ist der Höhe nach begrenzt auf das positive Interesse (die Parteien werden so gestellt, als ob erfüllt worden wäre), zB entgangener Gewinn.

> **Beispiel**: V und K vereinbaren einen Kaufvertrag über einen Pkw zum Preis von 10.000 €. Kurz darauf bietet X dem K einen Pkw desselben Typs für 8.000 € an. V erklärt wirksam die Anfechtung des Vertrags mit K. K hätte den Pkw für 12.000 € an D weiterveräußern können. Wäre K dem V nie begegnet, so hätte er einen Pkw für 8.000 € erworben und für 12.000 € weiterveräußert, also einen Gewinn von 4.000 € erzielt (negatives Interesse). Wäre der Vertrag ordnungsgemäß durchgeführt worden, so hätte K nur einen Gewinn von 2.000 € erzielt (positives Interesse). Der Schadensersatzanspruch des V aus § 122 I BGB ist auf diesen Betrag begrenzt.

265 Gem. § 122 II BGB ist der Schadensersatzanspruch ausgeschlossen, wenn der Geschädigte den Nichtigkeitsgrund oder Anfechtungsgrund kannte oder fahrlässig nicht kannte. Der Geschädigte ist dann nicht schutzwürdig. Auch folgt aus der Regelung des § 122 BGB, in der gerade nicht auf § 123 BGB verwiesen wird, dass eine Schadensersatzpflicht des Anfechtenden bei arglistiger Täuschung oder Drohung nicht besteht.

6.4 Nichtigkeit und Umdeutung

266 Ist die Nichtigkeit eines Rechtsgeschäftes festgestellt, kommt unter Umständen eine Umdeutung in Betracht, vgl. § 140 BGB. Möglich ist dies, wenn das nichtige Rechtsgeschäft den Erfordernissen eines anderen Geschäftes entspricht.

> **Beispiel**: Die unwirksame fristlose Kündigung eines Vertrages kann in eine fristgemäße Kündigung umgedeutet werden, wenn die Beendigungsabsicht des Erklärenden deutlich wird.

Die Umdeutung muss dem wirklichen Willen der Parteien entsprechen, soweit dieser feststellbar ist. Ansonsten ist auf den mutmaßlichen Willen der Parteien abzustellen.

267

Kontrollfragen und Aufgaben	
1. Welche gesetzlich geregelten Fälle bestehen, in denen die Nichtigkeit eines Rechtsgeschäfts angeordnet wird? Nennen Sie bitte einige Beispiele.	→ Rn. 211 ff.
2. Nach welchen Kriterien bestimmt sich die Nichtigkeit eines Rechtsgeschäfts gem. § 134 BGB?	→ Rn. 217 ff.
3. Unter welchen Voraussetzungen ist ein wucherisches Rechtsgeschäft nach § 138 II BGB zu bejahen?	→ Rn. 222
4. Was ist unter einem Inhaltsirrtum zu verstehen?	→ Rn. 236
5. Was ist unter einem Erklärungsirrtum zu verstehen?	→ Rn. 236
6. Welche Fristen bestehen für eine Anfechtung gem. § 119 BGB und gem. § 123 BGB?	→ Rn. 257 ff.
7. Welchen Schaden hat der Anfechtende zu ersetzen?	→ Rn. 264

Aufgabe 1 Leistungsniveau Masterstudiengang

Die TEE-GmbH nimmt Anfang 2022 zur Finanzierung ihrer Teeimporte bei der S-Bank einen Kredit auf. Die S-Bank vereinbart mit der Geschäftsführung der GmbH, dass die TEE-GmbH alle gegenwärtigen und künftigen Kaufpreisforderungen zur Sicherung aller Ansprüche aus der bankmäßigen Geschäftsverbindung an die Bank abtritt. Der Importeur T liefert im November 2022 der TEE-GmbH Waren im Wert von 60.000 EUR. Zur Sicherung der Forderung wird eine Abtretung der aus dem Weiterverkauf der Waren entstehenden Kaufpreisforderungen vereinbart. Als die GmbH Mitte 2023 zahlungsunfähig wird, zieht die S-Bank die Forderungen aus dem Verkauf der von T bezogen Waren ein. T beruft sich auf die im November 2022 mit der GmbH getroffene Sicherungsabrede und die damit verbundenen Rechte (vgl. BGH NJW 1999, 940).

Lösung

Wenn T Inhaber der Kaufpreisforderungen aufgrund der Sicherungsabtretung geworden wäre, könnte T gegenüber der S-Bank die von dieser eingezogenen Beträge herausverlangen. Da die Globalabtretung an die S-Bank Anfang 2022, also zeitlich vor der Abtretung an T (November 2022) erfolgte, gilt nach dem Prioritätsprinzip die erste Abtretung als wirksam, die S-Bank wäre also Inhaberin der Forderung.

Allerdings ist zu prüfen, ob die Globalabtretung an die S-Bank gem. § 138 BGB sittenwidrig ist. Nach der Rechtsprechung ist eine Globalabtretung sittenwidrig, soweit sie auch Forderungen umfasst, die der Schuldner seinen Lieferanten aufgrund verlängerten Eigentumsvorbehalts faktisch abtreten muss und abtritt. Danach ist die Vereinbarung sittenwidrig, sodass die Vorausabtretung zwischen T und der GmbH wirksam ist. T kann von der S-Bank die Überweisung der eingezogenen Beträge verlangen.

Aufgabe 2 (Leistungsniveau Bachelorstudiengang)

Der Kunstliebhaber K kauft im Januar bei dem Kunsthändler H ein Bild des Malers W für 160.000 EUR. Beide Vertragspartner gehen bei Vertragsschluss von der Echtheit des Kunstwerkes aus. Nach vier Monaten kommen K Zweifel an der Echtheit und er holt ein Gutachten ein. Der Sachverständige stellt fest, dass es sich um eine Fälschung handelt. Welche Rechte hat K? Kann K anfechten?

Lösung

Der Kaufvertrag ist wirksam geschlossen worden. Er könnte durch Anfechtung der Willenserklärung des K nichtig geworden sein, § 142 I BGB. Als Anfechtungsgrund käme § 119 II BGB in Betracht. Die Echtheit eines Bildes in Verbindung mit der Urheberschaft eines bestimmten Künstlers ist eine verkehrswesentliche Eigenschaft iSd § 119 II BGB. Die Echtheit ist zugleich auch eine vereinbarte Beschaffenheit iSd § 434 BGB. Deren Fehlen stellt somit einen Fehler nach den Gewährleistungsvorschriften dar. Die Anfechtung ist für K daher aufgrund der Vorrangigkeit der §§ 434 ff. BGB ausgeschlossen. K kann die Rechte aus § 437 BGB (zB Rücktritt, Schadensersatz) geltend machen.

Becker

7 Allgemeine Geschäftsbedingungen

Literatur: *Graf v. Westphalen/ Thüsing*, Vertragsrecht und AGB-Klauselwerke, 47. Aufl. 2021; *Güllemann*, Veranstaltungsmanagement, Event- und Messerecht, 7. Aufl. 2019; *Ulmer/ Brandner/Hensen*, AGB-Recht, 12. Aufl. 2016; *Wolf/Lindacher/Pfeiffer*, AGB-Recht, 7. Aufl. 2020.

7.1 Begriff der AGB

Allgemeine Geschäftsbedingungen (AGB) sind gem. § 305 I 1 BGB alle für eine Viel- 268 zahl von Verträgen vorformulierten Vertragsbedingungen, die eine Vertragspartei (Verwender) der anderen Vertragspartei bei Abschluss des Vertrages stellt. Es macht keinen Unterschied, ob die Bestimmungen einen äußerlich gesonderten Bestandteil des Vertrages bilden (wie etwa dem Vertrag angefügte „Allgemeine Lieferungs- und Zahlungsbedingungen") oder selbst in die Vertragsurkunde aufgenommen werden (wie zB bei einem Mietvertragsformular). Ebenso wenig sind ihr Umfang (manchmal kurz, zB „keine Haftung für Garderobe", zumeist jedoch länger), die Schriftart oder die Form des Vertrages von Bedeutung. Allgemeine Geschäftsbedingungen stehen im Gegensatz zu individuellen Vereinbarungen. Diese werden im Einzelnen ausgehandelt. Dagegen werden AGB von Verbrauchern zumeist geschluckt. Daher bedarf es hier eines besonderen gesetzlichen Schutzes.

Unter **Verwender** ist derjenige zu verstehen, der der anderen Partei die AGB stellt,. 269 Verwender ist also derjenige, der beabsichtigt, die vorformulierten Vertragsbedingungen in den Vertrag aufzunehmen.

7.2 Funktionen und Erscheinungsformen von AGB

AGB dienen im Wesentlichen den Zwecken der   270

- Rationalisierung und Standardisierung von Geschäftsabläufen
- Ausfüllung von gesetzlichen Regelungslücken
- Wahrnehmung der eigenen Interessen.

Im Einzelnen:

AGB haben vor allem eine **Rationalisierungs- und Standardisierungsfunktion.** Ins- 271 besondere bei wiederkehrenden Geschäftsabläufen ist es aufwändig, für jeden Einzelfall spezifische vertragliche Regelungen zu entwickeln und durchzusetzen. Es stellt eine erhebliche Vereinfachung dar, wenn für gleiche Sachfragen – zB die Standardthemen Gewährleistung, Haftung oder Zahlungsverzug – stets gleiche Regeln zur Anwendung kommen.

Das Gesetz stellt zu manchen Themenbereichen keine oder nur unzureichende 272 Regelungen bereit. So gibt es im Bereich privater Versicherungen oder Banken zu vielen Fragen keine oder keine maßgeschneiderten Vorschriften. Es besteht daher ein legitimes Bedürfnis nach einer sachgerechten vertraglichen Ausgestaltung.

Diese **Lückenausfüllungsfunktion** entspricht nachvollziehbaren Interessen der Vertragsschließenden besonders dort, wo das Gesetz schweigt.

> **Beispiele**: Private Krankenversicherung, Unfall- und Lebensversicherung

273 Die Gestaltung von AGB dient vor allem dazu, die eigenen Interessen wahrzunehmen und die Rechtsposition zu eigenem Vorteil auszubauen. Der Einsatz von AGB hat also eine **Interessenwahrnehmungsfunktion**. Denn wer Vertragswerke im Voraus konzipiert, wird verständlicherweise in erster Linie seine eigenen Interessen wahrnehmen und nicht so sehr die Interessen des Vertragspartners berücksichtigen. Dies kann zu einseitigen und unausgewogenen Regelungen führen. Von Vertragsgerechtigkeit kann dann keine Rede mehr sein.

> **Beispiele**: Haftungsfreizeichnung, Gewährleistungsausschluss

7.3 Rechtliche Grundlagen

274 Da Banken, Versicherungen, Transportunternehmen und andere Unternehmen der gewerblichen Wirtschaft und des Handels in der Vergangenheit ihre Interessen rücksichtslos zum eigenen Vorteil nutzten, sahen sich zunächst die Rechtsprechung auf der Basis der Generalklauseln von § 138 BGB und von § 242 BGB und später der Gesetzgeber zum Einschreiten gezwungen. Ein Meilenstein war das 1976 in Kraft getretene Gesetz über Allgemeine Geschäftsbedingungen, das 2002 in das BGB integriert wurde. Die maßgeblichen Regeln finden sich seither in §§ 305 ff. BGB. Auf Grund des Gesetzes für faire Verbraucherverträge wurden zuletzt 2021 kleinere Veränderungen vorgenommen. Von Bedeutung ist neben der Regelung im BGB noch das Unterlassungsklagengesetz vom 27.8.2002, das bestimmten Verbänden, allerdings nicht dem Verbraucher selbst, Unterlassungs- und Widerrufsansprüche sowie ein eigenes Klagerecht einräumt.

7.4 Einbeziehung von AGB

275 AGB sind keine gesetzlichen Regeln, sondern vorformulierte Vertragsbedingungen, die rechtsgeschäftlich im Wege einer Einbeziehungsvereinbarung Eingang in den Vertrag finden müssen. § 305 II BGB bestimmt grundsätzlich, dass sie nur dann Vertragsbestandteil werden, wenn bei Vertragsschluss auf die AGB

- ausdrücklich hingewiesen wurde (nur im Ausnahmefall reicht ein Aushang),
- der Vertragspartner die Möglichkeit hatte, von ihnen in zumutbarer Weise Kenntnis zu nehmen, und er
- mit ihrer Geltung einverstanden ist.

Das bedeutet, dass die Vertragskonditionen spätestens **bei Vertragsschluss** offenzulegen sind. Geschieht dies nicht, werden sie nicht Vertragsbestandteil.

> **Beispiel**: Aufdrucke auf Eintrittskarten werden nicht Vertragsinhalt, weil die Eintrittskarten erst nach Vertragsschluss (= Bestätigung der Buchung) ausgehändigt werden (hM).

Grundsätzlich muss ein ausdrücklicher **Hinweis** auf die AGB erfolgen. Ist dieser jedoch nur unter unverhältnismäßigen Schwierigkeiten möglich, reicht ausnahmsweise ein **Aushang**. Hier ist vor allem an Massengeschäfte des täglichen Lebens mit großem Andrang zu denken.

Beispiele: Fußballstadien, Auto-Waschanlagen, Parkhäuser, Busse und Bahnen

Der Kunde muss die Möglichkeit haben, vom Inhalt der AGB **in zumutbarer Weise Kenntnis** zu nehmen. Das bedeutet zunächst, dass sie ihm unmittelbar präsentiert werden müssen und nicht erst auf Nachfrage ausgehändigt werden. Außerdem müssen sie für einen Durchschnittskunden mühelos lesbar und verständlich und von der gebotenen Kürze sein.

Beispiel: Der Aushang an einer Auto-Waschanlage muss kurz und knapp gefasst sein und so groß geschrieben sein, dass er aus dem Wagen heraus zu lesen ist.

Bei Vertragsschlüssen im Internet muss der Verbraucher sich die AGB auf seinen Rechner laden können und die Texte müssen klar gegliedert und vergleichsweise kurz sein.

Es genügt nach höchstrichterlicher Rechtsprechung, wenn die AGB über einen auf der Bestellseite des Anbieters gut sichtbaren Link abgerufen und ausgedruckt werden können (BGH BB 2006, 1990). § 305 II Nr. 2 BGB bestimmt, dass auf eine erkennbare **körperliche Behinderung** des Vertragspartners angemessen Rücksicht zu nehmen ist.

Beispiel: Starke Einschränkung der Sehfähigkeit bei Brillenträger mit Lupengläsern

Bezüglich der **Sprache** von AGB gilt, dass sie in der Sprache abgefasst sein müssen, 275a in der die Verhandlungen geführt wurden. Im Übrigen ist Nr. 2 zu entnehmen, dass AGB für den Kunden verständlich sein müssen (sog. **Transparenzgebot**); sind sie unklar oder für einen Durchschnittskunden unklar, gelten sie nicht.

Schließlich muss der Vertragspartner sein **Einverständnis** zur Geltung der AGB geben, was auch konkludent durch Unterschrift auf einem Vertragsformular geschehen kann. Stillschweigendes Einverständnis mit Aushängen auf Sportplätzen, Spielplätzen oder Trimm-Dich-Pfaden „Benutzung auf eigene Gefahr unter Ausschluss jeder Haftung", ist jedoch regelmäßig nicht anzunehmen, weil der Benutzer in der Regel nicht den Willen hat, bei einem Unfall auf Schadensersatzansprüche zu verzichten.

Bei Verwendung von AGB **gegenüber einem Unternehmer, einer juristischen Person** 276 **des öffentlichen Rechts oder einem öffentlich-rechtlichen Sondervermögen** finden die strengen Regeln bzgl. der Einbeziehung in den Vertrag keine Anwendung, § 310 I BGB. Dennoch muss auch hier wegen ihres Charakters als vorformulierte Vertragsbedingungen eine rechtsgeschäftliche Einbeziehung der AGB in den Vertrag stattfinden. Bei Verträgen mit Unternehmern (BtB) ist aber eine ausdrückliche Einbeziehung auch dann wirksam, wenn die AGB dem für den Vertragsschluss maßgebenden Schreiben nicht beigefügt waren und der Vertragspartner den Inhalt der AGB nicht kennt (BGH NJW 1976, 1886). Ein Hinweis, dass die AGB auf Wunsch übersandt werden, ist ausreichend (OLG Düsseldorf VersR 1996, 1394). Auch eine Einbeziehung durch schlüssiges Verhalten ist möglich, wenn der Verwender erkennbar auf seine

AGB hinweist und der Vertragsgegner ihrer Geltung nicht widerspricht (BGHZ 117,194). Kaufmännische Bestätigungsschreiben können gleichfalls ausreichen. Wird darin auf AGB verwiesen, werden diese bei fehlendem Widerspruch selbst dann Vertragsinhalt, wenn sie nicht Gegenstand der Vertragsverhandlungen waren oder nicht beigefügt waren (BGH NJW 1978, 2244; BGHZ 7, 190; 18, 216). Im Unterschied zu Verträgen mit Verbrauchern sind also die Anforderungen an die Bekanntgabe der AGB deutlich abgesenkt.

7.5 Überraschende, mehrdeutige Klauseln und Vorrang von Individualvereinbarungen

277 Selbst, wenn alle Voraussetzungen für eine Einbeziehung von AGB gegeben sind, werden bestimmte Klauseln dennoch nicht Vertragsbestandteil. Dazu zählen überraschende Klauseln, mehrdeutige Klauseln und Klauseln, die mit individuellen Vereinbarungen kollidieren.

278 **Überraschungsklauseln**, mit denen gewöhnlicherweise nicht zu rechnen ist, werden in keinem Fall Vertragsbestandteil, § 305c I BGB.

> **Beispiel:** Klausel im Mietvertrag über die Anmietung eines Pkw für die Firma, dass auch der Fahrer mithaftet (OLG Naumburg NJW 1997, 49).

279 Ferner gehen Zweifel bei der Auslegung Allgemeiner Geschäftsbedingungen zulasten des Verwenders, § 305c II BGB. **Mehrdeutige Bestimmungen** in AGB werden nach dieser Unklarheitenregel somit nicht Vertragsbestandteil.

> **Beispiel:** Eine in Krankenhaus-AGB vorgesehene rückwirkende Erhöhung von Krankenhauspflegesätzen ist objektiv unklar und damit unwirksam, wenn der Maßstab für die Erhöhung unklar bleibt (BGH NJW 1979, 2353).

280 Schließlich sind AGB-Klauseln, die im Widerspruch zu individuell getroffenen Vertragsvereinbarungen stehen, unwirksam. Es gilt nach § 305b BGB der **Vorrang der Individualabrede**.

> **Beispiele**: Schriftliche Beschaffenheitsvereinbarungen oder Zusicherungen von Eigenschaften des Gebrauchtautos gelten vorrangig gegenüber einem generellen Ausschluss der Mängelhaftung im Kleingedruckten (BGHZ 50, 206).

7.6 Inhaltskontrolle von AGB

281 AGB-Regelungen, die von dispositiven Rechtsvorschriften abweichen oder sie ergänzen, unterstellt das Gesetz einer inhaltlichen Kontrolle. Dabei wird im Regelfall auf eine behördliche Vorabkontrolle verzichtet, da dies mit einem zu hohen Verwaltungsaufwand verbunden wäre. Vielmehr findet eine nachträgliche Kontrolle im Gerichtsverfahren statt, wenn der Vertragspartner durch AGB konkret betroffen ist oder sich bestimmte Verbände gegen ihre Wirksamkeit wenden. Dem Schutz des Vertragspartners dienen das allgemeine Klauselverbot des § 307 BGB sowie die speziellen Klauselverbote der §§ 308 und 309 BGB. Letztere enthalten – allerdings

nur bei Geschäften mit Verbrauchern (Umkehrschluss aus § 310 BGB) – Kataloge mit Klauseln, die keinen Wertungsspielraum lassen (§ 309 BGB) oder eine Wertungs-möglichkeit geben (§ 308 BGB). Ziel dieser Regelungen ist der Schutz des Vertrags-partners vor unangemessenen Benachteiligungen. Da § 309 BGB die konkretesten Aussagen zu verbotenen Klauseln enthält, ist zunächst diese Vorschrift, sodann § 308 BGB und schließlich die Generalklausel des § 307 BGB zu prüfen.

7.6.1 Klauselverbote ohne Wertungsmöglichkeit

§ 309 BGB enthält 13 Einzelziffern mit **Klauselverboten ohne Wertungsmöglichkeit,** 282 von denen vor allem Nr. 1, Nr. 5, Nr. 7, Nr. 8 und Nr. 12 große Bedeutung haben.

Nr. 1 verbietet kurzfristige Preiserhöhungen innerhalb von vier Monaten nach Ver-tragsschluss. Damit soll im Interesse der Kunden eine Preisstabilität und Verläss-lichkeit erreicht werden.

> **Beispiel**: Die allgemeine Klausel im **Individualreisevertrag,** dass der Flugpreis bei Verteuerung des Flugbenzins erhöht werden darf, ist unzulässig; sie müsste von vornherein auf Fälle eingegrenzt werden, dass die Reise später als vier Monate nach Vertragsschluss angetreten wird. Für **Pauschalreisen** gelten abweichend §§ 651f und 651g BGB.

Nr. 5 verbietet die Pauschalierung von Schadensersatzansprüchen, wenn die Pau-schale den gewöhnlicherweise zu erwartenden Schaden übersteigt oder dem Ver-tragspartner der Nachweis fehlenden oder geringeren Schadens abgeschnitten wird.

> **Beispiele**: Im Gebrauchtwagenhandel wurden von der Rechtsprechung Pauschalen iHv 20 % des Kaufpreises bei Nichtabnahme als zu hoch beurteilt, da die typische Gewinnspanne deutlich niedriger sei (OLG Köln NJW-RR 1993, 1405).

40 EUR pauschaler Schadensersatz bei Verlust eines Chipkeys im Schwimmbad in AGB wurde ebenfalls als unwirksame Klausel bewertet (LG Mainz NJW-RR 2011, 1553).

Nr. 7 verbietet bei schuldhaft herbeigeführten Personenschäden den Ausschluss oder die Begrenzung der Haftung, bei allen übrigen Schädigungen (Sach- und Vermögens-schäden) kann nur die Haftung für leichte Fahrlässigkeit ausgeschlossen werden.

> **Beispiele**: Die Klausel bei Veranstaltungen: „Für Hörschäden wird nicht gehaftet" ist unwirksam, da die Haftung für schuldhaft verursachte Personenschäden nicht ausgeschlossen werden darf (Nr. 7a).

Nr. 8 verbietet unter anderem den Ausschluss der Mängelhaftung bei neuen Sachen.

> **Beispiel**: Die Klausel: „Bei Mängeln wenden Sie sich an den Hersteller; Ansprüche gegen den Verkäufer sind ausgeschlossen" verstößt gegen § 309 Nr. 8b aa) BGB und ist daher unwirksam.

Nr. 12 betrifft die Beweislast und verbietet, die Beweislast für Umstände aus dem Verantwortungsbereich des Verwenders auf den anderen Vertragspartner zu verla-gern oder sich bestimmte Tatsachen bestätigen zu lassen.

Güllemann

> **Beispiel**: „Hiermit wird bestätigt, dass die Mietsache sich in ordnungsgemäßem Zustand befindet und keine Mängel aufweist", verstößt gegen § 309 Nr. 12b BGB.

7.6.2 Klauselverbote mit Wertungsmöglichkeit

283 § 308 BGB enthält **neun Klauselverbote mit Wertungsmöglichkeit**. Hervorzuheben sind folgende Regelungen:

Nr. 1 verbietet unangemessen lange Annahmefristen für Vertragsabschlüsse und übermäßig lange Lieferfristen.

> **Beispiele**: Vier Monate Annahmefrist bei Abschluss einer Haftpflichtversicherung. Die Prüfung des Risikos erfordert keine derartig lange Frist. Sie ist unangemessen.
>
> Lieferfrist für Möbel: Vier Monate. Bei Serienmöbeln ist diese Frist erheblich zu lang.

Nr. 3 verbietet es, sich ohne sachlich gerechtfertigten Grund vom Vertrag zu lösen.

> **Beispiel**: Jederzeitige Absage einer Großveranstaltung durch den Veranstalter

Nr. 4 verbietet unzumutbare Änderungsvorbehalte.

> **Beispiel**: Die Klausel „Programmänderung vorbehalten" stellt bei Konzerten mit einer angekündigten und bekannten Vorgruppe eine unzulässige Klausel dar und erlaubt daher keine Auswechslung durch eine andere Gruppe (LG Hannover, 14 O 35/94 v. 12.4.1994,)

Nr. 7 verbietet im Falle des Rücktritts oder der Kündigung unangemessen hohe Vergütungs- und Aufwendungsersatzpauschalierungen. Damit sind vor allem Storno- und Bearbeitungsgebühren erfasst: sie müssen im angemessenen Rahmen bleiben; außerdem muss der Beweis eines geringeren Schadens analog § 309 Nr. 5b BGB gestattet sein.

> **Beispiele:** Die Klausel in einem Ehemaklervertrag, dass der Ehevermittler eine im Voraus empfangene Vergütung auch bei vorzeitiger Vertragsbeendigung in jedem Fall im vollen Umfang behalten darf, verstößt gegen § 308 Nr. 7 BGB (BGHZ 87, 309).
>
> Ebenso unwirksam ist eine Pauschale von 30 % in AGB bei Kündigung des Einbaus eines Treppenliftvertrages (OLG Hamm BauR 2010, 785).

7.6.3 Generalklausel

284 Die Generalklausel des § 307 BGB verbietet **unangemessene Benachteiligungen** in AGB entgegen den Geboten von Treu und Glauben. Es handelt sich hier um einen Auffangtatbestand, soweit §§ 309 und 308 BGB inhaltlich nicht zutreffen oder von vornherein keine Anwendung finden, wie dies bei Verträgen zwischen Unternehmern (B2B-Geschäfte) der Fall ist, § 310 BGB. Bei Unternehmerverträgen und auch bei Verträgen mit der öffentlichen Hand ist das Schutzbedürfnis nicht so groß wie bei Verbrauchern. Allerdings sollen auch diese Gruppen vor unausgewogenen und treuwidrigen Klauseln geschützt werden. Die Rechtsprechung hat mithilfe der Generalklausel eine Fülle von Einzelfällen beurteilt und anhand der Maßstäbe von

Treu und Glauben eine individuelle Abwägung der Interessen der Vertragspartner vorgenommen.

> **Beispiele aus der Rechtsprechung für unwirksame Klauseln** (Nachweise bei Grü-
> neberg/*Grüneberg* § 307 Rn. 55 ff.)
> Klausel in Arztverträgen, wonach der Honorarrahmen der GOÄ überschritten wer-
> den darf; bei chemischer Reinigung eine Klausel zur Haftungsbeschränkung auf das
> 15-fache des Entgelts (str.); bei Fitness-Verträgen ein formularmäßiger Ausschluss der
> Kündigung aus wichtigem Grund; Klauseln mit Ausdehnung der Haftung auf Fälle
> fehlenden Verschuldens, zB dass der Veranstalter alle Schäden an einer Mietsache
> trägt, auch wenn sie durch dritte Personen wie Besucher verursacht wurden.

285

Die Generalklausel wird in § 307 II BGB durch zwei Fallgruppen konkretisiert. Gem.
Nr. 1 liegt eine unangemessene Benachteiligung regelmäßig vor, wenn von „wesentlichen Grundgedanken" einer gesetzlichen Regelung abgewichen wird.

286

> **Beispiel**: Ein Makler bestimmt im vorformulierten Maklervertrag, dass ihm eine
> Vergütung zustehe, wenn er seinem Kunden fünf Objekte nachgewiesen habe, auch
> wenn der Kunde zu keinem Abschluss gekommen sei. Dies widerspricht § 307 II Nr. 1
> BGB. Aus § 652 I 1 BGB ist nämlich zu entnehmen, dass es ein wesentlicher Grund-
> gedanke des Maklerrechts ist, dass der Makler nur bei Erfolg, dh Vertragsabschluss
> durch den Kunden, eine Maklerprovision erhält.

Eine unangemessene Benachteiligung liegt ferner vor, wenn „wesentliche Rechte
oder Pflichten, die sich aus der Natur des Vertrages ergeben, so einschränkt werden,
dass die Erreichung des Vertragszwecks gefährdet ist".

287

> **Beispiel**: Beauftragung eines Security-Dienstes, in dessen AGB jede Haftung für
> mangelhafte Bewachung ausgeschlossen ist. Diese Freizeichnungsklausel steht
> in krassem Widerspruch zur Natur des Bewachungsvertrages. Dadurch wird der
> Vertragszweck infrage gestellt.

Die Generalklausel von § 307 BGB ist nicht nur für Unternehmerverträge von Bedeutung, sondern auch bei Verträgen mit Verbrauchern. Hier wendet die Rechtsprechung die Generalklausel auch dann an, wenn eine Klausel nach den speziellen
Klauselverboten der §§ 308, 309 BGB eigentlich zulässig ist, aber dennoch unangemessen erscheint. Insoweit findet eine doppelte AGB-rechtliche Prüfung statt.

288

> **Beispiel**: In den AGB eines Garderoben-Bewachungsdienstes heißt es: „Die Haf-
> tung für Sach- und Vermögensschäden ist ausgeschlossen, es sei denn, die Pflicht-
> verletzung wurde vorsätzlich oder grob fahrlässig begangen." Diese Klausel hält
> zwar der Prüfung von § 309 Nr. 7b BGB stand, widerspricht jedoch § 307 BGB, da
> es um die Frage der Verletzung zentraler Pflichten geht (sog. **Kardinalpflichten**).
> Für die Einhaltung der Bewachungspflichten muss in jedem Fall gehaftet werden.
> Wenn die Garderobenfrau nach Beginn der Theatervorstellung für einen kurzen
> Moment die Toilette aufsucht, würde also bei einem Diebstahl der Garderobe trotz
> der Freizeichnungsklausel eine Haftung eintreten, weil es sich bei der Bewachung
> um eine Kardinalpflicht handelt und deshalb selbst bei leichter Fahrlässigkeit kein
> Haftungsausschluss möglich ist.

289 Nach § 307 I 2 BGB kann sich eine unangemessene Benachteiligung auch daraus ergeben, dass eine Bestimmung in AGB nicht klar und verständlich ist **(Transparenzgebot).** Die Bestimmungen in AGB müssen nach der Rechtsprechung durchschaubar, richtig, bestimmt und möglichst klar sein. Mangelt es daran, können sie aus diesem Grund unwirksam sein.

> **Beispiel**: Unklare und unverständliche Versicherungsbedingungen oder Bankbedingungen

7.7 Rechtsfolgen bei Nichteinbeziehung und Unwirksamkeit

290 Falls AGB ganz oder teilweise nicht Bestandteil des Vertrages geworden sind oder unwirksam sind, bleibt nach § 306 I BGB der Vertrag im Übrigen wirksam. Das bedeutet vor allem, dass bei fehlender Einbeziehung von AGB oder bei Verstoß gegen Klauselverbote der Vertrag entgegen § 139 BGB nicht insgesamt unwirksam wird, sondern nur die betreffenden AGB entfallen und der Vertrag weiter bestehen bleibt. Nach § 306 II BGB richtet sich der Inhalt des Vertrages nach den gesetzlichen Vorschriften.

> Im Beispiel der unzureichenden Garderobenbewachung würden also die Haftungsvorschriften der §§ 280, 276 BGB gelten, wonach auch bei leichter Fahrlässigkeit auf Schadensersatz gehaftet wird.

291 Nur wenn das Festhalten an dem Vertrag eine **unzumutbare Härte** für einen Vertragspartner darstellen würde, ist der Vertrag unwirksam, § 306 III BGB. Das ist dann vorstellbar, wenn sich infolge des Wegbrechens von AGB die Gewichte einseitig zulasten eines Vertragspartners verschieben würden.

292 Falls eine Klausel unwirksam ist, mit einem weniger weitreichenden Inhalt jedoch gültig wäre, so lehnt die Rechtsprechung eine **geltungserhaltende Reduktion** ab und verwirft die Klausel insgesamt (EuGH NJW 2012, 2257; BGHZ 86, 297).

7.8 Anwendungsbereich

293 Der Anwendungsbereich der §§ 305 ff. BGB wird durch § 310 BGB einerseits sachlich und persönlich eingeschränkt und andererseits bei Verbraucherverträgen erweitert.

7.8.1 Beschränkungen in persönlicher Hinsicht

294 Nach § 310 I BGB finden Kernbestimmungen zur formalen und inhaltlichen Kontrolle von AGB **keine Anwendung** bei Verwendung von AGB gegenüber Unternehmern, juristischen Personen des öffentlichen Rechts oder einem öffentlich-rechtlichen Sondervermögen. Hier gelten nicht die strengen Voraussetzungen zur Einbeziehungsvereinbarung (§ 305 II und III BGB) und ebenso wenig die speziellen Klauselverbote der §§ 308 und 309 BGB. Das bedeutet eine vereinfachte Einbeziehung von AGB in den Vertrag sowie eine bloß auf die Generalklausel von § 307 BGB beschränkte inhaltliche Kontrolle. Betroffen sind:

• Verträge mit Unternehmern (§ 14 BGB), also vor allem Kaufleuten und Freiberuflern,

Güllemann

- Verträge mit juristischen Personen des öffentlichen Rechts, also Körperschaften wie Bund, Länder, Gemeinden, sowie Anstalten und öffentlich-rechtliche Stiftungen,
- Verträge mit öffentlich-rechtlichen Sondervermögen.

Merksatz: Bei Verträgen zwischen Unternehmern und bei Verträgen mit juristischen Personen des öffentlichen Rechts sowie öffentlich-rechtlichem Sondervermögen ist die Anwendbarkeit der AGB-Vorschriften stark eingeschränkt.

7.8.2 Beschränkungen in sachlicher Hinsicht

Sachliche Einschränkungen ergeben sich zum einen aus § 310 IV BGB (**Bereichsaus-** 295 **nahmen**). Danach gilt das gesamte AGB-Recht nicht für

- Verträge auf dem Gebiet des Erb-, Familien- und Gesellschaftsrechts, zB beim Einsatz von Formularverträgen,
- Tarifverträge, Betriebs- und Dienstvereinbarungen.

Auf Arbeitsverträge ist dagegen AGB-Recht anzuwenden mit der Maßgabe, dass die im Arbeitsrecht geltenden Besonderheiten angemessen zu berücksichtigen sind und § 305 II und III BGB nicht gelten.

7.8.3 Erweiterungen bei Verbraucherverträgen

Für **Verbraucherverträge**, also Verträge zwischen einem Unternehmer (§ 14 BGB) und 296 einem Verbraucher (§ 13 BGB), finden die Schutzbestimmungen der §§ 305 ff. BGB auch dann Anwendung, wenn nicht alle Voraussetzungen erfüllt sind, die sonst dafür nötig sind. Nach § 310 III BGB gelten zB AGB auch dann als vom Unternehmer gestellt, wenn sie von einem **Dritten** (zB Makler) stammen. Auch wenn vorformulierte Vertragsbestimmungen nicht für eine Vielzahl von Verträgen, sondern nur zu einer einmaligen Verwendung bestimmt sind **(Einmalbedingungen)**, gelten die Schutzvorschriften der §§ 305c II, 306, 307–309 BGB sowie Art. 46b EGBGB. Bei Beurteilung einer unangemessenen Benachteiligung sind auch die **Begleitumstände** im konkreten Fall zu berücksichtigen (zB eine Ausnutzung der geschäftlichen Unerfahrenheit).

7.9 Individueller Rechtsschutz und Verbandsklagen

Die Geltung, insbesondere die Einbeziehung und inhaltliche Wirksamkeit von AGB 297 kann grundsätzlich nur im Rahmen eines anhängigen Rechtsstreits zur Überprüfung gestellt werden. Ein individuelles Klageverfahren gegen AGB, mit dem die Wirksamkeit von AGB isoliert vor oder nach einem Vertragsschluss überprüft werden könnte, besteht nicht. Es bedarf einer individuellen Betroffenheit (sog. **Rechtsschutzbedürfnis**).

Da Urteile zudem nur zwischen den Prozessparteien und nicht allgemein wirken, 298 könnte der Verwender für unzulässig erklärte AGB ohne Weiteres in einem Vertrag mit einem anderen Vertragspartner wieder zugrunde legen. Es besteht daher ein

Bedürfnis nach einer kollektiven Klagemöglichkeit, die mit der **Verbandsklage** eröffnet wird. Grundlage ist das Unterlassungsklagengesetz (UKlaG). Wer AGB-Bestimmungen, die nach §§ 307–309 BGB unwirksam sind, verwendet oder für den geschäftlichen Verkehr empfiehlt, kann auf Unterlassung und Widerruf in Anspruch genommen werden, § 1 UKlaG. Klageberechtigt sind qualifizierte Einrichtungen des Verbraucherschutzes, Wirtschaftsverbände sowie Industrie- und Handelskammern und Handwerkskammern, sowie andere berufsständische Körperschaften des öffentlichen Rechts und Gewerkschaften,§§ 3, 4 nF UKlaG. Damit wird erreicht, dass AGB insbesondere auf Initiative von Verbraucherschutz- oder Wirtschaftsverbänden einer inhaltlichen Überprüfung unterzogen werden. Sind sie durch Urteil für unwirksam erklärt worden und ist ein entsprechendes Unterlassungsgebot ergangen, kann sich jedermann auf ein solches Urteil berufen, § 11 UKlaG. Zuständig sind in erster Instanz die Landgerichte, § 6 UKlaG. Es sei darauf hingewiesen, dass eine solche Klagemöglichkeit auch bei Verstößen gegen andere Verbraucherschutzgesetze gem. § 2 UKlaG besteht.

299 **Checkliste für AGB**

I. Begriff:
Liegen AGB überhaupt vor?
1. vorformulierte Vertragsbedingungen? Nein, wenn im Einzelnen ausgehandelt, § 305 I 3 BGB.
2. für eine Vielzahl von Verträgen? Mehrfachverwendung nötig, § 305 I 1 BGB. Ausnahmsweise bei Verbraucherverträgen Einmalverwendung ausreichend, § 310 III Nr. 2 BGB.
3. vom Verwender einseitig gestellt? Nein, wenn von beiden Vertragsparteien eingeführt; gesetzliche Fiktion für Verbraucherverträge nach § 310 III Nr. 1 BGB beachten.

II. Anwendbarkeit des AGB-Rechts:
Werden die AGB von den §§ 305 ff. BGB überhaupt erfasst?
1. Nein, soweit Bereichsausnahmen:
   Totalausschluss bei erbrechtlichen, familienrechtlichen, gesellschaftsrechtlichen Verträgen, bei Tarifverträgen, Betriebsvereinbarungen und Dienstvereinbarungen, § 310 IV BGB.
2. Beschränkungen bei Unternehmerverträgen und Verträgen mit juristischen Personen des öffentlichen Rechts oder mit öffentlich-rechtlichen Sondervermögen, § 310 I BGB.
3. Beschränkungen bei Verträgen mit Versorgungsunternehmen, § 310 II BGB.
4. Erweiterungen bei Verbraucherverträgen, § 310 III BGB.

III. Einbeziehung:
1. Sind die AGB wirksam Vertragsbestandteil geworden?
   Ausdrücklicher Hinweis oder ausnahmsweise Aushang, Möglichkeit der Kenntnisnahme und Einverständnis gegeben, § 305 II BGB?
2. Ausnahmen bei Unternehmerverträgen und Verträgen mit öffentlicher Hand, § 310 I BGB

IV. Auslegung:
1. Liegt eine Überraschungsklausel vor, §305c I BGB?
2. Liegt mehrdeutige Klausel vor, §305c II BGB?
3. Liegt Widerspruch zu individuellen Vertragsabreden vor, §305b BGB?
Dann gelten die betreffenden Klauseln nicht.

V. Inhaltskontrolle:
Ist eine vollständige oder nur beschränkte Überprüfung möglich?
1. Bei beschränkter Überprüfung im Falle von Unternehmerverträgen (§310 I BGB) gilt: Liegt Verstoß gegen die Generalklausel vor, §307 BGB?
2. Sonst ist eine vollständige Überprüfung möglich, dann fragt sich:
   a) Liegt Klauselverbot ohne Wertungsmöglichkeit vor, §309 BGB?
   b) Liegt Klauselverbot mit Wertungsmöglichkeit vor, §308 BGB?
   c) Liegt ein Verstoß gegen die Generalklausel vor, §307 BGB?

VI. Rechtsfolgen:
1. Nicht einbezogene oder unwirksame Klauseln gelten nicht, §305 I BGB.
2. Vertrag bleibt erhalten. Es gelten statt der betroffenen Klauseln die Vorschriften des BGB und HGB, §306 I und II BGB.
3. Vertrag ist bei unzumutbarer Härte unwirksam, §306 III BGB.

?

Kontrollfragen und Aufgaben

1. Was ist unter AGB zu verstehen? → Rn. 268
2. Welche Funktion haben AGB? → Rn. 270
3. Welche Rechtsnormen sind auf sie anwendbar? → Rn. 274
4. Was versteht man unter einer Einbeziehungsvereinbarung? → Rn. 275
5. Welche Anforderungen sind an eine wirksame Einbeziehungsvereinbarung zu stellen? → Rn. 275
6. Wann werden AGB trotz wirksamer Einbeziehung nicht Vertragsbestandteil? → Rn. 278
7. Nach welchen Maßstäben sind AGB inhaltlich zu überprüfen? → Rn. 281
8. Nennen Sie je 2 Beispiele für Klauselverbote mit und ohne Wertungsmöglichkeit. → Rn. 282, 283
9. Nennen Sie 2 Beispiele für unangemessene Klauseln. → Rn. 285
10. Welche Rechtsfolgen treten bei Nichteinbeziehung und Unwirksamkeit von AGB ein? → Rn. 290
11. Welche Beschränkungen sind bzgl. der Anwendbarkeit der §§305 ff. BGB zu beachten? → Rn. 253, 254
12. Welche Besonderheiten gibt es bei Verbraucherverträgen? → Rn. 296
13. Wie ist der gerichtliche Rechtsschutz gegenüber AGB ausgestaltet? → Rn. 297
14. Worauf können AGB bei Verbandsklagen überprüft werden? → Rn. 298

Güllemann

Aufgabe 1 (Leistungsniveau: Bachelorstudiengang)

K kauft bei Autohändler V ein gebrauchtes Auto. Es wird ein Formularvertrag unterzeichnet, in dem auf gesonderte Lieferungs- und Zahlungsbedingungen verwiesen wird. Sie werden dem K beim Verkauf weder präsentiert noch ausgehändigt. Gelten sie im Streitfall?

Lösung

Nach §305 I BGB handelt es sich sowohl bei dem Formularvertrag als auch bei den gesonderten Lieferungs- und Zahlungsbedingungen um AGB, da es um vorformulierte Vertragsbedingungen für eine Vielzahl von Verträgen handelt. Daher müssen diese nach §305 II BGB wirksam in den Vertrag einbezogen werden. Dazu bedarf es zum einen eines ausdrücklichen Hinweises, der zumutbaren Möglichkeit der Kenntnisnahme und des Einverständnisses. Bezüglich des Formularvertrages liegen diese Voraussetzungen vor, nicht jedoch hinsichtlich der gesonderten Lieferungs- und Zahlungsbedingungen. Auf sie ist im Kaufvertrag zwar ein Hinweis gegeben. Für K bestand aber keine zumutbare Möglichkeit der Kenntnisnahme, weil sie ihm beim Kaufabschluss weder präsentiert noch ausgehändigt worden sind. Es ist Sache des Verwenders, für die Möglichkeit der Kenntnisnahme zu sorgen. Die Lieferungs- und Zahlungsbedingungen gelten also nicht. Stattdessen beurteilt sich der Vertrag gem. §306 II BGB nach den Vorschriften des BGB.

Aufgabe 2 (Leistungsniveau: Masterstudiengang)

Bauherr H lässt sich von Unternehmer B ein Haus bauen. In dem Formularvertrag, der von B stammt, heißt es unter anderem: „Bei Mängeln sind Ansprüche direkt gegen die betreffenden Bauhandwerker zu richten. Dem Bauherrn werden insoweit Mängelansprüche des Unternehmers im Voraus abgetreten. Mängelansprüche gegen den Unternehmer selbst sind ausgeschlossen."

Als Mängel am Dach auftreten, fragt H an, ob er den B in Anspruch nehmen kann.

Lösung

H könnte Mängelansprüche nach §§633 ff., 650a BGB gegen B haben, wenn diese nicht wirksam ausgeschlossen worden sind. Nach §639 BGB ist zwar individuell ein Haftungsausschluss grundsätzlich zulässig, bei einem Formularvertrag gelten aber zusätzlich die AGB-rechtlichen Bestimmungen der §§305 ff. BGB. AGB liegen vor, da es sich um vorformulierte Vertragsbedingungen handelt, die für eine Vielzahl von Verträgen gelten sollen und vom Verwender gestellt wurden, §305 I BGB. Selbst bei nur einmaliger Verwendung oder Zweifeln, ob die AGB vom Unternehmer gestellt wurden, würden die AGB-Bestimmungen nach §310 III BGB gelten, weil ein Vertrag mit einem Verbraucher vorliegt. Bei der Inhaltskontrolle ist zunächst §309 BGB zu beachten. Hier könnte §309 Nr.8b aa) BGB verletzt sein. Dem H werden hier alle Mängelrechte gegen den Verwender genommen und er wird ausschließlich auf Ansprüche gegen Dritte verwiesen. Dies ist nach der zitierten Vorschrift unzulässig. Die Klausel ist unwirksam. Statt ihrer gelten die Vorschriften des BGB (§306 II BGB). Aufgrund der §§633 ff. BGB kann H daher seine Mängelansprüche gegen B durchsetzen.

Güllemann

Aufgabe 3 (Leistungsniveau: Bachelorstudiengang)

Studentin S hat im Internet eine Karte für ein Rock-Konzert erworben. In den Bedingungen, auf die verwiesen wurde und die einfach herunter zu laden waren, heißt es unter anderem: „Der Veranstalter kann ohne Angabe von Gründen die Veranstaltung zeitlich und örtlich verlegen." Gilt die Klausel?

Lösung

Es handelt sich um vorformulierte Vertragsbedingungen des Veranstalters für eine Vielzahl von Veranstaltungen, also um AGB, die der Kontrolle der §§ 3 05ff. BGB unterliegen.

Formal sind die Vertragsbedingungen auf ihre wirksame Einbeziehung gem. § 305 II BGB zu prüfen. Der Veranstalter hat auf sie ausdrücklich hingewiesen und es bestand auch die Möglichkeit, sie in zumutbarer Weise zur Kenntnis zu nehmen, weil sie unkompliziert herunter zu laden waren. S war durch ihre Buchung damit auch einverstanden. Die Anforderungen des § 305 II BGB sind daher erfüllt.

Inhaltlich sind die Klauseln an §§ 307–309 BGB zu messen. Hier könnte § 308 Nr. 4 BGB (Verbot von Änderungsvorbehalten) einschlägig sein. Der Veranstalter behält sich das Recht vor, die Veranstaltung nach Gutdünken auf einen anderen Termin zu legen und an einen anderen Ort zu verlegen. Trotz Berücksichtigung seiner Interessen ist eine solche weitreichende Änderung, die nicht einmal sachliche Gründe haben muss, für den typischen Besucher gänzlich unzumutbar, da er sich bei der Buchung auf Termin und Ort der Veranstaltung verlassen darf und nicht einseitige Verschiebungen hinnehmen muss. Die Klausel ist daher wegen Verstoß gegen § 308 Nr. 4 BGB unwirksam.

8 Die Stellvertretung

Literatur: *Bayer,* Zur Dogmatik der unwiderruflichen Vollmacht, DNotZ 2020, 373; *Borges,* Rechtsscheinhaftung im Internet, NJW 2011, 2400; *Brox/Walker,* Allgemeiner Teil des BGB, 45. Aufl. 2021; *Kindler,* Grundkurs Handels- und Gesellschaftsrecht, 9. Aufl. 2019; *Grüneberg,* Bürgerliches Gesetzbuch, 81. Aufl. 2022; *Klein,* Die Kündigung „iA" – Kennzeichen mangelnder Schriftform?, NZA 2004, 1198; Münchener Kommentar zum HGB, 5. Aufl. 2021.

8.1 Bedeutung der Stellvertretung

8.1.1 Begriff der Stellvertretung

Stellvertretung liegt vor, wenn eine Person mit rechtlicher Wirkung für eine andere 300 Person Willenserklärungen abgibt (beispielsweise einen Vertrag schließt oder eine Kündigung ausspricht) oder entgegennimmt. Durch die Stellvertretung treffen die rechtlichen Wirkungen der Erklärung nicht denjenigen, der sie abgegeben hat (Vertreter), sondern denjenigen, für den sie abgegeben wurde (Vertretener).

8.1.2 Praktische Relevanz der Stellvertretung

Die Stellvertretung ist im Alltags- und vor allem im Wirtschaftsleben von hoher 301 praktischer Relevanz. Immer dann, wenn Personen – seien es natürliche Personen (Menschen) oder andere rechtsfähige Organisationen (wie eingetragene Vereine oder GmbHs) – ihre rechtlichen Angelegenheiten nicht alleine erledigen können oder wollen, kommt die Stellvertretung ins Spiel.

Beispiele:

- A ist Inhaberin eines Juweliergeschäfts in der Innenstadt. Daneben hat sie noch zwei weitere Filialen in Vororten. A wird nicht jedes Schmuckstück selbst verkaufen können. A wird sinnvollerweise vertretungsberechtigtes Personal einstellen, das ihr hierbei behilflich ist.
- Unternehmen U wird in der Rechtsform der GmbH betrieben. Die GmbH ist als „juristische Person" zwar rechtsfähig (§ 13 I GmbHG), doch hat sie keine biologischen Sinnesorgane. Sie kann daher faktisch nicht handeln. Die GmbH benötigt zur Abgabe und Entgegennahme von Willenserklärungen einen Menschen, der ihr seine Sinnesorgane „leiht". Dies ist gem. § 35 I GmbHG der Geschäftsführer.

Insbesondere Unternehmen kommen im arbeitsteilig organisierten Wirtschaftsleben ohne Stellvertreter nicht aus. Bei Vertragsabschlüssen im Geschäftsalltag ist die **Stellvertretung nicht die Ausnahme, sondern die Regel.**

8.2. Voraussetzungen der Stellvertretung

8.2.1 Wortlaut des § 164 I

302 Voraussetzungen und Wirkungen der Stellvertretung sind in § 164 I S. 1 BGB beschrieben:

- „Eine Willenserklärung, die jemand [...] abgibt" (vgl. 8.2.2),
- „im Namen des Vertretenen" (vgl. 8.2.3),
- „innerhalb der ihm zustehenden Vertretungsmacht" (vgl. 8.2.4).

8.2.2 Die Willenserklärung des Vertreters

8.2.2.1 Allgemeines

303 Stellvertretung ist begrifflich nur bei Willenserklärungen möglich. Der Stellvertreter gibt dabei eine eigene Willenserklärung ab und darf daher nicht geschäftsunfähig sein.

> **Beispiel**: Ein sechsjähriges Kind kann wegen § 104 Nr. 1 iVm § 105 I BGB nicht Stellvertreter sein.

Allerdings kann gem. § 165 BGB ein beschränkt Geschäftsfähiger Stellvertreter sein. Der von §§ 106 ff. BGB bezweckte Minderjährigenschutz wird dadurch nicht unterlaufen, da der minderjährige Vertreter von den Folgen seiner Willenserklärung nicht betroffen wird.

Die Stellvertretungsregeln gelten nicht nur für die Abgabe von Willenserklärungen (aktive Vertretung), sondern gem. § 164 III BGB auch für die Entgegennahme von Willenserklärungen (passive Vertretung).

8.2.2.2 Abgrenzung zur Botenstellung

304 Stellvertreter und Boten haben gemeinsam, dass sie bei der Abgabe von Willenserklärungen für einen anderen tätig werden. Während der Vertreter eine eigene Willenserklärung abgibt, überbringt der **Bote** lediglich die Willenserklärung eines anderen, ohne selbst eine Willenserklärung abzugeben. Der Bote hat keinen **Entscheidungsspielraum**, sondern die Aufgabe, die zu übermittelnde Information eins zu eins weiterzugeben. Dafür muss der Bote noch nicht einmal wissen, was er tut. Im Grunde könnte die Aufgabe eines Boten durch einen sprechenden Papageien, der einen auswendig gelernten Satz nachplappert, oder eine Brieftaube, die ein Schriftstück von A zu B transportiert, erledigt werden. Daher muss ein als Bote eingesetzter Mensch nicht geschäftsfähig sein.

Bei schriftlichen Erklärungen unterzeichnen Vertreter üblicherweise mit „in Vertretung" (oder „iV"), während Boten mit „im Auftrag" (oder „iA") unterschreiben. In Unternehmen ist der Zusatz „iV" üblicherweise für höhere Hierarchieebenen vorbehalten (*Klein* NZA 2004, 1198, 1200). Allerdings begründet die Verwendung dieser Zusätze keine verbindliche Kategorisierung als Vertreter oder Bote, sondern kann allenfalls indizielle Bedeutung haben. Ausschlaggebend ist der **rechtsgeschäftliche Vertretungswille** (BGH NJW 2008, 1243, 1244 Rn. 14 ff.), der gem. §§ 133, 157 BGB aus den Gesamtumständen zu ermitteln ist, insbesondere aus dem äußeren Auftreten (Grüneberg/*Ellenberger* Einf vor § 164 Rn. 11).

Miras

Die Unterscheidung zwischen Stellvertreter und Boten wirkt sich in erster Linie aus, wenn die abzugebende Willenserklärung formbedürftig ist (beispielsweise bei der Kündigung eines Mietvertrags über Wohnraum gem. § 568 I BGB oder eines Arbeitsvertrags gem. § 623 BGB): Handelt der Stellvertreter, muss dessen Erklärung der gesetzlichen Form entsprechen. Handelt der Bote, muss die Erklärung des Geschäftsherrn die Form erfüllen.

Beispiel: Arbeitgeberin A überträgt Mitarbeiter M die Aufgabe, den Arbeitsvertrag zwischen ihr und D zu kündigen.

Weist A den M an: „Sorgen Sie dafür, dass der Arbeitsvertrag von D zum nächstmöglichen Zeitpunkt endet.", hat M einen eigenen Spielraum, wie er die Kündigung formuliert. M ist in diesem Fall Stellvertreter von A. In der Anweisung durch A an M liegt eine Bevollmächtigung, die wegen § 167 II BGB formlos erfolgen kann; nur die Kündigungserklärung, die M gegenüber D ausspricht, muss dann der Schriftform gem. § 623 BGB entsprechen. M kann also die Kündigungserklärung selbständig schreiben und formgültig unterschreiben.

Diktiert A dem Mitarbeiter M die Kündigungserklärung gegenüber D, so dass die Aufgabe des M nur im Abtippen und Ausdrucken des von A Gesagten besteht, ist M Bote. Dann ist die Kündigung nur formgültig, wenn sie von A unterschrieben ist. Eine lediglich von M unterschriebene Kündigung wäre formungültig und gem. § 125 BGB nichtig (*Klein* NZA 2004, 1199).

8.2.3 Offenlegung der Stellvertretung

Der Vertreter muss die Willenserklärung „im Namen des Vertretenen" abgeben, also **305** offenlegen, dass er nicht für sich, sondern für einen anderen handelt. Dadurch wird bezweckt, dass der Geschäftspartner informiert ist, mit wem er es zu tun bekommt, insbesondere im Hinblick auf Vertrauenswürdigkeit und Zahlungsfähigkeit des potentiellen Vertragspartners.

Diese Offenlegung erfolgt normalerweise dadurch, dass der Erklärende dem Gegenüber mitteilt, dass er für einen anderen tätig ist. Fehlt diese Offenlegung, kommt es nach § 164 I S. 2 BGB darauf an, ob sich aus den Umständen ergibt, dass der Erklärende für einen anderen tätig wird. Dabei muss die Person des Vertretenen nicht namentlich bestimmt, sondern lediglich bestimmbar sein (BGH NJW 2006, 2007 Rn. 12).

Insbesondere bei **unternehmensbezogenen Geschäften** können die Beteiligten davon **306** ausgehen, dass auch bei fehlender expliziter Offenlegung durch den Vertreter nicht der Vertreter selbst, sondern die Person des Unternehmensinhabers von der Willenserklärung des Vertreters betroffen sein soll. Voraussetzung hierfür ist, dass sich der Unternehmensbezug aus dem Kontext des Vertreterhandelns ergibt (BGH NJW 2000, 2984, 2985). Dieser Unternehmensbezug kann sich beispielsweise aus dem Ort des Vertragsschlusses (Geschäftsräume des Unternehmens) oder des verwendeten Geschäftspapiers bzw. der E-Mail-Signatur ergeben.

Beispiel: K ist bei der S-GmbH im Einkauf tätig. Sie ruft bei der Z-AG an, wo V im Verkauf arbeitet. K sagt: „Liefere mir bitte bis Ende September 20 Paletten Milchpulver zu den üblichen Konditionen." V antwortet: „Mach ich."

> Obwohl K und V beide in Ich-Form reden, ergibt sich aus dem geschäftlichen Zusammenhang des Gesprächs, dass Vertragspartner des Kaufvertrags nicht K und V sind. Der Kaufvertrag kommt daher gem. § 164 I S. 2 BGB zwischen der S-GmbH und der Z-AG zustande.

Insoweit schadet auch eine inkorrekte Benennung oder falsche Firmierung bei der Bezeichnung des Vertretenen nicht, wenn nur klar ist, welches Unternehmen vertreten wird (BGH NJW 2007, 1529, 1530 Rn. 12, NJW 1996, 2645).

> **Beispiel**: M ist Geschäftsführerin der „Müller Baustoffhandlung UG (haftungsbeschränkt)". Sie bestellt beim Lieferanten L Ware zum Preis von 10.000 Euro und unterzeichnet mit „M, Baustoffhandlung Müller".
>
> Nimmt L die Bestellung an, kommt ein Kaufvertrag zwischen L und der Müller Baustoffhandlung UG (haftungsbeschränkt) zustande.

307 Legt der Erklärende seine Absicht, für einen anderen handeln zu wollen, aber nicht offen und ergibt sich diese Absicht auch nicht aus den Umständen, so ist der Erklärende gem. § 164 II BGB selbst an die von ihm abgegebene Erklärung gebunden.

> **Beispiel**: Die Geschäftsführerin der X-GmbH beauftragt Mitarbeiter M, neue Büromöbel zu kaufen und stellt hierfür 20.000 Euro zur Verfügung. Der großspurige M tritt im Büroausstattungsgeschäft B als Selbständiger auf, der sein eigenes Büro einrichten will. M bestellt bei B Büromöbel im Wert von 20.000 Euro. Als die Möbel geliefert werden sollen, ist die X-GmbH zahlungsunfähig. B verlangt Zahlung von M persönlich.
>
> M kann sich nicht auf § 164 I berufen, da er bei der Bestellung nicht deutlich gemacht hat, dass er für die X-GmbH handelt. Daher trat M nicht als Stellvertreter der X-GmbH auf, sondern handelte gem. § 164 II BGB im eigenen Namen. Vertragspartner von B wurde also M persönlich. M muss die Möbel nach § 433 II BGB abnehmen und bezahlen.

8.2.4 Vertretungsmacht des Vertreters

308 Die weitere Voraussetzung für eine wirksame Stellvertretung ist, dass der Erklärende „innerhalb der ihm zustehenden Vertretungsmacht" handelt. Es gibt zwei Kategorien der Vertretungsmacht: Die gesetzliche und die rechtsgeschäftliche Vertretungsmacht.

8.2.4.1 Gesetzliche Vertretungsmacht

309 Das Gesetz gibt Personen mit einem bestimmten Status die Befugnis, andere zu vertreten.

> **Beispiele**:
> * Vorstand vertritt Verein (§ 26 I S. 2 BGB).
> * Eltern vertreten ihr minderjähriges Kind (§ 1629 I S. 1 iVm § 1626 I S. 1 BGB).
> * Vormund vertritt Mündel (§ 1793 I S. 1 BGB).
> * Geschäftsführer vertritt GmbH (§ 35 I S. 1 GmbHG).
> * Vorstand vertritt Aktiengesellschaft (§ 78 I AktG).

Entgegen einer in der Bevölkerung weitverbreiteten Ansicht begründet die Eheschließung **keine gesetzliche Vertretungsmacht für den anderen Ehegatten**. Nur für „Geschäfte des täglichen Lebensbedarfs der Familie" gibt § 1357 I S. 1 BGB den Ehegatten das Recht, entsprechende Geschäfte „mit Wirkung auch für den anderen Ehegatten zu besorgen". Wollen sich Eheleute in allen Lebenslagen gegenseitig vertreten können, können sie dies dadurch erreichen, dass sie sich gegenseitig bevollmächtigen (vgl. 8.2.4.2).

8.2.4.2 Rechtsgeschäftliche Vertretungsmacht („Vollmacht")

8.2.4.2.1 Begriff der Vollmacht; § 166 II BGB

§ 166 II BGB definiert den Begriff **Vollmacht** als „eine durch Rechtsgeschäft erteilte 310 Vertretungsmacht". Vollmacht bedeutet, dass eine Person einer anderen Person erlaubt, für sie im Rahmen bestimmter Vorgaben rechtlich verbindlich zu handeln.

8.2.4.2.2 Erteilung der Vollmacht; § 167 I BGB

Die Vollmacht wird durch eine Willenserklärung desjenigen, der sich vertreten 311 lassen will, erteilt. Begrifflich werden gem. § 167 I BGB zwei Arten der Vollmacht unterschieden:

* die Vollmacht, die dem zu Bevollmächtigenden gegenüber erklärt wird (**Innenvollmacht**), und
* die Vollmacht, die dem Dritten, gegenüber dem die Vertretung stattfinden soll, gegenüber erklärt wird (**Außenvollmacht**)

Die Innenvollmacht ist der praktisch bedeutsamere Fall. Derjenige, der sich vertreten lassen will, bevollmächtigt denjenigen, der ihn vertreten soll. Demgegenüber ist die Außenvollmacht eher selten und kommt ohne gleichzeitige Innenvollmacht wohl fast nie vor. Hierbei erklärt derjenige, der sich vertreten lassen will, demjenigen, mit dem der Vertrag durch den Stellvertreter abgeschlossen werden soll, dass er einen Stellvertreter für den Vertragsabschluss bestellt habe.

Die Unterscheidung zwischen der Innenvollmacht und der Außenvollmacht ist vor allem beim Widerruf der Vollmacht von Bedeutung (vgl. 8.2.4.2.7): Die Innenvollmacht muss nur gegenüber dem Bevollmächtigten zurückgenommen werden. Die Außenvollmacht muss durch Erklärung gegenüber dem Dritten widerrufen werden (§ 170 BGB).

8.2.4.2.3 Form der Vollmacht; § 167 II BGB

Nach § 167 II kann die Vollmacht grundsätzlich **ohne Einhaltung von Formen** (Schrift- 312 form, notarielle Beurkundung) erteilt werden, selbst dann, wenn das Geschäft, das der Vertreter abschließen soll, selbst formbedürftig ist.

> **Beispiel**: Die Ehepartnerinnen X und Y wollen ein Haus vom Bauträger B kaufen. Der Kaufvertrag ist wegen § 311b I BGB notariell zu beurkunden. Da X am Tag des Notartermins beruflich verreisen muss, bittet sie Y, sie beim Notartermin zu vertreten.
>
> Y kann X wirksam vertreten, da X die Vollmacht für den notariellen Kaufvertrag wegen § 167 II BGB auch mündlich erteilen konnte.

Aus Gründen des formellen Grundbuchrechts (§ 29 I GBO) wird X als neue Miteigentümerin in das Grundbuch erst eingetragen, wenn sie die Vollmacht in öffentlich beglaubigter Form dem Grundbuchamt nachgereicht hat.

Zur Formfreiheit der Vollmacht gibt es allerdings Ausnahmen:

- § 492 IV S. 1 BGB schreibt für **Vollmachten zum Abschluss von Verbraucherdarlehensverträgen**, bei denen sich der Darlehensnehmer vertreten lässt, die gleiche Form wie für den Abschluss des Darlehensvertrags vor (die Vollmacht muss nach § 492 I S. 1 BGB schriftlich erteilt werden und den in § 492 II BGB angegebenen Mindestinhalt haben).
- § 2 II GmbHG: Die **Vollmacht zur Gründung einer GmbH** muss ihrerseits notariell beurkundet oder beglaubigt sein.
- Wird eine **unwiderrufliche Vollmacht** erteilt, bedarf sie nach ständiger Rechtsprechung der gleichen Form wie das Rechtsgeschäft, zu dem sie bevollmächtigt (BGH NJW 1996, 1467, 1468 mwN). Da sich der Vollmachtgeber durch die unwiderrufliche Vollmacht festlegt, muss die Warnfunktion der Formvorschriften bereits auf die Vollmachtserteilung vorverlegt werden. Eine unwiderrufliche Vollmacht zum Erwerb eines Grundstücks bedarf daher notarieller Beurkundung (§ 311b I BGB), eine unwiderrufliche Vollmacht zur Eingehung einer Bürgschaft bedarf der Schriftform (§ 766 BGB).

8.2.4.2.4 Inhalt der Vollmacht

313 Abgesehen von den in der Praxis eher selten vorkommenden Generalvollmachten, sind Vollmachten in der Regel inhaltlich beschränkt. Eine Vollmacht wird üblicherweise für einen bestimmten Zweck erteilt. Der Bevollmächtigte kann den Vollmachtgeber nur dann rechtlich binden, wenn er sich an die **Grenzen der Vollmacht** hält.

Beispiel: X bevollmächtigt Y, ihr Auto für mindestens 5.000 Euro zu verkaufen. Verkauft Y das Auto an den D für 4.900 Euro, handelt Y nicht „innerhalb der ihm zustehenden Vertretungsmacht", so dass zunächst kein Kaufvertrag zwischen X und D zustande kommt (zu den weiteren Folgen des Überschreitens der Vertretungsmacht vgl. 8.2.4.3).

8.2.4.2.5 Handelsrechtliche Spezialvollmachten

314 Da die Reichweite der Vollmacht allein durch den Vertretenen definiert wird, ist es für Dritte im Fall der Innenvollmacht schwierig, sich über den Umfang der Vertretungsmacht zu informieren. Um dem Bedürfnis des Geschäftspartners nach Rechtssicherheit entgegenzukommen, hat der Gesetzgeber in **§§ 48 ff. HGB handelsrechtliche Spezialvollmachten** mit gesetzlich definierter Reichweite geregelt:

315 Bei der **Prokura** erteilt der Inhaber eines Handelsgeschäfts eine so weitreichende Vollmacht, dass der Vertreter zu „allen Arten von [...] Geschäften und Rechtshandlungen, die der Betrieb eines Handelsgewerbes mit sich bringt" (§ 49 I HGB) ermächtigt ist. Bei der Prokura handelt es sich also um eine **auf den Geschäftsbetrieb bezogene Generalvollmacht**. Von dieser umfassenden Vertretungsmacht ausgenommen sind nur:

- Geschäfte, die dem Gesetz nach nur dem Geschäftsinhaber selbst zustehen (**Prinzipalgeschäfte**), wie beispielsweise Unterzeichnung der Bilanz (§ 245 HGB), Anmeldung der Firma zum Handelsregister (§§ 29, 31 HGB) und Erteilung der Prokura (§ 48 I HGB: ein Prokurist kann also keinen weiteren Prokuristen ernennen).
- **Grundlagengeschäfte**, die die Basis des Betriebs betreffen, wie Einstellung des Geschäftsbetriebs oder Veräußerung des gesamten Unternehmens (*Kindler* § 6 Rn. 23).
- Zur **Veräußerung und Belastung von Grundstücken** ermächtigt die Prokura nur, wenn diese Befugnis ausdrücklich erteilt wurde; § 49 II HGB. Nach herrschender Meinung umfasst die Beschränkung nicht nur die Verfügungsgeschäfte (so der Wortlaut des § 49 II HGB), sondern auch die zugrundeliegenden Verpflichtungsgeschäfte (*Kindler* § 6 Rn. 26).

Ansonsten gibt es für den Umfang der Prokura keine Beschränkungen. Aus § 50 I HGB ergibt sich, dass Beschränkungen, die der Geschäftsinhaber gegenüber dem Prokuristen vornimmt, Dritten gegenüber unwirksam sind.

> **Beispiel**: Geschäftsinhaberin G sich hat bei der Erteilung der Prokura gegenüber P vorbehalten, dass P bei Geschäften mit einem Volumen von über 50.000 Euro zuerst eine Einwilligung von G einzuholen hat. P nimmt das Angebot des Lieferanten L auf Kauf von Ware zum Preis von 60.000 Euro im Namen von G an, ohne die Einwilligung von G einzuholen.
>
> L kann von G die Zahlung von 60.000 Euro aus § 433 II BGB verlangen. Der Kaufvertrag zwischen L und G ist zustande gekommen. Insbesondere hat P die G wirksam vertreten. Die Vertretungsmacht von P ergibt sich aus § 49 I HGB; danach kann P Ware zu einem beliebig hohen Preis für G einkaufen. Die von G vorgenommene 50.000-Euro-Beschränkung wirkt sich wegen § 50 I HGB im Außenverhältnis gegenüber L nicht aus.
>
> Die Überschreitung der Beschränkung kann allerdings im Innenverhältnis zwischen G und P geahndet werden (falls G wegen der Zahlungsverpflichtung gegenüber L in Liquiditätsschwierigkeiten kommt und einen Kredit aufnehmen muss, kann G von P die Kreditkosten als Schadensersatz nach § 280 I S. 1 BGB ersetzt verlangen).

Eine **Handlungsvollmacht** gem. § 54 HGB liegt vor, wenn der Inhaber des Handels- 316 geschäfts jemanden zum rechtsgeschäftlichen Handeln innerhalb des Handelsgeschäfts ermächtigt, ohne Prokura erteilt zu haben. Die Handlungsvollmacht geht nicht so weit wie die Prokura, weil die Handlungsvollmacht gem. § 54 I HGB nur zur Vornahme von Geschäften und Rechtshandlungen ermächtigt, die in der Branche des betreffenden Handelsgeschäfts üblich sind (während die Prokura zu allen, also auch zu branchenunüblichen, Geschäften ermächtigt).

> **Beispiel**: Ein Mitarbeiter des Gaststättenbetriebs, der eine Handlungsvollmacht hat, kann für den Betrieb gem. § 54 I HGB beispielsweise Getränkelieferungen und Geschirr, Besteck und Einrichtungsgegenstände ordern, doch ist er nicht dazu befugt, mit einem Automatenhersteller einen Vertrag über die Aufstellung von Spielautomaten in der Gaststätte im Namen des Inhabers abzuschließen (OLG Celle LSK 1983, 220026).

317 Einen Sonderfall stellt die sogenannte **Vollmacht von Ladenangestellten** gem. § 56 HGB dar: Anders als die gesetzliche Überschrift es erwarten lässt, regelt § 56 HGB ausgerechnet die Situation, in der eine Person, die in einem Laden oder Warenlager angestellt ist, in Wirklichkeit nicht dazu bevollmächtigt ist, Verkäufe oder Empfangnahmen für den Geschäftsherrn vorzunehmen. Der Ladenangestellte **gilt** allerdings gegenüber dem gutgläubigen Dritten als ermächtigt, die in diesem Laden oder Warenlager üblichen Geschäftshandlungen mit bindender Wirkung für den Inhaber des Handelsgeschäfts vorzunehmen. § 56 HGB begründet also eine gesetzliche Vermutung für das Bestehen einer Vollmacht des Ladenangestellten (BGH NJW 1988, 2109). Der Zweck der Vorschrift besteht im Schutz des Rechtsverkehrs, der auf Leichtigkeit und Sicherheit ausgelegt ist (MüKoHGB/*Krebs* § 56 Rn. 1). In einfachen Worten ausgedrückt: Wer in einem Laden etwas kaufen will, soll sich darauf verlassen können, dass die im Laden angestellte Person zum Verkauf im Namen des Geschäftsinhabers berechtigt ist.

Voraussetzung für § 56 HGB ist, dass die handelnde Person mit Wissen und Wollen des Geschäftsinhabers in dessen Geschäftsräumen tätig wird und einen für dieses Geschäft branchenüblichen Verkauf vornimmt. Zum Verkauf gehören alle branchenüblichen Nebenabreden, wie beispielsweise Gewährung von Garantien, Kaufpreisstundungen oder Rabatten. Nicht von § 56 HGB erfasst sind Ankäufe für den Geschäftsinhaber (BGH NJW 1988, 2109). Mit „Empfangnahmen" ist die gegenüber dem Geschäftsinhaber mit erfüllender Wirkung vorgenommene Entgegennahme des Kaufpreises gemeint (§ 362 BGB), ebenso die „Entgegennahme von Sachen oder Erklärungen mit Bezug zu den im Laden vorgenommenen Geschäften" (MüKoHGB/ *Krebs* § 56 Rn. 34).

8.2.4.2.6 Duldungsvollmacht und Anscheinsvollmacht

318 Zum Zweck des Vertrauensschutzes im Rechtsverkehr hat die Rechtsprechung die sogenannten **Rechtsscheinvollmachten** entwickelt: Wer in zurechenbarer Weise den Rechtsschein setzt, eine bestimmte Person bevollmächtigt zu haben, kann sich gegenüber einem gutgläubigem Dritten nicht darauf berufen, dass er in Wirklichkeit keine Bevollmächtigung erteilt hat. Er hat dann für Erklärungen, die diese Person ohne Vertretungsmacht für ihn abgegeben hat, gegenüber dem Dritten voll einzustehen (*Borges* NJW 2011, 2400, 2401). Es wird also zulasten desjenigen, der den Rechtsschein einer Vollmachtserteilung gesetzt hat, fingiert, dass der Vertreter mit Vollmacht gehandelt habe. Hierbei unterscheidet die Rechtsprechung zwischen der Duldungs- und der Anscheinsvollmacht.

319 Bei der **Duldungsvollmacht** lässt es der Vertretene willentlich zu, dass eine andere Person für ihn wie ein Vertreter auftritt, während der Dritte darauf vertrauen darf, dass der Handelnde zu den vorgenommenen Handlungen bevollmächtigt ist (BGH NJW 2011, 2421, 2422 Rn. 15). Der Geschäftsherr weiß also, dass eine Person sich als sein Vertreter aufspielt und lässt ihn gewähren; zudem muss der Dritte aufgrund seiner bisherigen Erfahrungen davon ausgehen können, dass die handelnde Person vertretungsbefugt ist.

> **Beispiel**: M arbeitet als Telefonistin in der Telefonzentrale der R-GmbH. M hat es sich angewöhnt, Bestellungen von Kunden selbst entgegenzunehmen und als verkaufs-

berechtigte Mitarbeiterin aufzutreten. Rs Geschäftsführerin G hat davon Kenntnis bekommen, doch lässt sie M gewähren, weil M sich als tüchtige Verkäuferin erweist. Kunde K hat bereits mehrfach durch Vermittlung von M Geschäfte mit R gemacht, die bislang unbeanstandet blieben.

M wurde zwar nie bevollmächtigt, für die R-GmbH Bestellungen anzunehmen. Dennoch kann M wirksame Kaufverträge abschließen, weil ihr Verhalten von G (als gesetzliche Vertreterin der R-GmbH) stillschweigend gebilligt wird. Schließt M im Namen der R-GmbH einen Vertrag mit dem Kunden K, dessen Inhalt G missfällt, kann G sich gegenüber K nicht auf fehlende Vertretungsmacht der M berufen, da K aufgrund früherer Geschäftsabschlüsse durch M darauf vertrauen durfte, dass M zu entsprechendem Vertreterhandeln bevollmächtigt ist.

Will der Geschäftsherr das eigenmächtige Handeln des angemaßten Vertreters in rechtswirksamer Weise stoppen, muss er einerseits dem Handelnden weitere Vertretungsmaßnahmen untersagen und zum anderen den bisherigen Geschäftspartnern mitteilen, dass der angemaßte Vertreter zu künftigen Vertretungen nicht befugt ist.

Eine **Anscheinsvollmacht** liegt vor, wenn der Vertretene vom Handeln des Schein- 320 vertreters zwar nichts weiß, „er es aber bei pflichtgemäßer Sorgfalt hätte erkennen und verhindern können" und der Dritte davon ausgehen durfte, dass der Vertretene das Handeln kenne und billige (BGH NJW 2011, 2421, 2422 Rn. 16). Eine solche Situation ist vor allem dann gegeben, wenn der Geschäftsherr den Überblick über seine Angelegenheiten verloren hat bzw. sich um seine Angelegenheiten nicht ausreichend kümmert und zulässt, dass das dadurch entstandene Machtvakuum durch einen übereifrigen Mitarbeiter ausgefüllt wird. Ist dieses „Verhalten von gewisser Häufigkeit und Dauer", tritt zugunsten des gutgläubigen Dritten ein Vertrauenstatbestand ein, der den Rechtsschein einer bestehenden Vollmacht begründet (BGH NJW 2007, 987, 989 Rn. 25).

Die Anscheinsvollmacht wird in den letzten Jahren vor allem bei der **Nutzung eines** 321 **fremden Anschlusses im digitalen Rechtsverkehr** thematisiert.

Beispiel: Überlässt Bankkunde K mit Zugang zum Online-Banking seine Zugangsdaten dem Dritten D, schafft K selbst die Voraussetzung dafür, dass D der Bank Anweisungen geben kann, Ks Konto zu belasten. Hier sind die Grundsätze der Anscheinsvollmacht anwendbar (OLG Schleswig, BeckRS 2010, 21573). K muss sich in diesem Fall gegenüber der Bank auch Bankgeschäfte des D zurechnen lassen, zu denen K den D nicht ermächtigt hatte.

Die Rechtsprechung hält auch bei der **Verwendung fremder Zugangsdaten** bei Vertragsabschlüssen über digitale Medien an den in vor-digitalen Zeiten entwickelten Grundsätzen fest. Danach reicht es nicht aus, dass sich ein Dritter unbefugt Zugang zu fremden Zugangsdaten verschafft, um den Inhaber des digitalen Kontos zu verpflichten. Vielmehr wird danach unterschieden, ob der Inhaber des Kontos seine Zugangsdaten bewusst herausgegeben hat oder nicht (*Borges* NJW 2011, 2400). So sind rechtsgeschäftliche Erklärungen eines Nichtberechtigten unter dem Namen des Inhabers eines eBay-Kontos dem Inhaber nicht allein deswegen zuzurechnen, weil der Inhaber seine Zugangsdaten nicht hinreichend vor fremden Zugriff geschützt hat (BGH NJW 2011, 2421, 2422 Rn. 17 ff.), denn eine Anscheinsvollmacht ist erst

Miras

gegeben, wenn das Verhalten des Vertretenen, „aus dem der Geschäftsgegner auf die Bevollmächtigung eines Dritten schließen zu können glaubt, von einer gewissen Dauer und Häufigkeit ist" (BGH NJW 2017, 2273, 2276 Rn. 35).

> **Beispiel**: (nach BGH NJW 2011, 2421) Die Inhaberin eines eBay-Kontos hatte ihre Zugangsdaten auf einen Merkzettel aufgeschrieben, von dem sich ihr Ehemann „auf nicht näher bekannte Weise Kenntnis verschafft hat" (Rn. 17). Während der Abwesenheit seiner Ehefrau bietet der Ehemann Eigentum der Ehefrau auf deren eBay-Konto zum Verkauf gegen Höchstgebot. Nach Auktionsende verlangt der Höchstbietende die Übereignung der ersteigerten Sachen von der eBay-Kontoinhaberin. Der BGH hat einen Anspruch aus § 433 I BGB des Höchstbietenden gegen die Kontoinhaberin verneint. Zunächst stellte der BGH fest, dass beim Handeln unter fremdem Namen bei Nutzung eines fremden eBay-Mitgliedskontos „die Regeln über die Stellvertretung sowie die Grundsätze der Anscheins- oder der Duldungsvollmacht entsprechend anzuwenden sind" (1. Leitsatz). Im konkreten Fall fehlte es beim Geschäftspartner am „Erfordernis einer gewissen Häufigkeit oder Dauer der unbefugten Verwendung ihres Mitgliedskontos" (R. 18). Die eBay-Geschäftsbedingung, wonach Mitglieder für alle Aktivitäten auf ihrem Konto haften, hat der BGH wegen Verstoßes gegen § 307 I S. 1 BGB als unwirksam angesehen (Rn. 21).

Bei erstmaliger unbefugter Nutzung eines fremden Kontos scheitert die Annahme einer Anscheinsvollmacht gegenüber einem Geschäftspartner, der von der unberechtigten Nutzung durch einen Dritten nichts weiß, in der Praxis daher oft daran, dass es am „erforderlichen Vertrauenstatbestand" (BGH NJW 2017, 2273, 2276 Rn. 35) fehlt.

322 Zu betonen ist, dass die Duldungs- und die Anscheinsvollmacht zwar gegenüber dem gutgläubigen Dritten das Vorliegen einer Vollmacht fingieren, für den Handelnden jedoch **keine Berechtigung zum Tätigwerden** begründen. Vielmehr begeht der vollmachtlos Handelnde eine unzulässige Kompetenzüberschreitung, die sowohl zivilrechtlich mit **Schadensersatzansprüchen** des gegen seinen Willen verpflichteten Geschäftsherrn (§§ 280 I, 823 I BGB), als auch **arbeitsrechtlich mit Abmahnung oder Kündigung** (verhaltensbedingt gem. § 1 II KSchG) und darüber hinaus **strafrechtlich wegen Untreue** (§ 266 I StGB in der Variante des Missbrauchstatbestands) bzw. bei wirksamer Übereignung fremden Eigentums wegen **Unterschlagung** (§ 246 StGB) geahndet werden kann.

8.2.4.2.7 Wirkungsdauer der Vollmacht

323 Die Vollmacht kann durch den Vollmachtgeber von vornherein zeitlich begrenzt werden. Ansonsten kann der Vollmachtgeber die Vollmacht **jederzeit und ohne Angabe von Gründen widerrufen** (§ 168 S. 2 BGB). Soll der Vertreter für ein bestimmtes Rechtsgeschäft eine unwiderrufliche Vollmacht erhalten, so ist dies ausdrücklich bei der Vollmachtserteilung zu erklären; hat der Bevollmächtigte ein eigenes wirtschaftliches Interesse an der Vollmacht, kann sich auch daraus die Unwiderruflichkeit ergeben (BGH NJW-RR 1991, 439, 441). Die Erteilung einer unwiderruflichen Generalvollmacht ist allerdings unzulässig, da dies die eigene Handlungsfähigkeit des Geschäftsherrn dauerhaft untergraben würde (*Bayer* DNotZ 2020, 373, 377 mwN).

Eine andere Frage ist allerdings, ob die **Wirkung der Vollmacht** durch den bloßen 324
Widerruf **beendet** ist. Hier kommt es darauf an, auf welche Weise die Vollmacht
erteilt wurde:

- Wurde die Vollmacht nur gegenüber dem Vertreter erteilt (**Innenvollmacht**), erlischt
  die Wirkung der Vollmacht, sobald dem Vertreter der Widerruf zugeht. Ab diesem
  Zeitpunkt kann der Vertreter den Vollmachtgeber nicht mehr wirksam vertreten.
- Wurde die Vollmacht (auch) durch Erklärung gegenüber einem Dritten erteilt
  (**Außenvollmacht**), kann sich der gutgläubige (§ 173 BGB) Dritte, dem die Vollmachtserteilung mitgeteilt wurde, auf das Bestehen der Vollmacht verlassen, „bis
  ihm das Erlöschen der Vollmacht angezeigt" wurde (§ 170 BGB). Entsprechendes
  gilt, wenn der Vollmachtgeber die Erteilung der Vollmacht öffentlich bekannt
  gemacht hat. Dann bleibt die Vertretungsmacht bestehen, bis der Widerruf auf
  gleiche Weise wie die Erteilung erfolgt ist (§ 171 BGB).
- Wurde eine **Vollmachtsurkunde** ausgestellt, so bleibt die Vertretungsmacht gegenüber Gutgläubigen (§ 173 BGB) bestehen, bis die Vollmachtsurkunde zurückgege-
  ben oder durch Kraftloserklärung aus dem Verkehr gezogen wurde (§ 172 II BGB).

Die vorstehenden Regeln (§§ 170–173 BGB) lassen sich einfach zusammenfassen: So
wie die Vollmacht erteilt wurde, so muss sie auch widerrufen werden (sogenannter
actus contrarius; Grüneberg/*Ellenberger* § 168 Rn. 5). Ansonsten besteht die Gefahr,
dass der Vertreter gegenüber gutgläubigen Dritten weiter wirksam für den Vollmachtgeber handeln kann.

8.2.4.3 Vertretung ohne Vertretungsmacht

Hat ein Vertreter bei einem **Vertragsschluss ohne Vertretungsmacht** gehandelt, hat 325
es der Vertretene gem. § 177 I BGB in der Hand, durch seine Genehmigung die
Wirksamkeit des Vertrags herbeizuführen. Erteilt der Vertretene die Genehmigung,
gilt der zunächst **schwebend unwirksame** Vertrag als von Anfang an wirksam (Rückwirkung der Genehmigung gem. § 184 I BGB).

Kommt der Vertrag mangels Genehmigung des Vertretenen nicht zustande, kann 326
der Geschäftspartner gegenüber dem Vertreter ohne Vertretungsmacht gem. § 179 I
BGB nach seiner Wahl **Erfüllung oder Schadensersatz** verlangen, sofern er den Mangel der Vertretungsmacht weder kannte noch kennen musste (§ 179 III BGB). Der
Vertreter ohne Vertretungsmacht gerät bei verweigerter Genehmigung also selbst
in die Haftung, um den gutgläubigen Geschäftspartner so zu stellen, wie er stehen
würde, wenn der Vertrag mit dem ursprünglich vorgesehenen Geschäftsherrn
wirksam zustande gekommen wäre. Falls der Vertreter den Mangel seiner Vertretungsmacht selbst nicht kannte, haftet er dem Geschäftspartner gem. § 179 II BGB
allerdings nur auf den **Vertrauensschaden**.

Hat der Vertreter ohne Vertretungsmacht ein **einseitiges Rechtsgeschäft** (beispiel- 327
weise Kündigung, Rücktritt, Anfechtung) vorgenommen, so ist dies Rechtsgeschäft
gem. § 180 S. 1 BGB nichtig (Grüneberg/*Ellenberger* § 180 Rn. 1), wenn der Geschäftspartner die fehlende Vertretungsmacht beanstandet. Beanstandet der Geschäftspartner die fehlende Vertretungsmacht nicht, hängt die Wirksamkeit des einseitigen
Rechtsgeschäfts von der Genehmigung des Vertretenen ab (§ 180 S. 2 BGB mit Verweis auf §§ 177 ff. BGB).

328 Die Regeln der §§ 177–179 BGB finden nach der Rechtsprechung in verschiedenen Situationen **analoge Anwendung**:

- Eine **Identitätstäuschung** liegt vor, wenn der Handelnde nicht als Vertreter eines anderen auftritt, sondern unter falschem Namen. Hier wird auf die Sicht des Geschäftspartners abgestellt und gefragt, ob die Identität des Handelnden für den Geschäftspartner von besonderer Bedeutung war (beispielsweise bei Geschäften, bei denen es auf die Kreditwürdigkeit ankommt). Ist dies der Fall, greifen die Regeln der Vertretung ohne Vertretungsmacht entsprechend.

> Beispiel: X tritt unter dem Namen „G" auf, der Geschäftsführer der G-GmbH ist. Unter Verwendung des Namens G gibt X ein Schuldanerkenntnis im Namen der G-GmbH gegenüber dem gutgläubigen D ab.
> Hier kommt es dem D auf die Identität des G an, daher handelt es sich um ein Geschäft unter dem Namen des Namensträgers (und kein Eigengeschäft des Handelnden); die Vorschriften der §§ 177–179 BGB greifen hier entsprechend (BGH NJW-RR 1988, 814, 815).

  Falls die Identität des Namensträgers für den Geschäftspartner von keiner besonderen Bedeutung ist (beispielsweise bei sofort abgewickelten Bargeschäften), liegt ein sogenanntes **Eigengeschäft unter falscher Namensangabe** vor, bei dem der Vertrag zwischen den Handelnden (ohne Anwendung der Vertretungsregeln) zustande kommt.

> Beispiel: X hat As PKW samt dazugehöriger Papiere unterschlagen. Um den PKW an den gutgläubigen D zu verkaufen, gibt sich X als A aus. Zahlung und Aushändigung von PKW samt Papieren finden sofort statt.
> Hier kommt der Kaufvertrag direkt zwischen X und D zustande (BGH NJW 2013, 1946 Rn. 9). D wird durch Übereignung Eigentümer des PKW (§§ 932, 929 BGB). Eine Anwendung der Stellvertretungsregeln hinsichtlich des wahren Namensträgers (A hätte es dann in der Hand, den Vertrag nach § 177 I BGB zu genehmigen oder die Genehmigung zu verweigern), scheidet aus.

- **Handeln für nicht existierende Person:** Gibt sich der Handelnde als Vertreter einer Person aus, die in Wahrheit nicht existiert, liegt ein Eigengeschäft unter falscher Namensangabe vor, wenn die Identität des Handelnden aus Sicht des Geschäftspartners nicht von ausschlaggebender Bedeutung ist (sofort abgewickeltes Bargeschäft). Anderenfalls haftet der Handelnde analog § 179 I BGB (Grüneberg/ *Ellenberger* § 179 Rn. 1).

8.3 Wirkungen der Stellvertretung

8.3.1 Wirkung „für und gegen den Vertretenen"

329 Hat ein Vertreter innerhalb seiner Vertretungsmacht für einen anderen gehandelt, wird der Vertretene gem. § 164 I S. 1 BGB so behandelt, als ob er die Erklärung selbst abgegeben hätte. Ihn treffen alle positiven und negativen Folgen des in seinem Namen abgeschlossenen Rechtsgeschäfts. Umgekehrt treffen den Vertreter keine rechtlichen Folgen aus seinem Tätigwerden.

8.3.2 Willensmängel bei der Stellvertretung

Was geschieht, wenn sich der Vertreter bei der Abgabe der Willenserklärung einem 330
Willensmangel unterliegt? Hier ist zu berücksichtigen, dass der Stellvertreter eine
eigene Willenserklärung abgibt. § 166 I BGB besagt, dass der Vertreter seine Willenserklärung anfechten kann, wenn er bei der Abgabe in einem nach §§ 119–123 BGB
relevanten Willensmangel unterlegen ist.

8.3.3 Schaubild Stellvertretung

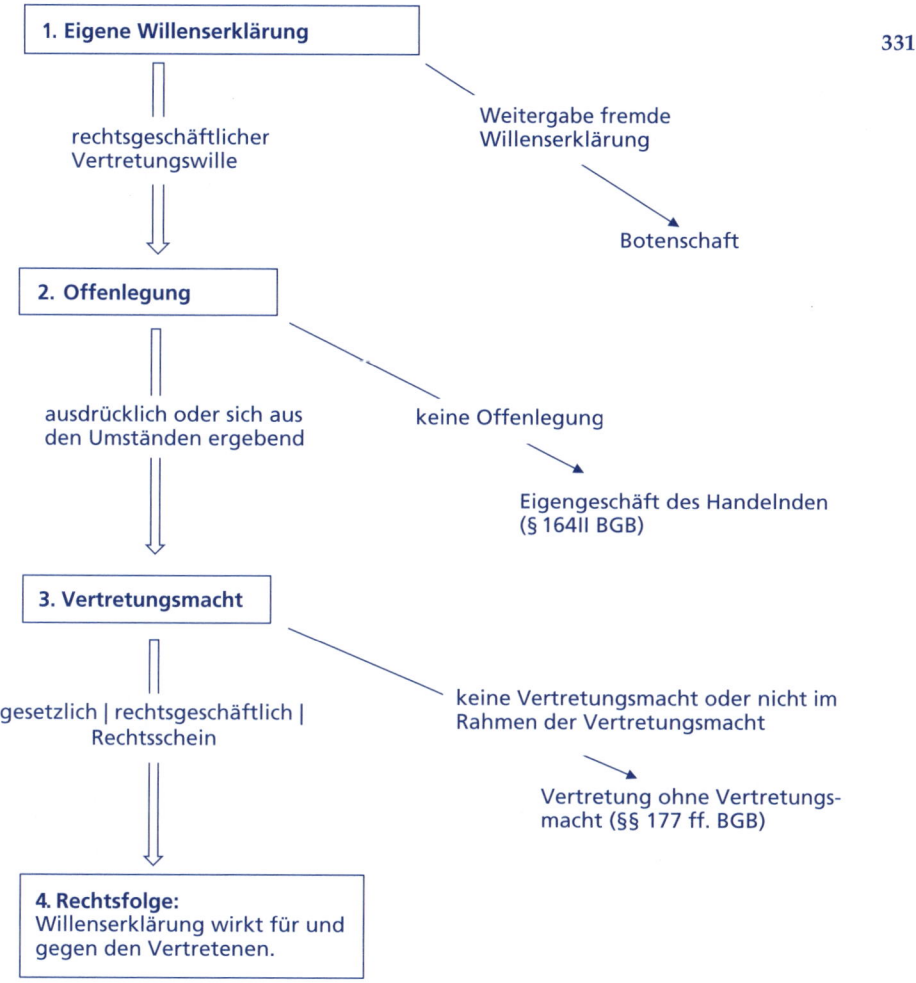

331

8.4 Grenzen der Vertretungsmacht

Es gibt Angelegenheiten, bei denen die Stellvertretung ausgeschlossen oder eingeschränkt ist.

8.4.1 Ausschluss der Stellvertretung

Bei folgenden Angelegenheiten ist die Stellvertretung ausgeschlossen:

- **Errichtung eines Testaments oder Erbvertrags (§ 2064 BGB):** Sogenannte letztwillige Verfügungen können nur vom Erblasser persönlich vorgenommen werden.
- **Eingehung der Ehe (§ 1311 S. 1 BGB):** Die Ehe kann nur bei persönlicher und gleichzeitiger Anwesenheit vor dem Standesbeamten abgeschlossen werden.
- **Aussagen als Zeuge:** Zwar besagt § 49 I HGB, dass der Prokurist den Kaufmann bei allen gerichtlichen Angelegenheiten vertreten kann, doch muss diese Vorschrift sinnvollerweise einschränkend ausgelegt werden: Ist der Kaufmann als Zeuge in einem Gerichtsverfahren geladen, darf er sich nicht von seinem Prokuristen vertreten lassen, da es bei einer Zeugenaussage darum geht, das persönlich Erlebte wiederzugeben (§ 396 I ZPO) und bei Nachfragen des Gerichts Rede und Antwort stehen zu können (§ 396 II ZPO). Diese Anforderungen kann nur der Zeuge selbst erfüllen.

8.4.2 Das Insichgeschäft; § 181 BGB

8.4.2.1 Definition

332 Ein **Insichgeschäft** ist ein Geschäft, bei dem ein Vertreter für mehrere Personen, die sich vertraglich gegenüberstehen, gleichzeitig tätig wird. § 181 nennt zwei Varianten des Insichgeschäfts: Im ersten Fall schließt der Vertreter einen Vertrag, bei dem er persönlich Vertragspartner des Vertretenen wird (**Selbstkontrahierung**). Im zweiten Fall schließt der Vertreter einen Vertrag, bei dem er gleichzeitig beide Seiten vertritt (**Mehrvertretung**).

> **Beispiele:**
> - A bevollmächtigt den Gebrauchtwagenhändler G mit dem Verkauf seines Gebrauchtwagens. G kauft das Fahrzeug selbst, indem er zum einen als Bevollmächtigter des A auf der Verkäuferseite und zum anderen für sich persönlich handelnd auf der Käuferseite auftritt (Fall der Selbstkontrahierung).
> - Wieder wird Gebrauchtwagenhändler G zum Verkauf von As Wagen bevollmächtigt. Gleichzeitig wurde G von B (mit Vorgaben für Marke, Preis, Zustand) bevollmächtigt, einen Wagen für ihn zu kaufen. Da As Fahrzeug zu Bs Vorgaben passt, schließt G den Kaufvertrag ab, indem er für A auf der Verkäuferseite und für B auf der Käuferseite auftritt (Fall der Mehrvertretung).

Beiden Fällen ist gemeinsam, dass eine Person gleichzeitig für mehrere Personen tätig wird, die sich mit entgegengesetzten Interessen gegenüberstehen (der Verkäufer will einen möglichst hohen Preis erzielen und möglichst wenig Haftung übernehmen, beim Käufer ist es umgekehrt).

Kein Insichgeschäft liegt vor, wenn eine Person mehrere Personen gleichzeitig vertritt, die auf der gleichen Seite des Vertrags stehen.

Miras

> **Beispiel**: A, B, C, D und E sind Geschwister. Sie haben gemeinsam ihre Mutter beerbt. Jeder von ihnen erteilt der Rechtsanwältin R eine Vollmacht zum Verkauf des in der Erbschaft befindlichen Einfamilienhauses. Wenn R im Kaufvertrag gleichzeitig alle fünf Erben vertritt, so ist dies kein Insichgeschäft, weil alle Vertretenen auf der gleichen Seite des Vertrags stehen. Es gibt keine widerstreitenden Interessen zwischen ihnen (alle wollen möglichst viel Geld erzielen und möglichst wenig für Mängel der Kaufsache haften).

8.4.2.2 Grundsätzliche Unzulässigkeit

Grundsätzlich sind Insichgeschäfte unzulässig. Der Gesetzgeber sieht in Insichge- 333 schäften eine Gefahr für die Ausgewogenheit der dadurch zustande gekommenen Verträge, denn es kommt hier nicht zur typischen Verhandlungssituation, bei der jede Partei ihre Interessen wahrnimmt. Vielmehr besteht die Gefahr, dass der Vertreter beim Vertragsschluss in einen **Interessenskonflikt** gerät und dadurch zumindest eine Vertragspartei ein wirtschaftlich ungünstiges Ergebnis erhält.

Das grundsätzliche Verbot des Insichgeschäfts gilt sowohl für Bevollmächtigte (einschließlich Prokuristen) als auch für gesetzliche Vertreter (GmbH-Geschäftsführer, Vereinsvorstände, Eltern minderjähriger Kinder).

Nimmt ein Vertreter ein unzulässiges Insichgeschäft vor, handelt er ohne Vertretungsmacht, so dass die §§ 177 ff. BGB eingreifen (BGH NJW-RR 1994, 291, 292): Der Vertretene kann das Rechtsgeschäft nachträglich genehmigen und ihm somit zur Wirksamkeit verhelfen (bei Mehrfachvertretung bedarf es hierfür der Zustimmung aller Vertretenen). Wird die Genehmigung verweigert, ist das Insichgeschäft unwirksam.

8.4.2.3 Ausnahmen: Erlaubte Insichgeschäfte

In folgenden Situationen kann ein Vertreter ein Insichgeschäft wirksam vornehmen:

- Wenn das Insichgeschäft lediglich in der **Erfüllung einer Verbindlichkeit** besteht 334 (§ 181 BGB, letzter Teilsatz). Da die Verpflichtung sowieso besteht und nur noch erfüllt werden muss, besteht keine Gefahr eines nicht interessengerechten Verhaltens des Vertreters.

> Beispiel: P ist bei der X-GmbH als Leitende Angestellte beschäftigt und hat Prokura. Wenn P zum Zwecke der Gehaltsauszahlung im Namen der X-GmbH eine Überweisung an sich persönlich vornimmt, ist dies zwar ein Insichgeschäft, doch da die X-GmbH ihr das Gehalt aus § 611a II BGB schuldete, hatte P einen fälligen Anspruch auf diesen Geldbetrag. Durch die Auszahlung des Gehalts erfüllt P diese Verbindlichkeit; es handelt sich um ein zulässiges Insichtgeschäft.

- Wenn der Vertretene dem Stellvertreter von den Beschränkungen des § 181 BGB 335 **Befreiung erteilt** hat (§ 181 BGB, erster Nebensatz). Wenn sich der Vertretene der Gefahr einer Interessenkollision beim Vertreter bewusst ist und ihm dennoch vertraut, besteht kein Grund, ein Insichgeschäft des Vertreters zu verbieten.

> Beispiel: G ist Geschäftsführerin der X-GmbH. Bei der Ernennung zur Geschäftsführerin wurde G entsprechend der GmbH-Satzung von den Beschränkungen des § 181

Miras

> BGB befreit und die Befreiung wurde gem. § 10 I S. 2 GmbHG ins Handelsregister eingetragen.
>
> G kann einen Vertrag abschließen, bei dem sie auf der einen Seite die GmbH vertritt und auf der anderen Seite persönlich auftritt (sie verkauft einen Geschäftswagen der GmbH an sich persönlich).

336 • Wenn der Vertreter beim Insichgeschäft **lediglich zum rechtlichen Vorteil des Vertretenen** handelt (BGH NJW 2017, 3516, 3517 Rn. 17). Der Vertretene darf dabei keinerlei rechtliche Verpflichtung eingehen.

Kontrollfragen

1. Was sind die Voraussetzungen einer wirksamen Stellvertretung? → Rn. 302 ff.
2. Was ist der Unterschied zwischen aktiver und passiver Stellvertretung? → Rn. 303
3. Wie unterscheiden sich Bote und Stellvertreter voneinander? → Rn. 304
4. Berechtigt die Eheschließung zur allgemeinen Vertretung des anderen Ehegatten? → Rn. 309
5. Was ist der Unterschied zwischen Innen- und Außenvollmacht? → Rn. 311
6. Welche handelsrechtlichen Spezialvollmachten gibt es? Welchen Zweck haben sie? → Rn. 315 ff.
7. Kann ein Prokurist einen weiteren Prokuristen ernennen? → Rn. 315
8. Welche Rechtsscheinvollmachten gibt es? Was sind deren Voraussetzungen? → Rn. 319 ff.
9. Kann eine Vollmacht widerrufen werden? → Rn. 324
10. In welchen Angelegenheiten ist eine Stellvertretung ausgeschlossen? → Rn. 331
11. Was ist ein Insichgeschäft? → Rn. 332
12. Unter welchen Voraussetzungen ist ein Insichgeschäft zulässig? → Rn. 334 ff.

Aufgabe 1 (Bachelor-Niveau)

E hat den Gebrauchtwagenhändler G per E-Mail vom 7. April bevollmächtigt, seinen gebrauchten VW Polo für mindestens 5.000 Euro zu verkaufen. Durch E-Mail, die am 9. April um 10 Uhr in Gs E-Mail-Postfach landet, widerruft E die Vollmacht gegenüber G. Um 14 Uhr des 9. April verkauft G den VW Polo im Namen des E an X für 5.000 Euro. Erst danach liest G die E-Mail mit dem Vollmachtswiderruf. E verweigert dem Verkauf an X die Genehmigung. Welche Ansprüche hat X?

Lösung

1. X gegenüber E

X könnte gegenüber E einen Anspruch auf Herausgabe des VW Polo aus § 433 I BGB haben. Hierfür müsste ein Kaufvertrag zwischen E und X bestehen. E selbst hat keine Willenserklärung gegenüber X abgegeben, doch könnte er von G gem. § 164 I BGB vertreten worden sein. G hat im Namen des E gegenüber X eine Willenserklärung zum Verkauf des VW Polo abgegeben. G müsste allerdings auch im Rahmen der Vertretungsmacht für E gehandelt haben. G wurde von E am 7. April zum Verkauf bevollmächtigt, doch wurde diese Vollmacht am 9. April widerrufen. Der Widerruf einer Vollmacht ist jederzeit möglich (§ 168 S. 2 BGB). Der Widerruf wird gem. § 130 BGB im Zeitpunkt des Zugangs wirksam. Für den Zugang reicht die Möglichkeit der Kenntnisnahme. Dies geschah am 9. April um 10 Uhr, als die E-Mail von E im Postfach des G landete. Im Zeitpunkt des Verkaufs an X war G also nicht mehr bevollmächtigt. G handelte also beim Verkauf an X ohne Vertretungsmacht, so dass dessen Willenserklärung dem E nicht nach § 164 I S. 1 BGB zugerechnet wird. Da E auch nicht nach § 177 BGB genehmigt, scheitert der Vertragsschluss. Ergebnis: Mangels Kaufvertrags kann X von E nichts verlangen.

2. X gegenüber G

X könnte gegenüber G einen Anspruch aus § 179 I BGB auf Erfüllung oder Schadensersatz haben. Erfüllung und Schadensersatz laufen hier auf die Lieferung eines gleichwertigen Ersatzfahrzeugs hinaus. Dieser Anspruch könnte jedoch an § 179 II BGB scheitern. Voraussetzung hierfür ist, dass G beim Vertragsschluss den Mangel seiner Vertretungsmacht nicht kannte. Dies ist hier der Fall: G hatte im Zeitpunkt seines Vertreterhandelns vom Vollmachtswiderruf kein positives Wissen. Also ist G gegenüber X gem. § 179 II BGB nur zum Ersatz des Vertrauensschadens verpflichtet. Da X noch keine Investitionen im Hinblick auf das gekaufte Auto getätigt hat oder sonstige Ausgaben im Vertrauen auf den gültigen Kauf hatte, liegt bei ihm kein Vertrauensschaden vor. Ergebnis: X kann von G nichts verlangen.

Aufgabe 2 (Bachelor-Niveau)

Eheleute A und B sind Inhaber eines Unternehmens, das in der Form einer GmbH betrieben wird. A und B wollen ihrer fünfjährigen Tochter T einen GmbH-Anteil schenken (zur Ausnutzung der alle zehn Jahre neu entstehenden Schenkungsteuer-Freibeträge gem. §§ 16 I Nr. 2, 14 I S. 1 ErbStG sind solche Übertragungen in der Praxis durchaus gewünscht). Ist eine solche Schenkung der Eltern an ihre Tochter überhaupt möglich?

Lösung

Eine Schenkung von A und B an T wäre möglich, wenn zwischen den Beteiligten ein wirksamer Schenkungsvertrag gem. § 516 I BGB geschlossen werden könnte.

T selbst kann an einem Schenkungsvertrag nicht mitwirken: Da sie noch keine sieben Jahre alt ist, kann sie gem. §§ 104 Nr. 1, 105 I BGB keine gültige Willenserklärung abgeben und daher auch keinen Schenkungsvertrag abschließen.

T könnte allerdings beim Schenkungsvertrag durch ihre Eltern gem. § 164 I Satz 1 BGB vertreten werden. Die Eltern sind gem. § 1629 I S. 1 iVm § 1626 I S. 1 BGB gesetzliche Vertreter ihres minderjährigen Kindes, so dass A und B grundsätzlich in der Lage sind, für T Willenserklärungen abzugeben. Im konkreten Fall könnte der Vertragsschluss aber an § 181 BGB scheitern. Bei wörtlicher Anwendung des § 181 BGB wäre die geplante Schenkung aus juristischer Sicht unmöglich, denn die Eltern handeln auf der Schenkerseite für sich selbst und auf der Beschenktenseite als Vertreter des Kindes. Da in Fällen, in denen der Vertretene durch das Insichgeschäft keine rechtlichen Verpflichtungen eingeht, ein Missbrauch der Vertretungsmacht nicht möglich ist, lässt die Rechtsprechung das Insichgeschäft zu, indem sie den Rechtsgedanken des § 107 BGB entsprechend anwendet. Da T durch die Schenkung keinerlei Verpflichtungen übernimmt (auch aus dem GmbH-Anteil übernimmt sie keine Verpflichtungen, da die Gesellschafter einer GmbH nicht für Gesellschaftsschulden haften), stellt die geplante Schenkung von A und B an T für T lediglich einen rechtlichen Vorteil dar. Daher steht § 181 BGB der geplanten Schenkung nicht im Weg.

Ergebnis: A und B können T den GmbH-Anteil schenken.

9 Verjährung/Fristen/Termine

9.1 Fristen und Termine (§§ 187 ff. BGB)

Literatur: *Syrbe*, Die zivilgerichtliche Aufarbeitung des „Diesel-Abgasskandals" – ein aktualisierter Zwischenstand, NZV 2022, 153; *Hahne/Goldmann*, Der Beginn der regelmäßigen Verjährungsfrist nach § 199 I BGB, JA 2015, 407.

Die Geltendmachung von Rechten oder Ansprüchen ist in der Regel an die Einhaltung **337** und Berücksichtigung von Fristen oder Terminen gebunden. Fristen können beispielsweise durch gesetzliche Regelungen, aufgrund einer richterlichen Anordnung oder aufgrund einer Parteivereinbarung gesetzt werden. Deren Berechnung ist somit wichtiger Bestandteil der Anspruchsprüfung. Im Folgenden werden die Grundlagen der **gesetzlichen Fristberechnung** und der Terminbestimmung nach §§ 187 ff. BGB dargelegt. Die §§ 187 ff. BGB gelten über das bürgerliche Recht hinaus auch für die anderen Rechtsgebiete, soweit dort nicht Sondervorschriften getroffen worden sind.

> **Beispiele**: Die §§ 187 ff. BGB gelten ua auch im Verfahrensrecht: § 222 ZPO; im Tarifvertragsrecht; grundsätzlich im Sozialverwaltungsverfahren: § 26 I SGB X.

9.1.1 Begriff

Unter einer **Frist** ist ein abgegrenzter bestimmbarer Zeitraum zu verstehen, vor **338** dessen Ablauf eine Handlung ausgeübt werden muss, zB ein Recht geltend gemacht werden muss oder eine Erklärung abzugeben ist.

> **Beispiele**: Verjährungsfristen (nach deren Ablauf die Einrede der Verjährung die Durchsetzbarkeit eines Anspruchs ausschließt); Ausschlussfristen (innerhalb derer ein subjektives Recht wie die Anfechtung einer Willenserklärung geltend gemacht werden muss, → Rn. 257); Kündigungsfristen (zB für die Kündigung aus wichtigem Grund nach § 626 BGB).

Termine sind bestimmte Zeitpunkte (Anfangs- oder Endpunkte), an denen etwas geschehen soll oder zu denen eine rechtlich relevante Wirkung eintreten soll.

> **Beispiele**: Anfangs- oder Endtermine für die Wirksamkeit einer Erklärung. Ebenso kann eine Annahmeerklärung nach § 148 BGB nur bis zu der gesetzten Frist abgegeben werden.

9.1.2 Berechnung von Fristen und Terminen

Nach dem BGB werden Fristen grundsätzlich nach vollen Tagen berechnet (§ 187 **339** BGB). **Für den Fristbeginn** nach § 187 I BGB ist ein Ereignis oder ein in den Lauf eines Tages fallender Zeitpunkt maßgebend. Ereignisse sind zB der Zugang eines Mahnschreibens, der Eintritt der Arbeitsunfähigkeit für den Entgeltfortzahlungsanspruch, der Zugang der Kündigung usw. Für die Berechnung der Frist wird der Tag nicht mitgerechnet, in den das Ereignis fällt.

> **Beispiel**: Gläubiger G setzt dem Schuldner S am 8.6.2022 eine Zahlungsfrist von fünf Tagen. Die Frist beginnt am 9.6.2022 und endet am 13.6.2022 um 24.00 Uhr.

340 Soweit eine Frist nach Tagen bemessen ist, endet die Frist nach § 188 II BGB mit dem letzten Tag der Frist. Sind Fristen nach Wochen oder Monaten bemessen, so ist der entsprechende Tag der Woche oder des Monats maßgebend, der nach seiner Benennung oder seiner Zahl dem Tag entspricht, in den das Ereignis fällt.

> **Beispiel**: Am Dienstag, dem 7.6.2022, setzt Gläubiger G dem Schuldner S eine Frist von zwei Wochen. Gem. § 188 II BGB endet die Frist am Dienstag, dem 21.6.2022.

Ist nach § 187 II BGB der **Beginn eines Tages** der für den Anfang einer Frist maßgebende Zeitpunkt, wird der Tag mitgerechnet. Die Frist endet nach § 188 II BGB mit Ablauf des vorhergehenden Tages, der nach der Benennung oder Zahl dem Anfangstag entspricht.

> **Beispiel**: Ein zum 1.6.2022 geschlossenes und auf einen Monat befristetes Arbeitsverhältnis beginnt mit dem 1.6.2022 und endet gem. § 188 II BGB mit dem 30.6.2022.

Eine Fristverlängerung tritt ein, wenn der letzte Tag der Frist oder der für eine Erklärung bestimmte Tag auf einen Feiertag, einen Sonnabend (Samstag) oder Sonntag fällt. Für diesen Fall endet die Frist am nächsten Werktag (§ 193 BGB).

9.2 Die Verjährung von Ansprüchen, die Verfristung, die Verwirkung

Literatur: *Piekenbrock*, Die Unverjährbarkeit von Ansprüchen aus unverjährbaren Straftaten, JZ 2022, 124; *Rapp*, Verjährungsvereinbarungen beim Verbrauchsgüterkauf, NJW 2021, 969.

341 Bürgerlich-rechtliche Ansprüche unterliegen grundsätzlich der Verjährung (§ 194 I BGB). Die Verjährung bewirkt, dass ein wirksam entstandener Anspruch nicht mehr rechtlich durchsetzbar ist. Voraussetzung ist, dass sich der zur Leistung Verpflichtete auf die **Einrede der Verjährung** beruft. Die Geltendmachung der Einrede führt zu einem **Leistungsverweigerungsrecht (§ 214 BGB)**. Die Verjährungsregelungen dienen dem **Rechtsfrieden**. Rechtsansprüche sollen zeitnah geltend gemacht werden. Die Geltendmachung von Rechten, die erst nach einem längeren Zeitraum erfolgt, kann mit **Beweisschwierigkeiten** verbunden sein.

9.2.1 Der Verjährungsgegenstand

342 Der Verjährung unterliegen materiell-rechtliche Ansprüche, die auf ein Tun oder Unterlassen gerichtet sind (§ 194 BGB).

> **Beispiele**: Handlungen sind unter anderem die Zahlung, die Abgabe einer Willenserklärung, die Herausgabe einer Sache. Ein Unterlassen ist zB die Beachtung eines Wettbewerbsverbots (Unterlassen von Wettbewerbshandlungen).

Von den Verjährungsregelungen erfasst werden materiell-rechtliche Ansprüche, nicht dagegen prozessuale Klagerechte, zB die Möglichkeit zur Feststellung eines Rechtsverhältnisses mittels Feststellungsklage.

9.2.2 Gestaltungsrechte und unverjährbare Ansprüche

Sog. Gestaltungsrechte unterliegen nicht der Verjährung, da sie einseitig Recht ge- 343 stalten.

> **Beispiele**: Das Anfechtungsrecht (§ 142 I BGB), das Minderungsrecht, das Rücktrittsrecht (§ 349 BGB), das Kündigungsrecht (zB § 543 I S. 1 BGB), das Beendigungsrecht (§ 3720 I S. 1 BGB).

Gestaltungsrechte können aber verfristen.

> **Beispiel**: Das Widerrufsrecht bei Verbraucherverträgen kann gemäß § 355 II BGB grundsätzlich nur innerhalb einer Frist von 14 Tagen geltend gemacht werden und führt zum Erlöschen der Leistungspflichten.

Einzelne zivilrechtliche Ansprüche unterliegen ebenfalls nicht der Verjährung, soweit dies im Gesetz ausdrücklich angeordnet wird. Diese sind zB

- der Anspruch auf Aufhebung der Gemeinschaft (§ 758 BGB)
- der Anspruch auf Berichtigung des Grundbuches (§ 898 BGB)
- der Anspruch auf Schadensersatz bei einem unverjährbaren Verbrechen (§ 199 II Nr. 1 BGB), namentlich Mord, § 78 II StGB.

9.2.3 Verwirkung, Ausschlussfrist

Die Verjährung ist von der **Verwirkung** und dem **Erreichen einer Ausschlussfrist zu** 344 **unterscheiden**. Die Verwirkung knüpft daran an, dass ein Anspruch längere Zeit nicht geltend gemacht wird **(sog. Zeitmoment)** und dass aufgrund weiterer Umstände **(sog. Umstandsmoment)** die verspätete Geltendmachung als unzulässige bzw. unzumutbare Rechtsausübung beurteilt wird. Letzteres ist der Fall, wenn aufgrund längeren Zeitablaufes der Verpflichtete darauf vertrauen durfte, dass der Berechtigte sein Recht nicht mehr geltend machen wird. Die verspätete Geltendmachung des Anspruchs wird dann als unzulässige Rechtsausübung und damit als ein Verstoß gegen Treu und Glauben (§ 242 BGB) bewertet.

> **Beispiel**: Ein Arbeitnehmer verlangt erst zwei Jahre nach seinem Ausscheiden aus dem Arbeitsverhältnis ein qualifiziertes Zeugnis gem. § 630 BGB. Der geltend gemachte Anspruch ist verwirkt. Aufgrund des Zeitablaufs kann der Arbeitgeber darauf vertrauen, dass der Anspruch auf Ausstellung eines Zeugnisses nicht mehr geltend gemacht wird.

Ausschlussfristen bewirken, dass mit Ablauf der gesetzten Frist ein Rechtsanspruch 345 erlischt.

> **Beispiele**: Die Anfechtung ist zehn Jahre nach Abgabe der Willenserklärung ausgeschlossen, vgl. § 121 II BGB. Ein Vermieter verliert mit der Ausschlussfrist gem. § 556 III 3 BGB den Anspruch auf Nachzahlung von Betriebskosten. Nach § 626 II

Becker

BGB kann eine fristlose Kündigung aus wichtigem Grunde nur innerhalb von zwei Wochen nach Kenntnis erfolgen.

9.2.4 Wirkung der Verjährung

346 Der Eintritt der Verjährung führt nicht zur Hinderung oder Vernichtung des Anspruchs, sondern verhindert dessen Durchsetzbarkeit. Der Schuldner hat ein **Leistungsverweigerungsrecht**. Erfüllt der Schuldner dennoch den verjährten Anspruch, kann er das Geleistete nicht zurückfordern, vgl. §§ 214 II, 813 I BGB.

347 Gegen eine verjährte Forderung kann auch **aufgerechnet** werden. Voraussetzung ist, dass die Forderung in dem Zeitpunkt nicht verjährt war, in dem sie der Gegenforderung erstmalig aufrechnungsfähig gegenüberstand, vgl. § 215 BGB.

9.3 Die Verjährungsregelungen des BGB

9.3.1 Zentrale gesetzliche Regelungen

348 Die **Kernvorschriften zur Verjährung** sind im Ersten Buch, Allgemeiner Teil, im 5. Abschnitt geregelt. Die Regelungen umfassen die §§ 194–218 BGB.

Sonderregelungen zur Verjährung von Ansprüchen finden sich oftmals spezialgesetzlich geregelt, so im Gewährleistungsrecht, insbesondere im Kaufrecht (§ 438 BGB) und Werkvertragsrecht (§§ 634a BGB) sowie im Reisevertragsrecht (§ 651j BGB).

9.3.2 Verjährungsfristen

349 Die Verjährungsregelungen der §§ 194 ff. BGB sind auf alle nach dem BGB entstandenen Ansprüche anwendbar, soweit nicht Sonderregelungen abweichende Verjährungsfristen bestimmen.

9.3.2.1 Grundlagen der regelmäßigen Verjährung

350 Die **regelmäßige Verjährungsfrist beträgt drei Jahre**. Sie gilt für vertragliche und gesetzliche Ansprüche. Der Beginn der **regelmäßigen Verjährungsfrist** ist an **objektive und subjektive Voraussetzungen** geknüpft (§ 199 I BGB): Der Anspruch muss entstanden sein **(objektives Kriterium)** und der Gläubiger muss von den den Anspruch begründenden Umständen und der Person des Schuldners Kenntnis haben oder grob fahrlässig keine Kenntnis (Kennen müssen, § 122 II BGB) erlangt haben **(subjektives Kriterium)**. **Grobe Fahrlässigkeit** ist gegeben, wenn die im Verkehr erforderliche Sorgfalt (§ 276 II BGB) in ungewöhnlich grobem Maße verletzt wird. Dies ist insbesondere der Fall, wenn eine mögliche Erkenntnisverschaffung, zB durch **Nachfragen und Auskunftsverlangen**, nicht genutzt wird oder der Geschädigte einem sich aufdrängenden Verdacht nicht nachgeht.

351 Die regelmäßige Verjährung des Anspruchs **beginnt** gem. § 199 BGB mit dem **Schluss des Jahres, in dem der Anspruch entstanden ist.**

Beispiel: Fußgänger F wird am 30.10.2022 bei einem Verkehrsunfall durch A verletzt. Die Verjährungsfrist für Schadensersatzansprüche des F aus § 823 I BGB beginnt ab dem 1.1.2023 zu laufen. Die Verjährungsfrist beträgt drei Jahre.

Soweit keine Kenntnis oder keine grob fahrlässige Unkenntnis von der Person des   352
Schuldners gegeben ist, gilt die regelmäßige Verjährungsfrist von drei Jahren nicht.
Das Gesetz sieht hier in § 199 II–IV BGB **kenntnisunabhängige Höchstfristen** für die
Verjährung vor. Mit den Höchstfristen soll eine Unverjährbarkeit von Ansprüchen
verhindert und damit das Risiko für den Schuldner, in Anspruch genommen zu
werden, zeitlich begrenzt werden. **Vertragliche oder gesetzliche Schadensersatzansprüche**, die zB **wegen Verletzung höchstpersönlicher Rechtsgüter** wie dem Körper
oder der Gesundheit entstanden sind, verjähren danach in jedem Fall in **30 Jahren**,
gerechnet von der Entstehung der Pflichtverletzung oder dem Tag des den Schaden
auslösenden Ereignisses an (§ 199 II BGB).

Der Lauf der Höchstfrist beginnt mit der **Entstehung des Anspruchs**, also mit dem   353
Entstehensereignis, bei Schadensersatzansprüchen dem (erstmaligen) Schadensereignis. Die Jahresschlussverjährung gem. § 199 I BGB greift nicht.

> **Beispiel**: Wie oben, nur, dass der Unfallverursacher nicht zu ermitteln ist. Die maxi
> male Verjährungsfrist beträgt dann nach § 199 II BGB 30 Jahre. Die Verjährungsfrist
> beginnt mit der Anspruchsentstehung, also mit dem Tag des (erstmaligen) Scha
> densereignisses.

Die **Verjährungshöchstfristen** nach § 199 II–IV BGB sind **nach Ansprüchen unter**   354
schiedlich gestaffelt. Einer zehnjährigen bzw. einer 30-jährigen Höchstfrist für die
Verjährung unterliegen **nach § 199 III BGB „sonstige" Schadensersatzansprüche**.
Darunter fallen Schadensersatzansprüche rechtsgeschäftlicher oder gesetzlicher Art,
zB wegen **Verletzung des Eigentums, des Vermögens oder aufgrund eines Eingriffs**
in den eingerichteten und ausgeübten Gewerbebetrieb.

> **Beispiel**: Fußgängerin F wird auf dem Gehweg von einem unbekannten Passanten
> angerempelt und lässt dadurch ihre Tasche fallen, in der eine Champagnerflasche
> zerbricht. Der Passant entfernt sich eilig, ohne sich um F zu kümmern.
>
> Die Verjährungsfrist nach § 199 I BGB wird nicht in Lauf gesetzt, da keine Kenntnis
> von der Person des Schädigers besteht. Der Schadensersatzanspruch verjährt nach
> § 199 III Nr. 1 BGB in zehn Jahren nach der Anspruchsentstehung und nach § 199
> III Nr. 2 BGB in dreißig Jahren nach dem schädigenden Ereignis. Maßgebend ist
> allerdings die früher endende Frist von zehn Jahren, sodass die dreißig jährige Frist
> nicht zur Anwendung kommt, vgl. § 199 III 2 BGB.

Einer Höchstfrist von zehn Jahren unterstellt sind **„andere Ansprüche als Schadens**   355
ersatzansprüche" nach § 199 IV BGB. Voraussetzung ist die Entstehung des Anspruchs. Die Verjährung tritt „ohne Rücksicht auf die Kenntnis oder grob fahrlässige Unkenntnis" der anspruchsbegründenden Umstände oder der Person des
Schuldners nach zehn Jahren ein, gerechnet von der Entstehung des Anspruchs an.
Erfasst werden alle Ansprüche nach § 195 BGB, soweit es sich nicht um Schadensersatzansprüche handelt, also zB aus Vertrag oder Bereicherungsrecht.

Bei Unterlassungsansprüchen **wird für den Beginn der Verjährungsfrist auf den**   356
Zeitpunkt der Zuwiderhandlung abgestellt, um die regelmäßige Verjährungsfrist oder
den Lauf der Höchstfrist in Gang zu setzen, § 199 V BGB.

Becker

9.3.2.2 Abweichende Verjährungsregelungen (§§ 196, 197 BGB)

357 Abweichend von der regelmäßigen Verjährungsfrist enthalten die Verjährungsregelungen **Sonderverjährungsfristen** in den §§ 196, 197 BGB.

358 Einer zehnjährigen Frist unterliegen Ansprüche auf Eigentumsübertragung oder Begründung, Aufhebung, Übertragung oder Inhaltsänderung eines Rechts an einem Grundstück und auf die entsprechende Gegenleistung, § 196 BGB.

359 Einer dreißigjährigen Frist unterliegen nach § 197 I Nr. 2 BGB Ansprüche auf Herausgabe von Eigentum und anderen dinglichen Rechten, sowie rechtskräftig festgestellte Ansprüche, § 197 I Nr. 3 BGB wie insbesondere aus einem Urteil. Auch sofortige Vollstreckungsunterwerfungen aus einer notariellen Urkunde gehören hierzu, § 197 I Nr. 4 Var. 2 BGB.

9.3.3 Sonderregelungen zur Verjährung, insbesondere im Kaufrecht und im Werkvertragsrecht

360 Neben den allgemeinen Verjährungsregelungen enthält das BGB für einige Schuldverhältnisse gesonderte Verjährungsvorschriften. Dies gilt für den Kauf- und Werkvertrag, den Mietvertrag und den Reisevertrag. Im Folgenden werden nur die Spezialvorschriften zum Kaufvertrag und zum Werkvertragsrecht dargelegt.

9.3.3.1 Verjährungsregelungen im Kaufrecht

361 Ansprüche auf **Nacherfüllung, Schadensersatz sowie Ersatz vergeblicher Aufwendungen** im Kaufrecht verjähren gem. § 438 I Nr. 3 BGB **grundsätzlich** in zwei Jahren. Die Frist beginnt abweichend von § 200 BGB mit der Ablieferung der Sache. Bei **Bauwerken und bei Sachen**, durch deren Einbau ein Mangel des Bauwerkes verursacht wird, beträgt die Frist **fünf Jahre**. Der Fristbeginn setzt ein mit der Übergabe des Grundstücks.

362 Eine 30-jährige Frist greift, wenn der Mangel der Kaufsache in einem dinglichen Recht eines Dritten besteht und dieser die Herausgabe der Sache verlangen kann. Die Frist gilt auch, wenn der Mangel in einem im Grundbuch eingetragenen Recht besteht, § 438 I Nr. 1 BGB. Die Fristen werden **objektiv** durch die Ablieferung der Sache oder die Übergabe eines Grundstücks in Gang gesetzt, ohne dass es auf eine Kenntnis oder grob fahrlässige Unkenntnis des Mangels ankommt.

363 Bei **arglistigem Verschweigen des Mangels durch den Verkäufer** hingegen findet nach § 438 III 2 BGB die **regelmäßige Verjährungsfrist von drei Jahren gem. §§ 195, 199 BGB** Anwendung.

9.3.3.2 Verjährungsregelungen im Werkvertragsrecht

364 Die Verjährungsregelungen des Werkvertragsrechts sind denen des Kaufvertragsrechts angenähert. Grundsätzlich verjähren Mängelansprüche (Nacherfüllung, Aufwendungsersatz, Schadensersatz) in **zwei Jahren. Diese Frist beginnt mit der Abnahme zu laufen**, vgl. § 634a II BGB. Der Schadensersatzanspruch umfasst sowohl **Mangelschäden als auch Mangelfolgeschäden**. Erfasst von der zweijährigen Frist sind Mängelansprüche aus Werkleistungen zur Herstellung, Wartung oder Veränderung einer Sache.

9.3.4 Verjährungsvereinbarungen

Die Vertragsparteien können von den gesetzlichen Verjährungsfristen abweichende 365
Vereinbarungen treffen, indem eine **Verkürzung (Erleichterung**) oder **Verlängerung
(Erschwerung)** der Fristen festgelegt wird. Ebenso kann der Verjährungsbeginn, die
Hemmung oder der Neubeginn der Verjährung abweichend vereinbart werden.

Inhaltliche Begrenzungen für Verjährungsabreden gibt §202 BGB vor. Unzulässig 366
sind danach Vereinbarungen, mit denen die Verjährung bei Haftung wegen Vorsatzes erleichtert werden soll. Außerdem ist **eine Verlängerung der Verjährungsfrist
über 30 Jahre hinaus nicht möglich.** Im Umkehrschluss folgt daraus, dass erschwerende Verjährungsvereinbarungen bis zu einer Frist von 30 Jahren grundsätzlich
möglich sind. Eine Formvorgabe für die Abreden besteht nicht.

9.3.5 Inhaltskontrolle gem. §§305ff. BGB

Verjährungsabsprachen in erleichternder oder erschwerender Art werden oft als 367
vorformulierte Vertragsbedingungen bei rechtsgeschäftlichen Verhandlungen eingebracht. Als Allgemeine Geschäftsbedingungen unterliegen derartige Absprachen
dann der **Inhaltskontrolle** gem. §§305ff. BGB (siehe AGB-Recht, Kap.7). Wichtig sind
hier insbesondere §309 Nr.7 BGB, nach welchem eine Verjährungsbegrenzung die
dort genannten Schadensersatzansprüche nicht beschränken kann und §309 Nr.8ff.
BGB, wonach eine Verjährungsverkürzung auf weniger als ein Jahr bei neuen Sachen
unwirksam ist.

9.4 Hemmung und Neubeginn der Verjährung

Der Lauf von Verjährungsfristen kann durch Hemmung gestoppt werden oder aber 368
durch bestimmte Rechtshandlungen neu in Gang gesetzt werden.

9.4.1 Hemmung der Verjährung

9.4.1.1 Wirkung der Hemmung

In §209 BGB wird die Wirkung der Hemmung definiert: Der Zeitraum, während 369
dessen die Verjährung gehemmt ist, wird in die Verjährungsfrist nicht eingerechnet.
Die Hemmung stoppt den Lauf der Verjährungsfrist. Nach Beendigung des Hemmungsgrundes läuft die alte Verjährungsfrist weiter.

9.4.1.2 Gründe der Hemmung

Die Verjährung wird grundsätzlich gehemmt: 370

- bei Vertragsverhandlungen (§203 BGB),
- durch Rechtsverfolgung unter Auflistung von Hemmungstatbeständen in §204
  BGB, insb. Klage,
- bei einem vertraglichen Leistungsverweigerungsrecht des Schuldners (§205 BGB),
- bei Hinderung der Rechtsverfolgung aufgrund höherer Gewalt (§206 BGB),
- aus familiären und ähnlichen Gründen (Lebenspartnerschaft, Betreuungsverhältnis etc. (§207 BGB),

Becker

- bei Ansprüchen wegen Verletzung der sexuellen Selbstbestimmung bis zur Vollendung des 21. Lebensjahres oder bei häuslicher Gemeinschaft bis zur Beendigung der häuslichen Gemeinschaft (§ 208 BGB).

9.4.2 Neubeginn der Verjährung

371 Eine bereits in Gang gesetzte Verjährungsfrist kann unter zwei Fallkonstellationen neu zu laufen beginnen. Zum einen, wenn der Schuldner ein **Anerkenntnis** gibt oder im Weiteren, wenn eine gerichtliche oder behördliche **Vollstreckungshandlung** vorgenommen oder beantragt wird, vgl. § 212 BGB. Für das Anerkenntnis genügt es, wenn der Schuldner durch Leistung einer Abschlagszahlung, durch eine Zinszahlung, eine Sicherheitsleistung oder in sonstiger Weise das Bestehen eines Anspruchs (konkludent) bejaht.

▌ **Beispiele**: Aufgrund einer Zahlungsaufforderung mit Fristsetzung leistet der ▌
Schuldner eine Teilzahlung und gibt damit ein Anerkenntnis ab.

372 Der Nachbesserungsversuch eines Lieferanten kann als Anerkenntnis eines Mängelgewährleistungsanspruchs gedeutet werden.
Bereits der Antrag eines Gläubigers auf eine gerichtliche oder behördliche Zwangsvollstreckung lässt die Verjährung neu beginnen, vgl. § 212 I Nr. 2 BGB.

Der Neubeginn führt dazu, dass eine bereits angelaufene Verjährungsfrist abbricht. Die neue Verjährungsfrist beginnt unmittelbar mit dem den Neubeginn begründenden Ereignis (dem Anerkenntnis, dem Vollstreckungsantrag etc.) zu laufen.

373

?

Kontrollfragen	
1. Welche regelmäßige Verjährungsfrist gilt nach dem BGB?	→ Rn. 350
2. Welche Voraussetzungen sind an den Beginn der regelmäßigen Verjährungsfrist geknüpft?	→ Rn. 351
3. Wann beginnt im Rahmen der regelmäßigen Verjährung gem. § 195 BGB die Frist zu laufen?	→ Rn. 351
4. Welche Folgen hat die Hemmung der Verjährung?	→ Rn. 369

Aufgabe (Leistungsniveau: Bachelorstudiengang)

F kauft am 21.3.2022 bei Händler H einen Geschirrspüler zum Preis von 850 EUR. H liefert das Gerät am 26.3.2022 aus. Nach sieben Monaten treten laufend Störungen auf, die auf eine mangelhafte Fabrikation zurückzuführen sind. F macht Gewährleistungsansprüche geltend und verlangt Lieferung einer neuen Maschine. Prüfen Sie, welche Verjährungsfrist für den Mängelanspruch besteht.

Lösung Für die Verjährung des Nacherfüllungsanspruchs gem. §§ 437, 439 BGB greift § 438 BGB, er unterliegt der zweijährigen Verjährung (§ 438 I Nr. 3 BGB). Die Verjährungsfrist beginnt mit der Ablieferung der Sache gem. § 438 II BGB am 26.3.2022 und läuft bis zum 26.3.2024.

10 Inhalt von Schuldverhältnissen

Literatur: *Brox/Walker*, Allgemeines Schuldrecht, 46. Aufl. 2022; *Jung*, Die Einigung über „essentialia negotii" als Voraussetzung für das Zustandekommen eines Vertrages, JuS 1999, 28; *Medicus/Lorenz*, Schuldrecht I, 22. Aufl. 2021; *Grüneberg* Kommentar zum Bürgerlichen Gesetzbuch, 81. Aufl. 2022; *Strauss/Büßer*, Fälle zum Wirtschaftsprivatrecht, 1. Aufl. 2009; *Wörlen/Metzler-Müller*, Schuldrecht AT, 14. Aufl. 2022; *Wörlen/Schindler/Balleis*, Anleitung zur Lösung von Zivilrechtsfällen, 10. Aufl. 2020.

10.1 Begriff des Schuldverhältnisses

Unter Schuldverhältnis im weiteren Sinne versteht man eine Gesamtheit von Rechtsbeziehungen zwischen zwei oder mehreren Personen. Bei einem Schuldverhältnis im engeren Sinne geht es um eine einzelne Leistung, beispielsweise einen Lieferungs- oder Schadensersatzanspruch. 374

> **Beispiel**: Ein Kaufvertrag begründet nach §§ 433 ff. BGB vielfältige Rechte und Pflichten zwischen Verkäufer und Käufer. Aus diesem Schuldverhältnis im weiteren Sinne erwachsen einzelne Leistungspflichten, zB die Pflicht des Verkäufers nach § 433 I BGB, dem Käufer das Eigentum an der verkauften Sache zu verschaffen.

Im Folgenden soll mit Schuldverhältnis ausschließlich das Schuldverhältnis im engeren Sinn bezeichnet werden. Dieses lässt sich als ein Rechtsverhältnis zwischen mindestens zwei Personen beschreiben, aufgrund dessen der Berechtigte – der Gläubiger – vom Verpflichteten – dem Schuldner – eine Leistung zu fordern berechtigt ist, vgl. § 241 I BGB. Unter **Leistung** versteht man die Zuwendung eines wirklichen oder vermeintlichen Vorteils, der typischerweise, aber nicht notwendig einen Vermögenswert hat. Die Leistung kann in einem (positiven) Tun, einem Dulden oder in einem Unterlassen bestehen. In § 194 BGB wird dies auch als **Anspruch** bezeichnet. 375

Nach § 241 II BGB kann ein Schuldverhältnis nach seinem Inhalt sowohl Gläubiger als auch Schuldner zur wechselseitigen Rücksicht auf die Rechte, Rechtsgüter und Interessen des jeweils anderen verpflichten. Aus den hieraus zum Ausdruck kommenden Verhaltenspflichten wird deutlich, dass das Schuldverhältnis sich nicht in der Herbeiführung des geschuldeten Leistungserfolges erschöpft, sondern eine von dem Grundsatz von „Treu und Glauben" geprägte Sonderverbindung zwischen Gläubiger und Schuldner darstellt. Zum Grundsatz von Treu und Glauben → Rn. 462, Zu den Rücksichtnahme-, Aufklärungs- und Schutzpflichten eines Schuldverhältnisses nach § 241 II BGB → Rn. 395. 376

§ 241a I BGB stellt klar, dass durch die Lieferung unbestellter Sachen oder durch die Erbringung unbestellter sonstiger Leistungen durch einen Unternehmer (vgl. § 14 BGB) an einen Verbraucher (vgl. § 13 BGB) ein Anspruch gegen diesen idR nicht begründet wird. Etwas anderes kann gelten, wenn der Empfänger erkennen konnte, dass der Lieferer irrtümlicherweise von einer Bestellung ausgehen musste, vgl. § 241a II BGB, oder in Fällen der Lieferung einer vergleichbaren Leistung, vgl. § 241a III BGB. 377

10.2 Begründung und Arten der Schuldverhältnisse

378 Ein Schuldverhältnis kann durch Rechtsgeschäft oder kraft Gesetzes begründet werden.

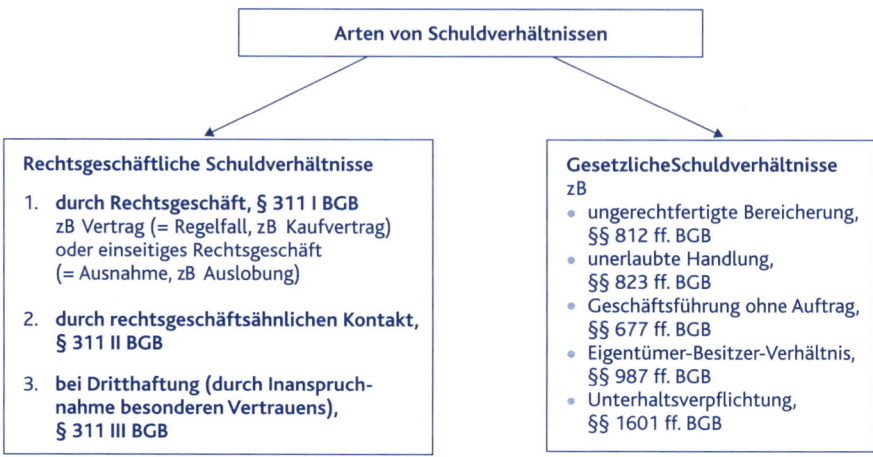

10.2.1 Rechtsgeschäftliches Schuldverhältnis

379 Ein rechtsgeschäftliches Schuldverhältnis wird idR durch einen Vertrag, dh durch die übereinstimmenden Willenserklärungen (Angebot und Annahme iSv §§ 145 ff. BGB) mindestens zweier Personen, begründet, vgl. § 311 I BGB. Rechtsgeschäftliche Schuldverhältnisse können ausnahmsweise auch einseitig begründet werden, zB bei einer Auslobung, vgl. § 657 BGB, oder bei einem Preisausschreiben, vgl. § 661 BGB.

380 Je nachdem, welche Verpflichtung aus Sicht des Schuldners bzw. welcher Anspruch aus Sicht des Gläubigers besteht, kann jede Vertragspartei einmal Schuldner und einmal Gläubiger sein. Solche Verträge mit wechsel- oder gegenseitigen Verpflichtungen nennt man „gegenseitig verpflichtende Verträge" oder schlicht **„gegenseitige Verträge"**. Die gegenseitigen Verträge zeichnen sich dadurch aus, dass ein Vertragspartner sich dem anderen gegenüber hauptsächlich **deshalb** verpflichtet, **damit** der andere sich ebenfalls ihm gegenüber verpflichtet. Solche gegenseitigen Verpflichtungen bestehen beispielsweise beim Kauf- oder beim Mietvertrag:

- Der Verkäufer verpflichtet sich dem Käufer gegenüber zur Übereignung der Kaufsache, damit er den Kaufpreis erhält.
- Der Vermieter verpflichtet sich zur Gebrauchsüberlassung der Mietsache, um eine Miete zu erhalten.

381 Bei gegenseitigen Verträgen gilt das **Zug um Zug Prinzip**. Ein Gegenseitigkeitsverhältnis (sog. Synallagma) besteht zB zwischen der Verpflichtung des Verkäufers zur Übereignung der Sache und der Pflicht des Käufers zur Abnahme und Kaufpreiszahlung oder der Verpflichtung des Arbeitnehmers zur Arbeitsleistung und der Pflicht des Arbeitgebers zu Fürsorge und Zahlung rückständigen Lohns (BAG NJW 1964, 883; Grüneberg/*Grüneberg* § 320 Rn. 4). Nach § 320 BGB kann der Schuldner die Leistung bis zur Bewirkung der Gegenleistung des Gläubigers verweigern, es sei

denn, dass er vorzuleisten verpflichtet ist. Ebenso kommt § 320 BGB bei nicht ord-nungsgemäßer oder unvollständiger Leistung in Betracht (BGHZ 55, 354; Grüne-berg/*Grüneberg* § 320 Rn. 9). Der Gläubiger hat insoweit die Einrede des nichterfüllten Vertrages. Bei einer Klage würde der Gläubiger nur einen Titel auf Zug um Zug Leistung erhalten. § 320 BGB setzt voraus:

1. einen im Zeitpunkt der Einredeerhebung wirksamen gegenseitigen Vertrag,
2. ein Gegenseitigkeitsverhältnis zwischen geforderter und zurückbehaltener Leis-tung,
3. die Wirksamkeit und Fälligkeit der eigenen Forderung und
4. die eigene Erfüllungsbereitschaft (Vertragstreue, vgl. zB BGH NJW 2002, 3541).

Hat der Schuldner zwar einen wirksamen und fälligen Anspruch gegen den Gläu-biger, stammt dieser aber nicht aus demselben Vertragsverhältnis oder sind die Pflichten nicht synallagmatisch verknüpft, scheidet die Einrede nach § 320 BGB aus. In Betracht kommt allenfalls ein Zurückbehaltungsrecht nach § 273 BGB. Nach § 273 I BGB müssen Anspruch und Gegenanspruch sich aus „demselben rechtlichen Ver-hältnis" ergeben (Konnexität). Dies bedeutet, dass der Schuldner einer Leistung diese nicht wegen eines jeden beliebigen Gegenanspruchs zurückhalten darf, sondern nur dann, wenn die gegenseitigen Ansprüche aus einem **einheitlichen Lebensverhältnis beruhen** (BGHZ 115, 99). Das Zurückbehaltungsrecht aus § 273 BGB kann sich grds. auf jede Art von Leistung beziehen, sofern sie als Sicherung des Gegenanspruchs geeignet ist. So kann der Abschleppunternehmer die Herausgabe des Wagens bis zur Zahlung des Abschleppentgeltes verweigern. Ein vergleichbares Zurückbehal-tungsrecht für Kaufleute findet sich in § 369 HGB.

Neben Verträgen mit klassisch gegenseitigen Verpflichtungen gibt es auch solche, **382** die zwar ebenfalls Verpflichtungen beider Vertragsparteien beinhalten, die aber nicht in einem engen Gegenseitigkeitsverhältnis stehen. Man spricht hier von **un-vollkommen zweiseitig verpflichtenden Verträgen.**

So beinhaltet der Leihvertrag gem. § 598 BGB zunächst nur die Verpflichtung des Ent-leihers zur unentgeltlichen Gebrauchsüberlassung. Eine gegenseitige Verpflichtung wie die des Mieters gegenüber dem Vermieter zur Mietzinszahlung nach § 535 II BGB enthält der Leihvertrag nicht. Entsprechend § 604 I BGB besteht allerdings die Verpflichtung des Entleihers, die Sache nach Gebrauch zurückzugeben. Der Ver-leiher verleiht aber die Sache nicht, **damit** er sie zurückbekommt, sondern um dem Entleiher den kostenlosen Gebrauch zu ermöglichen.

Schließlich gibt es Verträge, die nur eine Vertragspartei verpflichten. Zu solchen **383** **einseitig verpflichtenden Verträgen** gehört die Schenkung nach §§ 516 ff. BGB. Durch die Schenkung, in § 518 I BGB als Schenkungs-„Versprechen" bezeichnet, verpflich-tet sich der Schenker, den Beschenkten zu bereichern, ohne dass – von Ausnahme-fällen abgesehen – umgekehrt der Beschenkte eine Verpflichtung eingeht.

Im BGB sind eine Anzahl typischer vertraglicher Schuldverhältnisse genannt, zB **384** Kaufvertrag, Mietvertrag, Dienstvertrag oder Darlehen. Unter Vertragsfreiheit ver-steht man die Freiheit des Einzelnen, seine privaten Lebensverhältnisse durch Verträge zu gestalten. Unter dem Gesichtspunkt der durch Art. 2 GG gewährleisteten und im Privatrecht herrschenden grundsätzlichen Vertragsfreiheit haben sich da-neben eine Vielzahl von sonstigen Verträgen entwickelt, zB Franchisevertrag, Lea-singvertrag oder Factoringvertrag. Der Gestaltungsrahmen der Parteien findet seine

Grenzen in gesetzlichen Verboten oder bei Verstoß gegen die guten Sitten. Dieser Grundsatz ist bereits im Allgemeinen Teil des BGB enthalten (vgl. zB § 134 und § 138 BGB). Nach § 311b II, IV BGB sind insbesondere nichtig:

- Verträge, durch die sich ein Vertragspartner verpflichtet, sein künftiges Vermögen oder einen Bruchteil davon zu übertragen oder mit einem Nießbrauch zu belasten und
- Verträge, die sich auf den Nachlass eines noch lebenden Dritten beziehen.

385 Ein Schuldverhältnis mit weitergehenden Ansprüchen etwa auch auf Schadensersatz bei Pflichtverletzungen kommt nur zustande, wenn die Erklärung, sich zu einer Leistung verpflichten zu wollen, auch von einem **Rechtsbindungswillen** getragen wird, vgl. BGH NJW 1968, 1874; 1971, 1404. Ein solcher Rechtsbindungswille fehlt bei bloß gesellschaftlichen, konventionellen oder freundschaftlichen Zusagen, sowie bei den Gefälligkeiten des Alltags, sog. **Gefälligkeitsverhältnis.**

> **Beispiel**: Student M verspricht seinem Mitbewohner R, diesem aus der Innenstadt eine Zeitschrift mitzubringen, vergisst jedoch sein Versprechen.

Ob ein Schuldverhältnis oder ein bloßes Gefälligkeitsverhältnis vorliegt, differenziert die Rechtsprechung des BGH (zB 23.7.2015, BGHZ 206, 254) nach dem **Rechtsbindungswillen.** Die Merkmale der Uneigennützigkeit, Unentgeltlichkeit, Interessenlage, die wirtschaftliche und rechtliche Bedeutung sowie Art, Grund und Zweck der Leistung können dabei eine Rolle spielen.

10.2.2 Rechtsgeschäftsähnliches Schuldverhältnis

386 Nach § 311 II BGB entsteht ein **rechtsgeschäftsähnliches Schuldverhältnis** durch die Aufnahme von Vertragsverhandlungen, bei der Anbahnung eines Vertrages oder „ähnlicher geschäftlicher Kontakte". Dieses vorvertragliche Schuldverhältnis begründet zwar keine Leistungspflichten aber bereits eine Verpflichtung zur Rücksichtsnahme iSv § 241 II BGB, deren Verletzung Schadensersatzansprüche auslösen kann. Das Verschulden bei Vertragsverhandlungen ist durch das von der Rechtsprechung entwickelte Institut der „culpa in contrahendo" (c.i.c) seit langem anerkannt, vgl. hierzu auch → Rn. 549 ff. § 311 II BGB, hat die Grundsätze der Rechtsprechung ins Gesetz übernommen, wobei zwischen drei Fallgruppen differenziert wird:

- § 311 II Nr. 1 BGB, **offene Vertragsanbahnung**
  In diesen Fällen sind die Vertragsverhandlungen bereits aufgenommen.

> **Beispiel**: Im Hinblick auf eine Zeitungsanzeige, die einen bestimmten PC besonders günstig anbietet, ruft K im Geschäft des V an und erkundigt sich danach, ob noch ausreichend Geräte vorhanden seien, weil er von auswärts komme. V bejaht dies, ohne nachzuschauen. Darauf fährt K mit seinem Pkw zu dem 10 km entfernt liegenden Laden des V, den er nach 15 Minuten erreicht. Zu seiner Überraschung muss er feststellen, dass sämtliche beworbenen PCs bereits seit einiger Zeit vergriffen sind.

- § 311 II Nr. 2 BGB, **verdeckte Vertragsanbahnung**
  In diesen Fällen sind die Vertragsverhandlungen zwar noch nicht aufgenommen, aber eine Partei hat der anderen im Hinblick auf einen etwaigen Vertragsabschluss die Möglichkeit zur Einwirkung auf Rechte oder Rechtsgüter eingeräumt.

> **Beispiel**: K betritt den Lebensmittel-Supermarkt der Firma A um einzukaufen. Er rutscht auf einem auf dem Boden liegenden Salatblatt aus und verletzt sich dabei (vgl. BGHZ 66, 4).

- § 311 II Nr. 3 BGB, **ähnliche geschäftliche Kontakte**

  Auch Kontakte, die nicht auf den Abschluss eines Vertrages untereinander zielen, können Verpflichtungen zur gegenseitigen Rücksichtnahme begründen. Dies wird von der Rechtsprechung etwa angenommen bei bestimmten besonderen sozialen Kontakten und Gefälligkeitsverhältnissen.

> **Beispiel**: Die Stadt O will eine neue Stadthalle errichten und schreibt einen Architektenwettbewerb aus. Im Vorfeld des Wettbewerbs hatte der namhafte Architekt A seine Teilnahme zugesagt, was auch angekündigt wurde. Nach Ausschreibung des Wettbewerbs sagt A seine Teilnahme ab, wodurch Qualität und Publizitätswirkung der Ausschreibung leiden. Zwischen der Stadt und A ist ein rechtsgeschäftsähnliches Verhältnis mit Rücksichtnahmepflichten nach § 241 II BGB entstanden (vgl. BGHZ 88, 382).

- Im Grunde soll durch § 311 II Nr. 3 BGB ein Auffangtatbestand für alle Fälle geschaffen werden, in denen § 311 II Nr. 1 und 2 BGB nicht einschlägig sind. Anwendung findet er vor allem in den sog. Auskunftsfällen, in denen dem einen Teil ein vorvertraglicher Schaden durch Erteilung einer falschen Auskunft entsteht. Dazu muss die Auskunft von wesentlicher wirtschaftlicher Bedeutung für den Empfänger sein und im Rahmen einer beruflichen Tätigkeit erteilt worden sein.

Beendet wird das vorvertragliche Schuldverhältnis mit dem Abbruch der Vertragsverhandlungen bzw. des geschäftlichen Kontaktes oder dem Abschluss des Vertrages. Im letztgenannten Fall mündet es in ein vertragliches Schuldverhältnis.

10.2.3 Dritthaftung

Vorvertragliche Schuldverhältnisse kommen regelmäßig zwischen Personen zustande, die Vertragspartner werden sollen. Darüber hinaus können nach § 311 III BGB vergleichbare Rechtsbeziehungen mit Rücksichtnahmepflichten nach § 241 II BGB auch zu dritten Personen bestehen, die bei Vertragsverhandlungen in besonderem Maße Vertrauen für sich in Anspruch nehmen. § 311 III BGB hat die von der Rechtsprechung entwickelten Grundsätze zur sog. „Sachwalterhaftung" (vgl. zB BGH NJW 1990, 1907) ins Gesetz übernommen. Sachwalter sind Personen, die zwar nicht selbst Vertragspartner sind, aber im Hinblick auf ihre Eigenschaft zB als Sachverständiger, Insolvenzverwalter, Bankberater oder Fachhändler erkennbar Einfluss auf den Vertragsabschluss ausüben. Diese haften bei schuldhafter Verletzung ihrer Vertrauensstellung dem geschädigten Dritten nach §§ 280 I, 311, 241 II BGB auf Schadensersatz (→ Rn. 544). 387

> **Beispiele**:
>
> - Autohändler A verkauft den Gebrauchtwagen des E in dessen Namen an den K und sichert diesem die Unfallfreiheit zu, obgleich er den Pkw nicht untersucht hat. Später stellt sich heraus, dass es sich doch um einen Unfallwagen handelt, vgl. zum Fall BGH NJW 1980, 2185.

Tonner

> • A interessiert sich für eine Geldanlage. Der Bankberater B händigt A einen Pros-
> pekt der I-Investmentgesellschaft aus und erläutert ihm die Rendite. Zwei Jahre
> nach dem Erwerb von Anteilen an der I-Investmentgesellschaft stellt sich heraus,
> dass die prospektierte Rendite nie erreicht werden kann (vgl. hierzu *Tonner/Düppe*
> NWB F 21, 1439).

10.2.4 Gesetzliches Schuldverhältnis

388 Neben den rechtsgeschäftlichen Schuldverhältnissen gibt es gesetzliche Schuldverhältnisse, die aufgrund von Rechtsvorschriften unabhängig vom Willen der betroffenen Parteien entstehen. Das Schuldrecht kennt vier gesetzliche Schuldverhältnisse:

- §§ 677 ff. BGB Geschäftsführung ohne Auftrag,
- §§ 701 ff. BGB Haftung des Gastwirtes,
- §§ 812 ff. BGB ungerechtfertigte Bereicherung,
- §§ 823 ff. BGB unerlaubte Handlung.

Auch in anderen Büchern des BGB finden sich gesetzliche Schuldverhältnisse, zB
im Sachenrecht beim Eigentümer-Besitzer-Verhältnis, §§ 985 ff. BGB, oder im Familienrecht bei der Unterhaltsverpflichtung, §§ 1601 ff. BGB.

389 Bei einem gesetzlichen Schuldverhältnis entsteht die Verpflichtung, gleich ob der
Schuldner eine hierauf zielende Willenserklärung iSv §§ 145 ff. BGB abgegeben hat.
Sie resultieren aus einem Ereignis oder Tatbestand, an den das Schuldrecht von
Gesetzes wegen Verpflichtungen knüpft.

> **Beispiel**: V verkauft eine Sache an K und übereignet sie diesem. Da sich K bei den
> Verkaufsverhandlungen getäuscht fühlt, ficht er den Kaufvertrag wegen arglistiger
> Täuschung nach § 123 BGB an.

Das zwischen V und K geschlossene Verpflichtungsgeschäft, der Kaufvertrag, ist
infolge der Anfechtung nach § 123 iVm § 142 BGB nichtig. Gleichwohl bleibt das
Verfügungsgeschäft, die sachenrechtliche Übereignung der verkauften Sache nach
§ 929 BGB im Hinblick auf das Abstraktionsprinzip wirksam (→ Rn. 213). § 812 BGB
regelt die erforderliche Rückabwicklung der Übereignung. Auch bei den anderen
gesetzlichen Schuldverhältnissen entsteht die Rechtsfolge nicht, weil die Parteien es
wollen, sondern weil das Gesetz diese anordnet.

10.3 Leistungspflicht

10.3.1 Hauptpflichten/Nebenpflichten

390 Ein Schuldverhältnis wird durch diejenige Leistungspflicht charakterisiert, an der
der Gläubiger das stärkste Interesse hat. Diese für das betreffende Rechtsgeschäft
typisierende Pflicht wird als Primär- oder Hauptleistungspflicht bezeichnet. Das ist
zB:

- beim Kaufvertrag die Pflicht zur Eigentumsverschaffung an der Kaufsache,
- beim Mietvertrag die Überlassung der Mietsache,
- beim Dienstvertrag die Erbringung der Dienstleistung oder
- beim Werkvertrag die Erstellung des vereinbarten Werks.

Diese Hauptleistungspflicht hat der Schuldner am **vereinbarten Ort,** zur **vereinbarten Zeit** und in **ordnungsgemäßer Weise** zu erbringen.

Je nach Vertragstyp obliegen den Parteien zusätzliche Sekundär- oder Nebenpflich- 391
ten.

Dies lässt sich beispielsweise an einem Kaufvertrag verdeutlichen. Das vorrangige Interesse für den Käufer ist, das Eigentum an der Kaufsache zu erlangen. Die Eigentumsverschaffung ist nach §433 I BGB die Hauptleistungspflicht des Verkäufers. Umgekehrt ist der Verkäufer vorrangig an der Kaufpreiszahlung interessiert, die nach §433 II BGB die Hauptleistungspflicht des Käufers gegenüber dem Verkäufer darstellt. Daneben hat je nach Sachlage der Verkäufer auch ein Interesse daran, dass der Käufer die Kaufsache abnimmt. Die Abnahme ist eine in §433 II BGB genannte Nebenleistungspflicht. Weitere im Gesetz genannte Nebenpflichten sind zB die Anzeigepflicht des Mieters nach §536c BGB oder das Benachteiligungsverbot des Arbeitgebers nach §612a BGB. Neben einzelnen im Gesetz ausdrücklich genannten Nebenpflichten gibt es Nebenpflichten, die sich aus den generellen Regelungen des §242 BGB und §241 II BGB ableiten lassen (→ Rn. 392 ff.).

10.3.2 Der Grundsatz von Treu und Glauben

§242 BGB regelt dem Wortlaut nach die Art und Weise der Leistungserbringung, die 392
gem. „Treu und Glauben mit Rücksicht auf die Verkehrssitte" zu erfolgen hat. Rechtsprechung und Lehre haben aus der Vorschrift darüber hinaus den das ganze Rechtsleben beherrschenden Grundsatz entnommen, dass jedermann in Ausübung seiner Rechte und Erfüllung seiner Pflichten nach Treu und Glauben zu handeln hat. So hat beispielsweise der Schuldner dafür Sorge zu tragen, dass anlässlich der Leistungserbringung keine anderen Rechtsgüter des Gläubigers verletzt werden.

§242 BGB bezieht sich seinem Wortlaut nach zwar darauf, wie der Schuldner seine 393
Leistung zu erbringen hat, der darin enthaltene Grundsatz von Treu und Glauben beherrscht aber die **gesamte Rechtsordnung** und gilt daher auch für rechtliche Sonderverbindungen, wie etwa die zwischen Eigentümer und Besitzer im Sachenrecht, vgl. §§985 ff. BGB. Für die inhaltliche Kontrolle allgemeiner Geschäftsbedingungen ist der Grundsatz in §307 I BGB besonders aufgeführt. Der Tatbestand des §242 BGB enthält mit seinen Merkmalen „Treu und Glauben" und „Verkehrssitte" **wertausfüllungsbedürftige unbestimmte Rechtsbegriffe.** Derartige Rechtsbegriffe bedürfen der Konkretisierung durch richterliche Entscheidung. Dies bedeutet aber nicht, dass man auf §242 BGB eine gefühlsmäßige Billigkeitsrechtsprechung stützen kann. §242 BGB ist nur anwendbar, soweit eine Rechtsanwendung oder die Rechtsausübung im Einzelfall für die Beteiligten zu offenbar unbilligen oder ungerechten Ergebnissen führt und für den Fall keine spezielle Rechtsnorm einschlägig ist.

Unter Verkehrssitte versteht man die Anforderungen, die die Vertragspartner an 394
Treu und Glauben stellen. Diese können je nach wirtschaftlicher Bedeutung für die Parteien und Gefahrenpotenzial höchst unterschiedlich sein. Zur Konkretisierung der unbestimmten Rechtsbegriffe Treu und Glauben hat die Rechtsprechung Fallgruppen herausgebildet, die für §242 BGB typisch sind (vgl. Grüneberg/*Grüneberg* §242 Rn. 13 mwN):

Tonner

1. **Konkretisierungsfunktion,** dh § 242 BGB verdeutlicht die **Art und Weise** der Leistung, indem er beispielsweise zur Auskunfts- und Rechenschaftserteilung verpflichtet, wenn der Kläger die für seine Rechtsverfolgung notwendigen Tatsachen und Umstände nicht anders erlangen kann.

   Beispiel: K kauft bei V eine Farbe, die stark ätzend ist. Der Verkäufer ist verpflichtet, den Käufer auf besondere Gefahren hinzuweisen, die mit der Benutzung der Kaufsache verbunden sind.

2. **Ergänzungsfunktion,** diese begründet **Nebenpflichten** im Rahmen einer sinnvollen Durchführung des Vertrages. Dies ist beispielsweise die Fürsorgepflicht des Arbeitgebers gegenüber seinen Arbeitnehmern, diese vor Verletzungen zu schützen, und umgekehrt die „Treuepflicht" der Beschäftigten (Verschwiegenheit über betriebliche Belange etc.).

   Beispiel: A gibt seinen Pkw bei R zur Reparatur. R repariert den Wagen zwar ordnungsgemäß, beschmutzt dabei aber die Sitze des Wagens erheblich. Hier kann A nach § 280 I BGB Schadensersatz gegen R geltend machen (siehe im Einzelnen zur Schlechtleistung → Rn. 541 ff.).

395   Die Nebenpflichten im Rahmen von Vertragsverhältnissen, deren Rechtsgrundlage bisher vor allem das Gebot von Treu und Glauben im Rechtsverkehr gem. § 242 BGB war, sind in § 241 II BGB als schuldrechtliche Nebenpflicht „Rücksichtspflicht" gesetzlich beschrieben. § 241 II BGB formuliert diese Pflichten nunmehr ausdrücklich für die Parteien eines Schuldverhältnisses. Hierunter fallen:

   - Leistungstreuepflichten,
   - Schutzpflichten,
   - Aufklärungs-/Auskunftspflichten,
   - Mitwirkungspflichten.

   Beispiel für eine allgemeine Schutzpflicht: Verpflichtung des Ladenlokalinhabers, dafür Sorge zu tragen, dass für den Kunden keine Verletzungsgefahren bestehen.

   § 241 II BGB fordert diese Verhaltenspflichten von „jedem Teil", dh dass auch der Gläubiger einer Leistungspflicht Schuldner einer Schutzpflicht sein kann.

3. **Schrankenfunktion**, dh § 242 BGB betrifft nicht nur die Leistungspflicht des Schuldners, sondern auch die Ausübung von Rechten durch den Gläubiger. Eine gegen Treu und Glauben verstoßende Rechtsausübung ist unzulässig. Dies ist etwa der Fall, wenn die Anspruchsstellung durch den Gläubiger unbillig ist oder er damit in Widerspruch zu seinem früheren Verhalten steht („Einwand der unzulässigen Rechtsausübung").

   Beispiel: Der Mieter M will seine monatliche Miete für den Monat November bei seinem Vermieter V wie üblich in bar zahlen. Als M ihm das Geld aushändigen will, stellt er fest, dass er statt 522 EUR nur 520 EUR bei sich hat. V verweigert daraufhin die Annahme des Geldes. Hier verstößt die Zurückweisung der Miete gegen Treu und Glauben. V wird keine Rechte, zB aus Verzug, im Hinblick auf die angebotenen 520 EUR geltend machen können.

4. **Korrekturfunktion**, die sich aus der Lehre von der Veränderung oder dem **Wegfall der Geschäftsgrundlage** entwickelt hat. Diese berücksichtigt die Veränderung einer Geschäftsgrundlage, dh eines Umstandes, der für mindestens eine Vertrags-

partei so wesentlich war, dass die andere Partei bei Kenntnis dieses Umstandes mit einer Vertragsanpassung oder -aufhebung einverstanden sein muss.

> **Beispiel**: Im Vertrag über den späteren Verkauf von bestimmten Produkten ist 16 % Mehrwertsteuer ausgewiesen. Zum Zeitpunkt der späteren Lieferung hatte der Gesetzgeber den Steuersatz unerwartet auf 19 % erhöht.

Die Störung der Geschäftsgrundlage ist in § 313 BGB explizit geregelt (→ Rn. 500).

10.4 Der Leistungsgegenstand

Wird als Leistungsgegenstand eine Sache geschuldet, kann dies eine individuelle 396 Stückschuld oder eine nach allgemeinen Merkmalen abgrenzbare Gattungsschuld sein. Was jeweils vorliegt hängt von der jeweiligen Vereinbarung der Parteien ab.

Leistungsgegenstand		
Stückschuld (Spezieschuld)	Gattungsschuld	Geldschuld
geschuldet ist eine bestimmte Sache	Geschuldet ist eine nach allgemeinen Merkmalen bestimmbare Sache	geschuldet ist die Verschaffung der Verfügungsmacht über einen bestimmten Geldbetrag
zB ein bestimmter Gebrauchtwagen	*zB ein bestimmter Neuwagen nach Prospekt*	*zB 100 EUR*

10.4.1 Stückschuld

Bei einer „**Stückschuld**" oder „**Spezieschuld**" wird als Leistungsgegenstand eine 397 konkret bestimmte Sache geschuldet. Der Schuldner hat die **individuell bestimmte** Sache und keine andere zu leisten.

> **Beispiele**: Ein Originalgemälde, ein Gebrauchtwagen, ein Neuwagen mit einer bestimmten Fahrzeugidentitätsnummer.

10.4.2 Gattungsschuld

Oft handelt es sich bei dem Leistungsgegenstand nicht um eine individuelle Sache, 398 sondern lässt sich nach **allgemeinen typischen Sachmerkmalen** aus einer Menge, einer „Gattung" von gleichen Sachen, bestimmen. Dies wäre der Fall, wenn es sich bei dem vorgenannten Bild um ein in großer Auflage vorhandenes Poster handelte. Man spricht in dem Fall von „**Gattungsschuld**". Bei der in § 243 I BGB genannten Gattungsschuld handelt es sich regelmäßig um vertretbare Sachen iSv § 91 BGB. Den Umfang der Gattung bestimmt jedoch allein der Wille der beteiligten Parteien.

> **Beispiel**: A bestellt beim Bauern 10 Kilo Äpfel und eine Woche später 10 Kilo Äpfel der Sorte Cox Orange. Im ersten Fall schuldet der Bauer 10 Kilo Äpfel gleich welcher Sorte, im zweiten Fall 10 Kilo Äpfel der Sorte Cox Orange.

Der Schuldner einer Gattungsschuld bleibt auch dann zur Lieferung aus der Gattung verpflichtet, wenn er kein Stück mehr vorrätig hat. Er hat dann die zu liefernde Sache zu beschaffen, trägt also das *Beschaffungsrisiko*. Anders verhält es sich, wenn nur aus einem begrenzten Posten zu liefern ist, zB zwei Fuder Wein eines bestimmten Jahrgangs aus einer genau bezeichneten Lage. Man spricht dann von einer beschränkten Gattungsschuld, auch „**Vorratsschuld**" genannt. Bei dieser beschränkt sich die Lieferverpflichtung auf seinen Vorrat. Ist eine Gattungsschuld vereinbart, ist der Schuldner verpflichtet, eine Sache „mittlerer Art und Güte" zu liefern, vgl. §§ 243 I BGB, 360 HGB. Dies bedeutet der Leistungsgegenstand ist durchschnittliche Ware, wobei der Schuldner berechtigt ist, diesen aus der Gattung auszuwählen.

399 Um sein Beschaffungsrisiko zu beseitigen, liegt es im Interesse des Schuldners, dass aus einer Gattungsschuld eine Speziesschuld wird. Dies erreicht er dadurch, dass er gem. § 243 II BGB eine Konkretisierung eines einzelnen Gegenstandes aus der Gattung herbeiführt. Hierzu hat er „das zur Leistung seinerseits Erforderliche" zu tun. Was dies umfasst, hängt vom zwischen den Vertragsparteien definierten Leistungsumfang ab. Bei der

- Holschuld muss der Schuldner die Sache aussondern und dem Gläubiger anbieten.
- Bringschuld muss der Schuldner die Sache aussondern und am Wohn- oder Geschäftssitz des Gläubigers anbieten.
- Schickschuld muss der Schuldner die Sache aussondern und der Transportperson übergeben.

10.4.3 Geld- und Zinsschuld

10.4.3.1 Geldschuld

400 Eine **Geldschuld** ist einer Gattungsschuld vergleichbar. Es werden keine bestimmten Geldstücke oder Scheine geschuldet sondern idR nur ein bestimmter Nennbetrag, zB ein Kaufpreis von 1.000 EUR. Der geschuldete Geldbetrag hat, soweit keine andere Vereinbarung vorliegt, auf EUR zu lauten.

Das Risiko der Geldentwertung trägt der Gläubiger. Etwas anderes gilt, falls die Parteien eine Wertsicherungsklausel vereinbart haben. Solche Klauseln sind häufig in langfristigen Miet- oder Pachtverträgen vorgesehen. (Zur preisrechtlichen Zulässigkeit von Wertsicherungsklauseln, vgl. Grüneberg/*Grüneberg* § 245 Rn. 24).

401 Im Gegensatz zur Stück-, aber auch zur Gattungsschuld, handelt es sich bei der Geldschuld nicht um eine Sachschuld sondern lediglich um eine Wertverschaffungsschuld. Insoweit ist § 243 BGB, der die Verschaffung einer Sache mittlerer Art und Güte verlangt, nicht anwendbar. Hinsichtlich des Leistungsumfangs und -ortes geht § 270 BGB vor, nach dem der Schuldner – soweit nichts anderes vereinbart ist – den Geldbetrag auf seine Gefahr und Kosten an den Wohn- bzw. Geschäftssitz des Gläubigers zu übermitteln hat.

10.4.3.2 Zinsschuld

402 Zinsen sind die Vergütung für die Überlassung von Kapital. Sie werden berechnet nach Bruchteilen des Kapitals sowie der Überlassungsdauer. Die Zinszahlungspflicht kann beruhen auf vertraglicher Vereinbarung (zB beim Gelddarlehen, § 488

BGB) oder auf gesetzlicher Anordnung (zB Aufwendungsersatz nach § 256 BGB, Verzugszinsen nach § 288 BGB oder Prozesszinsen nach § 291 BGB).

Der Zinssatz ist unterschiedlich, je nachdem, ob es sich um gesetzliche oder vertragliche Zinsansprüche handelt. Vertraglich wird der Zins zwischen den Parteien idR frei vereinbart, gesetzlich bestehen folgende Mindestzinssätze:

- 4 % als gesetzlicher Mindestzinssatz nach § 246 BGB,
- 5 % über dem Basiszinssatz bei Verzug nach § 288 I 2 BGB (zum Basiszinssatz vgl. § 247 BGB). Bei Geldforderungen zwischen Unternehmern erhöht sich der Verzugszins nach § 288 II BGB auf 9 % über dem Basiszinssatz,
- 5 % bei beiderseitigen Handelsgeschäften mit Ausnahme von Verzugszinsen, § 352 HGB,
- 2 % über dem Basiszinssatz (vgl. § 247 BGB) mindestens jedoch 6 % bei Wechsel- und Scheckforderungen (Art. 28, 48, 49 WG, Art. 45, 46 ScheckG).

10.5 Der Leistungsort (§ 269 BGB)

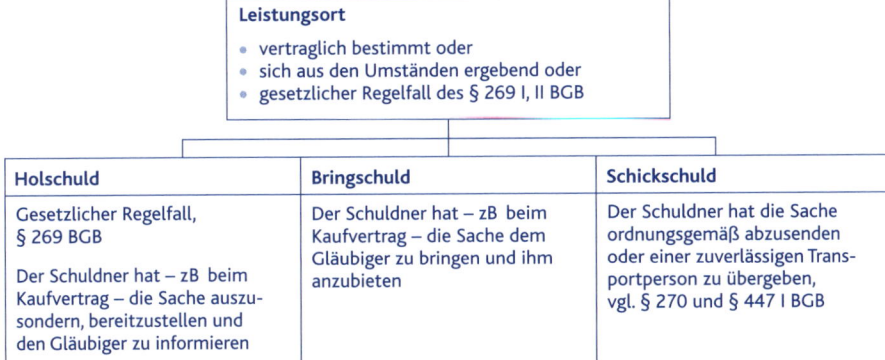

Holschuld	Bringschuld	Schickschuld
Gesetzlicher Regelfall, § 269 BGB Der Schuldner hat – zB beim Kaufvertrag – die Sache auszusondern, bereitzustellen und den Gläubiger zu informieren	Der Schuldner hat – zB beim Kaufvertrag – die Sache dem Gläubiger zu bringen und ihm anzubieten	Der Schuldner hat die Sache ordnungsgemäß abzusenden oder einer zuverlässigen Transportperson zu übergeben, vgl. § 270 und § 447 I BGB

Leistungsort ist der Ort, an dem der Schuldner seine Leistungshandlung vorzunehmen hat. Davon zu unterscheiden ist der Ort, an dem der Leistungserfolg eintritt, der Erfolgsort, im Gesetz auch als **Erfüllungsort** bezeichnet. Die beiden Orte können zusammenfallen, müssen es aber nicht.   403

Für die Bestimmung des Leistungs- bzw. Erfüllungsortes ist entscheidend, ob es sich um eine Hol-, Bring- oder Schickschuld handelt:

- Bei einer Holschuld, dem gesetzlichen Regelfall nach § 269 I BGB, liegen Leistungs- und Erfüllungsort beim Schuldner.

▌**Beispiel**: Der Käufer holt die Sache beim Verkäufer ab.

- Bei einer Bringschuld liegen Leistungs- und Erfüllungsort beim Gläubiger.

▌**Beispiel**: Der Verkäufer bringt die Sache dem Käufer nach Hause.

- Bei einer Schickschuld fallen Leistungs- und Erfüllungsort auseinander. Der Schuldner erbringt seine Leistung durch Übergabe an den Transporteur, der Erfolg tritt mit Ablieferung an den Gläubiger ein. Beispiele für eine Schickschuld

Tonner

sind die Geldschuld, vgl. §270 BGB, und der Versendungskauf, sofern er nicht zwischen einem Verbraucher und einem Unternehmer abgeschlossen wurde, vgl. §§447 I, 475 II BGB.

> **Beispiel**: Der Verkäufer übergibt die Sache dem Spediteur, damit dieser sie zum Käufer bringt.

- Bei Geldschulden besteht nach der Auslegungsregel des §270 BGB jedoch die Besonderheit, dass Erfüllung erst mit Auszahlung des geschuldeten Betrages an den Gläubiger eintritt, sog. „qualifizierte Schickschuld" (vgl. Grüneberg/*Grüneberg* §270 Rn. 1). Bei einer Zahlung durch Überweisung, Lastschrift oder Scheck erlischt die Schuld allerdings, sobald der geschuldete Betrag dem Konto des Gläubigers bei seiner Bank vorbehaltlos gutgeschrieben wird (vgl. Grüneberg/*Grüneberg* §270 Rn. 9).

404 Die genaue Festlegung des Erfüllungsortes ist zB wichtig für den Übergang der Transportgefahr (vgl. §§276, 446, 447 BGB) oder für den Gerichtsstand bei Streitigkeiten aus einem Vertragsverhältnis (vgl. §29 ZPO). Welcher Leistungs- bzw. Erfüllungsort im Einzelfall maßgeblich ist, regelt §269 BGB in drei Stufen:

(1) zunächst ist zu fragen, ob der Leistungsort vertraglich bestimmt ist. Falls ja, gilt die vertragliche Bestimmung, falls nein, dann ist

(2) zu prüfen, ob sich der Leistungsort aus einer gesetzlichen Sonderregel (zB §697 BGB für den Rückgabeort bei einer Hinterlegung) oder den Umständen, dh der Natur des Schuldverhältnisses, ergibt. Falls ja, gilt das spezialgesetzlich oder den Umständen nach Übliche

> **Beispiele**:
> - Bei Ladengeschäften des täglichen Lebens ist für beide Teile das Ladenlokal Leistungsort.
> - Übernimmt der Verkäufer gegenüber einer Privatperson die Auslieferung der Ware, ist regelmäßig eine Bringschuld anzunehmen, etwa im Versandhandel. Falls es auch keine übliche Handhabung gibt, gilt

(3) als gesetzlicher Regelfall nach §269 I BGB der Wohnsitz des Schuldners als Leistungsort und, falls dieser Unternehmer ist, dessen gewerbliche Niederlassung, soweit diese außerhalb des Wohnsitzes gelegen ist (Holschuld).

Vertragliche Nebenpflichten sind grds. am Ort der Hauptverpflichtung zu erfüllen (schon RGZ 70, 198). Bei einer Mehrheit von Verpflichtungen innerhalb eines einheitlichen Schuldverhältnisses ist der Leistungsort, soweit keine abweichende Parteivereinbarung vorliegt, für jede Verpflichtung grds. gesondert zu prüfen.

Keine Vereinbarung über den Leistungsort enthält die Klausel „per Nachnahme". Diese betrifft nicht den Leistungsort sondern nur die Frage der Geldübermittlung nach §270 I, IV BGB (vgl. BGHZ 139, 190).

Transportklauseln, zB die von der internationalen Handelskammer für das Überseegeschäft entwickelten INCOTERMS, verändern dagegen den Leistungsort. Nach der cif-Klausel, bei der der Verkäufer sämtliche Kosten bis zum Bestimmungshafen „Cost, Insurance, Freight", übernimmt, bzw. der fob-Klausel, bei der der Verkäufer lediglich die Kosten bis zur Verschiffung „free on board" trägt, ist der Verschiffungshafen Leistungsort (BGHZ 60, 6).

10.6 Leistungszeit (§ 271 BGB)

Ebenso wie der Leistungsort unterliegt auch die Leistungszeit grds. der freien Dis- **405** position der Parteien. Haben diese keinen Leistungszeitpunkt vereinbart, ist nach § 271 I BGB im Zweifel sofort zu leisten. Sofort bedeutet, dass der Schuldner so schnell zu leisten hat, wie es ihm unter den gegebenen Umständen möglich ist. Aus § 271 BGB folgt, dass hinsichtlich der Leistungszeit begrifflich zwischen dem Zeitpunkt der Fälligkeit und der Erfüllbarkeit zu unterscheiden ist.

Ab dem Fälligkeitszeitpunkt kann der Gläubiger die Leistung verlangen. Kommt der Schuldner dann seiner Leistungspflicht nicht nach, kann er in Schuldnerverzug geraten (hierzu vgl. → Rn. 531 ff.).

Ab dem Zeitpunkt der Erfüllbarkeit darf der Schuldner leisten. Nimmt der Gläubiger die Leistung nicht an, kann er umgekehrt in Gläubigerverzug geraten (hierzu vgl. → Rn. 551 ff.).

Die Frage der Fälligkeit (nicht der Erfüllbarkeit, vgl. § 271 II BGB) ist nach dem Gesetz ebenfalls in drei Stufen zu prüfen:

(1) Zunächst ist zu fragen, ob die Leistungszeit vertraglich bestimmt ist. Falls ja, gilt die vertragliche Bestimmung, falls nein, dann ist

(2) zu prüfen, ob sich die Leistungszeit aus einer gesetzlichen Sonderregel (zB § 488 II BGB für das Gelddarlehen oder § 556b I BGB für die Miete) oder den Umständen, dh der Natur des Schuldverhältnisses, ergibt. Falls ja, gilt das spezialgesetzlich oder den Umständen nach Übliche. Falls es auch keine übliche Handhabung gibt, ist

(3) nach dem gesetzlichen Regelfall des § 271 I BGB sofort zu leisten.

Bei den zu berücksichtigenden Umständen des Schuldverhältnisses spielen die Verkehrssitte und die Beschaffenheit der Leistung eine Rolle. So ist zB sofortige Leistung bei Barzahlungsgeschäften des täglichen Lebens anzunehmen. Beim Bauvertrag tritt Fälligkeit erst nach Erteilung der Baugenehmigung ein (BGH NJW 1974, 1080). Beim Schadensersatzanspruch aus unerlaubter Handlung tritt Fälligkeit erst nach Ablauf des Zeitraums ein, den der Ersatzpflichtige zur unverzüglichen Prüfung des Anspruchs benötigt (BGH NJW 1964, 1467).

Bei beiderseitigen Handelsgeschäften dürfen ab Fälligkeit der Forderung 5 % Fälligkeitszinsen verlangt werden, § 353 iVm § 352 II HGB.

10.7 Verbraucherverträge und besondere Vertriebsformen

Literatur: *Tamm*, Informationspflichten nach dem Umsetzungsgesetz zur Verbraucherrechterichtlinie, VuR 2014, 9; *Wendehorst*, Das neue Gesetz zur Umsetzung der Verbraucherrichtlinie NJW 2014, 577.

Die §§ 312–312k BGB regeln in Umsetzung der Verbraucherrechterichtlinie (2011/83/ **406** EU; VerbrRRL) das Fernabsatzrecht und das Recht des außerhalb von Geschäftsräumen geschlossenen Vertrags (AGV, vormals „Haustürgeschäft"). In § 310 III BGB findet sich die Legaldefinition von Verbraucherverträgen (Verträge zwischen einem Verbraucher iSv § 13 BGB, und einem Unternehmer iSv § 14 BGB → Rn. 73). Die Bestimmungen betreffen natürliche Personen, die ein Rechtsgeschäft, privat, dh außerhalb gewerblicher oder selbstständiger beruflicher Zwecke abschließen also nicht unternehmerisch handeln. Nach hM liegt unternehmerisches Handeln schon dann vor, wenn das betreffende Geschäft im Zuge einer Existenzgründung, zB bei Anmieten von Geschäftsräumen, geschlossen wird, vgl. BGHZ 165, 43. Auch eine nebenberuflich ausgeübte unternehmerische Tätigkeit, wie zB jene als „eBay-Powerseller" führt zur Unternehmereigenschaft (OLG Koblenz NJW 2005, 143). Gesellschaften sind idR als Unternehmer anzusehen. Kleinere Existenzgründer genießen bei Geschäften mit einem Volumen bis 75.000 EUR den Verbraucherdarlehensschutz, vgl. §§ 513 und 655e II BGB. In den Schutzbereich der Verträge des elektronischen Geschäftsverkehrs fallen nach § 312i I BGB **„Kunden"**, zu denen auch Unternehmer gehören.

Verbraucherschutzvorschriften des BGB Schuldrecht AT		
§ 241a BGB Anspruchsausschluss bei unbestellten Leistungen		
Inhaltskontrolle und ggf. Unwirksamkeit bestimmter AGB-Klauseln der §§ 308, 309 BGB		
§§ 312, 312a BGB Anwendungsbereich und Grundsätze bei Verbraucherverträgen		
Unternehmer (§ 14 BGB) bedient sich gegenüber Verbraucher (§ 13 BGB) **besonderer Vertriebsformen**		
Außergeschäftsraumverträge (AGV)	**Fernabsatzverträge**	**Elektronischer Geschäftsverkehr**
§§ 312b, 312d–h BGB	§§ 312c–h BGB	§ 312i–k BGB
Begriff: Außerhalb von Geschäftsräumen geschlossene oder angebahnte Verträge	**Begriff:** Warenlieferung oder Dienstleistung, ausschließliche Verwendung von Fernkommunikationsmitteln	**Begriff:** Warenlieferung oder Dienstleistung gegenüber Kunden (= Verbraucher u. Unternehmer) unter Verwendung von Telemedien
Unternehmerpflichten: Nach § 312a u. 312d BGB Offenlegungs- und Informationspflichten gem. Art. 246 a bzw. Art. 246b EGBGB grds. vor Vertragsabschluss		**Unternehmerpflichten:** Nach §§ 312i , 312j BGB: Bereitstellung technischer Mittel Informationspflichten gem. § 246c EGBGB Bestätigung der Bestellung Bereitstellung AGB's
Verbraucherrechte: nach § 312g I BGB Widerrufsrecht §§ 355–361. BGB, Recht fristgebunden 14 Tage ab schriftlicher Belehrung max. 12 Monate und 14 Tage, bei Verträgen über Finanzdienstleitungen 14 Tage ab ordnungsgemäßer Belehrung		**Kundenrechte:** Anfechtungsrecht nach § 119 I BGB, Schadensersatzanspruch nach §§ 280 I, 241 II BGB

Ausnahmen (dh grundsätzlich kein Widerrufsrecht, §312g II BGB) **ua bei**
• Verderblichen oder versiegelten Waren
• Waren, die nach Lieferung untrennbar mit anderen Gütern vermischt wurden
• Bestimmte Lieferung von Lebensmitteln, Speisen und Getränken
• Verbraucher hat den Unternehmer zu Reparatur -/ Instandhaltungsarbeiten selbst bestellt

Verbraucherverträge über digitale Produkte, §§327–327s BGB

Verbraucherschutzvorschriften des BGB Schuldrecht BT
• Verbrauchsgüterkauf, §§474–479 BGB
• Teilzeit-Wohnrecht, langfristige Urlaubsprodukte ua §§481–487 BGB
• Verbraucherdarlehen, Verbraucherdarlehensvermittlung, §§491–505e, 655a–655e BGB
• Finanzierungshilfen, §§506–508, 511–513 BGB
• Ratenlieferungsvertrag, §510, 511–513 BGB
• Beratungsleistungen bei Immobilien-Verbraucherdarlehensverträgen, §§511–513 BGB
• Unentgeltliche Verbraucherdarlehensverträge und Finanzierungshilfen, §§514, 515 BGB
• Verbrauchervertrag über Herstellung digitaler Produkte, §650 BGB
• Verbraucherbauverträge, §650i–650o BGB

Der Gesetzgeber betrachtet den Verbraucher als besonders schutzwürdigen Teilnehmer am Rechtsverkehr. Ausgehend davon, dass der Unternehmer sich oft in einer wirtschaftlich stärkeren Position befindet, sieht er die Gefahren der Übervorteilung des Verbrauchers. Die Verbraucherschutzbestimmungen dienen dem Ziel, dieses Ungleichgewicht abzumildern.

10.7.1 Allgemeine Vorgaben für Verbraucherverträge (§§312, 312a, 312k BGB)

Der Anwendungsbereich der Schutzvorschriften erstreckt sich nach §312 I BGB auf **407** alle **entgeltlichen** Verbraucherverträge. Nach Abs.1a erstreckt er sich auch auf Verträge, bei denen der Verbraucher dem Unternehmer als Gegenleistung **personenbezogene Date**n bereitstellt oder sich hierzu verpflichtet. Dies gilt nicht, wenn der Unternehmer die Daten ausschließlich verarbeitet, um seine Leistungspflicht oder an ihn gestellte rechtliche Anforderungen zu erfüllen, und sie zu keinem anderen Zweck verarbeitet. Soll der Vertragsgegenstand sowohl privaten als auch beruflichen Zwecken dienen, ist nach dem Wortlaut des §13 BGB entscheidend, welche Benutzung überwiegt.

§312 II BGB enthält Bereichsausnahmen zB für Beförderungsverträge oder Barge- **408** schäfte bis 40 €.

In §312a BGB sind allgemeine Pflichten und Grundsätze bei Verbraucherverträgen geregelt. Abs.1 enthält eine **Offenlegungspflicht** (Name, Auftrag) bei Telefonanrufen mit dem Ziel des Vertragsabschlusses. Abs.2 II iVm Art.246 EGBGB regelt Informationspflichten, die der Unternehmer gegenüber dem Verbraucher im stationären Handel erfüllen muss. Abse.3-5 bezwecken die Preistransparenz im Interesse des Verbrauchers. §312k I BGB enthält ein Umgehungsverbot.

Tonner

10.7.2 Besondere Vertriebsformen

10.7.2.1 Außergeschäftsraumverträge (AGV, § 312 b BGB)

409 AGV sind solche zwischen einem Unternehmer iSd § 14 BGB und einem Verbraucher iSd § 13 BGB, die außerhalb der Geschäftsräume des Unternehmers geschlossen oder angebahnt werden. Ein Vertrag „außerhalb von Geschäftsräumen" liegt in folgenden vier Fallkonstellationen des § 312b I 1 BGB vor:

- Nr. 1 betrifft Verträge, die nicht in den Geschäftsräumen des Unternehmers geschlossen werden (zB am **Arbeitsplatz und im Bereich einer Privatwohnung.**
- Nr. 2 erweitert den Anwendungsbereich auf Fälle, bei denen der Verbraucher sein bindendes Vertragsangebot in der Situation der Nr. 1 abgibt; die Annahme des Unternehmer kann dann auch in seinen Geschäftsräumen erfolgen.
- Nr. 3 erfasst Verträge bei denen der Verbraucher außerhalb der Geschäftsräume des Unternehmers persönlich angesprochen, der Vertrag allerdings in unmittelbarem Anschluss in den Geschäftsräumen des Unternehmers oder über Fernkommunikationsmittel abschließt (BGH NJW-RR 2006, 1715).
- Nr. 4 betrifft Verträge, die anlässlich einer Ausflugsveranstaltung, die vom Unternehmer oder mit seiner Hilfe organisiert wurden, geschlossen werden (zB. Kaffee und Butterfahrten)

Ob der Besuch des Unternehmers vom Verbraucher bestellt wurde, ist grds. nicht entscheidend (Grüneberg/Grüneberg § 312b, Rn. 4).

Der Unternehmer ist verpflichtet, dem Verbraucher alsbald eine beiderseits unterzeichnete Vertragsabschrift (Nr. 1) oder eine Vertragsbestätigung (Nr. 2) auf Papier oder auf einem anderen dauerhaften Datenträger (vgl. § 126 b S. 1 BGB), zur Verfügung zu stellen. Die Abschrift oder Bestätigung müssen dem Verbraucher zugehen. Ein bloßer Verweis auf zB eine Downloadmöglichkeit von einer Webseite reicht nicht. Erforderlich ist also zB die Zusendung per Briefpost oder, wenn ein anderer dauerhafter Datenträger ausreicht, per E-Mail (Grüneberg/Grünberg § 312f Rn. 2).

10.7.2.2 Fernabsatzverträge (§§ 312c–h BGB)

410 Die §§ 312 ff. BGB betreffen Vertragsabschlüsse zwischen einem Unternehmer und einem Verbraucher über die Lieferung von Waren oder die Erbringung von Dienstleistungen, die unter **ausschließlicher** Verwendung von Fernkommunikationsmitteln abgeschlossen werden, und zwar im Rahmen eines für den Fernabsatz organisierten Vertriebs- oder Dienstleistungssystems.

> **Beispiel:** Verbraucher V bestellt beim Internethändler H ein Kleidungsstück.

Unter den Begriff der Fernkommunikationsmittel fallen nach § 312c II BGB Briefe, Kataloge, Telefonanrufe, Telekopien, E-Mails, SMS sowie Rundfunk-, Telemedien. Daran wird deutlich, dass die §§ 312c ff. BGB nicht nur den Vertragsschluss mithilfe moderner Kommunikationsmittel regeln, sondern auch denjenigen über traditionelle Vertriebswege, zB den klassischen Versandhandel.

411 Die Regeln zu Fernabsatzverträgen finden gem. § 312c I 1, 2. Hs. BGB keine Anwendung, wenn der Unternehmer kein Vertriebs- und Dienstleistungssystem bereithält, das speziell für den Fernabsatz organisiert ist.

> **Beispiel**: Der Inhaber eines traditionellen Krämerladens liefert ab und an telefonische Bestellungen aus.

Die Grenze zum organisierten System ist aber dann überschritten, wenn der Unternehmer mit telefonischer Bestellmöglichkeit wirbt, zB auf einer Homepage. Auch Anbieter in Internet-Aktionshäusern können Unternehmer sein, zB wenn sie als „eBay-Powerseller" auftreten (OLG Koblenz NJW 2006, 1438).

Der Unternehmer ist nach § 312f II BGB verpflichtet, dem Verbraucher eine Bestätigung des Vertrags, der die in Art. 246a EGBGB erforderlichen Informationen enthalten muss, innerhalb einer angemessenen Frist nach Vertragsschluss, spätestens jedoch bei der Lieferung der Ware oder vor Ausführung der Dienstleistung, auf einem dauerhaften Datenträger zur Verfügung zu stellen.

10.7.2.3 Informationspflichten bei AGV und Fernabsatzverträgen

Der Unternehmer hat nach § 312d BGB vor Abschluss eines AGV oder Fernabsatzvertrages umfangreiche Informationspflichten, die in **Art. 246a §§ 1–4 EGBGB** geregelt sind. Zu den unbedingten Informationspflichten gehören Angaben über: **412**

- wesentliche Eigenschaften der Ware oder Dienstleistung (§ 1 I Nr. 1),
- die Identität (Name, Firma) und Anschrift des Unternehmers (§ 1 I Nr. 2–4),
- den Gesamtpreis der Waren oder Dienstleistung einschließlich Steuern und Abgaben (§ 1 I Nrn. 5),
- Zahlungs- und Liefermodalitäten (§ 1 I Nr. 10),
- Hinweis auf gesetzliches Mängelhaftungsrecht für Waren (§ 1 I Nr. 11).

Weitere (bedingte) Informationspflichten fallen nur an, wenn der konkret in Aussicht genommene Vertrag entsprechende Klauseln enthält. Hierzu gehören zB Angaben über zusätzliche Versand- und Lieferkosten (§ 1 I Nr. 4), Informationen über Bestehen und Bedingungen von Kundendienstleistungen und Garantien (§ 1 I Nr. 8) oder die Mindestlaufzeit eines Vertrages (§ 1 I Nr. 11).

Erleichterte Informationspflichten bestehen bei AGV bei Reparatur- und Instandsetzungsarbeiten mit einer Vergütung von max. 200 € (§ 2) und bei Fernabsatzverträgen mit begrenzter Darstellungsmöglichkeit des Unternehmers (§ 3).

Der Inhalt der Informationen muss dem Verbraucher vor Abgabe dessen Vertragserklärung in klarer und verständlicher Weise zur Verfügung gestellt werden (§ 4). Dies erfordert bei AGV eine schriftliche Fixierung, ausreichend ist aber auch jede elektronische Fixierung, wie zB die Übermittlung durch E-Mail. Ein in Internet aufgerufene Homepage genügt den Anforderungen ebenfalls, wenn tatsächlich ein Download erfolgt (OLG Köln GRUR-RR 2008, 88). Es reicht, wenn der Verbraucher diese zur Kenntnis nehmen kann, um eine informierte Entscheidung zu treffen. Dabei trägt der Unternehmer die Beweislast für die Erfüllung der Informationspflichten, § 312k II. Die bei Erfüllung der Informationspflicht gemachten Angaben den Unternehmers werden Vertragsinhalt, es sei denn die Parteien haben ausdrücklich etwas anderes vereinbart, § 312d I S. 2 BGB.

Besondere Bedeutung hat die **Information über das Widerrufsrecht**, die in Art. 246a § 1 II, III, § 2 II Nr. 2, § 3 Nr. 4 bzw Art. 246b § 1 I Nr. 12, II Nr. 5 geregelt ist. Der Unternehmer kann sich dabei der **Musterwiderrufsbelehrungen** in Anlagen 1–3 zu Art. 246a und Art. 246b EGBGB bedienen. Nutzt er ein dort vorgesehenes Muster in

Tonner

Textform ist er privilegiert. Der Verbraucher kann dann keine Einwände gegen die Vereinbarkeit der Widerrufsbelehrung mit den gesetzlichen Anforderungen nach §246a und 246b EGBGB vorbringen. Textform sieht nach §126b BGB eine lesbare Erklärung, in der der Erklärende genannt ist auf einem **dauerhaften Datenträger** vor. Die Möglichkeit des Downloads von der Webseite des Unternehmers genügt nicht (BT-Drs. 17/12637 S 75, so schon BGH NJW 2014, 2857; 2010, 3566 zur aF). Räumt der Unternehmer dem Verbraucher die Möglichkeit ein, die Widerrufserklärung auf seiner Webseite auszufüllen und zu übermitteln, muss er zur Wahrung der Textform, den Eingang der Widerrufserklärung unverzüglich auf einem dauerhaften Datenträger (zB per E-Mail) gem. §126b BGB bestätigen. Für Verträge über Finanzdienstleistungen gelten nach §312d II BGB iVm Art. 246b EGBGB abweichende Informationspflichten.

Der Unternehmer kann nach §312e BGB vom Verbraucher Versand- und sonstige Kosten nur verlangen, wenn er diesen in Erfüllung seiner Informationspflichten hierauf hingewiesen hat. Der Anspruch des Unternehmers auf Fracht-, Liefer- Versand- sowie sonstiger Kosten bedingt sowohl eine ausdrückliche Vereinbarung nach §312a III S 1, als auch die nach §312d I iVm Art. 246a §1 I S 1 Nr. 4 EGBGB erforderliche vorvertragliche Information.

10.7.2.4 Widerrufsrecht bei Verbraucherverträgen

413 Um den Verbraucher vor übereilten, unüberlegten Geschäften zu schützen, wird ihm bei einem AGV oder einem Fernabsatzvertrag in §§312g I iVm §§355–361 BGB grundsätzlich ein Widerrufrecht eingeräumt. Der Widerruf, der keiner Begründung bedarf, erfolgt durch ausdrückliche Erklärung gegenüber dem Unternehmer, aus dem der Entschluss des Verbrauchers zum Widerruf eindeutig hervorgehen muss, §355 I 2 BGB. Die Beweislast für eine ordnungsgemäße Widerrufserklärung trägt der Unternehmer (Grüneberg/Grüneberg §355 Rn. 16). Übt der Verbraucher das Widerrufsrecht aus, haben beide Vertragsparteien einander die empfangenen Leistungen unverzüglich zurück zu gewähren (§355 III 1 BGB). Die Widerrufsfrist beträgt 14 Tage und beginnt grundsätzlich mit Vertragsschluss, soweit nichts anderes bestimmt ist, §355 II BGB. Die Widerrufsfrist darf vertraglich nicht verkürzt werden (§361 II 1 BGB).

414 Zu der grundsätzlichen Widerrufsfrist des §355 II BGB gibt es in den §§356–356e BGB eine Vielzahl abweichender Bestimmungen, so dass der gesetzliche Regelfall in der Praxis die Ausnahme darstellt.

Für **AGV und Fernabsatzverträge** enthält §356 II BGB eine detaillierte Regelung, die bei Kaufverträgen die Widerrufsfrist vom Erhalt der Ware abhängig macht.

Beispiel: Internetkauf eines Pkw am 1.3., der am 1.8. an den Verbraucher ausgeliefert wird. Die Widerrufsfrist beginnt hier nicht schon am 1.3., sondern erst am 1.8., also erst 5 Monate nach Vertragsschluss.

Bei Teillieferungen oder zeitlich versetzten Lieferungen mehrerer Waren aus einer einheitlichen Bestellung ist dabei der Erhalt des letzten Teils maßgeblich. Bei Verträgen über wiederkehrende Lieferung ist der Erhalt der ersten Lieferung entscheidend. Nach §356 Absatz III 1 BGB beginnt die Widerrufsfrist nicht im Falle unzureichender Erfüllung der Informationspflichten. Die Widerrufsfrist ist auf einen maximalen

Zeitraum von 12 Monaten und 14 Tagen nach Erhalt der Ware gem. § 356 Absatz III 2 BGB, sonst nach Vertragsschluss § 355 II 2 BGB beschränkt.

§§ 356a–§ 356e BGB enthalten abweichende Bestimmungen zum Fristbeginn zB für **415** Teilzeitwohnrechte Verträge, Verbraucherdarlehens- und Ratenlieferungsverträge und Finanzierungsverträgen sowie Verbraucherbauverträgen. **Ausgeschlossen ist das Widerrufsrecht n**ach § 312g II BGB – vorbehaltlich einer abweichenden Vereinbarung der Parteien – ua bei bestimmt Verbraucherverträgen, zB bei verderbliche bzw. versiegelte Waren. Andere Vertragsabschlüsse, bei denen der Verbraucher einen Vertreter bestellt hatte, können damit grundsätzlich widerrufen werden.

Steht dem Verbraucher ein Widerrufsrecht zu, sind gem Art. 246a § 1 II, III Nr. 2, § 2 II Nr. 2, § 3 Nr. 4; Art. 246b § 1 Nr. 12, II Nr. 5 weitere Informationen zu liefern.

Die **Rechtsfolgen des Widerrufs** von AGV und Fernabsatzverträgen sind in § 355 I, **416** III u. §§ 357–361 BGB geregelt. Im Hinblick auf diese Spezialregelungen gibt es keine Verweisung auf das allgemeine Rücktrittsrecht mehr.

Erklärt der Verbraucher fristgemäß den Widerruf, sind er und der Unternehmer an die auf den Abschluss des Vertrages gerichteten Willenserklärungen gem. § 355 I BGB nicht mehr gebunden. Dh der Widerruf beseitigt die Wirksamkeit der Willenserklärung ex nunc und nicht wie bei der Anfechtung ex tunc. Nach § 355 III BGB sind die empfangenen Leistungen **unverzüglich** (= ohne schuldhaftes Zögern, vgl. § 121 I 1 BGB) zurück zu gewähren. Ausnahmen von dieser Grundregel des § 355 I, III BGB finden sich in den §§ 357–361 BGB. Bei AGV und Fernabsatzverträgen bestehen ua folgende Besonderheiten:

- **Vorleistungspflicht des Verbrauchers**: Nach § 357 I BGB sind die Waren nicht unverzüglich sondern innerhalb einer Frist von 14 Tagen zurückzugeben. Der Unternehmer kann gem. § 357 IV 1 BGB die Rückzahlung verweigern, bis er die Ware zurückerhalten oder einen Nachweis über deren Absenden erhalten hat.
- **Kosten der Rücksendung der Waren**: Nach § 357 VI 1 BGB hat der Verbraucher die unmittelbaren Kosten für die Rücksendung der Waren zu tragen, wenn der Unternehmer ihn hierüber vorvertraglich unterrichtet hat und dies nach der Beschaffenheit der Ware möglich ist.
- **Wertersatz bei Wertverlust:** Nach §§ 357 VII, 357a BGB hat der Verbraucher Wertersatz für einen Wertverlust der Ware zu leisten, wenn dieser nicht auf einem Umgang mit der Ware beruht, der zur Prüfung der Beschaffenheit, der Eigenschaften und der Funktionsweise nicht notwendig war.

Beispiel: Probiert der Verbraucher die im Internet bestellten Schuhe an und geht hierzu einige Schritte, hat er keinen Wertersatz zu leisten. Benutzt er die Schuhe auf einer Wanderung, verliert er seinen Wertersatzanspruch.

Betrifft der Vertrag die Lieferung von nicht auf einem körperlichen Datenträger **417** befindlichen digitalen Inhalten hat der Verbraucher nach § 357 IX BGB im Falle des Widerrufs keinen Wertersatz zu leisten. Um missbräuchliche Widerrufe bei digitalen Gütern zu vermeiden, hat der Unternehmer nach § 356 V BGB bei entsprechender Vorabinformation der Verbrauchers die Möglichkeit, das Widerrufsrecht in dem Zeitpunkt zum Erlöschen zu bringen, in dem der Unternehmer mit der Lieferung der Inhalte (Downloads) beginnt.

Tonner

- **Wertersatz bei Dienstleistungen**: Hat der Verbraucher den Unternehmer ausdrücklich aufgefordert, vor Ablauf der Widerrufsfrist mit den Arbeiten zu beginnen, kann der Unternehmer gem. § 357 VIII Wertersatz für die bis zum Widerruf erbrachten Leistungen verlangen

418 *(unbesetzt)*

10.7.3 Elektronischer Geschäftsverkehr (§ 312i BGB)

Literatur: *Blauweiß*, Rechtliche Aspekte des „Electronic Commerce", JA 2000, 506; *Tamm*, Informationspflichten nach dem Umsetzungsgesetz zur Verbraucherrechterichtlinie, VuR 2014, 9.

10.7.3.1 Begriff

419 Ein Vertrag im elektronischen Geschäftsverkehr liegt nach § 312i I BGB vor, wenn sich ein Unternehmer einem **Kunden** gegenüber zum Zwecke des Abschlusses eines Vertrages über die Lieferung von Waren oder die Erbringung von Dienstleistungen eines Tele- oder Mediendienstes (zB Internet) bedient. Kunde kann ein Verbraucher, aber auch ein Unternehmer sein.

10.7.3.2 Pflichten des Unternehmers

420 Um den Vertragspartner zu schützen, hat der Unternehmer nach § 312i I BGB folgende allgemeine Pflichten

- angemessene, wirksame und zugängliche technische Mittel zum Erkennen und Berichtigen von Eingabefehlern bereitzustellen, Nr. 1,
- bestimmte nach Art. 246c § 3 EGBGB zu veranlassende Informationen zu geben (zB technische Schritte, die zum Vertragsabschluss führen, klar und verständlich mitzuteilen), Nr. 2,
- den Zugang einer Bestellung unverzüglich auf elektronischem Weg zu bestätigen, Nr. 3 BGB,
- die Möglichkeit zu schaffen, die Vertragsbestimmungen einschließlich der AGB bei Vertragsabschluss abzurufen und in wiedergabefähiger Form zu speichern, Nr. 4 BGB.

421 Bei einem **Vertrag mit einem Verbraucher** hat er nach § 312j BGB zusätzlich folgende besondere Pflichten

- spätestens bei Beginn des Bestellvorgangs klar und deutlich anzugeben, ob Lieferbeschränkungen bestehen und welche Zahlungsmittel akzeptiert werden, Abs. 1,
- bei einem Vertrag über eine entgeltliche Leistung muss er die Informationspflichten nach Art. 246a § 1 I S. 1 Nr. 1, 4, 5, 11 u. 12 EGBGB **vor Vertragsschluss** klar und verständlich geben. Insbesondere hat er nach § 312j III BGB die Bestellsituation dem Verbraucher durch eine Schaltfläche mit den Wörtern **„zahlungspflichtig bestellen"** (sog. Button Lösung) oder einer ähnlich klare Formulierung zu verdeutlichen,
- die vertragliche Annahme durch den Verbraucher muss für diesen eindeutig, sein. Erfolgt die Bestellung über eine Schaltfläche, ist die Pflicht des Unternehmers nur erfüllt, wenn diese Schaltfläche gut lesbar mit nichts anderem als den Wörtern „zahlungspflichtig bestellen" oder mit einer entsprechenden eindeutigen Formu-

Tonner

lierung beschriftet ist, Abs. 3. Sind diese Voraussetzungen nicht erfüllt, kommt kein Vertrag zustande, Abs. 4.

Liegen sowohl ein Fall des Fernabsatzvertrages als auch die Voraussetzungen des elektronischen Geschäftsverkehrs vor, sind die gesetzlichen Pflichten kumulativ zu erfüllen.

Die Verletzung der Pflichten nach § 312i und nach § 312j Abs. 1 BGB lässt die Wirksamkeit des Vertrages unberührt. Es kommen bei Verletzung dieser Pflichten Ansprüche aus c.ic nach §§ 311 II, 241 II, 280 I BGB wegen vorvertraglicher Pflichtverletzung in Betracht. Darüber hinaus können Unterlassungsansprüche nach § 8 UWG und nach § 2 UKlaG ausgelöst werden (vgl. Grüneberg/Grünberg § 312i Rn. 11 und § 312j Rn. 12). Ist der Kunde Verbraucher, greift nach § 312k II BGB eine Beweislastumkehr zu seinen Gunsten.

10.8 Verbraucherverträge über digitale Produkte

Literatur: *Wendehorst,* Die neuen Regelungen im BGB zu Verträgen über digitale Produkte, NJW 2021, 2912; *Spindler,* Umsetzung der Richtlinie über digitale Inhalte in das BGB, MMR 2021, 451.

10.8.1 Überblick, Konzeption des Gesetzgebers

Die fortschreitende Digitalisierung hat den europäischen Gesetzgeber dazu veranlasst mit der Richtlinie (EU) 2019/770 (Digitale-Inhalte-Richtlinie, DIRL) eine vertragsübergreifende Regelung betreffend digitaler Produkte zu erlassen. Diese Richtlinie hat der deutsche Gesetzgeber in den §§ 327 ff. BGB umgesetzt. Im Wesentlichen greift der Schutz bei **Verbraucherverträgen** im Sinne von § 310 III BGB („B2C") ein. Allerdings werden am Rande auch Rechtsverhältnisse zwischen Unternehmern geregelt („B2B"), §§ 327t, 327u BGB. **422**

Konsequenterweise finden sich in vielen Regelungen zu den einzelnen Vertragstypen des Schuldrecht BT **Subsidiaritätsvorschriften,** die den §§ 327 ff. BGB den Vorrang einräumen, falls diese mit ihren eigenen Regelungsregimen eingreifen, vgl. § 475a BGB (dazu → Rn. 616 ff.), § 516a BGB, § 578b BGB, §§ 650 II-IV BGB. **423**

10.8.2 Anwendungsbereich der Verträge über digitale Produkte

Grundvoraussetzung für das Eingreifen der §§ 327 ff. BGB ist das Vorliegen eines Verbrauchervertrags (§ 310 III BGB), bei welchem der **Unternehmer** (§ 14 BGB) dem **Verbraucher** (§ 13 BGB) digitale Inhalte oder Dienstleistungen gegen einen Preis bereitzustellen hat. **424**

Digitale Inhalte sind hierbei nach § 327 II BGB Daten, die in **digitaler Form** erstellt und bereitgestellt werden, also **Software** jeglicher Art, insbesondere **Apps,** aber auch **Musik-** oder **Videodateien,** digitale Schablonen oder Bücher. **Digitale Dienstleistungen** sind nach § 327 II S. 2 Nr. 1 BGB solche, die dem Verbraucher die Erstellung, Verarbeitung oder Speicherung von Daten oder den Zugang hierzu ermöglichen, insbesondere **Software-as-a-Service (SaaS)** oder **cloudbasierende Dienste.** Nach § 327 II S. 2 Nr. 2 BGB kommen **Dienste zur gemeinsamen Nutzung von Daten** hinzu, wie etwa soziale Netzwerke. **425**

Becker

426 Als Gegenleistung muss ein „Preis" vorgesehen sein. Dies kann ein Entgelt sein, nach § 327 I S. 2 BGB aber auch eine virtuelle Währung wie zB **Bitcoins** oder **virtuelle Währungen** in Computerspielen. § 327 III BGB erstreckt den Anwendungsbereich auf Verträge, die scheinbar keine Gegenleistung verlangen, bei denen aber wirtschaftlich betrachtet mit **personenbezogenen Daten** „bezahlt" wird.

> **Beispiel**: V als Verbraucher eröffnet bei U als Unternehmer (diese Benennung der Parteien wird auch in den folgenden Beispielen genutzt) einen „kostenlosen" Account bei einem sozialen Netzwerk. Er hinterlegt seine Nutzerdaten; Wegen § 327 II S. 2 Nr. 2 BGB sind die §§ 327 ff. BGB anwendbar.

427 Die Abgrenzung insbesondere zum Verbrauchsgüterkauf wird durch §§ 327 V, 327a BGB geleistet (vgl. dazu ausführlich → Rn. 615 ff.).

428 § 327 VI BGB enthält besondere Ausschlusstatbestände, wie etwa Behandlungsverträge iSv § 630a BGB (Nr. 3) oder Verträge über Finanzdienstleistungen (Nr. 4) oder **Open Source Software** (Nr. 6).

10.8.3 Sonderbestimmungen über die Bereitstellung

429 Die Leistungszeit zur „Bereitstellung" wird in § 327b II BGB abweichend zu § 271 BGB bestimmt, der jeweilige Gläubiger kann die Leistung mangels abweichender Vereinbarung nicht sofort, sondern nur **„unverzüglich"** einfordern. Unter Rückgriff auf die Legaldefinition des § 122 I BGB würde dies eine subjektive Komponente beinhalten („ohne schuldhaftes Zögern").

430 Der Leistungserfolg, also die **Bereitstellung**, wird hierbei in § 327b III–V BGB als **„Zugänglichmachen"** oder **„zur Verfügung stellen"** definiert. Gemeint ist, dass dem Verbraucher der geschuldete Musikdownload nur „zugänglich gemacht" oder der Streamingdienst nur „zur Verfügung gestellt" werden muss.

> **Beispiel**: U stellt V die erworbenen Videos per download zur Verfügung. V ruft diese nicht ab. U hat den Leistungserfolg herbeigeführt, trägt aber für die Bereitstellung nach § 327b VI BGB die Beweislast.

10.8.4 Sonderbestimmungen bei Leistungsstörungen

10.8.4.1 Sonderbestimmungen bei Nichtleistung

431 Auf eine Aufforderung des Verbrauchers nach § 327c I BGB muss die Leistung unverzüglich erbracht werden. Bei einer Nichtleistung kann der Verbraucher den Vertrag **„beenden"**. Dieser neue **Beendigungstatbestand** ersetzt Rücktritt und Kündigung, da die Bereitstellung von digitalen Elementen sowohl punktuell als einmaliger Leistungsaustausch als auch dauerhaft erfolgen kann. Die **Beendigung** muss gegenüber dem Unternehmer erklärt werden, § 327o I S. 1 BGB. Daher unterliegt sie als **Gestaltungsrecht** nicht der Verjährung (vgl. § 194 I BGB, dazu → Rn. 343) sondern verfristet, was in §§ 327c V, 218 BGB angeordnet wird.

432 Bei Vorliegen der Beendigungsvoraussetzungen steht dem Verbraucher auch nach §§ 280 I, III, 281 BGB ein Schadensersatzanspruch oder (stattdessen) ein Aufwen-

dungsersatzanspruch nach § 284 BGB zu. Das dortige Tatbestandsmerkmal „erfolglose Nachfristsetzung" wird durch die **Aufforderung** nach § 327c I BGB ersetzt.

Konsequenterweise regelt § 327c III BGB für beide Fälle, wann die Aufforderung 433 entbehrlich ist und es wird in § 327c II S. 3 BGB klargestellt, dass ein Anspruch bei anfänglicher oder nachträglicher Unmöglichkeit der Leistung (§§ 283 und § 311a II BGB) unberührt bleibt, da eine Aufforderung hier von vornherein sinnlos wäre. Das Schicksal der Haupt- und Gegenleistung dürfte sich im Fall der Unmöglichkeit nach § 275 I–III BGB und § 326 BGB richten.

„Beendigung" und Schadensersatz statt der Leistung in der Form des „kleinen 434 Schadensersatzes" können gemeinsam geltend gemacht werden, §§ 327c IV S. 3, 325 BGB.

10.8.4.2 Sonderbestimmungen bei verzögerter Leistung

Auch kann der Verbraucher an der Leistung festhalten und Verzögerungsschäden 435 ersetzt verlangen, §§ 280 I, II, 286 BGB. In diesem Fall ist gemäß § 327c III S. 2 BGB eine Mahnung entbehrlich.

10.8.4.3 Sonderbestimmungen bei mangelhafter Leistung

10.8.4.3.1 Definition des Mangels

§§ 327d–327h BGB enthalten spezielle Regelungen für den Fall einer mangelhaften 436 Leistung. § 327e BGB ist hierbei weitestgehend § 434 BGB (dazu ausführlich → Rn. 582) und § 475b BGB (dazu ausführlich → Rn. 619) nachgebildet, so dass hier nur die Unterschiede dargestellt werden.

Zur Beschaffenheit werden nach § 327e II Nr. 1 a), III Nr. 2 BGB auch **Funktionalität** 437 (Erfüllung der Funktionen), **Kompatibilität** (Funktion mit anderer Hard- und Software, mit der in der Regel digitale Produkte genutzt werden) und **Interoperabilität** (Funktion mit anderer Hard- und Software, auf die das nicht zutrifft) gezählt.

> **Beispiel**: U stellt V die erworbene Software für ein WLAN-Gerät zur Verfügung, doch kann diese die Verstärkerstationen nicht ansteuern.

An die Stelle der „Montageanforderungen" des § 434 BGB rücken nach § 327e IV BGB 438 die **Integrationsanforderungen**, also die Verbindung und Einbindung des digitalen Produkts in die digitale Umgebung des Verbrauchers.

> **Beispiel**: U stellt V die erworbene Software für ein WLAN-Gerät bereit, doch V kann diese nicht installieren, da die Installationsanleitung fehlerhaft ist, § 327e IV Nr. 2 BGB.

Wichtigste Ergänzung des Mangelbegriffs ist die in § 327f BGB geregelte und in 439 §§ 327e II S. 1 Nr. 3, 327e III S. 1 Nr. 5 BGB in Bezug genommene **Aktualisierungspflicht**. Hiernach muss der Unternehmer während des **Bereitstellungszeitraums** (§ 327f I S. 3 Nr. 1 BGB), ansonsten während des Zeitraums, den der Verbraucher objektiv erwarten kann (§ 327f I S. 3 Nr. 2 BGB) Aktualisierungen bereitstellen und den Verbraucher hierüber informieren.

440 Wie auch beim Verbrauchsgüterkauf trifft den Verbraucher eine **Aktualisierungsob-liegenheit** (dazu → Rn. 621). Konsequenterweise ist eine Haftung des Unternehmers ausgeschlossen, falls die Aktualisierung vom Verbraucher unterlassen, aber vom Unternehmer bereitgestellt und der Verbraucher hierüber informiert wurde, § 327f II BGB.

441 Maßgeblicher Zeitpunkt für das Vorliegen eines Mangels ist nicht der Gefahrüber-gang, sondern die Bereitstellung des digitalen Produkts oder, bei dauerhafter Bereit-stellung, der Bereitstellungszeitraum.

442 Für **Beschaffenheitsvereinbarungen** gelten nach § 327h BGB die gleichen Grundsät-ze wie im Verbrauchsgüterkaufrecht (dazu → Rn. 637 f.).

10.8.4.3.2 Mängelrechte

443 In § 327i BGB werden die Rechte des Verbrauchers bei Mängeln aufgezählt. Diese sind weitgehend identisch mit den in § 437 BGB für den Kaufvertrag genannten, wobei an die Stelle des Rücktritts die Beendigung tritt.

444 Wie auch nach § 439 BGB kann der Verbraucher vom Unternehmer Nacherfüllung verlangen, § 327l BGB. Allerdings darf der Unternehmer (anders als im Kaufrecht, § 439 I BGB) die Wahl treffen, wie die Nacherfüllung erfolgt. Ebenfalls anders als im Kaufrecht kommen §§ 275 II, III BGB nicht zur Anwendung; vielmehr kann die Leistung nur bei **Unmöglichkeit** oder **Unverhältnismäßigkeit** nach Maßgabe von § 327l II BGB verweigert werden.

445 Darüber hinaus kann der Verbraucher nach § 327m BGB den Vertrag beenden oder Schadensersatz statt der Leistung verlangen. Es gelten dieselben Grundsätze wie nach § 475d BGB (dazu → Rn. 625 ff.). Falls **Daten** die Gegenleistung bilden, kann die Been-digung und der Schadensersatz statt der Leistung auch gefordert werden, wenn der Mangel unerheblich ist, § 327m II S. 2 BGB, da in diesem Fall die sonst zur Verfügung stehende Minderung nach § 327n BGB nicht sinnvoll durchgeführt werden kann.

446 Die Rechtsfolgen der Vertragsbeendigung werden in § 327o BGB ausgeführt. Hier kommt zum Ausdruck, dass die Beendigung einen Vertrag mit **punktueller Bereit-stellung** aber auch einen Vertrag mit **dauerhafter Bereitstellung** betreffen kann. Bei einer nur punktuellen Bereitstellung gleichen die Rechtsfolgen weitestgehend dem Rücktritt, § 327o II BGB.

447 Im Fall einer dauerhaften Bereitstellung erlöschen nicht nur die Leistungspflichten für die Zukunft, sondern auch für die Vergangenheit und zwar für den Zeitraum, in dem das Produkt mangelhaft war. Bereits geleistete Zahlungen hat der Unterneh-mer nach Maßgabe des § 327o IV, V BGB zu erstatten.

> **Beispiel**: Bei einem Software-as-a-Service (SaaS) Vertrag über 10 Monate stellt sich heraus, dass die Software über 6 Monate hinweg mangelhaft war. Die erbrachte Gegenleistung kann zurückgefordert werden.

448 Nach erfolgter Vertragsbeendigung darf der Verbraucher das digitale Produkt nicht weiternutzen, § 327p I BGB. Auch darf der Unternehmer nicht personenbezogene Daten (vgl. Art. 4 Nr. 1 DSGVO), die durch den Verbraucher zur Verfügung gestellt wurden, nach Vertragsbeendigung nicht weiter nutzen. Dies gilt ausnahmsweise

dann nicht, wenn die Daten nur im Zusammenspiel mit den digitalen Produkten einen Nutzen haben oder mit diesem zusammenhängen (§ 327p II S. 2 Nr. 1, Nr. 2 BGB) oder vom Unternehmer so aggregiert wurden, dass sie nicht mehr ohne unverhältnismäßigen Aufwand getrennt werden können (§ 327p II S. 2 Nr. 3 BGB) oder vom Verbraucher gemeinschaftlich mit anderen erzeugt wurden und eine Weiternutzung durch diese anderen Verbrauchern möglich ist (§ 327p II S. 2 Nr. 4 BGB). Sollten diese Ausnahmen nicht eingreifen, so besteht eine **Herausgabepflicht** des Unternehmers, § 327p III S. 1 BGB.

10.8.4.3.3 Sonderbestimmungen für Verjährung und Beweislastumkehr

Die Verjährung wird nach § 327j I BGB für alle in § 327i BGB genannten Rechte auf zwei Jahre festgelegt. Im Übrigen gelten die gleichen Grundsätze wie nach § 475e BGB (dazu → Rn. 631 ff.).   **449**

Auch die Beweislastumkehr des § 477 BGB findet sich in § 327k BGB weitestgehend wieder (dazu → Rn. 643 ff.). Falls aber der Unternehmer den Verbraucher über die technischen Anforderungen der digitalen Produkte an die digitale Umgebung des Verbrauchers und über sämtliche Mitwirkungshandlungen des Verbrauchers informiert hat (§ 327k IV BGB) und die digitalen Produkte mit der Umgebung gleichwohl nicht kompatibel waren oder dies aufgrund einer fehlenden Mitwirkungshandlung des Verbrauchers nicht festgestellt werden kann (§ 327k III BGB), so soll die Vermutung nicht eingreifen.   **450**

10.8.5 Verhältnis zum Datenschutzrecht

Der Verbraucher kann durch die Ausübung seiner Rechte nach dem **Datenschutzrecht** die sinnvolle Durchführung eines Vertrags zur dauerhaften Bereitstellung oder eine Reihe von punktuellen Bereitstellungen digitaler Produkte verhindern, etwa indem er der Verarbeitung seines Namens durch ein soziales Netzwerk widerspricht.   **451**

§ 327q I BGB stellt daher klar, dass der Vertrag in diesem Fall zwar wirksam bleibt, dass er aber vom Unternehmer außerordentlich gekündigt werden kann, § 327q II BGB. Ersatzansprüche des Unternehmers sind ausgeschlossen, § 327q III BGB, da der Verbraucher frei darin ist, seine Erklärungen auszuüben.   **452**

10.8.6 Grenzen für abweichende vertragliche Vereinbarungen

10.8.6.1 Allgemeine Grenzen für abweichende vertragliche Vereinbarungen

§ 327s BGB erklärt die §§ 327 ff. BGB für zwingendes Recht. Die Norm ist § 476 I BGB nachgebildet, auf welchen hier verwiesen werden kann (→ Rn. 642).   **453**

10.8.6.2 Besondere Grenzen für Änderungen an digitalen Produkten

In jedem Fall ist der Unternehmer zu **Änderungen an digitalen Produkten** befugt, welche zur Aufrechterhaltung des vertragsgemäßen Zustands der digitalen Produkte dienen, § 327r I Var. 1 BGB.   **454**

Darüber hinaus ist er zur Vornahme von Änderungen nur befugt, wenn dies vertraglich vorgesehen ist, dem Verbraucher keine zusätzlichen Kosten entstehen und er über diese Änderungen informiert wird, § 327r I Var. 2 Nr. 1–3 BGB.   **455**

456   Ist mit einer solchen Änderung eine **Beeinträchtigung der Nutzungs- oder Zugriffs-möglichkeit** verbunden, so muss der Unternehmer mittels dauerhaftem Datenträger und innerhalb angemessener Frist über die Änderung und die Rechte des Verbrauchers nach § 327r III, IV BGB informieren.

457   Dem Verbraucher steht bei einer Information über eine solche Änderung das Recht zu, den Vertrag innerhalb von 30 Tagen nach Zugang der Information oder nach vorgenommener Änderung zu **beenden**.

10.8.7 Sonderbestimmungen für Verträge zwischen Unternehmern

458   Sollte ein Unternehmer einen Vertrag über digitale Produkte mit einem Verbraucher abschließen und zur Erfüllung dieses Vertrags seinerseits einen Vertrag mit einem Unternehmer (**Vertriebspartner**) abschließen, so unterliegt auch dieser Vertrag zwingenden gesetzlichen Regelungen nach § 327u BGB.

459   Der Unternehmer kann aus einem solchen Vertrag gegen den Vertriebspartner Regress nehmen für die Aufwendungen, die er im Verhältnis zum Verbraucher nach § 327c I S. 1 BGB (Nichtleistung) und § 327l I BGB (Nacherfüllung) zu tragen hat, letzteres aber nur, wenn der Mangel bereits bei der Bereitstellung durch den Vertriebspartner vorhanden war oder in der Verletzung einer Aktualisierungspflicht begründet liegt.

460   Die Verjährungsfrist für diese Ansprüche beträgt nach § 327u II BGB sechs Monate. Sie beginnt bei der Nichtleistung mit der Beendigungserklärung (§ 327r II Nr. 1 BGB) und bei Nacherfüllung mit Erfüllung der Aufwendungsersatzansprüche (§ 327r II Nr. 2 BGB).

461   Dem Unternehmer kommt die Beweislastumkehr des § 327k BGB zugute (vgl. dazu → Rn. 453).

462   Auch erklärt § 327u IV BGB diese Rechte für unabdingbar, was bei Verträgen zwischen Unternehmern atypisch ist.

463   § 327u VI BGB erstreckt die genannten Regelungen schließlich auf alle anderen Verträge in einer Vertriebskette.

464

Kontrollfragen und Aufgaben	
1. Muss für die Anwendbarkeit der §§ 327 ff. BGB die Gegenleistung zwingend in Geld bestehen?	→ Rn. 426
2. Welches Recht rückt bei den §§ 327 ff. BGB an die Stelle von Rücktritt und Kündigung?	→ Rn. 431
3. Wann dürfen digitale Produkte abgeändert werden?	→ Rn. 454 ff.

Aufgabe (Leistungsniveau: Bachelorstudiengang)
Verbraucher V erwirbt von Unternehmer U eine Software-as-a-Service (SaaS) Lösung für einen Zeitraum von 20 Monaten für 100 € pro Monat. Im zehnten Monat stellt sich heraus, dass das Nichtfunktionieren der Software auf einen Programmierfehler zurückzuführen ist. V will den Vertrag beenden und verlangt nach erfolgloser Nachfristsetzung Rückerstattung von gezahlten 2.000 €.
Lösung Nach § 327o III S. 2 BGB kann V nach erfolgter Beendigungserklärung für die Vergangenheit Rückerstattung der Zahlungen beanspruchen, soweit die Sache im Zeitraum der Breitstellung mangelhaft war, § 327o III S. 1 BGB. Allerdings greift hierfür die Vermutung des § 327k II BGB ein.

10.9 Die Beteiligung mehrerer am Schuldverhältnis

	Gläubigerseite		Schuldnerseite	
Gläubigerwechsel	**Gläubigermehrheit**	**Schuldnerwechsel**	**Schuldnermehrheit**
Abtretung § 398 BGB Sonderformen, zB Sicherungsabtretung, Globalabtretung, Factoring	• Gesamtgläubiger §§ 420 ff. BGB • Teilgläubiger § 420 BGB • Vertrag zugunsten Dritter § 328 BGB • Vertrag mit Schutzwirkung zugunsten Dritter, § 328 BGB entsprechend	• Schuldübernahme • Vermögensübernahme	• Gesamtschuldner §§ 421 ff. BGB • Teilschuldner § 420 BGB

10.9.1 Beteiligung Dritter am Schuldverhältnis

10.9.1.1 Vertrag zugunsten Dritter (§ 328 BGB)

Wenn jemand sich eine Leistung an einen Dritten versprechen lässt, führt dies idR **465** zu einem Rechtsverhältnis mit diesem Dritten, das der Versprechensempfänger bereits begründet hat oder noch begründen soll. Der Versprechensempfänger will etwa dem Dritten etwas schenken oder eine Verbindlichkeit gegenüber dem Dritten erfüllen.

§ 328 BGB eröffnet den Parteien die Möglichkeit, einen Vertrag mit der Bestimmung zu schließen, dass die vertragliche Leistung einer Partei nicht der anderen Partei, sondern einem Dritten zukommen soll. Begrifflich ist dabei zwischen folgenden Personen zu differenzieren:

- Demjenigen, der die Leistung an den Dritten zu erbringen hat = **Versprechender.**
- Demjenigen, der sich die Leistung an den Dritten versprechen lässt = **Versprechensempfänger.**
- Demjenigen, der die Leistung letztlich bekommen soll = **Dritte.**

Tonner

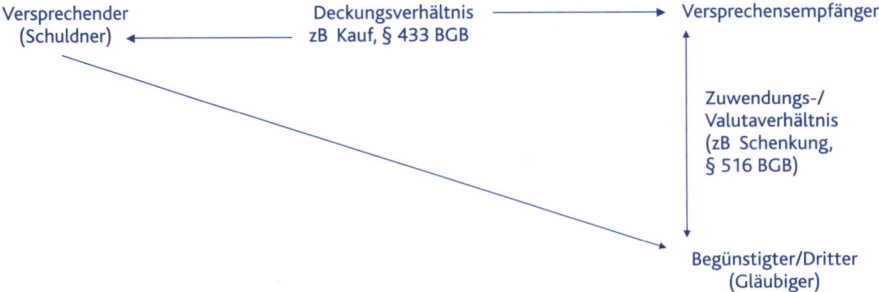

Beim Vertrag zugunsten Dritter unterscheidet man zwischen echtem und unechtem Vertrag zugunsten Dritter:

Echter Vertrag zugunsten Dritter:	Unechter Vertrag zugunsten Dritter:
Dem Dritten wird ein eigener Erfüllungsanspruch gegen die verpflichtete Partei zugewandt	Die Parteien bestimmen zwar, dass der Dritte die Leistung bekommen soll; der Dritte soll aber nicht aus eigenem Recht Erfüllung beanspruchen können

466 Beim echten Vertrag zugunsten Dritter ist zwischen **zwei Rechtsverhältnissen** zu unterscheiden:

1. Das Rechtsverhältnis zwischen **Versprechendem** und Versprechensempfänger (= Vertrag zugunsten Dritter), das als **Deckungsverhältnis** bezeichnet wird und

2. das Rechtsverhältnis zwischen **Versprechensempfänger** und **Drittem**, das man **Valutaverhältnis** nennt.

> **Beispiel**: A will, dass sein minderjähriger Sohn S frühzeitig Vermögen für sein künftiges Studium bildet. Er richtet bei der Bank B ein Sparkonto auf den Namen des S ein mit der Bestimmung, dass der Auszahlungsbetrag S an dessen 18. Geburtstag ausgezahlt wird.
>
> A hat mit B einen Sparvertrag geschlossen (Gelddarlehen nach § 488 BGB → Rn. 682 ff.). Ob S aus diesem Sparvertrag einen eigenen Leistungsanspruch erworben hat, beurteilt sich nach § 328 II BGB. A und B haben ihren Willen zum Ausdruck gebracht, dass S auch selbstständig forderungsberechtigt sein soll, sobald die Auszahlungsvoraussetzungen erfüllt sind. S hat damit gegen B einen Auszahlungsanspruch aus §§ 328 II, 488 I 2 BGB. Das Deckungsverhältnis ist hier der Sparvertrag zwischen A und B; das Valutaverhältnis ist eine Schenkung von A an S nach § 516 I BGB.
>
> Weitere typische Fälle eines echten Vertrages zugunsten Dritter findet man im Bereich der Pauschalreisen, bei dem der Reisende einen direkten Anspruch gegen das Hotel oder die Fluggesellschaft erhält oder im Bereich der Versicherungen, wo Versicherungsnehmer und Begünstigter oft auseinander fallen.

Beim echten Vertrag zugunsten Dritter ist zwar in erster Linie der Dritte berechtigt, die Leistung zu verlangen. Der Versprechende, der diesem gegenüber aber möglicherweise im Obligo ist, weil er ihm ein Schenkungsversprechen gemacht hat, ist aber nach § 335 BGB im Zweifel selbst berechtigt, die Leistung an den Dritten zu fordern.

Der Dritte erhält aber niemals ein besseres Recht als der Versprechensempfänger. Denn der Versprechende kann die Einwendungen aus dem Deckungsverhältnis auch dem Dritten entgegensetzen, vgl. § 334 BGB.

Dagegen hat beim unechten Vertrag zugunsten Dritter der Dritte keinen eigenen Anspruch gegen den Schuldner.

> **Beispiel**: Unternehmer U befindet sich in Zahlungsschwierigkeiten, da seine Bank B ihm völlig unerwartet die Kreditlinie gekürzt hat und er über Nacht 125.000 EUR auftreiben muss, die er der Bank schuldet. Lieferant L erklärt sich
>
> dem U gegenüber bereit, für diesen Betrag aufzukommen, weil U früher einmal seinerseits dem L in einer ähnlichen Situation geholfen hat.
>
> Hier hat die Bank B keinerlei eigene Ansprüche gegen L. Es handelt sich hier um eine rein interne Angelegenheit zwischen U und L. Damit handelt es sich um einen unechten Vertrag zugunsten Dritter, vgl. auch § 329 BGB.

10.9.1.2 Vertrag mit Schutzwirkung zugunsten Dritter

Der gesetzlich nicht geregelte Fall des Vertrages mit Schutzwirkung zugunsten Dritter wird in entsprechender Anwendung des § 328 BGB behandelt. Aus einem Schuldverhältnis können den Parteien unterschiedliche vertragliche Pflichten, aber auch allgemeine Rücksichtnahmepflichten nach § 241 II BGB, erwachsen. So hat der Vermieter dafür Sorge zu tragen, dass dem Mieter aus dem Gebrauch der Mietsache keine Schäden entstehen. Ein Dritter kann in den vertraglichen Schutz einbezogen werden, wenn dies den Interessen der Vertragsparteien entspricht. So liegt es im Interesse des Mieters, dass bei Personen-, Sach- oder Vermögensschäden, die im Rahmen des Mietverhältnisses entstehen, auch seine mitwohnenden Familienangehörigen, aber möglicherweise auch Besucher die gleichen Schutzrechte genießen wie er selbst. Kommt beispielsweise das Kind des Mieters auf einer schadhaften Flurtreppe zu Fall, möchte der Mieter für dieses Ereignis die gleiche Rechtsposition haben wie bei einem eigenen Schaden. Das Interesse des Gläubigers an der Einbeziehung von Dritten in den Schutzbereich eines Vertrages besteht insbesondere, wenn das Deliktsrecht der §§ 823 ff. BGB nur unzureichenden Rechtsschutz gewährt.

467

> **Beispiel**: Gutachter G erstattete im Auftrag der Verkäuferin V dieser ein Wertgutachten über den Wert ihres Hauses, wobei er den Zweck des Gutachtens, die Vorlage bei Verkaufsverhandlungen, kannte. Das Gutachten wird vom Angestellten A des G erstellt. Bei der Besichtigung des Hauses hat A auf die Besichtigung des nur schwer zugänglichen Dachbodens verzichtet, weil er eine Sanierungsbedürftigkeit des Dachstuhles für ausgeschlossen hielt. Käufer K, dem das Wertgutachten von der V vorgelegt wurde, erwirbt das Grundstück, unter Ausschluss der Haftung des Veräußerers für sichtbare und unsichtbare Mängel.
>
> G und A wussten, dass das Gutachten (= Werkvertrag nach § 631 BGB) zum Zwecke von Verkaufsverhandlungen gemacht wurde und dass potenzielle Käufer ihre Kaufentscheidung auch vom Inhalt des Gutachtens abhängig machen würden. K möchte

wissen, ob er seinen Schaden von G ersetzt verlangen kann. Als Anspruchsgrundlage kommt ein Schadensersatzanspruch nach § 280 I iVm §§ 634, 328 BGB in Betracht.

Geht man davon aus, dass K selbst den G nicht beauftragt hat, so hätte er keine eigene vertragliche Anspruchsgrundlage für seinen Vermögensschaden. Ein gesetzlicher Anspruch nach § 823 I BGB scheitert zum einen daran, dass diese Vorschrift nur absolute Rechte wie das Leben oder das Eigentum, nicht aber den bloßen Vermögensschaden schützt, → Rn. 755. Darüber hinaus ist die Haftung für Gehilfen im Deliktsrecht unzureichend geregelt. Nach § 831 I 2 BGB ist die Haftung für den „Verrichtungsgehilfen" ausgeschlossen, soweit der Geschäftsherr den Entlastungsbeweis führt, dh nachweisen kann, dass er den Verrichtungsgehilfen verkehrsüblich ausgewählt und überwacht hat.

468 Wegen der Unzulänglichkeiten des Deliktrechts will die Rechtsprechung diejenigen Dritten in den Schutzbereich eines Vertrages einbeziehen, die mit der Leistung des Schuldners erkennbar in Berührung kommen und für deren Schutz der Gläubiger verantwortlich ist (so zB BGHZ 49, 353; BGH NJW 2018, 241). Ein Vertrag mit Schutzwirkung zugunsten Dritter hat folgende vier Voraussetzungen:

(1) **Leistungsnähe des Dritten:** der Dritte muss den Gefahren genauso ausgesetzt sein wie der Vertragspartner. Um den Haftungsbereich des Schuldners nicht uferlos auszudehnen, muss der Personenkreis für den Schuldner überschaubar sein. Der Dritte muss bestimmungsgemäß mit der Leistung ebenso in Berührung kommen wie der Gläubiger selbst.

(2) **Gläubigernähe des Dritten:** der Gläubiger muss ein Interesse an der Einbeziehung des Dritten in den vertraglichen Schutzbereich haben. Dies wurde ursprünglich nur angenommen, soweit der Gläubiger für das „Wohl und Wehe" des Dritten verantwortlich ist, zB bei Familienangehörigen oder Arbeitnehmern (vgl. BGHZ 56, 273). Neuerdings wird das Drittinteresse aber auch bei sonstigen vertraglichen oder geschäftlichen Beziehungen zwischen Gläubiger und Drittem anerkannt (vgl. BGHZ 127, 378 zu Gutachten mit Drittbeziehung).

(3) **Erkennbarkeit der Schutzpflicht für den Schuldner:** der Dritte muss dem Schuldner nicht namentlich bekannt sein, er muss aber erkennen können, dass Dritte bei einer Schutzpflichtverletzung geschädigt werden können.

(4) **Schutzbedürftigkeit des Dritten:** der Dritte hat ohne das Rechtsinstitut des Vertrages mit Schutzwirkung zugunsten Dritter keinen inhaltsgleichen Anspruch gegen den Gläubiger, vgl. BGHZ 129, 169. Zum Verhältnis zu § 311 III BGB vgl. Grüneberg/*Grüneberg* § 311 Rn. 60 mwN.

Diese Voraussetzungen sind im Beispielfall gegeben:

Die Leistungsnähe besteht deshalb, weil das Gutachten nicht nur für den Verkäufer, sondern auch für den Käufer von Interesse ist.

Die Gläubigernähe resultiert aus der Vertragsbeziehung zwischen Verkäufer als Gläubiger und Käufer als Drittem.

Die Erkennbarkeit des Drittinteresses ist zu bejahen, weil das Gutachten vereinbarungsgemäß zum Zwecke des Verkaufs bestimmt war und eine Schutzbedürftigkeit des Dritten besteht deshalb, weil der Käufer keinen ausreichenden deliktischen Anspruch gegen G besitzt und im Hinblick auf das fehlerhafte Gutachten auch keine Ansprüche gegen V bestehen.

10.9.2 Gläubigerwechsel

Der Gläubigerwechsel geschieht idR durch ein Rechtsgeschäft, die Abtretung nach §398 BGB. Daneben gibt es auch Forderungsübergänge kraft Gesetzes, etwa nach §426 II BGB, oder durch staatlichen Hoheitsakt, zB bei Pfändung eines Lohnanspruchs durch Gerichtsentscheid. **469**

10.9.2.1 Voraussetzungen der Abtretung

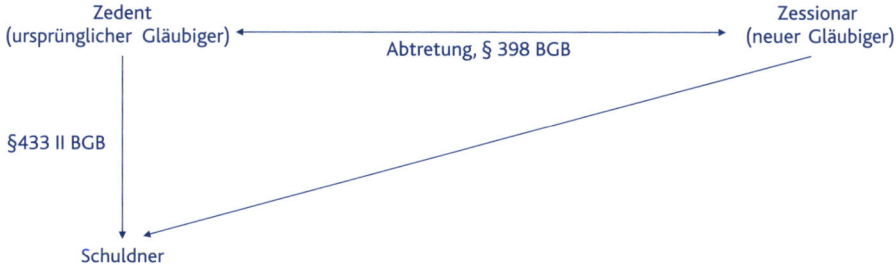

Voraussetzungen einer wirksamen Abtretung sind:

(1) **Dinglicher Abtretungsvertrag** (Verfügungsgeschäft, vergleichbar der Übereignung einer beweglichen Sache nach §929 BGB) über eine Forderung: Der abtretende Altgläubiger (Zedent) und der Neugläubiger (Zessionar) einigen sich darüber, dass die Forderung gegenüber dem Schuldner zukünftig dem Zessionar zustehen soll. An der Abtretung sind regelmäßig nur der Zedent und der Zessionar, nicht aber der Schuldner beteiligt. Als Verfügungsgeschäft bedarf die Abtretung eines Rechtsgrundes dh eines wirksamen Verpflichtungsgeschäfts. Als Verpflichtungsgeschäft kommen zB ein Kaufvertrag oder ein Schenkungsvertrag in Betracht. Die Wirksamkeit der Abtretung ist von der Wirksamkeit des Verpflichtungsgeschäfts streng zu trennen (vgl. Grüneberg/*Grüneberg* §398 Rn. 3.).

> **Beispiel**: V verkauft K eine Forderung, die ihm gegen A zusteht, und tritt sie gem. §398 BGB ab. Ficht V den Kaufvertrag wirksam gem. §§119 I, 142 I BGB an, so ist die Abtretung gleichwohl wirksam. Allerdings kann V von K die Rückabtretung nach §812 I 2 BGB verlangen.

(2) **Übertragbarkeit der Forderung,** §§399, 400 BGB: Forderungen sind nach §399 BGB grds. unabtretbar, wenn Schuldner und Altgläubiger ein Abtretungsverbot vereinbart haben. Eine Unabtretbarkeit kraft Abtretungsverbots ist häufig in Allgemeinen Geschäftsbedingungen vorgesehen. Der Schuldner will dadurch die Probleme vermeiden, die sich aus der Ungewissheit über die Person des Gläubigers für ihn ergeben können. Ein derartiges Abtretungsverbot bewirkt allerdings auch, dass der Gläubiger die Forderung nicht mehr als Kreditunterlage

verwenden kann, weil er sie dem Kreditinstitut nicht als Sicherheit abtreten kann. Daher sind im Handelsverkehr Forderungsabtretungen nach § 354a HGB grds. auch dann möglich und wirksam, wenn ein rechtsgeschäftliches Abtretungsverbot vereinbart worden war.

Anstelle eines Abtretungsverbots kann auch vereinbart werden, dass die Abtretung der Zustimmung des Schuldners bedarf. Nach § 399 BGB führt eine derartige Vereinbarung zur Unwirksamkeit von dennoch vorgenommenen Abtretungen.

Kraft Gesetzes ist die Abtretung von unpfändbaren Forderungen ausgeschlossen, § 400 BGB. Die Abtretung ist auch dann ausgeschlossen, wenn das Gesetz ausdrücklich eine andere Form der Übertragung bestimmter Forderungen vorsieht. Das gilt etwa für die in einem Inhaberpapier verbriefte Forderung, §§ 793 ff. BGB. Die Forderung steht dem Eigentümer der Urkunde zu.

(3) Der Zedent muss **Inhaber einer bestehenden Forderung** sein. Die Forderung muss im Zeitpunkt der Abtretung dabei zumindest bestimmbar sein, zB bei der Abtretung künftiger Forderungen.

> **Beispiel**: Der Zedent tritt seinen Darlehensrückzahlungsanspruch an einen Gläubiger ab.

10.9.2.2 Rechtsfolgen der Abtretung

470 Hauptwirkung der Abtretung ist die Übertragung der Gläubigerstellung vom Zedenten auf den Zessionar ohne Mitwirkung des Schuldners. Dabei ändert sich die Forderung nicht. Der Schuldner kann also alle Einwendungen gegen den Altgläubiger auch gegenüber dem Neugläubiger geltend machen, vgl. § 404 BGB.

> **Beispiel**: Der Bauunternehmer tritt seine Werklohnforderung gegen einen Bauherrn an seine Hausbank ab. Der Bauherr fordert einen Monat später wegen erheblicher Baumängel Minderung des Werklohns nach § 634 Nr. 3 iVm § 638 BGB.

Da die Forderung so übergeht, wie sie in der Person des Zedenten bestand, bleiben auch die Einwendungen und Einreden – wie hier die Mängelhaftungsrechte aus dem Werkvertrag – gegenüber dem Zessionar bestehen. Anders verhält es sich bei Gestaltungsrechten, wie zB der Anfechtung. Diese verbleiben beim Zedenten, sodass der Schuldner sie gegenüber diesem geltend machen muss.

471 Zu den Nebenwirkungen der Abtretung gehört, dass die für die abgetretene Forderung bestellten Sicherheiten mit übergehen, § 401 BGB. Das gilt allerdings nicht für das zur Sicherung einer Forderung übertragene Sicherungseigentum, weil es rechtlich nicht als Sicherheit, sondern als eine Vollrechtsübertragung qualifiziert wird. Der Zedent hat aber regelmäßig eine schuldrechtliche Übereignungspflicht aus dem der Abtretung zugrunde liegenden Verpflichtungsgeschäft. Zu den Nebenwirkungen einer Abtretung gehört schließlich der Auskunftsanspruch des Zessionars gegenüber dem Zedenten (§ 402 BGB).

Im Hinblick auf die fehlende Einflussmöglichkeit des Schuldners sind in den §§ 404 ff. BGB **Schutzvorschriften zugunsten des Schuldners** vorgesehen:

(1) Nach § 404 BGB kann der Schuldner seine Einwendungen gegenüber dem Zedenten auch gegenüber dem Zessionar geltend machen.

(2) Der Schuldner kann nach § 406 BGB mit einer ihm gegenüber dem Zedenten zustehende Forderung auch dem Zessionar gegenüber aufrechnen, sofern er bei Erwerb seiner Forderung nicht bereits Kenntnis von der Abtretung hatte.

(3) Nach § 407 BGB muss der Zessionar Leistungen des Schuldners an den Zedenten gegen sich gelten lassen, sofern er bei Erwerb seiner Forderung nicht bereits Kenntnis von der Abtretung hatte.

10.9.2.3 Besondere Formen der Abtretung im Rahmen der Kreditsicherung

Im Wirtschaftsleben ist die Abtretung von Forderungen ein wichtiges Kreditsicherungsmittel. Regelmäßig vereinbaren Zedent und Zessionar dann, dass Forderungen zB zur Sicherheit oder global abgetreten werden (dazu näher *Güllemann*, Kreditsicherungsrecht, 2018, S. 55 ff.). 472

Die Sicherungsabtretung ist ein Mittel der Kreditsicherung. Im Geschäftsverkehr tritt der Käufer seinem Lieferanten zur Sicherung von dessen Kaufpreisforderungen seine eigenen Kaufpreisansprüche aus der Weiterveräußerung der Waren gegen seine Kunden ab. Es wird vereinbart, dass der Verkäufer die Abtretung gegenüber den Kunden erst dann offen legt, wenn der Käufer seinen Verpflichtungen gegenüber dem Verkäufer nicht nachkommt. Der Käufer hat bis dahin eine Einziehungsermächtigung iSv § 185 BGB. Er ist ermächtigt, die Forderungen für den Verkäufer bis zum Eintritt der Bedingung im eigenen Namen einzuziehen, vgl. hierzu Grüneberg/ *Grüneberg* § 398 Rn. 29. 473

Die Abtretung künftiger Forderungen wird als wirksam anerkannt, auch wenn noch gar kein Rechtsverhältnis zwischen dem Gläubiger und dem potenziellen Schuldner besteht.

Werden Forderungen zur Sicherheit im Voraus still abgetreten, so geschieht das meist im Wege einer Globalabtretung: Der Gläubiger tritt Forderungen gegen eine Vielzahl von Schuldnern (zB die Kunden mit den Anfangsbuchstaben A–M) an seinen Lieferanten ab. Die Bestimmbarkeit einer derartigen Abtretung wird bejaht bei allen Forderungen aus einem Geschäftsbetrieb während eines bestimmten Zeitraumes. Sie geschieht häufig in der Form der sog. **Mantelzession.** Der Zedent verpflichtet sich zur Übergabe von Schuldnerlisten. Erst mit deren Übergabe wird die Zession wirksam, weil erst ab dem Zeitpunkt die Forderung bestimmbar ist. 474

Beim **Factoring** überträgt ein Unternehmer seine Forderungen gegen seine Abnehmer durch Global- oder Mantelzession auf eine Bank bzw. ein ähnliches Finanzierungsinstitut **(Factor)**. Nach Entstehung der Forderung zahlt der Factor deren Gegenwert, vermindert um seine Provision, an den Unternehmer und zieht die Forderung ein. Beim echten Factoring übernimmt der Factor auch das Risiko der Zahlungsunfähigkeit des Schuldners der Forderung. Beim **unechten** Factoring werden die Forderungen nur erfüllungshalber (→ Rn. 487 ff.) an den Factor abgetreten. 475

Die Inkassozession ähnelt der Sicherungszession. Anders als bei jener tritt bei der Inkassozession der Zedent die Forderung an den neuen Gläubiger lediglich zu dem Zweck ab, dass dieser sie für ihn einzieht. Die Inkassozession dient im Gegensatz zur Sicherungsabtretung nicht dem Interesse des Zessionars, sondern dem des Zedenten. 476

Tonner

> **Beispiel**: Der Händler überträgt seine ausstehenden Forderungen gegen seine Kunden an ein Inkassobüro. Dieses wird Gläubiger der Forderungen und kann sie im eigenen Namen einklagen.

10.9.2.4 Gesetzlicher Forderungsübergang

477 Fälle des gesetzlichen Forderungsübergangs sind zB §§ 268 III, 426 II oder 774 BGB.

> **Beispiel**: Der Bürge befriedigt den Gläubiger. Die Forderung gegen den Schuldner geht nach § 774 BGB auf ihn über.

Der gesetzliche Forderungsübergang findet ferner Anwendung beim Übergang von Schadensersatzansprüchen auf den Versicherer bzw. öffentlich-rechtlichen Versicherungsträger, § 86 VVG bzw. § 116 SGB X.

Der Gesetzgeber regelt in § 412 BGB den gesetzlichen Forderungsübergang durch Verweisung auf die entsprechende Anwendung der Vorschriften über die vertragliche Abtretung. Daher sind zB die Schuldnerschutzvorschriften der §§ 404, 406 und 407 BGB entsprechend anwendbar.

10.9.2.5 Übertragung anderer Rechte

478 Die Vorschriften über die Abtretung finden auf die Übertragung von anderen übertragbaren Rechten entsprechende Anwendung (§ 413 BGB). Nicht übertragbar sind Familienrechte und Mitgliedschaftsrechte. Übertragbar sind dagegen Gestaltungsrechte wie Aneignung und Wiederkauf sowie Ausübungsrechte höchstpersönlicher Rechte. Während beispielsweise Urheberrechte selbst nicht übertragbar sind, kann deren Ausübung jemand anderem übertragen werden. Ohne eine anderslautende Spezialregelung reicht daher die formlose Einigung über die Übertragung.

10.9.3 Schuldnerwechsel

479 Der Schuldnerwechsel geschieht durch Schuldübernahme. Diese kann entweder durch Vertrag zwischen dem Gläubiger und dem Übernehmer gem. § 414 BGB oder durch Vertrag zwischen Schuldner und Übernehmer mit Genehmigung des Gläubigers nach § 415 BGB erfolgen. Die Folge einer Schuldübernahme ist ein Wechsel des Schuldners ohne Veränderung der Forderung des Gläubigers. Nach § 417 BGB behält der Übernehmer alle Einwendungen gegen die Forderung des Gläubigers. Vorhandene Sicherungsrechte erlöschen nach § 418 BGB.

10.9.4 Gesamtschuldnerschaft

10.9.4.1 Außenverhältnis zu den Gläubigern

480 Die bei weitem häufigste Form einer Schuldnermehrheit ist die Gesamtschuldnerschaft. Sie liegt vor, wenn mehrere Schuldner eine Leistung in der Art und Weise zu bewirken haben, dass der Gläubiger sie nach seinem Belieben von jedem Schuldner ganz oder teilweise fordern kann, § 421 BGB. Mit der Leistung durch einen Schuldner werden auch die anderen befreit (§ 422 I BGB). Die Gesamtschuld ist also für den Gläubiger die sicherste Form der Verpflichtung mehrerer: Ist nur einer der

Schuldner leistungsfähig, wird der Gläubiger befriedigt, weil ihm die Vermögen sämtlicher Schuldner für den vollen Betrag seiner Forderung haften.

Ein Gesamtschuldverhältnis entsteht durch vertragliche Vereinbarung oder durch gesetzliche Anordnung.

Nach § 427 BGB haften bei gemeinschaftlicher vertraglicher Verpflichtung die   481 Schuldner „im Zweifel" gesamtschuldnerisch. So haften zB Eheleute nach § 427 BGB gesamtschuldnerisch, wenn sie gemeinsam eine Wohnung mieten. Zur gesamt-schuldnerischen Haftung führt gem. § 54 S. 2 BGB auch das Auftreten mehrerer für einen nicht rechtsfähigen Verein. Nach § 840 BGB entsteht gesetzlich eine Gesamt-schuld, wenn mehrere aus einer unerlaubten Handlung nebeneinander verantwort-lich sind. Dies hat praktische Bedeutung zB bei Verkehrsunfällen, für die mehrere Personen verantwortlich sind. Weitere Fälle der Gesamtschuld sieht das Gesetz auch bei Gesamthandsgemeinschaften (§ 705 BGB: BGB-Gesellschaft; § 2258 BGB: Miter-ben; §§ 128, 161 II HGB: Gesellschafter einer OHG und KG; §§ 1437 II 1, 1459 II 1, 1480 BGB: eheliche Gütergemeinschaft).

Voraussetzung einer Gesamtschuldnerschaft sind:

(1) Es besteht ein Anspruch, der sich **gegen mehrere Schuldner** richtet.
(2) Der **Gläubiger darf die Leistung lediglich einmal** fordern.
(3) Es besteht eine **Identität des Leistungsinteresses**. An dieser fehlt es, soweit ein Schuldner lediglich für die Verpflichtung eines anderen einzustehen hat wie im Falle einer Bürgschaft. Nach § 771 BGB kann der Bürge seine Leistung verwei-gern, solange der Gläubiger nicht erfolglos gegen den Schuldner vorgegangen ist. Eine Identität des Leistungsinteresses wird aber bei Schadensersatzansprüchen des Bauherrn gegenüber Architekt und Bauunternehmer bejaht, vgl. BGHZ 51, 275. Die Leistungsinhalte der Verträge sind zwar unterschiedlich, jedoch sind sowohl Architekt wie Bauunternehmer verpflichtet, dem Bauherrn zu einem mangelfreien Gebäude zu verhelfen.

Wird eine Gesamtschuldnerschaft bejaht, hat dies zur Rechtsfolge, dass der Schuld-ner nach Belieben jeden Gesamtschuldner ganz oder teilweise in Anspruch nehmen darf, § 421 S. 1 BGB. Bis zur Bewirkung der ganzen Leistung bleiben sämtliche Schuldner verpflichtet, § 421 S. 2 BGB.

10.9.4.2 Innenverhältnis der Gesamtschuldner

Um zu verhindern, dass derjenige, den der Gläubiger in Anspruch nimmt, auch im   482 Verhältnis der Gesamtschuldner untereinander die Schuld endgültig zu tragen hat, begründet § 426 I BGB ein Ausgleichsschuldverhältnis. Danach sind, soweit nicht ein anderes bestimmt ist, die Gesamtschuldner im Verhältnis zueinander zu gleichen Teilen verpflichtet; § 426 I 1 BGB gibt dem in Anspruch genommenen Schuldner einen selbstständigen Anspruch gegen den/die übrigen Schuldner.

Beispiel: Die Studenten A, B und C bewohnen als Wohngemeinschaft eine Drei-zimmerwohnung. A bezahlt die Miete und hat einen Anspruch gegen die übrigen Mitbewohner.

Tonner

10.9.5 Gesamtgläubigerschaft

483 Bei einer **Gesamtgläubigerschaft** darf jeder der Gläubiger vom Schuldner die gesamte Leistung verlangen; der Schuldner muss nur einmal an einen Gläubiger seiner Wahl leisten (§ 428 BGB), und mit der Leistung an einen Gläubiger wird er von seiner Leistungspflicht befreit (§§ 429 III 1, 422 I 1 BGB).

Die Gesamtgläubigerschaft kann vertraglich vereinbart werden (§ 305 BGB); für sie spricht – anders als für die Teilschuldnerschaft jedoch keine Vermutung; rechtsgeschäftlich wird sie selten begründet; gesetzlich angeordnet ist sie nur im Fall des § 2151 III BGB.

484

Kontrollfragen und Aufgaben	
Welche Hauptpflichten haben die Parteien eines	
1. Welche vertragliche Nebenpflicht hat der Käufer?	→ Rn. 390
2. Nennen Sie allgemeine Nebenleistungspflichten, die die Parteien eines Schuldverhältnisses treffen!	→ Rn. 392 ff.
3. Welcher Leistungsort ist der gesetzliche Regelfall und nach welchen weiteren Leistungsorten differenziert das Gesetz?	→ Rn. 403
4. Was muss der Schuldner bei einer Bringschuld als Leistungshandlung vornehmen?	→ Rn. 403
5. A bestellt bei V für seinen Pkw einen neuen Ersatzreifen Continental SR185. Handelt es sich um eine Stückschuld oder eine Gattungsschuld?	→ Rn. 397 f.
6. Was versteht man unter einem echten Vertrag zugunsten eines Dritten?	→ Rn. 465 f.
7. Was versteht man unter Gesamtschuld?	→ Rn. 480 f.

Aufgabe 1 (Leistungsniveau: Bachelorstudiengang)

K kauft im Internet am 15.6. vom Händler V einen Drucker zu 250 EUR. Dieser wird ihm am 18.5. durch einen Paketdienst zugestellt. Am 22.6. reut ihn der unnötige Kauf. Kann K den Kauf rückgängig machen?

Lösung

Zwischen K und V ist ein Kaufvertrag nach § 433 BGB abgeschlossen worden, auf den die besonderen Verbraucherschutzvorschriften der §§ 312 ff. BGB Anwendung finden könnten. Bejahendenfalls kann K ein Widerrufsrecht nach § 312g I iVm §§ 355, 356 BGB haben.

Es handelt sich um einen Fernabsatzvertrag iSv § 312c BGB:

Es liegt ein Verbrauchervertrag vor, der eine entgeltliche Leistung zum Gegenstand hat, § 312 I BGB. K ist Verbraucher iSv § 13 BGB und V ist Unternehmer iSv § 14 BGB.

Vertragsverhandlung und Vertragsabschluss erfolgten ausschließlich über ein Fernkommunikationsmittel (Internet).

K hat nach § 312g I iVm. § 355 BGB ein Widerrufsrecht, das auch nicht nach § 312g II Nr. 1–13 BGB ausgeschlossen ist.

Die nach § 355 II BGB 14-tägige Widerrufsfrist beginnt gem. § 356 II Nr. 1a BGB, sobald der Verbraucher die Ware erhalten hat.

Die Frist beginnt gem. § 356 III 1 BGB nicht, bevor der V gegenüber A seine Informationspflichten gem. Art. 246a § 1 II 1 Nr. 1 u. § 2 II EGBGB erfüllt und ein Muster-Widerrufsformular nach Anl. 2 in Textform zu Verfügung gestellt hat. Das Widerrufsrecht erlischt gem. § 356 III 2 BGB spätestens 12 Monate und 14 Tage nach Vertragsschluss. Die Frist ist in jedem Fall noch nicht abgelaufen.

Der Widerruf hat nach § 355 I 1 BGB zur Folge, dass der K an seine Willenserklärung nicht mehr gebunden ist. Die Rechtsfolgen bestimmen sich nach §§ 356, 357 BGB.

Ergebnis: K hat ein Widerrufsrecht mit der Folge dass K nach § 355 III iVm. § 357 I BGB den Drucker innerhalb von 14 Tagen gegen Rückzahlung der Kaufpreises zurückgeben darf. Soweit V ihn über die Kostentragungspflicht gem. Art. 246a § 1 II 1 Nr. 2 EGBGB unterrichtet hat, muss K die unmittelbaren Kosten der Rücksendung tragen.

Aufgabe 2 (Leistungsniveau: Bachelorstudiengang)

Die Hauseigentümer A, B und C bestellen gemeinsam beim Ölhändler H 15.000 Liter Heizöl, um günstigere Konditionen zu erhalten. H verlangt von A bei Fälligkeit Bezahlung des Gesamtpreises iHv 9.000 EUR. Dieser weist darauf hin, dass er nur 5.000 Liter erhalten habe. Wie ist die Rechtslage?

Lösung

A, B und C sind im Hinblick auf die gemeinsame Bestellung Gesamtschuldner, vgl. § 427 BGB. Jeder von ihnen schuldet nach § 421 S. 1 BGB die Bezahlung des Gesamtpreises. A muss den gesamten Betrag an H zahlen, hat aber gem. § 426 I BGB einen Ausgleichsanspruch gegen B und C iHv je 3.000 EUR.

11 Beendigung von Schuldverhältnissen

Literatur: *Brox/Walker*, Allgemeines Schuldrecht, 22. Aufl. 2021; *Grüneberg* Kommentar zum Bürgerlichen Gesetzbuch, 81. Aufl. 2022; *Armbruster*, Schuldverträge in Zeiten der Corona-Pandemie; *Rösler*, Grundfälle zur Störung der Geschäftsgrundlage, JuS 2004, 1058; 2005, 27, 120; *Wörlen/Metzler-Müller*, Schuldrecht AT, 16. Aufl. 2022

Beendigung von Schuldverhältnissen							485
Erfül- lung	Leistung an Erfüllungs Statt	Hinterle- gung	Aufrech- nung	Erlass	Rück- tritt	Kündi- gung	
§§ 362 f. BGB	§ 364 BGB	§§ 387 ff. BGB § 397 BGB	§§ 387 ff. BGB § 397 BGB	§ 397 BGB	§§ 346 ff. BGB	z.B § 543 BGB	
Sonstige: Erlöschensgründe (1) Aufhebungsvertrag (2) Störung der Geschäftsgrundlage, § 313 III BGB							

11.1 Erfüllung (§§ 362 BGB)

Wenn in den §§ 362 BGB vom Erlöschen des „Schuldverhältnisses" gesprochen wird, 486 ist damit nur das Schuldverhältnis im engeren Sinn, dh die einzelne Leistung, gemeint. So erlischt der Anspruch des Käufers gegen den Verkäufer nach § 433 I BGB mit der Übereignung der Kaufsache. Gleichwohl bestehen die kaufrechtlichen Gewährleistungsrechte aus dem Schuldverhältnis im weiteren Sinne fort.

Das Schuldverhältnis erlischt insbesondere durch Erfüllung, § 362 BGB. Unter Erfüllung versteht man nach § 362 I BGB die Tilgung der Schuld durch Bewirkung der geschuldeten Leistung an den Gläubiger. Dies erfordert, dass:

(1) der richtige Schuldner,
(2) dem richtigen Gläubiger,
(3) die richtige (= geschuldete) Leistung,
(4) am rechten Ort,
(5) zur rechten Zeit erbringt.

Sofern der Schuldner nicht persönlich zu leisten hat (zB bei einem Konzert eines bestimmten Künstlers oder bei einer individuellen Beratung), kann auch ein Dritter die Leistung erbringen. Umgekehrt kann anstelle des Gläubigers nur dann an einen Dritten geleistet werden, wenn dieser empfangsbevollmächtigt ist.

Im Falle der Erfüllung muss der Gläubiger dem Schuldner auf dessen Verlangen eine Quittung erteilen, § 368 S. 1 BGB. Die Quittung als schriftliches Empfangsbekenntnis legitimiert den Überbringer nach § 370 BGB zum Empfang der Leistung. Wurde ein

Schuldschein über die Forderung ausgestellt, muss der Gläubiger nach § 371 BGB diesen zurückgeben.

11.2 Leistung an Erfüllungs statt (§ 364 I BGB)/Leistung erfüllungshalber (§ 364 II BGB)

487 § 364 BGB behandelt zwei **Erfüllungssurrogate**, dh Tatbestände, die die Erfüllung ersetzen, nämlich die Leistung an Erfüllungs statt und die Leistung erfüllungshalber, die inhaltlich voneinander abzugrenzen sind. Während die **Leistung an Erfüllungs statt** als Erfüllungssurrogat das Schuldverhältnis nach § 364 I BGB zum Erlöschen bringt, lässt die **Leistung erfüllungshalber** das Schuldverhältnis zunächst bestehen und führt erst dann zum Erlöschen des Schuldverhältnisses, wenn sich der Gläubiger aus dem erfüllungshalber Geleisteten befriedigt, indem er zB eine erfüllungshalber geleistete Sache veräußert.

> **Beispiel**: Der Student S ist mit der Miete im Rückstand. Da die Vermieterin V mit Kündigung droht, bietet er eine alte Grafik zur Begleichung der Mietschuld an. Für den Fall, dass die Grafik echt ist, möchte V diese als Mietzahlung annehmen. Nimmt V die Grafik als Leistung an Erfüllungs statt an, führt dies zum Erlöschen der Schuld.

488 Eine Leistung an Erfüllungs statt ist gegeben, wenn der Gläubiger eine andere als die geschuldete Leistung annimmt. Im Falle der Leistung an Erfüllungs statt, etwa bei der Inzahlungnahme eines Gebrauchtwagens, hat der Gläubiger hinsichtlich des ersatzweise angenommenen Gegenstandes, soweit dies nicht vertraglich ausgeschlossen ist, nach § 365 BGB die gleichen Rechte (zB Mängelhaftungsrechte nach §§ 437 ff. BGB) wie gegen den Verkäufer desselben. Will der Schuldner anstatt der geschuldeten Leistung eine andere Leistung erbringen, führt diese Leistung nicht automatisch zur Erfüllung gem. § 362 I BGB. Entscheidend ist, ob der Gläubiger dieses Angebot annimmt. Tut er dies, so erlischt das Schuldverhältnis gem. § 364 I BGB ebenso wie bei der Erfüllung. Im Ausgangsbeispiel wird sich V dies aber genau überlegen, da sie mit der Annahme an Erfüllungs statt ihren Mietanspruch verliert.

489 Demgegenüber liegt bei einer Leistung **erfüllungshalber** nach § 364 II BGB zunächst kein Einverständnis des Gläubigers vor. Bei einer Leistung erfüllungshalber (zB bargeldlosen Zahlungen mit Scheck, Wechsel, Kredit- oder Geldkarte) erhält der Gläubiger eine neue Forderung, die neben die ursprüngliche Forderung tritt. Wird diese neue Forderung erfüllt, erlischt auch die ursprüngliche Forderung. Der Schuldner trägt nach der Wertung des § 270 BGB das Risiko, dass der Gläubiger die geschuldete Leistung erlangt. Anders liegt es bei elektronischen Zahlungssystemen wie **Paypal**. Hier erlangt der Käufer schon mit der Gutschrift auf dem PayPal-Konto des Verkäufers die volle Erfüllung nach § 362 BGB (hM BGH 22.11.2017, NJW 2018, 537).

Von der „typischen" Leistung an Erfüllungs statt ist die *Ersetzungsbefugnis* (lateinisch: *facultas alternativa*) zu unterscheiden. Diese liegt vor, wenn der Schuldner zwar von Anfang an nur eine bestimmte Leistung schuldet, jedoch berechtigt ist, sich von dieser Schuld auch durch eine andere als die geschuldete Leistung zu befreien. Nach hM handelt es sich somit bei der Ersetzungsbefugnis um eine vorweggenommene (**antizipierte**) Vereinbarung einer Leistung an Erfüllungs statt, die unter der Bedingung steht, dass der Schuldner sein Ersetzungsrecht ausübt. Leistet der Schuldner aufgrund einer Ersetzungsbefugnis, so erlischt danach zwangsläufig das Schuldverhältnis gem. § 364 I BGB durch eine Leistung an Erfüllungs statt.

Ob die Parteien eine Leistung an Erfüllungs statt oder eine Leistung erfüllungshalber gewollt haben, ist bei fehlender ausdrücklicher Parteivereinbarung durch Auslegung zu ermitteln. Für diese Auslegung stellt § 364 II BGB eine Auslegungsregel für den Fall zur Verfügung, dass die Leistung des Schuldners darin besteht, dass er dem Gläubiger gegenüber eine neue Verbindlichkeit (zB durch Hingabe eines Schecks oder eines Wechsels) eingeht. Das Gesetz geht in diesem Fall im Zweifel davon aus, dass die Leistung erfüllungshalber erfolgt. In allen anderen Fällen „alternativer Leistungsangebote" hilft das Gesetz nicht weiter. Hier muss die Auslegung dann mithilfe der §§ 133, 157 BGB den wirklichen Willen der Parteien ermitteln. Dabei ist allerdings in erster Linie die Interessenlage des Gläubigers zu beachten, der entsprechend der Wertung des § 364 II BGB regelmäßig nicht bereit sein wird, seine „alte Forderung" gegen eine ungewisse Realisierungschance einzutauschen.

11.3 Hinterlegung

Nur in Ausnahmefällen, kann der Schuldner durch Hinterlegung seiner Verpflichtung nachkommen (§ 372 BGB). **Ein Hinterlegungsgrund** besteht insbesondere bei Annahmeverzug des Gläubigers iSv § 293 BGB (→ Rn. 581). Die Hinterlegung eröffnet dem Schuldner die Möglichkeit, sich von seiner Leistungspflicht auch dann zu befreien, wenn er an der Erfüllung gehindert ist, weil zB der Gläubiger die ihm angebotene Leistung nicht annimmt oder der Schuldner aus von ihm nicht zu vertretenden Gründen nicht genau weiß, wer eigentlich sein Gläubiger ist. § 372 S. 1 BGB räumt dem Schuldner diese Möglichkeit jedoch nur ein, wenn er einen *hinterlegungsfähigen Gegenstand* schuldet. Hinterlegungsfähig sind Geld, Wertpapiere (zB Wechsel), Urkunden (zB Sparbuch) und Kostbarkeiten. Beim Handelskauf ist im Falle des Annahmeverzugs die Hinterlegungsfähigkeit gem. § 373 HGB generell gegeben. | 490

Bei nicht hinterlegungsfähigen Sachen hat der Schuldner die Möglichkeit, die geschuldete Sache versteigern zu lassen und den Erlös der Versteigerung dann zu hinterlegen, § 383 I 1 BGB (sog. *Selbsthilfeverkauf*).

11.4 Aufrechnung (§§ 387 ff. BGB)

Auch die wirksame Aufrechnung zweier Forderungen führt zum Erlöschen derselben. Durch die Aufrechnung wird die Erfüllung von zwei entgegenstehenden gleichartigen Forderungen abgekürzt. Der Zweck der Aufrechnung besteht zum einen in der Vermeidung doppelter Erfüllungskosten (zB Transportkosten oder Überweisungsgebühren) und zum anderen in einer Sicherungsfunktion. Jede Partei kann sicher sein, die ihr zustehende Leistung zu erhalten. | 491

> **Beispiel**: A beauftragt den H, ihm einen Teppichboden zu verlegen. Bei Ausführung der Arbeiten zerstört H fahrlässig einen Spiegel im Werte von 500 EUR. Als er A die Rechnung für die Teppichbodenverlegung iHv 1.200 EUR schickt, erklärt dieser die Aufrechnung.

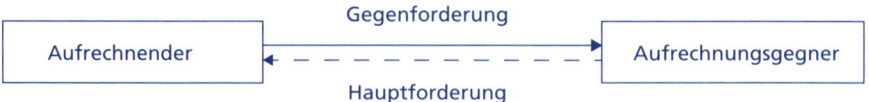

11.4.1 Aufrechnungsvoraussetzungen

11.4.1.1 Aufrechnungslage

492 Die wirksame Aufrechnung setzt eine Aufrechnungslage voraus. Diese erfordert:

(1) Gegenseitigkeit der Forderungen,
(2) Gleichartigkeit der Forderungen,
(3) Wirksamkeit der eigenen Forderung und
(4) Erfüllbarkeit der Hauptforderung.
(5) keine gesetzlichen Aufrechnungsverbote.

Unter *Gegenseitigkeit* versteht man, dass zwei Personen einander Leistungen schulden, sodass jeder von ihnen zugleich Schuldner und Gläubiger der anderen Person ist.

Die *Gleichartigkeit* erfordert, dass die gegeneinander aufgerechneten Forderungen „ihrem Gegenstand nach gleichartig" sind. Daher kommen für die Aufrechnung nur Gattungsschulden in Betracht, insbesondere Geld gegen Geld. Die Forderungen müssen dabei nicht der Höhe nach gleich sein.

> **Beispiel**: A hat eine Forderung gegen B iHv 500 EUR, B kann gegen A aufrechnen, soweit er nur eine Forderung gegen A iHv 300 EUR hat; die Forderung des A bleibt dann iHv 200 EUR bestehen.

Die Wirksamkeit der Gegenforderung bedingt, dass sie im Zeitpunkt der Aufrechnung fällig und durchsetzbar ist. Dies ist beispielsweise nicht der Fall, wenn der Schuldner etwa seine Gegenforderung gestundet hat. Darüber hinaus muss die Forderung, mit der aufgerechnet wird, auch in jeder Hinsicht rechtlich erzwingbar sein. So kann mit einer einredebehafteten Forderung nach § 390 BGB grds. nicht aufgerechnet werden. Dies gilt unabhängig davon, ob sie geltend gemacht wird. Weitere Aufrechnungsverbote finden sich in §§ 391–395 BGB.

Die schließlich verlangte **Erfüllbarkeit** der Hauptforderung bedeutet, dass es dem Aufrechnungsgegner tatsächlich oder rechtlich überhaupt möglich sein muss zu erfüllen. Dies ist zB bei einer beschlagnahmten Forderung ausgeschlossen, vgl. § 392 BGB.

Nicht erforderlich ist, dass die Hauptforderung vollwirksam und fällig ist.

11.4.1.2 Aufrechnungserklärung

493 Bei bestehender Aufrechnungslage, dh gegenseitigen, gleichartigen und erfüllbaren Forderungen, bedingt die Aufrechnung eine *Aufrechnungserklärung.*

Tonner

Diese ist eine empfangsbedürftige Willenserklärung, die gegenüber dem Aufrechnungsgegner abgegeben wird, vgl. § 388 1 BGB. Die Aufrechnung kann nicht unter einer Bedingung oder Zeitbestimmung abgegeben werden, § 388 2 BGB.

11.4.1.3 Ausschluss der Aufrechnung

Die Aufrechnung kann ausgeschlossen sein zB durch entsprechende vertragliche 494 Regelung oder gesetzliche Verbote. Vertragliche Aufrechnungsverbote sind grds. zulässig. § 309 Nr. 3 BGB erklärt jedoch AGB-Bestimmungen für unwirksam, „durch die dem Vertragspartner des Verwenders die Befugnis genommen wird, mit einer unbestrittenen oder rechtskräftig festgestellten Forderung aufzurechnen".

Wichtige **gesetzliche Aufrechnungsverbote** enthalten die §§ 393, 394 BGB:

- § 393 BGB verbietet die Aufrechnung gegen eine Hauptforderung aus einer vorsätzlichen unerlaubten Handlung.

  Beispiel: A hat eine Forderung gegen S, bei dem ohnehin nichts mehr zu holen ist. A verletzt S körperlich, um danach aufzurechnen.

- § 394 BGB verbietet die Aufrechnung gegen Hauptforderungen, die nicht pfändbar sind. Hinter § 394 BGB steht der Gedanke, dass Forderungen, die in einem staatlichen Vollstreckungsverfahren aus sozialen Gründen nicht pfändbar wären, vom Gläubiger auch nicht im Wege der Privatvollstreckung zum Erlöschen gebracht werden sollen.

  Beispiel: Ein Arbeiter hat aus Unachtsamkeit eine Maschine des Arbeitgebers beschädigt. § 394 BGB iVm § 850 ZPO verbietet, dass der Arbeitgeber mit seinem Schadensersatzanspruch gegen den unpfändbaren Arbeitslohn aufrechnet.

11.4.2 Wirkung der Aufrechnung

Die Aufrechnung bewirkt gem. § 389 BGB, dass die Forderungen, soweit sie sich 495 decken, in dem Zeitpunkt als erloschen gelten, in welchem sie zur Aufrechnung geeignet einander gegenüber getreten sind, in dem also zum ersten Mal hätte aufgerechnet werden können. Damit wird mittels einer Fiktion die Wirkung der Aufrechnung auf den Zeitpunkt der erstmaligen Aufrechnungslage zurückbezogen.

11.5 Erlass

Ein Schuldverhältnis kann auch durch Erlass beseitigt werden. Der Erlass ist ein 496 **formfreier Vertrag** zwischen Gläubiger und Schuldner, in dem beide gem. § 397 BGB ein Erlöschen des Schuldverhältnisses vereinbaren. Der Erlass ist ein Verfügungsvertrag. Dem Erlass gleichgestellt ist das negative Anerkenntnis gem. § 397 II BGB, bei dem der Gläubiger mit dem Schuldner einen Vertrag abschließt, in dem er das Nichtbestehen des Schuldverhältnisses anerkennt.

Der Erlass kann ausnahmsweise gesetzlich unwirksam sein. So ist zB nach § 1614 I BGB ein Verzicht auf den künftigen Unterhalt unwirksam.

Als Folge des Erlasses kommt es zu einem Erlöschen der Forderung zum Zeitpunkt des Wirksamwerdens des Erlassvertrages.

11.6 Rücktritt, Kündigung

11.6.1 Rücktritt

497 Der Rücktritt, dessen Berechtigung sich aus Vertrag oder Gesetz (zB §323 BGB) ergeben kann, ist eine einseitige, empfangsbedürftige Willenserklärung, durch die ein Schuldverhältnis rückgängig gemacht wird. Nach §323 BGB sind Voraussetzungen für den Rücktritt:

1. Gegenseitiger Vertrag
2. Nichterbringen einer fälligen Leistung
3. Vergebliche Fristsetzung oder Entbehrlichkeit

Durch das Gestaltungsrecht des Rücktritts wird der Vertrag nun in ein Rückgewährschuldverhältnis umgewandelt mit dem Ziel, den Zustand vor Vertragsabschluss wiederherzustellen. Die erbrachten Leistungen sind nach §§346 ff. BGB zurückzugewähren.

Ist die Rückgewähr der erbrachten Leistung nicht möglich, ist *Wertersatz* gem. §346 II BGB zu leisten, wenn

- die Rückgewähr wegen der Art der Leistung (Dienstleistung) ausgeschlossen ist, §346 II 1 Nr. 1 BGB,
- eine Verarbeitung oder Umgestaltung des Gegenstands erfolgt ist, §346 II 1 Nr. 2 BGB,
- eine Verschlechterung oder ein Untergang des Gegenstands erfolgt ist, §346 II 1 Nr. 3 1. Hs. BGB, wobei eine Verschlechterung durch bestimmungsgemäßen Gebrauch der Sache gem. §346 II 1 Nr. 3 2. Hs. BGB jedoch unbeachtlich ist.

Bei der Ermittlung der Höhe des Wertersatzes ist gem. §346 II 2 BGB die vertragliche Gegenleistung als Berechnungsgröße heranzuziehen.

Im Gegenzug räumt §347 II 1 BGB dem Schuldner einen Anspruch auf Ersatz von Aufwendungen ein, die er wegen der Sache hatte. Hierbei bietet §347 II 1 BGB einen eigenen Anspruch nur auf notwendige Aufwendungen. Alle sonstigen Aufwendungen sind vom Schuldner nach Bereicherungsrecht (§§812 ff. BGB) zu verlangen.

11.6.2 Kündigung

498 Bei Dauerschuldverhältnissen (zB Miete, Pacht, Arbeitsvertrag) ersetzt die Kündigung den Rücktritt. Im Gegensatz zu diesem beendigt sie das Dauerschuldverhältnis aber nur für die Zukunft, eine Rückabwicklung erbrachter Leistungen entfällt. Es wird unterschieden zwischen einer ordentlichen Kündigung nach Ablauf gesetzlicher oder vertraglicher Kündigungsfristen (zB §565 BGB beim Mietvertrag oder §622 BGB beim Dienst- oder Arbeitsvertrag) und einer außerordentlichen Kündigung, die grds. fristlos erfolgen kann (vgl. zB §543 BGB beim Mietvertrag und §626 BGB beim Dienst- oder Arbeitsvertrag).

Nach der für sämtliche Dauerschuldverhältnisse geltenden allgemeinen Regelung des §314 BGB ist eine „**Kündigung aus wichtigem Grund**" möglich. Nach §314 I 2 BGB liegt ein wichtiger Grund vor, wenn dem kündigenden Teil unter Berücksichtigung aller Umstände des Einzelfalls und unter Abwägung der beiderseitigen Interessen die Fortsetzung des Vertragsverhältnisses nicht zugemutet werden kann. Bei der

Verletzung vertraglicher Pflichten ist nach § 314 II iVm § 323 II BGB grds. eine Fristsetzung bzw. Abmahnung erforderlich.

11.7 Aufhebungsvertrag

Im Rahmen der Vertragsfreiheit steht es den Parteien naturgemäß auch frei, über- **499** einstimmend das Schuldverhältnis aufgrund vertraglicher Vereinbarung zu beenden. Ob die Wirkungen nur für die Zukunft gelten sollen oder auch eine Rückabwicklung von erbrachten Leistungen erfolgen soll, steht ebenfalls im Benehmen der Parteien.

Mit der Aufhebung des Schuldverhältnisses wird die „alte" Rechtslage wieder hergestellt, sodass gegebenenfalls wechselseitig empfangene Leistungen nach den Rücktrittsregeln der §§ 346 ff. BGB zurück zu gewähren sind.

11.8 Störung der Geschäftsgrundlage (§ 313 BGB)

Unter Geschäftsgrundlage versteht man sämtliche Umstände, die zur Grundlage **500** des Vertrages geworden sind. § 313 I BGB bezieht sich auf die objektive, § 313 II BGB auf die subjektive Geschäftsgrundlage.

Haben sich die Umstände, die für den Vertragsabschluss maßgeblich waren (objektive Geschäftsgrundlage), so schwerwiegend geändert, dass die Parteien – hätten sie die Veränderungen vorausgesehen – den Vertrag nicht oder nicht so abgeschlossen hätten, kann nach § 313 I BGB eine Vertragsanpassung verlangt werden. Ist die Anpassung nicht möglich, hat nach § 313 III BGB die benachteiligte Partei ein Rücktrittsrecht nach §§ 346 ff. BGB, bzw. bei Dauerschuldverhältnissen ein Kündigungsrecht.

> **Beispiel für den Wegfall der objektiven Geschäftsgrundlage**: Infolge eines Krieges hat sich der Rohölpreis binnen einer Woche verdoppelt.

Die gleiche Anpassungs- bzw. Rücktrittsmöglichkeit besteht nach § 313 II BGB, wenn wesentliche, für den Vertrag maßgebliche Vorstellungen sich als unrichtig herausgestellt haben.

> **Beispiel für den Wegfall der subjektiven Geschäftsgrundlage**: In Erwartung der Rechtschreibreform lässt Verleger V bei der Druckerei D 500.000 Wörterbücher nach den Vorgaben der Kultusministerkonferenz drucken. Eine Woche vor Inkrafttreten wird die Reform auf massiven Protest der Öffentlichkeit zurückgezogen. V weigert sich, die Bücher abzunehmen und zu bezahlen.

Dies betrifft jedoch nur solche Vorstellungen, die für beide Vertragsparteien erkennbar waren. Handelt es sich nur um eine der anderen Partei nicht erkennbare Vorstellung einer Partei, liegt der Fall eines unbeachtlichen Motivirrtums vor. Praktische Fälle des Wegfalls der Geschäftsgrundlage sind zB die wirtschaftliche Unmöglichkeit oder massive, nicht vorhersehbare Steuererhöhungen (zur Abgrenzung zur faktischen bzw. persönlichen Unmöglichkeit nach § 275 II, III BGB → Rn. 549).

Beispiel: Volz und Kunz verhandeln über den Verkauf von Wertpapieren. Um den Kurs festzustellen, schauen sie in den Wirtschaftsteil einer Tageszeitung und legen den dort genannten Kurs von 72,50 EUR der Berechnung des Kaufpreises zugrunde. Einige Tage nach Abschluss des Vertrages stellt Volz fest, dass sie irrtümlich in eine 14 Tage alte Zeitung gesehen hatten und dass zwischenzeitlich der Kurs der Aktien um 42 % gestiegen war.

Hier haben wesentliche Vorstellungen der Vertragsparteien sich als falsch herausgestellt mit der Folge, dass nach § 313 II, III BGB eine Anpassung des Vertrages und, soweit diese nicht möglich, ein Rücktritt möglich ist. Liegen die Voraussetzungen für eine **Anfechtung** vor, gehen die §§ 119, 123 BGB grds. dem § 313 BGB vor. Haben sich die Parteien bei Vertragsschluss über einen für ihre Willensbildung wesentlichen Umstand gemeinschaftlich geirrt, sind die mit der Anfechtung verbundenen Schadensersatzregelungen nicht sachgerecht und § 313 BGB anwendbar (BGHZ 25, 390).

Übersicht: Störung Geschäftsgrundlage

Voraussetzungen:
1. Vertrag
2. Objektive Geschäftsgrundlage (Umstand für Vertragsabschluss)
3. Schwerwiegende Veränderung der Umstände gem. § 313 Abs. 1 BGB, oder Vorstellungen darüber stellen sich als falsch heraus gem. § 313 Abs. 2 BGB
4. Unzumutbarkeit des Festhaltens am unveränderten Vertrag

Rechtsfolgen:
1. Vertragsanpassung
2. Rücktrittsrecht, Kündigungsrecht, § 313 Abs. 3 BGB

Kontrollfragen und Aufgaben
1. Welche Rechtsfolge tritt ein, wenn beide Parteien eines Kaufvertrages jeweils ihre Leistung erbracht haben? → Rn. 486
2. Unter welchen Voraussetzungen ist eine Aufrechnungslage möglich? → Rn. 492
3. Unter welchen Voraussetzungen tritt das Erlöschen eines Schuldverhältnisses nach § 397 BGB ein? → Rn. 496
4. Was versteht man unter Wegfall der Geschäftsgrundlage? → Rn. 500

Aufgabe 1: (Leistungsniveau: Bachelorstudiengang)
K kauft bei V einen Neuwagen zu 25.200 EUR und gibt sein gebrauchtes Auto zu 8.100 EUR in Zahlung. Nachdem V den Gebrauchtwagen auch nach 6 Monaten noch nicht verkauft hat, verlangt er von K Zahlung der restlichen 8.100 EUR. Muss K dann den vollen Preis bezahlen oder kann er vom Vertrag zurücktreten und neu verhandeln?

Lösung	Zwischen K und V ist ein Kaufvertrag nach § 433 BGB über den Kauf eines Neuwagens wirksam zustande gekommen.
	Fraglich ist, ob K mit der Inzahlunggabe seines Gebrauchtwagens den Kaufpreisanspruch insoweit erfüllt hat. Dies hängt davon ab, ob es sich um eine Leistung an Erfüllungs statt oder eine Leistung erfüllungshalber handelt. Die Inzahlunggabe eines Gebrauchtwagens erfolgt im Zweifel an Erfüllungs statt gem. § 364 I BGB, da K mit der Inzahlunggabe des Gebrauchtwagens zu einem zwischen den Parteien vereinbarten Preis seine Kaufpreisverpflichtung tilgen wollte und V als Gläubiger dieses Leistungsangebot angenommen hat. Damit ist der Kaufpreisanspruch des V ebenso wie bei einer Geldzahlung erloschen (vgl. zur Inzahlunggabe eines Gebrauchtwagens auch BGHZ 89, 126).

Aufgabe 2: (Leistungsniveau: Bachelorstudiengang)
M hat mit seiner Familie ein Haus des V angemietet. Als V am 16. April die rückständige Miete iHv 800 EUR für März einfordert, verweigert M die Zahlung, weil er am 12. Februar Reparaturkosten iHv 950 EUR für das Haus bezahlt habe, die laut Mietvertrag zulasten des Vermieters gehen. Zu Recht?

Lösung	M kann die Forderung des V auf Miete nach § 535 II BGB verweigern, wenn er mit einer Forderung aufrechnen kann. Dies hätte zur Folge, dass die Forderungen nach § 389 BGB erlöschen, soweit sie sich decken.
	1. Zwischen M und V ist eine Aufrechnungslage iSv § 387 BGB gegeben.
	• Es bestehen gegenseitige Forderungen (des V gegen M auf Miete nach § 535 II BGB und des M gegen V auf Aufwendungsersatz nach § 539 I BGB).
	• Die Forderungen sind gleichartig (Geldforderungen)
	• Beide Forderungen sind fällig.
	• Die Forderung des V ist auch erfüllbar.
	• Die Aufrechnung ist auch nicht vertraglich ausgeschlossen.
	2. Durch die Erklärung des M ist die Aufrechnung erfolgt.
	Damit kann M insoweit die Zahlung der Miete zu Recht verweigern.

Tonner

12 Leistungsstörungen

Literatur: *Brox/Walker*, Allgemeines Schuldrecht 46. Aufl. 2022; *Looschelders,* Schuldrecht AT 15. Aufl. 2017; *Grüneberg*, Kommentar zum Bürgerlichen Gesetzbuch, 81. Aufl. 2022; *Canaris*, Die Reform des Rechts des Leistungsstörungsrechts, JZ 2001, 499;30; *Wörlen/ Metzler-Müller,* Schuldrecht AT, 14. Aufl. 2020; *Strauss/Büßer*, Fälle zum Wirtschaftsprivatrecht, 2008; *Schwabe/Kleinhenz* Lernen mit Fällen Schuldrecht I AT und vertragliche Schuldverhältnisse 14. Auflage 2022.

12.1 Begriff

Der Schuldner hat seine Leistungspflicht am vereinbarten Ort, zur vereinbarten Zeit **501** und in ordnungsgemäßer Weise zu erbringen (Primärleistungspflicht). Der Gläubiger hat die ordnungsgemäß angebotene Leistung anzunehmen. Die Ansprüche der Parteien richten sich zunächst auf Erfüllung dieser Pflichten. Rechtliche Probleme bei der Vertragserfüllung treten dann auf, wenn eine oder möglicherweise beide Parteien ihre Verpflichtungen nicht vertragsgemäß erfüllen. Verläuft die Abwicklung des Schuldverhältnisses nicht dementsprechend – also nicht ordnungsgemäß – spricht man von Leistungsstörungen. Eine Pflichtverletzung kann in folgenden vier Fallgruppen auftreten:

1. Die geschuldete Leistung wird vom Schuldner nicht erbracht (Fall der Unmöglichkeit).
2. Der Schuldner leistet nicht rechtzeitig (Leistungsverzögerung bzw. Schuldnerverzug).
3. Der Schuldner leistet zwar rechtzeitig aber schlecht, und zwar weil

   a) die Leistung nicht die vereinbarte Qualität hat, also mangelhaft ist, oder
   b) er eine vertragliche Schutzpflicht verletzt.

   Leistet der Schuldner nicht in der vereinbarten Qualität, liegt eine Sach- oder Rechtsmangel vor, auf den die Regeln über die Mängelhaftung Anwendung finden.
   Eine allgemeine Schutzpflicht für Leistungsverhältnisse findet sich in §241 II BGB. Verletzt der Schuldner diese im Rahmen eines bestehenden Vertragsverhältnisses spricht man auch von positiver Vertragsverletzung (pVV), geschieht diese im Vorfeld einer Vertragsbeziehung spricht man auch von culpa in contrahendo (c.i.c).
4. Die vom Schuldner ordnungsgemäß angebotene geschuldete Leistung wird vom Gläubiger nicht angenommen (Fall des Gläubigerverzugs).

Im Gegensatz zu den vorgenannten Leistungsstörungen liegt bei der Störung bzw. dem Wegfall der Geschäftsgrundlage nach §313 BGB keine Pflichtverletzung vor, → Rn. 549.

Tonner

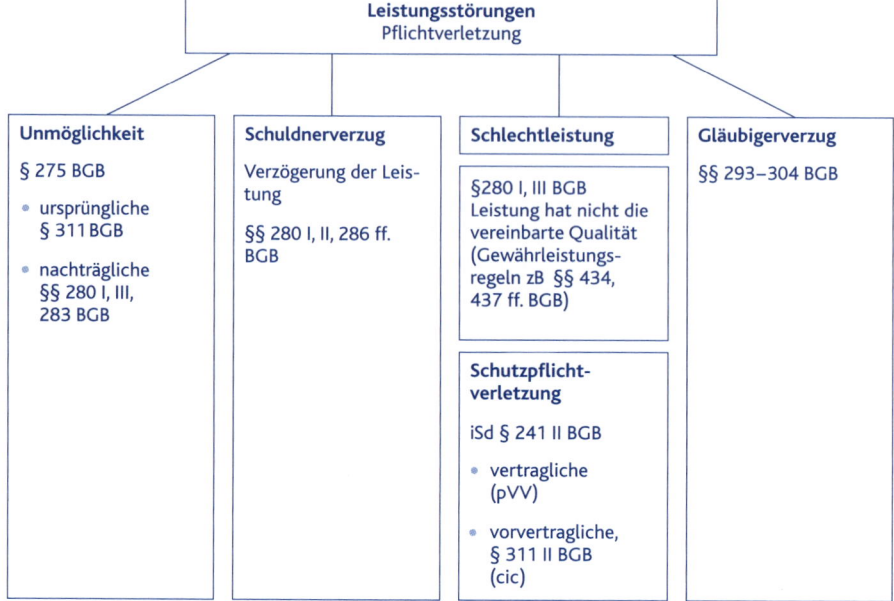

502 Hat eine Partei eine Leistungsstörung verursacht, können für die andere Partei Rechtsansprüche erwachsen. Erfüllt der Schuldner seine Haupt- oder Nebenleistungsverpflichtungen aus dem Schuldverhältnis nicht, zu spät oder nicht in vereinbarter Weise, ergeben sich je nach Fallgestaltung für den Gläubiger Rechte. Zunächst kann er die Erfüllung innerhalb einer angemessenen Frist verlangen. Ist dem Schuldner die Erfüllung dieses Primärleistungsanspruchs nicht möglich oder unzumutbar, können dem Gläubiger folgende Sekundärleistungsansprüche zustehen:

1. **Schadensersatz**

   a) neben der Erfüllung (soweit diese möglich ist)

   b) statt der Leistung (soweit diese nicht möglich oder die Annahme für die andere Partei nicht zumutbar ist).

2. **Rücktritt**

Daneben stellt sich bei zwei- oder mehrseitigen Verträgen die Frage, ob die den Anspruch stellende Partei ihrerseits zur **Gegenleistung** verpflichtet bleibt.

12.2 Systematik des Leistungsstörungsrechts

12.2.1 Schadensersatz bei Pflichtverletzung

503 Kernvorschrift für nahezu sämtliche Schadensersatzansprüche aus Leistungsstörungen ist § 280 I BGB. Lediglich für den Fall der anfänglichen Unmöglichkeit enthält § 311a II BGB eine hiervon unabhängige Anspruchsgrundlage.

§ 280 I 1 BGB enthält den Begriff der **Pflichtverletzung**, die für den Grundtatbestand des Leistungsstörungsrechts maßgeblich ist.

Tonner

§ 280 I BGB hat folgende Tatbestandsvoraussetzungen:

1. Schuldverhältnis
2. Pflichtverletzung und
3. Vertretenmüssen.(wird vermutet)

12.2.1.1 Bestehen eines Schuldverhältnisses

§ 280 I 1 BGB setzt zunächst ein **Schuldverhältnis** iSv § 311 BGB voraus.   504

12.2.1.2 Pflichtverletzung

Durch eine Verletzung einer Pflicht des Schuldners muss dem Gläubiger ein Schaden   505
entstanden sein. Pflichtverletzung ist jedes Verhalten durch Tun oder Unterlassen,
das von dem aus dem Schuldverhältnis resultierenden Pflichtenprogramm abweicht.
§ 241 I und II BGB definieren die Pflichten, die sich aus einem Schuldverhältnis ergeben können. Unterschieden wird hier zwischen Primär- und Sekundärpflichten,
sowie zwischen Hauptleistungs-, Nebenleistungs- und Nebenpflichten:

1. **Primärpflichten** iSd § 241 I BGB resultieren direkt aus dem Schuldverhältnis, (zB
   Übergabe der mangelfreien Kaufsache, Bereitstellung der Mietsache). Für ihre
   Verletzung haftet der Schuldner verschuldensunabhängig, da er sich ja ausdrück-
   lich zu ihrer Erfüllung verpflichtet hat. Diese werden differenziert in:

   a) Hauptleistungspflichten, dies sind diejenigen Primärpflichten, die das jewei-
      lige Schuldverhältnis prägen.

   Beispiel: Pflicht des Verkäufers zur Verschaffung des mangelfreien Eigentums beim
   Kaufvertrag nach § 433 I BGB sowie Pflicht des Käufers zur Kaufpreiszahlung nach
   § 433 II BGB.

   b) (leistungsbezogene) Nebenleistungspflichten, die die Hauptleistungspflicht
      ergänzen und die Erfüllung des Schuldverhältnisses sichern

   Beispiel: Pflicht des Verkäufers zur Mitlieferung einer Gebrauchsanweisung oder
   Pflicht des Käufers nach § 433 II 2. Hs. BGB, die gekaufte Sache abzunehmen.

2. **Sekundärpflichten** (nichtleistungsbezogene Nebenpflichten) sind alle sonstigen
   Pflichten, die aus einem Schuldverhältnis gem. § 241 II BGB entstehen können
   (Rücksichtnahmepflichten).

Die Pflichtverletzung kann in einem Nichtleisten, einem Zuspätleisten oder einem
Schlechtleisten bestehen.

12.2.1.3 Vertretenmüssen

1. Die Pflichtverletzung führt nach § 280 I 2 BGB nur dann zu einem Schadenser-   506
   satzanspruch des Gläubigers, wenn sie vom Schuldner **zu vertreten ist**. § 280 I 2
   BGB ist so formuliert, dass das Vertretenmüssen des Schuldners so lange vermu-
   tet wird, bis er sich davon befreien (exkulpieren) kann. Die Beweislast für die
   Exkulpation liegt also beim Schuldner. Sofern der Sachverhalt keine weiteren
   Angaben macht (zB „ohne eigenes Verschulden wird die Ware zerstört"), wird
   Verschulden vermutet. Lediglich in Ausnahmefällen, zB bei der Arbeitnehmer-
   haftung nach § 619a BGB, liegt die Beweislast beim Gläubiger.

Tonner

Wann der Schuldner eine Pflichtverletzung zu vertreten hat, richtet sich nach den Vorschriften der §§ 276–278 BGB.

507 2. Nach § 276 I BGB hat der Schuldner grds. Vorsatz oder Fahrlässigkeit zu vertreten. Mit Vorsatz ist das Wissen und Wollen des tatbestandlichen Erfolges gemeint, wobei es dahinstehen kann, ob der Erfolg gewünscht oder beabsichtigt war oder nicht.

Fahrlässigkeit ist nach der Definition des § 276 II BGB das „Außerachtlassen der im Verkehr erforderlichen Sorgfalt".

Beispiel: Der Elektriker führt die Arbeiten schlampig aus, wodurch es zu einem Kabelbrand kommt.

Das Erfordernis der **im Verkehr erforderlichen Sorgfalt** kann sich in jedem Einzelfall unterschiedlich darstellen. So ist der Sorgfaltsmaßstab beispielsweise beim Umgang mit hochwertigen oder gefährlichen Stoffen höher anzusetzen. Beim Fehlen einer anderslautenden Vereinbarung oder gesetzlichen Bestimmung (§ 276 I 1, 2. und 3. Hs. BGB) wird sowohl für leichte als auch für grobe Fahrlässigkeit gehaftet. (Zur persönlichen Begrenzung der Verantwortlichkeit, vgl. § 276 I 2 iVm §§ 827, 828 BGB).

Es ist entsprechend dem Grundsatz der Vertragsfreiheit möglich, eine stärkere Haftung als nur für vorsätzliches oder fahrlässiges Verhalten zu übernehmen. § 276 I 1 aE BGB zählt beispielhaft die wichtigsten Formen der vertraglichen Risikoübernahme auf:

- Garantie (= schuldunabhängige Einstandspflicht für das Bestehen oder Nichtbestehen bestimmter Eigenschaften oder Verwendungsmöglichkeiten, zB Tauglichkeit eines Öls für bestimmte Motoren) oder
- Übernahme des Beschaffungsrisikos (Schuldner übernimmt – nur – das Risiko der Beschaffung einer bestimmten Sache; eine Einstandspflicht für ihre Qualität wird nicht übernommen)

508 3. Der Schuldner kann unter gewissen Voraussetzungen auch das Fehlverhalten anderer Personen zu vertreten haben.

Beispiel: Wie oben, nur anstelle des Elektrikers wird sein Geselle tätig.

Nach § 278 BGB ist dem Schuldner das Verhalten seines **Erfüllungsgehilfe**n genauso zuzurechnen **wie sein eigenes Verschulden.** Diese Zurechnung ist unter dem Gesichtspunkt der arbeitsteiligen Wirtschaft gerechtfertigt. Der Gläubiger wird oft nicht wissen, bzw. es wird ihm gleichgültig sein, ob der Vertragspartner selbst oder ein Erfüllungsgehilfe handelt. Erfüllungsgehilfe ist, wer nach den tatsächlichen Gegebenheiten des Falles mit dem Willen des Schuldners bei der Erfüllung einer diesem obliegenden Verpflichtung als seine Hilfsperson tätig wird. Hierbei ist es gleichgültig, welches Verhältnis zwischen Schuldner und Erfüllungsgehilfen besteht und ob der Erfüllungsgehilfe kontrolliert oder überwacht werden konnte (anders beim sog. Verrichtungsgehilfen nach § 831 BGB, → Rn. 777).

12.2.1.4 Schadensersatz neben der Leistung als Rechtsfolge

Soweit keine zusätzliche Vorschrift einschlägig ist, gewährt § 280 I BGB als Grund- **509** tatbestand dem Gläubiger das Recht, bei einer Pflichtverletzung des Schuldners **Schadensersatz neben der Leistung** zu verlangen. Das bedeutet, dass der Schuldner weiterhin zur Primärleistung verpflichtet bleibt und zugleich Schadensersatz leisten muss.

Da über § 280 II iVm. § 286 BGB der Verzögerungsschaden und über § 280 III BGB Schadensersatz statt der Leistung in Fällen der Unmöglichkeit, des Verzugs und der Schlechtleistung geregelt ist, verbleibt für die isolierte Anwendung des § 280 I BGB der Fall der Verletzung einer Rücksichtnahmepflicht iSv § 241 II BGB, die nicht so erheblich ist, dass sie ein Leistungsverweigerungsrecht des Gläubigers begründet.

> **Beispiel**: Ein Gast bestellt im Restaurant des Wirts eine Suppe. Beim Servieren gerät durch Unachtsamkeit eines Kellners ein Suppenspritzer auf das Hemd des Gastes. Der Gast ist hier nach wie vor am Verzehr der Suppe interessiert, möchte aber seinen Schaden (Reinigungskosten) ersetzt erhalten.

Der Umfang des Schadensersatzes ist nach den Regeln der §§ 249 ff. BGB zu ermitteln. **510** Er ist gerichtet auf das **negative Interesse**. Dies bedeutet, es werden bestehende Rechtsgüter und Interessen des Gläubigers – nicht aber zukünftige Gewinnchancen – geschützt. Mit anderen Worten: Der Gläubiger ist so zu stellen, wie er ohne die Pflichtverletzung des Schuldners dastehen würde.

Ist dies nicht möglich, ist nach § 251 BGB Geldersatz zu leisten. Ein Mitverschulden des Gläubigers wirkt sich nach § 254 BGB schadensmindernd aus. Ist wegen einer Verletzung des Körpers, der Gesundheit oder der Freiheit Schadensersatz zu leisten, kann nach § 253 II BGB auch Schmerzensgeld gefordert werden.

12.2.2 Schadensersatz statt der Leistung bei speziellen Leistungsstörungstatbeständen

Aufbauend auf dem Grundtatbestand des § 280 I 1 BGB sind in § 280 II, III iVm §§ 281, **511** 282 bzw. 283 für spezielle Leistungsstörungstatbestände zB Unmöglichkeit (→ Rn. 515 ff.), Verzug (→ Rn. 531 ff.) oder Schlechtleistung (→ Rn. 541 ff.) weitere zusätzliche Anspruchsvoraussetzungen genannt. Greifen diese Voraussetzungen, kann der Gläubiger **Schadensersatz statt der Leistung** verlangen.

Hat der Schuldner eine Teilleistung bewirkt, kann der Gläubiger, soweit er an dieser kein Interesse hat, unter bestimmten Voraussetzungen gem. § 281 I 2 BGB **Schadensersatz statt der ganzen Leistung** verlangen.

Der Umfang des **Schadensersatzes statt der Leistung** bestimmt sich nach den Vor- **512** schriften der §§ 249 ff. BGB. Er richtet sich grds. auf den Ersatz des positiven Interesses, dh der Gläubiger ist so zu stellen, als wenn ordnungsgemäß erfüllt worden wäre. Dieser Schadensersatzanspruch wegen Nichterfüllung geht entgegen § 249 I BGB auf Geldleistung. Er kann nach § 252 BGB auch den entgangenen Gewinn abdecken, soweit er durch die Pflichtverletzung verursacht wurde.

12.2.3 Ersatz vergeblicher Aufwendungen anstelle von Schadensersatz (§ 284 BGB)

513 Für alle Fälle, in denen der Gläubiger **Schadensersatz statt der Leistung** fordern kann, gibt es für den Gläubiger ein Wahlrecht: Er kann stattdessen nach § 284 BGB Ersatz der Aufwendungen verlangen, die er im Vertrauen auf den Erhalt der Leistung gemacht hat und fairerweise machen durfte, es sei denn, deren Zweck wäre auch ohne die Pflichtverletzung des Schuldners nicht erreicht worden.

> **Beispiel**: K kauft von V einen gebrauchten Wagen. Da der Wagen nur sommerbereift ist, erwirbt K einen günstig angebotenen Satz neuer Winterreifen. Vor Übergabe des Wagens wird dieser durch einen von V verursachten Unfall zerstört.
>
> Die Kosten für die Winterreifen stellen keinen ersatzfähigen Schaden dar. Denn ohne die Nichtleistung des V wären die Kosten für die Anschaffung der Winterreifen ohnehin entstanden. Hier kann K der Aufwendungsersatzanspruch nach § 284 BGB helfen.

12.2.4 Rücktritt bei gegenseitig verpflichtenden Verträgen (§§ 320 ff. BGB)

514 Bei gegenseitigen Verträgen, bei denen die Hauptleistungspflichten der Vertragspartner zueinander korrespondieren, zB beim Kaufvertrag Eigentumsverschaffungs- und Kaufpreiszahlungspflicht, stellen sich für den Gläubiger im Falle einer Leistungsstörung weitere Fragen. Etwa die, ob er vom Vertrag zurücktreten kann oder ob er seinerseits leisten muss, dh zur Gegenleistung verpflichtet bleibt. Die §§ 320 ff. BGB treffen hierzu folgende Regelungen:

- § 320 BGB bringt den engen Zusammenhang zwischen Leistung und Gegenleistung zum Ausdruck. Soweit kein Vertragspartner vereinbarungsgemäß vorzuleisten hat, haben die Leistungen **Zug um Zug** zu erfolgen. Dh jeder Vertragspartner kann seine Leistung grds. bis zur Bewirkung der Gegenleistung verweigern.

> **Beispiel**: Der Verkäufer braucht dem Käufer erst bei Erhalt des Kaufpreises die verkaufte Sache herausgeben.

- Besteht für einen Vertragspartner eine Vorleistungspflicht, räumt § 321 BGB ihm ein Leistungsverweigerungsrecht ein, wenn nach Vertragsabschluss sich die Vermögensverhältnisse des anderen Vertragspartners wesentlich verschlechtern.
- Erbringt der Schuldner seine ihm nach dem Vertrag obliegende Leistung nicht rechtzeitig oder schlecht, dann hat der Gläubiger unter den Voraussetzungen des § 323 BGB ein verschuldensunabhängiges Rücktrittrecht, vgl. nachfolgende Übersicht.
- Verletzt der Schuldner eine allgemeine Schutzpflicht iSv § 241 II BGB, erhält der Gläubiger nach § 324 BGB ebenfalls ein Rücktrittsrecht, wenn ihm ein Festhalten am Vertrag nicht mehr zugemutet werden kann.
- § 325 bestimmt, dass die Ansprüche auf Schadensersatz und Rücktritt nebeneinander bestehen können. Der Erfüllungsanspruch erlischt erst, wenn der Gläubiger den Rücktritt erklärt oder Schadensersatz statt der Leistung **verlangt** (§ 281 IV BGB). Macht er zunächst nach Ablauf der Nacherfüllungsfrist weiter den (Nach-)Erfüllungsanspruch geltend, kann er grds. jederzeit zum Rücktritt oder Schadensersatz übergehen (so BGH NJW 2006, 1198 mwN)

12.3 Unmöglichkeit

Literatur: *Loschelder* Unmöglichkeit und Schadensersatz statt der Leistung, Jus 2010 S. 849; *Schmidt-Recla,* Echte, faktische, wirtschaftliche Unmöglichkeit und Wegfall der Geschäftsgrundlage, FS Laufs, 2006, S. 641; *Kolbe,* Unzumutbarer Beseitigungsaufwand?, NJW 2008, 3618.

12.3.1 Ausschluss der Leistungspflicht bei tatsächlicher Unmöglichkeit, § 275 I BGB

Ist dem Schuldner die Erfüllung tatsächlich nicht möglich, schließt § 275 I BGB des- **515** sen Leistungspflicht **kraft Gesetzes** aus (= Einwendung). Dies gilt unabhängig davon, ob er die Unmöglichkeit der Leistung zu vertreten hat.

Der Ausschluss der Leistungspflicht lässt die Gültigkeit des Vertrages jedoch unberührt. Dies gilt nach § 311a I BGB auch bei anfänglicher Unmöglichkeit.

Übersicht Unmöglichkeit   516

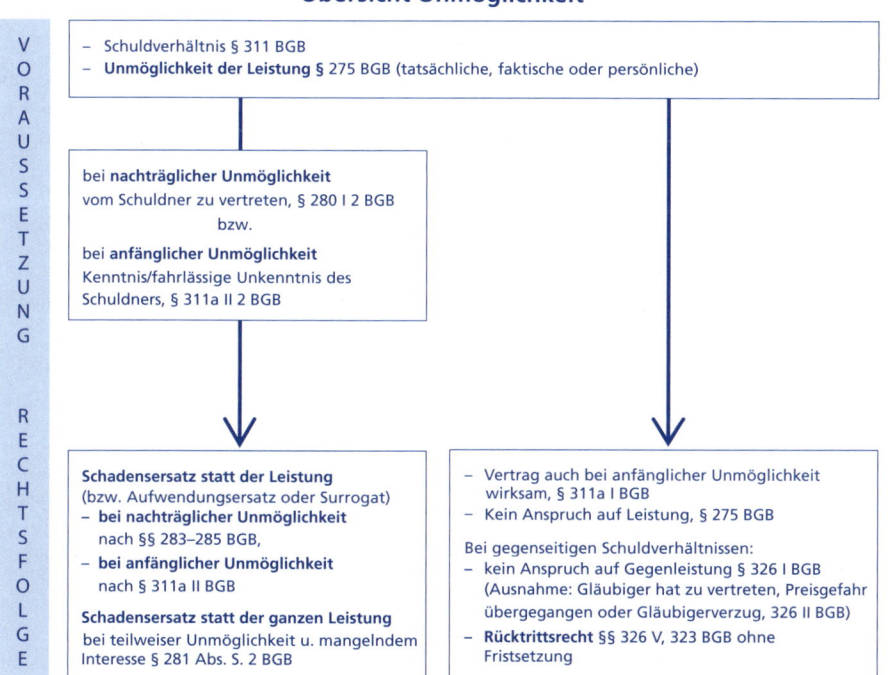

Unmöglichkeit iSv § 275 I BGB ist nur gegeben, wenn die Leistung, zB Lieferung **517** einer gebrauchten Sache, selbst theoretisch nicht erbracht werden kann („echte" Unmöglichkeit). Der Ausschluss der Leistungspflicht kann aufgrund **tatsächlicher** Gegebenheiten oder infolge **rechtlicher** Umstände bestehen und kann durch objektive oder subjektive Umstände verursacht sein.

In allen Fällen wird der Schuldner von seiner Leistungspflicht frei. Die Einbeziehung der Fälle objektiver Unmöglichkeit ergibt sich aus der Gesetzesformulierung in

§ 275 I BGB **„für jedermann"**, und die Fälle subjektiver Unmöglichkeit aus dem Wortlaut **„für den Schuldner"**. Bei einer **Gattungsschuld**, zB einem neuen Serienprodukt (vgl. Rn. 468), liegt Unmöglichkeit nur vor, wenn die ganz Gattung untergeht bzw. den gleichen unbehebbaren Mangel aufweist oder wenn sich die Gattungsschuld durch Konkretisierung nach den Voraussetzungen des § 243 II BGB auf bestimmte Stücke beschränkt und diese untergehen.

518 Leistet der Schuldner zu spät, liegt regelmäßig keine Unmöglichkeit vor. Es werden die Folgen des Schuldnerverzugs ausgelöst, → Rn. 561 ff. Nach dem vereinbarten Leistungsinhalt kann aber ein bestimmter Leistungsinhalt so wesentlich sein, dass die Leistung nur zu einem bestimmten Zeitpunkt erbracht werden und später nicht mehr nachgeholt werden kann. Man spricht dann von einem **absoluten Fixgeschäft**.

> **Beispiel**: A bestellt ein Taxi zum Flughafen, um eine bestimmte Maschine zu erreichen.
>
> Die Nichteinhaltung der Zeit führt zur Unmöglichkeit. Weiteres Beispiel ist zB. der Kauf eines Tannenbaums zu Weihnachten (vgl. zum Thema Grüneberg/*Grüneberg* § 271 Rn. 17).
>
> Anders verhält es sich bei einem **relativen Fixgeschäft**, bei dem auch nach dem Zeitpunkt das Erfüllungsinteresse des Gläubigers bestehen bleibt.

> **Beispiel wie zuvor, nur dass auch ein Flug mit einer späteren Maschine möglich ist.**

Ebenso greift die Befreiung von der Leistungspflicht auch bei einer Teilunmöglichkeit. Dies wird in § 275 I BGB durch „soweit" ausgedrückt.

> **Beispiel**: Ein Kunsthändler bestellt bei einem Künstler sämtliche 50 Exemplare einer Lithografie. Das Atelier und auch die Lithografien wurden durch einen Brand bis auf 17 Restexemplare zerstört. Hier wird der Maler hinsichtlich der über die Restexemplare von 17 Bildern hinausgehenden Verpflichtung frei.

Die Befreiung gilt nicht in Fällen einer vorübergehenden Unmöglichkeit.

> **Beispiel**: Ein Buchhändler bestellt telefonisch beim Verlag 100 Exemplare eines Romans. Aufgrund eines Defektes in der Software des vollautomatischen Lagers kann der Verlag nicht ausliefern. Hier kann der Buchhändler auf Lieferung bestehen.

12.3.2 Ausschluss der Leistungspflicht bei faktischer Unmöglichkeit und höchstpersönlichen Leistungen, § 275 II, III BGB

519 § 275 II BGB umfasst Fallgestaltungen, bei denen der geschuldete Leistungserfolg zwar möglich, die Realisierung für den Schuldner aber **unzumutbar** ist, weil sie in einem **groben Missverhältnis** zum Leistungsinteresse des Gläubigers steht. § 275 II 1 BGB beschreibt diese „faktische" bzw. „wirtschaftlichen" Unmöglichkeit in der Weise, dass der **Schuldner zur Leistungsverweigerung berechtigt** ist, „soweit diese einen Aufwand erfordert, der unter Beachtung des Inhalts des Schuldverhältnisses und dem Gebot von Treu und Glauben in einem groben Missverhältnis zu dem Leistungsinteresse des Schuldners steht". Hat der Schuldner das Leistungshindernis

zu vertreten, so hat er nach § 275 II 1 BGB in dem Zusammenhang allerdings erhöhte Leistungsanstrengungen zu unternehmen.

> **Beispiel**: Die rechtzeitige Abholung einer konkretisierten Sache aus einem umkämpften Krisengebiet.

Nach § 275 III BGB hat der Schuldner bei persönlich zu erbringenden Leistungen ebenfalls ein Recht zur Verweigerung der Leistung, „wenn ihm diese unter Abwägung seines Leistungshindernisses und dem Leistungsinteresse des Gläubigers nicht zugemutet werden kann".
Spielen im Fall des Abs. 2 persönliche Interessen des Schuldners keine Rolle, so kommt es beim Abs. 3 auf die Zumutbarkeit der Leistungserbringung für die Person des Schuldners an. Fälle des Abs. 3 finden sich insbesondere bei Leistungen, die auf eine Tätigkeit gerichtet sind. | 520

> **Beispiel**: Der Opernsänger erkrankt am Tag der Opernaufführung an einer Grippe. Theoretisch könnte er auftreten. Im Hinblick auf die Krankheit darf er jedoch die Leistung verweigern.

Nach § 275 II und III BGB wird der Schuldner nicht automatisch von seiner Primärleistungspflicht befreit. Die Vorschrift sieht ein Leistungsverweigerungsrecht des Schuldners vor. Dies bedeutet der Schuldner muss sich auf die faktische bzw. persönliche Unmöglichkeit berufen (= Einrede). Der Schuldner kann zwischen der vollen Erfüllung und der Erhebung der Einrede wählen. Bei letztgenannter Möglichkeit wird er von seiner Leistungspflicht frei, verliert aber nach § 326 I BGB seinen Anspruch auf die Gegenleistung und muss, soweit er das Leistungshindernis zu vertreten hat, nach §§ 280 I, III und 283 BGB Schadensersatz leisten. | 521

12.3.3 Abgrenzung zur Störung/Wegfall der Geschäftsgrundlage

Die Kriterien für § 275 II und III BGB einerseits und § 313 BGB andererseits sind ähnlich. Ihnen ist gemeinsam, dass ein vertraglich nicht berücksichtigtes Hindernis aufgetreten ist, das dem Schuldner die Leistung unzumutbar macht, vgl. zur Störung der Geschäftsgrundlage → Rn. 527. Nach § 275 II BGB ist „ein grobes Missverhältnis zum Leistungsinteresse des Gläubigers" erforderlich, wo hingegen § 275 III BGB und § 313 I BGB eine „Unzumutbarkeit" der Leistungserbringung seitens des Schuldners verlangen. Im Hinblick auf diese Terminologie ist eine Abgrenzung daher schwierig. | 522

> **Beispiele**:
> 1. Prof. Müller hat zu einem Symposium in München am 15.2. 9.00 Uhr zugesagt. In der Nacht zum 15.2. ist er an einer schweren Lungenentzündung erkrankt.
> 2. Firma A bestellt bei der B-AG Maschinenbauteile. Infolge einer pandemiebedingten empfindlichen Störung der Lieferketten vervielfachen sich die Preise.

§ 275 II, III BGB stellen auf das Vertragsrisiko des Schuldners ab. Bewegt sich das Leistungshindernis des Schuldners innerhalb seines Vertragsrisikos wie im Falle der Erkrankung des vortragenden Professors, greift § 275 III BGB. Bewegt sich der Umstand außerhalb seiner Risikosphäre, wie im zweiten Fall, so gewährt § 313 BGB das Recht auf Vertragsanpassung (BGH v. 12.01.2022 – XII ZR 8/21, NZM 2022, 99).

Tonner

Dies gilt insbesondere bei Fällen der wirtschaftlichen Unmöglichkeit (zB in Fällen unvorhersehbarer Krisen).

12.3.4 Schadensersatz bei Unmöglichkeit

523 Lag die Unmöglichkeit schon bei Vertragsschluss vor (**anfängliche Unmöglichkeit**), räumt § 311a II BGB dem Gläubiger das Recht ein, **Schadensersatz statt der Leistung** (= positives Interesse) zu verlangen. Alternativ kann er nach § 284 BGB auch Ersatz seiner vergeblichen Aufwendungen oder nach § 285 BGB Herausgabe des Ersatzes (**„stellvertretendes commodum"**) fordern. Vergebliche Aufwendungen können beispielsweise in den vom Gläubiger getragenen Vertragskosten liegen. Stellvertretendes commodum kann ein vom Schuldner erhaltener Versicherungsanspruch sein.

Der Schadensersatzanspruch bedingt nach § 311a II 2 BGB, dass der Schuldner das Leistungshindernis kannte oder seine Unkenntnis zu vertreten hat. Der Schuldner trägt hierfür die Beweislast. Die Kenntnis eines Erfüllungsgehilfen wird ihm entsprechend § 278 BGB wie die eigene zugerechnet (BGH NJW 2005, 2852 und 2014, 3365).

> **Beispiel**: V verkauft K sein Fahrrad. Als K es abholen will, stellen beide fest, dass es bereits am Vortag aus dem Fahrradkeller gestohlen worden ist.

Da dem V die Verschaffung des Eigentums von Anfang an unmöglich war, hat K gegen ihn einen Anspruch auf Schadensersatz statt der Leistung oder Aufwendungsersatz nach § 311a II BGB geltend, soweit V das Leistungshindernis zum Zeitpunkt des Vertragsabschlusses kannte oder hätte kennen müssen. V muss also nachweisen, dass ihm der Diebstahl nicht bekannt sein konnte. Hätte er sich, was aller Wahrscheinlichkeit nach der Realität entspricht, informieren können, so hat er seine Unkenntnis zu vertreten mit der Folge, dass K Schadensersatz verlangen kann. Hat der Schuldner eine Garantie gegeben oder ein Beschaffungsrisiko übernommen, haftet er unabhängig davon, ob er das Leistungshindernis kennen konnte (vgl. Grüneberg/*Grüneberg* § 311a Rn. 9).

Bei teilweiser Unmöglichkeit kann der Gläubiger Schadensersatz statt der ganzen Leistung (= großer Schadensersatz) nur verlangen, wenn sein Interesse an der geschuldeten Leistung dies erfordert, § 311a II 2 iVm § 281 I 3 BGB entsprechend. Verlangt der Gläubiger Schadensersatz statt der ganzen Leistung, ist der Schuldner zur Rückforderung des Geleisteten nach den Rücktrittsregeln der §§ 346–348 BGB berechtigt, vgl. § 311a II 2 iVm § 281 IV BGB entsprechend (→ Rn. 529).

Fehlt dem geschuldeten Gegenstand eine zugesicherte Eigenschaft (zB unfallfreier Wagen) tritt ein Schadensersatzanspruch wegen Unmöglichkeit der Leistungserbringung in **Konkurrenz zum vertraglichen Gewährleistungsrecht** (§§ 434 ff., 536 ff., 634 ff. oder 651c ff. BGB) oder den **Anfechtungsregeln** (§§ 119, 123 BGB, vgl. → Rn. 247). Die Anwendung der §§ 280 I, 311a BGB scheidet grundsätzlich aus, soweit der Schuldner seine vertragliche Hauptpflicht erfüllt, dh zB der Verkäufer dem Käufer das Eigentum am Kaufgegenstand verschafft hat (BGH NJW 2007, 3777; Grüneberg/*Weidenkaff* § 437 Rn. 50, vgl. auch → Rn. 612 ff. und → Rn. 663 Aufgabe 1; zur Ausnahme bei vorsätzlichem Handeln des Schuldners BGH NJW 2009, 2010 mwN).

524 In den Fällen des § 275 II und III BGB kann der Gläubiger Schadensersatz nach § 283 BGB verlangen, wenn der Schuldner die Einrede der Leistungsverweigerung erhebt,

dh auf das Missverhältnis seines Aufwands zum Leistungsinteresse des Gläubigers bzw auf die persönliche Unzumutbarkeit hinweist. Der Schuldner hat es also in der Hand, ob er trotz des unverhältnismäßigen Aufwandes erfüllen will oder im Fall eigenen Verschuldens Schadensersatz leisten muss. Verweigert er die Leistung, hat der Gläubiger unter den dargestellten Voraussetzungen der §§ 283, 275 IV, 280 I 3, 281 BGB Schadensersatzansprüche, vgl. hierzu → Rn. 519, 520.

Bei **nachträglicher Unmöglichkeit** kann der Gläubiger nach §§ 283, 275 IV, 280 I 3, 281 **525** BGB Schadensersatz statt der Leistung verlangen, soweit den Schuldner eine Pflichtverletzung trifft, die er zu vertreten hat.

> **Beispiel**: V verkauft K sein Fahrrad, der es am folgenden Tag abholen soll. In der darauf folgenden Nacht wird das Fahrrad, das unverschlossen im Hof des V steht, gestohlen. K verlangt von V Schadensersatz.
>
> Der Primärleistungsanspruch des K auf Verschaffung des Eigentums am Fahrrad ist erloschen, da V die Leistung nach § 275 I BGB tatsächlich unmöglich geworden ist. Nach § 280 I BGB kann K Schadensersatz verlangen, soweit V die Unmöglichkeit zu vertreten hat.

Anders verhält es sich, wenn die Sachgefahr, dh das Risiko des zufälligen Untergangs, auf den Käufer übergegangen ist.

> **Beispiel**: Wie vor nur V stellt es verschlossen in den Keller. Als K das Fahrrad eine Woche nach dem vereinbarten Termin abholen will, ist es gestohlen.
>
> Normalerweise trägt der Verkäufer die Sachgefahr. Nach § 446 I BGB geht allerdings die Gefahr des zufälligen Unterganges mit der Übergabe auf den Käufer über. Gleiches gilt nach S. 3 der Vorschrift, wenn der Käufer mit der Abnahme in Verzug ist. Hier ist das Beschaffungsrisiko spätestens mit Ablauf des Termins auf K übergegangen. Ein Schadensersatzanspruch des K gegen V scheidet somit aus.

Im Gegensatz zu § 281 BGB ist in Fällen der Unmöglichkeit eine Fristsetzung nicht erforderlich, weil sie bei unmöglicher Leistung ohnehin sinnlos wäre. Nach der Sonderregelung des § 283 BGB genügt es für den Schadensersatzanspruch statt der Leistung, wenn die Leistung dem Schuldner gem. § 275 BGB unmöglich geworden ist.

Hat der Schuldner nur teilweise geleistet oder unzureichend (zB wegen Neben- **526** pflichtverletzung oder Sachmangel) stellt sich die Frage, ob der Schadensersatz nur wegen des gestörten Teils (= sog. **kleiner Schadensersatz**, § 281 I 1 BGB) oder wegen der Gesamtleistung dh statt der ganzen Leistung (= sog. **großer Schadensersatz**, § 281 I 2, 3 BGB) verlangt werden kann. Beim kleinen Schadensersatz behält der Gläubiger die Teil- bzw. mangelhafte Leistung und erhält die Wertdifferenz zur vertragsgerechten Erfüllung. Der große Schadensersatz kann nur unter den besonderen Voraussetzungen der §§ 283b S. 2, 281 I 3 BGB dh bei erheblicher Pflichtverletzung verlangt werden. Der Gläubiger hat dann die vom Schuldner empfangenen Teilleistungen gem. §§ 283 S. 2, 281 V BGB nach den Rücktrittsregeln der §§ 346–348 BGB herauszugeben. Nach § 285 iVm § 275 II BGB kann der Gläubiger auch das „**stellvertretende commodum"**, dh das, was der Schuldner im Zuge des schädigenden Ereignisses erlangt hat (zB einen Anspruch gegen seine Versicherung) – unter Anrechnung auf den Ersatzanspruch – verlangen (§§ 346–348 BGB).

Tonner

12.3.5 Befreiung von der Pflicht zur Gegenleistung, Rücktrittsrecht § 326 BGB

527 Beim gegenseitigen Vertrag verpflichtet sich der Gläubiger zur Gegenleistung, um die Leistung des Schuldners zu erhalten. Kann der Schuldner wegen tatsächlicher Unmöglichkeit oder braucht er infolge faktischer oder persönlicher Unmöglichkeit nach § 275 I–III BGB nicht zu leisten, entfällt nach § 326 I 1 BGB grds. auch die Gegenleistungspflicht des Gläubigers, dh er muss den Preis nicht bezahlen. Dies gilt unabhängig davon, ob der Schuldner das Leistungshindernis zu vertreten hat.

> **Beispiel**: V verkauft H seinen Pkw, wobei H vereinbarungsgemäß den Wagen am nächsten Tag abholen soll. In der Nacht wird der Pkw von einem unbekannten Dieb entwendet. Der Anspruch des H auf Übereignung des Pkw (§ 433 I 1 BGB) erlischt nach § 275 I BGB. Nach § 326 I BGB wird H von seiner Verpflichtung zur Kaufpreiszahlung (§ 433 II BGB) frei.

Im Falle der teilweisen Unmöglichkeit ist § 326 I BGB ebenfalls anwendbar. Der Anspruch auf die Gegenleistung mindert sich nach § 326 I 1, 2. Hs., § 441 III BGB aber entsprechend der Kaufpreisminderung bei einer mangelhaften Kaufsache, vgl. hierzu → Rn. 634.

> **Beispiel**: C bestellt für ihr Café 100 Kaffeegedecke bei V. Als V liefern will, muss er vom Hersteller erfahren, dass die Serie ausgelaufen ist. V kann nur noch 60 Gedecke liefern. C muss bei Lieferung der Gedecke nur 60 % des Kaufpreises bezahlen.
>
> Soweit C 100 einheitliche Gedecke benötigt, kann C mangels Interesse an der Teilleistung vom Vertrag gem. § 326 V BGB zurücktreten. Nach § 325 BGB hat C die Möglichkeit, daneben Schadensersatz zu verlangen.

528 Der Anspruch auf die Gegenleistung bleibt allerdings insbesondere in folgenden Fällen ganz oder teilweise bestehen:

(1) Nach § 326 I 1 1. Alt. BGB, soweit der Gläubiger für den Umstand, aufgrund dessen der Schuldner nach § 275 BGB nicht zu leisten braucht, allein oder weit überwiegend verantwortlich ist.

> **Beispiel**: Künstler K kann das Konzert im veranstaltenden Hotel infolge Durchfallerkrankung nicht halten, da das dortige Essen verdorben war.

(2) Nach § 326 I 1 2. Alt. BGB in Fällen, in denen die „Gegenleistungsgefahr", auch **Preisgefahr** genannt, auf den Gläubiger übergegangen ist.

Den Übergang der Preisgefahr sieht das BGB in folgenden Fällen vor:

§ 326 II BGB bei Gläubigerverzug	§ 446 BGB bei Übergabe, § 447 I BGB bei Versendungskauf Ausnahme bei Verbrauchsgüterkauf: § 475 II BGB	§ 644 BGB Gefahrübergang bei Werkvertrag	§ 615 S. 3 BGB arbeitsrechtliche Lohnfortzahlung § 616 BGB vorübergehende Dienstverhinderung

Befindet sich der Gläubiger im Annahmeverzug, dh hat er die durch den Schuldner ordnungsgemäß angebotene Leistung nicht angenommen, dann behält der Schuldner im Falle einer von ihm nicht zu vertretenden Unmöglichkeit nach §326 II 1, 2. Alt. BGB den Anspruch auf Gegenleistung.

> **Beispiel:** V hat K eine Maschine verkauft und liefert diese vereinbarungsgemäß zu einem bestimmten Zeitpunkt an K. Da er dort vor verschlossenen Türen steht, muss er unverrichteter Dinge umkehren. Auf der Rückfahrt wird V in einen vom ihm nicht verschuldeten Unfall verwickelt, wobei die Maschine zerstört wird.

Ist eine verkaufte Sache dem Käufer übergeben worden, geht nach §446 S.1 BGB die Gefahr des zufälligen Untergangs, dh das Risiko trotz Unmöglichkeit der Leistung den Kaufpreis zahlen zu müssen, auf ihn über. Gleiches gilt nach §447 I BGB beim Versendungskauf, wenn der Verkäufer die verkaufte Sache auf Verlangen des Käufers an einen anderen Ort als den Erfüllungsort versendet, sobald er die Sache dem Spediteur oder einer sonst zur Versendung bestimmten Person übergeben hat.

> **Beispiel**: V hat K eine Maschine verkauft und sie auf Bitten des K dem Spediteur S zum Transport übergeben. Auf der Fahrt zu K verunglückt der Spediteur ohne Verschulden. Die Maschine wird zerstört.

§447 I BGB findet nach §475 II BGB bei einem Kaufvertrag zwischen einem Unternehmer und einen Verbraucher nur Anwendung, wenn der der Käufer den Spediteur ausgesucht und beauftragt hat. Da das nicht zutrifft, trifft den V das Risiko des Untergangs der Maschine.

Beim Werkvertrag geht die Preisgefahr gem. §644 I BGB auf den Besteller über, sobald dieser das Werk abgenommen oder gem. §644 II iVm §447 BGB, sobald er vereinbarungsgemäß das Werk einer Versandperson übergeben hat.

Hatte der Gläubiger bei einem gegenseitigen Vertrag seinerseits bereits vorgeleistet, 529 beispielsweise den Kaufpreis vorausbezahlt, hat er nach §326 IV BGB ein **Rückforderungsrecht** entsprechend den Rücktrittsregeln der §§346ff. BGB. Gleiches gilt, wenn für den Schuldner die Leistung gem. §275 BGB unmöglich ist. Auch dann hat der Gläubiger ein Rücktrittsrecht nach §326 V iVm §323 BGB.

> **Beispiel**: A kauft von B einen Gebrauchtwagen. Als B ihm den Wagen vorbeibringen will, wird er in einen unverschuldeten Autounfall verwickelt, wobei der Wagen einen Totalschaden erleidet.

Der Rücktritt setzt Unmöglichkeit nach §275 I–III BGB voraus. Ein Verschulden ist 530 nicht erforderlich. Gem. §326 V BGB ist bei Unmöglichkeit im Gegensatz zu den Fällen des Verzugs oder der Schlechtleistung eine Fristsetzung nach §323 I BGB für die Geltendmachung des Rücktrittsrechts generell nicht erforderlich. Allerdings sollte der Gläubiger in Fällen, bei denen zweifelhaft ist, ob Unmöglichkeit oder Verzug gegeben ist, sicherheitshalber eine Frist setzen (zB bei Fixgeschäften, bei denen fraglich sein kann, ob es sich um ein absolutes oder relatives handelt, → Rn.518).

12.4 Schuldnerverzug (Verzögerung der Leistung)

Literatur: *Brox/Walker,* Allgemeines Schuldrecht, 46. Aufl. 2022, §23; *Anders,* Verspätete Leistung als Haftungsgrund, JA 2001, 252; *Schulze/Esers,* Streitfragen im neuen Schuldrecht, JuS 2004, 270 ff.

12.4.1 Begriff und Voraussetzungen

531 Ist eine fällige Leistung aus einem Schuldverhältnis zwar noch möglich, wird sie aber nicht rechtzeitig erbracht, so tritt unter den Voraussetzungen des §286 BGB Schuldnerverzug ein.

Schuldnerverzug setzt voraus:

1. Fälligkeit der Leistung iSd. §271 BGB
2. Durchsetzbarkeit des Anspruchs, dh gegen ihn darf keine Einredemöglichkeit, zB wegen Unzumutbarkeit, §275 II BGB, entgegenstehen.
3. Mahnung oder Entbehrlichkeit, §286 I-III BGB
4. Nichtleistung
5. Schuldner hat Verzug zu vertreten, §286 IV BGB

Für den Verzug ist nach §286 I BGB grundsätzlich eine Mahnung des Gläubigers bzw. eine Klageerhebung oder Zustellung eines Mahnbescheids nach Fälligkeit des Anspruchs erforderlich. Entbehrlich ist die Mahnung in den Fällen des §286 II Nr. 1–4 BGB:

- Nach Nr. 1 bei sog. Kalendergeschäften, bei denen für die Leistung eine Zeit nach dem Kalender bestimmt ist,
- Nach Nr. 2 ist die Mahnung als Verzugsvoraussetzung entbehrlich, wenn der Leistung ein Ereignis vorauszugehen hat und die Leistungszeit sich kalendermäßig nach diesem Ereignis berechnen lässt. Entgegen der früheren Rechtslage ist nicht nur die Kündigung ein solches „Ereignis". So kann durch eine Vertragsbestimmung, dass der Kaufpreis „14 Tage nach Rechnungserteilung" zu zahlen ist, die Verzugsvoraussetzungen geschaffen werden.
- Nach Nr. 3 wirkt auch eine ernsthafte und endgültige Zahlungsverweigerung verzugsbegründend.
- Nr. 4 regelt Fallgruppen, in denen der sofortige Eintritt des Verzugs aus besonderen Gründen im beiderseitigen Interesse der Vertragsparteien auch ohne Mahnung gerechtfertigt ist. (zB Fälle besonderer Eilbedürftigkeit, etwa der Fall des Wasserrohrbruchs oder der Ankündigung durch den Schuldner, dass er die Leistung zu einem bestimmten Datum erbringt (sog. Selbstmahnung, vgl. Begründung RegE BT-Drs. 14/6040, 146).

Bei Geldforderungen kommt der Schuldner nach §286 III 1 BGB spätestens nach verstreichen lassen einer Frist von 30 Tagen seit Rechnungsstellung in Verzug. Dies gilt bei Schuldnern, die Verbraucher sind nur, soweit sie in der Rechnung oder Zahlungsaufforderung auf diese verzugsbegründenden Folgen besonders hingewiesen wurden. Ist der Zugang der Rechnung unklar, kommt der Schuldner nach §286 III 2 BGB spätestens 30 Tage nach Fälligkeit und Empfang der Gegenleistung in Verzug.

Tonner

§ 286 IV BGB stellt klar, dass der Schuldner nur dann in Verzug kommt, wenn er dies zu vertreten hat.

Fraglich ist, ob ein mangelbedingter Verzögerungsschaden, dh ein Folgeschaden (zB Nutzungsausfall bei einem Pkw), den ein Käufer dadurch erleidet, dass die gelieferte Sache aufgrund eines Sachmangels nicht funktionstüchtig ist, als Verzögerungsschaden gem. §§ 280 II, 286 BGB erst ab Verzugseintritt oder unmittelbar nach § 280 I BGB ersatzfähig ist. Die hM geht von einer unmittelbaren Anwendung des § 280 I BGB aus, falls der Verkäufer die Lieferung der mangelhaften Sache zu vertreten hatte (so zB OLG Hamm Urt. v. 23.2.2006, BeckRS 07007).

Übersicht Schuldnerverzug 532

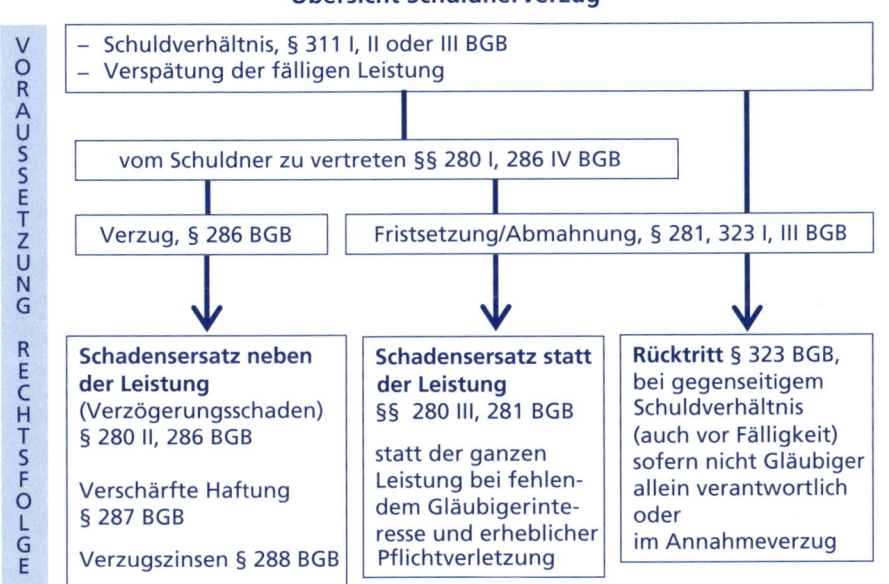

12.4.2 Ersatz des Verzögerungsschadens

Im Falle des Verzugs behält der Gläubiger den Erfüllungsanspruch und kann unter 533 den Voraussetzungen des § 280 I BGB und des § 280 II iVm § 286 BGB Schadensersatz **neben** der Leistung **(Ersatz des Verzugsschadens)** verlangen.

> **Beispiel:** K bestellt am 16.6. einen Gasgrill für seine Grillparty am 23.6. Die Lieferung wird für den 20.6. zugesagt. Als am 23.6. immer noch nicht geliefert ist, mietet er sich bis zum 24.6. einen Grill. Hier hat K nach wie vor Interesse an dem Grill, möchte aber die Mietgebühr ersetzt bekommen.

Besonderheit: Bei Geldschulden kann der Gläubiger als gesetzlichen Mindestschaden 534 **Verzugszinsen** verlangen, hierzu → Rn. 540. Bisher angefallene Fälligkeitszinsen (→ Rn. 405) dürfen wegen des Zinseszinsverbots des § 289 BGB nicht gesondert verzinst werden.

Tonner

> **Beispiel**: Infolge des Verzugs muss der Gläubiger einen Kredit zu 15 % Zinsen aufnehmen. Darüber hinaus ist ihm ein Geschäft entgangen, das einen Gewinn von 1.000 EUR gebracht hätte (vgl. zum Umfang des Verzugsschadens BGH ZIP 2002, 895).

Fraglich ist, ob ein mangelbedingter Verzögerungsschaden, dh ein Folgeschaden (zB Nutzungsausfall bei einem Pkw), den ein Käufer dadurch erleidet, dass die gelieferte Sache aufgrund eines Sachmangels nicht funktionstüchtig ist, als Verzögerungsschaden gem. §§ 280 II, 286 BGB erst ab Verzugseintritt oder unmittelbar nach § 280 I BGB ersatzfähig ist. Die hM geht von einer unmittelbaren Anwendung des § 280 I BGB aus, falls der Verkäufer die Lieferung der mangelhaften Sache zu vertreten hatte (so zB OLG Hamm Urt. v. 23.2.2006, BeckRS 07007).

12.4.3 Schadensersatz statt der Leistung

12.4.3.1 Voraussetzungen

535 Der Gläubiger, der aufgrund der Verzögerung der Leistung sein Interesse daran verloren hat, kann nach § 280 I, III iVm § 281 I 1 BGB die Erfüllung des fälligen Anspruchs ablehnen und Schadensersatz statt der Leistung verlangen. Voraussetzung ist, dass der Gläubiger dem Schuldner erfolglos eine angemessene Frist zur Leistung oder Nacherfüllung bestimmt hat. Nach § 281 I 2 BGB ist die Fristsetzung entbehrlich, wenn der Schuldner die Leistung ernsthaft und endgültig verweigert oder besondere Umstände vorliegen, die unter Abwägung der beiderseitigen Interessen die Geltendmachung des Schadensersatzanspruchs rechtfertigen.

> **Beispiel**: Firma A bestellt für Montag, den. 2.4. 12.00 Uhr beim Caterer C anlässlich eines Geschäftsessens mit auswärtigen Kunden ein Essen für sechs Personen.
>
> Falls C am 2.4. 12.00 Uhr noch nicht geliefert hat, kann A diesem nach § 281 I BGB eine angemessene Frist, beispielsweise bis um 13.00 Uhr setzen, und nach erfolglosem Fristablauf Schadensersatz statt der Leistung verlangen. Denkbar ist aber auch unter Abwägung der beiderseitigen Interessen eine sofortige Geltendmachung des Schadensersatzanspruchs nach § 281 II 2 BGB, etwa unter dem Gesichtspunkt, dass A dem C ersichtlich eng terminiert hat und die Kunden planmäßig das Unternehmen um 13.00 Uhr verlassen müssen, um den Flughafen zu erreichen.

Da Schadensersatzanspruch und Rücktrittsrecht nach § 325 BGB einander nicht ausschließen, vgl. § 325 BGB, will die hL analog § 324 IV BGB den Schadensersatzanspruch auch vor Fälligkeit zulassen, wenn offensichtlich ist, dass die Voraussetzungen des § 281 im Zeitpunkt der Fälligkeit vorliegen werden (Grünberg/Grünberg § 281 Rn. 8a; Jaensch NJW 2003, 3613 ff. mwNw.).

Hat der Schuldner nur teilweise geleistet, kann der Gläubiger nach § 281 I 2 BGB die weitere Erfüllung verweigern und **Schadensersatz statt der ganzen Leistung** verlangen, wenn er an der Teilleistung kein Interesse hat.

> **Beispiel**: Der Caterer C hat beim oben genannten Geschäftsessen nur die Nachspeise geliefert.

Dieses Recht auf Schadensersatz statt der ganzen Leistung hat der Gläubiger nach § 281 I 3 BGB aber nur, wenn die Pflichtverletzung des Schuldners erheblich ist, was im Beispielsfall wohl zu bejahen ist. Verlangt der Gläubiger Schadensersatz statt der ganzen Leistung, so hat der Schuldner nach § 281 IV iVm §§ 346–348 BGB einen Rückforderungsanspruch auf das seinerseits Geleistete.

12.4.3.2 Rechtsfolgen

Nach § 281 IV BGB ist der Erfüllungsanspruch des Gläubigers ausgeschlossen, wenn   **536** dieser Schadensersatz statt der Leistung **verlangt hat.**

Durch den Schadensersatz statt der Leistung soll der Schuldner so gestellt werden, wie er bei ordnungsgemäßer Erfüllung dastehen würde (sog. positives Interesse). Der Anspruch ist grds. auf Geldleistung gerichtet, vgl. BGHZ 200, 350.

Anstelle des Schadensersatzes statt der Leistung kann der Schuldner nach § 284 BGB Ersatz seiner Aufwendungen verlangen, → Rn. 540.

12.4.4 Rücktrittsrecht, § 323 BGB

Hat der Gläubiger bei einem **gegenseitigen Vertrag** dem Schuldner erfolglos eine   **537** angemessene Frist zur Leistung oder Nacherfüllung gesetzt, kann er nach § 323 I BGB vom Vertrag zurücktreten. Nach § 325 BGB ist sowohl der Anspruch auf Ersatz des Verzögerungsschadens als auch der Schadensersatzanspruch statt der Leistung mit dem Rücktrittsrecht kombinierbar. Im Gegensatz zum Schadensersatzanspruch ist beim Rücktritt grds. kein Verschulden erforderlich.

> **Beispiel**: V verkauft an K einen Zentner Bananen Klasse 1 auf Abruf. V bringt die Bananen vereinbarungsgemäß zum Versand, Zahlung soll nach Lieferung erfolgen. Nachdem K die Bananen seinerseits weiterverkauft hat, fordert er V am 14.1. zur sofortigen Lieferung auf. Falls V bis zum 18.1. nicht geliefert habe, werde er die Ware nicht mehr abnehmen. Als V das Schreiben am 15.1. erhält, übergibt er das Obst dem Spediteur am 16.1., der es am 20.1. bei K abliefern will. K lehnt die Annahme ab. V verlangt Bezahlung und Abnahme.
>
> V hat seine Leistung nicht vertragsgemäß, dh zu spät, erbracht und K hat ihm eine Frist zur Nacherfüllung gesetzt.
>
> Es besteht, soweit V kein Verschulden trifft, für K nur ein Rücktrittsrecht. K kann zu Recht die Abnahme der Ware und die Zahlung des Kaufpreises verweigern. K ist nach § 323 I BGB wirksam vom Kaufvertrag zurückgetreten, sodass dieser nach §§ 346 ff. BGB rückabzuwickeln ist. Gem. § 323 IV BGB hätte K im Übrigen auch schon vor Fälligkeit der Leistung zurücktreten können, wenn es offensichtlich gewesen wäre, dass V nicht rechtzeitig liefern kann.

12.4.4.1 Voraussetzungen

538 Voraussetzung für den Rücktritt sind:

(1) gegenseitiger Vertrag
(2) Fälligkeit der Leistung, wobei ein Rücktritt nach § 323 IV BGB auch schon **vor Eintritt der Fälligkeit möglich** ist, wenn offensichtlich ist, dass der Schuldner nicht erfüllen kann. So zB, wenn bei einem Werkvertrag definitiv absehbar ist, dass der Werkunternehmer kapazitätsmäßig den festgesetzten Termin nicht einhalten kann.
(3) Pflichtverletzung: Verzögerung der Leistung. Die Pflichtverletzung muss nicht im Gegenseitigkeitsverhältnis stehen.

> **Beispiel**: Der Käufer weigert sich, die Kaufsache abzuholen = Pflicht nach § 433 II BGB

(4) Erfolgloser Ablauf einer angemessenen Frist, § 323 I BGB, die Frist ist nach § 323 II BGB entbehrlich, wenn:
    (a) der Schuldner die Leistung ernsthaft und endgültig verweigert oder
    (b) bei einem Fixgeschäft, dh in Fällen, in denen der Schuldner sein Leistungsinteresse an bestimmte Termine bzw. Fristen gebunden hat (zB Eier zu Ostern), oder → Rn. 518
    (c) der Schuldner die Leistung ernsthaft und endgültig verweigert oder
    (d) bei Vorliegen besonderer Umstände, die den Rücktritt rechtfertigen; etwa wenn die Annahme der Leistung für den Gläubiger unzumutbar ist.
(5) Kein Ausschluss des Rücktritts nach § 323 VI BGB. Dies ist der Fall:
    (a) wenn der Gläubiger für die Verzögerung der Leistung allein oder weit überwiegend verantwortlich ist oder
    (b) der Gläubiger sich im Verzug der Annahme befindet, vgl. zum Gläubigerverzug → Rn. 541 ff.

Hat der Gläubiger bereits eine Teilleistung erhalten, kann er bei Vorliegen der Verzugsvoraussetzungen nach § 323 V BGB nur zurücktreten, wenn er an der Teilleistung kein Interesse mehr hat. Analog der Regelung zum Schadensersatz statt der ganzen Leistung hat er das Rücktrittsrecht aber nur, wenn eine erhebliche Pflichtverletzung des Schuldners gegeben ist.

12.4.4.2 Rechtsfolgen

539 Macht der Schuldner von seinem Wahlrecht gebrauch und tritt vom Vertrag wirksam zurück, erlischt das ursprüngliche Schuldverhältnis „ex nunc" (ab Wirksamwerden der Rücktrittserklärung) und damit sämtliche noch bestehenden Leistungspflichten, vgl. § 346 BGB. Zu den weiteren Rechtsfolgen → Rn. 497.

12.4.5 Weitere Verzugsfolgen

540 Neben dem Anspruch auf Schadensersatz und einem Rücktrittsrecht begründet der Verzug weitere Rechtsfolgen, die in den §§ 287 ff. BGB geregelt sind.

- Nach § 287 BGB unterliegt der Schuldner während des Verzugs einer erweiterten Haftung (für jede Fahrlässigkeit und Zufall, es sei denn, der Schaden wäre auch bei rechtzeitiger Leistung entstanden).
- Der Gläubiger kann – auch ohne Schadensnachweis – **Verzugs- bzw. Prozesszinsen**, §§ 288–290 BGB verlangen. Der **Zinssatz** beträgt 5 % über dem Basiszinssatz, § 288 I iVm § 247 BGB. Bei Rechtsgeschäften ohne Verbraucherbeteiligung können 9 % über dem Basiszinssatz verlangt werden, § 288 II BGB. Der Gläubiger kann bei entsprechender Vereinbarung auch höhere Zinsen verlangen, § 288 III BGB. Gem. § 352 III 1 HGB überlagert der (höhere) Verzugszins den kaufmännischen Fälligkeitszins. Die Geltendmachung eines weitergehenden Schadens (zB Bankzinsen) ist nach § 288 IV BGB nicht ausgeschlossen. Über §§ 280 I, II, 286 BGB kann dann Ersatz des Restschadens verlangt werden.
- Ist der Schuldner mit einer Herausgabepflicht in Verzug bestimmt sich die Mindesthaftung nach § 292 BGB (Schadens-, Nutzungs- bzw. Verwendungsersatz).

12.5 Schlechtleistung

Literatur: *Brox/Walker,* Allgemeines Schuldrecht, 46. Aufl. 2022; *Wilmowsky*, Pflichtverletzungen im Schuldverhältnis, JuS 2002, Beil. zu Heft 1; *Schmitt*, Prospekthaftung von Abschlussprüfern, DStR 2013 S. 1688.

12.5.1 Begriff

Unter Schlechtleistung versteht man eine Leistung, die nicht die geschuldete Qualität aufweist. Die Pflichtverletzung des Schuldners kann eine leistungsbezogene Pflicht betreffen oder eine Verletzung einer nicht leistungsbezogenen Schutzpflicht gem. § 241 II BGB   541

Übersicht Schlechtleistung

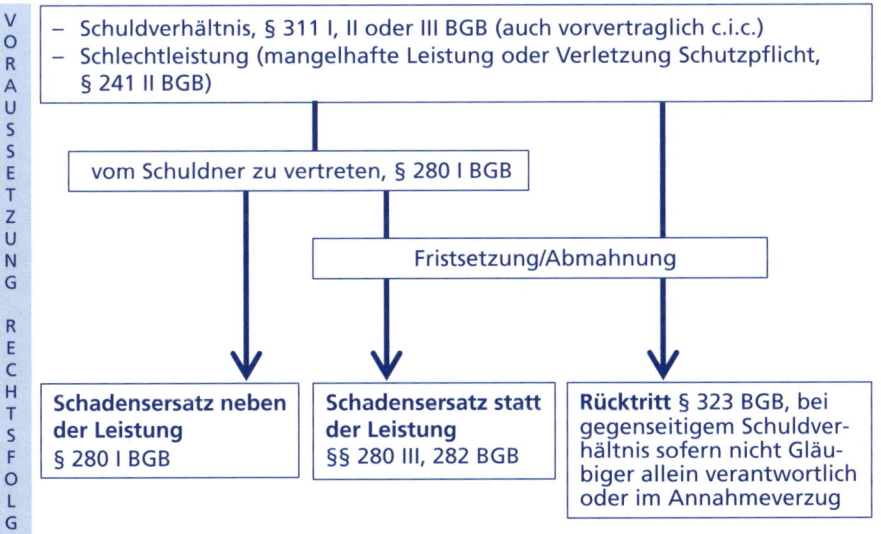

12.5.2 Verletzung einer leistungsbezogenen Pflicht (Qualitätsmangel)

542 Für einzelne Vertragstypen gibt es spezielle Vorschriften, die die Rechte des Gläubigers bei mangelhafter Erbringung der Hauptleistung regeln, so §§ 437 ff. BGB für den Kaufvertrag, §§ 536 ff. BGB für den Mietvertrag, §§ 634 ff. BGB für den Werkvertrag. Diese Rechte aus **Mängelhaftung** gehen als Spezialnormen den allgemeinen Leistungsstörungsvorschriften nach §§ 280 ff. BGB vor (→ Rn. 580 ff.). Unter die leistungsbezogenen Pflichten fallen nicht nur Haupt-, sondern auch Nebenpflichten. Letztere können beispielsweise beim Kauf in der fehlerhaften Information über die Nutzung des Kaufgegenstandes oder bei der gewerblichen Vermietung in der Vermietung eines benachbarten Objektes an einen Konkurrenten des Mieters bestehen. Die leistungsbezogenen Nebenpflichten sichern das Interesse des Gläubigers an der Erfüllung des Vertrages entsprechend seinem zwischen den Parteien vereinbarten Inhalt iSv §§ 133, 157 BGB.

> **Beispiel**: Der Installateur I verlegt im Haus des Eigentümers E eine Wasserleitung mangelhaft. E kann gem. § 634 Nr. 1 BGB Nacherfüllung von I verlangen.

Allerdings könnten infolge der mangelhaften Verlegung der Leitung weitergehende Schäden am Haus oder dem Inventar entstanden sein. Die bloße Nacherfüllung deckt das Interesse des Gläubigers dann nicht ab. Auch durch den Schuldner verursachte Mangelfolgeschäden stellen eine Pflichtverletzung dar. Hat der Schuldner diese Pflichtverletzung nach § 280 I 2 iVm § 276 ff. BGB zu vertreten, kann der Gläubiger – im Beispielsfall E – nach § 634 Nr. 4 iVm § 280 BGB Schadensersatz bzw. über § 284 BGB Aufwendungsersatz verlangen. Dies bedeutet auch bei Verträgen mit Mangelhaftungsrechten stellt die mangelhafte Erbringung der Hauptleistung eine Pflichtverletzung dar. Gesetzestechnisch erfolgt dies durch einen Rückverweis bei Verträgen über digitale Produkte in § 327 i Nr. 3 BGB, beim Kaufvertrag in § 437 Nr. 3 BGB oder beim Werkvertrag in § 634 Nr. 4 BGB auf die allgemeinen Rechte der §§ 280 I, 281, 283 und 311a BGB. Der Vorrang der speziellen Mängelhaftungsvorschriften hat dann lediglich bei den Verjährungsregelungen Relevanz; es gelten hier die §§ 438 und 634a BGB. Bei Miet- und Reiseverträgen regeln die §§ 536a und 651 f. BGB die Haftung des Vermieters bzw. Reiseveranstalters eigenständig ohne Anknüpfung an den Grundtatbestand des § 280 BGB.

Fehlen bei einem Vertragstyp spezielle Mängelhaftungsrechte greifen im Falle der Schlechtleistung die Vorschriften der §§ 280, 281, 283 und 311a BGB unmittelbar.

> **Beispiel**: Frau E leiht sich bei Frau L vier Eier, um einen Kuchen zu backen. Da die Eier schon zu lange bei Frau L gelagert worden sind, ist der Kuchen ungenießbar. Frau E und ihr Mann verderben sich den Magen. Es liegt ein Sachdarlehensvertrag nach § 607 BGB vor. Ob hier die §§ 434 ff. BGB entsprechend anzuwenden sind, kann dahinstehen, da in jedem Fall eine Schlechtleistung, dh Pflichtverletzung iSv § 280 I BGB vorliegt. Dabei ist die Haftung aber wegen der Unentgeltlichkeit entspr. §§ 501, 599 BGB begrenzt auf grobe Fahrlässigkeit (vgl. *Medicus/Petersen* BürgerlR Rn. 369).

543 Darüber hinaus sind Schlechtleistungen, dh Pflichtverletzungen nach § 280 I BGB, nicht nur bei vertraglichen Schuldverhältnissen, sondern auch bei rechtlichen Sonderverbindungen zwischen verschiedenen Parteien denkbar, so zB auch bei einem

gesetzlichen Schuldverhältnis wie der Geschäftsführung ohne Auftrag, §§ 677 ff. BGB. Schlechtleistungen können ferner nicht nur im Zusammenhang mit vertraglichen Hauptleistungen sondern auch mit vertraglichen Nebenleistungen (**sog. leistungsbezogene Nebenpflicht**) entstehen.

> **Beispiel für eine leistungsbezogene Nebenpflicht**: Verpflichtung des Käufers zur Zahlung der Beurkundungskosten bei einem Grundstückskaufvertrag.

12.5.3 Verletzung einer Schutzpflicht iSv § 241 II BGB

Die Haftung gilt ebenfalls bei Verletzung eine Schutz- und Nebenpflichten im Zusammenhang mit der Durchführung von Verträgen. § 241 II BGB formuliert diese Pflichten nunmehr ausdrücklich für die Parteien eines Schuldverhältnisses. Hierunter fallen: 544

1. **Leistungstreuepflichten**

> **Beispiel**: Der Käufer hatte von der Gemeinde billiges Industriegelände gekauft, um dort Industrie anzusiedeln und Arbeitsplätze zu schaffen. Stattdessen spekuliert er mit dem Grund und Boden (BGH WM 1976, 1111)

2. **Schutzpflichten**

> **Beispiel**: Der Werkunternehmer beschädigt die zu reparierende Sache während der Reparatur oder der Kellner schüttet dem Gast versehentlich Suppe über den Anzug.

3. **Aufklärungs-/Auskunftspflichten**

> **Beispiel**: Der Pharmahersteller hat nicht auf mögliche Komplikationen bei Einnahme des Medikamentes hingewiesen oder bei laufender Geschäftsbeziehung hat der Lieferant nicht über eine inzwischen vorgenommene Veränderung des Produkts aufgeklärt (BGH NJW 1989, 2532).

4. **Mitwirkungspflichten**

> **Beispiel**: Der Käufer hat den Verkäufer nicht über die Aufstellungsmöglichkeiten einer Maschine informiert und keine entsprechenden Vorbereitungen getroffen (BGH NJW 1962, 1196).

§ 241 II BGB schützt die Rechte, Rechtsgüter und Interessen des anderen Vertragspartners.

Bei vertraglichen Sonderverbindungen geht die Vorschrift weiter als § 823 I BGB, der nur absolute Rechte wie das Leben oder das Eigentum, nicht aber den bloßen Vermögensschaden, schützt, (→ Rn. 746).

§ 241 II BGB kann dem Schuldner auch aufgeben, die Interessen bestimmter anderer Personen neben dem Vertragsgläubiger zu beachten. Diese Personen sind dann in den Schutzbereich des Schuldverhältnisses mit einbezogen.

> **Beispiel**: Die Verpflichtung des Vermieters, dafür Sorge zu tragen, dass auch Familienangehörige des Mieters, zB dessen Kinder, nicht besonderen Verletzungsgefahren ausgesetzt sind.

545 Der Dritte kann in den vertraglichen Schutzbereich nach dem Rechtsgedanken der §§ 241 und 242 BGB allerdings nur einbezogen werden, wenn es eine gläubigerähnliche Beziehung des Dritten zu dem Schutzverhältnis gibt, das den Schuldner zur Rücksichtnahme verpflichtet. Diese gläubigerähnliche Beziehung des Dritten muss für den Schuldner ferner erkennbar sein. Eine solche erkennbare Leistungsnähe besteht insbesondere zu Personen, für deren „Wohl und Wehe" der Gläubiger verantwortlich ist, aber unter bestimmten Voraussetzungen auch zu Vertragspartnern des Gläubigers. Dies sind beispielsweise bei einem Mietverhältnis über Wohnraum die Angehörigen des Mieters oder bei der gewerbliche Vermietung die Arbeitnehmer. Hat der schutzbedürftige Dritte direkte eigene Ansprüche, ist der Anspruch über das Rechtsinstitut des Vertrages mit Schutzwirkung zugunsten Dritter entbehrlich, → Rn. 467.

12.5.4 Schadensersatz bei Verletzung vorvertraglicher Pflichten (c.i.c)

546 Bereits vor Abschluss eines Vertrages kann eine Sonderverbindung zwischen den Parteien bestehen, die beide zur Rücksichtnahme verpflichtet, und deren schuldhafte Verletzung Schadensersatzansprüche nach sich ziehen kann.

Beispiel: Ein Kunde betritt einen Lebensmittel-Supermarkt, um einzukaufen. Während des Einkaufs rutscht er auf einem Salatblatt aus und verletzt sich. Der Kunde will Schadensersatzansprüche wegen Pflichtverletzung gegen den Ladeninhaber geltend machen.

Die Fälle der Verletzung vorvertraglicher Pflichten, sog. **culpa in contrahendo (c.i.c)** in § 311 II BGB geregelt.

- So kann nach Nr. 1 der Vorschrift allein durch die Aufnahme von Vertragsverhandlungen ein Schuldverhältnis mit Sorgfaltspflichten entstehen. Dies kann bei sämtlichen Verträgen relevant sein.
- Nr. 2 betrifft die Anbahnung von Verträgen, bei der im Hinblick auf die etwaige rechtsgeschäftliche Beziehung dem anderen Teil die Möglichkeit zur Einwirkung auf Rechtsgüter eingeräumt wird oder diese ihm gar anvertraut werden. Dies kann relevant sein beispielsweise für Beratungsverträge, wobei dem Auftraggeber Unterlagen überlassen werden.
- Schließlich erweitert Nr. 3 den Anwendungsbereich der vorvertraglichen Haftung auf „ähnliche geschäftliche Kontakte".

§ 311 III BGB behandelt dann die Möglichkeit einer Haftung von Dritten, die selbst nicht Vertragspartner sind. Eine vorvertragliche Haftung kann sich auch auf Dritte erstrecken, die für den Schuldner erkennbar in den Schutzbereich des möglichen Vertrages fallen, vgl. zum Vertrag mit Schutzwirkung zugunsten Dritter → Rn. 495.

Die Hauptfälle der vorvertraglichen Haftung betreffen die Verletzung von Obhuts-, Beratungs- und Aufklärungspflichten. Gem. § 280 I BGB kann der Gläubiger, der auf das Zustandekommen des Vertrages vertraut hat, vom Schuldner, soweit diesen ein Verschulden trifft, seinen Vertrauensschaden (= negatives Interesse) ersetzt verlangen.

Ein Verschulden bei Vertragsschluss kann auch darin bestehen, dass der Verkäufer einen Mangel des verkauften Gegenstandes fahrlässig übersieht. Nach hM gehen allerdings die Gewährleistungsvorschriften grds. vor (BGH NJW 2009, 2120, vgl. auch → Rn. 523).

12.5.4.1 Schadensersatz neben der Leistung (Begleitschäden)

Verletzt der Schuldner eine allgemeine Schutzpflicht nach § 241 II BGB, hat der Gläu- 547
biger an der Erfüllung des Vertrages häufig gleichwohl ein Interesse.

> **Beispiel**: Dachdecker D ist mit der Reparatur des Daches eines Kindergartengebäu-
> des beauftragt. Nachdem ein Ziegel infolge mangelhafter Absicherung herunterge-
> fallen ist und ein Spielgerät beschädigt hat, verspricht D, unverzüglich die Baustelle
> mit einem zusätzlichen Gerüst und einem Absicherungsnetz zu versehen.

Der Gläubiger behält den Erfüllungsanspruch und kann unter den Voraussetzungen
des § 280 I BGB, dh bei einer Pflichtverletzung, die der Schuldner zu vertreten hat,
Schadensersatz neben der Leistung verlangen oder Aufwendungsersatz nach 284
BGB verlangen. Welche Nebenpflichten das jeweilige Schuldverhältnis haben kann
und ob diese verletzt wurden, hängt von den Umständen des jeweiligen Schuldverhältnisses ab. Gleiche Ansprüche hat der Gläubiger in Gewährleistungsfällen,
soweit ihm Mangelfolgeschäden bzw. Aufwendungen entstehen. Ist die Annahme
der Leistung für ihn nicht mehr zumutbar kann er nach § 282 BGB Schadensersatz
statt der Leistung verlangen oder – bei gegenseitigen Verträgen – gem. § 324 BGB
zurücktreten, zum Schadensersatzumfang → Rn. 509.

12.5.4.2 Schadensersatz statt der Leistung

Erbringt der Schuldner seine Leistung nicht korrekt, entweder indem die vereinbar- 548
te Hauptleistung nicht wie geschuldet erbracht wird oder er eine leistungsbezogene
Nebenpflicht verletzt, und hat er diese Schlechtleistung iSv § 280 I 2 BGB zu vertreten, kann der Gläubiger dem Schuldner nach § 281 I 1 BGB eine angemessene Frist
zur Leistung oder Nacherfüllung bestimmen. Läuft diese erfolglos ab, kann er
Schadensersatz statt der Leistung, zB die Kosten für eine Ersatzbeschaffung, oder
Ersatz vergeblicher Aufwendungen nach § 284 BGB verlangen.

Auch nach Ablauf der gesetzten Frist kann der Schuldner auf Erfüllung bestehen
und zwar bis zu dem Zeitpunkt, in dem der Gläubiger den Schadensersatzanspruch
geltend macht, § 281 IV BGB.

> **Beispiel**: E setzt dem I, der eine fehlerhafte Wasserleitung in seinem Haus verlegt hat,
> eine Frist bis zum 1.2., um die Leistung ordnungsgemäß zu erbringen. Anderenfalls
> werde er Schadensersatz statt der ganzen Leistung verlangen. Am 2.2. erscheint I
> und beseitigt sämtliche Mängel sowie Folgeschäden.

Die Fristsetzung ist entbehrlich, wenn der Schuldner die Erfüllung endgültig oder 549
ernsthaft verweigert oder wenn besondere Umstände vorliegen, die unter Abwägung
der beiderseitigen Interessen die sofortige Geltendmachung des Schadensersatzanspruchs rechtfertigen, § 281 II BGB.

> **Beispiel**: I, der die fehlerhafte Wasserleitung im Haus des E verlegt hat, weigert
> sich – obgleich ein Rohrbruch besteht – nachzubessern, da er der Auffassung ist,
> sachgemäß gearbeitet zu haben.

Ein Anspruch auf Schadensersatz statt der Leistung besteht nach § 280 I, III iVm § 282 BGB auch, wenn dem Schuldner ein Festhalten am Vertrag nicht mehr zuzumuten ist. Dies wäre zB der Fall wenn wiederholt Schäden am Haus durch die Installationsarbeiten entstanden wären.

Schadensersatz statt der Leistung bedeutet für Teilleistungen, dass der Gläubiger Ersatz nur für den fehlerhaften Teil der Leistung, nicht aber für die Leistung im Übrigen verlangen kann.

Schadensersatz statt Leistung ist auf das positive Interesse gerichtet. Anstelle des Schadensersatzes statt der Leistung kann der Gläubiger auch hier nach § 284 BGB den Ersatz vergeblicher Aufwendungen verlangen, vgl. Rn. 540.

Ausnahmsweise kann der Gläubiger Schadensersatz statt der ganzen Leistung (großen Schadensersatz) verlangen, wenn:

- der Schuldner eine Teilleistung bewirkt hat und der Gläubiger an der Teilleistung kein Interesse mehr hat, § 281 I 2 BGB, und
- die Pflichtverletzung erheblich ist, § 281 I 3 BGB.

Beispiel: Nachdem I eine weitere Wasserleitung fehlerhaft verlegt hat, was ebenfalls zu Schäden an anderen Gebäudeteilen geführt hat, verzichtet E darauf, dass I in seinem Haus die restlichen Installationsleistungen vornimmt, da er jegliches Vertrauen in seine Arbeit verloren hat.

12.5.4.3 Rücktritt § 323, 324 BGB

550 Erfüllt der Schuldner bei einem gegenseitigen Vertrag eine vertragliche Haupt- oder Nebenpflicht schlecht, hat der Gläubiger ebenfalls ein Rücktrittsrecht unter den Voraussetzungen des § 323 BGB. Im Bereich des kaufvertraglichen Mängelhaftungsrechts verweist zB § 437 Nr. 2 BGB konsequenterweise auf die allgemeinen Rücktrittsvorschriften.

Beispiel: K lässt die defekte Schließanlage seines Pkws beim Autohaus A reparieren. Nach dem Reparaturtermin schließt die Anlage immer noch nicht korrekt.

Der Rücktritt erfordert auch hier grds. eine Fristsetzung nach Fälligkeit (Ausnahme: Abs. 4). Nach § 323 II BGB ist die Fristsetzung entbehrlich, wenn der Schuldner die Leistung ernsthaft und endgültig verweigert oder besondere Umstände vorliegen, die unter Abwägung der beiderseitigen Interessen den sofortigen Rücktritt rechtfertigen, etwa wenn im Beispielsfall die Schließanlage auch nach wiederholtem Reparaturversuch immer noch nicht funktioniert. Die übrigen Rücktrittsvoraussetzungen sind mit denen unter → Rn. 537 identisch.

Verletzt der Schuldner seine ihm nach § 241 II BGB aufgegebene Pflicht, hat der Gläubiger, soweit ihm ein Festhalten am Vertrag nicht mehr zuzumuten ist, ein Rücktrittsrecht nach § 324 BGB. Dies gilt unabhängig davon, ob der Schuldner die Pflichtverletzung zu vertreten hat.

Die Unzumutbarkeit des Festhaltens am Vertrag setzt idR voraus, dass der Schuldner abgemahnt worden ist (vgl. *Grüneberg/Grüneberg* § 324 Rn. 4 unter Hinweis auf BGH NJW 1978, 260). Etwas anderes soll nur für Fälle gelten, bei denen besondere Umstände vorliegen, die unter besonderer Abwägung der beiderseitigen Interessen den sofortigen Rücktritt rechtfertigen.

> **Beispiel für Rücktrittsrecht nach § 324 BGB:** K beauftragt die S, für ihn ein Softwareprogramm zur Verwaltung der Kundendaten und Aufträge zu entwickeln. Hierzu überlässt K der S seine Kundendatei. Noch vor Fertigstellung des Software-Entwicklungsauftrags erfährt K durch Zufall, dass über S Kundendaten des K an ein Konkurrenzunternehmen gelangt sind. Hier hat K nicht nur einen Anspruch auf Schadensersatz sondern auch ein gesetzliches Rücktrittsrecht nach § 324 BGB:
>
> - Es besteht ein gegenseitiger Vertrag (Werkvertrag nach § 631 BGB) zwischen K und S
> - Die S hat eine Pflichtverletzung nach § 241 II BGB begangen
> - Es liegen besondere Umstände vor, die den sofortigen Rücktritt rechtfertigen, da S durch ihr Verhalten die Vertrauensbasis für eine weitere Zusammenarbeit zerstört hat.

12.6 Der Gläubiger- oder Annahmeverzug

551

Literatur: *Brox/Walker,* Allgemeines Schuldrecht, 46. Aufl. 2022; *Wertheimer*, Der Gläubigerverzug im System der Leistungsstörungen, JuS 1993, 646; *Derleder*/Karabulut Schuldnerverzug und Zurückbehaltungsrechte des Allgemeinen Schuldrechts, JuS 2014, 102.

Übersicht Gläubigerverzug

Voraussetzungen:
Erfüllbare Leistung § 271 BGB
Ordnungsgemäßes Leistungsangebot § 294 BGB
Leistungswille und Leistungsvermögen
Nichtannahme der Leistung (bei gegenseitigen Vertrag auch Verweigerung der Gegenleistung § 298 BGB

Rechtsfolgen:
Haftungserleichterung § 300 I BGB
Gefahrübergang auf Gläubiger §§ 300 II, 446 S. 3 BGB
Ersatz der Mehraufwendungen § 304 BGB
Ausschluss des Rücktrittsrechts § 323 VI BGB
Möglichkeit Hinterlegung oder öffentliche Versteigerung §§ 373, 383 BGB
Beibehaltung des Gegenleistungsanspruchs § 326 II BGB

12.6.1 Voraussetzungen des Gläubigerverzugs

Der Gläubiger gerät nach § 293 BGB in Verzug, wenn er die Annahme der Leistung bzw. eine sonstige Mitwirkungshandlung verletzt. Wann der Gläubiger sich im Annahmeverzug befindet, hängt von den jeweiligen vertraglichen bzw. gesetzlichen Gegebenheiten des betreffenden Schuldverhältnisses ab. Die Vertragsparteien können grds. den Leistungsort und die Leistungszeit frei vereinbaren. Das Leistungsangebot des Schuldners muss entsprechend dem Inhalt des Schuldverhältnisses am richtigen Ort zur richtigen Zeit an die richtige Person tatsächlich erfolgen, § 294 BGB, → Rn. 403–405.

Tonner

Nach § 295 BGB genügt ausnahmsweise ein wörtliches Angebot. Dies betrifft den Fall der im Voraus ausdrücklich erklärten Annahmeverweigerung seitens des Gläubigers sowie den Fall, dass zur Erfüllung der Leistungsverpflichtung eine Mitwirkungshandlung des Gläubigers erforderlich ist (zB sog. Holschuld, wenn der Gläubiger verpflichtet ist, den geschuldeten Gegenstand beim Schuldner abzuholen). Überhaupt kein Angebot ist notwendig, wenn die vorzunehmende Handlung nach dem Kalender bestimmt ist.

Ab dem Zeitpunkt der Erfüllbarkeit darf der Schuldner leisten. Nimmt der Gläubiger die Leistung nicht an, kommt er in Gläubigerverzug.

Die Abgrenzung zwischen Unmöglichkeit und Annahmeverzug erfolgt danach, ob die Leistung noch nachholbar ist.

Beispiel: Die Arbeitsleistung kann aufgrund einer Betriebsstörung nicht erbracht werden.

Es hängt von den Umständen des Arbeitsverhältnisses ab, ob die Leistung noch nachholbar ist oder nicht. Eine Besonderheit besteht bei Zug um Zug Leistungen (§ 298 BGB). Hier reicht die Annahmebereitschaft nicht aus, solange die Gegenleistung nicht angeboten wird.

Im Gegensatz zum Schuldnerverzug ist die Mitwirkungshandlung des Gläubigers keine Rechtspflicht, sondern lediglich eine Obliegenheitsverletzung. Das bedeutet, dass der Gläubiger auch ohne Verschulden in Verzug kommt, wenn er seine Mitwirkungspflicht verletzt. Der Gläubigerverzug führt daher nicht zu einer Schadensersatzpflicht sondern lediglich zu anderen Rechtsnachteilen für den Gläubiger.

12.6.2 Rechtsfolgen des Gläubigerverzugs

552 (1) Im Falle des Gläubigerverzugs hat der Schuldner nach § 300 I BGB entgegen § 276 BGB nur Vorsatz und grobe Fahrlässigkeit zu vertreten.

Beispiel: Möbelhändler V, der sein Geschäft aufgeben will und die gemieteten Geschäftsräume am 1.10. zurückgeben muss, führt einen Räumungsverkauf durch. Ende August verkauft er A, der diese Umstände kennt, einen antiken Schrank für 2.000 EUR. Sie vereinbaren, dass A den Schrank spätestens am 16.9. abholen muss. Am 17.9. bringt V den Schrank in einen gemieteten Lagerraum. Beim vorsichtigen Abladen rutscht der Schrank gleichwohl ab und wird zerstört. A, der den Schrank für 3.000 EUR weiterverkauft hat, verlangt Schadensersatz. Die Leistung, dh die Verschaffung des Eigentums am Schrank, ist V unmöglich geworden. Ein Erfüllungsanspruch besteht gem. § 275 BGB nicht. Infolge des Annahmeverzugs des A hat dieser auch keinen Schadensersatzanspruch gegen V nach § 280 I, III iVm § 283 BGB, da V nach § 300 BGB nur Vorsatz und grobe Fahrlässigkeit zu vertreten hat.

(2) Nach § 304 BGB kann der Schuldner Ersatz der Mehraufwendungen verlangen.

Beispiel: U bestellt beim Bauunternehmer B Fertigbeton für das Fundament seines neuen Bürogebäudes. Als B zum vereinbarten Zeitpunkt den Beton ausliefert, ist das Erdreich noch nicht ausgehoben. B verlangt Kosten für zusätzlichen An- und Abtransport von je 150 EUR. Nach § 304 BGB kann B die Mehraufwendungen für das erfolglose Angebot verlangen.

Tonner

(3) Bei einer Gattungsschuld geht die Gefahr des zufälligen Untergangs nach § 300 II BGB mit dem Annahmeverzug auf den Gläubiger über. Für den Fall der Holschuld bedeutet dies beispielsweise: Stellt der Verkäufer eine verkaufte Gattungssache für den Käufer bereit und informiert ihn darüber, so wird er, falls der Käufer nicht rechtzeitig abholt, frei. Dies bedeutet im Fall eines zufälligen Untergangs braucht er nicht nachzuliefern.

(4) Bei gegenseitigen Verträgen führt der Gläubigerverzug zum Fortfall eines möglichen Rücktrittsrechts des Schuldners, wenn die den Rücktritt begründende Pflichtverletzung zum Zeitpunkt des Annahmeverzugs eingetreten ist, vgl. § 323 VI BGB. Ebenso verliert der Gläubiger – soweit eine nachträgliche Unmöglichkeit der Leistung des Schuldners während des Annahmeverzugs eingetreten ist – den Anspruch auf Gegenleistung, vgl. § 326 II BGB.

> **Beispiel**: Der Patient kommt ohne Bescheid zu geben nicht zum vereinbarten 2-stündigen Behandlungstermin, den sich der Zahnarzt freigehalten hat.

Kontrollfragen und Aufgaben   553

Ist ein Vertrag, der eine anfänglich objektiv unmögliche
Leistung beinhaltet, wirksam? → Rn. 515

1. Welche Norm ist der Grundtatbestand für nahezu alle
Leistungsstörungen? → Rn. 506
2. Welche Arten von Schadensersatz kennt das Leistungsstörungsrecht? → Rn. 509 ff.
3. Welchen Anspruch kennt das Gesetz anstelle des Schadensersatzes statt der Leistung? → Rn. 513
4. Bei welcher Art von Schuldverhältnissen gewährt das
Gesetz ein Rücktrittsrecht? → Rn. 514
5. Wann kommt ein Schuldner ohne Mahnung in Verzug? → Rn. 531
6. Welche Arten von Nebenpflichten unterscheidet das
Schuldrecht? → Rn. 542–544
7. Schließt die Geltendmachung des Schadensersatzanspruchs im Rahmen einer Leistungsstörung das Rücktrittsrecht aus? → Rn. 535

Aufgabe 1 (Leistungsniveau: Bachelorstudiengang)

Bauunternehmer K kauft am 12.4. von V, der mit gebrauchten Baumaschinen handelt, einen gebrauchten Kran. Die Lieferung soll zum 30.4. erfolgen. Da V am 30.4. verhindert ist, will er erst am 2.5. liefern. Das ist allerdings nicht mehr möglich, da ein starker Sturm am 1.5. den ordnungsgemäß gesicherten Kran zerstört hat.

Welche Rechte hat K?

Lösung

1. K will Übereignung und Übergabe des Baggers nach § 433 I BGB

   a) Zwischen den Parteien ist ein Kaufvertrag über einen bestimmten Bagger wirksam abgeschlossen worden.

   b) Fraglich ist, ob der Schuldner nach § 275 I BGB nicht zu leisten braucht. Dann müsste eine aus dem Vertrag resultierende Leistung unmöglich sein. Bei dem geschuldeten Gegenstand handelt es sich um eine gebrauchte Sache also um eine Stückschuld. Niemand kann die Übereignung der Kaufsache vornehmen, da sie zerstört ist. Demnach liegt eine Unmöglichkeit iSv § 275 I BGB vor. V ist von seiner Leistungspflicht befreit.

2. K könnte gegen V einen Anspruch auf Schadensersatz statt der Leistung gem. §§ 280 I, III, 283 S. 1 BGB haben.

   a) V müsste hierfür eine Pflicht aus einem Schuldverhältnis verletzt haben, § 280 I 1 BGB. Aus dem Kaufvertrag resultiert die Pflicht des Schuldners V, die Kaufsache zu übereignen, § 433 I BGB. Der Schuldner V hat den Bagger nicht übereignet (= Nichtleisten). Also hat er eine Pflicht aus dem Schuldverhältnis verletzt.

   b) Außerdem müsste V die Nichtleistung zu vertreten haben, § 280 I 2 BGB. Hierzu müsste er nachweisen, dass er nicht fahrlässig gehandelt hat. Fahrlässig handelt nach § 276 II BGB, wer die im Verkehr erforderliche Sorgfalt außer Acht lässt. Da der Kran ordnungsgemäß gesichert ist, kann V keine Fahrlässigkeit vorgeworfen werden.

   c) Möglicherweise gilt für V nach § 287 BGB jedoch ein schärferer Haftungsmaßstab – Haftung auch für Zufall, soweit der Schaden bei rechtzeitiger Leistung nicht eingetreten wäre.

      aa) V befand sich zum 1.5. im Verzug, gem. § 286 BGB:
      - Es bestand ein fälliger durchsetzbarer Anspruch auf Lieferung des Baggers nach § 433 I BGB.
      - Der Mahnung nach § 286 II BGB bedurfte es nach Nr. 1 der Vorschrift nicht, da es sich um einen zeitlich fixierten oder bestimmbaren Leistungszeitpunkt handelte.
      - V hat trotz der zeitlichen Voraussetzungen nicht geleistet.
      - Für den Verzug ist er nach § § 286 IV BGB verantwortlich.

      bb) Der Schaden wäre bei rechtzeitiger Leistung am 30.4. – also vor dem Sturm – nicht entstanden.

Tonner

Lösung

Da alle Verzugsvoraussetzungen vorliegen, haftet V nach § 287 BGB auch für Zufall. Somit sind sämtliche Voraussetzungen des § 280 I BGB erfüllt.

d) Für einen Anspruch auf Schadensersatz statt der Leistung müssten gem. § 280 III BGB zusätzlich die Voraussetzungen des § 283 S. 1 BGB vorliegen. Diese sind gegeben, da V eine zu vertretende Pflichtverletzung nach § 280 I BGB begangen hat. Die Voraussetzungen der §§ 280 III, 283 S. 1 BGB liegen mithin vor.

Ergebnis:

K hat gegen V somit einen Anspruch auf Schadensersatz statt der Leistung gem. §§ 280 I, III, 283 S. 1 BGB.

Aufgabe 2 (Leistungsniveau: Masterstudiengang)

Bauunternehmer H, der einen Auftrag für die Fundamentierung eines Bürogebäudes übernommen hat, bestellt bei B ein Spezialbohrgerät zum 25.3. Er ist auf pünktliche Lieferung angewiesen, da er selbst zur Vermeidung hoher Vertragsstrafen seine Fristen einhalten muss. Am 17.3. teilt B mit, das Gerät sei noch nicht fertig gestellt. H antwortet, er akzeptiere allenfalls eine Verzögerung von 3 Wochen, danach lehne er die Lieferung ab. Nach erfolglosem Verstreichen der Frist schreibt H dem B, dass er auf die Lieferung verzichte und besorgt sich ein gleichwertiges, aber beträchtlich teureres Gerät. Wie ist die Rechtslage?

I. Anspruch des H gegen B . auf Ersatz des Verzögerungsschadens nach §§ 280 I, II, iVm 286 BGB

1. Zwischen H und der B ist ein Kaufvertrags gem. § 433 BGB wirksam zustande gekommen.

2. Gem. § 433 I BGB ist B verpflichtet H das bestellte Gerät zu übergeben und das Eigentum an der Sache zu verschaffen. B könnte diese Pflicht verletzt, hier die fällige Leistung nicht erbracht haben Am 17.3. war die Fälligkeit noch nicht eingetreten. Diese bestand erst am 25.3.

3. Fraglich ist, ob H wirksam gemahnt hat. Nach § 286 I 1 BGB muss die Mahnung nach Eintritt der Fälligkeit erfolgen. Die Aufforderung des H am 17.3. erfüllt diese Voraussetzung nicht. H müsste am 25.3. oder später die B-AG mahnen. Nach § 286 II Nr. 1 BGB ist die Mahnung jedoch entbehrlich, wenn der Lieferungszeitpunkt nach Kalender bestimmt ist. Dies ist hier der Fall, geliefert werden musste am 25.3., womit die Voraussetzungen des § 286 I, II BGB erfüllt.

4. B hat seine Pflichtverletzung auch zu vertreten, §§ 280 I, 286 IV BGB. Das Beschaffungsrisiko liegt bei B.

Damit kann H von B Ersatz des Verzögerungsschadens (zB. Vertragsstrafe des Bauherrn) verlangen. Er behält die Lieferberechtigung und Kaufpreiszahlungsverpflichtung.

Aufgabe 2 (Leistungsniveau: Masterstudiengang)

Lösung

II. Anspruch des H gegen B . auf Schadensersatzanspruch statt der Leistung nach §§ 280 I, III, iVm 281 BGB

1. Es besteht ein Vertrag.

2. Es müssten die zusätzlichen Voraussetzungen des § 281 I BGB erfüllt sein.

   a) B müsste seine fällige Leistung nicht erbracht haben. Am 17.3. war die Fälligkeit noch nicht eingetreten erst am 25.3. Die hL gewährt einen Schadensersatzanspruch statt der Leistung analog zu § 323 IV BGB auch vor Fälligkeit, wenn offensichtlich ist, dass die Voraussetzungen des § 281 im Zeitpunkt der Fälligkeit vorliegen werden (vgl. Grüneberg/Grünberg § 280 Rn. 8a). Dies ist hier der Fall, da B erkennbar nicht zum 25.3. liefern kann.

   b) Ferner hat H dem B erfolglos eine angemessene Frist zur Lieferung gesetzt und

3. B hat seine Pflichtverletzung zu vertreten, was nach § 280 I BGB vermutet wird.

   Damit kann H von B auch Schadensersatz statt der Leistung verlangen, dh gem. § 249 ff. BGB so gestellt zu werden, als wäre der Vertrag ordnungsgemäß erfüllt worden. Dieses positive Interesse umfasst die Mehrkosten für den anderen Kran.

III. H könnte gegenüber B ein Rücktrittsrecht nach § 323 I BGB haben. Voraussetzungen dafür sind:

1. Ein gegenseitiger Vertrag. Dieser ist aufgrund des geschlossenen Kaufvertrages gegeben.

2. Es muss eine Pflichtverletzung des H vorliegen, da er die fällige einredefreie Leistung zu spät erbringen. Die Leistung war erst am 25.3. fällig. Nach § 323 IV BGB ist der Rücktritt auch vor Fälligkeit zulässig, wenn die Erfüllung erkennbar gefährdet ist.

3. Ab Fälligkeit ist grundsätzlich eine vergebliche Fristsetzung erforderlich. Im Hinblick auf das bei Vertragsabschluss mitgeteilte Interesse des H an einer rechtzeitigen Leistung ist nach § 323 II Nr. 2 BGB die Fristsetzung entbehrlich.

4. H müsste eine Rücktrittserklärung gem. § 349 BGB abgeben.

Damit hat H auch ein Rücktrittsrecht

Ergebnis: H kann Schadensersatz neben der Leistung oder Schadensersatz statt der Leistung verlangen sowie vom Vertrag wirksam zurücktreten.

Aufgabe 3 (Leistungsniveau: Bachelorstudiengang)

Frau S bringt ihr Mini Cabrio in die Werkstatt des R, um die Kupplung erneuern zu lassen. R beauftragt den erfahrenen Gesellen K mit der Durchführung. Dieser repariert die Kupplung einwandfrei, allerdings verschmiert er während der Reparatur die – nicht abgedeckten – Ledersitze. Die Reparaturkosten betragen 800 EUR. Frau S verlangt ihrerseits 300 EUR Schadensersatz für die verunstalteten Sitze.

Welche vertraglichen Ansprüche hat Frau S gegen R und K?

Lösung

1. Frau S könnte einen vertraglichen Anspruch gegen R aus § 280 I iVm § 241 II BGB haben.

2. Zwischen Frau S und R ist ein Werkvertrag (Reparaturauftrag) nach § 631 BGB wirksam zustande gekommen.

3. Es müsste eine Pflichtverletzung nach § 280 I BGB seitens R vorliegen. Zu dem Schuldverhältnis gehört gem. § 241 II BGB auch die Pflicht der Vertragsparteien, auf die Rechte, Rechtsgüter und Interessen der anderen Vertragspartei Rücksicht zu nehmen.

   Diese vertragliche Nebenpflicht wurde durch das Verschmutzen der Autositze verletzt.

4. Schließlich muss gem. § 280 I 2 BGB den R ein Verschulden treffen. Da R nicht selbst gehandelt hat, kommt lediglich eine Zurechnung des Verschuldens seines Erfüllungsgehilfen nach § 278 BGB in Betracht. K hat bei der Erfüllung der Verbindlichkeiten des R fahrlässig gehandelt. Somit hat R nach § 278 BGB das Verschulden des K wie eigenes Verschulden zu vertreten.

5. Infolge der Pflichtverletzung ist der Schaden iHv 300 EUR entstanden.

Ergebnis: Frau S hat einen Anspruch aus § 280 I iVm § 241 II BGB gegen R.

Außervertraglich hat Frau S einen Schadensersatzanspruch gem. § 823 I BGB gegen K.

Ein deliktischer Anspruch gegen R scheitert nach § 831 I 2 BGB daran, dass dieser für seinen Verrichtungsgehilfen vermutlich den Entlastungsbeweis führen kann (→ Rn. 772).

Tonner

13 Veräußerungsverträge

Literatur: *Brox/Walker*, Besonderes Schuldrecht, 44. Aufl. 2022; *Erman*, Kommentar zum BGB, 16. Aufl. 2020; *Kaiser*, Bürgerliches Recht, 12. Aufl. 2009; *Medicus/Lorenz*, Schuldrecht II, 18. Aufl. 2018; *Grüneberg*, Kommentar zum BGB, 81 Aufl. 2022; *Sonderheft NJW Neues Schuldrecht, September 2021*

Bei den einzelnen Verträgen des Schuldrechts ragen vor allem drei Vertragstypen **554** heraus, die im Wirtschaftsleben eine herausragende Bedeutung haben:

- Veräußerungsverträge (§§ 433 ff. BGB)
- Gebrauchsüberlassungsverträge (§§ 535 ff. BGB)
- Dienstleistungsverträge (§§ 611 ff., 631 ff. BGB)

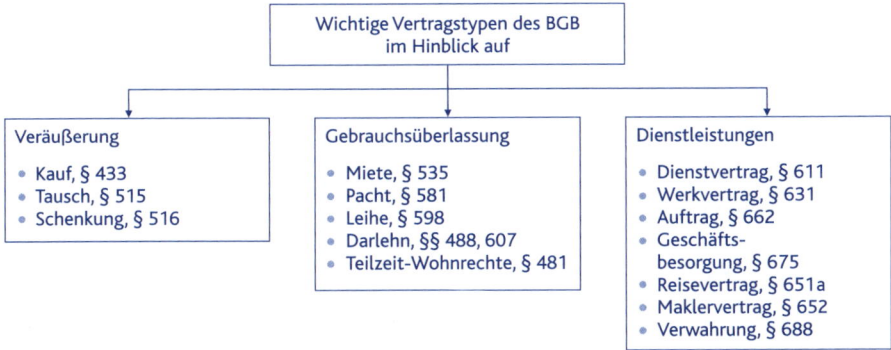

13.1 Kaufvertrag

13.1.1 Begriff und wirtschaftliche Bedeutung

Der Kaufvertrag ist ein gegenseitiger Vertrag, durch den sich die eine Vertragspartei **555** zur Veräußerung eines Vermögensgegenstandes (zumeist einer Sache) und die andere Vertragspartei zur Zahlung einer Geldsumme verpflichtet (vgl. §§ 433, 453 BGB).

Die wirtschaftliche Bedeutung des Kaufs ist außerordentlich groß. Er ist im alltäglichen Leben das am häufigsten anzutreffende Rechtsgeschäft. Wirtschaftlich gesehen geht es um den **Umsatz von Ware gegen Geld**.

Gegenstand des Kaufs sind Sachen, Rechte und sonstige Gegenstände (vgl. §§ 433, **556** 453 BGB), kurz alle verkehrsfähigen Güter. Das Spektrum ist ungemein vielfältig. Das Gesetz verzichtet jedoch auf eine weitere Typenausbildung innerhalb des Kaufs und überlässt es den Vertragsparteien, autonom über AGB passende Verträge zu entwickeln.

Ziel aller Kaufverträge ist die dauernde und endgültige Übertragung bestimmter Güter von einer Person auf eine andere (vgl. *Kaiser* BürgerlR Rn. 582). Diese Charakteristika der **Dauerhaftigkeit und Endgültigkeit** unterscheiden den Kauf von bloßen Gebrauchsüberlassungsverträgen wie Miete, Pacht oder Leasing, die dem Vertragspartner den Gegenstand nur zu einem vorübergehenden Gebrauch überlassen.

13.1.2 Gesetzliche Grundlagen – Reform des Kaufrechts

557 Zum 1.1.2002 ist in Deutschland mit dem Schuldrechtsmodernisierungsgesetz ein neues Kaufrecht in Kraft getreten. Auslöser dafür waren mehrere Europäische Richtlinien, die tiefgreifende Veränderungen des BGB-Kaufrechts bedingten.

20 Jahre später ist mit dem neuen Schuldrecht 2022 eine weitere bedeutende Reform in Kraft getreten, die vor allem digitale Inhalte und digitale Dienstleistungen (digitale Produkte) betreffen. Auch hier waren Richtlinien der EU die treibende Kraft. Die Digitale- Inhalte- Richtlinie der EU vom 20.5.2019 (EU RL 2019/770) hat zur Schaffung der neuen §§ 327 ff. BGB und damit zu den neuen Verträgen über digitale Produkte geführt. Außerdem hat die zeitgleich erlassene EU-Warenkaufrichtlinie (EU 2019/771) besonders den Verbrauchsgüterkauf der §§ 474 ff. BGB stark umgestaltet. Darüber hinaus hat sie auch zur Neuregelung des Sachmangelbegriffs (§ 434 BGB) und zu kleineren Veränderungen im Bereich des Nacherfüllungsanspruchs (§ 439 V, VI BGB) und des Verkäuferregresses geführt (§§ 445a, b BGB).

13.1.3 Überblick über das Kaufrecht

558 Das Kaufrecht findet sich in den §§ 433–479 BGB. Hinzu kommen Regelungen im HGB zum Handelskauf (§§ 373 ff. HGB) sowie in §§ 305 ff. BGB bei Verwendung von AGB sowie in §§ 312 ff. BGB bei Nutzung besonderer Vertriebsformen (außerhalb von Geschäftsräumen geschlossene Verträge, Fernabsatzverträge, E-Commerce). Damit ist das Kaufrecht des BGB von seinerzeit (vor 2002) 82 Bestimmungen auf derzeit 55 Bestimmungen komprimiert worden. Der allgemeine Kauf kommt mit nur 24 Bestimmungen aus.

Rechtsgrundlagen des Kaufs

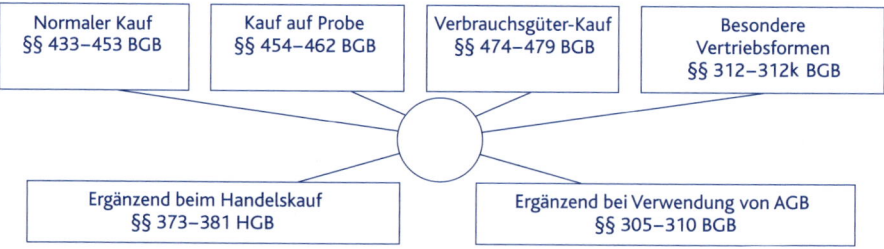

13.1.4 Allgemeine Charakterisierung des Kaufs

559 Der Kauf hat zum Ziel, dem Käufer Eigentum und Besitz an einer Sache zu verschaffen, und verpflichtet ihn im Gegenzug zur Bezahlung des Kaufpreises und zur Abnahme der Sache, § 433 BGB. Wird ein Recht verkauft, muss der Verkäufer dem Käufer das Recht verschaffen und dieser den vereinbarten Kaufpreis dafür zahlen, § 453 BGB. Es handelt sich also um einen gegenseitigen Vertrag, bei dem die wech-

selseitigen Pflichten im Austauschverhältnis stehen, nämlich Ware gegen Geld beim Sachkauf und Forderung gegen Geld beim Rechtskauf.

13.1.4.1 Verpflichtungscharakter

Der Kauf selbst führt noch nicht zum Eigentumswechsel, vielmehr bedarf es dazu 560 noch eines weiteren Rechtsgeschäfts, nämlich der Eigentumsübertragung.

> **Beispiel**: V verkauft dem K sein Hausgrundstück. Durch Abschluss dieses Kaufvertrages beim Notar (§ 311b BGB) wird K noch nicht neuer Eigentümer, sondern erst, wenn zwischen V und K eine Auflassung vereinbart wird und sodann beim Grundbuchamt die Umschreibung des Eigentums auf K erfolgt (§§ 873, 925 BGB).

Zwischen dem schuldrechtlichen Kauf und der sachenrechtlichen Übereignung ist 561 nach deutschem Recht streng zu trennen (**Trennungsprinzip**).

Ferner ist das Verfügungsgeschäft von dem zugrunde liegenden Verpflichtungsge- 562 schäft rechtlich unabhängig (**Abstraktionsprinzip**).

Eigentum und Besitz erhält der Käufer erst durch gesonderte, zumeist zeitlich nach- 563 folgende Rechtsgeschäfte, die als **Erfüllungsgeschäfte** bezeichnet werden. Näher dazu → Rn. 839 ff.

13.1.4.2 Kaufgegenstand

Kaufgegenstand sind nach § 433 I 1 BGB vor allem Sachen. Diese können beweglich 564 oder unbeweglich (= Grundstücke), verbrauchbar oder unverbrauchbar, vertretbar oder unvertretbar sein (§§ 90, 91, 92 BGB). Gegenstand des Verbrauchsgüterkaufs können dagegen nur Waren sein, also bewegliche Sachen, die nicht auf Grund von Zwangsvollstreckungsmaßnahmen oder anderen gerichtlichen Maßnahmen ver- kauft werden, §§ 474 I, 241a I BGB). Auch Tiere können verkauft werden. Sie sind zwar keine Sachen, vorbehaltlich von Tierschutzbestimmungen greifen aber die für Sachen geltenden Vorschriften sinngemäß (§ 90a S. 3 BGB).

Gegenstand des Kaufs können ferner **Rechte oder sonstige Gegenstände** sein, § 453 BGB. Auf sie findet ebenfalls Kaufrecht entsprechende Anwendung, also die Vor- schriften über den Sachkauf.

Unter Rechten sind zB Forderungen, Grundpfandrechte oder Immaterialgüterrechte wie Patente, Gebrauchsmuster oder Marken zu verstehen. Auch digitale Produkte können als Immaterialgüter Kaufgegenstand sein (§ 475a BGB), zB CD, USB-Sticks. oder Speicherkarten.

Unter sonstigen Gegenständen sind beispielsweise Unternehmen oder Unter- nehmensteile, freiberufliche Praxen, Elektrizität, Fernwärme, nicht geschützte Erfindungen, technisches Know-how, Software oder Werbeideen zu verstehen (BT-Drs. 14/6040, 242 zu § 453 BGB).

Güllemann

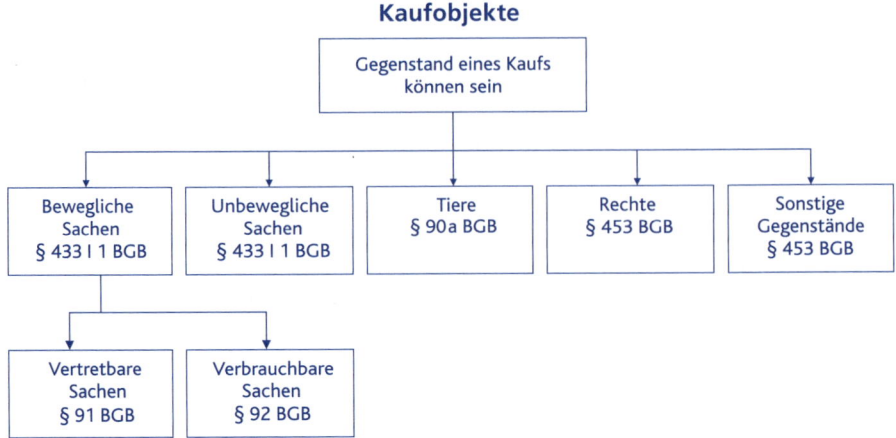

13.1.4.3 Form

565 Der Abschluss eines Kaufvertrages ist grds. formlos. Er kann also mündlich oder konkludent abgeschlossen werden, wie es etwa beim täglichen Zeitungs- oder Lebensmitteleinkauf geschieht, indem die Kaufgegenstände wortlos auf das Kassenband gelegt werden und an der Kasse bezahlt werden.

Schriftform ist allerdings beim finanzierten Kauf, insbesondere bei Teilzahlungsgeschäften oder sonstigen Finanzierungshilfen vorgeschrieben (§§ 506 I, 492 BGB).

Der **notariellen Beurkundung** bedürfen der Verkauf von GmbH-Geschäftsanteilen (§ 15 GmbHG) und Grundstückskaufverträge (§ 311b BGB).

13.1.5 Pflichten des Verkäufers

566 Beim Sachkauf hat der Verkäufer die Pflicht, dem Käufer das Eigentum und den Besitz an der Kaufsache zu verschaffen, und zwar frei von Mängeln, § 433 I BGB. Den Verkäufer treffen also drei Hauptpflichten. Er schuldet dem Käufer

- das Eigentum,
- den Besitz,
- Mangelfreiheit der Sache.

Merksätze: Unter **Eigentum** versteht man die rechtliche Zuordnung einer Sache (verbal: gehören), vgl. § 903 BGB. Unter **Besitz** versteht man die tatsächliche Herrschaft über eine Sache, also den faktischen Zugriff auf die Sache (verbal: haben), vgl. § 854 BGB. **Mängelfreiheit** bedeutet, dass die Sache frei von Sach- und Rechtsmängeln ist.

13.1.5.1 Die Eigentumsverschaffung

567 Wie der Käufer seine Pflicht zur Eigentumsverschaffung erfüllt, richtet sich nach den Regeln des Sachenrechts (näher → Rn. 839 ff., 852 ff.).

13.1.5.2 Besitzverschaffung

Nach § 433 I 1 BGB hat der Verkäufer die Sache dem Käufer zu übergeben, ihm also **568** den unmittelbaren Besitz zu verschaffen. Das bedeutet, dass der Käufer die tatsächliche Gewalt über die Sache erhält (§ 854 BGB).

13.1.5.3 Mangelfreiheit

§ 433 I 2 BGB bestimmt, dass der Verkäufer dem Käufer die Sache frei von Sach- und **569** Rechtsmängeln zu verschaffen hat. Der Käufer hat einen Anspruch darauf, die gekaufte Sache mit der vereinbarten Beschaffenheit und lastenfrei zu erhalten. Sonst liegt eine Pflichtverletzung vor.

13.1.5.4 Nebenleistungspflichten

Den Verkäufer können nach Art des Vertrages Nebenleistungspflichten treffen, etwa **570** zur Aushändigung des Kfz-Briefs oder von Bauplänen, zur Erteilung einer Rechnung oder zum Schutz der verkauften Sache vor Beschädigungen (vgl. § 241 II BGB). Ausdrücklich regelt § 448 I BGB, dass der Verkäufer die Kosten der Übergabe zu tragen hat.

13.1.6 Pflichten des Käufers

Der Käufer ist verpflichtet, dem Verkäufer den vereinbarten Kaufpreis zu zahlen **571** und die Sache abzunehmen, § 433 II BGB.

13.1.6.1 Zahlung des Kaufpreises

Hauptpflicht des Käufers ist die Zahlung des Kaufpreises. Dieser ist, soweit nichts **572** anderes vereinbart wurde oder sich nichts anderes aus den Umständen ergibt, bereits mit Abschluss des Kaufvertrages fällig (§ 271 BGB), freilich nur Zug um Zug gegen Erhalt der Ware zu zahlen (§ 320 BGB). Die Parteien können auch anderweitige Vereinbarungen treffen. So kann eine Vorleistungspflicht des Käufers vertraglich bestimmt werden. Umgekehrt kann auch eine Vorleistungspflicht des Verkäufers vereinbart werden.

Der Preis ist regelmäßig der Endpreis einschließlich der gesetzlichen **Mehrwertsteuer**, so insb. im Einzelhandel.

13.1.6.2 Abnahme

Der Käufer ist weiter zur **Abnahme** der Sache verpflichtet (§ 433 II BGB). Das bedeu- **573** tet, dass er die bereit gestellte Sache an sich zu nehmen hat. Dabei handelt es sich im Regelfall nur um eine Nebenleistungspflicht. Im Unterschied zur Regelung beim Werkvertrag bedeutet die Abnahme beim Kauf keine Billigung als vertragsgemäße Leistung, sondern nur die physische Entgegennahme der Sache.

13.1.6.3 Nebenleistungspflichten

Den Käufer können weitere Nebenleistungspflichten aufgrund Gesetzes oder Ver- **574** trages treffen.

Güllemann

Aus § 448 BGB ergeben sich folgende **gesetzliche Nebenleistungspflichten** des Käufers: Er hat die Kosten der Abnahme und der Versendung der Sache nach einem anderen Ort als dem Erfüllungsort zu tragen, § 448 I BGB.

> **Beispiel**: Kosten für die Aufstellung einer Maschine; Transportkosten für die Versendung ins Ausland

Beim Kauf eines Grundstücks treffen den Käufer kraft Gesetzes die Kosten der Beurkundung des Kaufvertrages, der Auflassung und der Eintragung ins Grundbuch, § 448 II BGB.

13.1.7 Gefahrtragung

575 Unter Gefahrtragung versteht man die Frage, wer das Risiko eines zufälligen Untergangs oder einer zufälligen Verschlechterung der Sache trägt. Hier ist zwischen Leistungs- und Gegenleistungsgefahr zu trennen.

Die Gefahr, die Leistung – also den Kaufgegenstand – nicht zu erhalten, trägt grds. der Käufer. Geht die Sache nämlich nach Kaufabschluss unter, wird der Verkäufer von seinen Leistungspflichten frei, § 275 BGB. Die Leistungsgefahr liegt beim Käufer.

576 Die Gefahr, den Kaufpreis nicht zu erhalten, trägt grds. der Verkäufer, § 326 BGB. Er trägt also die Preisgefahr.

577 Dieses Risiko wird aber in zwei Fällen auf den Käufer verlagert. Ihn trifft nach §§ 446, 447 BGB bereits ab Übergabe bzw. Versendung das Risiko, auch bei zufälliger Verschlechterung oder Untergangs der Sache den Kaufpreis zahlen zu müssen. Dies gilt aber grundsätzlich nicht beim Verbrauchsgüterkauf, § 475 II BGB.
Der Zeitpunkt des Gefahrübergangs spielt bei der Mängelhaftung eine wesentliche Rolle, weil die Kaufsache nach § 434 I BGB bei Gefahrübergang fehlerfrei sein muss.

13.1.8 Mängelhaftung

13.1.8.1 Die Struktur der Mängelhaftung

578 Mit der **Schuldrechtsreform** 2002 ist die Mängelhaftung auf eine neue Grundlage gestellt worden.

579 **Zentrales Anliegen der Reform** war, dem Verbraucher einen uneingeschränkten Anspruch auf Lieferung einer mangelfreien Sache einzuräumen (Nacherfüllung) und ihm eine Gewährleistungsfrist von zwei Jahren zu geben. Rücktritt, Minderung oder Schadensersatz kommen seither erst in zweiter Linie zum Zug.

Mit der **Schuldrechtsreform 2022** ist der Begriff des Sachmangels (§ 434 BGB) neu gefasst worden. Ferner wurde die Mängelhaftung noch stärker ausdifferenziert und es gelten in verstärktem Maße mehrere Haftungsregime (-systeme):

- Das allgemeine Kaufrecht mitsamt Mängelhaftung nach §§ 433 bis 453 BGB
- Der Verbrauchsgüterkauf (BtC) nach §§ 474 bis 479 BGB, der Modifikationen zugunsten von Verbrauchern am allgemeinen Kaufrecht vorsieht.
- Ausgeklammert aus dem Kaufrecht wurden weitgehend die Verträge über digitale Produkte, die in den §§ 327 bis 327u BGB eigene Mängelrechte auslösen (§ 327i BGB).

- Für Handelskäufe (BtB) gelten neben dem allgemeinen Kaufrecht die abweichenden Vorschriften der §§ 373–381 HGB.
- Für den internationalen Warenkauf (vornehmlich BtB) gilt das CISG (UN-Kaufrecht) mit eigenem Haftungsregime.

13.1.8.2 Mängelrechte des Käufers im Überblick

Der Verkäufer hat dem Käufer die gekaufte Sache frei von Sach- und Rechtsmängeln 580
zu verschaffen, § 433 I 2 BGB. Die Lieferung einer mangelhaften Sache stellt eine nicht vertragsgemäße Leistung, die nach § 320 BGB zurückgewiesen werden kann. Kommt es zur Übergabe, bestimmen sich die Rechte des Käufers nunmehr ausschließlich nach §§ 437 ff. BGB.

Danach kann er folgende Rechte geltend machen:

- Nacherfüllung
- Rücktritt
- Minderung
- Schadensersatz
- Aufwendungsersatz

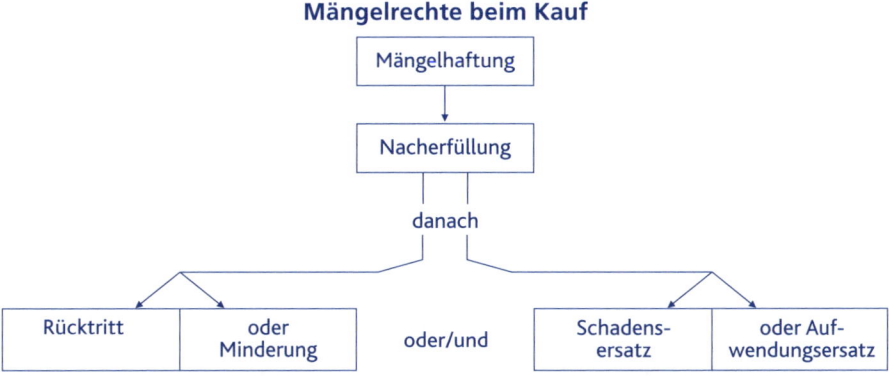

Mängelrechte beim Kauf

Vorrangig steht dem Käufer bei behebbaren Mängeln ein **Recht auf Nacherfüllung** zu, § 437 Nr. 1 BGB. Die übrigen Mängelrechte können in der Regel erst dann geltend gemacht werden, wenn dem Verkäufer zuvor eine angemessene Frist zur Nacherfüllung gesetzt wurde und diese abgelaufen ist.

13.1.8.3 Voraussetzungen der Mängelhaftung

Grundvoraussetzung für alle Mängelrechte des Käufers nach § 437 BGB ist, dass die 581
Kaufsache mangelhaft ist. Dabei kann es sich um einen Sachmangel (§ 434 BGB) oder um einen Rechtsmangel (§ 435 BGB) handeln.

Ein **Sachmangel** liegt vor, wenn die Kaufsache bei Gefahrübergang nicht den sub- 582
jektiven Anforderungen, den objektiven Anforderungen oder den Montageanforderungen entspricht (§ 434 I nF BGB).

Die Sache entspricht nach § 434 II BGB den **subjektiven Anforderungen**, wenn sie

1. die vereinbarte Beschaffenheit hat,
2. sich für die nach dem Vertrag vorausgesetzte Verwendung eignet und
3. mit dem vereinbarten Zubehör und den vereinbarten Anlagen, einschließlich Montage- und Installationsanleitungen, übergeben wird.

Bei den subjektiven Anforderungen geht es vor allem um Beschaffenheitsvereinbarungen. Eine solche liegt vor, wenn der Verkäufer in vertragsgemäß bindender Weise die Gewähr für das Vorhandensein der Eigenschaft übernimmt (BGH NJW 2019, 1937).

> **Beispiel für § 434 II Nr. 1**: BGB Der gelieferte Steinway-Flügel hat die vereinbarte Größe und Farbe.
>
> Weitere Beispiele: Baujahr, Benzinverbrauch oder km-Leistung eines Autos, Alter oder Herkunft eines Produkts, Neuheit oder Gebrauchtstatus einer Sache

Zu der Beschaffenheit zählen nach der Auflistung in § 434 II S. 2 Art, Menge, Qualität, Funktionalität, Kompatibilität, Interoperationabilität und sonstige Merkmale, für die die Parteien Anforderungen vereinbart haben. Funktionalität meint die Fähigkeit der Waren, ihre Funktionen entsprechend ihrem Zweck zu erfüllen (Taschenrechner bewältigt Grundrechenarten und Prozentrechnen). Kompatibilität bedeutet, dass die Kaufsache mit Hard- und Software funktioniert, die mit Waren derselben Art regelmäßig benutzt werden (Betriebssystem muss das Bearbeitungsprogramm Word verarbeiten können). Interoperabilität heißt, dass die Ware auch mit einer anderen Hard- oder Software funktioniert als derjenigen, mit der Waren derselben Art in der Regel benutzt werden (Einsatz von Siri oder Alexa).
Auch die Menge kann Gegenstand der Vereinbarung sein. Wird dann zuwenig geliefert (Mankolieferung), liegt ein Sachmangel vor.

> **Beispiel**: Statt bestellter zehn Drucker werden nur acht ausgeliefert. Die Zuweniglieferung ist ein Sachmangel nach § 434 II 2 BGB und gibt dem Käufer einen Anspruch auf Nacherfüllung nach § 437 Nr. 1 BGB.

583 Im Regelfall geht eine Beschaffenheitsvereinbarung nach Nr. 1 vor, so dass sich nur bei deren Fehlen die Frage nach einer vertraglich vorausgesetzten Eigenschaft nach Nr. 2 stellt (Grüneberg/*Weidenkaff* § 434 Rn. 17). Haben die Parteien allerdings keine Vereinbarung über die Beschaffenheit der Sache getroffen, liegt ein Sachmangel auch dann vor, wenn die Sache sich **nicht für die nach dem Vertrag vorausgesetzte Verwendung eignet** (§ 434 II Nr. 2 BGB). In diesem Fall liegen keine konkreten Vereinbarungen über die Beschaffenheit vor, jedoch haben beide Parteien eine gemeinsame Vorstellung von dem Verwendungszweck und diesen beim Vertragsschluss vorausgesetzt. Dieses Szenario liegt bei vielen alltäglichen Kaufabschlüssen vor (Grüneberg/*Weidenkaff* § 434 Rn. 18).

> **Beispiel für § 434 II Nr. 2**: Beim Kauf von Lebensmitteln wird stillschweigend vorausgesetzt, dass sich diese für den gefahrlosen Verzehr innerhalb der Haltbarkeitsfrist eignen.

Ferner liegt ein Mangel der Sache vor, wenn sie **nicht den objektiven Anforderungen** entspricht. Diese Regeln gelten nur, soweit nicht eine abweichende Vereinbarung

Güllemann

getroffen wurde, insb. durch eine negative Beschaffenheitsvereinbarung ("soweit nicht wirksam etwas anderes vereinbart wurde"). Die Parteien können also eine Abweichung von den objektiven Anforderungen vereinbaren (zB Auto zum Ausschlachten statt zum Fahren). Fehlt es daran, entspricht die Sache den objektiven Anforderungen dann, wenn sie

1. sich für die gewöhnliche Verwendung eignet,
2. eine Beschaffenheit aufweist, die bei Sachen derselben Art üblich ist, und die der Käufer erwarten kann unter Berücksichtigung

   a) der Art der Sache und
   b) der öffentlichen Äußerungen, die vom Verkäufer oder einem Glied der Vertragskette oder in deren Auftrag, insbesondere in der Werbung oder auf dem Etikett abgegeben wurden der Beschaffenheit einer Probe oder eines Musters entspricht, die oder das Käufer vor Vertragsschluss zur Verfügung gestellt hat, und
3. mit dem Zubehör, einschließlich der Verpackung, der Montage-und Installationsanleitung sowie anderen Anleitungen übergeben wird, deren Erhalt der Käufer erwarten kann.

> **Beispiel für §434 III Nr.2a**: Eine Haushaltsleiter ist nicht trittsicher und weist erhebliche Sicherheitsmängel auf. Das entspricht nicht der Üblichkeit. Bei Haushaltsleitern kann erwartet werden, dass sie trittsicher sind und keine Sicherheitsmängel haben. Sie sind sonst für den gewöhnlichen Einsatz im Haushalt ungeeignet und damit objektiv mangelhaft.

> **Beispiele für §434 III Nr.2b**: Der Autohersteller stellt in der Werbung heraus, dass es sich um ein Sparauto mit einem Durchschnittsverbrauch von 3,5 Liter auf 100 km im Drittelmix handelt. Tatsächlich liegt der Durchschnittsverbrauch jedoch bei 5 Liter. Das Auto ist wegen der falschen Äußerungen in der Werbung mangelhaft.

Ein Sachmangel ist auch dann gegeben, wenn die vereinbarte **Montage** durch den Verkäufer oder seinen Erfüllungsgehilfen **unsachgemäß** durchgeführt worden ist, §434 IV Nr.1 BGB. 584

> **Beispiel**: Der Verkäufer schließt die Waschmaschine falsch an, sodass Wasser austritt.

Einem Sachmangel steht es gleich, wenn der Verkäufer eine andere Sache (aliud) liefert, §434 V BGB. Die **Falschlieferung** wird also als Lieferung einer mangelhaften Ware angesehen. 585

> **Beispiele**: Statt des bestellten Druckers wird ein Scanner geliefert. Diese Falschlieferung steht einem Sachmangel gleich und löst Mängelrechte, insbesondere auf Nacherfüllung aus.

Der Sachmangel muss **bei Gefahrübergang**, also im Regelfall bei Erhalt des Besitzes, vorliegen. Das hat der Käufer zu beweisen. Beim Verbrauchsgüterkauf wird das aber vermutet, wenn sich ein Sachmangel innerhalb eines Jahres seit Gefahrübergang zeigt, §477 I nF BGB. 586

Güllemann

Rechtsmängel werden wie Sachmängel behandelt und lösen die gleichen Mängelansprüche nach §437 BGB aus.

Die gekaufte Sache hat einen **Rechtsmangel**, wenn Dritte in Bezug auf die Sache Rechte geltend machen können, die nicht beim Kauf vereinbart wurden, §435 S.1 BGB. Hier geht es vor allem um dingliche Rechte oder um schuldrechtliche Rechte.

13.1.8.4 Ausschluss der Mängelhaftung

587 Die Mängelrechte des Käufers können kraft Gesetzes oder aufgrund Vertrages ausgeschlossen sein.

Das **Gesetz** schließt Mängelrechte nach §442 BGB aus, wenn der Käufer bei Vertragsschluss den Mangel kennt. Ist dem Käufer infolge grober Fahrlässigkeit ein Mangel unbekannt geblieben, kann der Käufer Rechte wegen dieses Mangels nur unter der Voraussetzung geltend machen, dass der Verkäufer den Mangel arglistig verschwiegen oder eine Garantie für die Beschaffenheit der Sache übernommen hat.

Ferner schließt das Gesetz Mängelrechte beim Handelskauf aus, wenn Mängel gem. §377 HGB nicht rechtzeitig gerügt worden sind. Dann gilt die Ware als genehmigt und der Käufer verliert seine Mängelansprüche. Darauf wird unten näher eingegangen (→ Rn.642).

Die Mängelhaftung kann grds. auch **vertraglich** ausgeschlossen oder beschränkt werden, §444 BGB.

588 Beim **Verbrauchsgüterkauf** ist ein Haftungsausschluss sowohl bei neuen wie alten Sachen aber generell unzulässig, §476 I BGB. Nur Schadensersatzansprüche des Käufers lassen sich ausschließen oder beschränken, §476 III BGB. Die Verjährung kann bei neuen Sachen nicht zum Nachteil des Verbrauchers unter zwei Jahre und bei gebrauchten Sachen nicht unter ein Jahr reduziert werden, §476 II BGB.

13.1.8.5 Inhalt der Mängelhaftung

589 Beim Vorliegen eines Mangels kann der Käufer die in §437 BGB bezeichneten Rechte geltend machen. Die Mängelansprüche des Käufers sind in dieser Bestimmung katalogmäßig zusammengefasst. Sie richten sich primär auf Nacherfüllung, §437 Nr.1 BGB.

13.1.8.6 Nacherfüllung

590 Nacherfüllung bedeutet nach §439 BGB, dass der Käufer nach seiner Wahl Beseitigung des Mangels oder Lieferung einer mangelfreien Sache verlangen kann. Grundsätzlich kann er also entscheiden, ob er die gekaufte Sache behalten möchte und lediglich der Mangel behoben werden soll (etwa durch eine Reparatur oder den Austausch eines defekten Teils) oder ob er eine ganz neue Sache haben möchte. Allerdings kann der Verkäufer die vom Käufer gewählte Art der Nacherfüllung verweigern, wenn sie unmöglich oder unzumutbar ist (§§275, 439 IV BGB)

> **Die Voraussetzungen für den Anspruch auf Nacherfüllung nach §§ 437 Nr. 1, 439 I BGB sind:**
> 1. Bestehen eines wirksamen Kaufvertrages (§ 433 BGB)
> 2. Vorhandensein eines Mangels (§§ 434, 435 BGB)
> 3. Bei Gefahrübergang (§§ 446, 447 BGB)
> 4. Kein Haftungsausschluss nach §§ 442, 444, 445 BGB, 377 HGB
> 5. Kein Leistungsverweigerungsrecht des Verkäufers nach §§ 275, 439 IV BGB
> 6. Keine Änderungen wegen Verbrauchsgüterkauf nach §§ 474, 475 III bis V BGB

> **Beispiel**: K hat ein Mountainbike gekauft. Die Gangschaltung funktioniert nicht einwandfrei, sodass sich häufig die Kette verhakt. K kann verlangen, dass dieser Mangel abgestellt wird, §§ 437 Nr. 1, 439 I BGB.

Die zum Zwecke der Nacherfüllung erforderlichen **Aufwendungen,** insbesondere die Transport-, Wege-, Arbeits- und Materialkosten hat der Verkäufer zu tragen, § 439 II BGB.

Dazu zählen etwa Portokosten, aber auch der Kostenaufwand für einen Programmierer, wenn eine Telefonbox wegen Sachmangels ausgetauscht und infolge dessen die gesamte Telefon- und PC-Anlage neu programmiert werden muss.

Auch **Aus- und Einbaukosten** infolge Austausch mangelhafter Lieferungen sind vom Verkäufer an den Käufer zu ersetzen. Hat der Käufer die mangelhafte Sache gemäß ihrer Art und ihrem Verwendungszweck in eine andere Sache eingebaut oder an eine andere Sache angebracht, bevor der Mangel offenbar wurde, ist der Verkäufer im Rahmen der Nacherfüllung verpflichtet, dem Käufer die erforderlichen Aufwendungen für das Entfernen der mangelhaften und den Einbau oder das Anbringen der nachgebesserten oder gelieferten mangelfreien Sache zu ersetzen, § 439 III BGB.

> **Beispiel:** Der Käufer hat Bodenfliesen im Vertrauen auf ihre Mangelfreiheit eingebaut. Danach entdeckt er den Mangel und tauscht die mangelhaften Fliesen gegen fehlerfreie Ersatzware aus (BGH NJW 2009, 1660). Ob diese Kosten vom Verkäufer zu tragen sind, war umstritten, ist aber nach Klarstellung in § 439 III BGB ab 1.1.2018 sowohl für BtB als auch BtC Verträge (§ 475 III BGB) zu bejahen.

Eine Nacherfüllung ist ausgeschlossen, wenn sie nach § 275 I BGB unmöglich ist.   **591**

> **Beispiel**: Verkauf der angeblichen Hitler-Tagebücher. Da diese nicht existieren, ist eine Nacherfüllung generell unmöglich. Es kommen nur die weiteren Mängelansprüche wie Rücktritt oder Schadensersatz in Betracht.

Darüber hinaus kann eine Form der Nacherfüllung unmöglich sein. Dann beschränkt sich die Nacherfüllung auf die andere Art der Nacherfüllung.

> **Beispiel**: Verkauf eines 35 Jahre alten Oldtimers mit defekter Lenkung. Da ein vergleichbarer Wagen nicht geliefert werden kann (Stückkauf!), beschränkt sich die Nacherfüllung auf eine Reparatur.

Die Nacherfüllung kann vom Verkäufer auch wegen wirtschaftlicher oder persönlicher Unmöglichkeit nach § 275 II bzw. III BGB abgelehnt werden.

Der Verkäufer kann die gewählte Form der Nacherfüllung schließlich auch verweigern, wenn sie mit unverhältnismäßigen Kosten verbunden ist, § 439 IV BGB. Damit soll vor allem der Händler ohne eigene Reparaturwerkstatt vor unzumutbaren Kosten bewahrt werden.

Bei einer Ersatzlieferung kann der Verkäufer Rückgewähr der mangelhaften Sache verlangen, § 439 VI BGB. Ferner hat er einen Anspruch auf die gezogenen Nutzungen bzw. deren Wert nach Maßgabe der §§ 346–348 BGB. Beim Verbrauchsgüterkauf sind jedoch Nutzungen nicht herauszugeben und auch deren Wert nicht zu ersetzen, § 475 III BGB.

13.1.8.7 Rücktritt

592 Ziel des Rücktritts ist die Aufhebung des Vertrages und Rückabwicklung der empfangenen Leistungen. Der Rücktritt setzt in der Regel voraus, dass dem Verkäufer zuvor eine angemessene Frist zur Nacherfüllung gesetzt worden war und diese Frist ergebnislos verstrichen ist (§§ 437 Nr. 2, 323 I BGB). Das bedeutet, dass dem Verkäufer eine Chance zur Nacherfüllung gegeben werden muss, bevor der Vertrag rückabgewickelt wird. Ihm wird also ein **Recht zur 2. Andienung** eingeräumt. Für den Verbrauchsgüterkauf gelten Sonderbestimmungen nach § 475d BGB.

> **Beispiel**: Der verkaufte Neuwagen hat einen Defekt in der Lenkung. Bevor der Käufer den Wagen zurückgeben und Rückzahlung des Kaufpreises verlangen kann, muss er dem Verkäufer zuvor eine angemessene Frist zur Nacherfüllung gesetzt haben und diese Frist muss erfolglos verstrichen sein, §§ 437 Nr. 2, 323 I BGB. Hier gelten beim Verbrauchsgüterkauf aber die Modifizierungen nach § 475d BGB, die eine Fristsetzung in bestimmten Fällen entfallen lassen.

593 Die Nachfristsetzung ist **ausnahmsweise entbehrlich,** vgl. § 440 BGB. Dazu zählen zunächst nach § 323 II BGB die Fälle endgültiger Erfüllungsverweigerung, Termingeschäfte und das Vorliegen besonderer Umstände. Zur ersten Gruppe gehört der Fall, dass der Verkäufer die Nacherfüllung ernsthaft und endgültig ablehnt, § 323 II Nr. 1 BGB.

> **Beispiel**: Der Verkäufer spielt einen wesentlichen Mangel an der Lenkung herunter und erklärt diesen für eine unbedeutende Lappalie, mit der ihn der Käufer nicht „belästigen" möge.

Ferner bedarf es keiner Nachfristsetzung bei terminbezogenen Leistungen oder Vorliegen besonderer Umstände, § 323 II Nr. 2 und 3 BGB.

> **Beispiel**: Lieferung von Saisonartikeln mit Mängeln. Wenn wegen langer Lieferwege eine Nacherfüllung erst nach Ablauf der Saison zustande käme, also etwa bei einem Weihnachtsartikel erst nach Weihnachten, kann nach § 323 II Nr. 2 BGB sofort der Rücktritt erklärt werden.

§ 440 S. 1 BGB nennt noch weitere drei Fallgruppen, bei denen ein sofortiger Rücktritt 594
möglich. Dazu zählt auch ein Fehlschlagen der Nachbesserung. Diese gilt nach dem
zweiten Nachbesserungsversuch regelmäßig als fehlgeschlagen, § 440 S. 2 BGB.

Der Mangel muss zudem **erheblich** sein. Sonst ist ein Rücktritt ausgeschlossen, 595
§ 323 V 2 BGB.

> **Beispiel**: Die Sonnenblende des Autos hat nicht den versprochenen Spiegel. Hier ist
> ein Rücktritt ausgeschlossen.

Die Voraussetzungen für den Rücktritt nach §§ 437 Nr. 2, 323 BGB sind:
1. Bestehen eines wirksamen Kaufvertrages (§ 433 BGB)
2. Vorhandensein eines Mangels (§§ 434, 435 BGB)
3. Bei Gefahrübergang (§§ 446, 447 BGB)
4. Erheblichkeit des Mangels, § 323 V 2 BGB
5. Kein Haftungsausschluss nach §§ 442, 444, 445 BGB, 377 HGB
6. Vergebliche Fristsetzung zur Nacherfüllung nach § 323 I BGB, soweit diese
   nicht nach §§ 323 II, 281 II, 326 V, § 440, 475d BGB entbehrlich ist
7. Besonderheiten wegen Verbrauchsgüterkauf nach §§ 474, 475 VI BGB beachten
8. Rücktrittserklärung, § 349 BGB

Der Rücktritt erfolgt nach § 349 BGB durch einseitige Erklärung gegenüber dem Verkäufer **(Gestaltungsrecht)**. Mit Zugang der Erklärung wird der Kauf in ein Abwick-
lungsverhältnis umgestaltet: Die empfangenen Leistungen sind Zug um Zug zurück
zu gewähren, dh der gezahlte Kaufpreis ist gegen Rückgabe der Ware zurückzuerstatten, §§ 346 I, 348 BGB. Untergang oder Verschlechterung der mangelhaften Sache
hindern den Rücktritt nicht. Allerdings muss dann Wertersatz geleistet werden,
jedoch nicht, wenn die Verschlechterung durch bestimmungsgemäße Ingebrauch-
nahme entstanden ist, § 346 II Nr. 3 BGB. Das bedeutet, dass die bloße Abnutzung
durch normalen Gebrauch nicht zu vergüten ist.

> **Beispiel**: Beim Rücktritt vom Neuwagenkauf wegen unbehebbarer Mängel kommt
> grds. kein Abzug für die Tatsache in Betracht, dass das Fahrzeug jetzt nicht mehr
> neu ist. Beschädigungen infolge Alkoholfahrt wären dagegen zu ersetzen, vgl.
> § 346 III Nr. 3 BGB.

13.1.8.8 Minderung

Statt des Rücktritts kann der Käufer wahlweise Minderung beanspruchen. Das be- 596
deutet, dass alle Rücktrittsvoraussetzungen vorliegen müssen, dh im Regelfall vor
allem eine vergebliche Fristsetzung zur Nacherfüllung. Allerdings ist auch bei unerheblichen Mängeln im Unterschied zum Rücktritt eine Minderung des Kaufpreises möglich, § 441 I 2 BGB.

> **Beispiel**: Der fehlende Spiegel in der Sonnenblende berechtigt zwar nicht zum
> Rücktritt, wohl aber zur Minderung des Kaufpreises.

Bei einem nicht unerheblichen Mangel muss sich der Käufer zwischen Rücktritt oder Minderung entscheiden. Er hat insoweit ein Wahlrecht, § 441 BGB. Hat er sich für Rücktritt entschieden, ist dies bindend und er kann nicht mehr auf Minderung übergehen. Umgekehrt gilt das Gleiche.

13.1.8.9 Schadensersatz

597 Schadensersatz wegen Lieferung einer mangelhaften Sache kann der Käufer nach § 437 Nr. 3 BGB nach Maßgabe der §§ 440, 280, 281, 283 und 311a BGB verlangen. Damit sind zusätzliche Voraussetzungen erforderlich, die sich außer aus § 440 BGB in erster Linie aus den allgemeinen Vorschriften des Leistungsstörungsrechts ergeben. Nach allgemeinem Leistungsstörungsrecht sind Kernvoraussetzungen für einen Schadensersatzanspruch das Vorliegen einer Pflichtverletzung sowie das Vertretenmüssen dieser Pflichtverletzung (vgl. § 280 I BGB).

Was **die Pflichtverletzung** betrifft, so liegt in der Nichtlieferung einer mangelfreien Sache die in § 280 I, aber auch in § 281 I BGB vorausgesetzte Pflichtverletzung (*Brox/Walker* SchuldR BT § 4 Rn. 80). Zu den Pflichten des Verkäufers gehört nämlich nach § 433 I 2 BGB, dem Käufer die Sache frei von Sach- und Rechtsmängeln zu verschaffen.

Die Pflichtverletzung muss auch **subjektiv zu vertreten** sein. Der Käufer kann nach § 437 Nr. 3 BGB Schadensersatz im Unterschied zu den vorgenannten Mängelrechten (Nacherfüllung, Rücktritt, Minderung) grds. nur dann beanspruchen, wenn der Verkäufer den Mangel zu vertreten hat (Verweisung auf § 280 BGB). Das bedeutet gem. § 276 I BGB entweder, dass ihn bezüglich des Mangels ein Verschuldensvorwurf trifft oder dass er eine eigenständige Garantie abgegeben hat. Ein Verschulden muss allerdings nicht vom Käufer nachgewiesen werden, sondern wird vermutet (§ 280 I 2 BGB). Der Verkäufer muss sich also entlasten. Welche Sorgfaltsanforderungen an den Verkäufer zu stellen sind, hängt von den Umständen ab: von einem Fachhändler wird regelmäßig größere Sachkenntnis als von einem Privatverkäufer zu erwarten sein.

598 Gibt der Verkäufer eine Garantie ab, dann liegt darin die Zusicherung bestimmter Eigenschaften und die Zusage, auch ohne Verschulden für das Vorhandensein der Eigenschaften einstehen zu wollen.

599 Ob für den Schadensersatzanspruch des Käufers noch weitere Voraussetzungen nötig sind, hängt zunächst davon ab, welchen Schaden der Käufer geltend macht. Hier ist zu unterscheiden, ob er **Schadensersatz statt der Leistung (§ 281 BGB)** begehrt oder **Schadensersatz neben der Leistung (§ 280 BGB)** wegen der Verletzung weiterer Rechtsgüter. Macht er Ersteres geltend, so liegt ihm daran, anstelle der Leistung eine Entschädigung zu erhalten. Dafür sind neben den allgemeinen Mängelvoraussetzungen eine vergebliche Fristsetzung zur Mangelbeseitigung und ein erheblicher Mangel beim großen Schadensersatz nötig.

Beispiel: Statt der Lieferung des Autos möchte der Käufer eine Entschädigung in Geld erhalten.

Güllemann

> **Die Voraussetzungen für Schadensersatz statt der Leistung nach §§ 437 Nr. 3, 281, 280 BGB sind:**
> 1. Wirksamer Kaufvertrag (§ 433 BGB)
> 2. Lieferung einer mangelhaften Sache (§§ 434, 435 BGB)= Pflichtverletzung
> 3. Mangel bei Gefahrübergang (§§ 446, 447 BGB)
> 4. Kein Haftungsausschluss nach §§ 442, 444, 445 BGB, 377 HGB
> 5. Vergebliche Fristsetzung zur Nacherfüllung (§ 281 I 1 BGB), falls nicht entbehrlich (§§ 440 S. 1, 281 II, 475d BGB)
> 6. Vertretenmüssen
> 7. Erheblichkeit des Mangels bei großem Schadensersatz (§ 281 I 3 BGB)
> 8. Schaden
> 9. Keine Änderungen wegen Verbrauchsgüterkauf nach §§ 474, 475 VI BGB

Anders sieht es in dem Fall aus, dass der Käufer am Vertrag festhält, aber durch die mangelhafte Leistung einen Schaden an seinen sonstigen Rechtsgütern erleidet (Mangelfolgeschaden) und dafür Ersatz verlangt (Schadensersatz neben der Leistung). **599a**

> **Beispiel**: Die gekaufte Waschmaschine ist vom Verkäufer falsch installiert worden und setzt die Wohnung des Käufers unter Wasser. Dem Käufer ist nach wie vor an der Maschine gelegen, er möchte aber wegen seines Mangelfolgeschadens eine Entschädigung erhalten. Das ist unter den nachfolgenden Voraussetzungen möglich.

> **Die Voraussetzungen für Schadensersatz neben der Leistung nach §§ 437 Nr. 3, 280 BGB sind:**
> 1. Wirksamer Kaufvertrag (§ 433 BGB)
> 2. Lieferung einer mangelhaften Sache (§§ 434, 435 BGB)= Pflichtverletzung
> 3. Mangel bei Gefahrübergang (§§ 446, 447 BGB)
> 4. Kein zulässiger Haftungsausschluss nach Maßgabe von § 309 Nr. 7 BGB
> 5. Vertretenmüssen
> 6. Schaden

> **Für den Beispielfall gilt**:
>
> Zu 1: Es liegt ein wirksamer Kauf vor.
>
> Zu 2: Eine mangelhafte Lieferung liegt vor, da ein Montagefehler vorliegt und die Maschine daher nicht den objektiven Anforderungen an eine fehlerfreie Sache entspricht (§ 434 III Nr. 4, IV Nr. 1 BGB).
>
> Zu 3: Dieser Mangel war bei Erhalt der Maschine und somit bei Gefahrübergang gegeben.
>
> Zu 4: Für einen Haftungsausschluss gibt es keinen Anhaltspunkt.
>
> Zu 5: Die Installation erfolgte unter Missachtung der im Verkehr erforderlichen Sorgfalt, da seitens des Verkäufers keinerlei Entlastungsgründe vorgetragen sind.
>
> Zu 6: Da die Wohnung infolge der fehlerhaften Installation unter Wasser steht und ausgepumpt und repariert werden muss, ist ein Schaden eingetreten.

Güllemann

Ergebnis: Der Verkäufer hat diesen Schaden dem Käufer nach §§ 437 Nr. 3, 280 BGB zu ersetzen.

13.1.9 Kaufmännische Untersuchungs- und Rügepflicht

600 Beim beiderseitigen Handelskauf verliert der Käufer alle Sachmängelrechte, wenn er die Ware nicht unverzüglich untersucht und Mängel unverzüglich rügt, § 377 HGB. Mit dieser strengen Regelung soll erreicht werden, dass möglichst schnell Klarheit darüber besteht, ob die Lieferung in Ordnung ist oder beanstandet wird. Voraussetzung ist ein beiderseitiger Handelskauf, dh Verkäufer und Käufer müssen Kaufleute sein (§§ 1 ff. HGB). Beim Verkauf an eine Privatperson besteht keine derartige Untersuchungs- und Rügepflicht.

Die Pflicht zur unverzüglichen Untersuchung und Rüge bezieht sich auf alle Arten von Mängeln, also vor allem auf Qualitätsmängel sowie Anders- und Minderlieferungen. Der kaufmännische Käufer muss also bei Anlieferung der Ware prüfen, ob es sich um die bestellte Ware handelt (Identitätsprüfung), ob die bestellte Menge stimmt (Quantitätsprüfung) und die Beschaffenheit in Ordnung ist (Qualitätsprüfung).

601 Diese Untersuchung hat unverzüglich und entsprechend dem ordnungsmäßigen Geschäftsgang zu erfolgen. **Unverzüglich** bedeutet nach der Legaldefinition in § 121 BGB, dass die Untersuchung „ohne schuldhaftes Zögern" zu erfolgen hat. Die Untersuchung ist entsprechend dem ordnungsmäßigen Geschäftsgang mit der Sorgfalt eines ordentlichen Kaufmanns vorzunehmen (§ 347 HGB). Hierbei legt die Rechtsprechung äußerst strenge Maßstäbe an und verlangt zeitnahe Untersuchungen nach Maßgabe der aufgegebenen Bestellung, die sich auf Maß und Zahl, auf Prüfung der Funktionsfähigkeit, auf Farbabweichungen, auf Kontrolle des Haltbarkeitsdatums, Überprüfung des Materials und ähnliches beziehen. Bei größeren Mengen und verschlossenen Waren sind Stichproben zu machen.

Beispiele: Die Anlieferung von 1000 Tüten Milch erfordert eine unmittelbare Überprüfung der Verpackung und äußeren Unversehrtheit sowie des Haltbarkeitsdatums. Zusätzlich hat der Käufer einige Tüten zu öffnen und zu probieren.

602 Zeigt sich ein Mangel, der nach ordnungsgemäßem Geschäftsgang erkennbar war **(offener Mangel)**, so ist dieser unverzüglich beim Verkäufer zu rügen, § 377 I HGB. Eine bestimmte **Form** der Rüge ist nicht vorgeschrieben, Reklamationen per e-mail, Fax oder Telefon reichen also aus. Der Mangel ist jedoch konkret nach Art und Umfang anzugeben.
Handelt es sich um Mängel, die trotz ordnungsgemäßer Untersuchung nicht erkennbar waren **(versteckte Mängel)**, so sind diese unverzüglich nach ihrer Entdeckung anzuzeigen, § 377 III HGB. Sonst gilt auch ein solcher Mangel als genehmigt.

Beispiel: Kauf einer größeren Anzahl an Computern. Trotz stichprobenartiger Überprüfung, die sich auch auf Standardfunktionen bezieht, fällt ein Funktionsfehler nicht auf. Tritt dieser erst nach Kundenreklamation in Erscheinung, wäre unverzüglich danach Anzeige an den Lieferanten zu erstatten, sonst verliert der Käufer seine Mängelansprüche, § 377 III HGB.

Güllemann

Der Verlust der Mängelansprüche bedeutet, dass die gelieferte Ware trotz Qualitätsfehler, trotz etwaiger Mengenabweichung oder Falschlieferung zu bezahlen ist.

13.1.10 Garantie

Neben den gesetzlichen Mängelrechten nach § 437 BGB können dem Käufer Ansprü- 603
che aus einer Beschaffenheits- oder Haltbarkeitsgarantie zustehen, § 443 BGB. Meistens übernimmt der Hersteller eines technischen Produkts oder eines Konsumgutes eine solche Garantie. Der Käufer kann sich dann bei Mängeln an den Verkäufer und im Garantiefall unbeschadet dieser Rechte an den Hersteller wenden. Die Garantie tritt also nicht an die Stelle der Mängelansprüche, sondern zusätzlich zu diesen Rechten. Der Wert der Garantie zeigt sich besonders dann, wenn Mängelansprüche zB wegen Insolvenz des Verkäufers nicht durchsetzbar sind.

Beim **Verbrauchsgüterkauf** gelten darüber hinaus nach § 479 BGB Sonderbestimmungen, wonach die Garantie einfach und verständlich sein muss. Zusätzlich sind einige Formalien zu beachten.

13.1.11 Rückgriff des Unternehmers in einer Lieferkette

In der Lieferkette zwischen Hersteller und Verbraucher gibt es zumeist eine Reihe 603a
von Zwischenhändlern, so dass die Ware über mehrere Stationen an den Letztabnehmer gelangt. Wenn die Ware Mängel aufweist, so sind diese Mängel vielfach bereits bei der Herstellung, Lagerung oder dem Transport eingetreten. Zweck des Regressanspruchs nach § 445a BGB ist es, dass der Letztverkäufer nicht auf den Mängelansprüchen sitzen bleibt. Er und weiter vorgeschaltete Zwischenhändler können die Aufwendungen für Mängelansprüche vielmehr an ihren jeweiligen Verkäufer weiterreichen.

Diese Ansprüche führen letztlich zurück bis zum Hersteller. Der Hersteller haftet allerdings mangels Vertragsbeziehung nicht unmittelbar dem Letztverkäufer, sondern nur seinem Abnehmer.

> **Beispiel:** Der Käufer eines Neufahrzeugs verlangt vom Verkäufer Nacherfüllung. Dieser stellt die Mängel ab. Die Aufwendungen, die der Verkäufer nach § 439 BGB zu tragen hat und die er tatsächlich auch erbracht hat, kann er seinerseits von seinem Lieferanten nach § 445a I BGB ersetzt verlangen. Beliefen sich die Material- und Arbeitskosten zB auf 2.000 €, so müssen ihm diese von seinem Lieferanten erstattet werden.

13.1.12 Verjährung der Mängelansprüche

Nach § 438 I BGB beträgt die Verjährungsfrist für Mängelansprüche bei beweglichen 604
Sachen zwei Jahre, bei Bauwerken und Baustoffen fünf Jahre und bei Herausgabeansprüchen aufgrund von Rechtsmängeln 30 Jahre. Bei Grundstücken beginnt die Verjährung von der Übergabe, bei beweglichen Sachen von der Ablieferung der Sache an, § 438 II BGB.

Vgl. zur Verjährung → Rn. 361 ff.

13.1.13 Der Verbrauchsgüterkauf

Literatur: *Lorenz*, Die Umsetzung der EU-Warenkaufrichtlinie in deutsches Recht, NJW 2021, 2065; *Paal/Wais*, Ein Update für das BGB: Die Umsetzungen der Warenkauf- und Digitale-Inhalte-Richtlinie im Überblick; *Gelbrich/Timmermann*, Der Mangelbegriff im Kaufrecht nach Umsetzung der WKRL und DIRL, NJOZ 2021, 1249.

13.1.13.1 Überblick, Konzeption des Gesetzgebers

605 Das in §§ 433 ff. BGB normierte Kaufrecht kommt immer dann zur Anwendung, wenn der Kaufvertrag zwischen zwei Unternehmern ("B2B", Business to Business), zwischen zwei Verbrauchern ("C2C", Consumer to Consumer) oder zwischen einem Verbraucher als Verkäufer und einem Unternehmer als Käufer geschlossen wird ("C2B", Consumer to Business). In all diesen Fällen bleibt es bei der ursprünglichen Konzeption des BGB, wonach sich mündige Bürger, die ihre Verhältnisse durch Verträge gestalten, auf Augenhöhe begegnen. Wird der Kaufvertrag hingegen zwischen einem **Unternehmer als Verkäufer abgeschlossen** und einem **Verbraucher als Käufer** und bildet den Kaufgegenstand darüber hinaus eine **Ware** im Sinne des § 241a BGB, so kommen ergänzend die Regelungen über den **Verbrauchsgüterkauf** zur Anwendung, §§ 474 ff. BGB. Hintergrund ist, dass der Verbraucher bei Kaufverträgen als strukturell schwächere Partei angesehen wird, die vor dem überlegenen Unternehmer geschützt werden muss.

606 Zur Verwirklichung dieses Schutzes werden dem Verbraucher unabdingbare Mindestrechte eingeräumt. Auch wird dem Unternehmer oftmals aufgegeben, dem Verbraucher umfassende Informationen zukommen zu lassen. Die Spielräume für den nationalen Gesetzgeber sind hierbei begrenzt, da dem Verbrauchsgüterkaufrecht europäische Richtlinien zugrunde liegen (zu diesen ausführlich → Rn. 557, 558).

13.1.13.2 Tatbestand des Verbrauchsgüterkaufs

607 Grundvoraussetzung für das Eingreifen der speziellen Vorschriften des Verbrauchsgüterkaufs ist nach § 474 I BGB ein Unternehmer als Verkäufer und ein Verbraucher als Käufer. Hierbei ist Unternehmer, wer bei dem konkreten Kaufvertrag im Rahmen seiner selbstständigen beruflichen Tätigkeit handelt (§ 14 BGB) und Verbraucher, bei wem dies nicht der Fall ist (§ 13 BGB).

608 Weiter muss der Kaufgegenstand eine "**Ware**" sein. Diese ist legaldefiniert in § 241a I BGB, es muss sich um eine bewegliche Sache (§ 90 BGB) handeln, so dass es keinen Verbrauchsgüterkauf über Grundstücke geben kann. Auch darf die Sache nicht im Wege der Zwangsvollstreckung oder einer anderen gerichtlichen Maßnahme veräußert werden.

609 Eine weitere Einschränkung enthält § 474 II BGB, wonach die Vorschriften über den Verbrauchsgüterkauf auch nicht zur Anwendung kommen, wenn gebrauchte Ware im Rahmen einer **öffentlich zugänglichen Versteigerung** veräußert wird und der Verbraucher auf die Nichtgeltung hingewiesen wird. Öffentlich zugängliche Versteigerung im Sinne von § 312g Abs. 2 Nr. 10 BGB ist dabei nicht zu verwechseln mit einer **öffentlichen Versteigerung** nach § 383 Abs. 3 BGB, bei der eine Versteigerung durch bestimmte Personen nötig ist. Auch eine Versteigerung bei Onlineplattformen

wie etwa **eBay** fällt nicht hierunter, da der Vertrag hier nicht per Zuschlag (§ 156 BGB), sondern nach §§ 145 ff. BGB zustande kommt.

13.1.13.3 Anwendbare und modifiziert anwendbare Vorschriften des Kaufrechts

Die **Leistungszeit** wird in § 475 I BGB abweichend zu § 271 BGB bestimmt, der jewei- 610 lige Gläubiger kann die Leistung mangels abweichender Vereinbarung nicht sofort, sondern nur „unverzüglich" einfordern. Unter Rückgriff auf die Legaldefinition des § 122 I BGB würde dies eine subjektive Komponente beinhalten („ohne schuldhaftes Zögern").

> **Beispiel**: Im Rahmen eines Verbrauchsgüterkaufs verlangt V als Verbraucher und Käufer von U als Unternehmer und Verkäufer (diese Benennung der Parteien wird auch in den folgenden Beispielen genutzt) die Übereignung der Sache. U verweigert dies, da er seinerseits unvorhersehbar von Lieferant L noch nicht beliefert wurde. U muss mangels Fälligkeit noch nicht leisten, § 475 I BGB. Allerdings muss die Ware spätestens 30 Tage nach Vertragsschluss übergeben werden, § 475 I S. 2 BGB.

Die Regelung des § 447 I BGB (**Gefahrübergang beim Versendungskauf**, dazu aus- 611 führlich → Rn. 528, 577) findet nach § 475 II BGB nur in dem Ausnahmefall Anwendung, das eine Schickschuld vorliegt und gleichzeitig der Käufer die Transportperson beauftragt, was kaum denkbar ist (vielmehr dürfte in solchen Fällen eine Holschuld vorliegen). In keinem Fall Anwendung findet nach § 475 III S. 2 BGB die Schadensersatzplicht nach § 447 II BGB.

> **Beispiel**: Im Rahmen eines Verbrauchsgüterkaufs und bei vereinbarter Schickschuld übergibt U die Sache an die Transportperson T. T wurde von V beauftragt, allerdings war T eine von mehreren Personen, die U dem V vorschlagen hat. § 447 I BGB greift hier nicht ein, § 475 II aE BGB, die Gegenleistungsgefahr geht also nicht mit der Übergabe an die Transportperson auf den Käufer über.

Bei nach § 439 I BGB gewählter Nachlieferung und gelieferter neuer Sache (dazu 612 → Rn. 590), kann der Verkäufer die ursprünglich gelieferte mangelhafte Sache vom Käufer herausverlangen, da der Käufer sonst um diese bereichert wäre (dazu → Rn. 591). Beim Verbrauchsgüterkauf sind jedoch die **gezogenen Nutzungen** des Käufers nicht herauszugeben, § 475 III BGB. Die Rechtslage ist insoweit anders als bei einem Rücktritt vom Kaufvertrag: Hier sind die Nutzungen auch beim Verbrauchsgüterkauf herauszugeben, vgl. dazu → Rn. 595.

Nach § 439 II BGB hat der Verkäufer die zur Nacherfüllung notwendigen Aufwen- 613 dungen zu tragen. Allerdings muss der Verbraucher unter Umständen in Vorleistung treten, etwa wenn er den gekauften Pkw zur Vornahme der Reparatur zum Verkäufer transportieren muss. Der resultierende Erstattungsanspruch gegen den Verkäufer ist wirtschaftlich wertlos, falls der Verkäufer zwischenzeitlich zahlungsunfähig ist. Auch mag es sein, dass der Käufer die Vorfinanzierung schlicht nicht leisten kann. Dies würde ihn von der Geltendmachung der Mängelrechte abhalten. Daher gewährt § 474 IV BGB einen **Vorschussanspruch**.

Becker

> **Beispiel**: Im Rahmen eines Verbrauchsgüterkaufs vermutet V einen Mangel des er-
> worbenen Pkw. Um ihn zur Nachbesserung zu U zu transportieren, verlangt er nach
> § 474 IV BGB einen Vorschuss von 1.000 €. U muss diesen Vorschuss zahlen; stellt
> sich später heraus, dass kein Mangel vorliegt, so greift § 439 II BGB jedoch nicht ein,
> so dass U den Vorschuss von V zurückverlangen kann. Als Anspruchsgrundlagen
> kommen hier § 812 I S. 1 Var. 1 BGB und (bei Verschulden, etwa Kenntnis des V vom
> Nichtvorliegen des Mangels) § 280 I BGB in Betracht.

614 Schließlich legt § 475 V BGB fest, dass die nach § 439 I BGB geschuldete Nacherfüllung
innerhalb einer angemessenen Frist zu erfolgen hat und dem Verbraucher **keine
erheblichen Unannehmlichkeiten** verursachen darf. Die verwendeten unbestimmten
Rechtsbegriffe sind hierbei im Einzelfall auszufüllen.

13.1.13.4 Verbrauchsgüterkauf über digitale Produkte, Abgrenzung zum Verbrauchervertrag über digitale Produkte und zur Ware mit digitalen Elementen

615 Kaufgegenstand kann grundsätzlich auch ein **Datenträger**, wie etwa eine DVD oder
ein USB-Stick sein oder auch eine Sache, die **mit digitalen Elementen zusammen
gekauft** wird, da es sich auch insoweit um Waren handelt. Allerdings steht bei einem
solchen Kauf oft nicht die Sache selbst im Vordergrund, sondern die miterworbenen
Programme und Daten. Für den Kauf von solchen „**digitalen Produkten**" durch
Verbraucher sehen die §§ 327 ff. BGB allerdings Spezialvorschriften vor (dazu ausführlich → Rn. 422 ff.). Es stellt sich daher die Frage, wann diese Spezialvorschriften
Anwendung finden und wann Verbrauchsgüterkaufrecht zur Anwendung kommt.

616 Sollte der **Inhalt des Datenträgers** im Vordergrund stehen, wie etwa bei einer bespiel-
ten DVD, legt § 475a I BGB einen grundsätzlichen Vorrang der §§ 327 ff. BGB gegenüber den meisten kaufvertraglichen Regelungen fest.

617 Sollte die Ware auch **ohne das digitale Produkt funktionieren** (beispielsweise ein
Trainingsgerät mit einem defekten Programm zur Herzschlagmessung), so gilt der
weitgehende Ausschluss kaufvertraglicher Regelungen nur, soweit das digitale
Produkt betroffen ist, nicht aber hinsichtlich der Ware selbst, § 475a II S. 1 BGB (vgl.
auch § 327a II BGB zur Parallelregelung).

618 Sollte die Ware **nicht ohne das digitale Produkt funktionieren** („**Ware mit digitalen
Elementen**", beispielsweise ein Smartphone oder Tablet ohne funktionierendes Betriebssystem), so kommt Kaufrecht zur Anwendung, § 327a III BGB. Allerdings sehen
die §§ 475bff. BGB für diesen Fall spezielle Regelungen vor, da im Zweifel nicht nur
die Lieferung der Ware an sich, sondern auch die **Bereitstellung** der digitalen Elemente geschuldet wird, § 327a III S. 2 BGB.

619 In § 475b BGB wird für Waren mit digitalen Elementen der Sachmangelbegriff ergänzt. Die Ware muss nicht nur den subjektiven und objektiven Anforderungen des
§ 434 BGB entsprechen (§ 475b III Nr. 1, IV Nr. 1 BGB), sondern hinsichtlich der mit
ihr funktional verbundenen digitalen Elemente muss eine **Aktualisierungspflicht**
erfüllt werden. Wie auch bei § 434 I und II BGB wird bei dieser Aktualisierungspflicht
zwischen subjektiven und objektiven Anforderungen differenziert: Eine vertraglich
vereinbarte Aktualisierungsplicht ist über den vertraglich vereinbarten Zeitraum

Becker

zu erfüllen, § 475b III Nr. 2 BGB und eine erwartbare Aktualisierung ist über den erwartbaren Zeitraum zu erfüllen, § 475b IV Nr. 2 BGB.

Diese Aktualisierungsverpflichtungen müssen nicht nur bei Gefahrübergang, son- 620 dern während des gesamten **Aktualisierungszeitraums** durchgehalten werden, § 475b II BGB.

> **Beispiel**: Das Betriebssystem eines Smartphones muss während der gesamten zu erwartenden Lebensdauer des Smartphones aktualisiert werden.

Einen speziellen Ausschlusstatbestand für die Mängel nach § 475b III Nr. 2, IV Nr. 2 621 BGB sieht § 475b IV BGB vor; hiernach hat der Unternehmer den Mangel nicht zu vertreten, wenn der Verbraucher die bereitgestellte Aktualisierung nicht innerhalb **angemessener Frist** installiert, über die Folgen fehlender Installation informiert wurde (§ 475b V Nr. 1 BGB) und dies nicht auf eine vom Unternehmer zur Verfügung gestellte fehlerhafte **Installationsanleitung** zurückzuführen ist (§ 475b V Nr. 2 BGB). Den Verbraucher trifft somit eine **Obliegenheit zur Installation**.

Für die **Montage** der Ware kann § 475b VI Nr. 1 BGB auf § 434 IV BGB verweisen. Für 622 die **Installation** der digitalen Elemente wird § 434 IV BGB sinngemäß durch § 475b VI Nr. 2 BGB wiederholt.

> **Beispiel**: Das bestellte Gerät muss nicht nur vom Verbraucher montiert werden, son- dern ein zur Funktion nötiges Programm muss darüber hinaus installiert werden. In beiden Fällen können die Anweisungen durch den Unternehmer fehlerhaft sein, in beiden Fällen läge ein Mangel vor.

Eine Sonderregel enthält § 475c BGB für den Fall der **dauerhaften Bereitstellung** der 623 digitalen Elemente. Mangels Vereinbarung der Dauer des **Bereitstellungszeitraums** gilt nach §§ 475c I S. 2 BGB der objektiv zu erwartende Bereitstellungszeitraum als vereinbart. Während des Bereitstellungszeitraums, mindestens aber für 2 Jahre ab Ablieferung, haftet der Unternehmer dem Verbraucher auf Sachmängelfreiheit nach § 475b II BGB, insbesondere also auch auf die Bereitstellung von Aktualisierungen.

Zusammenfassend ergibt sich folgende Übersicht für Verkäufe durch einen Unter- 624 nehmer an einen Verbraucher:

Kaufgegenstand	Beispiel	Rechtsfolge
Unbeschriebener Datenträger	DVD Rohling, unbeschriebener USB Stick	Verbrauchsgüterkaufrecht kommt unmodifiziert zur Anwendung, § 474 I BGB
Beschriebener Datenträger	DVD, beschriebener USB Stick	§§ 327 ff. BGB kommen ausschließlich zur Anwendung, § 475a I BGB
Ware und digitale Elemente, welche sich funktional trennen lassen	Trainingsgerät mit defektem Programm zur Herzschlagmessung	Verbrauchsgüterkaufrecht kommt hinsichtlich der Ware zur Anwendung, hinsichtlich der digitalen Elemente kommen §§ 327 ff. BGB zur Anwendung, §§ 475a II S. 1 BGB, 327a II BGB

Becker

Kaufgegenstand	Beispiel	Rechtsfolge
Ware und digitale Elementen, welche sich nicht funktional trennen lassen („Waren mit digitalen Elementen", § 327 III BGB)	Smartphone mit defektem Betriebssystem	Verbrauchsgüterkaufrecht kommt zur Anwendung, allerdings hinsichtlich des Sachmangelbegriffs modifiziert um die §§ 475b, 475c BGB

13.1.13.5 Sonderbestimmungen für Mängelrechte hinsichtlich der Nacherfüllungsfrist

625   Das Verbrauchsgüterkaufrecht sieht darüber hinaus eine starke Modifikation der mängelrechtlichen **Nacherfüllungsfristen** in § 475d BGB vor. Diese Regelungen gelten für den Rücktritt, § 475d I BGB, für die Minderung, § 475d I BGB iVm § 441 I S. 1 BGB und für den Schadensersatz statt der Leistung, § 475d II BGB. Das reguläre System des Schuldrecht AT zur Entbehrlichkeit der **Nachfristsetzung** (§ 323 II BGB, § 281 II BGB, dazu → Rn. 597) kommt nicht zur Anwendung.

626   Gemäß § 475d I Nr. 1 BGB muss der Verbraucher dem Unternehmer keine ausdrückliche Nachfrist setzen, sondern es reicht aus, wenn er den Unternehmer **über den Mangel unterrichtet** hat. Ab diesem Zeitpunkt hat der Unternehmer die Nacherfüllung innerhalb angemessener Frist zu leisten. Da der Verbraucher aber zwischen Nachbesserung und Nachlieferung wählen darf, § 439 I BGB, wird man verlangen müssen, dass er dem Unternehmer auch die gewählte Art der Nacherfüllung mitteilt.

627   § 475 I Nr. 2 BGB meint zwei Fälle: Entweder dem Unternehmer gelingt es nicht den ursprünglichen Mangel zu beseitigen und dieser zeigt sich weiterhin. In diesem Fall kann entgegen § 440 S. 2 BGB schon nach dem fehlgeschlagenen ersten Versuch der Nacherfüllung ein weiteres Nacherfüllungsverlangen entbehrlich sein. Gleiches gilt, wenn der Unternehmer bei der Nacherfüllung einen weiteren Mangel verursacht.

> **Beispiel**: Im Rahmen eines Verbrauchsgüterkaufs verlangt V von U die Reparatur der defekten Bremsen eines Pkw. U repariert die Bremsen, allerdings beschädigt er hierbei Teile der Verkabelung. Nach § 475d I BGB ist eine Nachfristsetzung entbehrlich.

628   Nach § 475 I Nr. 3 BGB ist die Nachfristsetzung entbehrlich, wenn ein derart **schwerwiegender Mangel** vorliegt, dass ein sofortiger Rücktritt gerechtfertigt ist. Der Sache nach dürften hiermit die gleichen Grundsätze gelten wie nach § 323 II Nr. 3 BGB, § 281 II Var. 2 BGB, jedenfalls soweit die „besonderen Umstände" im Mangel selbst begründet liegen (dazu K 628).

629   Eine Nachfristsetzung ist ferner entbehrlich, wenn eine **Verweigerung der Nacherfüllung** erfolgt, § 475 I Nr. 4 BGB. Dies versteht sich von selbst, falls die Verweigerung unberechtigt ist. Nr. 4 greift aber auch dann ein, wenn beide Arten der Nacherfüllung mit unverhältnismäßigen Kosten verbunden sind und aus diesem Grund beide (berechtigt) verweigert werden, § 439 IV BGB (dazu K 626).

> **Beispiel**: Im Rahmen eines Verbrauchsgüterkaufs verlangt V von U die Nachbesserung der gelieferten Maschine, da diese mehrere Dellen in der Verkleidung hat. Sowohl Ersatzteile für die Verkleidung als auch die Maschine selbst werden nicht mehr hergestellt, die Produktionsanlagen müssten jeweils neu aufgebaut werden. U kann in diesem Fall beide Arten der Nacherfüllung nach § 439 IV BGB verweigern. V kann in diesem Fall ohne Nachfristsetzung zB den Kaufpreis mindern.

Schließlich erklärt § 475d I Nr. 5 BGB die Fristsetzung für entbehrlich, wenn nach **630** den Umständen offensichtlich ist, dass der Unternehmer nicht ordnungsgemäß nacherfüllen wird.

13.1.13.6 Sonderbestimmungen für Verjährung und Verfristung von Mängelrechten

§ 438 I BGB enthält ein abgestuftes System zur **Verjährung** und (über § 438 IV, V BGB **631** iVm § 218 BGB) zur **Verfristung** der Mängelrechte des § 437 BGB (dazu → Rn. 361 ff.). Dieses wird für den Verbrauchsgüterkauf in § 475e BGB ergänzt.

Bei dauerhafter Bereitstellung digitaler Elemente (§ 475c BGB, dazu → Rn. 623) ver- **632** jähren die Mängelansprüche hinsichtlich der **digitalen Elemente** (nicht hinsichtlich der Ware selbst) nicht vor Ablauf von 12 Monaten nach Ende des Bereitstellungszeitraums, § 475e I BGB.

Sollte die Ware aufgrund eines Verstoßes gegen § 475b III Nr. 2 BGB oder gegen § 475 **633** IV Nr. 3 BGB (dazu → Rn. 619) mangelhaft sein (Bereitstellung von Aktualisierungen), so verjähren die Mängelansprüche nicht vor Ablauf von 12 Monaten nach Ende des Aktualisierungszeitraums, § 475e II BGB.

Bei jedem Verbrauchsgüterkauf bestimmt § 475e III BGB einen Eintritt der Verjäh- **634** rung nicht vor Ablauf von 4 Monaten nach dem Zeitpunkt, in dem sich der Mangel erstmals gezeigt hat. Der Mangel muss sich allerdings innerhalb der Verjährungsfrist zeigen, ansonsten greift die Norm nicht ein.

> **Beispiel**: Im Rahmen eines Verbrauchsgüterkaufs zeigt sich ein Mangel einen Tag vor Ablauf der zweijährigen Verjährungsfrist des § 438 I Nr. 3 BGB. In diesem Fall steht dem V eine Frist von 4 Monaten zur Prüfung des Mangels und zur Geltendmachung verjährungshemmender Maßnahmen zu, §§ 203 ff. BGB. Zeigt sich der Mangel einen Tag nach Ablauf der Verjährungsfrist, so greift die Frist von 4 Monaten nicht ein.

Ebenfalls für jeden Verbrauchsgüterkauf bestimmt § 475e IV einen Eintritt der Ver- **635** jährung nicht vor Ablauf von 4 Monaten, nachdem eine zur Nacherfüllung an den Unternehmer oder einen Dritten hingegebene Ware wieder **zurückerlangt** wurde. Dem Verbraucher soll genügend Zeit zur Verfügung stehen, um zu prüfen, ob die Nacherfüllung gelungen ist.

13.1.13.7 Abweichende Vereinbarungen

Auf den durch das Verbrauchsgüterkaufrecht gewährleisteten Schutz des Verbrau- **636** chers kann dieser nicht verzichten. § 476 I S. 1 BGB erklärt alle Regelungen zum Verbrauchsgüterkauf selbst für **nicht dispositives Recht**. Darüber hinaus werden auch nahezu sämtliche Mängelansprüche für unverzichtbar erklärt. Der Verbraucher kann sie also nicht etwa gegen einen Preisnachlass oder ähnliches „eintauschen". Nur **nach Mitteilung des Mangels** vom Verbraucher an den Unternehmer kann ein solcher Verzicht vereinbart werden, § 476 I S. 1 BGB.

637 Die Parteien haben es jedoch grundsätzlich in der Hand, die **Beschaffenheit der Sache** privatautonom festzulegen. Nach § 434 III BGB muss die Sache neben den subjektiven Anforderungen nämlich nur dann den objektiven Anforderungen entsprechen, wenn nicht wirksam etwas anderes vereinbart wurde (dazu → Rn. 582).

638 Die hierbei zu beachtenden Formalien legt § 476 I S. 2 BGB fest: Der Verbraucher muss nach Nr. 1 vor Abgabe seiner zum Vertrag führenden Willenserklärung **über die Abweichung informiert** werden. Schon aus Beweisgründen wird diese Information dokumentiert werden müssen. Die Information muss darüber hinaus „**eigens**", also nicht im Rahmen einer Aufzählung über sonstige Produkteigenschaften, erteilt werden. Ferner muss nach Nr. 2 auch im eigentlichen Vertragsdokument die Abweichung **ausdrücklich und gesondert** vereinbart werden. Eine Information gemeinsam mit üblichen AGB scheidet daher aus, vielmehr muss der Verbraucher die Abweichung bewusst zur Kenntnis nehmen, im Onlinehandel etwa über einen zu setzenden Haken (Opt-In).

> **Beispiel**: Im Rahmen eines Verbrauchsgüterkaufs informiert U den V per E-Mail darüber, dass der angebotene Pkw „nicht fahrbereit" sei. Gleichwohl wird der Vertrag abgeschlossen. In diesem wird nicht gesondert darüber belehrt, dass der Pkw „nicht fahrbereit" ist. Etwaige Mängelrechte stehen dem V weiterhin zu.

639 Im soeben genannten Beispielsfall kann sich V auch nicht auf § 442 BGB berufen. Diese Norm bestimmt uA einen Ausschluss der Mängelrechte bei Kenntnis des Käufers, kommt aber im Rahmen des Verbrauchsgüterkaufs nicht zur Anwendung, § 475 III S. 2 BGB. Auch wenn der Käufer den Mangel kennt oder in Folge grober Fahrlässigkeit nicht kennt, so stehen ihm die vollen Mängelrechte zu.

640 Die Verjährung und Verfristung der Mängelrechte kann nur in engen Grenzen beschränkt werden. Bei gebrauchten Waren darf die Frist **nicht unter ein Jahr**, bei sonstigen Waren **nicht unter zwei Jahre** beschränkt werden, § 476 II S. 1 BGB. Für die Wirksamkeit der Vereinbarung wiederholt § 476 II S. 2 BGB die Voraussetzungen des § 476 I S. 2 BGB (dazu → Rn. 638).

641 Ausgenommen von diesen Beschränkungen sind Schadensersatzansprüche, § 476 III BGB. Allerdings ist hier bei Vorliegen und Einbeziehung von AGB eine Inhaltskontrolle nach den §§ 307- 309 BGB vorzunehmen. Insbesondere ist § 309 Nr. 7 a), b) BGB zu beachten.

> **Beispiel**: Im Rahmen eines Verbrauchsgüterkaufs über einen gebrauchten Pkw findet sich folgende Klausel in den AGB des U: „Die Verjährungsfrist für Sachmängelansprüche beträgt ein Jahr". Dies hält zwar den Anforderungen des § 476 II BGB stand, nicht aber einer Inhaltskontrolle: Auch die Mängelansprüche nach § 437 Nr. 3 BGB würden begrenzt werden, was aber wegen § 309 Nr. 7 a) und b) BGB nur bei Schadensersatzansprüchen, die nicht auf Körperschäden beruhen und bei Schadensersatzansprüchen, die auf normaler Fahrlässigkeit beruhen möglich ist.

In § 476 IV BGB wird eine **Umgehung** von § 476 I, II BGB für unwirksam erklärt. 642
Diese Anordnung hat nur deklaratorische Bedeutung, da Umgehungsgeschäfte
immer als unwirksam gewertet werden müssen.

13.1.13.8 Beweislastumkehr

Nach der „**Rosenbergschen Formel**" muss derjenige, der sich auf eine Norm beruft, 643
deren Voraussetzungen auch beweisen. Der Käufer müsste also an sich beweisen,
dass die Kaufsache bei Gefahrübergang mangelhaft war (dazu → Rn. 581). Beim
Verbrauchsgüterkauf ist dies problematisch, da der Unternehmer dem Verbraucher
immer entgegenhalten kann, der Mangel an der Sache beruhe auf einer unsachgemäßen oder übermäßigen Nutzung nach Gefahrübergang. Hier hilft die **Beweislastumkehr** nach § 477 BGB. Sollte sich innerhalb eines Jahres nach Gefahrübergang ein
Mangel zeigen, so wird in zeitlicher wie in sachlicher Hinsicht vermutet, dass dieser
bereits vor Gefahrübergang vorlag.

> **Beispiel**: Im Rahmen eines Verbrauchsgüterkaufs über einen Wasserkocher zeigt sich
> ein Mangel iSv § 477 BGB nach Gefahrübergang: Das Gerät funktioniert nicht mehr.
> Auch wenn dieser Mangel unstreitig erst nach Gefahrübergang vorliegt, so kann
> sich V auf § 477 BGB berufen und muss nicht darlegen, ob das Nichtfunktionieren
> auf einem Kabeldefekt oder einer unsachgemäßen Nutzung beruht. Schon gar nicht
> muss er darlegen, dass ein etwaiger Kabeldefekt bereits vor Gefahrübergang vorlag.

Die Beweislastumkehr greift nicht ein, wenn die Vermutung mit der **Art der Sache** 644
oder des Mangels nicht vereinbar ist.

> **Beispiel**: Im Rahmen eines Verbrauchsgüterkaufs werden leicht verderbliche Milch-
> produkte verkauft.

Nicht grundsätzlich ausgeschlossen ist die Vermutung beim Verkauf **lebender Tiere**, 645
allerdings wird die Vermutungsfrist hier auf sechs Monate begrenzt, da es sich bei
einem Tier um einen lebenden Organismus handelt, der ständigen Veränderungen
unterworfen ist.

Für einen Vertrag über Waren mit digitalen Elementen bei dauerhafter Bereitstellung 646
ordnet § 477 II BGB eine Beweislastumkehr an, sofern sich der Mangel während des
Bereitstellungszeitraums oder zwei Jahre nach Gefahrübergang zeigt. Es wird dann
vermutet, dass die Sache bereits während des bis dahin abgelaufenen Bereitstellungszeitraums mangelhaft war.

13.1.13.9 Spezielle Regelungen zum Lieferantenregress

Der in §§ 445a, 445b BGB geregelte **Lieferantenregress** (dazu → Rn. 603) wird durch 647
§ 478 BGB modifiziert. § 478 I BGB erstreckt die Beweislastumkehr nach § 477 I BGB
auf den Regress nehmenden Unternehmer, wenn der letzte Vertrag in der Kette ein
Verbrauchsgüterkauf war. § 478 II, III BGB erklären den Regressanspruch des Unternehmers nach dem Muster des § 476 I BGB für unabdingbar.

13.1.13.10 Spezielle Regelungen für Garantien

648 In §479 I BGB werden Mindestangaben für **Garantien** (§443 BGB, dazu → Rn. 603) genannt. §479 II BGB verlangt eine Bereitstellung auf einem dauerhaften Datenträger. Sollte der Hersteller der Ware (nicht zwingend der Verkäufer) eine Haltbarkeitsgarantie abgeben, so steht dem Verbraucher mindestens ein Nacherfüllungsanspruch zu. Nach §479 IV BGB hat ein Verstoß gegen diese Vorschriften aber nicht die Unwirksamkeit der Garantie zur Folge, da der verstoßende Unternehmer sonst begünstigt wäre.

Kontrollfragen und Aufgaben

1. Kann Verbrauchsgüterkaufrecht bei unbeweglichen Sachen zur Anwendung kommen? → Rn. 608 ff.
2. Wann kommt Verbrauchsgüterkaufrecht, wann die §§327 ff. BGB zur Anwendung? → Rn. 615 ff.
3. Wie genau wirkt die Beweislastumkehr im Rahmen des §477 BGB? → Rn. 643 ff.

Aufgabe (Leistungsniveau: Bachelorstudiengang)

Verbraucher V kauft von Unternehmer U einen berühmten Windhund im Rahmen einer öffentlich zugänglichen Versteigerung, allerdings informiert U nicht über etwaige rechtliche Besonderheiten. Vier Monate nach Übergabe der Ware zeigt sich, dass der Hund an einem Herzfehler leidet und keine Rennen absolvieren kann. U behauptet, dieser Umstand sei auf die nicht artgerechte Haltung durch V zurückzuführen. Eine Heilung ist nicht möglich, auch gibt es keine vergleichbaren Hunde. V erklärt den Rücktritt vom Kaufvertrag.

Lösung

Der Anspruch des V aus §§346 I, 437 Nr. 2 Var. 1, 323 I BGB setzt voraus, dass ein Mangel bei Gefahrübergang gegeben ist. Grundsätzlich müsste V dies beweisen. Allerdings hilft hier §477 I S. 2 BGB: In zeitlicher Hinsicht wird ein Mangel bei lebenden Tieren für eine Frist von 6 Monaten seit Gefahrübergang vermutet, gleiches gilt für das Vorliegen eines Mangels. Ein Ausschluss von §477 I S. 2 BGB durch §474 II S. 2 BGB greift nicht ein, zwar liegt eine öffentlich zugängliche Versteigerung vor, allerdings hat U die Nichtgeltung des Verbrauchsgüterkaufrechts nicht kommuniziert.

13.1.14 Andere Arten des Kaufs

13.1.14.1 Kauf unter Eigentumsvorbehalt

Literatur: *Güllemann*, Kreditsicherungsrecht, 2. Aufl. 2020

649 Normalerweise ist der Käufer verpflichtet, Zug um Zug gegen Übereignung der Kaufsache den Kaufpreis zu bezahlen (vgl. §§433, 320 BGB). Wenn der Käufer noch nicht liquide ist, bietet sich als Lösung der Kauf unter Eigentumsvorbehalt (§449 BGB) an, bei dem der Verkäufer die endgültige Übertragung des Eigentums von der Bezahlung des Kaufpreises abhängig macht. Die Übertragung erfolgt dann **unter aufschiebender Bedingung der Zahlung**, §§449, 158 BGB.

Andererseits liegt bereits ein fester Kaufvertrag mit beiderseits gesicherten Rechtspositionen vor: der Verkäufer hat einen Anspruch auf künftige Kaufpreiszahlung, der Käufer auf künftige endgültige Eigentumsübertragung. Die Verwirklichung des Eigentumserwerbs hängt nur noch von dem Käufer ab. Zahlt er, geht das Eigentum automatisch auf ihn über. Bis dahin hat er ein **Anwartschaftsrecht** an der Sache, das dem Eigentum weitgehend ähnelt und wie dieses vor Eingriffen Dritter geschützt wird. Dieses in der Entstehung begriffene dingliche Recht kann wie das Eigentum nach §§ 929 ff. BGB auf Dritte übertragen werden.

Wirtschaftlich gesehen handelt es sich beim Eigentumsvorbehaltskauf um einen **650** Warenkredit. Kann dieser nicht zurückgeführt werden, so hat der Verkäufer das Recht, die Kaufsache wieder an sich zu ziehen. Das setzt nach § 449 II BGB allerdings voraus, dass er vom Kaufvertrag zurückgetreten ist und ein Rücktrittsrecht hatte. Nach § 323 I BGB ist der Verkäufer grds. nur dann zum **Rücktritt** berechtigt, wenn die fällige Kaufpreiszahlung ausgeblieben ist und der Verkäufer dem Käufer erfolglos eine angemessene Frist zur Zahlung bestimmt hat. In den Fällen des § 323 II BGB bedarf es dieser Frist nicht, dh bei Erfüllungsverweigerung, Fixtermin oder Vorliegen besonderer Umstände.

Übt der Verkäufer berechtigterweise sein Rücktrittsrecht aus, hat er einen vertraglichen Anspruch auf Rückgewähr der Kaufsache, § 346 BGB. Zugleich hat er einen dinglichen Herausgabeanspruch nach § 985 BGB, da er weiterhin Eigentümer ist und das Besitzrecht des Käufers nach § 986 BGB infolge Rücktritt vom Kaufvertrag entfallen ist.

Der hier beschriebene **einfache Eigentumsvorbehalt** hilft allerdings dann nicht, wenn **651** der Käufer die Sache weiter veräußert oder weiter verarbeitet. Hier empfiehlt sich ggf. ein **verlängerter Eigentumsvorbehalt**. Das bedeutet, dass der Käufer bereits im Voraus die aus der Weiterveräußerung entstehende Kaufpreisforderung an den Verkäufer abtritt **(Vorausabtretung** der künftigen Forderung aus Weiterverkauf nach § 398 BGB). Bei Weiterverarbeitung der noch unbezahlten Ware kann vereinbart werden, dass nicht der Käufer, sondern der Verkäufer vereinbarungsgemäß als Hersteller der neuen Sache gilt und damit auch an der neuen Sache Eigentümer nach § 950 BGB ist (sog. **Herstellerklausel**). Zahlt der Käufer nicht, kann der Verkäufer dann die Vorausabtretung offen legen und vom Zweitkäufer Bezahlung verlangen oder bei Weiterverarbeitung auf die verarbeitete Sache zurückgreifen. Vgl. auch → Rn. 834 f.

13.1.14.2 Kauf auf Probe

Beim Kauf auf Probe oder auf Besichtigung hat der Käufer die Möglichkeit, den **652** gekauften Gegenstand auszuprobieren oder zu besichtigen. Die Billigung steht im Belieben des Käufers. Der Kauf ist im Zweifel unter der aufschiebenden Bedingung der Billigung durch den Käufer geschlossen (§ 454 BGB).

13.1.14.3 Wiederkauf

Die Kaufvertragsparteien können vereinbaren, dass der Verkäufer berechtigt sein **653** soll, den Kaufgegenstand zurückzukaufen (Wiederkauf gem. § 456 BGB). Eine solche Vereinbarung kann auch nach Vertragsschluss noch getroffen werden. Die Ausübung des Wiederkaufsrechts erfolgt durch einseitige empfangsbedürftige Willenserklärung.

13.1.14.4 Vorkauf

654 Die Befugnis, einen Gegenstand von einem anderen käuflich zu erwerben, sobald dieser den Gegenstand an einen Dritten verkauft, kann auf Gesetz oder Rechtsgeschäft beruhen. So steht den Gemeinden nach §§ 24 ff. BauGB ein gesetzliches Vorkaufsrecht zu. Sonst wird es gem. § 463 BGB vertraglich vereinbart. Betrifft es, wie zumeist, ein Grundstück, ist eine notarielle Beurkundung gem. § 311b BGB vorgeschrieben.

Wird das Vorkaufsrecht sodann durch einseitige Erklärung gegenüber dem Verpflichteten ausgeübt, die keiner besonderen Form bedarf, so kommt der Kauf zwischen dem Vorkaufsberechtigten und dem Verkäufer zu den mit dem Dritten vereinbarten Konditionen zustande, § 464 II BGB.

13.2 Internationaler Kauf, insb. UN-Kaufrecht

Gesetz: Text des UN-Kaufrechts in: NWB-Textausgabe, Wichtige Gesetze des Wirtschaftsprivatrechts, 24. Aufl. 2022

Literatur: *Güllemann*, Internationales Vertragsrecht, 3. Aufl. 2018; *Schlechtriem/Schwentzer*, Internationales UN-Kaufrecht, 6. Aufl. 2016; *Schlechtriem/Schwenzer/Schroeter*, Kommentar zum UN-Kaufrecht, 7. Aufl. 2019; Staudinger/*Magnus*, Kommentar zum BGB, Wiener UN-Kaufrecht, 2017.

655 Bei internationalen Kauf- und Werklieferungsverträgen über Waren kommt vielfach das Wiener Übereinkommen der Vereinten Nationen über Verträge über den internationalen Warenkauf (United Nations Convention on Contracts for the International Sale of Goods) vom 11.4.1980 zur Anwendung. Dieses CISG oder UN-Kaufrecht enthält einheitliches internationales Kaufrecht für den Handelskauf. Es gilt in Deutschland seit dem 1.1.1991. Mittlerweile sind 94 Staaten diesem Abkommen beigetreten (Stand: 1.3.2022), darunter die wichtigsten Außenhandelspartner Deutschlands. Dazu zählen:

- Europa (außer Großbritannien und Irland)
- USA, Kanada, Mexico, Kuba
- Russland und die Nachfolgestaaten der früheren Sowjetunion
- die Volksrepublik China sowie Japan
- Australien und Neuseeland
- die meisten südamerikanischen Staaten
- sowie einige afrikanische Staaten wie Ägypten, Guinea, Kongo

Es fehlen vor allem die meisten Staaten des vorderen, mittleren und fernen Ostens und Afrikas.

656 Das CISG gilt **räumlich** für Kaufverträge über Waren zwischen Parteien, die ihre Niederlassung in verschiedenen Staaten haben, wenn diese Staaten entweder beiderseits Vertragsstaaten sind oder wenn die Regeln des Internationalen Privatrechts (IPR) zur Anwendung des Rechts eines Vertragsstaates führen, Art. 1 CISG.

Beispiel für 1. Alternative: Ein deutscher Exporteur verkauft Maschinen an einen französischen Importeur. Beide Länder gehören räumlich zur Zone des CISG. Das CISG gilt daher.

Beispiel für 2. Alternative: Ein deutscher Exporteur mit Sitz in Frankfurt verkauft Maschinen an einen irischen Importeur. Deutschland ist Vertragsstaat des UN-Kaufrechts, Irland aber nicht. Art. 1 I lit. a CISG scheidet daher aus. Über Art. 4 lit. a) der Rom I-VO ist jedoch bei fehlender Rechtswahl deutsches Recht anwendbar, weil Kaufverträge über bewegliche Sachen dem Recht des Staates unterliegen, in dem der Verkäufer seinen gewöhnlichen Aufenthalt (vgl. Art. 19 Rom I-VO) hat. Das IPR führt also zur Anwendung des Rechts des Vertragsstaates Deutschland, sodass nach Art. 1 I lit. b CISG das UN-Kaufrecht für die beiderseitigen Rechtsbeziehungen gilt.

Zeitlich ist das UN-Kaufrecht nur anwendbar, wenn das Angebot abgegeben wurde, nachdem das UN-Kaufrecht in den beteiligten Vertragsstaaten in Kraft getreten ist, Art. 100 CISG.

UN-Kaufrecht gilt **gegenständlich** für Kaufverträge sowie für Werklieferungsverträge, Art. 1 und 3 CISG. Voraussetzung ist, dass es sich um bewegliche Sachen handelt. Immobilien scheiden aus, ebenso Käufe über Wertpapiere, Schiffe und elektrische Energie, Art. 2 lit. d–f CISG. Auch Produkthaftungsfälle unterliegen nicht dem CISG, Art. 5 CISG.

In persönlicher Hinsicht unterstehen Käufe für den persönlichen Gebrauch nicht dem CISG, Art. 2 lit. a CISG. Das bedeutet, dass Käufe von Privatpersonen nicht erfasst sind. Als Privatperson ist auch der Kaufmann zu verstehen, der Sachen für den persönlichen Gebrauch kauft.

Beispiel: Ein deutscher Autohändler importiert ein amerikanisches Auto aus den USA für seinen persönlichen Gebrauch. Es gilt nicht das CISG, sondern das anwendbare Recht muss nach den Regeln des IPR bestimmt werden.

Das CISG ist somit vor allem auf Handelskäufe anwendbar ist (B2B-Geschäfte). Allerdings würde auch der Verkauf seitens einer Privatperson an einen Unternehmer dem CISG unterliegen.

Merke: Das CISG gilt für B2B- und C2B-Verkäufe, nicht dagegen für C2C- oder B2C-Verkäufe.

Das CISG gilt nicht zwingend. Es kann durch Parteivereinbarung ausgeschlossen 657 oder abgeändert werden, Art. 6 CISG. Es besteht also Dispositionsfreiheit der Parteien. Sie können das Einheitsrecht wunschgemäß ausschließen oder abändern. Tun sie dies nicht, gilt automatisch das CISG.

Falls das CISG anwendbar ist, muss geklärt werden, ob die zwischen den Parteien umstrittenen Fragen **inhaltlich** durch das CISG geregelt sind. Nach Art. 4 S. 1 CISG regelt dieses nämlich ausschließlich den Abschluss des Kaufvertrages und die aus ihm erwachsenden Rechte und Pflichten des Verkäufers und Käufers. Ausgeklammert sind nach S. 2 ausdrücklich Fragen der Gültigkeit des Vertrages (zB Anfechtbarkeit oder Gesetzeswidrigkeit des Vertrages), einzelner Vertragsbestimmungen oder von Gebräuchen sowie die Wirkungen des Vertrages auf das Eigentum. Dagegen sind folgende Regelungsbereiche erfasst:

- der Vertragsabschluss (Art. 14–24 CISG),
- Allgemeine Bestimmungen des Warenkaufs (Art. 25–29 CISG)
- die Pflichten des Verkäufers beim Warenkauf (Art. 30–44 CISG) und die Rechtsbehelfe des Käufers bei Vertragsverletzung durch den Verkäufer (Art. 45–52, Art. 74–77 CISG)
- die Pflichten des Käufers beim Warenkauf (Art. 53–60 CISG) sowie die Rechtsbehelfe des Verkäufers bei Vertragsverletzung durch den Käufer (Art. 61–65, Art. 74–77 CISG)

Die vom CISG geregelten Fragenkomplexe

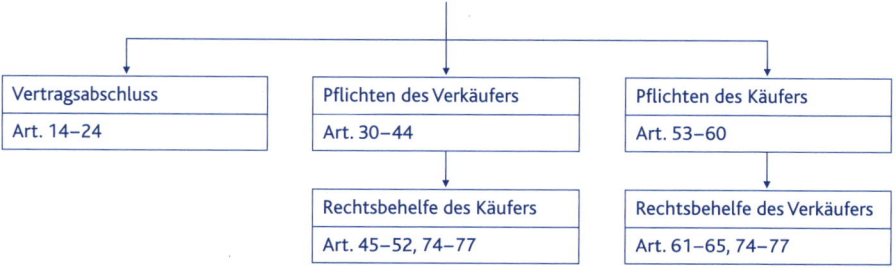

657a 1. Bezüglich des **Vertragsabschlusses** gelten weitgehend gleiche oder ähnliche Grundsätze wie nach deutschem Recht.

657b 2. Bezüglich der Pflichten der Parteien des Kaufvertrages gilt als zentraler Begriff der Rechtsbegriff der **Vertragsverletzung („breach of contract")**, der einheitlich alle Formen von Leistungsstörungen und Mängelhaftung umfasst (vgl. Art. 25 CISG). Im Unterschied zum deutschen Schuldrecht wird also nicht zwischen den verschiedenen Formen wie Verzug, Unmöglichkeit, Mängelhaftung etc. unterschieden. Auf ein Verschulden kommt es nicht an, sondern nur auf die objektive Verletzung einer Vertragspflicht.

Bei den einzelnen Rechtsbehelfen wird danach differenziert, ob es sich um eine **wesentliche Vertragsverletzung** handelt oder nicht. So kommt eine Aufhebung des Kaufvertrages regelmäßig nach Art. 49 I lit. a CISG nur bei einer wesentlichen Vertragsverletzung in Betracht.

Nach Art. 25 CISG ist eine Vertragsverletzung dann wesentlich,

„wenn sie für die andere Vertragspartei solchen Nachteil zur Folge hat, dass ihr im Wesentlichen entgeht, was sie nach dem Vertrag hätte erwarten dürfen …".

Somit kommt es nicht auf die Stärke der Vertragsverletzung an, sondern entscheidend sind die Folgen für den Käufer.

Eine Wesentlichkeit ist vor allem dann anzunehmen, wenn die Ware gänzlich unverkäuflich ist.

Beispiel: Die Qualität der Ware ist so schlecht, dass sie nicht zu verkaufen ist.

Güllemann

Gegenbeispiel: Die Qualität bleibt unter dem Vereinbarten, die Ware ist aber dennoch – wenn auch mit Preisabschlag – verkäuflich. Dann liegt keine wesentliche Vertragsverletzung vor.

3. Die **Pflichten des Verkäufers** sind in den Art. 30 ff. CISG geregelt.

Der Verkäufer muss   658

- die Ware an den Beförderer übergeben (Art. 31 CISG)
- die Ware zeitgerecht liefern (Art. 33 CISG)
- die Warendokumente übergeben (Art. 34 CISG)
- Ware in einwandfreier Menge, Qualität und Art liefern (Art. 35 CISG)
- die Ware frei von Rechten und Ansprüchen Dritter liefern (Art. 42 CISG).

Falls eine dieser Pflichten verletzt ist, gilt nach Art. 45 ff. CISG bzgl. der **Rechtsbehel-** 659
fe des Käufers wegen Vertragsverletzung Folgendes:

- Der Käufer kann **Vertragserfüllung** beanspruchen (Art. 46 I CISG).
- Bei einer wesentlichen Vertragswidrigkeit der Ware kann der Käufer **Ersatzliefe-rung** verlangen (Art. 46 II CISG).
- Er kann bei jeder Art von Vertragswidrigkeit **Nachbesserung** beanspruchen, es sei denn, diese ist für den Verkäufer unzumutbar (Art. 46 III CISG).
- Der Käufer kann **Aufhebung** des Vertrages erklären, wenn die Nichterfüllung einer Vertragspflicht eine wesentliche Vertragsverletzung darstellt (Art. 49 I lit.a CISG) oder wenn im Falle der Nichterfüllung der Verkäufer die Ware nicht innerhalb der vom Käufer nach Art. 47 I CISG gesetzten Nachfrist liefert oder wenn er erklärt, dass er nicht innerhalb der so gesetzten Frist liefern wird (Art. 49 I lit.b CISG).
- Bei nicht vertragsgemäßer Belieferung kann auch **Herabsetzung des Kaufpreises** verlangt werden (Art. 50 CISG).
- Außerdem kann – unabhängig vom Vorliegen des Verschuldens – vom Verkäufer nach Art. 45 I lit. b CISG **Schadensersatz** verlangt werden. Es reicht eine – ggf. nur geringfügige – Vertragsverletzung. Zu ersetzen ist nach Art. 74 CISG der entstandene Verlust einschl. des entgangenen Gewinns. Grenze ist der voraussehbare Verlust. Auch die Kosten eines Deckungskaufs sind zu ersetzen, Art. 75 CISG. Der Käufer muss alle angemessenen Maßnahmen zur Verringerung des Schadens treffen, sonst wird der Schadensersatz entsprechend herabgesetzt, Art. 77 CISG.

Bei allen Rechtsbehelfen ist zusätzlich Voraussetzung, dass der Käufer die Mängel 660
rechtzeitig rügt. Nach Art. 39 I CISG muss der Käufer die Vertragswidrigkeit „innerhalb einer angemessenen Frist" nach dem Zeitpunkt, in dem er sie festgestellt hat oder hätte feststellen müssen, anzeigen und die Art der Vertragswidrigkeit genau bezeichnen.

Beispiel für Vertragsverletzung wegen Qualitätsmangel: Der von dem spanischen Lieferanten L an den deutschen Importeur I gelieferte Wein enthält starke Korkbeimengungen.

L hat damit gegen seine Vertragspflichten nach Art. 30, 35 I CISG verstoßen, da die Qualität des Weines nicht den Anforderungen des Vertrages entspricht. I kann nach entsprechender Rüge Ersatzlieferung verlangen, weil korkhaltiger Wein unverkäuflich ist und somit eine wesentliche Vertragsverletzung vorliegt., Art. 45 I lit. a, 46 II,

Güllemann

25 CISG. Er könnte auch die Aufhebung des Vertrages verlangen, da die Lieferung verunreinigten Weins die Nichterfüllung einer Verkäuferpflicht darstellt und dies als wesentliche Vertragsverletzung zu bewerten ist, Art. 45 I lit. a, 49 I lit. a CISG.

Schließlich könnte er nach Art. 45 I lit. b, 74 CISG Schadensersatz beanspruchen.

661 4. Die **Pflichten des Käufers** sind in Art. 53 ff. CISG geregelt. Sie bestehen darin,

- den **Kaufpreis zu zahlen** (Art. 54–59 CISG) und
- die **Ware abzunehmen** (Art. 60 CISG).

Erfüllt der Käufer seine diesbezüglichen Pflichten nicht, so kann der Verkäufer wegen Vertragsverletzung durch den Käufer nach Art. 61 CISG

- die in Art. 62–65 CISG vorgesehenen Rechte ausüben,
- Schadensersatz nach Art. 74–77 CISG verlangen.

Beispiel: Der belgische Käufer zahlt den am 2.7.2022 fälligen Kaufpreis nicht an den deutschen Verkäufer.

Dann kann der Verkäufer dem Käufer nach Art. 63 I eine angemessene Nachfrist setzen und nach Ablauf dieser Frist Aufhebung des Vertrages erklären, Art. 64 I lit. b CISG. Außerdem kann er nach Art. 61 I lit.b CISG Schadenersatz nach Maßgabe von Art. 74–77 CISG verlangen. Unbeschadet dessen hat er auch Anspruch auf Zinsen, Art. 78 CISG. Zur Zinshöhe schweigt das CISG. Sie ist nach vorwiegender Meinung nach dem nationalen Recht zu bestimmen t, das ohne Berücksichtigung des CISG gelten würde.

13.3 Tausch

662 Der Tausch stellt einen gegenseitigen Vertrag dar, durch den sich die Parteien zum Austausch von Sachen oder Rechten verpflichten. Auf den Tausch finden die für den Kauf geltenden Vorschriften sinngemäß Anwendung, § 480 BGB. Bei dieser Art des Güteraustauschs wird Ware gegen Ware gegeben, was vor allem in Mangelzeiten von Bedeutung ist. Im Übrigen ist der Tausch besonders unter Sammlern populär.

Beispiel: Musiktauschbörse im Internet, Briefmarkentausch, Münztausch, Ordenstausch

13.4 Schenkung

663 Zu den Veräußerungsverträgen zählt schließlich die Schenkung. Sie ist ein Vertrag über eine **unentgeltliche Zuwendung.** Wird diese sofort vollzogen (sog. Handschenkung), so ist sie ohne Weiteres gültig (§§ 516, 518 II BGB).

Beispiel: Zuwendung von Geburtstags- oder Weihnachtsgeschenken

Wird die Schenkung dagegen nur versprochen (sog. Vertragsschenkung), muss sie zu ihrer Gültigkeit notariell beurkundet werden, § 518 I 1 BGB.

Güllemann

Beispiel: Der alte Herr verspricht seiner Haushälterin die Überlassung des wertvollen Schmucks seiner verstorbenen Gattin. Ein solches Versprechen ist ohne notarielle Beurkundung nach §518 I BGB unwirksam. Leichtfertig geäußerte Schenkungsversprechen sollen keine rechtliche Wirksamkeit haben.

Wird die Schenkung jedoch vollzogen, wird der Mangel der Form geheilt, §518 II BGB.

Bei Sach- und Rechtsmängeln haftet der Schenker nur in Fällen von Arglist, §§523, 524 BGB. Im Falle einer Verarmung (§528 BGB) oder groben Undanks (§530 BGB) kann das Geschenk zurückgefordert werden.

? Kontrollfragen und Aufgaben

1. Nennen Sie zwölf Vertragstypen des BGB. In welche drei Klassen lassen sie sich einordnen? → Rn. 554
2. Wieso und seit wann gibt es in Deutschland ein neues Kaufrecht? → Rn. 537
3. Was ist unter dem Trennungs- und dem Abstraktionsprinzip zu verstehen? → Rn. 561, 562
4. Wann bedarf der Kaufvertrag einer Form und welcher? → Rn. 565
5. Was kann Kaufgegenstand sein? → Rn. 564
6. Was versteht man unter Abnahme? → Rn. 573
7. Was bedeutet Gefahrtragung? → Rn. 575 ff.
8. Welche Mängelrechte kennt das Kaufrecht? → Rn. 580
9. Definieren Sie den Begriff Sachmangel. → Rn. 581 ff.
10. Kann die Mängelhaftung ausgeschlossen oder begrenzt werden? → Rn. 587 f.
11. Was bedeutet Nacherfüllung? → Rn. 590
12. Wann kann der Rücktritt vom Kauf erklärt werden? → Rn. 592
13. Wie berechnet sich die Minderung? → Rn. 596
14. Wann kann Schadensersatz statt der Leistung verlangt werden? → Rn. 599
15. Wann kann Schadensersatz neben der Leistung verlangt werden und welcher Schaden wird umfasst? → Rn. 599
16. Welche Arten von Garantie unterscheidet das Gesetz? → Rn. 603
17. In welcher Frist verjähren die Mängelansprüche? → Rn. 604
18. Welche Besonderheiten gelten beim Verbrauchsgüterkauf? → Rn. 605 ff.
19. Was ist unter einfachem und verlängertem Eigentumsvorbehalt zu verstehen? → Rn. 649 ff.
20. Wann gilt das UN-Kaufrecht und welche Kernaussagen trifft es bezüglich der Mängelhaftung? → Rn. 655, 658 ff.

Aufgabe 1 (Leistungsniveau: Bachelorstudiengang)

Gebrauchtwagenhändler V verkauft dem Privatmann K einen 35 Jahre alten Oldtimer und erklärt ihm bei den Verkaufsgesprächen, das Fahrzeug sei unfallfrei. In Wirklichkeit hatte es einen schweren Unfallschaden. K beansprucht von V Nacherfüllung. Zu Recht?

Lösung

K könnte Anspruch auf Nacherfüllung gegen den V gem. §§ 437 Nr. 1, 439 I BGB haben. Diese Vorschriften gelten nach § 474 II 1 BGB uneingeschränkt auch für den Verbrauchsgüterkauf, der hier vorliegt, weil V als Unternehmer an K als Verbraucher eine Ware (Auto) verkauft hat. Aus § 475 BGB, insb. aus Absätzen 3 bis 5 ergeben sich keine relevanten Änderungen.

Die Voraussetzungen für den Anspruch auf Nacherfüllung nach §§ 437 Nr. 1, 439 I BGB sind:

1. Bestehen eines wirksamen Kaufvertrages. Laut Sachverhalt war ein Kaufvertrag über das Auto geschlossen worden.

2. Vorhandensein eines Mangels. Hier ist ein Sachmangel nach § 434 II Nr. 1 BGB gegeben, weil das Fahrzeug nicht die vereinbarte Beschaffenheit der Unfallfreiheit aufweist und somit nicht die subjektiven Anforderungen an den Vertrag erfüllt.

3. Der Mangel müsste bereits bei Gefahrübergang vorhanden gewesen sein. Bei Übergabe war der Unfallschaden schon gegeben, sodass auch diese Voraussetzung zutrifft.

4. Kein Haftungsausschluss nach §§ 442, 444, 445 BGB, 377 HGB. Keine dieser Vorschriften ist einschlägig.

5. Kein Leistungsverweigerungsrecht des Verkäufers nach §§ 275, 439 IV BGB Der Anspruch könnte hier wegen Unmöglichkeit ausgeschlossen sein, § 275 I BGB. Der Anspruch auf Nacherfüllung gibt dem Käufer das Wahlrecht, ob er die Beseitigung des Mangels oder Ersatzlieferung begehrt, § 439 I BGB. Eine Ersatzlieferung scheidet gem. § 275 I BGB aus, da es sich um einen Stückkauf handelt und das gekaufte Auto kein zweites Mal existiert. Allerdings hat der BGH bei gängigen Automarken argumentiert, dass der gewerbliche Verkäufer trotzdem bei entsprechender Interessenlage der Parteien im Einzelfall verpflichtet sein könne, ein vergleichbares Auto zu verschaffen (BGH NJW 2006, 2839; str., vgl. Grüneberg/*Weidenkaff* § 439 Rn. 15). Erforderlich ist aber, dass die Kaufsache durch eine gleichartige und gleichwertige ersetzt werden kann, also dem durch Auslegung zu ermittelnden Willen der Vertragsparteien bei Vertragsschluss entspricht (BGH NJW 2007, 1346). Bei einem Oldtimer mit einem Alter von 35 Jahren legen die Vertragsparteien typischerweise großen Wert auf den Zustand, die Laufleistung und das Aussehen des individuellen Fahrzeugs. Es entspricht daher nicht ihrem Willen, ein anderes Fahrzeug dieses Typs liefern bzw. abnehmen zu müssen. Hinzu kommt, dass der Markt für ei n solches Fahrzeug so eng ist, dass eine Ersatzbeschaffung nur schwer oder gar nicht möglich ist. Eine Ersatzlieferung für dieses ausgeprägt individuelle Stück kommt daher auch unter Berücksichtigung des Willens und der Interessenlage der Parteien nicht infrage. Es käme allenfalls eine Mangelbeseitigung in Betracht. Bei einem schweren Unfallschaden würde aber auch eine Nachbesserung nicht dazu führen, dass das Auto unfallfrei würde. Daher ist auch diese zweite Art der Nacherfüllung unmöglich, § 275 I BGB.

Ergebnis: Wegen Unmöglichkeit beider Arten der Nacherfüllung kann K von V keine Nacherfüllung verlangen.

Aufgabe 2 (Leistungsniveau: Bachelorstudiengang)

K erklärt nunmehr den Rücktritt vom Kauf und verlangt von V den gezahlten Kaufpreis Zug um Zug gegen Rückgabe des Autos zurück. Zu Recht?

Lösung

Der Anspruch des K gegen V auf Rückzahlung des Kaufpreises könnte sich aus §§ 437 Nr. 2, 323 BGB aufgrund Rücktritts ergeben.

Voraussetzungen dafür sind:

1. Bestehen eines wirksamen Kaufvertrages

2. Vorhandensein eines Mangels

3. Bei Gefahrübergang

4. Erheblichkeit des Mangels, § 323 V 2 BGB

5. Kein Haftungsausschluss nach §§ 442, 444, 445 BGB, 377 HGB

6. Vergebliche Fristsetzung zur Nacherfüllung oder Entbehrlichkeit derselben nach §§ 323 II, 281 II, 326 V, 440, 475d BGB

7. Besonderheiten wegen Verbrauchsgüterkauf nach §§ 474, 475 VI BGB beachten

8. Rücktrittserklärung

Im Einzelnen gilt: Die Voraussetzungen 1 bis 3 und 5 liegen nach dem oben Gesagten vor.

Zu 4: Der Mangel muss nach § 323 V 2 BGB erheblich sein. Ein Unfallschaden stellt die Funktionsfähigkeit und den Wert des Fahrzeugs infrage. Der Mangel ist daher erheblich.

Zu 6: Nach § 323 I BGB ist eine fruchtlose Fristsetzung zur Nacherfüllung grds. nötig. Diese ist nicht erfolgt. Sie könnte jedoch nach § 326 V, 2. Teilsatz BGB hier ausnahmsweise entbehrlich sein. Danach entfällt bei Unmöglichkeit der Leistung die Notwendigkeit einer Fristsetzung. Wie bereits ausgeführt, handelt es sich hier um einen Stückkauf, bei dem eine Nacherfüllung nach § 275 I BGB wegen der Besonderheiten des Oldtimergeschäfts über ein 30 Jahre altes Fahrzeug nicht möglich ist. Eine Fristsetzung ist daher wegen Unmöglichkeit entbehrlich.

Zu 7: Änderungen auf Grund Verbrauchsgüterkaufs treten nach § 475 VI BGB nur bzgl. der Modalitäten des Rücktritts auf, wonach der V die Kosten der Rückgabe des Fahrzeugs trägt. Der Anspruch auf Rückgabe selbst bleibt dagegen unberührt.

Zu 8: Der Rücktritt müsste von K gem. § 349 BGB erklärt worden sein. K hat den Rücktritt ausdrücklich erklärt und Rückzahlung des Kaufpreises Zug um Zug gegen Rückgabe des Fahrzeugs verlangt. Damit liegt eine Rücktrittserklärung vor.

Ergebnis: K verlangt von V zu Recht Rückzahlung des Kaufpreises Zug um Zug gegen Rückgabe des Fahrzeugs nach §§ 437 Nr. 2, 323 BGB.

Güllemann

Aufgabe 3 (Leistungsniveau: Bachelorstudiengang)

K erleidet aufgrund des unfallbedingten Vorschadens, der zwischen Verkauf und Übergabe eingetreten ist, selbst einen Unfall, bei dem das Fahrzeug Totalschaden und K schwere Verletzungen davonträgt. V wusste hier, dass das verkaufte Fahrzeug einen Unfall gehabt hatte. K fragt an, ob er Schadensersatz im Hinblick auf den Kaufpreis und den erlittenen Personenschaden von V ersetzt verlangen kann.

Lösung

I. K begehrt von V im Hinblick auf den Kaufpreis den großen Schadensersatz statt der Leistung aufgrund von §§ 437 Nr. 3, 281 I, 280 BGB.

Das setzt voraus:

1. einen wirksamen Kaufvertrag, der hier vorliegt.

2. Lieferung einer mangelhaften Sache (Pflichtverletzung). Wie bereits begründet, hatte das Fahrzeug einen Sachmangel nach § 434 BGB, weil es nicht wie vereinbart unfallfrei war. V hat demzufolge eine mangelhafte Lieferung erbracht und damit zugleich eine Pflichtverletzung begangen.

3. Bei Gefahrübergang. Die fehlende Unfallfreiheit war bereits Auslieferung an K gegeben, also bei Gefahrübergang.

4. Kein Haftungsausschluss nach §§ 442, 444, 445 BGB, 377 HGB. Es liegt weder ein gesetzlicher noch ein vertraglicher Ausschluss der Mängelhaftung vor.

5. Grundsätzlich müsste vor Übergang vom Leistungsanspruch zum Schadensersatz noch eine Frist zur Nacherfüllung gesetzt worden sein, § 281 I 1 BGB. Diese ist hier aber aufgrund besonderer Umstände entbehrlich (§ 281 II BGB), weil die Nacherfüllung nicht möglich ist (unbehebbarer Mangel) und die Täuschung so gravierend ist, dass eine Nacherfüllung sowieso nicht in Betracht kommt. Das ergibt sich aus § 475d I Nr. 3 und II.

6. V müsste die Pflichtverletzung zu vertreten haben. V kannte die Vorschädigung und hat dennoch den Wagen als unfallfrei verkauft. Er hat demzufolge vorsätzlich gehandelt und hat die Pflichtverletzung zu vertreten.

7. Der Mangel (= Pflichtverletzung) muss erheblich sein (§ 281 I 3 BGB). Dies trifft angesichts des schweren Vorunfalls zu, der als schwerer Mangel des Fahrzeugs zu werten ist.

8. Schaden. Der Schaden liegt darin, dass K für das mangelhafte Auto, das er nicht mehr haben möchte, den vollen Kaufpreis gezahlt hat.

9. Keine Änderungen wegen Verbrauchsgüterkauf nach §§ 474, 475 VI BGB.

Da hier ein Verbrauchsgüterkauf vorliegt, könnten sich aus § 475 VI BGB Änderungen ergeben. Hier liegt der Fall vor, dass Schadensersatz statt der ganzen Leistung verlangt wird. Allerdings werden nur die Schadensersatzfolgen dahingehend modifiziert, dass die Kosten der Rückgabe des Fahrzeugs zulasten des V gehen. Die Anspruchsvoraussetzungen bleiben dagegen unberührt.

Ergebnis: Der K kann von V Schadensersatz statt der Leistung verlangen. Er kann beim großen Schadensersatz, den er hier geltend macht, das Auto zurückgeben und den Kaufpreis zurückerstattet verlangen.

Aufgabe 3 (Leistungsniveau: Bachelorstudiengang)

Lösung

II. K verlangt darüber hinaus von V wegen seines Personenschadens Schadensersatz neben der Leistung gem. §§ 437 Nr. 3, 280 I BGB. Die Voraussetzungen dafür sind:

1. ein wirksamer Kaufvertrag

2. Lieferung einer mangelhaften Sache (Pflichtverletzung)

3. Bei Gefahrübergang

4. Kein Haftungsausschluss nach §§ 442, 444, 445 BGB, 377 HGB

5. Vertretenmüssen

6. Schaden

Zu den einzelnen Voraussetzungen:

Die Voraussetzungen zu 1 bis 5 wurden bereits oben geprüft und bejaht.

Zu 6: Der Schaden liegt in dem erlittenen Personenschaden. Dieser Mangelfolgeschaden umfasst zum einen sämtliche materiellen Nachteile infolge der Verletzung (zB Arzt- und Krankenhauskosten, Verdienstausfall etc.), die gem. §§ 249, 252 BGB zu erstatten sind. Zum anderen ist ein immaterieller Schaden entstanden, da K eine schwere Körperverletzung durch den Unfall erlitten hat. Dieser ist nach § 253 II BGB als Schmerzensgeld ersatzfähig.

Ergebnis: K kann wegen seines Personenschadens Schadensersatz neben der Leistung verlangen.

14 Überlassungsverträge

Literatur: *Brox/Walker*, Besonderes Schuldrecht, 46. Aufl. 2022; *Hau*, Schuldrechtsmodernisierung 2001/2002 – Reformiertes Mietrecht und modernisiertes Schuldrecht, JuS 2003, 130; *Heinrichs*; *Grüneberg*, Kommentar zum Bürgerlichen Gesetzbuch, 81. Aufl. 2022; *Flatow*, Mietrechtänderungsgesetz 2013, NJW 2013, 1185; *Omlor*, Finanzierungsleasingverträge nach der neuen Verbraucherkreditrichtlinie, NJW 2010, 2694.

Betreffen der Kauf, der Tausch bzw. die Schenkung die dauerhafte Übertragung des **664** Eigentums an einem Gegenstand, so ist gemeinsames Merkmal der Überlassungsverträge die zeitweise Übertragung des Nutzungsrechts bzw. des Besitzes. Im Einzelnen handelt es sich um den Mietvertrag, den Pachtvertrag, den Leihvertrag und um den Darlehensvertrag, bei dem differenziert wird zwischen Sachdarlehensvertrag und Gelddarlehensvertrag bzw. sonstiger Finanzierungshilfen. An den Miet- bzw. Pachtvertrag angelehnt sind in der Wirtschaftspraxis vorhandene nicht im BGB geregelte Vertragstypen, wie beispielweise der Leasing- oder der Franchisevertrag.

14.1 Mietvertrag/Pachtvertrag

14.1.1 Gegenstand des Mietvertrages

Beim Mietvertrag handelt es sich also um ein *gegenseitig verpflichtendes Schuldverhält-* **665** *nis*. Gegenstand eines Mietverhältnisses können sowohl unbewegliche Sachen wie Wohnräume oder Geschäftsgrundstücke als auch bewegliche Sachen sein, für deren Nutzung ein Entgelt entrichtet wird. Nicht notwendig ist, dass es sich bei dem Mietgegenstand um eine selbstständige Sache handelt (zB Anmietung einer Reklamefläche auf einer Hauswand oder eines festen Stellplatzes in einem Parkhaus). Ausgeschlossen sind Rechte, da § 535 BGB (im Gegensatz zur entsprechenden Bestimmung des Pachtvertrages in § 581 BGB) nur von Sachen und nicht von Gegenständen spricht (vgl. § 90 BGB). Zur Miete (in der früheren Gesetzesfassung als Mietzins bezeichnet) gehören grds. nicht nur die Nettomiete sondern auch Nebenkosten, soweit der Vermieter diese verauslagt hat.

Mietverträge bedürfen keiner besonderen Form. Allerdings gelten Mietverträge über Wohnräume und andere Grundstücke bzw. Räume, die keine Wohnräume sind, für unbestimmte Zeit geschlossen, wenn sie für längere Zeit als ein Jahr nicht in schriftlicher Form vereinbart wurden, vgl. §§ 550 und 578 BGB.

14.1.2 Systematik des Gesetzes

Die Vorschriften über Miet- und Pachtverhältnisse nach §§ 535 ff. BGB sind wie folgt gegliedert:

Tonner

666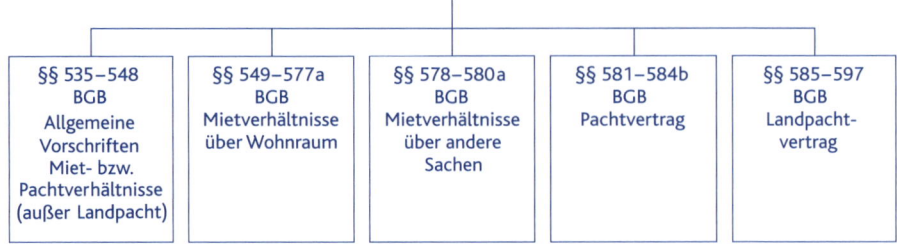

Gesetzessystematik des Miet- und Pachtrechts

§§ 535–548 BGB Allgemeine Vorschriften Miet- bzw. Pachtverhältnisse (außer Landpacht)	§§ 549–577a BGB Mietverhältnisse über Wohnraum	§§ 578–580a BGB Mietverhältnisse über andere Sachen	§§ 581–584b BGB Pachtvertrag	§§ 585–597 BGB Landpacht-vertrag

14.1.3 Rechte und Pflichten der Mietvertragsparteien

14.1.3.1 Rechte und Pflichten des Vermieters

667 Die **Hauptpflichten** des Vermieters ergeben sich bereits aus § 535 BGB, nämlich:

- **Gebrauchsüberlassungspflicht** nach § 535 I 1 BGB. Danach ist der Vermieter verpflichtet, dem Mieter die tatsächliche Verfügungsgewalt über die Mietsache, dh den Besitz, einzuräumen. Dies schließt die Pflicht zur Duldung des vertragsgemäßen Gebrauchs durch den Mieter ein.

- **Gebrauchserhaltungs- und Instandsetzungspflicht** nach § 535 I 2 BGB. Darüber hinaus ist der Vermieter verpflichtet, die (mangelfreie) Mietsache in einem zum vertragsgemäßen Gebrauch durch den Mieter geeigneten Zustand zu erhalten. Grds. ist der Vermieter auch verpflichtet, Reparaturen vorzunehmen, die auch bei ordnungsgemäßem Gebrauch oder infolge Beschädigung durch Dritte erforderlich werden. Dies bedeutet die Abnutzung wird mit der Miete abgegolten. § 535 I 2 BGB kann aber vertraglich abbedungen werden, was bei Wohnraummietverträgen meist der Fall ist. So lässt die Rechtsprechung eine mietvertragliche Überwälzung von sog. **Schönheitsreparaturen** auf den Mieter „gewohnheitsrechtlich" zu (zB BGH NJW 2003, 2234). Dabei muss der Mieter die Schönheitsreparaturen allenfalls in dem Umfang durchführen, in dem (an sich) der Vermieter verpflichtet wäre. **Starre Renovierungsfristen** können nach § 307 II Nr. 1, § 535 I 2 BGB unwirksam sein, sodass der Vermieter wieder entsprechend § 535 I 2 BGB zur Renovierung verpflichtet bleibt. Nach Ansicht des BGH würde eine vom Abnutzungsgrad unabhängige Pflicht zur Renovierung dem Mieter eine höhere Instandhaltungsverpflichtung auferlegen, als der Vermieter sie ohne vertragliche Abwälzung selbst schuldet (BGH NJW 2004, 296, zum Thema: *Emmerich* JuS 2004, 1008).

668 Neben den in § 535 I BGB genannten Hauptleistungspflichten obliegen dem Vermieter auch **Nebenpflichten**. Nebenleistungspflichten ergeben sich für den Vermieter zum einen unmittelbar aus mietrechtlichen Vorschriften, zum anderen aus den auch für andere Vertragsverhältnisse geltenden Schutz- und Fürsorgepflichten, vgl. § 241 II BGB. Diese Fürsorgepflichten bestehen nicht nur gegenüber dem Mieter, sondern auch gegenüber Personen, die typischerweise in den Schutzbereich eines Mietverhältnisses fallen, zB bei Wohnraummietverhältnissen die Familienmitglieder des Mieters oder bei gewerblichen Mietern die Arbeitnehmer des Mieters.

Unmittelbar aus dem Gesetz ergibt sich aus § 539 I BGB für den Vermieter die Verpflichtung, dem Mieter erforderliche Aufwendungen zu ersetzen, die dieser auf die Mietsache getätigt hat. Nach § 539 II BGB ist der Vermieter grds. zur Duldung der Wegnahme von Einrichtungen des Mieters verpflichtet. Aus den allgemeinen Schutz- und Fürsorgepflichten ergeben sich insbesondere Aufklärungspflichten – zB über nicht erkennbare Gefahren bei Benutzung der Mietsache.

Die Rechte des Vermieters insbesondere auf die Miete werden gesichert durch das **Vermieterpfandrecht** an den eingebrachten Sachen des Mieters, vgl. § 562 BGB. 669

14.1.3.2 Rechte und Pflichten des Mieters

Die **Hauptleistungspflicht** des Mieters ist die Verpflichtung zur Zahlung der Miete. 670 Die Höhe und der Zahlungszeitpunkt der Miete sind im Rahmen der Vertragsfreiheit grds. frei bestimmbar. Ausnahmen bestehen für Gebäude in angespannten Wohnungsmärkten und bei Mietpreisbindung, §§ 556d und e BGB. Bei Wohnräumen ist die Miete nach § 556b I BGB zu Beginn, spätestens bis zum dritten Werktag der Bemessungszeiträume (in der Regel Monate) zu entrichten. Ist der Mieter für zwei Termine mit der Miete im Verzug, hat der Vermieter ein Kündigungsrecht nach § 543 II Nr. 3 BGB. Hinsichtlich der Miethöhe greifen bei Wohnraummietverhältnissen ebenfalls Besonderheiten; Mieterhöhungen können die Vertragsparteien während des Mietverhältnisses nur unter Berücksichtigung der Voraussetzungen der §§ 557–561 BGB vornehmen, → Rn. 676. Bei der Wohnraummiete ist zu vereinbaren, ob und inwieweit der Mieter die vom Vermieter verauslagten Nebenkosten erstattet, vgl. §§ 556–556b BGB.

Nach § 551 I BGB kann der Vermieter bei Wohnraumvermietung eine **Mietkaution** verlangen, die höchstens das Dreifache der Monatsnettomiete betragen darf. Nach Abs. 2 darf der Mieter eine Teilzahlung in drei Raten verlangen. Die Kaution ist nach Abs. 3 – soweit es sich nicht um Wohnraum in einem Studenten- oder Jugendwohnheim handelt – verzinslich anzulegen. Nach § 569 IIa BGB ist eine Kündigung zulässig ist, wenn der Mieter von Wohnraum mit der Kautionszahlung in Höhe eines Betrags von zwei Monatsmieten in Verzug gerät. Wie beim Zahlungsverzug mit laufenden Mieten bedarf die Kündigung keiner Abmahnung und kann durch Nachzahlung des geschuldeten Betrags innerhalb der zweimonatigen Schonfrist abgewendet werden, § BGB § 569 IIa 3, 4 BGB.

> **Beispiel**: V schließt mit M am 15.5. einen Mietvertrag ab dem 1.7. Die Kaution soll drei Monatsmieten betragen. M zahlt keine Kaution.
>
> M muss V am 1.7. die erste Kautionsrate zahlen. Die zweite und dritte Rate werden mit der August- bzw. Septembermiete fällig, vgl. § 551 II BGB. V hat ab August ein Kündigungsrecht nach § 569 IIa BGB.

Als Nebenpflicht obliegt dem Mieter neben der allgemeinen Schutz- und Sorgfalts- 671 pflicht des § 241 II BGB insbesondere eine Obhutspflicht nach § 536c I BGB. Nach dieser ist er verpflichtet, die Mietsache schonend zu behandeln und dem Vermieter Mängel der Mietsache anzuzeigen. § 543 II Nr. 2 BGB räumt dem Vermieter ein außerordentliches Kündigungsrecht ein soweit der Mieter die Mietsache vertragsübermäßig gebraucht. § 546 BGB verpflichtet den Mieter zur Rückgabe der Mietsache in einwandfreiem Zustand nach Ablauf der Mietzeit, wozu auch die Wegnahme eingebrachter Sachen gehört.

In §§ 555a–555f. BGB sind dem Mieter von Wohn- und anderen Räumen (vgl. § 578 II 1 BGB) weitergehende **Duldungspflichten** auferlegt:

Tonner

- Nach § 555a I BGB hat der Mieter bei **Erhaltungsmaßnahmen** eine vorübergehende Beeinträchtigung der Mietsache zu dulden. Außer geringfügigen oder eilbedürftigen Maßnahmen hat der Vermieter diese dem Mieter gem. § 555a II BGB rechtzeitig anzukündigen und muss ihm hierdurch bedingte Aufwendungen in angemessenem Umfang ersetzen und ggf. einen Vorschuss leisten, § 555a III BGB.
- Weitergehende Regelungen sind zur Modernisierung des Immobilienbestandes eingeführt. § 555b BGB enthält einen abschließenden Katalog der **Modernisierungsmaßnahmen**, zu denen zB energetische bauliche Verbesserungen, Maßnahmen zur Wassereinsparung, Gebrauchwerterhöhung, erstmaligem Glasfaseranschluss oder Schaffung neuen Wohnraums gehören. Der Vermieter hat die Maßnahmen nach § 555c BGB spätestens drei Monate vor Beginn dem Mieter in Textform (§ 126b BGB) anzukündigen. Die Ankündigung hat Art und voraussichtlichen Umfang der baulichen Maßnahmen, Beginn/Dauer der Arbeiten und die Bezifferung der Mieterhöhung einschließlich der Auswirkungen auf die Betriebskosten zu umfassen. Der Mieter seinerseits hat die Modernisierungsmaßnahmen nach § 555d BGB grundsätzlich zu dulden. Die Duldungspflicht entfällt nach Abs. 2, wenn die Maßnahme für den Mieter, seine Familie oder einen Angehörigen seines Haushalts eine „besondere Härte" bedeutet, die auch unter Würdigung berechtigter Interessen des Vermieters und anderer Mieter sowie Belangen von Energieeffizienz und Umweltschutz nicht zu rechtfertigen ist. Der Mieter hat zur Erhaltung des Härteeinwands, die Umstände dem Vermieter bis zum Ablauf des Monats, der auf den Zugang der Modernisierungsankündigung folgt, geltend zu machen. Modernisierungsmaßnahmen berechtigen zur **Mieterhöhung** nach § 559 BGB, soweit sie einen **Bezug zur Mietsache** haben. Zur Mieterhöhungsmöglichkeit bei Wohnungen allgemein → Rn. 675.

Die Weitervermietung an Dritte ist gem. § 540 I BGB grds. verboten. Nächste Angehörige (Ehegatten, Kinder, Enkel und auch Lebenspartner iSd LPartG) gelten dabei nicht als Dritte. Bei Weitervermietung – auch bei Zustimmung des Vermieters – hat der Mieter für ein Verschulden des Untermieters gem. § 540 II BGB einzutreten. Bei Wohnraummietverhältnissen hat der Mieter bei berechtigtem Interesse einen Anspruch, nach Abschluss des Mietverhältnisses einen Teil des Wohnraums einem Dritten zum Gebrauch zu überlassen. Dies dient dem Mietbestandsschutz (hierzu BGH NJW 85, 130)

14.1.3.3 Folgen der Verletzung vertraglicher Pflichten der Mietparteien

672 Verletzt der Vermieter Haupt- oder Nebenleistungspflichten, kann dies Auswirkungen auf seinen Mietzahlungsanspruch gegen den Mieter haben. Bei fehlender oder erheblich eingeschränkter Gebrauchsüberlassung entfällt der Anspruch ganz, bei Beeinträchtigung der Nutzungsmöglichkeit in Form von Sach- oder Rechtsmängeln kann – soweit diese nicht unerheblich ist – eine Mietminderung oder im Extremfall ein Wegfall des Anspruchs auf Miete nach § 536 BGB begründet sein. Bei einem Mietverhältnis über Wohnraum darf das Mietminderungsrecht nicht vertraglich ausgeschlossen werden, vgl. § 536 IV BGB. Das Mietminderungsrecht gilt verschuldensunabhängig. Nach § 536 Ia BGB ist die Mietminderung für die Dauer von drei Monaten ausgeschlossen, soweit die Nutzungsbeeinträchtigung auf energetischen Modernisierungsmaßnahmen iSd § 555b Nr. 1 BGB beruht. Weiterhin kann ein Anspruch auf Beseitigung behebbarer Mängel gem. § 535 I 2 BGB, ein außerordentliches

Kündigungsrecht nach §543 II Nr.1 BGB) oder ein Schadensersatz- bzw. ein Aufwendungsersatzanspruch nach §536a BGB gegeben sein. Der Schadens- und Aufwendungsersatzanspruch nach §536a BGB besteht:

- wenn der Sach- oder Rechtsmangel bei Vertragsschluss vorhanden war, unabhängig vom Verschulden des Vermieters oder
- wenn der Sach- oder Rechtsmangel später aufgetreten ist und der Mieter dies zu vertreten hat oder er mit der Beseitigung in Verzug gerät.

> **Beispiel**: V vermietet dem M durch Vertrag vom 10.3. ab dem 1.4. ein Haus. Einige Wochen nach dem Einzug wurde M durch einen herabfallenden Dachziegel, der sich nachweisbar infolge des Sturmes im Februar 2017 gelöst hatte, verletzt. Die schadhafte Ziegelbefestigung war nicht ohne weiteres erkennbar. M verlangt im Hinblick auf Arztkosten und Verdienstausfall 2.000 EUR Schadensersatz von V. V macht geltend, der Vormieter A habe ihn auf die Dachschäden nicht hingewiesen, folglich habe er vom Mangel keine Kenntnis gehabt.
>
> Da der Mangel bereits zum Zeitpunkt des Vertragsabschlusses am 10.3.2017 vorhanden war, ist das mangelnde Verschulden des V irrelevant.

Die Mängelhaftungsrechte der §§536 ff. BGB verweisen nicht auf die allgemeinen Bestimmungen der §§280 ff. BGB, sodass beispielsweise auch die Beweislastumkehr des §280 I 2 BGB hier nicht gilt.

Nach §536b BGB sind die Rechte aus §§536 und 536a BGB ausgeschlossen, soweit 673 der Mieter den Mangel kennt oder dieser ihm infolge grober Fahrlässigkeit unbekannt geblieben ist. Nimmt der Mieter eine mangelhafte Sache an, obwohl er den Mangel kennt, so kann er die Rechte aus den §§536 und 536a BGB nur geltend machen, wenn er sich seine Rechte bei der Annahme vorbehält. Nach §536c BGB sind Gewährleistungsrechte ebenfalls ausgeschlossen, soweit der Mieter eine sofortige Mängelanzeige unterlässt.

Bei schwerwiegenden Mängeln hat der Mieter uU auch ein außerordentliches fristloses Kündigungsrecht aus wichtigem Grund nach §543 II BGB.

Gewährleistungsrechte beim Mietvertrag

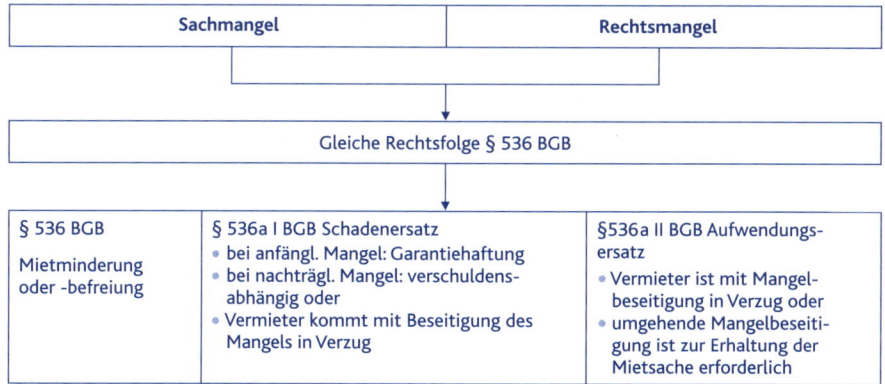

Sachmangel		Rechtsmangel
	Gleiche Rechtsfolge § 536 BGB	
§ 536 BGB Mietminderung oder -befreiung	§ 536a I BGB Schadensersatz • bei anfängl. Mangel: Garantiehaftung • bei nachträgl. Mangel: verschuldensabhängig oder • Vermieter kommt mit Beseitigung des Mangels in Verzug	§536a II BGB Aufwendungsersatz • Vermieter ist mit Mangelbeseitigung in Verzug oder • umgehende Mangelbeseitigung ist zur Erhaltung der Mietsache erforderlich

Tonner

Ausschluss der Rechte nach:

- §536b BGB soweit der Mieter bei Vertragsschluss den Mangel kennt oder er ihm grob fahrlässig unbekannt geblieben ist und er sich die Gewährleistungsrechte nicht vorbehalten hat,
- §536c BGB soweit der Mieter eine sofortige Mängelanzeige unterlässt

14.1.4 Beendigung des Mietverhältnisses

674 Ein Mietverhältnis kann durch Zeitablauf, durch **Aufhebungsvertrag** oder durch Kündigung beendet werden.

Ist ein Mietverhältnis auf eine bestimmte Zeit eingegangen, endet es grds. nach Ablauf der vereinbarten Zeit, soweit keine außerordentliche Kündigung oder Verlängerungsvereinbarung gegeben ist, vgl. §542 II BGB. Ein Mietverhältnis kann dabei maximal für einen Zeitraum von 30 Jahren vereinbart werden, vgl. §544 BGB.

Auf unbestimmte Zeit abgeschlossene Mietverhältnisse enden grds. durch Kündigung (vgl. §542 I BGB), wobei zwischen ordentlicher und außerordentlicher Kündigung zu differenzieren ist. Die ordentliche Kündigung ist das rechtliche Mittel zur Beendigung des Mietverhältnisses unter Einhaltung der allgemeinen Kündigungsfristen, vgl. §§573, 580a BGB.

Die Kündigung hat bei der Wohnraummiete nach §573c I 1 BGB spätestens am 3. Werktag eines Kalendermonats zum Ablauf des übernächsten Monats zu erfolgen.

Beispiel: Am 4.4. geht dem Vermieter eine Wohnraumkündigung zu. Sie wird somit zum 30.6. wirksam.

Hat der Mieter die Wohnung fünf Jahre innegehabt, so verlängert sich nach §573c I 2 BGB die Kündigungsfrist für den Vermieter (nicht jedoch für den Mieter) um drei Monate, bei acht Jahren Mietüberlassung um sechs Monate.
Die **ordentliche Kündigung** durch den Mieter bedarf keiner Begründung, während der Vermieter von Wohnraum, soweit es sich nicht um eine Wohnung in einem selbst bewohnten Ein- oder Zweifamilienhaus handelt (vgl. §573a BGB), nach §573 BGB ein berechtigtes Interesse darzulegen hat.

Als Gründe nennt die Vorschrift zB eine erhebliche Pflichtverletzung, die der Mieter zu vertreten hat (Abs. 2 Nr. 1) oder eine angemessene wirtschaftliche Verwertung, der die Fortsetzung des Mietverhältnisses entgegensteht (Abs. 2 Nr. 3). Die Kündigung zum alleinigen Zwecke der Mieterhöhung ist jedoch nicht zulässig.

Die Kündigung zum Zwecke des **Eigenbedarfs** des Vermieters (Abs. 2 Nr. 2) ist der in der Praxis wichtigste Fall der ordentlichen Kündigung. Den Eigenbedarf muss der Vermieter begründen. Eigenbedarf liegt vor, wenn der Vermieter die (ganze) Mietwohnung für sich selbst oder für eine zu seinem Hausstand gehörende Person, zB eine Pflegekraft, oder für einen Familienangehörigen zu Wohnzwecken benötigt. Der Eigenbedarf muss nach Mietvertragsabschluss entstanden und darf nicht rechtsmissbräuchlich sein. Allerdings sind die Dispositionen des Vermieters grds. zu respektieren (BVerfG NJW 1995, 1480). Wird der vermietete Wohnraum in Wohnungseigentum umgewandelt und veräußert oder ein Wohngebäude an eine Personengesellschaft oder mehrere Erwerber veräußert, gilt nach §577a BGB für die Eigenbedarfskündigung eine Sperrfrist von grundsätzlich drei Jahren ab Veräußerung.

Gegen die Kündigung des Vermieters nach § 573 BGB kann der Mieter nach § 574 BGB Widerspruch erheben. Der Widerspruch bewirkt, dass das Mietverhältnis noch eine Zeit lang fortgesetzt wird, sofern die Kündigung eine Härte bedeuten würde, die auch unter Würdigung der berechtigten Interessen des Vermieters nicht zu rechtfertigen ist.

Die **außerordentliche Kündigung** ist nur in den gesetzlich begründeten Fällen zulässig, wobei zwischen der fristgebundenen außerordentlichen Kündigung und der außerordentlichen fristlosen Kündigung unterschieden wird. Ein Verschulden ist für die außerordentliche Kündigung grds. nicht erforderlich, kann aber Auswirkungen auf die Einschlägigkeit eines Kündigungsgrundes haben.

Fristlose außerordentliche Kündigungen sieht das Gesetz in folgenden Fällen vor:

1. für den Mieter nach § 543 II Nr. 1 BGB bei Vorenthaltung des vertragsmäßigen Gebrauchs,
2. für den Vermieter nach § 543 II Nr. 2 BGB bei vertragswidrigem Gebrauch,
3. für den Vermieter nach § 543 II Nr. 3 BGB bei Zahlungsverzug über mindestens zwei Termine,
4. für den Mieter von Wohnraum nach § 561 BGB bei bestimmten Mieterhöhungen
5. für den Mieter von Wohnraum und anderen zum Aufenthalt von Menschen bestimmten Räumen nach §§ 569 I, 578 II 3 BGB bei erheblicher Gesundheitsgefährdung,
6. für den Mieter von Wohn- und anderen Räumen gem. §§ 555e, 578 II 1 BGB nach Zugang der Modernisierungsankündigung iSv § 555c BGB, soweit keine unerhebliche Maßnahme iSv § 555c IV BGB vorliegt.
7. für beide Parteien nach § 569 II BGB bei nachhaltiger Störung des Hausfriedens,
8. für den Vermieter von Wohnraum nach § 569 IIa BGB bei Mietkautionszahlungsverzug.

14.1.5 Weitere Besonderheiten der Mietverhältnisse über Wohnraum

Grds. sind die Betriebskosten durch die im Rahmen von § 535 II BGB vereinbarte 675
Miete abgegolten. Nach § 556 I BGB können die Parteien jedoch vereinbaren, dass der Mieter die Betriebskosten gesondert trägt. Die auf die Betriebskosten bezogenen Zahlungen stellen dann eine Nebenleistungspflicht dar. Der Zeitpunkt der Fälligkeit der Miete für Wohnraum ist gem. § 556b I BGB auf den Beginn der Abrechnungszeiträume verlegt (3. Werktag). Die Betriebskosten sind in Anlage 3 zu § 27 II. BV abschließend aufgezählt; nach § 556 III BGB hat der Vermieter dem Mieter die Abrechnung spätestens zwölf Monate nach Ende der Abrechnungsperiode mitzuteilen. Unter den Voraussetzungen des § 556c BGB darf der Vermieter hinsichtlich der Wärmeversorgung vom Eigenbetrieb auf den Wärmebezug von einem Wärmelieferanten (sog. „Wärme-Contracting") übergehen, soweit die Kosten der Wärmelieferung die Betriebskosten für die bisherige Eigenversorgung mit Wärme oder Warmwasser nicht übersteigen.

Die **Mieterhöhungsmöglichkeiten** sind in den §§ 557 ff. BGB geregelt.

Bei der **Anpassung an die ortsübliche Vergleichsmiete** (zB nach dem örtlichen Mietspiegel, der Mietdatenbank oder gem. § 558 II BGB nach den üblichen Entgelten, die in der Gemeinde in den vergangenen vier Jahren für vergleichbaren Wohnraum vereinbart wurden) bleibt zu beachten, dass sich die Miete innerhalb von drei Jahren

Tonner

um nicht mehr als 20 % erhöhen darf. Diese Kappungsgrenze limitiert eine Mieterhöhung auch dann, wenn die Miete nach der Erhöhung noch unter der ortsüblichen Vergleichsmiete liegt. § 558 II 2, 3 BGB enthält eine Ermächtigung für Landesregierungen durch Rechtsverordnungen für maximal fünf Jahre die Kappungsgrenze in Gebieten mit Wohnraummangel auf 15 % abzusenken.

Die Mieterhöhungserklärung führt nicht automatisch zu einem höheren Zahlungsanspruch des Vermieters, sondern ist von der Zustimmung des Mieters oder von dessen Verurteilung zur Zustimmung abhängig. Der Vermieter kann die Zustimmung nach § 558 I BGB verlangen, wenn die Miete bis zum erklärten Erhöhungszeitpunkt seit 15 Monaten unverändert ist. Die Mieterzustimmung zu der Erhöhung der Miete ist formfrei und kann auch konkludent etwa mit der vorbehaltlosen Zahlung erfolgen. Liegt nach Ablauf der Frist für die beabsichtigte Erhöhung keine Zustimmung des Mieters vor, hat der Vermieter die Möglichkeit, innerhalb von drei weiteren Monaten Klage auf Erteilung der Zustimmung zu erheben. Eine Erhöhung wegen Modernisierung ist nach baulichen Maßnahmen zulässig, die den Gebrauchswert der Sache nachhaltig erhöhen, die allgemeinen Wohnverhältnisse auf Dauer verbessern oder nachhaltig Einsparungen von Energie und Wasser bewirken. Nach Abschluss der Arbeiten darf die jährliche Miete um 11 % der für die Wohnung aufgewendeten Kosten erhöht werden. Macht der Vermieter eine Mieterhöhung nach § 558 BGB oder § 559 BGB geltend, hat der Mieter nach § 561 BGB ein Sonderkündigungsrecht bis zu Ablauf des zweiten Monats nach Zugang der Erhöhungserklärung.

Ein befristetes Mietverhältnis (sog. **Zeitmietvertrag**) über Wohnraum kann nur unter den Voraussetzungen des § 575 BGB eingegangen werden, insbesondere wenn der Vermieter den Wohnraum für sich oder Angehörige benötigt oder bei Vermietung an Hausangestellte.

Vom grundsätzlichen Untervermietungsverbot enthält § 553 BGB für Wohnraum Ausnahmen, wenn nach Vertragsschluss ein besonderes Interesse entsteht. Dieses Interesse ist beispielsweise gegeben, wenn es um die Aufnahme von Personen zum Zwecke der Bildung oder Fortführung eines „auf Dauer angelegten gemeinsamen Haushalts" geht.

14.2 Pachtvertrag

676 Durch den Pachtvertrag wird der Verpächter verpflichtet, dem Pächter den Gebrauch des verpachteten Gegenstands und den Genuss der Früchte, soweit sie nach den Regeln einer ordnungsgemäßen Wirtschaft als Ertrag anzusehen sind, während der Pachtzeit gegen Zahlung einer Pacht zu gewähren. Gem. § 581 II BGB finden auf den Pachtvertrag mit Ausnahme des Landpachtvertrags die **Vorschriften über den Mietvertrag** entsprechende Anwendung, soweit sich nicht aus den §§ 582–584b BGB etwas anderes ergibt. Die wesentlichen beiden Unterschiede zum Mietvertrag bestehen darin, dass der Pächter nicht nur zur Nutzung sondern auch zur Fruchtziehung berechtigt ist und dass entsprechend dem Gesetzeswortlaut Pachtgegenstand nicht nur Sachen iSv § 90 BGB sondern auch andere Gegenstände – insbesondere Rechte – sein können.

Beispiele: eingerichtetes Hotel, Unternehmensverträge, Jagd

Besondere Vorschriften enthält das Gesetz in den §§ 585 ff. BGB für die *Landpacht,* bei dem Pachtgegenstand ein landwirtschaftlicher Betrieb (landwirtschaftliches Grundstück sowie Wohn- und Wirtschaftsgebäude) ist.

14.3 Leasingvertrag

Für den gesetzlich nicht definierten Leasingvertrag typisch ist eine zeitlich begrenz- **677** te Nutzungsüberlassung von Wirtschaftsgütern, für die der Leasingnehmer an den Leasinggeber periodische Leasingraten zu bezahlen hat. Im finanzwirtschaftlichen Zusammenhang stellt Leasing ein Kreditsubstitut einer langfristigen Fremdfinanzierung dar, die die Darlehensfinanzierung von Kreditinstituten ersetzt bzw. ergänzt.

Die häufigste Form des Leasings ist das **Finanzierungsleasing**. Bei diesem wählt idR der Leasingnehmer den Leasinggegenstand beim Lieferanten aus, den der Leasinggeber dann erwirbt. Der Leasingnehmer vergütet dem Leasinggebers die Anschaffungskosten, Zinsen, sonstigen Kosten einschließlich eines Gewinns während der vereinbarten Mietzeit, die nach steuerlichen Vorgaben zwischen 40 und 90 % der Nutzungsdauer des Leasinggegenstandes beträgt, durch Leasingraten bzw. zusätzlich Zahlungen wie einen Ankaufspreis. Demgegenüber erreicht beim **Operatingleasing** der Leasinggeber die Amortisation seiner Aufwendungen und Kosten erst durch mehrfache Überlassung an verschiedene Leasingnehmer.

Beispiel Finanzierungsleasing

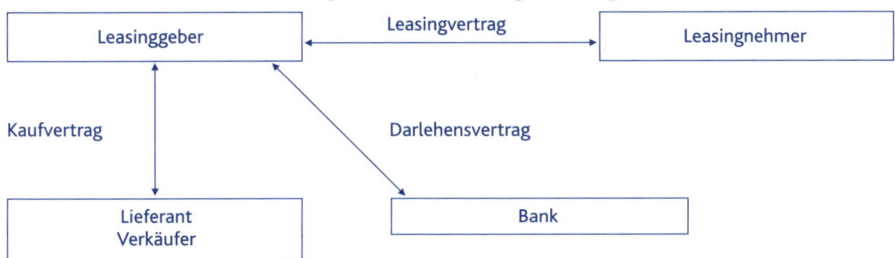

Beim Leasingvertrag finden nach überwiegender Auffassung die mietrechtlichen **678** Vorschriften der §§ 535 ff. BGB Anwendung, je nach Ausgestaltung kann er auch Elemente eines Kauf- oder eines Darlehensvertrages enthalten. (vgl. zB BGH NJW 1988, 198;. *v. Westphalen,* Der Leasingvertrag, 6. Aufl. 2008, Rn. 52 ff., *Tonner,* Leasing im SteuerR, 7. Aufl. 2022, Rn. 44 ff.). Bei der Anwendung der mietrechtlichen Bestimmungen der §§ 535 ff. BGB ist jedoch zu berücksichtigen, dass oft zusätzlichen Vereinbarungen (zB Ankaufsrechtsvereinbarung, Servicevereinbarung) getroffen werden.

Bei dem Dreiecksverhältnis Leasingnehmer, Leasinggeber und Lieferant (Verkäufer) ist die Abwälzung von Sach- und Preisgefahr und ein sog. Abtretungskonzept im Bereich der Mängelhaftung typisch. Der Leasingnehmer wird bei einer Abtretung in die Lage versetzt, die Rechte aus der Sachmängelhaftung nach §§ 434 ff. BGB gegenüber dem Lieferanten durchzusetzen In der leasingtypischen Abtretungskonstruktion ist kein Verstoß gegen § 307 BGB zu sehen.

Tonner

14.4 Leihe (§§ 598–606 BGB)

679 Durch den Leihvertrag wird der Verleiher einer Sache verpflichtet, dem Entleiher den Gebrauch der Sache unentgeltlich zu gestatten. Der Leihvertrag bezieht sich wie die Miete auf eine Sache iSv § 90 BGB. Der Verpflichtung des Verleihers steht im Gegensatz zum Mietvertrag aber keine korrespondierende Verpflichtung zur Zahlung eines Entgelts gegenüber; der Leiher ist lediglich verpflichtet, die Sache vertragsgemäß zu gebrauchen, § 603 BGB, und Verwendungen zu ersetzen, § 601 BGB, und sie vereinbarungsgemäß zurückzugeben, § 604 BGB. Bei der Leihe handelt es sich wie bei der Schenkung um einen sog. *„unvollkommen zweiseitig verpflichtenden"* Vertrag.

Im Hinblick auf die Unentgeltlichkeit genießt der Verleiher Haftungsprivilegien:

- nach § 599 BGB haftet er nur für Vorsatz und grobe Fahrlässigkeit,
- nach § 600 BGB besteht eine Gewährleistung für Mängel nur, soweit er sie arglistig verschwiegen hat.

Beispiel: Für eine Urlaubsfahrt verleiht B seinen Campingbus an seinen Bruder Z für zwei Monate. Kurz nach der Abfahrt ereignet sich ein Unfall, da die Bremsleitung des Busses bereits seit längerem defekt war. B hatte die Reparatur wegen akuter Geldnot jedoch immer wieder hinausgeschoben. Z erleidet durch den Unfall schwere Verletzungen und verlangt von B Ersatz der Heilbehandlungskosten.

Z könnte nach § 280 I BGB Schadensersatz verlangen soweit B seine Pflicht aus dem Schuldverhältnis schuldhaft verletzt hat. Nach § 599 BGB hat der Verleiher – in Abweichung zum Normalfall des § 276 BGB – nur Vorsatz und grobe Fahrlässigkeit zu vertreten. Letzteres wird man hier aber bejahen müssen.

14.5 Darlehensvertrag

Literatur: *Artz*, Neues Verbraucherkreditrecht im BGB, Jb.J.ZivRWiss. 2001; *Köndgen*, Darlehen, Kredit und finanzierte Geschäfte nach neuem Schuldrecht-Fortschritt oder Rückschritt? WM 2001, 1637 ff.; *Reiff*, in: Dauner-Lieb und andere, Das neue Schuldrecht, § 10: Allgemeines Darlehensrecht und Verbraucherkredit.

Gesetzessystematik des Darlehensrechts

§§ 488 ff. BGB (Geld-)Darlehen	§§ 506–512, 515 BGB Finanzierungshilfen und Ratenlieferungsverträge	§§ 607 ff. BGB Sachdarlehen
§§ 488–490 BGB allgemeine Vorschriften	§§ 491–505, 511–514 BGB Verbraucherdarlehen	

Tonner

Daneben haben auch die allgemeinen Regelungen über verbundene Verträge der   680
§§ 358 und 359 BGB sowie die §§ 655a–e BGB über den Darlehensvermittlungsvertrag
Relevanz.

14.5.1 Sachdarlehen (§ 607 BGB)

Durch den Sachdarlehensvertrag wird nach § 607 I BGB der Darlehensgeber verpflichtet, dem Darlehensnehmer eine vereinbarte vertretbare Sache zu überlassen.
Der Darlehensnehmer ist zur Zahlung eines Darlehensentgelts und bei Fälligkeit
zur Rückerstattung von Sachen gleicher Art, Güte und Menge verpflichtet. Das
Darlehen bezieht sich also nicht wie die Miete auf dieselbe Sache sondern auf die
gleiche vertretbare Sache (vgl. § 91 BGB), dh eine Sache mittlerer Art und Güte iSv
§ 243 I BGB (zB 1 Pfund Mehl oder drei Eier). Im Gegensatz zur früheren Rechtslage
ist die Entgeltlichkeit nunmehr der gesetzliche Regelfall für ein Sachdarlehen, womit
dieser den Charakter eines gegenseitigen Vertrages hat. Das Entgelt ist nach § 609
BGB spätestens bei Rückgabe der überlassenen Sache – gemeint hat der Gesetzgeber
wohl der gleichen Sache – fällig. Ist der Darlehensvertrag nicht für eine bestimmte
Zeit abgeschlossen, kann er von beiden Parteien nach § 608 II BGB jederzeit gekündigt werden.

14.5.2 Das (Geld-)Darlehen (§§ 488–505e, 511–514 BGB)

Beim Darlehensvertrag ist der Darlehensgeber verpflichtet, dem Darlehensnehmer   681
einen Geldbetrag in vereinbarter Höhe zur Verfügung zu stellen, vgl. § 488 I 1 BGB.
Als Gegenleistung verpflichtet sich der Darlehensgeber, dem Darlehensnehmer den
vereinbarten Zins zu zahlen und bei Fälligkeit das zur Verfügung gestellte Darlehen
zurückzuzahlen, § 488 I 2 BGB. Soweit kein Zinszahlungstermin vertraglich vereinbart ist, sind die Zinsen nach § 488 II BGB nach Ablauf eines Jahres bzw. falls das
Darlehen vor Ablauf eines Jahres zurückzuzahlen ist, bei Rückerstattung zu zahlen.

Die Rückzahlung des Darlehens erfolgt zum vereinbarten Termin und soweit kein
entsprechender Termin vereinbart wurde, wenn eine Vertragspartei kündigt. Hierbei wird zwischen ordentlicher fristgebundener Kündigung (§§ 488 III, 489 BGB:
regelmäßig drei Monate) und außerordentlicher fristloser Kündigung bei Vorliegen
bestimmter Kündigungsgründe unterschieden (§ 490 BGB).

Für **Verbraucherdarlehensverträge** enthalten die §§ 491–505e BGB Sonderregeln.   682

Die Vorschriften dienen dem Schutz des Verbrauchers als Darlehensnehmer. Von
ihnen kann nur zugunsten des Verbrauchers abgewichen werden. Nach § 491 I BGB
besteht ein Verbraucherdarlehensvertrag, wenn folgende drei Voraussetzungen
erfüllt sind:

1. Es handelt sich um ein entgeltliches, dh verzinsliches Darlehen.
2. Der Darlehensgeber ist Unternehmer iSv § 14 BGB, der den Darlehensbetrag in
   Ausübung seiner gewerblichen bzw. beruflichen Tätigkeit vergeben hat.
3. Der Darlehensnehmer ist Verbraucher iSv § 13 BGB. Verbrauchern gleichgestellt
   werden nach § 513 BGB Existenzgründer, bei denen der auszuzahlende Darlehensbetrag 75.000 EUR nicht übersteigt.

Nach § 491 II BGB liegen keine Verbraucherdarlehensverträge vor bei Kleindarlehen
unter 200 EUR (Nr. 1), pfandgesicherten Darlehen (Nr. 2), Kurzzeitdarlehen bis drei

Monate (Nr. 3), Arbeitgeberdarlehen (Nr. 4) und Förderdarlehen, deren Zinsen unter den marktüblichen Darlehenszinsen liegen (Nr. 5). Diese Verträge bleiben aber Verbraucherverträge iSv § 310 III BGB, sodass die §§ 312 ff., 355 ff. BGB anwendbar sein können (vgl. Grüneberg/*Weidenkaff* § 491 Rn. 12). Streitig ist die Behandlung von Mischfällen, bei denen das von einem Unternehmer aufgenommene Darlehen teils unternehmerischen, teils privaten Zwecken dient (zB Kauf eines Firmen-Pkw, der auch privat genutzt wird). Hier wird die teilweise unternehmerische Nutzung dem Verbraucherdarlehenscharakter entgegenstehen (vgl. *Reiff* in: Dauner-Lieb und andere, § 10 Rn. 10).

683 Der Darlehensgeber hat gegenüber dem Verbraucher nach § 491a I BGB bereits vor Vertragsschluss Informations- und Erläuterungspflichten, deren Einzelheiten sich aus Art. 247 EGBGB ergeben. Der Vertrag bedarf gem. § 492 I BGB der Schriftform nach § 126 BGB, die durch die elektronische Form nach § 126a BGB mithilfe einer besonderen elektronischen Signatur ersetzt werden kann. Für alle rechtlich relevanten Erklärungen des Darlehensgebers nach Vertragsabschluss ist die Textform nach § 126b BGB vorgeschrieben. Nach § 492 II BGB muss der Vertrag, die in Art. 243 §§ 6–13 EGBGB vorgeschriebenen Angaben enthalten.

Die Nichtbeachtung von Schriftform und Mindestinhalt führen nach § 494 I BGB zur Nichtigkeit des Verbraucherdarlehensvertrags. Er wird aber gültig, soweit der Darlehensnehmer das Darlehen empfängt oder in Anspruch nimmt. Dem Darlehensnehmer steht in jedem Fall ein Widerrufsrecht zu, § 495 BGB. Die Widerrufsfrist beträgt 14 Tage, § 355 II BGB. Nach § 495 BGB iVm Art. 247 § 6 II EGBGB muss der Vertrag Angaben zur Frist und den Modalitäten der Widerrufserklärung enthalten. Auch ist ein Hinweis auf die Verpflichtung des Darlehensnehmers, ein bereits ausbezahltes Darlehen zurückzuzahlen und Zinsen zu vergüten, erforderlich. Der pro Tag zu zahlende Zinsbetrag ist anzugeben.

Dem Darlehensgeber ist die ordentliche Kündigung eines unbefristeten Verbraucherdarlehens nur erlaubt, wenn eine Kündigungsfrist von mindestens zwei Monaten vereinbart ist, § 499 BGB. Anders der Darlehensnehmer, er darf nach § 500 BGB einen unbefristeten nicht grundpfandrechtlich gesicherten Verbraucherdarlehensvertrag ohne festen Rückzahlungszeitpunkt grds. fristlos kündigen. Die Kündigungsfrist darf in diesem Fall höchstens einen Monat betragen. Auch ist er bei allen nicht grundpfandrechtlich gesicherten Verbraucherdarlehensverträgen jederzeit zur vorzeitigen Rückzahlung berechtigt, § 502 BGB. Die Vorfälligkeitsentschädigung darf dabei 1 % des vorzeitig zurückgezahlten Betrags nicht überschreiten. Bei einer Restlaufzeit des Verbraucherdarlehens unter einem Jahr beträgt der Höchstzinssatz 0,5 %.

14.6 Finanzierungshilfen und Ratenkreditverträge (§§ 506–515 BGB)

684 Verbraucherverträge mit Finanzierungshilfen werden durch folgende Tatbestandsmerkmale gekennzeichnet:

1. Gegenstand des Vertrages ist eine Ware oder Dienstleistung,
2. Bei der Finanzierungshilfe muss es sich um einen Zahlungsaufschub von mehr als drei Monaten handeln,
3. der Zahlungsaufschub muss gegen Entgelt gewährt werden.

Tonner

> **Beispiel**: Ein Pkw-Händler wirbt für den Kauf eines Kleinwagens zu einem Preis von 15.999 EUR mit der Aussage: „Jetzt kaufen, in einem halben Jahr bezahlen". Der Käufer braucht also keinen Ratenaufschlag zu bezahlen. Die Entgeltlichkeit der Finanzierungshilfe ist dadurch gegeben, dass die eingeschaltete Bank (des Autokonzerns) das Darlehen nicht unentgeltlich gibt. Die Darlehenszinsen werden vom Verkäufer getragen und finden Eingang in die Kaufpreiskalkulation.
>
> Anders wäre die Situation, wenn der Verkäufer den Kaufpreis ohne Einschaltung einer Bank für sechs Monate stundet.

Zu den sonstigen Finanzierungshilfen gehören insbesondere die gesetzlich nicht **685** definierten **Finanzierungsleasingverträge** sowie **Teilzahlungsgeschäfte**. Im Wesentlichen folgt eine Verweisung auf die Vorschriften über Verbraucherdarlehensverträge. So gelten dieselben Ausnahmen wie beim Verbraucherdarlehensvertrag hinsichtlich der Bagatellgrenze bzw. der Existenzgründer, vgl. §§ 506 bzw. 513 iVm § 491 II und III BGB.

Bei Verbraucherdarlehensverträgen und anderen Finanzierungshilfen bzw. Raten- **686** krediten können die Vorschriften der §§ 358 und 359 BGB über **verbundene Verträge** Relevanz haben. Von verbundenen Verträgen spricht man bei allen fremdfinanzierten Geschäften, die folgende vier Tatbestandsmerkmale aufweisen:

1. Es liegen zwei rechtlich selbstständige Verträge vor, nämlich ein Austauschvertrag als Bargeschäft (zB Kauf- oder Werkvertrag) und daneben ein „Darlehensvertrag" mit einem Dritten (zB Hausbank des Verkäufers bzw. Werkunternehmers)
2. Das Entgelt dient der Finanzierung des Bargeschäfts
3. Beide Verträge bilden eine wirtschaftliche Einheit iSv § 358 III BGB. Diese ist insbesondere gegeben, wenn der Darlehensgeber sich der Mitwirkung des Unternehmers bedient, ihm beispielsweise Darlehensanträge übergeben hat
4. Käufer/Besteller bzw. Darlehensnehmer ist ein Verbraucher

Rechtsfolge sind zB, dass ein wirksamer Widerruf des Verbraucher-Darlehensgeschäfts auch das Bargeschäft umfasst oder dass Leistungsstörungen und Gewährleistungsrechte hinsichtlich des Bargeschäfts Auswirkungen auch auf das Darlehensgeschäft haben können.

?

Kontrollfragen und Aufgaben

1. Bedarf ein Mietvertrag der Schriftform?   → Rn. 665
2. Was unterscheidet den Miet- von dem Pachtvertrag?   → Rn. 676
3. Was unterscheidet den Miet- von dem Sachdarlehensvertrag?   → Rn. 680
4. Was versteht man unter einem Verbraucherdarlehensvertrag?   → Rn. 683
5. Was versteht man unter einer Finanzierungshilfe?   → Rn. 685

Aufgabe 1 (Leistungsniveau: Bachelorstudiengang)

Am 1.5. bricht in dem 4. Stock des dem E gehörenden Mietshauses ein Feuer aus. Durch die Löscharbeiten wird die von A bewohnte und im 3. Stock gelegene Wohnung so stark beschädigt, dass sie für einen Monat nicht bewohnt werden kann. Kann E von A für diesen Zeitraum die Zahlung des Mietzinses verlangen? Kann A von E Schadensersatz für die zerstörten Möbel verlangen?

Lösung

Zwischen E und A besteht ein wirksamer Mietvertrag, der E verpflichtet, die Wohnung während der Mietdauer gem. § 535 BGB in einem vertragstauglichen Zustand zu erhalten.

E kann von A für den Schadenszeitraum keine Miete verlangen, da A nach § 536 I BGB wegen der fehlenden Bewohnbarkeit die Miete auf Null mindern kann.

A könnte gegen E einen Schadensersatzanspruch nach § 536a BGB geltend machen, wenn der Mangel bei Vertragsabschluss bestand oder später infolge eines vom Vermieter zu vertretenden Ereignisses entstanden ist. Soweit keine Brandschutzbestimmung verletzt wurde, und beim Löschen durch E oder seine Erfüllungsgehilfen die Beschädigung der Möbel unvermeidbar war, ist ein Schadensersatzanspruch gegen E ausgeschlossen.

Aufgabe 2 (Leistungsniveau: Masterstudiengang)

A will von dem Autohändler V einen gebrauchten Pkw zum Preis von 10.000 EUR erwerben. Auf Nachfrage des A erklärt V wider besseren Wissens, dass es sich bei dem Pkw nicht um einen Unfallwagen handele. Zur Finanzierung des Kaufs schlägt V vor, dass A einen Darlehensvertrag mit der B-Bank abschließt, mit der V bereits seit mehreren Jahren zusammenarbeitet. A ist einverstanden und füllt einen von V überreichten „Finanzierungsantrag" der B-Bank aus. Die B-Bank bewilligt das Darlehen und zahlt den Betrag an V aus. Als A von einem Sachverständigen einen Monat nach der Übergabe des Pkw erfährt, dass es sich um einen Unfallwagen handelt, erklärt er gegenüber V, dass er wegen dieses Mangels die Rückzahlung des Kaufpreises verlange, und stellt gegenüber der B-Bank die Rückzahlung des Darlehens ein. Hat das Verlangen des A gegenüber V Erfolg?

Durfte A gegenüber der B-Bank die Rückzahlung des Darlehens einstellen?

Lösung

Die B-Bank könnte einen Anspruch gegen A aus § 488 I 2 BGB auf Zahlung der restlichen Darlehensraten haben. Bei dem zwischen der B-Bank und A abgeschlossenen Vertrag handelt es sich um einen Verbraucherdarlehensvertrag, auf den die §§ 491 ff. BGB Anwendung finden. A ist Verbraucher iSv § 13 BGB und die Bank Unternehmer iSv § 14 BGB. Der Vertrag erfüllt auch die nach § 492 BGB notwendigen Voraussetzungen hinsichtlich der Schriftform und des Vertragsinhalts.

Ein nach §§ 495, 355 BGB möglicher Widerruf ist wegen Fristablauf nicht mehr möglich. Allerdings kann A die Einwendungen aus dem Kaufvertrag gem. § 359 BGB auch gegen die Bank geltend machen, weil es sich bei dem Kaufvertrag zwischen V und B und dem Darlehensvertrag gem. § 358 III BGB um verbundene Verträge handelt. Dies ist der Fall, weil der Darlehensgeber sich der Mitwirkung des V bedient hat. Der Wagen hatte einen Sachmangel gem. § 434 II Nr. 1 BGB. Eine Nacherfüllung ist nach § 275 I BGB ausgeschlossen, da diese unmöglich ist. A hat einen Anspruch auf Rücktritt vom Kaufvertrag nach §§ 437 Nr. 2 iVm. §§ 326 V, 323 BGB. Eine Fristsetzung nach § 440 BGB ist entbehrlich, da V nach § 275 I BGB von seiner Leistungspflicht befreit ist und er nicht nacherfüllen kann (Weidenkaff in Grüneberg § 440 Rn. 9).

Somit hat die Bank bei wirksam erklärtem kaufvertraglichen Rücktritt des A keinen Anspruch auf Zahlung der ausstehenden Raten. Ferner steht A auch ein Minderungsrecht entsprechen §§ 441 Nr. 2, 441 I BGB zu.

Tonner

15 Werkverträge und Dienstleistungsverträge

Literatur: *Brox/Walker*, Besonderes Schuldrecht, 46. Aufl. 2022, §§ 22–26; *Güllemann*, Veranstaltungsmanagement, Event- und Messerecht, 7 Aufl. 2019; *Medicus/Lorenz*, Schuldrecht II, Besonderer Teil, 22., Aufl. 2021; *Grüneberg*, Kommentar zum BGB, 81. Aufl. 2022; *Wörlen/Metzler-Müller*, Schuldrecht BT, 14. Aufl. 2020.

Die bislang behandelten Vertragstypen betrafen die Veräußerung und Gebrauchs- **687** überlassung von **Sachen und anderen Gegenständen.**

Werk- und Dienstleistungsverträge als dritte Großkategorie haben dagegen **menschliche Dienstleistungen** zum Gegenstand. Weitere Dienstleistungsverträge sind der Auftrag (§ 662 BGB), der Geschäftsbesorgungsvertrag (§ 675 BGB), der Reisevertrag (§ 651a BGB) und der Maklervertrag (§ 652 BGB).

15.1 Werkvertrag

Die gesetzlichen Regelungen zum allgemeinen Werkvertrag finden sich in den **688** §§ 631 ff. BGB mit insgesamt 25 Bestimmungen (mittelstarke Regelungsdichte). Hinzukommen als besondere Formen von Werkverträgen noch die Bauverträge (§§ 650a–v BGB), der Reisevertrag (§§ 651a ff. BGB), das Kommissionsgeschäft (§§ 383 ff. HGB), das Frachtgeschäft (§§ 407 ff. HGB) und das Speditionsgeschäft (§§ 453 ff. HGB).

15.1.1 Charakteristik

Der Werkvertrag ist ein gegenseitiger Vertrag, durch den der Unternehmer zur **689** Herstellung des versprochenen Werkes und der Besteller zur Entrichtung der vereinbarten Vergütung verpflichtet wird (§ 631 BGB). Dabei kann Gegenstand des Werkvertrags sowohl die Herstellung oder Veränderung einer Sache als auch ein anderer durch Arbeit oder Dienstleistung herbeizuführender Erfolg sein.

Wesensmerkmal des Werkvertrages ist mithin seine **Erfolgsorientierung**. Das unterscheidet ihn vom Dienstvertrag, der sich auf die bloße Entfaltung einer Tätigkeit bezieht (Tätigkeitsorientierung).

Beispiel für Dienstvertrag: Tätigkeit als Verkäuferin in einem Warenhaus.

Der Werkvertrag kann sich auf körperliche, geistige oder kulturelle Werke beziehen.

> **Beispiele**: Reparatur der Bremse an dem defekten Pkw. Hier schuldet die Werkstatt nicht allein einen Arbeitseinsatz, sondern dass die Bremse wieder funktionsfähig ist.
>
> Erstellung der Statik für eine Brücke. Hier schuldet der Statiker ein geistiges Werk, das darin besteht, dass das Bauwerk hält und nicht einstürzt.

690 Nicht immer ist die **Abgrenzung vom Dienstvertrag** eindeutig. Wer als Privatpatient mit Beschwerden einen Arzt aufsucht, erwartet normalerweise eine Linderung seiner Beschwerden. Dennoch leuchtet ein, dass der Arzt nicht den Erfolg garantieren kann und daher regelmäßig kein Werk-, sondern ein bloßer Dienstvertrag in der Ausprägung eines Behandlungsvertrages (§ 630a BGB) vorliegt.

691 Als Leitschnur für die Abgrenzung kommt es darauf an, ob der Leistungsinhalt sich in der bloßen Tätigkeit erschöpft – dann Dienstvertrag – oder darüber hinausgehend durch die Tätigkeit ein bestimmter Erfolg geschuldet wird. Dabei entscheidet, ob der Unternehmer bereit war, das **Erfolgsrisiko** zu übernehmen oder nicht (*Kaiser* BürgerlR Rn. 698).

Der Werkvertrag ist wegen seiner wechselseitigen Vertragspflichten ein **gegenseitiger Vertrag**. Werkherstellung und Vergütungspflicht stehen im Austauschverhältnis (§ 320 BGB).

15.1.2 Vertragsgegenstand

692 Gegenstand des Werkvertrages kann sowohl die Herstellung oder Veränderung einer Sache als auch ein anderer durch Arbeit oder Dienstleistung herbeizuführender Erfolg sein.

Das bedeutet, dass sich der Werkvertrag auf die Herstellung **körperlicher Werke** (Sachwerke) als auch **unkörperlicher Werke** (geistige, kulturelle Werke) beziehen kann.

> **Beispiel**: Lesung oder Konzert-Auftritt.

15.1.3 Vertragstypische Pflichten im Überblick

693 Durch den Werkvertrag wird der Unternehmer zur Herstellung des versprochenen Werkes frei von Sach- und Rechtsmängeln verpflichtet, §§ 631, 633 BGB.

Den Besteller trifft die Verpflichtung, das fehlerfreie Werk abzunehmen und zugleich die vereinbarte Vergütung zu entrichten, §§ 631, 640, 641 BGB. Dies sind die Hauptleistungspflichten.

Die Hauptleistungspflichten beim Werkvertrag

15.1.4 Pflichten des Unternehmers

15.1.4.1 Die Werkherstellung

Hauptpflicht des Unternehmers ist die Herstellung des versprochenen Werks, §631 **694** BGB.

> **Beispiel**: Durchführung der chemischen Reinigung eines Mantels.

Diese Pflicht ist normalerweise nicht persönlich zu erbringen, vielmehr können dabei auch Mitarbeiter eingesetzt werden, für die der Unternehmer dann allerdings die gleiche Verantwortung trägt, wie für sein eigenes Handeln (§278 BGB).

> **Beispiel**: Mitarbeiter übernehmen die Durchführung der Reinigung.

Aus dem Vertrag kann sich aber auch ergeben, dass der Unternehmer die Leistung persönlich erbringen muss und nicht delegieren kann.

> **Beispiel**: Der für einen Konzertabend engagierte Klaviervirtuose kann sich nicht vertreten lassen.

15.1.4.2 Mangelfreiheit und Mängelhaftung

Weitere Hauptpflicht des Unternehmers ist die Herstellung eines Werkes, das frei **695** von Sach- und Rechtsmängeln ist, §633 I BGB. Ist dies nicht der Fall, so stehen dem Besteller die Rechte gem. §§634 ff. BGB zu. Die Mängelhaftung ist sowohl von den Voraussetzungen als auch den Rechtsfolgen weitgehend mit der des Kaufrechts vergleichbar, jedoch nicht völlig identisch.

15.1.4.3 Voraussetzungen der Mängelhaftung

Ein **Sachmangel** liegt vor, wenn das Werk nicht die vereinbarte Beschaffenheit hat, **696** §633 II 1 BGB. Es gilt also ein subjektiver Fehlerbegriff. Entscheidend ist, was die Parteien konkret vereinbart hatten und ob im Vergleich dazu die tatsächliche Beschaffenheit des Werks damit übereinstimmt oder nicht. Im ersten Fall ist das Werk mangelfrei, im zweiten mangelhaft.

Wurde keine Vereinbarung über die Beschaffenheit des Werks getroffen, kommt es darauf an, ob sich das Werk für die **vertraglich vorausgesetzte Verwendung** eignet oder sonst für die **gewöhnliche Verwendung** eignet und dann eine Beschaffenheit aufweist, die bei Werken gleicher Art **üblich** ist, §633 II 2 BGB.

Einen Mangel stellt es auch dar, wenn der Unternehmer etwas anderes als das bestellte Werk („aliud") oder ein Werk in zu geringer Menge („minus") hergestellt hat, §633 II 3 BGB.

Ein **Rechtsmangel** des Werks liegt vor, wenn Dritte in Bezug auf das Werk Rechte gegen den Besteller geltend machen können, §633 III BGB. Hier ist vor allem an Urheberrechtsverletzungen zu denken.

> **Beispiel**: Ein Architekt kupfert den Entwurf eines renommierten Kollegen ab und legt ihn dem Bauherrn als eigenen Bauplan vor.

15.1.4.4 Ausschluss der Mängelhaftung

697 Grundsätzlich lässt sich die Haftung für Mängel vertraglich ausschließen oder beschränken. Dies gilt aber nicht, wenn der Unternehmer in Bezug auf Mängel arglistig gehandelt hat oder eine besondere Garantie für die Beschaffenheit des Werks übernommen hatte (§639 BGB). Darüber hinaus sind bei Verwendung von AGB die Vorgaben des §309 Nr.8b BGB zu beachten, wonach unter anderem ein totaler Haftungsausschluss oder eine völlige Beschränkung auf Nacherfüllungsansprüche unwirksam sind.

Wer ein mangelhaftes Werk in Kenntnis des Mangels abnimmt, büßt seine Mängelrechte nach §634 Nr.1–3 BGB ein, wenn er sich seine Rechte wegen des Mangels nicht vorbehält, §640 III BGB.

15.1.4.5 Inhalt der Mängelhaftung

698 Bei Vorliegen eines Mangels kann der Besteller folgende Rechte geltend machen:

- **primär** das Recht auf **Nacherfüllung** (§§634 Nr.1, 635 BGB)
- **sekundär** nach vergeblicher Frist zur Nacherfüllung entweder das Recht,
  - den Mangel selbst zu beseitigen und Ersatz der notwendigen Aufwendungen zu verlangen (§§634 Nr.2, 637 BGB), sog. **Selbstvornahme**,
  - vom Werkvertrag zurückzutreten (§§634 Nr.3 1. Alt., 636, 323, 326 V BGB), **Rücktritt**,
  - oder die Vergütung zu mindern (§§634 Nr.3 2. Alt., 638 BGB), **Minderung**.
- Bei zu vertretendem Mangel oder Nichteinhaltung einer Garantie kann der Besteller auch **Schadensersatz** (§§634 Nr.4, 636, 280, 281, 283, 311a BGB) oder Ersatz seiner vergeblichen **Aufwendungen** (§§634 Nr.4, 284 BGB) verlangen. Diese Rechte können kumulativ zu Rücktritt oder Minderung beansprucht werden, nicht jedoch neben der Nacherfüllung, wenn Schadensersatz oder Aufwendungsersatz statt der Leistung begehrt wird (§281 IV BGB).

699 Diese Rechte entsprechen im Wesentlichen dem Kaufrecht mit Ausnahme der Selbstvornahme.

15.1.4.6 Nacherfüllung

Wenn das Werk einen Mangel aufweist, hat der Besteller in erster Linie ein Recht 700 auf Nacherfüllung, § 634 Nr. 1 BGB. Der Unternehmer hat dabei die Wahl, ob er den Mangel beseitigt oder ein neues Werk herstellt, § 635 BGB. Die Nacherfüllung kann verweigert werden, wenn sie unmöglich ist oder nur mit **unverhältnismäßigen Mitteln** möglich ist, § 635 III BGB.

Prüfschema Nacherfüllung nach § 634 Nr. 1 BGB   701
1. Werkvertrag, § 631 BGB
2. Werkmangel, § 633 BGB
3. Bei Abnahme, § 640 BGB oder ggf. bei Vollendung, § 646 BGB
4. Kein Haftungsausschluss, §§ 639, 640 III BGB
5. Kein Leistungsverweigerungsrecht, §§ 275, 635 III BGB

15.1.4.7 Selbstvornahme

Falls die Nacherfüllung nicht in angemessener Frist erfolgt oder falls sie vom Unternehmer zu Unrecht ernsthaft und endgültig verweigert wird, wenn sie fehlgeschlagen oder für den Besteller unzumutbar ist, kann der Besteller den Mangel auch selbst beseitigen oder beseitigen lassen und Ersatz der erforderlichen Aufwendungen verlangen, §§ 634 Nr. 2, 637 BGB.   701a

15.1.4.8 Rücktritt

Der Besteller kann nach §§ 634 Nr. 3, 636 BGB unter vergleichbaren Voraussetzungen 702 wie bei der Selbstvornahme auch den Vertrag rückgängig machen. Dazu muss er dem Unternehmer vergeblich eine Frist zur Nacherfüllung gesetzt haben, wie sich aus der Verweisung auf § 323 BGB ergibt.

Einer Fristsetzung bedarf es in acht (!) Einzelfällen nicht, §§ 636, 281 II, 323 II BGB, so bei Erfüllungsverweigerung, Fehlschlagen der Nacherfüllung oder absoluten Termingeschäften.

Durch **Erklärung des Rücktritts** erlöschen die beiderseitigen Leistungspflichten. Sollten bereits Leistungen ausgetauscht worden sein, wären diese wechselseitig zurückzugewähren, § 346 BGB. Der Rücktritt ist bei unerheblichen Mängeln ausgeschlossen, § 323 V 2 BGB, ebenso, wenn der Besteller für den Rücktrittsgrund allein oder überwiegend verantwortlich ist, § 323 VI BGB.

15.1.4.9 Minderung

Alternativ zum Rücktritt und unter den gleichen Voraussetzungen kann der Besteller das Werk behalten und stattdessen die Vergütung herabsetzen, §§ 634 Nr. 3, 638 BGB. Diese Minderung ist also ebenso wie der Rücktritt prinzipiell nur nach vergeblicher Fristsetzung möglich, allerdings im Unterschied zu ihm auch bei nur geringfügigen Mängeln, § 638 I 2 BGB. Die Fristsetzung ist in den gleichen Fällen wie beim Rücktritt entbehrlich.   703

> **Beispiel**: Der Bauherr nimmt die unschön und unsachgemäß durchgeführten Tapezierarbeiten, deren Nachbesserung der Malermeister ablehnt, hin und beansprucht Herabsetzung der Vergütung. Er kann zu Recht mindern, da bei endgültiger und ernsthafter Erfüllungsverweigerung keine weitere Fristsetzung nötig ist (§§ 634 Nr. 3, 638, 323 II Nr. 1 BGB).

Die Minderung erfolgt nach § 638 III BGB durch eine entsprechende Herabsetzung der Vergütung.

15.1.4.10 Schadensersatzansprüche

704 Im Unterschied zu den vorgenannten Mängelrechten kann der Besteller Schadensersatz gem. § 634 Nr. 4 BGB grds. nur dann beanspruchen, wenn der Unternehmer den Mangel zu vertreten hat (Verweisung auf § 280 I 2 BGB). Die Haftung auf Schadensersatz ist demzufolge verschuldensabhängig. Ein Verschulden bezüglich der Mangelhaftigkeit des Werks wird allerdings vermutet. Bei einer Garantiezusage haftet der Unternehmer er auch ohne Verschulden (§ 276 I 1 BGB).

> **Beispiel**: Der Lüftungsbauer gibt in dem schriftlichen Angebot an das Gartenbau-Zentrum die Zusage, dass sich bei Erreichen einer bestimmten Temperatur automatisch die Fenster öffnen und ggf. eine Kühlung zuschaltet. Die Technik funktioniert nicht, sodass zahlreiche Pflanzen verderben. Hier liegt aufgrund der Umstände (Interessenlage, Bedeutung, Vertragserklärung) eine Garantiezusage vor. Dementsprechend muss bei Nichtfunktionieren Schadensersatz geleistet werden.

Ob noch weitere Voraussetzungen nötig sind, hängt davon ab, welchen Schaden der Besteller geltend macht.

705 • Schadensersatz **statt der Leistung**
    Wenn der Besteller nicht mehr die vertragliche Leistung, sondern statt ihrer Schadensersatz begehrt, kommt es darauf an, ob der Werkmangel behebbar oder unbehebbar ist.
    – Bei einem **behebbaren Mangel** kann der Besteller grds. erst dann Schadensersatz statt der Leistung verlangen, wenn er dem Unternehmer zuvor vergeblich eine Frist zur Nacherfüllung gesetzt hat, § 281 I 1 BGB.
    – Bei einem **unbehebbaren Mangel** kann sofort, dh ohne Frist zum Schadensersatz übergegangen werden. Dies ergibt sich aus § 311a BGB, wenn das Leistungshindernis bereits bei Vertragsschluss vorlag oder aus § 283 BGB, wenn es nachträglich eintritt.

> **Prüfschema bei Schadensersatz statt der Leistung bei einem behebbaren Mangel, § 634 Nr. 4 mit §§ 281, 280 BGB**
> 1. Werkvertrag, § 631 BGB
> 2. Werkmangel, § 633 BGB
> 3. Bei Abnahme, § 640 BGB bzw. ggf. bei Vollendung, § 646 BGB
> 4. Kein Haftungsausschluss, §§ 639, 640 III BGB
> 5. Kein Leistungsverweigerungsrecht, §§ 275, 635 III BGB
> 6. Zu vertreten (Verschulden oder Garantie), § 280 BGB
> 7. Vergebliche Fristsetzung zur Nacherfüllung, § 281 BGB
> 8. Schaden

705a

- **Schadensersatz wegen Verletzung weiterer Rechtsgüter**   706
  Wenn dem Besteller ein Schaden an anderen Rechtsgütern entsteht, kann er diesen **Mangelfolgeschaden** nach § 280 BGB vom Unternehmer ersetzt verlangen. Das setzt voraus, dass der Unternehmer die Pflichtverletzung (= Herstellung eines mangelhaften Werkes) zu vertreten hatte.

> **Beispiel**: Durch den Mangel der Belüftung verderben viele Blumen. Diesen Schaden wegen Verletzung des Eigentums kann der Besteller nach §§ 634 Nr. 4, 280 BGB ersetzt verlangen, weil eine Garantie vorlag.

15.1.4.11 Aufwendungsersatz

Anstelle des Schadensersatzes statt der Leistung kann der Besteller auch bloß Ersatz   707
seiner vergeblichen Aufwendungen beanspruchen, §§ 634 Nr. 4, 284 BGB.

15.1.4.12 Verjährung der Mängelrechte

Die Ansprüche auf Nacherfüllung, Schadensersatz und Aufwendungsersatz verjäh-   708
ren gem. § 634a BGB je nach Art des Werks in zwei, drei oder fünf Jahren.

Dazu im Einzelnen → Rn. 364 ff.

15.1.5 Pflichten des Bestellers

15.1.5.1 Abnahmepflicht

Nach § 640 I 1 BGB ist der Besteller verpflichtet, das vertragsmäßig hergestellte Werk   709
abzunehmen.

Abnahme bedeutet – anders als beim Kauf – nicht allein die körperliche Entgegennahme, sondern auch die Billigung des Werks als in der Hauptsache vertragsgemäß. Das bedeutet jedoch nicht, dass der Besteller damit auf seine Mängelrechte verzichtet, sondern nur, dass er das Werk für vollendet hält und im Wesentlichen als vertragsgerechte Leistung akzeptiert.

Die Billigung des Werks kann entweder durch ausdrückliche Erklärung erfolgen   710
oder durch schlüssiges Handeln.

> **Beispiele für schlüssige Abnahme:** Einzug in das fertige Bauwerk ohne Beanstandungen; vorbehaltlose Zahlung der Vergütung.

Wegen unwesentlicher Mängel kann die Abnahme nicht verweigert werden, § 640 I 2 BGB. Als abgenommen gilt ein Werk auch, wenn der Unternehmer dem Besteller nach Fertigstellung des Werks eine angemessene Frist gesetzt hat und der Besteller die Abnahme nicht innerhalb dieser Frist unter Angabe mindestens eines Mangels verweigert hat, § 640 II 1 BGB.

711 Zeigen sich bei der Abnahme irgendwelche Mängel des Werks, so muss der Besteller entweder die Abnahme verweigern oder die betreffenden Mängel rügen und sich etwaige Mängelansprüche vorbehalten. Sonst büßt er sämtliche Mängelansprüche wegen erkennbarer Mängel mit Ausnahme von Schadensersatzansprüchen ein, § 640 III BGB.

Wenn eine Abnahme nach der Beschaffenheit des Werkes ausgeschlossen ist, tritt an ihre Stelle die Vollendung des Werkes, § 646 BGB. Dies trifft vor allem auf Werkleistungen zu, die nicht dauerhaft verkörpert und gespeichert werden, wie künstlerische oder wissenschaftliche Werke, musikalische oder sportliche Veranstaltungen.

> **Beispiele:** Musical-Aufführung, Taxifahrt, Tennis-Turnier. In all diesen Fällen tritt an die Stelle der Abnahme die Vollendung des betreffenden Werkes.

712 Die Abnahme ist Hauptleistungspflicht des Bestellers. Ist sie erfolgt, wird die Vergütung fällig, § 641 I 1 BGB. Selbstverständliche Voraussetzung der Abnahme ist allerdings, dass das Werk fertig gestellt ist und somit **abnahmereif** ist.

15.1.5.2 Vergütungspflicht

713 Die wichtigste Hauptleistungspflicht des Bestellers ist es, dem Unternehmer die vereinbarte Vergütung zu zahlen, § 631 I BGB. Falls keine Vergütung vereinbart wurde, muss dennoch eine Vergütung bezahlt werden, wenn diese nach den Umständen zu erwarten war, § 632 I BGB.

> **Beispiel:** Reparaturauftrag an eine Kfz-Werkstatt oder die Inanspruchnahme eines Architekten.

In diesen Fällen ist dann die taxmäßige und sonst die übliche Vergütung zu bezahlen, § 632 II BGB. Die taxmäßige Vergütung ist ein nach Bundes- oder Landesrecht festgelegter Preis. Sie ist in verschiedenen Gebührenordnungen für freie Berufe festgelegt.

> Im Beispielfall der Kfz-Reparatur sind bei fehlender Vergütungsvereinbarung die üblichen Werkstattpreise zugrunde zu legen.
>
> Für die Vergütung eines Architekten gelten bei fehlender Einzelvereinbarung (oder auch bei ausdrücklicher Bezugnahme) die taxmäßigen Gebührensätze nach der Honorarordnung für Architekten und Ingenieure (HOAI).

Kostenanschläge sind im Zweifel nicht zu vergüten, § 632 III BGB. Soll etwas anderes gelten, müsste dies ausdrücklich so vereinbart werden.

Güllemann

Der Unternehmer ist mit seiner Leistung vorleistungspflichtig, da die Vergütung 714
erst nach Herstellung und Abnahme des Werkes fällig ist, §641 I 1BGB. Das kann
aber auch anders vereinbart werden. Vorschuss- oder Vorabzahlungen des Bestellers
sind in vielen Branchen üblich.

> **Beispiel**: Chemische Reinigung eines Mantels. Häufig wird vereinbart, dass der
> Kunde den Reinigungspreis vorab in voller Höhe entrichtet.

Hat der Besteller Mängelbeseitigungsansprüche, so kann er die Zahlung eines
angemessenen Teils der Vergütung verweigern; angemessen ist in der Regel das
Doppelte der für die Mängelbeseitigung erforderlichen Kosten („Druckzuschlag"),
§641 III BGB.

Nach §632a I BGB kann der Unternehmer für seine vertragsgemäß erbrachten
Leistungen eine Abschlagszahlung in der Höhe des Werts dieser Leistungen beanspruchen. Er muss diese durch eine Aufstellung nachweisen, die eine rasche und
sichere Beurteilung ermöglicht. Bei einem Verbraucherbauvertrag im Sinne von
§650 i BGB darf der Gesamtbetrag der Abschlagszahlungen 90 % der vereinbarten
Gesamtvergütung nicht übersteigen, §650m I BGB.

Bis zur Abnahme trägt der Unternehmer die **Preisgefahr**, §644 BGB. Er trägt also das 715
Risiko, dass er seinen Vergütungsanspruch eventuell verliert, weil ihm zB das Por-
trätfoto nicht gelingt oder die Autoreparatur nicht zur Beseitigung der Fehlerquelle
führt.

Der Sicherung des Zahlungsanspruchs dient das **Unternehmerpfandrecht**, das aller- 716
dings nur bei der Herstellung und Ausbesserung von beweglichen Sachen des
Kunden kraft Gesetzes gilt, §647 BGB.

> **Beispiel**: Reparatur eines Autos. Die Werkstatt hat wegen Bezahlung der Reparatur-
> rechnung ein gesetzliches Pfandrecht an dem Auto des Kunden, braucht dieses ohne
> Bezahlung nicht herauszugeben und kann das Auto notfalls verwerten.

Der Unternehmer eines Bauwerks oder eines Teils davon kann für seine vertraglichen Forderungen die Einräumung einer **Sicherungshypothek** auf dem Grundstück
des Bestellers nach Maßgabe von §650 e BGB verlangen.

15.1.6 Beendigung durch Kündigung

Der Besteller kann den Vertrag bis zur Vollendung des Werks jederzeit kündigen 717
(§648 S.1 BGB). Er kann also den eingegangenen Vertrag einseitig und ohne Frist
mit sofortiger Wirkung beenden, solange der Werkunternehmer das Werk noch nicht
hergestellt hat. Allerdings bleibt er zur Entrichtung der vereinbarten Vergütung
abzüglich ersparter Aufwendungen verpflichtet (§648 S.2 BGB).

Während das Gesetz dem Besteller ein jederzeitiges Kündigungsrecht einräumt, 718
kann der Unternehmer seinerseits nur dann die Kündigung aussprechen, wenn der
Besteller seinen Mitwirkungspflichten trotz Fristsetzung nicht nachgekommen ist,
§643 BGB.

Güllemann

719 Wenn der Erteilung des Werkauftrags ein **Kostenanschlag** zugrunde liegt, gelten Besonderheiten zur Kündigung je nachdem, ob es sich um einen verbindlichen oder unverbindlichen Kostenanschlag handelt:

Bei einer wesentlichen Überschreitung eines Kostenanschlags, für den der Unternehmer keine Gewähr der Richtigkeit übernommen hatte (**unverbindlicher Kostenanschlag**), kann der Besteller nach § 649 BGB den Vertrag kündigen. Der Unternehmer kann dann für bereits geleistete Arbeiten und Auslagen eine entsprechende Teilvergütung beanspruchen. Es hängt stark vom Einzelfall ab, wann von einer **wesentlichen Überschreitung** gesprochen werden kann. Als Richtschnur werden in der Literatur Sätze von 10–25 % über dem Kostenanschlag genannt (vgl. Grüneberg/ *Retzlaff* § 649 Rn. 3).

Bei einem **verbindlichen Kostenanschlag** besteht kein besonderes Kündigungsrecht, da der Besteller hier Anspruch auf die Herstellung der Werkleistung zu dem vereinbarten Preis hat.

15.2 Bauverträge

Literatur: Wellensiek, Baurecht 2018, 314

719a Durch das Bauvertragsrechtsreformgesetz sind für Werkleistungen im Bausektor mit Wirkung vom 1.1.2018 folgende neue Vertragstypen geschaffen worden:

1. Der Bauvertrag, § 650a BGB
2. Der Verbraucherbauvertrag, § 650i BGB
3. Der Architekten- und Ingenieurvertrag, § 650p BGB
4. Der Bauträgervertrag, § 650u BGB

Die betreffenden gesetzlichen Bestimmungen finden sich im Anschluss an das allgemeine Werkvertragsrecht (§§ 631 bis 650 BGB), das im Wesentlichen auch für die speziellen Bau-Werkverträge gilt.

> **Kontrollfragen und Aufgaben**
>
> 1. Wodurch unterscheiden sich Werkvertrag und Dienstvertrag? → Rn. 689
> 2. Sind ärztliche Behandlungsverträge, Reparaturverträge oder Reinigungsverträge Werk- oder Dienstverträge? Warum? → Rn. 689, 690, 694
> 3. Was versteht man beim Werkvertrag unter einem Sachmangel, was unter einem Rechtsmangel? → Rn. 696
> 4. Welche Mängelrechte hat der Besteller? → Rn. 698
> 5. Was bedeutet Nacherfüllung? → Rn. 700
> 6. Was verstehen Sie unter einer Selbstvornahme? → Rn. 701a
> 7. Unter welchen Voraussetzungen können Rücktritt oder Minderung verlangt werden? → Rn. 702 f.
> 8. Wann kommt Schadensersatz in Betracht? → Rn. 704 ff.
> 9. Kann die Mängelhaftung ausgeschlossen werden? → Rn. 697
> 10. Was bedeutet Abnahme? → Rn. 709

11. Wann und in welcher Höhe besteht für den Besteller
eine Vergütungspflicht?   → Rn. 713
12. Welche Bedeutung hat ein Kostenanschlag?   → Rn. 719
13. Wann verjähren die Mängelrechte?   → Rn. 708
14. Können der Besteller oder der Unternehmer vorzeitig
kündigen?   → Rn. 717
15. Welche spezifischen Verträge gibt es im Bausektor
und wie sind sie definiert)   → Rn. 719a

Aufgabe 1 (Leistungsniveau: Bachelorstudiengang)

E ist Eigentümer eines Einfamilienhauses aus dem Jahre 1935. In der letzten Zeit hat es mehrfach Wassereinbrüche im Keller gegeben, die darauf zurückzuführen waren, dass seinerzeit keine Außenisolierung des Mauerwerks erfolgt war. Nach eingehender Beratung durch die Fachfirma F entschließt sich E, diese damit zu beauftragen, dass die Außenmauern auf eine Tiefe von zwei Metern freigelegt, eine wasserdichte Außenisolierung aufgebracht und rund um das Haus Drainageleitungen verlegt werden. Als Vergütung werden 20.000 EUR vereinbart. Beim nächsten größeren Regen erweist sich die Isolierung als undicht und es kommt zu Wassereinbrüchen. E fragt an, ob er die Verlegung einer komplett neuen Isolierung beanspruchen und die Rechnung vorerst unbezahlt lassen kann.

Lösung

E könnte einen Anspruch auf Nacherfüllung gem. §§ 634 Nr. 1, 635 I BGB gegen D haben. Ein Werkvertrag liegt vor, weil D die Herstellung eines Werks in Gestalt einer Außenisolierung mitsamt Drainage versprochen hat. Ob eventuell ein Verbraucherbauvertrag nach § 650i BGB vorliegt, kann dahinstehen, da auch dann das Gewährleistungsrecht der §§ 634 ff. BGB eingreift.

Der Nacherfüllungsanspruch nach § 634 Nr. 1 BGB verlangt als weitere Voraussetzung das Vorliegen eines Werkmangels. Hier liegt ein Sachmangel gem. § 633 II BGB vor, weil die Isolierung nicht die vereinbarte Beschaffenheit aufweist, eine Abdichtung des Hauses sicher zu stellen.

Weitere Voraussetzung ist, dass der Mangel bereits bei Abnahme, § 640 BGB bestand. Da die Isolierung bereits beim nächsten Regenwetter Undichtigkeiten zeigte, ist davon auszugehen, dass dieser Zustand bereits bei Abnahme des Werks bestand.

Für einen Haftungsausschluss oder ein Leistungsverweigerungsrecht gibt es keine Anhaltspunkte.

E kann daher von D die Nacherfüllung verlangen, was allerdings nicht heißt, dass er eine komplett neue Isolierung beanspruchen kann. Es ist Sache des D zu entscheiden, ob er nur die Mängel an den undichten Stellen der Isolierung beseitigt oder eine komplett neue Isolierung vornimmt, § 635 I BGB. Die für die Mängelbeseitigung notwendigen Aufwendungen an Arbeit, Material und Transport hat D aber auf jeden Fall zu tragen, § 635 II BGB.

Was die Bezahlung der Vergütung angeht, gilt gem. § 641 III BGB Folgendes: Bis zur Beseitigung des Mangels kann E die Bezahlung eines angemessenen Teils der Rechnung verweigern; dieser beträgt mindestens das Zweifache der für die Beseitigung des Mangels erforderlichen Kosten.

Güllemann

Aufgabe 2 (Leistungsniveau : Bachelorstudiengang)

E fragt an, ob er wegen des Wassereinbruchs Schadensersatz verlangen kann. Ihm seien Reinigungs- und Malerkosten entstanden, außerdem seien im Keller gelagerte Gegenstände durch das Wasser unbrauchbar geworden.

Lösung

Ein solcher Anspruch auf Ersatz des Mangelfolgeschadens an sonstigen Rechtsgütern kann sich aus §§ 634 Nr. 4, 280 BGB ergeben. Werkvertrag und Sachmangel liegen vor. Mit der Herstellung des mangelhaften Werks hat D eine Pflichtverletzung begangen, die er mangels Entschuldigungsgründen zu vertreten hat. Insoweit kann E ohne Weiteres, dh ohne vorherige Fristsetzung (die ja sinnlos ist, weil sie den Schaden nicht verhindert hätte) Schadensersatz wegen des Wassereinbruchs verlangen. Er könnte somit Ersatz der nötigen Reinigungs- und Malerkosten sowie Schadensersatz für die Beschädigung von Gegenständen beanspruchen, die durch den Wassereinbruch in Mitleidenschaft gezogen wurden.

15.3 Dienstvertrag und ähnliche Verträge

Literatur: *Dütz/Thüsing,* Arbeitsrecht, 26. Aufl. 2021; Erfurter Kommentar zum Arbeitsrecht, 22. Aufl. 2022; *Schaub,* Arbeitsrechtshandbuch, 19. Aufl. 2021; *Senne,* Arbeitsrecht, 18. Aufl. 2018; *Wörlen/Kokemoor,* Arbeitsrecht, 13. Aufl. 2019.

15.3.1 Charakteristik und Erscheinungsformen

720 Der Dienstvertrag ist ein gegenseitiger Vertrag, bei dem der Dienstverpflichtete zur Leistung der versprochenen Dienste und der Dienstberechtigte zur Gewährung der vereinbarten Vergütung verpflichtet sind, § 611 I BGB. Gegenstand des Dienstvertrages können Dienste jeder Art sein, § 611 II BGB. Diese können einmaliger Art oder auf Dauer angelegt sein.

721 Bei Dienstverträgen ist zu unterscheiden, ob es sich um eine selbstständige und eigenverantwortliche Tätigkeit handelt (freier Dienstvertrag) oder ob der Dienstverpflichtete die Dienste unselbstständig erbringt (abhängiger Dienstvertrag oder Arbeitsvertrag).

> **Beispiele für freie Dienstverträge:** Dauernde Beratung durch einen Rechtsanwalt oder Steuerberater; ärztliche und zahnärztliche Behandlung von Privatpatienten.

> **Beispiele für abhängige Dienstverträge**: Tätigkeiten von Verkäuferinnen, Bankangestellten, Fabrikarbeitern.

Unterteilung Dienstverträge

Für beide Arten von Dienstverträgen gilt prinzipiell das Dienstvertragsrecht des 722
BGB, wobei allerdings wegen der besonderen Schutzbedürftigkeit von Arbeitnehmern einige Vorschriften der §§ 611 ff. BGB ausschließlich für Arbeitnehmer, andere
dagegen ausschließlich für freie Dienstverträge gelten. Darüber hinaus hat sich ein
spezifisches **Arbeitsrecht** entwickelt, das in zahlreichen Einzelgesetzen Ausdruck
gefunden hat.

Beispiele: Kündigungsschutzgesetz; Entgeltfortzahlungsgesetz; Mutterschutzgesetz;
Arbeitszeitgesetz; Betriebsverfassungsgesetz; Tarifvertragsgesetz.

Hinzu kommen autonome Rechtsquellen in Form von Tarifverträgen und Betriebsvereinbarungen sowie in erheblichem Maß auch Richterrecht.

Beispiele: Die Rechtsprechung des BAG zur Haftung von Arbeitnehmern, zum
faktischen Arbeitsverhältnis, zur Lehre vom Betriebsrisiko oder zum Thema Arbeitskampf.

Die Abgrenzung, wann es sich um einen freien oder abhängigen Dienstvertrag 723
handelt, ist vor allem davon abhängig, ob eine **persönliche Abhängigkeit** vorliegt
und der Dienstverpflichtete Weisungen unterliegt, in eine fremde Arbeitsorganisa-
tion eingegliedert ist und fremdnützige Arbeit leistet, § 611a BGB.

Beispiel: Dem in einer Bank beschäftigten Mitarbeiter wird aufgegeben, sich ver-
stärkt um den Absatz von Riester-Renten-Produkten zu kümmern; seine Arbeitszeit,
sein Arbeitsgebiet und sein Arbeitsort sind weitgehend von außen festgelegt: typi-
sche Kennzeichen eines abhängigen Beschäftigungsverhältnisses.

Korrespondierend zu der Weisungsabhängigkeit und Fremdbestimmtheit eines Arbeitsverhältnisses werden dem Beschäftigten, der mit seiner Familie im Regelfall auch
wirtschaftlich von dem Arbeitgeber abhängig ist, zahlreiche Rechte zuteil, die seinem
Schutz und seiner Fürsorge dienen. Diese reichen von Ansprüchen auf Sicherheit am
Arbeitsplatz (vgl. § 618 BGB) bis zur Entgeltfortzahlung bei Krankheit (vgl. EntgFG).

Außerdem ist der Arbeitnehmer bei Krankheit, Unfall, Pflegebedürftigkeit, Arbeits-
losigkeit und Erreichen der Altersgrenze über die Sozialversicherung umfassend
geschützt. Genaues ergibt sich aus dem Sozialgesetzbuch.

Güllemann

15.3.2 Vertragstypische Pflichten beim Dienstvertrag

15.3.2.1 Pflichten des Dienstverpflichteten

724   Durch den Dienstvertrag wird der Dienstverpflichtete zur Leistung der versprochenen Dienste verpflichtet. Abschluss und inhaltliche Gestaltung sind grds. frei. Die Festlegung des Inhalts der Dienstleistung ist nötig, sonst ist kein Vertrag zustande gekommen. Eine schriftliche Form ist nicht nötig. Bei Arbeitsverträgen ist häufig in Tarifverträgen allerdings Schriftform vorgeschrieben.

Die Dienste sind grds. in Person zu leisten und können nicht durch einen anderen erbracht werden, § 613 BGB.

15.3.2.2 Pflichten des Dienstberechtigten

725   Als Gegenleistung schuldet der Dienstberechtigte die Zahlung der Vergütung, die er mit dem Vertragspartner vereinbart hat. Fehlt es an einer entsprechenden Vereinbarung, ist aber dennoch eine Vergütung zu zahlen, wenn die Dienstleistung den Umständen nach nur gegen eine Vergütung zu erwarten ist, § 612 I BGB.

Beispiel: Steuerliche Beratung durch einen Steuerberater.

Falls keine Vereinbarung über die Höhe der Vergütung getroffen wurde, ist die taxmäßige und sonst die übliche Vergütung zu zahlen, § 612 II BGB. Bei freien Berufen sind die einschlägigen Gebührenordnungen einschlägig, zB für Anwälte, Steuerberater, Ärzte oder Zahnärzte.

Beispiel: Bei der steuerlichen Beratung wäre das einschlägige Gebührenrecht maßgebend, ebenso bei einer anwaltlichen Beratung.

Die Vergütung ist nach Erbringung der Dienste fällig und in Geld zu entrichten, § 614 BGB.

Grundsätzlich ist nur für geleistete Dienste eine Vergütung zu zahlen.

Merksatz: Lohn nur gegen Arbeit.

726   Von diesem Grundsatz gibt es jedoch drei Ausnahmen:

- **Annahmeverzug** des Dienstberechtigten nach § 615 BGB.

    Beispiel: Zum vereinbarten Termin steht der Tennis-Lehrer spielbereit am Tennisplatz. Der Schüler erscheint nicht. Er hat dem Lehrer dennoch die Vergütung zu zahlen, wenn nicht ein anderer Schüler einspringt.

- **Betriebsstörungen**

    Die vereinbarte Vergütung ist auch dann zu zahlen, wenn es zu einer Betriebsstörung kommt und der Arbeitnehmer deshalb nicht arbeiten kann.

    Beispiele: Stromausfall, Auftragsmangel, schlechtes Wetter, Maschinenschaden.

Güllemann

- **Persönliche Verhinderung und Krankheit**

Bei kurzfristiger Verhinderung aus persönlichen Gründen, die unverschuldet sind, ist dennoch die Vergütung an den Dienstverpflichteten zu zahlen, § 616 BGB.

 **Beispiele**: Hochzeit, Trauerfälle, schwere Erkrankung im Kreis der Familie.

Im Falle einer Erkrankung des Arbeitnehmers richten sich die Ansprüche nach dem EntgFG. Grundsatz: sechs Wochen volle Weiterzahlung der Bezüge.

15.3.3 Pflichtverletzungen

Hier ist zwischen Pflichtverletzungen durch den Dienstverpflichteten und den Dienstberechtigten zu unterscheiden. 727

15.3.3.1 Pflichtverletzungen durch den Dienstverpflichteten

Bei schuldhafter Nichtleistung und Schlechtleistung richten sich die Folgen grds. nach dem allgemeinen Leistungsstörungsrecht der §§ 280 ff. BGB. 728

Bei Schlechtleistung kennt das Dienstvertragsrecht kein eigenes Mangelhaftungs- recht. Dennoch macht sich der Dienstverpflichtete nach der allgemeinen Vorschrift des § 280 I BGB dann schadensersatzpflichtig, wenn er eine schuldhafte Pflichtver- letzung begeht. Bei Arbeitsverhältnissen sind nach der Rechtsprechung des BAG (ZIP 1994, 1712) jedoch bei **betriebsbedingten Schäden** Haftungseinschränkungen zugunsten des Arbeitnehmers zu beachten, die sich vor allem nach dem Grad des Verschuldens richten. 729

15.3.3.2 Pflichtverletzungen durch den Dienstberechtigten

Die Verletzung von Pflichten seitens des Dienstberechtigten kann vor allem auf mangelnde Rücksicht bezüglich der Rechtsgüter des Dienstverpflichteten (§ 241 II BGB) oder auf die Vernachlässigung von Schutzmaßnahmen (§ 618 BGB) zurückzu- führen sein. Dann schuldet der Dienstberechtigte dem anderen Schadensersatz nach § 280 I BGB. 730

Soweit es infolge Vernachlässigung von Schutzpflichten zu einem **Arbeitsunfall** kommt, ist aber zu beachten, dass dann regelmäßig nur Ansprüche gegen die gesetz- liche Unfallversicherung bestehen (§ 8 SGB VII). Ansprüche gegen den Arbeitgeber sind grds. ausgeschlossen (§ 104 SGB VII). Das gilt auch für Schmerzensgeldan- sprüche.

15.3.4 Beendigung des Dienstverhältnisses

Dienstverhältnisse können enden 731

- durch Zeitablauf bei befristeten Dienstverträgen (vgl. § 620 I BGB)
- durch Aufhebungsvertrag zwischen den Vertragspartnern
- durch Tod des Dienstverpflichteten (vgl. § 613 BGB) und
- durch Kündigung einer Vertragspartei.

Die Kündigung ist eine einseitige, empfangsbedürftige Willenserklärung, die den Vertrag für die Zukunft beendet. Hier ist zwischen ordentlicher Kündigung und außerordentlicher Kündigung zu unterscheiden. Bei freien Dienstverhältnissen gilt

§ 621 BGB. Bei Arbeitsverhältnissen ist die Grundfrist für die ordentliche Kündigung 4 Wochen zum 15. oder Schluss eines Kalendermonats, § 622 BGB. Für die außerordentliche Kündigung gilt einheitlich § 626 BGB.

15.3.5 Medizinische Behandlungsverträge

732 **Literatur**: *Gehrlein*, Grundwissen Arzthaftungsrecht, 3. Aufl. 2018, *Laufs/Katzenmeier/Lipp*, Arzthaftung. 8. Aufl. 2021; *Laufs/Kern/Rehborn*, Handbuch des Arztrechts, 5. Aufl. 2019

Mit dem Patientenreformgesetz vom 20.2.2013 ist der medizinische Behandlungsvertrag in den §§ 630a bis 630h BGB als besondere Form des Dienstvertrages kodifiziert worden. Die Neuregelung folgt in wesentlichen Teilen der bisherigen Rechtsprechung des BGH zur Arzthaftung. Ziel ist eine stärkere Transparenz und eigenverantwortliche Entscheidungsmöglichkeit des Patienten.

Nach § 630a BGB ist der Behandler, der die medizinische Behandlung eines Patienten zusagt, zur Leistung der versprochenen Behandlung verpflichtet und der Patient zur Gewährung der vereinbarten Vergütung. Die Behandlung hat nach den allgemein anerkannten fachlichen Standards zu erfolgen.

Auf den Behandlungsvertrag sind gemäß § 630b BGB die Vorschriften über das Dienstverhältnis, das kein Arbeitsverhältnis iSd § 622 ist, anzuwenden, soweit nicht in den §§ 630a ff. BGB etwas anderes bestimmt ist. Der Behandlungsvertrag ist formfrei.

Der Behandler hat dem Patienten zu Beginn der Behandlung in verständlicher Form sämtliche für seine Behandlung wesentlichen Umstände zu erläutern (Therapeutische Aufklärung), § 630c II BGB und vor Beginn einer medizinischen Behandlung seine Einwilligung einzuholen, § 630d I BGB. Den Behandler treffen Dokumentationspflichten zu der Behandlung (§ 630 f BGB). Der Patient hat ein Recht auf Einsichtnahme in seine Patientenakte, § 630g BGB.

Die Beweislast bei Haftung für Behandlungs- und Aufklärungsfehler ist in § 630h BGB weiter zugunsten des Patienten verbessert worden. Insbes. bei groben Behandlungsfehlern wird nach Abs. 5 vermutet, dass diese für die Gesundheitsverletzung ursächlich geworden ist.

? **Kontrollfragen und Aufgaben**

1. Was charakterisiert den Dienstvertrag? → Rn. 720
2. Welche beiden Arten von Dienstverträgen gibt es und wodurch unterscheiden sie sich? → Rn. 721
3. Wann ist trotz Nichtleistung der Dienste eine Vergütung zu zahlen? → Rn. 726
4. Wie haftet ein Arbeitnehmer bei betriebsbedingten Schäden? → Rn. 729
5. Was gilt bzgl. der Haftung des Arbeitgebers bei Arbeitsunfällen? → Rn. 730
6. Wie ist die Kündigungsfrist bei monatlich bezahlten freien Dienstverhältnissen zu bemessen? → Rn. 731
7. Wie ist die Grundkündigungsfrist bei Arbeitsverhältnissen ausgestaltet? → Rn. 731

8. Welche gesetzlichen Regelungen gelten für den medizinischen Behandlungsvertrag? $\rightarrow$ Rn. 732

9. Welche Aufklärungs- und Dokumentationspflichten treffen den Behandelnden? $\rightarrow$ Rn. 732

10. Wo und wie ist die Beweislast bei Behandlungsfehlern geregelt? $\rightarrow$ Rn. 732

Aufgabe 1 (Leistungsniveau: Bachelorstudiengang)

Unternehmer U lässt sich dauernd in Steuerfragen von Steuerberater St beraten. In einem Fall gibt St eine falsche Auskunft. Bei richtiger Beratung hätte U Steuern iHv 10.000 EUR eingespart. Kann er diese von St ersetzt verlangen?

Lösung

Als Anspruchsgrundlage kommt mangels spezieller Mängelhaftungsvorschriften § 280 I BGB in Betracht.

Erste Voraussetzung ist ein bestehendes Schuldverhältnis. Hier liegt aufgrund der Dauerbetreuung ein Dienstvertrag (§ 611 BGB) vor, weil St dem U dauerhaft seine Dienste gegen entsprechende Vergütung schuldet. Es handelt sich dabei um einen freien Dienstvertrag, da St keinerlei Weisungen von U unterliegt und daher von ihm nicht persönlich abhängig ist. Der Dienstvertrag zielt auf eine Geschäftsbesorgung (§ 675 BGB), da St selbstständig die Vermögensinteressen des U wahrnimmt.

Weiterhin muss eine Pflichtverletzung von St begangen worden sein. Diese liegt in der fehlerhaften und nachteiligen steuerlichen Auskunft, die St dem U erteilt hat. Mangels Entschuldigungsgründen hat St die Pflichtverletzung auch zu vertreten und ist dem U daher zum Ersatz des eingetretenen Steuerschadens iHv 10.000 EUR verpflichtet.

Aufgabe 2 (Leistungsniveau: Masterstudiengang)

Nach intensiver Behandlungs- und Eingriffsaufklärung führt ein Facharzt F einen chiropraktischen Eingriff an Patientin P durch, die in eine entsprechende Behandlung zuvor eingewilligt hat und an einem Bandscheibenvorfall leidet. Der Eingriff misslingt infolge zu starker Kraftanwendung und führt bei P zu einer Lähmung. Ist ein Arzthaftungsprozess anzuraten?

Lösung

Das hängt maßgebend von den Erfolgsaussichten ab. Als Anspruchsgrundlage kommt § 280 I BGB in Betracht. Ein Behandlungsvertrag nach § 630a I BGB liegt vor. Ferner müsste eine Pflichtverletzung seitens F vorliegen und diese auch von ihm zu vertreten sein. Für Ersteres ist grds. der Anspruchsteller, also P, beweispflichtig, für Letzteres infolge der Beweislastumkehr in § 280 I 2 BGB der F.

Ob P den Beweis führen kann, dass F sie pflichtwidrig behandelt hat, entscheidet sich danach, ob F die allgemein anerkannten medizinischen Standards nach § 630a II BGB beachtet hat. Das hängt maßgebend von einem einzuholenden medizinischen Sachverständigengutachten ab. Sollte dieses einen groben Behandlungsfehler feststellen, wären die Erfolgsaussichten gut, da dann nach § 630h V BGB vermutet wird, dass der grobe Behandlungsfehler für die Lähmung ursächlich ist.

Güllemann

15.4 Sonstige Dienstleistungsverträge im Überblick

733 Zu den sonstigen im BGB geregelten Dienstleistungsverträgen zählen vor allem

- der Auftrag, §§ 662 ff. BGB,
- die Geschäftsbesorgung, §§ 675 ff. BGB,
- der Reisevertrag, §§ 651a ff. BGB sowie
- der Maklervertrag, §§ 652 ff. BGB.

15.4.1 Auftrag

734 Der Auftrag ist ein Vertrag, durch den sich jemand („Beauftragter") verpflichtet, ein ihm von dem Auftraggeber übertragenes Geschäft für diesen unentgeltlich wahrzunehmen, § 662 BGB. Inhalt dieses (unvollkommen zweiseitigen) Vertrages ist eine unentgeltliche Geschäftsbesorgung, dh jede selbstständige oder unselbstständige, wirtschaftliche oder nicht wirtschaftliche Tätigkeit in fremdem Interesse.

Beispiele: Auftrag zur Koordination eines Buchprojekts, zum Kauf einer Eintrittskarte, zur Anlage von Geld.

735 Den Beauftragten trifft vor allem die Pflicht zur sorgfältigen und persönlichen Ausführung des Auftrags, §§ 662, 664 BGB, zur Befolgung von Weisungen, § 665 BGB, zur Auskunft und Rechenschaft, § 666 BGB, sowie zur Herausgabe dessen, was er zur Ausführung des Auftrags erhält und aus der Geschäftsbesorgung erlangt, § 667 BGB.

Beispiel: Herausgabe der für einen anderen gekauften Eintrittskarte.

736 Den Auftraggeber trifft vor allem die Pflicht, dem Beauftragten die Aufwendungen zu erstatten, die er zum Zwecke der Ausführung des Auftrags gemacht hat und die er nach den Umständen für erforderlich halten durfte, § 670 BGB.

Beispiel: Erstattung der Kosten für den Erwerb der Eintrittskarte, ev. auch Fahrt- und Portokosten.

15.4.2 Geschäftsbesorgungsvertrag

737 Im Unterschied zum Auftrag handelt es sich bei der Geschäftsbesorgung um einen entgeltlichen Vertrag, der eine selbstständige Tätigkeit zur Wahrnehmung fremder Vermögensinteressen zum Gegenstand hat, § 675 I BGB. Typisch ist die eigenständige und fremdnützige Wahrnehmung wirtschaftlicher Interessen für einen anderen gegen entsprechende Bezahlung.

Beispiele: Anlageberatung, Steuerberatung, Wirtschaftsprüfung.

738 Solche Verträge können auf einem Werkvertrag beruhen, wenn ein bestimmter Erfolg geschuldet wird (Beispiel: Erstellung der Einkommensteuererklärung), oder auf einem Dienstvertrag, wenn nur die reine Tätigkeit geschuldet wird (Beispiel: Prozessführung durch einen Rechtsanwalt). Es gelten dann nach § 675 I BGB bestimmte Vorschriften des Auftragsrechts sowie je nach Art der Geschäftsbesorgung ent-

weder die Vorschriften des Werkvertragsrechts (§§ 631 ff. BGB) oder des Dienstvertragsrechts (§§ 611 ff. BGB). Für die Beauftragung eines Steuerberaters zur Erstellung einer Steuererklärung würde somit neben den Auftragsregeln, auf die § 675 I BGB Bezug nimmt, Werkvertragsrecht gelten. Die Wahrnehmung einer Prozessvertretung durch einen Rechtsanwalt wäre eine Geschäftsbesorgung mit Dienstvertragscharakter; folglich wären neben den in § 675 BGB erwähnten Auftragsregeln die §§ 611 ff. BGB anwendbar.

15.4.3 Reisevertrag

Literatur: *Führich/Staudinger*, Reiserecht, 8. Aufl. 2019

Pauschalreiseverträge unterliegen den Sonderregeln der §§ 651a ff. BGB, die deutliche   739
Modifizierungen gegenüber dem allgemeinen Werkvertragsrecht enthalten. Auf Grund der PauschalreiseRL der EU vom 25.11.2015 sind die bisherigen §§ 651a–m BGB durch die vollständig neu gefassten §§ 651a–y BGB ersetzt worden. Ein Pauschalreisevertrag verpflichtet den Reiseveranstalter, dem Reisenden eine Pauschalreise gegen Bezahlung des Reisepreises zu erbringen, § 651a BGB. Hier müssen im Unterschied zur Individualreise, die nur den Transport beinhaltet, mindestens zwei Leistungen in einem Gesamtpaket im Austausch gegen Zahlung eines Gesamtpreises Inhalt des Vertrages sein.

▍ **Beispiel**: Flugreise mit Hotelunterkunft   ▍

Reiseveranstalter ist derjenige, der die Reise im eigenen Namen und für eigene   739a
Rechnung organisiert und dem Kunden darbietet. Wer erkennbar nur Reisen vermittelt, wie das Reisebüro, ist nicht Veranstalter; auch nicht, wer nur eine einzelne Reiseleistung erbringt, wie die Fluggesellschaft oder das Hotel. Wenn dem Reisenden aber mindestens zwei verschiedene Arten von Reiseleistungen für den Zweck derselben Reise erbracht werden sollen und

1. der Reisende die Reiseleistungen in einer einzigen Vertriebsstelle des Unternehmers im Rahmen desselben Buchungsvorgangs auswählt, oder
2. der Unternehmer die Reiseleistungen zu einem Gesamtpreis anbietet, oder
3. der Unternehmer die Reiseleistungen unter der Bezeichnung „Pauschalreise" oder ähnlich bewirbt,

liegt nach § 651b keine Vermittlung mehr vor. Der Unternehmer ist dann Reiseveranstalter.

Der Reiseveranstalter schuldet dem Reisenden die Erbringung des **Gesamtpakets**   739b
von Reiseleistungen und muss bei **Reisemängeln** die Verantwortung tragen, §§ 651i ff. BGB. Die Rechte des Reisenden sind nunmehr katalogmäßig in § 651i III BGB in sieben (!) verschiedenen Ansprüchen zusammengestellt, was die Begehrlichkeiten noch mehr als bisher schon zu wecken verspricht. Insbesondere kann der Reisende Abhilfe verlangen (§ 651k BGB), wofür vier Unterkategorien zur Verfügung gestellt werden. Er kann weiter die Minderung des Reisepreises begehren (§ 651m BGB).

Darüber hinaus kann er bei erheblichen Mängeln kündigen (§ 651l BGB) und bei zu vertretenden Mängeln Schadensersatz beanspruchen (§ 651n BGB). Wird die Reise vereitelt oder erheblich beeinträchtigt, so kann der Reisende auch wegen nutzlos aufgewendeter Urlaubszeit eine billige Entschädigung in Geld verlangen (§ 651n II BGB).

740

?

Kontrollfragen und Aufgaben	
1. Was ist unter einem Auftrag zu verstehen?	→ Rn. 734
2. Was ist unter einem Geschäftsbesorgungsvertrag zu verstehen?	→ Rn. 737
3. Wann liegt ein Pauschalreisevertrag vor?	→ Rn. 739
4. Wie ist die Mängelhaftung bei einer Pauschalreise geregelt?	→ Rn. 739b

Aufgabe 1 (Leistungsniveau: Bachelorstudiengang)

A bucht bei Reiseveranstalter R eine Erlebnisreise zum Besuch eines Musicals mit Busreise, Hotelübernachtung in einem 4-Sterne-Hotel und Eintrittskarte zum Gesamtpreis von 500 EUR. Das Hotel erweist sich als eine billige Absteige. A möchte sofort abreisen. Rechtslage?

Lösung

Es könnten die Vorschriften der § 651a ff. BGB über den Pauschalreisevertrag anwendbar sein. Dann müsste eine Pauschalreise Vertragsgegenstand sein. Darunter versteht § 651a II BGB eine Gesamtheit von mindestens zwei verschiedenen Arten von Reiseleistungen für den Zweck derselben Reise. Hier hat A drei verschiedene Reiseleistungen – nämlich Reise, Unterkunft, Musicalbesuch – für den Zweck derselben Reise gebucht. Somit liegt eine Pauschalreise nach § 651a BGB vor. Die Reise ist bezüglich der versprochenen Hotelleistung nicht so wie vereinbart erbracht worden, sodass ein Reisemangel nach § 651i I und II BGB vorliegt. Dieser berechtigt den A, gem. § 651k BGB Abhilfe zu verlangen. Eine Kündigung ist grds. nach §§ 651i III Nr. 2, 651l BGB erst möglich, nachdem A dem Veranstalter eine Frist zur Abhilfe gesetzt hat und dieser die Frist hat verstreichen lassen, ohne Abhilfe zu schaffen. A kann also, falls er nicht den Reisepreis einbüßen will, nicht sofort abreisen, sondern müsste zuvor eine knappe Frist setzen, in einem Hotel der versprochenen Kategorie untergebracht zu werden.

16 Gesetzliche Schuldverhältnisse

Literatur: *Baldringer/Jordans*, Beurteilung des „Abschleppfalles" nach bürgerlichem Recht – insbesondere Ersatz der Abschleppkosten bei widerrechtlichem Parken, NZV 2005, 75; BeckOK BGB, 61. Edition Stand: 01.02.2022; *Grüneberg*, Bürgerliches Gesetzbuch, 81. Aufl. 2022; *Medicus/Lorenz*, Schuldrecht II, Besonderer Teil, 18. Aufl. 2018; Münchener Kommentar zum BGB, 8. Aufl. 2020.

16.1 Allgemeines

Schuldverhältnisse sind Rechtsbeziehungen zwischen zwei oder mehr Beteiligten, **741** bei denen der eine dem anderen **eine Leistung schuldet** (§ 241 I BGB). „Schuld" hat keine moralische Dimension, sondern ist rein fachsprachlich im Sinne von „A schuldet dem B die Zahlung von X Euro." zu verstehen.

Die Beteiligten des Schuldverhältnisses sind **Schuldner** (derjenige, der die Leistung erbringen muss) und **Gläubiger** (derjenige, der die Leistung verlangen kann).

Schuldverhältnisse lassen sich allgemein in **zwei Kategorien** einteilen:

- Schuldverhältnisse, die auf Rechtsgeschäft beruhen (**rechtsgeschäftliche Schuldverhältnisse**): Hier haben die Beteiligten gem. § 311 I BGB einen Vertrag geschlossen oder befinden sich in einer vertragsähnlichen Situation gem. § 311 II oder III BGB.
- Schuldverhältnisse, die auf Gesetz beruhen (**gesetzliche Schuldverhältnisse**): Hier ordnet der Gesetzgeber an, dass eine Person bei Vorliegen bestimmter Voraussetzungen einer anderen Person etwas schuldet.

> **Beispiele:**
> - **Ungerechtfertigte Bereicherung**; §§ 812 ff. BGB.
> - **Unerlaubte Handlungen**; §§ 823 ff. BGB.
> - Eigentümer-Besitzer-Verhältnis; § 985 ff. BGB.
> - Unterhaltspflichten von Verwandten; §§ 1601 ff. BGB.
> - Haftung des Kraftfahrzeughalters; § 7 StVG.
> - **Haftung des Produktherstellers**; §§ 1 ff. ProdhaftG.

Die Darstellung in diesem Werk beschränkt sich auf die im Fettdruck genannten Schuldverhältnisse.

16.2 Unerlaubte Handlungen

16.2.1 Grundlegendes

Bei den „unerlaubten Handlungen" gem. §§ 823–853 BGB geht es um verbotene **742** Verhaltensweisen, die zur **Haftung** des Handelnden führen. „Haftung" bedeutet, dass der Handelnde den von ihm verursachten Schaden ersetzen muss.

743 Eine Haftung entsteht nicht bereits dadurch, dass jemand durch sein Verhalten bei einem anderen einen wirtschaftlichen Verlust verursacht hat (ansonsten wäre das Startup-Unternehmen, das durch kundenfreundliche Angebote Gewinneinbußen bei etablierten Unternehmen verursacht, gem. § 252 BGB schadensersatzpflichtig). Das Entstehen eines Schadensersatzanspruchs setzt stets voraus, dass derjenige, der für einen von ihm verursachten Schaden haften soll, einen **gesetzlichen Haftungstatbestand** erfüllt hat. Besonders praxisrelevant sind folgende Haftungstatbestände:

- § 823 I BGB (Haftung wegen Rechtsgutverletzung).
- § 823 II BGB (Haftung wegen Verletzung eines Schutzgesetzes).
- § 826 BGB (Haftung wegen sittenwidriger Schädigung).
- § 831 BGB (Haftung für den Verrichtungsgehilfen).

744 Die Ansprüche aus §§ 823 ff. BGB **setzen keine** vertragliche oder sonstige **vorherige Rechtsbeziehung zwischen Schädiger und Geschädigtem voraus.** Soweit zwischen den Beteiligten bereits Rechtsbeziehungen bestanden (Schädiger und Geschädigter sind Vertragspartner oder durch ein sonstiges Rechtsverhältnis miteinander verbunden), können vertragliche Schadensersatzansprüche (beispielsweise aus § 280 I BGB) und Ansprüche unerlaubter Handlung nebeneinander bestehen. Sie sind unabhängig voneinander zu prüfen und können jeweils zu unterschiedlichen Ergebnissen führen.

16.2.2 Haftung wegen Rechtsgutverletzung (§ 823 I BGB)

16.2.2.1 Sachgemäße Prüfungsreihenfolge

745 Die Prüfung des § 823 I BGB sollte nicht entlang des Wortlauts erfolgen, sondern sachgemäßerweise stets in der folgenden Reihenfolge geschehen:

1. Verletzung eines Rechtsguts
2. Rechtswidrigkeit
3. Verschulden
4. Schaden

16.2.2.2 Betroffenes Rechtsgut

746 § 823 I BGB schützt folgende Rechtsgüter: Leben, Körper, Gesundheit, Freiheit, Eigentum und das sonstige Recht. Diese Rechtsgüter werden auch **absolute Rechte** genannt, weil es sich um Rechte handelt, die einem Rechtssubjekt **gegenüber jedermann** zustehen (im Vergleich dazu sind vertraglich begründete Rechte relative Rechte, da sie nur gegenüber dem Vertragspartner bestehen).

747 **Leben, Gesundheit, Körper**: Verletzung des Lebens bedeutet Tötung. Eine Verletzung des Körpers liegt bei jedem Eingriff in die körperliche Befindlichkeit vor. Darunter fallen Eingriffe in die Körpersubstanz (beispielsweise Bruch eines Knochens, Abschneiden von Haaren) und die Verursachung von Schmerzen. Unter Gesundheitsverletzung fällt das Verursachen oder Verschlimmern einer Krankheit (BGH NJW 1991, 1948, 1949: „jedes Hervorrufen oder Steigern eines von den normalen körperlichen Funktionen nachteilig abweichenden Zustands").

Miras

Beispiele:

* Infektion mit AIDS durch ungeschützten Geschlechtsverkehr, selbst wenn die Krankheitssymptome beim Infizierten nicht ausbrechen (BGH NJW 2005, 2614, 2615).
* Jeder ärztliche operative Eingriff (Verabreichung einer Spritze; Schienen eines gebrochenen Armes; Legen einer Infusion; Entnahme eines entzündeten Blinddarmes) ist eine Körperverletzung.

Freiheit: Eine Freiheitsverletzung liegt vor, wenn ein anderer in seiner körperlichen   748
Bewegungsfreiheit eingeschränkt wird. Freiheitsverletzung bedeutet also Einsperrung (*Medicus/Lorenz* § 73 Rn. 10). Demgegenüber ist die bloße Beeinträchtigung der „allgemeinen Handlungsfreiheit" keine Freiheitsverletzung.

Beispiele:

* Während Kundin K auf der Kundentoilette ist, wird das Kaufhaus abgeschlossen. K muss zwei Stunden im Gebäude ausharren, bevor sie befreit wird. Hier wurde K in ihrer Freiheit verletzt.
* X kann mit seinem Auto nicht wegfahren, weil Y seinen Wagen vor der Einfahrt von X geparkt hat. X ist zwar in seiner allgemeinen Handlungsfreiheit eingeschränkt, weil er sein Auto nicht nutzen kann, aber er kann sich selbst frei bewegen. X wurde nicht in seiner Freiheit verletzt.

Eigentum: Eine Eigentumsverletzung liegt vor, wenn eine Sache, die einem anderen   749
gehört, zerstört, beschädigt, verunstaltet oder dem Eigentümer weggenommen wird. Sachen sind gem. § 90 BGB körperliche Gegenstände (Tiere werden wegen § 90a S. 3 BGB zivilrechtlich wie Sachen behandelt). Das Eigentum wird verletzt durch Eingriffe in die Sachsubstanz (Beschädigung oder Zerstörung) und durch dauerhafte Entziehung (Diebstahl, Unterschlagung). Wird die Verwendungsfähigkeit einer Sache zeitweilig beeinträchtigt, unterscheidet die Rechtsprechung nach der Tragweite der Beeinträchtigung: Ist die Verwendungsfähigkeit praktisch aufgehoben, liegt eine Eigentumsverletzung vor (BGH NJW-RR 2017, 219, 221 Rn. 17); bei einer bloßen Einengung der Nutzungsmöglichkeit – der Eigentümer kann die Sache zwar nutzen, allerdings nicht so, wie geplant – ist dies noch nicht der Fall (BGH NJW 2004, 356, 358).

Beispiele:

* Wird ein Transportschiff zwei Tage lang in einem Hafen derart blockiert, dass es weder vor- noch zurückfahren kann, liegt darin eine Eigentumsverletzung (BGH NJW-RR 2017, 219, 221 Rn. 21).
* Wenn Y die Garagenausfahrt des X blockiert, so dass X mit seinem Auto nicht wegfahren kann, begeht Y eine Eigentumsverletzung am Auto des X (*Baldringer/ Jonas* NZV 2005, 75, 78).
* Der dem A gehörende Kran kann seinen Einsatzort erst mit vierstündiger Verspätung erreichen, weil B seinen PKW vorschriftswidrig auf der geplanten Route des Krans geparkt und dadurch den Weg des Krans blockiert hat. Hier liegt keine Eigentumsverletzung des B am Kran des A vor (BGH NJW 2004, 356, 358).

750 **Sonstiges Recht**: Zu den „sonstigen Rechten" im Sinne des § 823 I gehören Rechte, die (wie Leben, Körper, Gesundheit, Freiheit und Eigentum) gegenüber jedermann gelten. Hierunter fallen insbesondere:

- Dingliche Rechte wie Nießbrauch (§§ 1030 ff. BGB), Hypothek (§§ 1113 ff. BGB), Grundschuld (§§ 1191 ff. BGB) und Pfandrecht (§§ 1204 ff. BGB).
- Der berechtigte Besitz (Grüneberg/*Sprau* § 823 Rn. 13).

Beispiel: Wer dem Mieter eines Autos das Auto wegnimmt, muss dem Mieter den Schaden ersetzen, der dem Mieter durch die Wegnahme entstand, beispielsweise die Kosten für die Anmietung eines anderen Fahrzeugs.

- Immaterialgüterrechte wie Patent-, Marken- und Namensrechte.

Beispiel: Wer die von ihm abgefüllte Limonade unter dem Namen „Coca Cola" verkauft, verletzt das Markenrecht der Coca-Cola Company.

751 - Das **allgemeine Persönlichkeitsrecht**: Die Rechtsprechung leitet aus Art. 1 I GG (Menschenwürde) und Art. 2 I GG (allgemeine Handlungsfreiheit) das allgemeine Persönlichkeitsrecht ab (BVerfG NJW 2022, 680, 681 Rn. 21), das als sonstiges Recht iSd § 823 I BGB anerkannt ist (BGH NJW-RR 2022, 419 Rn. 9; NJW 2020, 770 Rn. 12). Das allgemeine Persönlichkeitsrecht wird verletzt durch Eindringen in die Intimsphäre (beispielsweise durch Berichterstattung über das Sexualleben), durch Ehrverletzungen (BGH NJW 2014, 2029, 2031 Rn. 16) oder durch das Zeichnen eines falschen Bildes in der Öffentlichkeit (BGH NJW 1995, 861, 862; LG Hamburg BeckRS 2013, 198338 Rn. 77).

752 - Der **eingerichtete und ausgeübte Gewerbebetrieb**: Um die wirtschaftliche Integrität von Unternehmen umfassend zu schützen, hat die Rechtsprechung das Recht am eingerichteten und ausgeübten Gewerbebetrieb entwickelt. Ziel ist es, das Unternehmen „in seiner wirtschaftlichen Tätigkeit und in seinem Funktionieren vor widerrechtlichen Eingriffen" zu bewahren (BGH NJW 2019, 781, 782 Rn. 16). Voraussetzungen für den Anspruch sind, dass ein auf Dauer angelegter und auf Gewinnerzielung gerichteter Betrieb vorliegt und der Schädiger hiergegen einen „unmittelbaren, betriebsbezogenen Eingriff" vorgenommen hat (BGH NJW 2015, 1174, 1176 Rn. 20).

Beispiele:
- Demonstranten blockieren die Ausfahrt eines Presseunternehmens, so dass die aktuelle Tageszeitung nicht ausgeliefert werden kann (BGH NJW 1972, 1366, 1367 – „Springer-Blockade"). Keine Eigentumsverletzung, da die Zeitungen selbst nicht beschädigt werden, sie sind aber nach dem Ende der Blockade veraltet (wer kauft die Zeitung vom Vortag?). Die Blockade ist allerdings ein zielgerichteter Eingriff in den Gewerbebetrieb des Presseunternehmens und damit eine Rechtsgutverletzung.
- Ein Vorstandsmitglied der Deutschen Bank äußert sich in einem TV-Interview abfällig über die Kreditwürdigkeit des Medienkonzerns K. K gerät daraufhin in die Insolvenz (BGH NJW 2006, 830, 842, Rn. 122 ff. – „Breuer-Interview"). Die Deutsche Bank einigte sich mit den Erben des zwischenzeitlich verstorbenen Inhabers des Medienkonzerns (Leo Kirch) auf eine Summe von 775 Millionen Euro, nachdem sie vom OLG München zum Schadensersatz in Höhe von über 2 Milliarden Euro verurteilt worden war (OLG München BeckRS 2013, 5349 Rn. 35).

Miras

Kein sonstiges Recht ist das „Vermögen als solches". Nicht nach § 823 Abs. 1 BGB 753
ersetzt wird der „reine Vermögensschaden". Erleidet eine Person aufgrund des
Verhaltens eines anderen einen Vermögensschaden, ohne in einem eigenen Rechtsgut verletzt worden zu sein, erhält sie nach § 823 I BGB keinen Schadensersatz.

> **Beispiel**: T betreibt ein auf „Just-in-time"-Lieferungen spezialisiertes Transportun-
> ternehmen. F verursacht fahrlässigerweise einen Verkehrsunfall, so dass es zu einem
> unfallbedingten Stau kommt. T gerät mit seinem LKW in den Stau und erreicht
> deswegen seinen Kunden K eine Stunde zu spät. T muss wegen der Verspätung eine
> Vertragsstrafe (500 Euro) an K bezahlen. Kann T von F Ersatz der 500 Euro verlangen?
> Zwischen F und T besteht kein Schuldverhältnis, so dass ein Anspruch aus § 280 I
> BGB ausscheidet. In Betracht kommt nur eine Haftung des F nach § 823 I BGB. F hat
> allerdings kein Rechtsgut des T verletzt (Ts LKW wurde beim Unfall nicht beschä-
> digt, also keine Eigentumsverletzung; F hat den Unfall nicht zielgerichtet verursacht,
> um T zu schädigen, also kein Eingriff in den Gewerbebetrieb). Der Umstand, dass T
> wegen des Staus 500 Euro Vertragsstrafe zahlen muss, führt zu einem Vermögens-
> schaden des T, doch das Vermögen ist also solches kein Rechtsgut im Sinne des § 823 I
> BGB. T kann von F nichts verlangen.

16.2.2.3 Verletzungshandlung

In § 823 I BGB wird ein menschliches („wer") Handeln („verletzt") vorausgesetzt. 754
Das Handeln kann in einem **aktiven Tun** oder in einem **Unterlassen** bestehen. Aktives Tun ist jedes vom Willen beherrschbare menschliche Verhalten.

> **Beispiele**:
> * X streift mit dem Pedal seines Fahrrads ein parkendes Auto und verursacht eine
>   Delle in der Karosserie des Autos.
> * Y hetzt seinen Hund mit den Worten „Nero, fass!" auf Z. Der Hund beißt Z in
>   den Oberschenkel.
>   Hier liegt eine aktive Körperverletzungshandlung des Y vor. Er hat zwar nicht
>   selbst gebissen, aber den Hund durch seine Worte dirigiert.

Es gibt Situationen, in denen es gerade deswegen zu einer Rechtsgutverletzung 755
kommt, weil ein anderer nichts getan hat. Voraussetzung für eine Haftung nach § 823
BGB ist stets eine Handlung. Kann ein Nichtstun (= Unterlassen) eine Handlung im
rechtlichen Sinne sein?

> **Beispiel**: G ist Eigentümer eines Grundstücks, durch das ein öffentlicher Gehweg
> verläuft. G weiß, dass der Wetterbericht Schneefall angekündigt hat, doch kümmert
> er sich nicht um die Räumung des Gehwegs. Passantin P rutscht auf dem verschnei-
> ten Weg aus und bricht sich ein Bein. Ist G hierfür haftbar?

Ein Unterlassen kann die Grundlage einer Schadensersatzverpflichtung sein, wenn
eine Rechtspflicht zum Tun besteht. Dies ist der Fall, wenn eine **Verkehrssicherungs-**
pflicht gegeben ist. Wenn es der Verkehrssicherungspflichtige unterlässt, geeignete
Schutzmaßnahmen zu treffen, wird sein Unterlassen wie aktives Tun gewertet. Der
Begriff der Verkehrssicherungspflicht taucht im Gesetz nicht auf. Er wurde von

den Zivilgerichten am Anfang des 20. Jahrhunderts entwickelt und immer weiter ausgebaut (MüKo/*Wagner* § 823 Rn. 433). Danach gilt der Grundsatz, dass jeder, der in seinem Verantwortungsbereich Gefahren schafft oder andauern lässt, die notwendigen Vorkehrungen treffen muss, die im Rahmen des wirtschaftlich Zumutbaren geeignet sind, Gefahren von Dritten abzuwenden (BGH NJW 1985, 1773, 1774).

> **Beispiele**:
> - Den Hauseigentümer trifft eine Verkehrssicherungspflicht hinsichtlich des Hausflurs, der Treppen und der Beleuchtung gegenüber Dritten, die befugtermaßen sein Grundstück betreten, zB Handwerker, Ärzte, Gäste. Er ist auch für Gehwege verantwortlich, die über sein Grundstück führen, so dass er bei unterlassener Schneeräumung für dadurch verursachte Unfälle haftet.
> - Den Betreiber einer Gaststätte trifft die Verkehrssicherungspflicht hinsichtlich des dazugehörigen Parkplatzes, so dass er dafür haftet, wenn Gäste in eine ungesicherte Grube stürzen (OLG Stuttgart, NJW 2008, 2514).

16.2.2.4 Kausalität zwischen Handlung und Rechtsgutverletzung

756 Die Handlung muss **ursächlich** für die Verletzung des geschützten Rechtsgutes geworden sein (**haftungsbegründende Kausalität**). Ausgangspunkt für die Kausalität ist stets die sogenannte **Äquivalenztheorie** (Theorie der Gleichwertigkeit aller Ursachen), wonach zwischen Handlung und Eintritt der Verletzung dann eine Ursächlichkeit besteht, wenn die Handlung nicht hinweggedacht werden kann, ohne dass der tatbestandsmäßige Erfolg entfiele (sogenannte **conditio sine qua non**, BGH NJW 2017, 263 Rn. 14).

757 Die Rechtsprechung grenzt die Verantwortung für eine im Sinne der Äquivalenztheorie kausal verursachten Rechtsgutverletzung in **Sonderfällen** ein: Kausalität im Sinne der **Adäquanztheorie** ist nicht gegeben, wenn eine Handlung nur aufgrund eines ungewöhnlichen und nicht erwartbaren Geschehensablaufs zu einer Rechtsgutverletzung geführt hat (BGH NJW 1953, 700; ständige Rechtsprechung). Dadurch werden dem Handelnden ganz unwahrscheinliche Verläufe nicht zugerechnet.

> **Beispiel**: A lässt beim Kochen das Essen anbrennen. Passanten sehen den Rauch und alarmieren die Feuerwehr. Die Feuerwehr bricht aufgrund einer Verwechslung die Tür bei As Nachbarn N auf. Kann N von A die Reparaturkosten für die aufgebrochene Tür verlangen?
>
> A hat zwar durch das Anbrennenlassen äquivalent-kausal die Eigentumsverletzung bei N verursacht, aber die Schadensverursachung ist nicht adäquat-kausal, da die Wohnungs-Verwechslung durch die Feuerwehr für einen objektiven Beobachter außerhalb aller Wahrscheinlichkeit lag (Fall nach AG Mannheim, BeckRS 2016, 132773).

Die haftungsrechtliche Kausalität wird auch durch den **Schutzzweck der Norm** begrenzt. Danach besteht eine Haftung nur für „diejenigen äquivalenten und adäquaten Schadensfolgen, die aus dem Bereich der Gefahren stammen, zu deren Abwendung die verletzte Norm erlassen" wurde (BGH NJW 2012, 2024, 2025 Rn. 14).

Beispiel: X hat die Vorfahrtsregeln im Straßenverkehr missachtet und dadurch einen Verkehrsunfall mit Y verursacht. Gegenüber der Polizei behauptet X, dass Y der Unfallverursacher gewesen sei. Y regt sich deswegen derart auf, dass er einen Schlaganfall erleidet.

Nach BGH ist X für den Schlaganfall des Y nicht verantwortlich (obwohl er ihn im Sinne der Äquivalenz- und Adäquanztheorie kausal verursacht hat). Zwar dienten die Verkehrsvorschriften der Verhütung von Unfallrisiken und der damit verbundenen Gesundheitsschäden, doch sei die Aufregung, in die sich Y hineingesteigert habe, davon nicht mehr umfasst (BGH NJW 1989, 2616, 2618).

16.2.2.5 Widerrechtlichkeit der Rechtsgutverletzung

Da die Verletzung von absoluten Rechten **grundsätzlich widerrechtlich** ist, muss die Widerrechtlichkeit der Rechtsgutverletzung nicht positiv festgestellt oder begründet werden. Vielmehr ist von der Widerrechtlichkeit auszugehen: Die Rechtsgutverletzung indiziert die Widerrechtlichkeit (Grüneberg/*Sprau* § 823 Rn. 24). **758**

Die Widerrechtlichkeit entfällt, wenn der Handelnde sich auf einen **Rechtfertigungsgrund** berufen kann, also ausnahmsweise berechtigt war, das Rechtsgut eines anderen zu verletzen. Hier die relevantesten Rechtfertigungsgründe: **759**

- **Notwehr** (§ 227 BGB): Wer angegriffen wird, darf den Angreifer im Rahmen der Notwehr verletzen. Die im Rahmen der Notwehr begangenen Rechtsgutverletzungen sind nicht widerrechtlich. **760**

- **Einwilligung des Verletzten** (§ 228 StGB, der wegen der Einheit der Rechtsordnung auch im Zivilrecht gilt): Jeder körperliche Eingriff ist zunächst eine Körperverletzung gem. § 823 I BGB, unabhängig davon, mit welchem Ziel er erfolgte. Daher begeht ein Friseur, der seinem Kunden die Haare schneidet, eine tatbestandliche Körperverletzung. Dasselbe gilt nicht nur für den Betreiber eines Tattoo-Studios, der seinen Kunden in die Haut ritzt, sondern auch für eine Ärztin, die einen operativen Heileingriff am Patienten vornimmt. Die Körperverletzung ist aber nicht widerrechtlich, wenn der Betroffene in den Eingriff eingewilligt hat. **761**
Für die Einwilligung in den **ärztlichen Heileingriff** gilt § 630d BGB, der voraussetzt, dass der Behandelnde den Patienten über die „wesentlichen Umstände" (also: Erforderlichkeit, Folgen und Risiken) des geplanten Eingriffs aufgeklärt hat (§ 630e I S. 1 BGB); eine ohne diese Aufklärung erteilte Einwilligung des Patienten ist nicht wirksam (§ 630 II BGB). Eine durch einen ärztlichen Eingriff vorgenommene Körperverletzung ist danach nur gerechtfertigt, wenn der Patient aufgrund einer korrekten Aufklärung in den Eingriff eingewilligt hat und der Eingriff nach den Regeln der ärztlichen Heilkunst („lege artis") durchgeführt wurde.
Bei **kampfbetonten Sportarten**, denen eine Verletzungsgefahr innewohnt (beispielsweise Handball, Fußball, Eishockey, Boxen), willigt der Mitspieler durch seine Teilnahme stillschweigend in Verletzungen ein, die bei regelgerechter Ausübung nach den anerkannten Regeln der ausgeübten Sportart nicht zu vermeiden sind (OLG Düsseldorf BeckRS 2011, 1472). Auch Verletzungen, die auf leichten Regelverstößen beruhen (also aus Übereifer, technischem Versagen oder Übermüdung geschehen) sind nicht rechtswidrig (BGH NJW 2003, 2018, 2020). Widerrechtlichkeit liegt erst ab der Schwelle des „groben Fouls" vor.

Eine Einwilligung des Verletzten wird unterstellt, wenn er sich **sozialadäquatem Verhalten** aussetzt, sich also in Situationen begibt, in denen es üblicherweise zu Rempeleien oder sonstigen Einwirkungen auf den Körper kommt.

Beispiele:

- Auf der Tanzfläche eines Punk-Konzerts wird Pogo getanzt. Besucher A geht auf die Tanzfläche und wird beim wilden Tanz von B so geschubst, dass er einen Bluterguss am Oberarm erleidet. Da das gegenseitige Anrempeln bei solchen Anlässen als normgerechtes Verhalten angesehen wird, hat B die Körperverletzung bei A nicht widerrechtlich begangen.
- Beim Rosenmontagsumzug wird die Zuschauerin Z von zwei Schokoriegeln im Gesicht getroffen, die von einem Karnevalswagen in die Menge geworfen wurden. Z trägt Verletzungen in Gesicht davon und verlangt Schmerzensgeld in Höhe von 1 500 Euro. Hierzu das Amtsgericht Köln: Kamelle-Werfen am Rosenmontagsumzug ist sozial-üblich und erlaubt. Zuschauer müssen damit rechnen, bei mangelnder Aufmerksamkeit von „Süßigkeiten üblicher Größe" getroffen zu werden. Wer dies vermeiden wolle, solle dem Rosenmontagsumzug fernbleiben (AG Köln BeckRS 2011, 3128).

762 • Bei Eingriffen in das **allgemeine Persönlichkeitsrecht** und den **eingerichteten und ausgeübten Gewerbebetrieb** kommt als Rechtfertigung für den Schädiger die **Wahrnehmung von Grundrechten** in Frage. Für die Feststellung der Widerrechtlichkeit muss regelmäßig eine Güter- und Interessenabwägung vorgenommen werden (Grüneberg/*Sprau* § 823 Rn. 24). Zugunsten des Schädigers sind insbesondere die Meinungs- und Pressefreiheit (Art. 5 I GG) und die Koalitionsfreiheit (Art. 9 III GG) zu beachten.

Beispiele:

- Der TV-Sender A veröffentlicht ungenehmigte Filmaufnahmen aus dem Hühnerstall des Landwirts L. Ziel der Veröffentlichung ist es, auf Missstände bei der Tierhaltung hinzuweisen.
  Die ungenehmigte Veröffentlichung von Betriebsinterna durch A stellt einen Eingriff in den Gewerbebetrieb des L dar (BGH NJW 2018, 2877, 2779 Rn. 16). Der Eingriff ist aber nicht widerrechtlich, weil A sich auf die Pressefreiheit (Art. 5 I GG) berufen kann: Die Presse habe als „Wachhund der Öffentlichkeit" die Aufgabe, die Öffentlichkeit über wichtige Themen zu informieren (BGH NJW 2018, 2877, 2781 Rn. 31).
- Gewerkschaft G ruft ihre Mitglieder zum Streik gegen Unternehmen U auf. Diese legen die Arbeit nieder, um U zu höheren Lohnzahlungen zu bewegen. Wegen des Produktionsstillstands kommt es bei U zu Gewinneinbußen. Die gezielte Arbeitsniederlegung zur Durchsetzung kollektiver Arbeitnehmerforderungen (Streik) stellt einen Eingriff in den Gewerbebetrieb des bestreikten Unternehmens dar. Wenn der Streik arbeitsrechtlich zulässig ist, ist der Eingriff durch Art. 9 III GG gerechtfertigt (BAG NJW 2010, 631, 634 Rn. 31 ff.; bestätigt durch BVerfG NJW 2014, 1874). Ist der Streik arbeitsrechtlich unzulässig, liegt ein widerrechtlicher Eingriff in den Gewerbebetrieb des bestreikten Unternehmens vor (BAG NZA 2012, 1372, 1378 Rn. 48 ff.).

16.2.2.6 Verschulden

Die Begehungsformen „vorsätzlich oder fahrlässig" betreffen die subjektive Vor- 763
werfbarkeit der Tat gegenüber dem Handelnden. Sie werden unter dem Begriff des
Verschuldens zusammengefasst.

Allgemeine Voraussetzung für das Verschulden ist die **Verschuldensfähigkeit.** Die- 764
se ist bei volljährigen Menschen, die an keiner krankhaften Störung der Geistestätigkeit leiden, gegeben (§§ 827, 828 BGB). Wer das siebente Lebensjahr nicht vollendet
hat, ist für seine Handlungen nie verantwortlich (§ 828 I BGB; im Straßenverkehr gilt
§ 828 II BGB). Ist der Schädiger sieben bis achtzehn Jahre alt, hängt seine Verantwortlichkeit von dessen individueller Einsichtsfähigkeit ab (§ 828 III BGB).

Als Grad des Verschuldens kommt Vorsatz oder Fahrlässigkeit in Frage. **Vorsatz** setzt 765
voraus, dass der Handelnde die Umstände, die zur Rechtsgutverletzung führen,
kennt (oder voraussieht) und sie in seinen Willen aufnimmt (BGH NJW-RR 2012, 404
Rn. 10); kurz: vorsätzlich handelt, wer die Rechtsgutverletzung wissentlich und
willentlich begeht. **Fahrlässigkeit** ist in § 276 II BGB definiert: das Außerachtlassen
der im Verkehr erforderlichen Sorgfalt (dabei ist mit „Verkehr" ist nicht nur der
„Straßenverkehr" gemeint, sondern der allgemeine Umgang mit anderen). Eine
Rechtsgutverletzung ist fahrlässig, wenn sie im konkreten Fall vorhersehbar und
vermeidbar war. Dabei gilt ein **objektiv-abstrakter Sorgfaltsmaßstab** (BGH NJW 2021,
1818, 1821 Rn. 32); das heißt: individuell fehlende Fachkenntnisse, Verstandeskräfte
oder Geschicklichkeit beseitigen den Fahrlässigkeitsvorwurf nicht, wenn vom Handelnden zu erwarten war, dass er genau diese Eigenschaften besitzt.

> **Beispiel**: A ist Anfänger im Arztberuf und begeht bei einem Heileingriff gegenüber
> Patient P einen Fehler, der zu einer Gesundheitsverschlechterung bei P führt.
>
> A kann sich gegenüber P nicht darauf berufen, dass er es als Anfänger nicht besser
> konnte. Vielmehr wird von A als praktizierendem Arzt erwartet, dass er die Stan-
> dards seines Berufs beherrscht.

16.2.2.7 Schaden

Aufgrund der widerrechtlichen und schuldhaften Rechtsgutverletzung muss dem 766
Verletzten ein Schaden entstanden sein (**haftungsausfüllende Kausalität**). Während
§ 823 I BGB besagt, unter welchen Umständen es Schadensersatz gibt (bei der schuldhaften und widerrechtlichen Verletzung eines Rechtsguts), regeln §§ 249 – 254 BGB
die Art und den Umfang des Schadensersatzes.

Beim Schaden wird unterschieden zwischen 767

- **materiellem Schaden** (Vermögensschaden), der beim Geschädigten eine unfreiwil-
  lige, in Geld messbare Verschlechterung seiner wirtschaftlichen Situation geführt
  hat (§§ 249–252 BGB) und
- **immateriellem Schaden** (Nichtvermögensschaden), der bei dem Geschädigten
  einen nicht in Geld messbaren Schaden verursacht hat (§ 253 I BGB, sogenanntes
  Schmerzensgeld).

Beim Vermögensschaden ist der Verletzte gem. § 249 I BGB vermögensmäßig so zu 768
stellen, als ob die Rechtsgutverletzung und der daraus resultierende Schaden nicht

eingetreten wäre. Hat der Geschädigte eine **Versicherung** gegen den Schadenseintritt abgeschlossen, entlastet dies den Schädiger nicht (BGH NJW 1956, 222, 223); der versicherte Geschädigte kann die Schadenssumme aber nur einmal verlangen. Nimmt der Geschädigte die Versicherung in Anspruch, geht der Anspruch des Geschädigten gem. §86 I S.1 VVG auf den Versicherer über, der dadurch den Anspruch gegen den Schädiger aus §823 I BGB hat.

769 Der Gläubiger des Schadensersatzanspruchs kann gem. §252 BGB den **entgangenen Gewinn** verlangen, also den Geldbetrag, den er aufgrund der Rechtsgutverletzung nicht verdienen konnte. Wird ein Arbeitnehmer verletzt, so hat dieser bei krankheitsbedingter Arbeitsunfähigkeit einen Entgeltfortzahlungsanspruch gegenüber dem Arbeitgeber aus §3 I EFZG und daher im Ergebnis keinen Verdienstausfall. Allerdings geht der Anspruch aus §252 BGB gegen den Schädiger gem. §6 I EFZG auf den Arbeitgeber über, der der Entgeltfortzahlung im Krankheitsfall nachkommt. §3 I EFZG entlastet den Schädiger daher nicht.

770 §253 II BGB gewährt dem Verletzten neben dem Ersatz des Vermögensschadens nach §249 I BGB einen Anspruch auf **Schmerzensgeld** (= Ersatz des immateriellen, also nicht in Geld bezifferbaren, Schadens). Voraussetzung ist, dass der Schädiger bei der Begehung der schädigenden Handlung den Geschädigten an Körper, Gesundheit, Freiheit oder in seiner sexuellen Selbstbestimmung verletzt hat. Bei der Bestimmung des angemessenen Schmerzensgeldes ist die Funktion des Schmerzensgeldes zu berücksichtigen. Es soll einmal einen angemessenen **Ausgleich** für die erlittenen immateriellen Schäden bieten und zum anderen dem Geschädigten **Genugtuung** verschaffen für das, was er erlitten hat (BGH BeckRS 2022, 5498 Rn.11). Bei seiner Bemessung sind daher die „Schwere der Verletzungen, das durch diese bedingte Leiden, dessen Dauer, das Ausmaß der Wahrnehmung der Beeinträchtigung durch den Verletzten und der Grad des Verschuldens des Schädigers" (BGH BeckRS 2022, 6623 Rn.13), aber auch die Vermögensverhältnisse des Schädigers zu berücksichtigen. Die Schmerzensgeldbeträge sind in Deutschland (vor allem im Vergleich zu den USA) traditionell eher niedrig.

> **Beispiele**:
> - Verletzung der Halswirbelsäule nach Verkehrsunfall, mit der Folge von „sensiblen Missempfindungen im Sinne von Kribbel- und Kältegefühlen im linken Arm" für die Dauer von drei bis vier Wochen: 1.200 Euro (LG Osnabrück BeckRS 2022, 1822 Rn.27).
> - Nahezu vollständig ausgeheilte Schnittverletzung im Gesicht mit dauerhaft verbleibender leichter Lidhebeschwäche: 4.000 Euro (bei 40% Mithaftung des Geschädigten; OLG Oldenburg BeckRS 2011, 12557).
> - 15.000 Euro für eine Frau, die aufgrund eines ärztlichen Eingriffs ungewollt gebärunfähig wurde (OLG Koblenz NJW 2006, 2928).

771 Im Rahmen des Schadens ist ein eventuelles **Mitverschulden** des Geschädigten anspruchsmindernd gem. §254 BGB zu berücksichtigen. Hat der Geschädigte durch eigenes Verhalten dazu beigetragen, dass es zu dem Schaden kam, ist sein Schadensersatzanspruch gem. §254 I BGB um den Anteil seiner schuldhaften Mitverursachung zu kürzen. Wie hoch das Mitverschulden ist, ergibt sich aus einer wertenden Betrachtung unter Berücksichtigung der Umstände des Einzelfalls. Nach §254 II

BGB muss sich der Geschädigte auch anspruchsmindernd zurechnen lassen, dass er durch sein Verhalten den Schaden nicht abgewendet oder gemindert hat. Das Mitverschulden kann im Extremfall 100 % betragen, so dass kein Schadensersatzanspruch des Geschädigten besteht.

16.2.2.8 Prüfungsschema

> **Prüfungsschema für § 823 I BGB** 772
> 1. Rechtsgutsverletzung
> 1.1. Eintritt des Erfolgs (Verletzung eines in § 823 I BGB geschützten Rechtsguts)
> 1.2. Handeln des Schädigers (aktives Tun oder Unterlassen; bei Unterlassen: Pflicht zum Handeln aufgrund Verkehrssicherungspflicht)
> 1.3. Kausalität zwischen Handlung und Rechtsgutverletzung (haftungsbegründende Kausalität)
> 2. Widerrechtlichkeit
> Die Widerrechtlichkeit ist durch die Rechtsgutverletzung indiziert. Sie entfällt bei Vorliegen von Rechtfertigungsgründen.
> Bei Eingriffen in das Persönlichkeitsrecht oder in den Gewerbebetrieb muss die Widerrechtlichkeit durch Abwägung ausdrücklich festgestellt werden.
> 3. Verschulden
> 3.1. Schuldfähigkeit (§§ 827, 828)
> 3.2. Vorsatz oder Fahrlässigkeit
> 4. Schaden (§§ 249 ff. BGB)
> Kausalität zwischen Rechtsgutverletzung und Vermögenseinbuße (haftungsausfüllende Kausalität)
> Ersatzfähiger immaterieller Schaden (§ 253 II BGB)?
> Mitverschulden des Geschädigten (§ 254 BGB)?

16.2.3 Haftung wegen Verletzung eines Schutzgesetzes (§ 823 II BGB)

Der Anspruch aus § 823 II BGB setzt die Verletzung eines den „Schutz eines anderen 773 bezweckenden Gesetzes" voraus. Unter „Gesetz" sind nicht nur materielle Gesetze im staatsrechtlichen Sinne zu verstehen, sondern **alle Rechtsnormen**, also auch Verordnungen (beispielsweise Hundeanleineverordnung; OLG Hamm NZV 2008, 564, 565) und Satzungen (beispielsweise Streupflichtsatzung; OLG Celle r + s 1997, 501).

Zu den Schutzgesetzen gehören alle Rechtsnormen, die ein Gebot oder ein Verbot aussprechen und dadurch einen bestimmten Personenkreis schützen. Der Anspruchsteller muss zum geschützten Personenkreis gehören.

Beispiele:

* Aus dem Strafgesetzbuch (StGB): § 123 (Hausfriedensbruch); §§ 185–187 (Beleidigung und Verleumdung); § 246 (Unterschlagung); § 263 (Betrug); § 266 (Untreue).

- §1 II StVO (Rücksichtnahmegebot)
- §15a I InsO (Insolvenzantragspflicht)
- §35a GmbHG (Pflichtangaben auf Geschäftsbriefen)
  X ist Geschäftsführer der Z-GmbH. Er unterzeichnet einen Scheck im Namen der Z-GmbH und gibt dabei einen falschen Sitz der GmbH an. Aufgrund der falschen Ortsangabe wird dem Scheckinhaber (I) die Einlösung verweigert. I kann die Mehrkosten, die ihm durch die falsche Ortsangabe entstanden sind, von X aus §823 II BGB iVm §35a I GmbHG ersetzt verlangen (LG Detmold NJW-RR 1990, 995).

16.2.4 Haftung wegen sittenwidriger Schädigung (§826 BGB)

774 Da das BGB auf einem liberalen Menschenbild aufbaut, wird ein eigennütziges Verhalten als legitime Motivation der Akteure betrachtet; der Eigennutz soll aber dort seine Grenzen haben, wo er in **rücksichtslosen Egoismus** umschlägt (BGH NJW 2014, 1380 Rn. 8). Daher ordnet §826 BGB an, dass derjenige, der in sittenwidriger Weise vorsätzlich einen Schaden verursacht, dem Geschädigten zum Schadensersatz verpflichtet ist.

775 **Sittenwidrigkeit** ist gegeben, wenn das Verhalten des Schädigers „gegen das Anstandsgefühl aller billig und gerecht Denkenden verstößt" (BGH NJW 2020, 1962, 1963 Rn. 15). Dabei wird eine moralische Bewertung vorgenommen, die dem Handelnden besondere Verwerflichkeit bescheinigt (BGH NJW 2017, 250, 251 Rn. 16). Die einzelfallbezogene Rechtsprechung zur Sittenwidrigkeit füllt ganze Bibliotheken. Hier ein paar Fallgruppen:

- **Eindringen in fremde Vertragsbeziehungen**: Ein Außenstehender bewegt eine Vertragspartei dazu, ihre vertraglichen Pflichten gegenüber ihrem Vertragspartner zu verletzen (BGH NJW 1991, 101, 102). Dazu gehört, dass der Handelnde eine „Vertragspartei zum Vertragsbruch verleitet, kollusiv mit ihr zusammenwirkt oder die Verletzung vertraglicher […] Treuepflichten bewusst unterstützt"(BGH NJW 2014, 1380 Rn. 8).
- **Bewusst falsche Auskunftserteilung**: Wer eine Auskunft erteilt, deren objektive Unrichtigkeit ihm bewusst ist, handelt sittenwidrig.

Beispiel: Bank B erteilt wissentlich falsche Auskunft über angebliche Zahlungsfähigkeit ihres Kunden K gegenüber dem Dritten D, der daraufhin gegenüber K in Vorleistung geht und einen Forderungsausfall erleidet. B haftet D aus §826 BGB auf Schadensersatz (BGH NJW 1984, 921, 922).

Zu dieser Fallgruppe gehören auch Gutachten, die bewusst falsch sind oder bei denen der Gutachter den zu begutachtenden Gegenstand in Wirklichkeit gar nicht überprüft, sondern seine „Angaben ins Blaue hinein" getroffen hat (MüKo/ *Wagner* §826 Rn. 84). Auch die bewusste Täuschung eines Automobilherstellers gegenüber Zulassungsbehörden und Endkunden beim Einbau illegaler Abschalteinrichtungen bei Dieselfahrzeugen, die auf dem Abgas-Prüfstand Werte im Normbereich vorspiegeln („VW-Dieselskandal"), fällt hierunter (BGH NJW 2020, 1962, 1963 Rn. 15).

- **Sittenwidriges Prozessverhalten**: Eine Prozesspartei, die einen unrichtigen Vollstreckungstitel erschleicht oder ausnutzt, handelt sittenwidrig und kann sich daher auf den formal rechtskräftigen Titel nicht berufen (BGH NJW 1987, 3256, 3257). Ebenfalls sittenwidrig ist die Stellung eines Insolvenzantrags oder die Erhebung einer Strafanzeige, wenn dem Handelnden bewusst ist, dass die dafür behauptete Tatsachenlage objektiv nicht gegeben ist; der unredliche Initiator des Verfahrens macht sich nach § 826 BGB schadensersatzpflichtig (MüKo/*Wagner* § 826 Rn. 248).

§ 826 BGB kennt als Verschuldensform nur den **Vorsatz**. Ausreichend hierfür ist die 776 Variante des bedingten Vorsatzes, wonach dem Handelnden die Umstände seiner Tat bewusst sind und er deren Folgen **billigend in Kauf** nimmt.

> **Beispiel**: Hierunter fällt auch eine „nach-mir-die Sintflut"-Einstellung, bei der es dem Handelnden schlicht egal ist, welche Folgen sein Verhalten hat; in diesem Sinne ergingen die Verurteilungen wegen Mordes in den sogenannten „Raser-Fällen", bei denen Teilnehmer an illegalen Autorennen mitten in der Großstadt unbeteiligte Passanten „versehentlich" totfuhren (BGH NJW 2020, 2900, 2904 Rn. 41 ff.).

Der Vorsatz muss sich bei § 826 nicht nur auf das sittenwidrige Verhalten, sondern auch auf die daraus resultierende Schädigung beziehen: Der sittenwidrig Handelnde muss also den möglichen Schaden voraussehen und billigend in Kauf nehmen, also mit Schädigungsvorsatz handeln (BGH NJW 2020, 1962, 1969 Rn. 61 ff.).

16.2.5 Haftung für den Verrichtungsgehilfen (§ 831 BGB)

§ 831 I S. 1 BGB lässt denjenigen, der die Vorteile der Arbeitsteilung für sich nutzt, 777 indem er andere für sich tätig werden lässt, für die durch diese Hilfspersonen gegenüber Dritten verursachte Schäden haften. Hierfür bedarf es eines besonderen Verhältnisses zwischen dem unmittelbar Handelnden (dem **Verrichtungsgehilfen**) und dem Haftenden (dem **Geschäftsherrn**). Dieses Verhältnis wird dadurch qualifiziert, dass der Verrichtungsgehilfe in die Organisationssphäre des Geschäftsherrn eingegliedert und dessen Weisungen unterworfen ist (*Medicus/Lorenz* § 80 Rn. 10). Zum Kreis der Verrichtungsgehilfen gehören Arbeitnehmer (die gem. § 611a I BGB per definitionem weisungsgebunden sind) und alle anderen Personen, denen gegenüber der Geschäftsherr die Tätigkeit „jederzeit beschränken oder entziehen oder nach Zeit und Umfang bestimmen kann" (BGH NJW 2014, 2797, 2798 Rn. 18).

Der Geschäftsherr ist nur für die unerlaubten Handlungen (beispielsweise Recht- 778 gutverletzung gem. § 823 I, Schutzgesetzverletzung gem. § 823 II oder vorsätzliche sittenwidrige Schädigung gem. § 826 BGB) seines Verrichtungsgehilfen verantwortlich, die dieser „in Ausführung der Verrichtung" begangen hat. Hierfür bedarf es eines **unmittelbaren inneren Zusammenhangs** zwischen der übertragenen Tätigkeit und der unerlaubten Handlung (OLG München NJW-RR 2016, 472, 473 Rn. 15).

> **Beispiele**:
> - Dachdeckerin D schickt ihren Mitarbeiter M zum Kunden K. Beim Ausladen der Leiter beschädigt M das Fenster von Ks Nachbarn N. Hier besteht ein innerer Zusammenhang zwischen Ms Tätigkeit und der Rechtsgutverletzung gegenüber N.
> - Wenn Ds Mitarbeiter M auf dem Weg zum Kunden bei der Bäckerei B vorbeigeht, um sich ein Frühstücksbrötchen zu kaufen und im Geschäft des B versehentlich eine Vitrine beschädigt, fehlt es am inneren Zusammenhang zwischen Ms Tätig-

Miras

> keit für D und der Rechtsgutverletzung gegenüber B. Für diese nur anlässlich der Verrichtung begangene Rechtsgutverletzung ihres Mitarbeiters ist die Geschäftsherrin nicht verantwortlich.

779 § 831 I S. 2 BGB besagt, dass der Geschäftsherr für die unerlaubte Handlung des Verrichtungsgehilfen nicht haftet, wenn der Geschäftsherr seiner Aufsichtspflicht genügt hat oder der Schaden auch bei gehöriger Aufsicht entstanden wäre. Daraus folgt, dass die Haftung nach § 831 I S. 1 BGB beim Geschäftsherrn ein Verschulden (Vorsatz oder Fahrlässigkeit) voraussetzt. Allerdings muss das Verschulden nicht positiv festgestellt werden, sondern es gilt eine **Verschuldensvermutung** (BeckOK BGB/*Förster* § 831 Rn. 21): Danach kann sich der Geschäftsherr der Haftung entziehen, indem er beweist, dass ihn im Hinblick auf die unerlaubte Handlung des Verrichtungsgehilfen kein Verschulden trifft (MüKo/*Wagner* § 831 Rn. 57). Er muss also nachweisen, dass er sowohl bei der Auswahl des Verrichtungsgehilfen als auch bei der Anleitung und Überwachung von dessen Tätigkeit und der Bereitstellung von Arbeitsgeräten die im Verkehr erforderliche Sorgfalt eingehalten hat (Grüneberg/*Sprau* § 831 Rn. 12 ff.). Alternativ kann der Geschäftsherr den Entlastungsbeweis auch durch den Nachweis erbringen, dass die unerlaubte Handlung des Verrichtungsgehilfen auch bei gehöriger Aufsicht geschehen wäre, eine möglicherweise unsorgfältige Überwachung also nicht kausal geworden ist (Grüneberg/*Sprau* § 831 Rn. 16).

780 Wichtig ist, dass § 831 I S. 1 BGB den schadensverursachenden Verrichtungsgehilfen nicht von seiner eigenen Haftung (aus §§ 823 I, 823 II oder 826 BGB) befreit; vielmehr **haften Verrichtungsgehilfe und Geschäftsherr** gem. § 840 I BGB als **Gesamtschuldner nebeneinander** (MüKo/*Wagner* § 831 Rn. 12), so dass sich der Geschädigte gem. § 421 S. 1 BGB aussuchen kann, wen der beiden er in Anspruch nimmt.

781 Immer wieder kommt die Frage nach dem **Verhältnis zwischen § 831 und § 278 BGB** auf. Anstatt sich hierfür mit den Unterschieden zwischen den Begriffen des Erfüllungsgehilfen (§ 278 BGB) und Verrichtungsgehilfen (§ 831 BGB) zu beschäftigen, ist es zielführender, die Funktion und die systematische Stellung der Vorschriften zu vergleichen:

- § 278 BGB kommt **innerhalb bestehender Schuldverhältnisse** zum Tragen, wo sich der Schuldner das Verschulden der Person, die er zur Erfüllung seiner Pflichten einsetzt, zurechnen lassen muss.
- § 831 BGB kommt zum Tragen, wenn eine **unerlaubte Handlung** (§§ 823 ff. BGB) begangen wurde und dafür der Geschäftsherr des Handelnden haften soll.

Es gibt daher **keinerlei Konkurrenz** zwischen § 278 und § 831 BGB. Sie stehen in keinem Stufen-, Exklusivitäts- oder Komplementärverhältnis: Sie bedingen sich nicht und schließen sich auch nicht gegenseitig aus, sondern sind **unabhängig voneinander** zu prüfen. Der Verursacher eines Schadens kann gleichzeitig sowohl Verrichtungs- als auch Erfüllungsgehilfe (oder nur das eine oder nur das andere oder keines von beiden) sein.

> **Beispiel**: Betriebsinhaberin B hat mit Kundin K einen Werkvertrag abgeschlossen. Zur Ausführung der Arbeit schickt B ihren Mitarbeiter M in die Wohnung der K. Dort zerstört M aus Unachtsamkeit eine Glastür der K.

K kann von B sowohl aus §280 I 1 iVm §278 BGB als auch aus §831 I Satz 1 BGB Schadensersatz für die beschädigte Glastür verlangen.

Könnte B beweisen, dass sie im Hinblick auf Auswahl und Überwachung von M alles richtig gemacht hat, könnte sie sich aus der deliktischen Haftung des §831 I S. 1 BGB befreien (§831 I S. 2 BGB). Im Rahmen der Anspruchsgrundlage aus §§280, 278 BGB ist ein dem §831 I S. 2 BGB entsprechender Entlastungsbeweis nicht vorgesehen, so dass B auch beim Nachweis sorgfältiger Auswahl und Überwachung nach §280 BGB haftet.

Daneben haftet auch M persönlich gegenüber K aus §823 I BGB auf Schadensersatz für die von ihm verursachte Eigentumsverletzung.

16.3 Produkthaftung

Literatur: *Eisenberg/Gildeggen/Reuter/Willburger*, Produkthaftung, 2. Aufl. 2014; *Medicus/ Lorenz*, Schuldrecht II, Besonderer Teil, 18. Aufl. 2018; Münchener Kommentar zum BGB, 8. Aufl. 2020.

16.3.1 Allgemeines

Bei der Produkthaftung geht es darum, dass der **Hersteller eines fehlerhaften Produkts für Schäden haftet**, die sein Produkt verursacht hat. Die Haftung des Produzenten fußt auf **zwei Grundlagen**: §823 I BGB (deliktische Produzentenhaftung) und §1 ProdHaftG. Diese Anspruchsgrundlagen stehen unabhängig nebeneinander (§15 II ProdHaftG). 782

16.3.2 Deliktische Produzentenhaftung gem. §823 I BGB

Die deliktische Produzentenhaftung basiert darauf, dass derjenige, der ein Produkt herstellt oder auf den Markt bringt, für eine potentielle Gefahrenquelle verantwortlich ist und daher eine **Verkehrssicherungspflicht** hat. Führt eine Vernachlässigung dieser Verkehrssicherungspflicht zur Rechtsgutverletzung bei einem Benutzer, ist der Hersteller gem. §823 I BGB schadensersatzpflichtig. 783

16.3.2.1 Hersteller

Die Verkehrssicherungspflichten der deliktischen Produzentenhaftung treffen in erster Linie den **Hersteller des Endprodukts** (*Eisenberg/Gildeggen/Reuter/Willburger*, S. 81). Wer lediglich den eigenen Namen auf einem Produkt anbringt, ohne das Produkt selbst gefertigt zu haben („Quasi-Hersteller"), gilt nur in dem (Ausnahme-)Fall als Hersteller, wenn ihm bisher unbekannte Produktgefahren bekannt geworden sind; in diesem Fall trägt der Quasi-Hersteller die sogenannte „Instruktionsverantwortung" und muss vor den ihm bekannt gewordenen Gefahren warnen (BGH NJW 1987, 372, 373). Die Verantwortung von Zulieferern ist auf die von ihnen gelieferten Teile beschränkt (*Eisenberg/Gildeggen/Reuter/Willburger*, S. 82). 784

16.3.2.2 Herstellerspezifische Verkehrssicherungspflichten

785 Den Hersteller trifft die Pflicht, die von seinem Produkt ausgehenden Gefahren für die in §823 I BGB genannten Rechtsgüter so effektiv wie möglich und zumutbar auszuschalten (BGH NJW 2009, 1080, 1082 Rn. 19). Dazu gehört, dass das Produkt fehlerfrei konstruiert und fabriziert wird, und dass der Benutzer richtig und umfassend über die richtige Benutzung und mögliche Gefahren, die vom Produkt ausgehen, informiert wird. Der Produzent ist darüber hinaus verpflichtet, das Produkt auf dem Markt zu beobachten und im Risikofall die Öffentlichkeit vor dem Produkt zu warnen.

786 Dementsprechend unterscheidet die Rechtsprechung bei einem Verstoß gegen diese Pflichten folgende Fehlerkategorien:

- **Konstruktionsfehler** liegen vor, wenn bei Entwicklung des Produkts die in diesem Zeitpunkt bestehenden technischen Erkenntnisse missachtet und daher die geltenden Sicherheitsstandards nicht eingehalten werden (BGH NJW 2009, 2952). Hier ist die gesamte Serie fehlerhaft ist.
- **Fabrikationsfehler** geschehen während der Herstellung aufgrund von Unachtsamkeit oder Fehlfunktionen. Hier ist die Produktserie also solche zwar in Ordnung, aber einzelne Exemplare sind mangelhaft (OLG Brandenburg, BeckRS 2022, 5801 Rn. 39 ff.).
- **Instruktionsfehler** liegen vor, wenn der Hersteller nicht auf Gefahren hinweist, die sich aus der Benutzung des an sich einwandfreien Produkts ergeben können. Dabei muss der Hersteller vom Kenntnisstand der am wenigsten informierte Gruppe seines Kundenkreises ausgehen (BGH NJW 1992, 560, 561).
- **Produktbeobachtungsfehler** liegen vor, wenn der Hersteller es versäumt, seine Pflicht zur Beobachtung des Produkts am Markt zu erfüllen. Er muss darauf achten, ob sich in der Anwendung bisher nicht bekannte schädliche Eigenschaften entwickeln und gegebenenfalls vor den Gefahren warnen (BGH NJW 2009, 1080, 1081 Rn. 10).

16.3.2.3 Beweislast beim Verschulden

787 Für die Praxis von großer Bedeutung ist die von der Rechtsprechung vorgenommene **Beweislastumkehr beim Verschulden**: Steht fest, dass aufgrund eines Produktfehlers das Rechtsgut eines anderen verletzt wurde, muss der Inhaber des verletzten Rechtsguts – anders als sonst bei §823 I BGB – das Verschulden (Vorsatz oder Fahrlässigkeit) des Produzenten nicht beweisen. Vielmehr obliegt es dem Hersteller, zu beweisen, dass ihn an der Rechtsgutverletzung durch sein Produkt kein Verschulden trifft. Kann er den Entlastungsbeweis nicht erbringen, haftet er (BGH NJW 1999, 1028, 1029). Eine solche Entlastung ist beispielsweise bei sogenannten „Ausreißern" möglich, also Fabrikationsfehler, die trotz aller zumutbaren Vorkehrungen infolge einer einmaligen Fehlleistung eingetreten sind (BGH NJW 1995, 2162, 2163).

16.3.3 Haftung nach Produkthaftungsgesetz

16.3.3.1 Allgemeines

788 §1 I S. 1 ProdHaftG verpflichtet den Hersteller eines fehlerhaften Produkts, das jemanden getötet oder verletzt oder eine Sache beschädigt hat, den entstandenen

Schaden zu ersetzen. Das Produkthaftungsgesetz wurde am 15.12.1989 aufgrund der EU-Produkthaftungsrichtlinie eingeführt. Der Schadensersatzanspruch gegen den Hersteller eines fehlerhaften Produkts gem. §1 ProdHaftG hat die von der Rechtsprechung entwickelte deliktische Produzentenhaftung gem. §823 BGB nicht gegenstandslos gemacht (BGH NJW 2009, 2952, 2953 Rn. 12) oder abgelöst, sondern tritt ergänzend daneben. §1 ProdHaftG und §823 BGB können daher als zwei „nebeneinander stehende Säulen" gesehen werden (*Eisenberg/Gildeggen/Reuter/Willburger* S. 16).

Der Hauptunterschied zwischen §823 I BGB und §1 I S.1 ProdHaftG besteht darin, 789 dass nach **ProdHaftG kein Verschulden** (Vorsatz oder Fahrlässigkeit) für die Haftung **erforderlich** ist; in der Praxis wirkt sich dieser Unterschied allerdings nur gering aus, da die Rechtsprechung für die deliktische Produzentenhaftung beim Verschuldenserfordernis eine Beweislastumkehr anordnet (vgl. 16.3.2.3).

16.3.3.2 Haftungsvoraussetzungen

§1 I S.1 ProdHaftG setzt die **Verletzung** von Leben, Körper, Gesundheit oder einer 790 Sache voraus. Bei der verletzten Sache muss es sich um das Eigentum eines Endverbrauchers handeln und es muss sich um eine „andere Sache" handeln als das fehlerhafte Produkt (§1 I S.2 ProdHaftG). Bei „weiterfressenden Mängeln" ist eine Beschädigung einer anderen Sache auch dann gegeben, wenn innerhalb des Gesamtprodukts ein Fehler in einem funktionell abgrenzbaren Teil liegt, der zur Zerstörung des Gesamtprodukts führt (Grüneberg/*Sprau* §1 ProdHaftG Rn. 6).

> **Beispiel**: In der Ölwanne einer Maschine befindet sich ein Schalter, der bei Überschreitung einer kritischen Temperatur die Maschine abschalten soll. Da dieser Schalter defekt ist, gerät die Maschine in Brand und wird vollständig zerstört. Der BGH erkannte hier auf die Beschädigung einer Sache, „die im übrigen einwandfrei" war („Schwimmerschalter-Fall", BGH NJW 1977, 379).

Die Verletzung muss auf einen **Produktfehler** zurückzuführen sein. Produkte sind 791 bewegliche Sachen sowie Elektrizität (§2 ProdHaftG). Der Fehlerbegriff ist in §3 ProdHaftG geregelt: Danach ist ein Produkt fehlerhaft, wenn es nicht die Sicherheit bietet, die berechtigterweise erwartet werden darf (§3 I ProdHaftG); dabei kommt es auf den Zeitpunkt des Inverkehrbringens an, so dass ein Produkt nicht nachträglich fehlerhaft wird, weil nachträglich eine technische Entwicklung zu Verbesserungen geführt hat (§3 II ProdHaftG). Die Fehler nach §3 ProdHaftG entsprechen daher den Konstruktions-, Fabrikations- und Instruktionsfehlern der deliktischen Produkthaftung (BGH NJW 2009, 2952, 2953 Rn. 12). Das ProdHaftG kennt keine Produktbeobachtungspflicht, da der letzte relevante Zeitpunkt der Sicherheitsbetrachtung die Zeit des Inverkehrbringens ist (§1 II Nr. 5 ProdHaftG), so dass entsprechende Fehler nur unter §823 I BGB fallen.

Schuldner der Produkthaftung ist der **Hersteller**. Der Herstellerbegriff ist in §4 792 ProdHaftG definiert. Hierunter fallen:

- Der Hersteller des Endprodukts (§4 I S.1 ProdHaftG).
- Der Zulieferer von Einzelteilen (§4 I S.1 ProdHaftG). Dessen Haftung beschränkt sich gem. §1 III ProdHaftG auf die Schäden, die durch das Einzelteil verursacht wurden.

Miras

- Der Quasi-Hersteller (§ 4 I S. 2 ProdHaftG), also derjenige, der seinen Namen oder seine Marke auf dem Produkt angebracht hat.
- Der Importeur (§ 4 II ProdHaftG).
- Der Lieferant (§ 4 III ProdHaftG), falls der Hersteller gem. § 4 I oder II ProdHaftG nicht festgestellt werden kann.

16.3.3.3 Haftungsausschluss

793 Die Haftung des Herstellers wird gem. § 1 II ProdHaftG für einige Fälle ausgeschlossen:

- **Nr. 1: Nicht-in-Verkehr-Bringen des Produkts.** Ein Hersteller bringt ein Produkt „in den Verkehr", wenn er willentlich die Sachherrschaft darüber aufgibt, also ausliefert (EuGH NJW 2001, 2781). Der Ausschluss greift also, wenn dem Hersteller das Produkt gestohlen wurde (Grüneberg/*Sprau* § 1 ProdHaftG Rn. 14).
- **Nr. 2: Fehlerfreiheit bei In-Verkehr-Bringen.** Dieser Ausschlussgrund greift bei Veränderungen des Produkts beim Transport oder bei unsachgemäßer Lagerung, beispielsweise Verderben von Lebensmitteln bei Unterbrechung der Kühlkette (MüKo/*Wagner* § 1 ProdHaftG Rn. 33). Kann der Hersteller beweisen, dass das Produkt sein Werk fehlerfrei verlassen hat, ist er für nachträglich entstandene Fehler nicht verantwortlich.
- **Nr. 3: Nicht kommerzielle Tätigkeit.** Wer ein Produkt zu privaten Zwecken ohne Gewinnerzielungsabsicht herstellt oder vertreibt, haftet dafür nicht nach ProdHaftG.
- **Nr. 4: Herstellung nach gesetzlicher Anordnung.** Entsprach das Produkt bei Inverkehrbringen gesetzlichen Vorschriften, ist er für Fehler, die ihm durch Einhaltung der entsprechenden Vorschriften aufgezwungen wurden, nicht verantwortlich.
- **Nr. 5: Herstellung nach aktuellem Stand der Technik.** Soweit ein Hersteller ein Produkt in den Verkehr bringt, das in diesem Zeitpunkt dem Stand der Technik entspricht, hat er alles getan, was von ihm erwartet werden kann. Kommt es im nachhinein zu technischen Weiterentwicklungen, die das ursprüngliche Produkt im Vergleich zum neueren als fehlerhaft (weil nicht so sicher) erscheinen lassen, haftet der Hersteller für sein zwischenzeitlich technisch veraltetes Produkt nicht.

16.3.3.4 Art und Umfang der Schadensersatzpflicht

794 Gem. § 1 I S. 1 ProdHaftG schuldet der Hersteller des fehlerhaften Produkts, durch das Menschen verletzt oder Sachen beschädigt wurden, Schadensersatz. Prinzipiell gelten hierfür die allgemeinen Regeln der §§ 249 ff. BGB, allerdings mit einigen Besonderheiten nach §§ 5 bis 12 ProdHaftG:

- Sind mehrere Hersteller gleichzeitig für den Schaden verantwortlich, haften sie gem. § 5 ProdHaftG als **Gesamtschuldner** (§§ 421 ff. BGB).
- Bei **Mitverschulden** des Geschädigten gilt § 6 ProdHaftG iVm § 254 BGB.
- **Schmerzensgeld** gibt es nach § 8 S. 2 ProdHaftG.
- **Bei Körperverletzungen** ist der Umfang der Ersatzpflicht gem. § 10 I ProdHaftG **auf 85 Millionen Euro beschränkt.** Diese Beschränkung gilt für alle Schäden, die durch das gleiche Produkt mit demselben Fehler verursacht wurden. Gerade bei Massenprodukten kann es durchaus vorkommen, dass diese Summe überschritten wird; in diesem Fall wird der Höchstbetrag verhältnismäßig unter allen

Geschädigten verteilt (§ 10 II ProdHaftG). Will ein Geschädigter einen darüberhinausgehenden Betrag erhalten, kann er aus §§ 823 I, 249 ff. BGB vorgehen, da die deliktische Produzentenhaftung keinen Höchstbetrag kennt.

• Bei Sachbeschädigungen gilt ein Selbstbehalt in Höhe von 500 Euro (§ 11 Prod-HaftG). Will der Geschädigte hier den vollen Betrag, bleibt ihm auch hier der Weg über die deliktische Produzentenhaftung gem. §§ 823 I, 249 ff. BGB.

16.3.3.5 Beweislast

Wie bei der deliktischen Haftung trägt der Geschädigte die Beweislast dafür, dass 795 das Produkt fehlerhaft ist und dadurch ein Mensch verletzt bzw. eine Sache beschädigt wurde (§ 1 IV S. 1 ProdHaftG). Der Geschädigte muss auch beweisen, dass der In-Anspruch-Genommene Hersteller im Sinne des § 4 ProdHaftG ist (MüKo/*Wagner* § 1 ProdHaftG Rn. 79). Für das Vorliegen eines Ausschlussgrundes nach § 1 II oder III ProdHaftG trägt der Hersteller die Beweislast.

? Kontrollfragen und Aufgaben

1. Ist jemand, der durch sein Verhalten einem anderen wirtschaftliche Nachteile zufügt, stets schadensersatzpflichtig? → Rn. 743
2. Welches ist die sachgemäße Prüfungsreihenfolge bei § 823 I BGB? → Rn. 745
3. Welche Rechte gehören zu den „sonstigen Rechten" in § 823 I BGB? → Rn. 750
4. Kann ein Nichtstun eine Handlung im rechtlichen Sinne sein? → Rn. 755
5. Wann ist eine Rechtsgutverletzung nicht rechtswidrig? → Rn. 759
6. Ist eine Boxerin, die ihre Gegnerin im Ring ko schlägt, schadensersatzpflichtig? → Rn. 761
7. Entlastet eine bestehende Versicherung des Geschädigten den Schädiger? → Rn. 768
8. Was versteht man unter „Angaben ins Blaue hinein"? → Rn. 775
9. Wann haftet eine Unternehmerin für unerlaubte Handlungen ihrer Mitarbeiter? → Rn. 777
10. Welche Fehlerkategorien gibt es bei der deliktischen Produzentenhaftung? → Rn. 786
11. Was ist produkthaftungsrechtlich unter „Ausreißern" zu verstehen? → Rn. 787
12. Wurde die deliktische Produzentenhaftung durch Einführung des Produkthaftungsgesetzes überflüssig? → Rn. 788
13. Welche Besonderheiten gelten für die Höhe des Schadensersatzes nach Produkthaftungsgesetz für Körperverletzungen und Sachbeschädigungen? → Rn. 794

Miras

Aufgabe 1 (Bachelor-Niveau))

O organisiert ein Open-Air-Konzert für eintausend Besucher auf einer Wiese, die er vom Landwirt L gemietet hat. An eine Organisation der Zufahrt und des Parkens hat O nicht gedacht. Die An- und Abfahrt von mehreren hundert Fahrzeugen führt dazu, dass das Weizenfeld des W zerstört wird. Der entgangene Gewinn aus der zerstörten Ernte und die Kosten für die Wiederherstellung des Feldes betragen 15.000 Euro. Kann W von O Ersatz für das beschädigte Weizenfeld verlangen?

Lösung

I. W könnte gegen O einen Anspruch auf 15.000 Euro aus § 280 I BGB haben. Zwischen O und W gibt es keinen Vertrag oder eine sonstige Rechtsbeziehung. Daher fehlt es an einem Schuldverhältnis. Ein Anspruch aus § 280 I BGB scheidet aus.

II. W könnte gegen O einen Anspruch auf 15.000 Euro aus § 823 I BGB haben.

Rechtsgutverletzung: O müsste ein Rechtsgut des W verletzt haben. Als verletztes Rechtsgut des W kommt das Eigentum des W in Frage. Das Weizenfeld gehört dem W. Durch die Fahrzeuge, die darüberfuhren, wurden Getreide und Boden beschädigt, also Ws Eigentum verletzt. Fraglich ist allerdings, ob die Eigentumsverletzung dem O zugerechnet werden kann, denn O hat das Weizenfeld nicht selbst zerstört. Os Beitrag zur Eigentumsverletzung liegt hier darin, dass er eine Veranstaltung organisiert hat, bei der zu erwarten war, dass die Besucher mit Fahrzeugen anreisen würden. O hatte daher die Verkehrssicherungspflicht, die Zu- und Abfahrt und das Parken so zu organisieren, dass es zu keinen Beschädigungen von angrenzenden Feldern kommt. Dies hat O unterlassen. Dieses Unterlassen der Sicherung trotz Bestehens einer Verkehrssicherungspflicht wird einer Beschädigung des Feldes durch O gleichgesetzt. O hat daher Ws Eigentum verletzt.

Widerrechtlichkeit: Die Eigentumsverletzung müsste widerrechtlich erfolgt sein. Ein Rechtfertigungsgrund kommt hier nicht in Frage. Insbesondere scheidet eine Einwilligung des W aus, da er (anders als Landwirt L) der Veranstaltung nicht zugestimmt und sein Grundstück zum Befahren und Beparken nicht freigegeben hat. O handelte bei der Verletzung von Ws Eigentum also widerrechtlich.

Verschulden: Hier kommt Fahrlässigkeit (§ 276 II BGB) in Frage. Danach müsste O gegenüber dem Eigentum von W die im Verkehr übliche Sorgfalt außer Acht gelassen haben. Wer eine Veranstaltung an einem entlegenen Ort plant, muss damit rechnen, dass die Besucher mit eigenen Kraftfahrzeugen anreisen und diese in der Nähe des Veranstaltungsortes abstellen. Ein sorgfältiger Veranstalter hätte daher neben dem eigentlichen Veranstaltungsgelände zusätzliche Abstellflächen angemietet; O tat dies nicht. Aufgrund dieses Versäumnisses handelte O fahrlässig.

Schadensersatz: Nach § 249 BGB muss O den W so stellen, als ob sein Weizenfeld nicht von den Fahrzeugen der Festivalbesucher zerstört worden. Dazu gehören die Geldbeträge, die für die Wiederherstellung des Feldes nötig sind und der entgangene Gewinn (§ 252 BGB) durch die zerstörte Ernte.

Ergebnis: W kann von O die Zahlung von 15.000 Euro verlangen.

Aufgabe 2 (Bachelor-Niveau)

A und B sind ein professionelles Eiskunstlaufpaar. In den letzten Jahren haben sie durch Auftritte und Turnierbeteiligungen durchschnittlich 150.000 Euro pro Jahr verdient, die sie sich hälftig teilten. A wird vom betrunkenen Radfahrer R auf einem Fußgängerüberweg angefahren und schwer am Bein verletzt. A kann deswegen ein Jahr lang nicht mehr auftreten. B findet in dieser Zeit keine angemessene Tanzpartnerin und kann ebenfalls nicht auftreten. (Fall basierend auf BGH NJW 2003, 1040.)

1. Kann A von R die Zahlung von 75.000 Euro verlangen?
2. Kann B von R die Zahlung von 75.000 Euro verlangen?

Lösung

1. A könnte gegen R einen Zahlungsanspruch von 75.000 Euro aus § 823 I BGB haben.

   R hat A angefahren und dadurch ihr gegenüber eine Körperverletzung verursacht. Diese geschah widerrechtlich und fahrlässig (§ 276 II BGB). Daher kann A von R den Verdienstausfall (§§ 249 I, 252 BGB) in Höhe von 75.000 Euro verlangen.

2. B könnte gegen R einen Zahlungsanspruch von 75.000 Euro aus § 823 I BGB haben.

   Bei B liegt jedoch keine Verletzung eines Rechtsguts vor (Bs Körper blieb beim Fahrradunfall zwischen A und R unverletzt; auch ein Eingriff in Bs Gewerbebetrieb liegt nicht vor, da die Unfallverursachung durch R nicht zielgerichtet war). Durch den Fahrradunfall beeinträchtigt sind zwar Bs Verdienstaussichten, doch diese gehören zum „Vermögen als solchem" und sind durch § 823 I BGB nicht geschützt. B kann von R nichts verlangen.

16.4 Grundzüge der ungerechtfertigten Bereicherung

Literatur: *Grüneberg*, Bürgerliches Gesetzbuch, 81. Aufl. 2022; *Medicus/Lorenz*, Schuldrecht II, Besonderer Teil, 18. Aufl. 2018; Münchener Kommentar zum BGB, 8. Aufl. 2020.

796 Wer ohne rechtlichen Grund einen Vermögensvorteil erlangt, ist ungerechtfertigt bereichert und muss das Erlangte gem. § 812 BGB wieder herausgeben. Der Herausgabeanspruch aus ungerechtfertigter Bereicherung wird „Kondiktion" genannt. § 812 BGB unterscheidet zwischen der **Leistungskondiktion** („durch die Leistung eines anderen") und der **Nichtleistungskondiktion** („oder in sonstiger Weise").

16.4.1 Die Leistungskondiktion

797 Die Leistungskondiktion (§ 812 I S. 1, 1. Fall BGB) dient – nicht ausschließlich, aber vor allem – der **Rückabwicklung gescheiterter Vertragsbeziehungen**. Sie setzt voraus, dass jemand

- etwas erlangt
- ohne rechtlichen Grund
- durch Leistung eines anderen.

Miras

16.4.1.1 Das Erlangte

798 Jemand hat „etwas erlangt", wenn ihm ein **Vermögensvorteil** zugeflossen ist, er also bereichert wurde. Unter Bereicherung fällt jede Verbesserung des Vermögens. Dazu gehört der Erwerb von Geld, von Wertgegenständen, von Mitgliedschaftsrechten, die Befreiung von Schulden und die Entgegennahme von Dienstleistungen.

> **Beispiel**: Ein 17-Jähriger lässt sich gegen den Willen seiner Eltern tätowieren. Der „Tätowiervertrag" (Werkvertrag nach § 631 BGB) ist wegen §§ 107, 108 BGB unwirksam. Der Tätowierer ist um den Geldbetrag bereichert, den er vom Jugendlichen als Entgelt bekam, der Jugendliche ist um die Dienstleistung („Tattoo") bereichert.

16.4.1.2 Leistung

799 Unter Leistung wird die **bewusste und zweckgerichtete Mehrung fremden Vermögens** verstanden (BGH NJW 2015, 229, 231 Rn. 21). Bei Geldzahlungen, Übertragungen von Wertgegenständen oder Erbringung von Dienstleistungen im Hinblick auf einen (möglicherweise nicht existenten) Vertrag, liegt stets eine Leistung vor. Keine Leistung liegt vor, wenn der Bereicherte sich das Erlangte selbst beschafft hat (durch Diebstahl oder sonstigen Eingriff) oder der Vermögensgegenstand auf sonstige Weise ohne Absicht des anderen dem Bereicherten zugeflossen ist.

16.4.1.3 Ohne Rechtsgrund

800 Eine Bereicherung ist dann ungerechtfertigt, wenn sie „ohne rechtlichen Grund" erfolgt. Bei der Prüfung dieses Merkmals ist zu fragen, was **das rechtliche Motiv** – der Rechtsgrund – des Leistenden war. Ein Rechtsgrund für eine Leistung ist gegeben, wenn eine Verpflichtung zur Leistung besteht. Eine solche Leistungsverpflichtung kann in einer vertraglichen oder gesetzlichen Verpflichtung liegen.

- **Vertragliche Verpflichtung.** Wenn jemand einem anderen gegenüber eine Leistung erbringt, weil er davon ausgeht, dass zwischen ihm und dem Leistungsempfänger ein Vertrag besteht, der ihn zur Leistung verpflichtet, leistet er ohne Rechtsgrund, wenn der Vertrag in Wirklichkeit nicht besteht. Dies kann daran liegen, dass der beabsichtigte Vertrag wegen fehlender Geschäftsfähigkeit eines Beteiligten (§§ 104 ff. BGB), wegen Formmangels (§ 125 BGB), wegen Verstoßes gegen ein gesetzliches Verbot (§ 134 BGB), wegen Sittenwidrigkeit (§ 138 BGB) oder wirksamer Anfechtung (§ 142 I iVm §§ 119, 120, 123 BGB) nichtig ist.

> **Beispiel**: V verkauft dem K einen Gebrauchtwagen für 5.000 Euro. Nachdem das Auto übergeben und der Kaufpreis bezahlt wurden, stellt sich heraus, dass V dem K über die Frage der Unfallfreiheit des Wagens belogen hat. Kann K die Rückabwicklung des Kaufs verlangen?
>
> Als Anspruchsgrundlage kommt die Leistungskondiktion gem. § 812 I Satz 1 BGB in Frage. V hat 5.000 Euro durch Leistung des K erlangt. Rechtsgrund war der zunächst wirksam geschlossene Kaufvertrag. Dieser ist gem. § 123 I BGB wegen arglistiger Täuschung anfechtbar. K Rückabwicklungsverlangen ist eine Anfechtungserklärung (§ 143 BGB), so dass der Vertrag nach § 142 I BGB rückwirkend nichtig wird. Ks Leistung geschah ohne Rechtsgrund, so dass V das Geld herausgeben muss.

Entsprechendes gilt für das Auto: K hat durch Übereignung des V das Eigentum an dem Auto erlangt. Rechtsgrund war der Kaufvertrag, der allerdings wegen Anfechtung nichtig ist, so dass die Übereignung von V an K ohne Rechtsgrund geschah. K muss an V das Auto herausgeben.

- **Gesetzliche Verpflichtung.** Eine Leistungspflicht kann auf gesetzlicher Anordnung beruhen, wenn zwischen den Beteiligten ein gesetzliches Schuldverhältnis besteht. Hierzu gehören unter anderem Zahlungspflichten aus Delikt (§§ 823 ff. BGB), die Herausgabepflicht des Besitzers gegenüber dem Eigentümer (§ 985 BGB), Unterhaltspflichten des geschiedenen Ehegatten bzw. Verwandter in gerader Linie (§§ 1570 ff., 1601 ff. BGB) und die Vermächtniserfüllungspflicht (§ 2174 BGB).

Beispiel: Radfahrer R hat mit seinem Fahrrad ein parkendes Auto gestreift und einen Kratzer im Lack verursacht. Halunke H, dem das Auto nicht gehört, sondern nur zufällig daneben steht, spielt sich gegenüber R als Eigentümer des Autos auf und verlangt 100 Euro Schadensersatz. R bezahlt.

R will durch die Zahlung an H seine Pflicht aus § 823 I BGB erfüllen. Da H in keinem Rechtsgut verletzt wurde, hat er in Wirklichkeit keinen entsprechenden Anspruch. R hat also ohne Rechtsgrund an H gezahlt und kann den Betrag gem. § 812 I S. 1, 1. Fall BGB zurückverlangen.

Nach § 812 I S. 2 BGB fällt unter die Leistungskondiktion auch, dass der mit der Leistung „nach dem Inhalt des Rechtsgeschäfts bezweckte Erfolg" nicht eintritt, also das von den Beteiligten übereinstimmend zugrunde gelegte Ziel nicht erreicht wird.

Beispiel: X droht A mit einer Strafanzeige. Um die Strafanzeige abzuwenden, zahlt A an X einen Geldbetrag. X nimmt diesen Geldbetrag zunächst an, stellt danach die Strafanzeige doch. Hier kann A von X den Geldbetrag nach § 812 I S. 2 BGB zurückverlangen (vereinfacht nach BGH NJW-RR 1990, 827, 828).

16.4.1.4 Ausschluss der Leistungskondiktion

Der Anspruch aus Leistungskondiktion ist ausgeschlossen, wenn   801

- der Leistende seine Leistung erbracht hat, obwohl er wusste, dass er dazu nicht verpflichtet war (§ 814 BGB).
- der mit der Leistung bezweckte Erfolg unmöglich war und der Leistende dies wusste oder der Leistende den Erfolg treuwidrigerweise verhindert hat (§ 815 BGB).
- der Leistende gegen ein gesetzliches Verbot oder die guten Sitten verstoßen hat (§ 817 S. 2 BGB).

Beispiele:

- X hat dem Baurechtsamtsmitarbeiter B eine Zahlung von 1.000 Euro versprochen, falls B ihm eine bauvorschriftswidrige Baugenehmigung erteilt. Die Genehmigung wird erteilt und X zahlt. Später wird der Vorgang aufgedeckt und die Genehmigung zurückgenommen. Kann X von B die Rückzahlung der 1.000 Euro verlangen?

Miras

> Der Bestechungsabrede zwischen B und X ist wegen § 134 BGB iVm §§ 332, 334 StGB nichtig, so dass X gegenüber B eine Leistung ohne Rechtsgrund erbracht hat. Wegen § 817 S. 2 BGB kann X das Geleistete dennoch nicht zurückfordern.
>
> - Hausbesitzer H schließt mit Elektrikerin E einen Werkvertrag über die Erneuerung der Stromleitungen im Haus. H und E vereinbaren, dass die Vergütung „schwarz" (also ohne Rechnung zur Umgehung der anfallenden Steuerpflichten) erfolgen soll. Weiterhin wird eine Anzahlung von 2.000 Euro vereinbart. H zahlt. Danach kommt es zwischen H und E zum Streit, so dass E sich weigert, die Arbeiten durchzuführen. Kann H von E die Anzahlung zurückverlangen?
>   Der Werkvertrag zwischen H und E ist wegen § 134 BGB iVm § 1 II SchwarzArbG nichtig. Daher hat H an E die Anzahlung ohne Rechtsgrund geleistet. Der gem. § 812 I S. 1 BGB eigentlich bestehende Rückzahlungsanspruch scheitert aber an § 817 S. 2 BGB. Daher kann H von E nichts verlangen (OLG Stuttgart BeckRS 2022, 6328 Rn. 29 ff.).

Einen **Spezialfall** zum Ausschluss der Leistungskondiktion regelt § 39 I S. 2 VVG für den Fall der arglistigen Täuschung durch den Kunden beim Abschluss eines Versicherungsvertrags: Der täuschende Kunde muss trotz nichtigen Versicherungsvertrags (§§ 142 I, 123 I BGB) die bis zur Anfechtung angefallenen Versicherungsprämien bezahlen, während die Versicherung wegen § 142 I BGB die Versicherungsleistung verweigern kann. Der täuschende Kunde hat also keinen Versicherungsschutz, bekommt aber die von ihm bezahlten Versicherungsprämien nicht zurück, da er sie wegen § 39 I S. 2 VVG mit Rechtsgrund bezahlt hat (zur Verfassungsmäßigkeit dieser Regelung, die damals noch in § 40 VVG stand: BGH NZV 2005, 513, 514).

16.4.1.5 Rechtsfolgen

802 Zunächst schuldet der rechtsgrundlos Bereicherte gem. § 812 I S. 1 BGB die Herausgabe des Erlangten. Soweit sich das Erlangte noch unverändert im Vermögen des Bereicherten befindet, besteht Klarheit, was dieser herauszugeben hat: genau diesen Gegenstand. Für den Fall, dass sich hinsichtlich des herauszugebenden Gegenstands Veränderungen ergeben haben, greifen §§ 818 ff. BGB.

803 **Nutzungen:** Gem. § 818 I BGB schuldet der Bereicherungsschuldner nicht nur die Herausgabe des Erlangten in natura, sondern auch sämtliche „Nutzungen", also sämtliche Früchte und Gebrauchsvorteile aus der Sache (§ 100 BGB).

> **Beispiele**:
>
> - Hat A von B rechtsgrundlos Geld erhalten und das Geld zinsbringend angelegt, so muss A dem B nicht nur die ursprüngliche Summe herausgeben, sondern nach § 818 I BGB auch die Zinsen.
> - X hat von Y eine Stute gekauft. Der Kaufvertrag erweist sich als nichtig. Während der Zeit, in der die Stute bei X ist, gebiert sie ein Fohlen, das gem. § 953 BGB Eigentum von X wird.
>   X muss dem Y nicht nur die Stute herausgeben (§ 812 I S. 1 BGB), sondern auch das Fohlen (§ 818 I BGB).

Ersatzgegenstände: Hat der Schuldner den rechtsgrundlos erlangten Gegenstand 804
nicht mehr, aber hat er dafür einen Ersatzgegenstand erhalten, so hat er nach § 818 I
den Ersatzgegenstand herauszugeben.

> **Beispiel**: A hat von B ein Auto gekauft. B hat dem A das Auto übergeben. Bei A er-
> leidet das Auto einen Totalschaden. Das Auto war vollkaskoversichert und A erhält
> die Versicherungssumme ausbezahlt. Nun stellt sich heraus, dass der Kaufvertrag
> nichtig war.
>
> Wenn der Vertrag nach rückabgewickelt wird, muss B dem A den Kaufpreis zurück-
> erstatten, A muss dem B statt des Autos nach § 818 I BGB die Versicherungssumme
> herausgeben. (Die beiden Geldbeträge können gem. § 389 BGB aufgerechnet werden,
> so dass nur der Differenzbetrag zu zahlen ist.)

Nach herrschender Meinung ist der Gegenwert, den der Bereicherungsschuldner für
den Verkauf (oder Tausch) des nach § 812 I BGB geschuldeten Gegenstands bekommt,
kein Ersatzgegenstand im Sinne des § 818 I BGB.

> **Beispiel**: Hatte sich im vorigen Beispiel A von der Versicherungssumme ein Pferd
> gekauft, so muss er nicht das Pferd herausgeben, weil das Pferd nicht als Ersatzge-
> genstand angesehen wird. A schuldet dem B nach § 818 II BGB Wertersatz in Geld.

Wertersatz: Ist dem Bereicherungsschuldner die Herausgabe der rechtsgrundlos 805
erlangten Leistung nicht (mehr) möglich, so hat er nach § 818 II BGB Wertersatz in
Geld zu leisten. § 818 II BGB greift vor allem bei rechtsgrundlos erhaltenen Dienstleistungen (Haarschnitt beim Friseur), aber auch, wenn die herauszugebende Sache
weiterverkauft oder eingetauscht wurde. Der zu ersetzende Wert ist der Verkehrswert, also der Wert, den die herauszugebende Sache nach objektiven Maßstäben am
Markt erzielen kann.

> **Beispiel**: A verkauft dem B ein Bild für 1.000 Euro. Der geschäftstüchtige B verkauft
> das Bild für 2.000 Euro an C und übergibt ihm das Bild. Danach stellt sich der Kauf-
> vertrag zwischen A und B als nichtig heraus. Das Bild wird von einem anerkannten
> Gutachter auf einen Wert von 900 Euro taxiert. Wie wird der Vertrag zwischen A
> und B rückabgewickelt?
>
> Was kann A von B verlangen? Zunächst war B dem A nach § 812 I S. 1 BGB zur Rück-
> übereignung des Bildes verpflichtet. Hierzu ist B wegen der Weiterübereignung an
> C aber außerstande. Daher schuldet B dem A gem. § 818 II BGB Wertersatz. Der zu
> ersetzende Wert ist der Verkehrswert. Da dieser auf 900 Euro taxiert wurde, schuldet
> B dem A also nur 900 Euro. Vom hohen Weiterverkaufserlös des B an C profitiert A
> also nicht.
>
> Seinerseits ist A verpflichtet, dem B den Kaufpreis in Höhe von 1.000 Euro gem.
> § 812 I S. 1 BGB zurückzuerstatten.
>
> Die beiden Geldansprüche können nach § 389 gegeneinander aufgerechnet werden,
> so dass lediglich ein Anspruch des B gegen A in Höhe von 100 Euro verbleibt.

Miras

16.4.1.6 Wegfall der Bereicherung

806 **Grundsatz:** Gem. § 818 III BGB ist der Kondiktionsanspruch ausgeschlossen, soweit der Empfänger nicht mehr bereichert ist. Die sogenannte **Entreicherungseinrede** ist nur vor dem Hintergrund des Zwecks der Bereicherungsvorschriften zu verstehen: Sie sollen demjenigen, der ohne rechtlichen Grund einen Vermögensvorteil erlangt hat, diesen Vorteil wieder nehmen. Soweit der Empfänger nicht mehr bereichert ist, hat er diesen ungerechtfertigten Vorteil nicht mehr und muss daher nichts herausgeben.

807 **Einschränkung durch Saldotheorie:** Was geschieht, wenn bei einem nachträglich als nichtig festgestellten Vertrag die Vertragsleistungen schon ausgetauscht wurden und bei einer Partei der Gegenstand untergegangen (gestohlen, zerstört, verbraucht) ist, während bei der anderen Partei der Gegenstand (oder ein Ersatzgegenstand) vorhanden ist? Kann sich dann die entreicherte Partei auf § 818 III BGB berufen, während die andere Partei die bei ihr noch befindliche Bereicherung herausgeben muss?

> **Beispiel**: A kauft bei B einen Gebrauchtwagen zu 10.000 Euro. A bezahlt den Kaufpreis und erhält den Wagen ausgeliefert. Der Wagen wird dem (nicht diebstahlsversicherten) A kurz nach der Übergabe gestohlen. Nachträglich stellt sich heraus, dass der Kaufvertrag anfechtbar war, weil A sich im Sinne des § 119 I BGB geirrt hatte. A erklärt die Anfechtung und verlangt den Kaufpreis von B zurück. Als B seinerseits den Wagen oder einen entsprechenden Wertersatz verlangt, beruft sich A auf Entreicherung. Bei strenger Anwendung des § 818 III BGB müsste B gem. § 812 I S. 1 BGB die bezahlten 10.000 Euro zurückzahlen, während A sich seinerseits hinsichtlich der Herausgabe des Wagens auf § 818 III BGB berufen könnte. B würde also das wirtschaftliche Risiko dafür tragen, dass der von ihm verkaufte und übergebene Wagen ersatzlos untergeht.

Dieses Ergebnis wird von der herrschenden Meinung in Literatur und Rechtsprechung als unangemessen angesehen, da das Risiko des Untergangs des Vertragsgegenstands von demjenigen, der ihn in seiner Obhut hat (und daher auch das Risiko tragen sollte, vgl. § 446 BGB) auf denjenigen verlagert würde, der faktisch keinen Einfluss auf das Schicksal des Gegenstands hat. Daher wurde die sogenannte **Saldotheorie** entwickelt, wonach bei der Rückabwicklung eines nichtigen Vertrags Leistung und Gegenleistung miteinander verrechnet (saldiert) werden (BGH NJW 2009, 2886, 2688 Rn. 15). Wenn einer der Leistungsempfänger entreichert ist, kann er gegenüber der anderen Partei seinerseits auch keinen Rückübertragungsanspruch geltend machen.

> **Beispiel**: Der vorige Beispielsfall (nichtiger Kaufvertrag, Auto gestohlen) wird nach der Rechtsprechung also so gelöst, dass A zwar den Wagen (den er nicht mehr hat) nicht herausgeben muss, dafür aber auch den Kaufpreis nicht zurückerhält. Diese Lösung entspricht zwar nicht dem Wortlaut des Gesetzes (danach würde die Anwendung des § 818 Abs. 3 bei einer Partei nicht ausschließen, dass sie ihren Anspruch aus § 812 behält), wird aber allgemein als „gerechter" angesehen.

Allerdings wird die Saldotheorie von der Rechtsprechung nicht in allen Fällen angewendet:

- **Minderjährige** können sich ihrerseits im Entreicherungsfall auf §818 III BGB berufen und dennoch die bei der anderen Partei noch vorhandene Bereicherung zurückfordern (BGH NJW 2000, 3562). Damit soll sichergestellt werden, dass der in §§104ff. BGB vom Gesetzgeber vorgesehene Schutz der Minderjährigen nicht über die Saldotheorie unterlaufen wird.

- Ebenso kann sich eine Partei, die **sittenwidrig** gehandelt hat oder den Vertragspartner durch **Täuschung oder Drohung** zum Vertragsschluss bewegt hat, nicht auf die Saldotheorie berufen (BGH NJW 2001, 1127, 1130). Diese Personen sind aufgrund ihres verwerflichen Verhaltens nicht schützenswert, so dass sich deren Vertragspartner im Entreicherungsfall auf §818 III BGB berufen kann, der verwerflich Handelnde aber dennoch die bei ihm noch vorhandene Bereicherung herausgeben muss.

Ausschluss der Entreicherungseinrede: §§818 IV, 819 BGB schließen die Entreiche- **808** rungseinrede für folgende Situationen aus:

- Wird der Bereicherte auf Herausgabe des Erlangten verklagt, ist der Anspruch rechtshängig (§261 I ZPO). Ab Rechtshängigkeit haftet der Bereicherte gem. §818 IV BGB „nach den allgemeinen Vorschriften". Damit sind die Vorschriften §§291, 292 BGB gemeint (Grüneberg/*Sprau* §818 Rn. 52). Geldschulden sind gem. §§291 S. 2, 288 I S. 2 BGB mit 5 Prozentpunkten über dem Basiszinssatz zu verzinsen. In erster Linie aber entfällt die Möglichkeit, sich für Wertverluste, die nach Rechtshängigkeit eintreten, auf §818 III BGB zu berufen (BGH NJW 1971, 609. 611).

- Gem. §819 I BGB wird der Bereicherte, der bei Empfang der Leistung den Mangel des rechtlichen Grundes kennt oder ihn erfährt, bevor er sich entreichert hat, gleich behandelt wie ein Bereicherter nach Rechtshängigkeit (Verweis auf §818 IV BGB).

> **Beispiel**: Hochschulprofessor P beantragt bei der Beihilfestelle des Landes Niedersachsen (N) die Erstattung eines Rezepts in Höhe von 25 Euro. Aufgrund einer falschen Eingabe im Computersystem werden P 25.000 Euro überwiesen. Dieser Fehler wird auf Seiten von N erst sechs Jahre später bemerkt. N fordert P zur Rückzahlung auf. P verweigert die Rückzahlung mit dem Argument, er habe die überhöhte Zahlung damals nicht bemerkt und das Geld inzwischen ausgegeben. Das Verwaltungsgericht entschied, dass P „selbst bei oberflächlicher Kontrolle" seiner Kontoauszüge hätte bemerken müssen, dass ihm ein nicht zustehender Betrag überwiesen wurde. Zwar reicht Fahrlässigkeit für §819 I BGB nicht aus, doch greift §819 I BGB auch dann, wenn sich der Empfänger „gemessen am Maßstab redlich Denkender, der Einsicht in die Nichtigkeit des Rechtsgeschäfts bewusst verschließt" (BGH NJW 2014, 2790 Rn. 27). P wurde schlicht nicht geglaubt, dass er den Eingang einer solchen Summe übersehen habe. Davon ausgehend, dass P den Geldeingang bemerkt hat, hätte er Nachforschungen über den Ursprung der Zahlung anstellen müssen. P konnte sich also nicht auf Entreicherung berufen (VG Göttingen Urt. v. 22.07.2014, Az. 4 A 32/13, entnommen aus LegalTribuneOnline).

16.4.1.7 Prüfungsschema für Leistungskondiktion

809

1. Leistung eines anderen Bewusste und zweckgerichtete Mehrung fremden Vermögens.

2. Etwas erlangt Jeder Vermögensvorteil.

3. Ohne Rechtsgrund

Die Leistung, durch die dem Bereicherten der Vermögensvorteil zugeflossen ist, war nicht geschuldet. Sie geschah also ohne vertragliche oder gesetzliche Verpflichtung.

4. Rechtsfolge: Herausgabe des Erlangten

4.1 Das Erlangte ist unverändert im Vermögen des Bereicherten: Herausgabe des Erlangten.

4.2 Aus dem Erlangten wurden Nutzungen gezogen oder es wurden Ersatzgegenstände erworben: Herausgabe der Nutzungen bzw. der Ersatzgegenstände (§ 818 I BGB).

4.3 Herausgabe nicht möglich: Wertersatz (§ 818 II BGB).

4.4 Empfänger ist nicht mehr bereichert: Entreicherungseinrede (§ 818 III BGB), es sei denn:

4.4.1 Saldotheorie (Berücksichtigung der Gegenleistung)

4.4.2 Entreicherung nach Rechtshängigkeit des Herausgabeanspruchs (§ 818 IV BGB)

4.4.3 Bereicherter erfährt Mangel des Rechtsgrunds vor Entreicherung (§ 819 I BGB)

16.4.2 Die Eingriffskondiktion

16.4.2.1 Allgemeines

810 Die Variante des § 812 I S. 1 BGB „wer in sonstiger Weise auf dessen Kosten etwas ohne rechtlichen Grund erlangt" wird **Eingriffskondiktion** genannt. Diese Bezeichnung beruht auf der Abgrenzung zur Leistungskondiktion: Bei der rechtsgrundlosen Bereicherung aufgrund von Leistung erwirbt der Bereicherte den Bereicherungsgegenstand durch die freiwillige und zielgerichtete Handlung. Geschieht der Erwerb „in sonstiger Weise", beruht er auf eigener Handlung des Bereicherten, der somit in das Recht eines anderen eingreift.

Die Eingriffskondiktion unterscheidet sich von der Leistungskondiktion nur darin, wie die Bereicherung erworben wurde („in sonstiger Weise" statt „durch die Leistung eines anderen"). Die sonstigen Anspruchsvoraussetzungen („etwas erlangt" und „ohne Rechtsgrund") entsprechen denen der Leistungskondiktion, so dass diesbezüglich auf 16.4.1.1 und 16.4.1.3 verwiesen werden kann.

16.4.2.2 „In sonstiger Weise"

811 Ein Vermögenswert wird „in sonstiger Weise" erworben, wenn der Vorgang nicht auf zweckgerichteter Zuwendung beruht, sondern auf einem Eingriff des Bereicherungsschuldners in die Rechtsposition eines anderen (*Medicus/Lorenz* § 65 Rn. 1). Der

Eingreifende erlangt dadurch Vermögensvorteile, die „dem Zuweisungsgehalt der verletzten Rechtsposition widersprechen" (BGH NJW 2012, 2034, 2037 Rn. 40). Das heißt, dass der Eingreifende ein Recht für sich nutzt, obwohl dessen wirtschaftliche Verwertung einem anderen zugewiesen war. Ein Eingriff im Sinne des § 812 I S. 1 BGB liegt also dann vor, wenn jemand einen Vermögensvorteil erwirbt, den er nur unter Verletzung einer geschützten Rechtsposition und Verwertungsbefugnis eines Dritten erlangen konnte, „deren Nutzen ihm ohne die Gestattung des Rechtsinhabers in rechtmäßiger Weise nicht zukäme" (BGH NJW 1990, 52). Hierunter fallen unter anderem folgende Situationen:

- **Unbefugter Verbrauch** fremder Sachen (*Medicus/Lorenz* § 65 Rn. 4).
- **Unerlaubte Benutzung** eines fremden Grundstücks (BGH NJW 1985, 1952, 1953).
- **Unerlaubte Nutzung** fremder Immaterialgüterrechte, wie Urheber-, Patent- oder Gebrauchsmusterrechte (BGH GRUR 2010, 817, 819 Rn. 27); hierunter fällt auch die Beanspruchung eines Domainnamens, der einem anderen zusteht (BGH NJW 2012, 2034, 2037 Rn. 41).
- Nutzung eines Fotos ohne Erlaubnis des Betroffenen zu Werbezwecken (BGH NJW 1992, 2084, 2085).

16.4.2.3 Auf Kosten eines anderen

Inhaber des Bereicherungsanspruchs ist derjenige, in dessen Rechtsposition einge- 812
griffen wurde. Die nachteilige Auswirkung auf dessen Vermögen ergibt sich direkt
aus dem Eingriff (Grüneberg/*Sprau* § 812 Rn. 43).

16.4.2.4 Ohne Rechtsgrund

Der Eingriff in eine fremde Rechtsposition erfolgt ohne Rechtsgrund, wenn dem 813
Handelnden die Nutzung der wirtschaftlichen Vorteile, die er sich zu eigen gemacht
hat, nach der Rechtsordnung nicht zusteht (BGH NJW 2012, 2034, 2037 Rn. 40).

16.4.2.5 Prüfungsschema für Eingriffskondiktion

1. Erwerb eines Vermögenswerts „in sonstiger Weise" 814
   Bereicherter erwirbt Vermögenswert nicht durch „Leistung", sondern durch eigenmächtigen Eingriff in fremde Vermögenssphäre.
2. Auf Kosten eines anderen
   Inhaber des Anspruchs ist derjenige, in dessen Rechtsposition eingegriffen wurde.
3. Ohne Rechtsgrund
   Dem Bereicherten steht die Nutzung der wirtschaftlichen Vorteile, die er sich zu eigen gemacht hat, nicht zu.
4. Rechtsfolge: Herausgabe des Erlangten
   (Vgl. Prüfungsschema für Leistungskondiktion)

Miras

16.4.3 Ansprüche aus § 816 BGB

815 § 816 BGB regelt Konstellationen, in denen ein Berechtigter durch das unerlaubte Handeln eines anderen einen Verlust erfährt; insoweit enthält § 816 BGB spezielle Varianten der Eingriffskondiktion (*Medicus/Lorenz* § 64 Rn. 1).

16.4.3.1 Verfügung durch Nichtberechtigten

816 § 816 I S. 1 BGB verpflichtet denjenigen, der zwar unberechtigt, aber dennoch wirksam über einen Gegenstand verfügt hat, zur Herausgabe des durch die Verfügung erlangten.

817 Wirksame Verfügung durch Nichtberechtigten: § 816 I S. 1 BGB setzt voraus, dass jemand, der über ein Recht nicht verfügen darf, dies dennoch in wirksamer Weise tun kann. Hierfür gibt es zwei Möglichkeiten:

- **Gutgläubiger Erwerb:** Die Vorschriften des gutgläubigen Erwerbs (§§ 932 ff., 892 f, 2366 BGB; § 366 HGB; § 16 III GmbHG) lassen es zugunsten des Verkehrsschutzes zu, dass jemand ein ihm nicht zustehendes Recht wirksam auf einen Dritten übertragen kann (vgl. 17.4.4.4). Die Gutglaubensvorschriften heißen das Verhalten des Nichtberechtigten nicht gut (dieser begeht im Regelfall eine strafbare Unterschlagung gem. § 246 StGB oder Untreue gem. § 266 StGB), sondern wollen dafür sorgen, dass der Erwerber, der keinen Anlass zum Zweifel an der Inhaberschaft des Verfügenden hat, geschützt ist. Der wahre Berechtigte, der durch den gutgläubigen Erwerb seine Rechtsposition verloren hat, erhält gem. § 816 I S. 1 BGB zum Ersatz für seinen Rechtsverlust dasjenige, was der Nichtberechtigte als Gegenleistung bekommen hat.

> **Beispiel**: A verleiht sein Fahrrad an B. B verkauft das Fahrrad an C für 250 Euro. B übergibt das Fahrrad an C, C bezahlt den Kaufpreis. C ging ohne Sorgfaltsverstoß davon aus, dass B Eigentümerin des Fahrrads war.
>
> Durch die Übereignung des Fahrrads von B an C ist C Eigentümer des Fahrrads geworden (§§ 932 I, 929 S. 1 BGB). A kann von C daher keine Herausgabe des Fahrrads (weder aus § 985 BGB noch aus sonstigen Vorschriften) verlangen.
>
> B hat damit als Nichtberechtigte über As Eigentum eine wirksame Verfügung getroffen. A kann daher gem. § 816 I S. 1 BGB von B das „durch die Verfügung Erlangte", also den empfangenen Kaufpreis in Höhe von 250 Euro, verlangen.

- **Genehmigung:** Trifft der Nichtberechtigte eine Verfügung, die zunächst ungültig ist (weil der Erwerber nicht gutgläubig oder der Erwerb wegen § 935 BGB ausgeschlossen ist), kann der Berechtigte der bislang ungültigen Verfügung durch seine nachträgliche Zustimmung zur Wirksamkeit verhelfen (§ 185 II S. 1 BGB). Der Berechtigte hat es in den Fällen der ursprünglich unwirksamen Verfügung durch den Nichtberechtigten in der Hand, den Anspruch aus § 816 I S. 1 BGB zu erwerben (BGH NJW 1971, 1452).

> **Beispiel**: A verleiht sein Motorrad an B. B verkauft das Motorrad an C für 2.500 Euro. B übergibt das Motorrad an C, C bezahlt den Kaufpreis. C glaubte zwar, dass B Eigentümerin des Motorrads ist, doch hat B bei der Übergabe an C keinen Fahrzeugbrief vorgelegt.

Der gutgläubige Erwerb des Motorrads gem. §§ 932, 929 S. 1 BGB scheitert am fehlenden Fahrzeugbrief, da der Erwerber in dieser Situation grob fahrlässig hinsichtlich des fehlenden Eigentums des Veräußerers ist (BGH NJW 1996, 2226, 2227).

A ist also noch Eigentümer des Motorrads und kann es von C gem. § 985 BGB herausverlangen.

Falls A lieber die 2.500 Euro hätte als die Rückgabe des Motorrads, kann A die Veräußerung von B an C genehmigen und von B die Herausgabe des Kaufpreises gem. § 816 I S. 1 BGB verlangen.

Herausgabe des Erlangten: Der Anspruch desjenigen, der sein Recht durch die Ver- **818** fügung des Nichtberechtigten erlangt hat, bezieht sich auf den **Veräußerungserlös**, dazu gehört auch der vom Nichtberechtigten erzielte Gewinn (BGH BeckRS 1959, 31198289).

Beispiel: Hätte das Motorrad im vorigen Beispiel einen Verkehrswert von lediglich 1.500 Euro, könnte A dennoch den vollen Kaufpreis von 2.500 Euro von B herausverlangen.

Unentgeltliche Verfügung: Hat der Nichtberechtigte die Verfügung unentgeltlich **819** getroffen, bringt dem bisherigen Rechtsinhaber der Anspruch aus § 816 I S. 1 BGB nichts, da das „durch die Verfügung Erlangte" in diesem Fall gleich Null ist. In dieser Situation muss der gutgläubige Erwerber den Gegenstand gem. § 816 I S. 2 BGB an den vormals Berechtigten herausgeben.

Beispiel: Hätte B im obigen Fahrrad-Beispiel das Fahrrad an C aufgrund einer Schenkung übereignet, wäre C zwar nach §§ 932, 929 S. 1 BGB Eigentümer geworden, müsste das Fahrrad aber wegen § 816 I S. 2 BGB an A herausgeben.

16.4.3.2 Leistung an Nichtberechtigten

Ausgangssituation: § 816 II BGB betrifft den Fall, dass ein Schuldner seine Schuld **820** begleicht, indem er nicht an den wahren Gläubiger, sondern an einen Nichtberechtigten mit tilgender Wirkung leistet. Nach § 362 I BGB kann der Schuldner im Normalfall seine Verbindlichkeit nur tilgen, wenn er an den wahren Inhaber der Forderung – den Gläubiger – leistet. Es gibt aber Situationen, in denen der Schuldner an einen Nichtberechtigten mit tilgender Wirkung leisten kann (womit der wahre Gläubiger seinen ursprünglichen Anspruch verliert):

- § 370 BGB (Leistung an Überbringer der Quittung).
- §§ 407–409 BGB (Leistung an den Altgläubiger nach Abtretung).
- § 566c BGB (Leistung an bisherigen Vermieter nach Veräußerung der vermieteten Wohnung).
- § 808 I S. 1 BGB (Leistung an den Inhaber eines qualifizierten Legitimationspapiers; hierzu gehören beispielsweise Sparbücher).
- § 893 BGB (Leistung an den im Grundbuch eingetragenen Nichtberechtigten).
- § 16 I S. 1 GmbHG iVm § 29 I GmbHG (Auszahlung eines Gewinnanteils an einen Nichtgesellschafter, der in der GmbH-Gesellschafterliste als Gesellschafter geführt wird).

821 **Rechtsfolge:** In den vorgenannten Fällen kann der ursprünglich Berechtigte, der durch die Leistung an den Nichtberechtigten, seinen Anspruch gegen den Schuldner wegen wirksamer Tilgung gem. §362 I BGB verloren hat, von demjenigen, der die Leistung unberechtigterweise erhalten hat, die Herausgabe des Erlangten verlangen.

> **Beispiel:** K schuldet V die Zahlung von 1.000 Euro aus Kaufvertrag (§433 II BGB). V hat diesen Anspruch gem. §398 BGB an D abgetreten. Dadurch ist D Inhaber der Kaufpreisforderung gegen K geworden. Bevor K von der Abtretung erfährt, überweist er die 1.000 Euro an V.
>
> Wegen §407 I S.1 BGB hat K die Zahlung gegenüber V (der nicht mehr Gläubiger ist) wirksam erbracht. Der Zahlungsanspruch von D gegen K ist damit erloschen (§362 I BGB).
>
> D kann aus §816 II BGB von V die Herausgabe der von K empfangenen 1.000 Euro verlangen.

?

Kontrollfragen und Aufgaben

1. Was sind die Voraussetzungen der Leistungskondiktion? → Rn. 797 ff.
2. Wann liegt ein Rechtsgrund für eine Leistung vor? → Rn. 800
3. Kann ein Versicherungskunde die von ihm bezahlten Prämien zurückverlangen, wenn der Versicherungsvertrag wegen arglistiger Täuschung des Kunden angefochten wurde? → Rn. 801
4. Was ist unter dem Begriff der Entreicherungseinrede zu verstehen? → Rn. 806
5. Was besagt die Saldotheorie? → Rn. 807
6. In welchen Situationen ist jemand „in sonstiger Weise" ungerechtfertigt bereichert? → Rn. 811
7. Unter welchen Bedingungen kann ein Nichtberechtigter eine wirksame Verfügung über einen ihm nicht gehörenden Gegenstand treffen? → Rn. 817

Aufgabe (Bachelor-Niveau)

Die 17-jährige R bestellt sich gegen den Willen ihrer Eltern beim Versandhaus V ein Mountainbike für 1.400 Euro. Als Zahlungsmodalität wird vereinbart: 200 Euro Anzahlung durch R, der Restbetrag soll zwei Wochen nach Lieferung fällig sein. R überweist die Anzahlung an V. Das Mountainbike kommt bei R an. Wenige Tage später wird das Bike von unbekannten Tätern gestohlen. R weigert sich gegenüber V nicht nur, den Restbetrag zu zahlen, sie will auch ihre Anzahlung zurück. V will entweder den gesamten Kaufpreis von R oder aber zumindest Ersatz für das Bike.

Variante 1: R hatte für das Fahrrad eine Diebstahlsversicherung, die gemäß ihren Bedingungen 80 % des Neuwerts (also 1.120 Euro) an R bezahlt.

Variante 2: R hatte für das Fahrrad keine Diebstahlsversicherung.

Lösung

Variante 1 (mit Diebstahlsversicherung)

Anspruch von V gegen R auf Zahlung des Restkaufpreises: V könnte gegen R einen Anspruch auf Zahlung von 1.200 Euro aus § 433 II BGB haben. Voraussetzung ist, dass ein wirksamer Kaufvertrag besteht. Der Kaufvertrag könnte aber wegen Rs Minderjährigkeit nach § 107 BGB unwirksam sein. Die Eltern haben dem Vertrag nicht zugestimmt. Zudem liegt kein Bargeschäft aus dem Taschengeld der R vor (§ 110 BGB). Der Vertrag ist also unwirksam. V kann von R daher den Restkaufpreis in Höhe von 1.200 Euro nicht verlangen.

Anspruch von V gegen R auf Herausgabe der Versicherungssumme: V könnte gegen R einen Anspruch aus § 812 I S. 1 BGB auf Herausgabe der Bereicherung haben. R hat durch die Übersendung des Bikes „etwas erlangt", nämlich den Besitz an dem Fahrrad. Dies geschah aufgrund einer gezielten Handlung von V; V hat also gegenüber R eine Leistung erbracht. Diese Leistung erfolgte ohne Rechtsgrund, denn V ging davon aus, dass zwischen ihm und R ein wirksamer Kaufvertrag bestand. Der Kaufvertrag ist aber (wie eben geprüft) unwirksam. Die Leistung von V an R erfolgte also ohne Rechtsgrund. V konnte von R zunächst die Herausgabe des Fahrrads verlangen. R hat das Fahrrad aber nicht mehr, so dass die Herausgabe ausscheidet. Stattdessen schuldet R gem. § 818 I BGB dasjenige, was sie aufgrund der Entziehung des erlangten Gegenstands erworben hat, also die Versicherungssumme in Höhe von 1.120 Euro.

Anspruch von R gegen V auf Rückzahlung der Anzahlung: R könnte ihrerseits einen Anspruch gegen V auf Rückzahlung der Anzahlung nach § 812 I S. 1 BGB haben. V ist um diesen Betrag durch die Leistung von R bereichert. Als Rechtsgrund für die Bereicherung kommt der Kaufvertrag über das Mountainbike in Frage. Dieser Kaufvertrag ist aber – wie oben geprüft – unwirksam. V ist also ungerechtfertigt um 200 Euro bereichert. R kann von V die Rückzahlung dieses Betrags verlangen.

Gesamtergebnis Variante 1: Die beiden Zahlungsansprüche können gem. § 389 BGB gegeneinander aufgerechnet werden, so dass V von R im Ergebnis 920 Euro verlangen kann.

Miras

Lösung

Variante 2 (ohne Diebstahlsversicherung)

Restkaufpreis: Hinsichtlich der Zahlung des Restkaufpreises gilt das Gleiche wie bei Variante 1: V hat hierauf keinen Anspruch.

Bereicherungsanspruch des V gegen R: Prinzipiell kann V von R nach §812 I S.1 BGB die Herausgabe des Erlangten verlangen, also die Rückgabe des Fahrrads. Dieses befindet sich aber nicht mehr im Besitz der R. Da das Fahrrad nicht diebstahlsversichert war, hat R auch keinen Ersatzgegenstand im Sinne des §818 I BGB erworben. R hat auch kein sonstiges Äquivalent für den Wert des Rads im Sinne des §818 II BGB mehr in ihrem Vermögen. R ist daher gem. §818 III BGB entreichert. R muss an V nichts herausgeben.

Bereicherungsanspruch R gegen V: Prinzipiell steht R ein Anspruch auf Rückzahlung der Anzahlung gem. §812 I S.1 BGB zu (vgl. Variante 1). Eine Berufung auf §818 III BGB könnte ihr im Rahmen der Saldotheorie allerdings verwehrt sein: Da sie ihre zur Erfüllung des gescheiterten Vertrags erhaltene Leistung (Fahrrad) nicht zurückgeben kann, wäre ihr nach der Saldotheorie eine Rückforderung des von ihr zum Zwecke der Vertragserfüllung geleisteten Betrags verwehrt. Nach der Rechtsprechung gilt die Saldotheorie allerdings gegenüber Minderjährigen nicht. Vielmehr stehen sich die beiden Ansprüche aus Leistungskondiktion unverbunden gegenüber. Daher kann R von V die Rückzahlung der Anzahlung von 200 Euro verlangen.

Gesamtergebnis Variante 2: V muss daher an R die 200 Euro zurückzahlen, ohne im Gegenzug etwas zurückzubekommen.

17 Grundzüge des Sachenrechts

Literatur: Schrifttum: *Güllemann*, Kreditsicherungsrecht, 2.A. 2020; *Grüneberg*, Kommentar zum BGB, 81. Aufl. 2022; *Prütting*, Sachenrecht, 37. Aufl. 2017; *Westermann, H.-P./ Staudinger*, BGB-Sachenrecht, 13. Aufl. 2017; *Wellenhofer*, Sachenrecht, 36. Aufl. 2021; *Wörlen/Kokemoor*, Sachenrecht, 11. Aufl. 2020

17.1 Einführung

Das 3. Buch des BGB (§§ 854–1296) befasst sich mit den Rechtsbeziehungen von Personen zu Sachen. Im Unterschied zum Schuldrecht, das Ansprüche von Personen zueinander betrifft, geht es im Sachenrecht um unmittelbare Einwirkungsrechte auf Sachen. Der Eigentümer kann, ohne andere zuvor um Erlaubnis fragen zu müssen, unmittelbar auf die Sache einwirken. In diesem Sinne ist Sachenrecht als **Zuordnungsrecht** an Sachen zu verstehen (*Wellenhofer* SachenR § 1 Rn. 2).   **822**

Die einzelnen Sachenrechte oder dinglichen Rechte geben unterschiedlich weitreichende Befugnisse. Während das **Eigentum** als Vollrecht eine umfassende Herrschaftsmacht auf die Sache gewährt, „ mit der Sache nach Belieben zu verfahren und andere von jeder Einwirkung auszuschließen" (§ 903 BGB), geben die **beschränkten dinglichen Rechte** nur gewisse einzelne Befugnisse in Bezug auf die Sache. Insoweit unterscheidet man dingliche Nutzungsrechte, Verwertungsrechte und Erwerbsrechte. Neben diesen Rechten an einer Sache kennt das Sachenrecht noch den Besitz, der im Unterschied zum Eigentum keine rechtliche Zuordnung, sondern nur die tatsächliche Sachherrschaft begründet, § 854 BGB.   **823**

Die materiellen Rechtsvorschriften des Sachenrechts finden sich vornehmlich

- im 3. Buch des BGB,
- in dem Erbbaurechtsgesetz v. 15.1.1919,
- im Wohnungseigentumsgesetz v. 15.3.1951.

Daneben sind zahlreiche formelle Vorschriften zu beachten, die besonders Grundstücke betreffen. Grundstücke und die Rechte an Grundstücken sind im Grundbuch verzeichnet. Über das Verfahren zur Eintragung, Änderung oder Löschung dieser Rechte verhält sich die Grundbuchordnung. Die GBO ist also formelles Grundstücksrecht.

824

Übersicht über das Sachenrecht

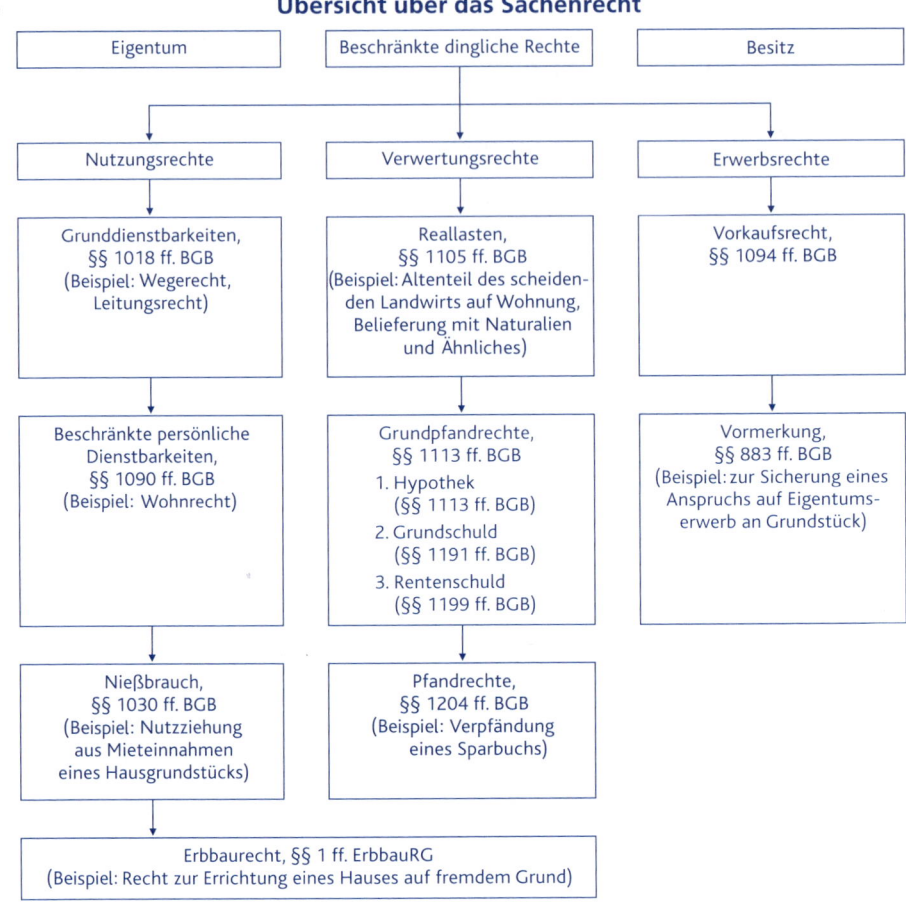

17.2 Aufbau, Bedeutung und Grundprinzipien des Sachenrechts

825 Das 3. Buch des BGB gliedert sich in 8 Abschnitte, ausgehend vom Besitz (§ 854 ff. BGB) bis zum Pfandrecht (§§ 1204 ff. BGB).

826 Das Sachenrecht ist als Recht der Vermögenszuordnung von **elementarer Bedeutung** für die Vermögens- und Lebensverhältnisse in einer Gesellschaft. Die Ausstattung mit materiellen Gütern, sei es zum Leben, zum Wohnen, zum Konsum, zu Produktionszwecken, zur Risikovorsorge oder Altersvorsorge ist unabweisbare Lebensgrundlage für Jedermann. Die individuelle Auswahl gehört zur freien Entfaltung der menschlichen Persönlichkeit (Art. 2 GG). Das Eigentum steht unter der Eigentumsgarantie von Art. 14 GG.

827 Schließlich ist das **Sachenrecht als Mittel der Kreditsicherung** von herausragender Bedeutung. Sicherungseigentum an beweglichen Sachen oder ganzen Warenlagern, Verpfändung von Wertpapieren oder Grundpfandrechte an Immobilien sind die rechtliche Grundlage für die Einräumung eines Realkredits.

Güllemann

Dem Sachenrecht liegen folgende fünf Prinzipien zugrunde: 828

- **Absolutheitsprinzip**
  Sachenrechte wirken gegenüber Jedermann im Gegensatz zu einer schuldrechtlichen Forderung, die nur dem jeweiligen Schuldner gegenüber ein (relatives) Recht gibt.

- **Numerus clausus (Typenzwang)**
  Das Sachenrecht kennt nur eine bestimmte Anzahl von dinglichen Rechten. Andere als diese können von den Parteien nicht geschaffen werden. Es besteht keine Gestaltungsfreiheit wie im Schuldrecht.

- **Publizitätsgrundsatz**
  Da die dinglichen Rechte als absolute Rechte gegenüber Jedermann wirken, müssen sie auch für jedermann erkennbar sein. Das wird dadurch erreicht, dass bei Bestellung und Übertragung von Sachenrechten Publizitätsformen einzuhalten sind. Diese sind bei der Übereignung beweglicher Sachen der Besitz (§ 929 BGB) und bei der Übereignung von Grundstücken die Verlautbarung im Grundbuch (§ 873 BGB).

- **Bestimmtheitsgrundsatz (Spezialitätsprinzip)**
  Es muss klar bestimmt sein, an welcher konkreten, einzelnen Sache Eigentum oder ein sonstiges dingliches Recht besteht.

- **Abstraktionsprinzip**
  Dieses besagt, dass das sachenrechtliche Verfügungsgeschäft streng von dem zugrunde liegenden schuldrechtlichen Verpflichtungsgeschäft zu trennen ist und die Wirksamkeit beider Geschäfte unabhängig voneinander zu bewerten ist.

17.3 Besitz

17.3.1 Begriff

Unter **Besitz** ist die tatsächliche Herrschaftsgewalt über eine Sache zu verstehen, 829 § 854 BGB. Der Besitz ist von dem Begriff des Eigentums juristisch zu trennen, was im alltäglichen Sprachgebrauch nicht immer geschieht.

Beispiel: Die Bezeichnung Grundbesitz statt Grundeigentum

Besitz ist die **tatsächliche** Verfügungsgewalt, Eigentum bedeutet die **rechtliche** Zuordnung. Der Mieter hat zB die ihm vermietete Wohnung in seiner tatsächlichen Gewalt, während sie dem Vermieter eigentumsmäßig gehört.

17.3.2 Arten

Bei den Arten des Besitzes unterscheidet man 830

- Unmittelbaren Besitz,
- Mittelbaren Besitz,
- Besitzdienerschaft,
- Eigenbesitz sowie
- Fremdbesitz.

Unmittelbarer Besitzer ist, wer die direkte Verfügungsgewalt (Sachherrschaft) über eine Sache hat, § 854 BGB.

Güllemann

> **Beispiel**: Der Leser eines Buches oder der Mieter einer Wohnung.

Mittelbarer Besitzer ist, wer nur indirekt auf die Sache einwirken kann. Als Beispiele sind zu nennen

- der Vermieter, der über den Mietvertrag auf die Sache einwirken kann (§§ 535 ff. BGB),
- der Verleiher, der über den Leihvertrag auf die Sache einwirken kann (§§ 598 ff. BGB),

Wer über ein derartiges **Besitzmittlungsverhältnis ("Besitzkonstitut")** auf die Sache einwirken kann, ist mittelbarer Besitzer (§ 868 BGB). Die Sachherrschaft wird in diesen Fällen von dem Mieter, dem Entleiher, Verwahrer etc. unmittelbar ausgeübt, jedoch ist aufgrund des Besitzkonstituts auch der andere mittelbarer Besitzer.

Besitzdiener ist, wer zwar die Sachherrschaft ausübt, aber den Weisungen eines anderen unterliegt. Hier ist nur der Weisungsgeber Besitzer, nicht aber der Weisungsempfänger, § 855 BGB. Notwendig ist ein weisungsgebundenes, soziales Abhängigkeitsverhältnis.

> **Beispiel**: Ladenangestellter, Busfahrer, Industriearbeiter

17.3.3 Erwerb und Verlust des Besitzes

831 Zum **Besitzerwerb** sind die Erlangung der tatsächlichen Gewalt nach § 854 BGB und ein Sachbeherrschungswille nötig, wobei ein genereller und nicht auf eine bestimmte Sache gerichteter Wille genügt.

> **Beispiel**: Briefkasten – hier besteht ein genereller Besitzwille.

832 **Besitzverlust** tritt durch Aufgabe der tatsächlichen Gewalt oder sonstigen Verlust der tatsächlichen Gewalt ein, § 856 BGB. So führt das seit Monaten andauernde Entlaufen eines Haustiers zum Verlust des Besitzes.
Dagegen führt die vorübergehende Verhinderung der Gewaltausübung nicht zum Besitzverlust, § 856 II BGB.

> **Beispiel**: Zweiwöchige Urlaubsabwesenheit von einer Wohnung, Parken eines Pkw.

Im **Todesfall** geht der Besitz des Erblassers auf den Erben ohne Weiteres über, § 857 BGB, um die Erbschaft nicht besitzlos werden zu lassen.

17.3.4 Besitzschutz

833 Obwohl der Besitz kein Sachenrecht ist, wird er rechtlich vor Störungen, Entzug, unrechtmäßiger Nutzung oder Beschädigung umfassend geschützt. Dem dienen:

- die spezifischen Besitzschutzansprüche nach §§ 858 ff. BGB,
- die Vorschriften über die ungerechtfertigte Bereicherung nach §§ 812 ff. BGB sowie
- die Schadensersatzregelungen nach §§ 823 ff. BGB.

Grund dafür ist vor allem die Tatsache, dass es einen unerträglichen Bruch des Rechtsfriedens darstellen würde, wenn einem Besitzer die Sache, die er gerade nutzt, sanktionslos weggenommen werden könnte, er Besitzstörungen schutzlos ausgesetzt wäre, oder er ansehen müsste, dass ein anderer sich unrechtmäßig an den Werten seines Besitzes bereichern oder ihn sogar schädigen dürfte. Daher stattet das Sachen- **834** recht den Betroffenen in den §§ 859 ff. BGB zunächst mit **Selbsthilferechten** aus. Wer dem Besitzer ohne seinen Willen den Besitz entzieht oder ihn im Besitz stört, begeht verbotene Eigenmacht, § 858 I BGB. Ein derartig erlangter Besitz ist fehlerhaft, § 858 II BGB. Dagegen kann sich der Besitzer wie folgt zur Wehr setzen:

- Der Besitzer darf sich verbotener Eigenmacht mit Gewalt erwehren, § 859 I BGB (Besitzwehr).

Beispiel: Der Mieter eines Wohnmobils beobachtet, wie sich Diebe daran machen, dieses zu entwenden. Er darf das mit Gewalt verhindern.

- Der Besitzer darf, wenn eine bewegliche Sache durch verbotene Eigenmacht weggenommen wird, sie dem auf frischer Tat betroffenen oder verfolgten Täter wieder abnehmen, § 859 II BGB (Besitzkehr).

Beispiel: Die Diebe haben das Wohnmobil geknackt und fahren damit weg. Der Mieter darf sie verfolgen, stoppen und ihnen gewaltsam das Fahrzeug wieder abnehmen.

- Der Besitzer eines Grundstücks, dem durch verbotene Eigenmacht der Besitz entzogen wird, darf „sofort nach der Entziehung" sich des Besitzes durch Entsetzung des Täters wieder bemächtigen, § 859 III BGB.

Beispiel: Der Mieter eines Stellplatzes, den er gemäß ausdrücklichem Hinweis nur für seine Kunden zur Verfügung stellt, muss feststellen, dass dort seit längerem ein fremder Wagen geparkt ist. Er darf den Wagen abschleppen lassen.

„Sofort" heißt: so schnell wie nach objektiven Maßstäben möglich, ohne Rücksicht auf den Zeitpunkt der Kenntniserlangung. Das kann bei widerrechtlichem Parken einige Stunden, ggf. sogar bis zum folgenden Tag bedeuten, bis zu denen ein gewaltsames Abschleppen nach der Gerichtspraxis zulässig ist (OLG Karlsruhe OLGZ 78, 206, str.).

Neben den geschilderten Selbsthilferechten stehen dem Besitzer bei verbotener Eigenmacht auch Besitzschutzrechte nach §§ 861, 862 BGB (sog. possessorische Ansprüche) zu, die er ggf. klageweise bzw. vorzugsweise per einstweiliger Verfügung durchsetzen kann.

17.4 Eigentum

17.4.1 Begriff und Wesen

Eigentum stellt das umfassendste dingliche Recht dar, das an Sachen, seien sie be- **835** weglich (Fahrnis) oder unbeweglich (Grundstücke, Immobilien), bestehen kann. Es ist ein absolutes Zuordnungsrecht, das dem Rechtsinhaber gegenüber Jedermann die Befugnis einräumt, nach Belieben mit der ihm gehörenden Sache zu verfahren und andere von jeder Einwirkung auszuschließen, § 903 BGB. Die Befugnisse des Eigentümers gehen also in zwei Richtungen: Er kann in positiver Hinsicht sein Eigentum „nach Belieben" nutzen, genießen, es umwandeln, verändern, verbrauchen, zerstören oder darüber rechtliche Verfügungen treffen und in negativer Hinsicht die Einwirkung Fremder darauf ausschließen, indem er zB sein Grundstück einzäunt

Güllemann

und mit Schildern versieht: „Betreten verboten". Diese umfassenden Befugnisse des Eigentümers zu tatsächlichen und rechtlichen Herrschaftshandlungen sind natürlich nicht grenzenlos, sondern finden ihre Schranken im Gesetz oder in den Rechten Dritter, vgl. §903 BGB.

17.4.2 Schranken des Eigentums

836 Das Eigentum findet seine Grenzen in privat- und öffentlich-rechtlichen Beschränkungen.

Die **privatrechtlichen Schranken** ergeben sich aufgrund Gesetzes oder infolge rechtsgeschäftlicher Vereinbarungen (vgl. §903 S. 1 BGB). Wer etwa als Eigentümer eine Wohnung vermietet, ist rechtsgeschäftlich gehindert, diesen Teil seines Eigentums weiter für sich zu nutzen, sondern muss den Gebrauch der Mietsache seinem Mieter überlassen (§535 BGB). Das Gesetz regelt vornehmlich in den §§904–924 BGB die privatrechtlichen Schranken des Eigentums. **Öffentlich-rechtliche Beschränkungen** des Eigentums können aufgrund vielfältiger Gesetze bestehen, so zB aufgrund des Verfassungsrechts (Art. 14 II und III GG) sowie aufgrund einfacher Gesetze. Zu nennen sind etwa Vorschriften des Baurechts, Gaststättenrechts, Bergrechts oder Immissionsschutzrechts.

17.4.3 Eigentumsformen

Sachen können einer Person gehören (= Alleineigentum) oder mehreren Personen, die dann entweder Miteigentümer oder Gesamthandseigentümer sind.

837 Beim **Miteigentum** steht zwei oder mehr Personen ein Bruchteil an der Sache zu, §1008 BGB. Das heißt nicht, dass die Sache real zwischen ihnen geteilt ist, sondern jeder zu einem gedanklich-rechnerischen Anteil an der Sache beteiligt ist (sog. ideeller Bruchteil). Die Miteigentümer bilden eine Bruchteilsgemeinschaft iSd §§741 ff. BGB: jeder kann die gemeinsame Sache soweit nutzen als nicht der Mitgebrauch der anderen Teilhaber beeinträchtigt wird, §743 II BGB.

Beispiel: Die Eheleute stehen zu je ½ als Miteigentümer eines Hausgrundstücks im Grundbuch, das sie gemeinsam erworben haben.

838 Beim **Gesamthandseigentum** sind alle gemeinsame Eigentümer des gesamten Gegenstandes und nicht nur eines Bruchteils. Eine Verfügung über den Anteil ist ausgeschlossen: Alle können nur gemeinschaftlich über die ganze Sache verfügen. Das Zivilrecht kennt drei Gesamthandsgemeinschaften mit Gesamthandseigentum:

- Personengesellschaften (GbR; oHG; KG; Partnerschaft), vgl. §§718 ff. BGB
- die eheliche Gütergemeinschaft, vgl. §§1416, 1419 BGB
- sowie die Erbengemeinschaft, vgl. §§2032 ff. BGB.

Beispiel: Zwei Zahnärzte gründen eine Gemeinschaftspraxis und schaffen eine Einrichtung im Wert von 300.000 EUR an, zu denen auch zwei Behandlungsstühle gehören. Die von ihnen angeschaffte Praxiseinrichtung ist Gesamthandseigentum beider Gesellschafter geworden und stellt das Gesellschaftsvermögen dar, §718 BGB.

17.4.4 Rechtsgeschäftlicher Eigentumserwerb an beweglichen Sachen

Der Eigentumserwerb kann aufgrund Rechtsgeschäft (= Übereignung) oder kraft 839
Gesetzes (zB durch Aneignung oder infolge Erbfall) erfolgen. Er ist, je nachdem, ob
es sich um bewegliche Sachen oder unbewegliche Sachen handelt, an unterschiedliche Voraussetzungen geknüpft.

Durch die Übereignung wird das Eigentum an einer Sache von einer Person auf eine
andere übertragen. Handelt es sich dabei um eine bewegliche Sache, so richten sich
die Voraussetzungen der Übereignung nach den §§ 929 ff. BGB.

Gem. § 929 S. 1 BGB setzt die Übertragung des Eigentums an einer beweglichen Sache
voraus, dass der Eigentümer die Sache dem Erwerber übergibt und beide darüber
einig sind, dass das Eigentum übergehen soll. Der Eigentumswechsel verlangt daher

- eine Einigung zwischen Veräußerer und Erwerber über den Eigentumswechsel
- die Übergabe der Sache an den Erwerber in Vollziehung der Einigung
- die Berechtigung des Veräußerers, das Eigentum zu übertragen.

17.4.4.1 Einigung

Einigung iSd § 929 BGB bedeutet die **sachenrechtliche Einigung** über die Eigentums- 840
übertragung. Die Parteien müssen darüber einig sein, dass die betreffende Sache
nicht mehr dem Veräußerer, sondern jetzt dem Erwerber gehören soll.

Die Einigung muss sich stets auf eine ganz **bestimmte Sache** beziehen (Bestimmt- 841
heitsgrundsatz). Sie ist in keiner Weise zu verwechseln mit dem zugrunde liegenden
Kausalgeschäft, also etwa mit dem Kaufvertrag (Abstraktionsprinzip).

17.4.4.2 Übergabe

Die Sache muss dem Erwerber übergeben werden. Das bedeutet, dass der Erwerber 842
auf Veranlassung des Veräußerers den Besitz an der Sache erwerben und der Veräußerer zugleich den Besitz verlieren muss (Publizitätsprinzip). Die Übergabe ist eine
tatsächliche Handlung (Realakt), die zumeist unmittelbar zwischen Veräußerer und
Erwerber vollzogen wird. Hat der Erwerber bereits den Besitz, so genügt die Einigung über den Übergang des Eigentums (§ 929 S. 2 BGB).

> **Beispiel**: Der Käufer hatte sechs Monate das Klavier gemietet und sich dann zum
> Eigentumserwerb entschlossen. Wegen des bereits vorhandenen Besitzes reicht die
> Einigung über den Eigentumserwerb.

Statt des unmittelbaren Besitzes genügt bei entsprechender Vereinbarung auch die
Verschaffung des **mittelbaren Besitzes, § 930 BGB**. Das kann sinnvoll sein, wenn
der Veräußerer die Sache noch eine gewisse Zeit nutzen will. Dann kann mit Hilfe
eines sog. Besitzmittlungsverhältnisses („Besitzkonstitut") vereinbart werden, dass
dem Veräußerer die Sache leihweise oder mietweise vom Erwerber zur Verfügung
gestellt wird, § 868 BGB.

> **Beispiel**: V übereignet sein Klavier an K, der wegen eines Auslandsaufenthaltes aber
> erst in sechs Monaten zurück sein wird. Wenn V während dieser Zeit das Klavier
> weiter spielen möchte, ist es sinnvoll, ihm dieses im Rahmen der Veräußerung leih-
> oder mietweise zur Verfügung zu stellen.

843 Diese Übereignungsform eignet sich auch gut für die Absicherung eines Kredits mithilfe einer **Sicherungsübereignung**. Der Kreditnehmer hat zB einen Lkw, den er zur Sicherung eines neuen Kredits zur Verfügung stellen kann. Dann bietet sich eine Sicherungsübereignung bei gleichzeitiger Vereinbarung eines Miet- oder Leihverhältnisses mit der Bank an. Anders als beim Pfand (vgl. § 1205 BGB) kann der Sicherungsgeber dabei den unmittelbaren Besitz und damit die Nutzungsmöglichkeit behalten. Es reicht, wenn er dem Erwerber den mittelbaren Besitz verschafft. Voraussetzungen der Sicherungsübereignung nach §§ 929, 930 BGB sind:

- Einigung über Eigentumswechsel
- Vereinbarung eines Besitzmittlungsverhältnisses
- Verfügungsberechtigung

Ist ein Dritter im Besitz der Sache (zB infolge Vermietung), so genügt neben der Einigung die Abtretung des Herausgabeanspruchs (zB gegen den Mieter), § 931 BGB.

Beispiel: A hat dem B sein Klavier geliehen und verkauft dieses jetzt wegen finanzieller Schwierigkeiten an C. Hier reicht neben der Einigung über den Eigentumswechsel, dem C den Herausgabeanspruch gegen B abzutreten, §§ 929, 931 BGB.

17.4.4.3 Berechtigung des Veräußerers

844 Die wirksame Übertragung des Eigentums setzt voraus, dass der Verfügende Berechtigter im Rechtssinn ist. In der Regel ist dies der Eigentümer. Berechtigt ist schließlich auch ein Nichteigentümer, der mit vorheriger Einwilligung des Berechtigten das Eigentum auf einen anderen überträgt, § 185 I BGB.

Beispiel: Der Eigentümer einer gebrauchten Ski-Ausrüstung ermächtigt seine Ehefrau, das Eigentum an den Erwerber zu übertragen, weil ein zuvor geschlossener Kaufvertrag darüber während seiner Geschäftsreise erfüllt werden soll. Wenn die Ehefrau dem Käufer die Ausrüstung übergibt und sich mit diesem über den Eigentumsübergang einigt, handelt sie als Berechtigte.

17.4.4.4 Gutgläubiger Erwerb vom Nichtberechtigten

845 Liegt keine Berechtigung des Verfügenden zur Übertragung des Eigentums vor, kann gleichwohl ein Eigentumserwerb stattfinden, wenn die Voraussetzungen eines gutgläubigen Erwerbs gem. §§ 932–936 BGB gegeben sind.

Im Normalfall müssen nach § 932 BGB zunächst eine Einigung und Übergabe nach § 929 BGB erfolgt sein. Hinzukommen muss der **gute Glaube des Erwerbers,** dass die Sache dem Veräußerer gehört. Der Erwerber muss bei Vollendung des Rechtserwerbs annehmen, dass der Veräußerer Eigentümer ist. Der gute Glaube wird vermutet. Er ist nicht gegeben (sog. Bösgläubigkeit), wenn der Erwerber bei Besitzerhalt weiß oder grob fahrlässig nicht erkannt hat, dass der Veräußerer nicht Eigentümer ist, § 932 II BGB.

Grob fahrlässige Unkenntnis des Erwerbers ist nach der Rechtsprechung des BGH anzunehmen, wenn der Erwerber die im Verkehr erforderliche Sorgfalt in ungewöhnlich hohem Maße verletzt und das unbeachtet lässt, was im gegebenen Fall jedem hätte einleuchten müssen (BGH NJW 1994, 2023).

Güllemann

Beispiele: Beim Gebrauchtwagenkauf liegt grob fahrlässige Unkenntnis vor, wenn sich der Erwerber den Kfz-Brief nicht vorlegen lässt (BGH NJW 1996, 2226) oder, wenn der verlangte Kaufpreis ca. 26 % unter dem Verkehrswert liegt und der Erwerber keine Nachforschungen anstellt (BGH NJW 1996, 314).

Voraussetzungen des gutgläubigen Erwerbs nach §§ 932, 929 BGB sind somit:
- Einigung über Eigentumswechsel mit einem Nichteigentümer
- Übergabe des Besitzes
- Guter Glaube an das Eigentum des Verfügenden

Ein **gutgläubiger Erwerb scheitert** jedoch trotz Vorliegens aller Voraussetzungen, wenn die Sache dem Eigentümer gestohlen worden, verloren gegangen oder sonst abhanden gekommen ist, § 935 BGB. Der Eigentümer soll sein Eigentum nämlich grds. nur dann verlieren, wenn er die Sache willentlich aus der Hand gegeben hat. Hat er aber den unmittelbaren Besitz an der Sache unfreiwillig verloren, hält das Gesetz den Eigentümer für schutzwürdiger als den gutgläubigen Erwerber. Ein Eigentumsverlust nach §§ 932–934 BGB tritt dann nicht ein.

Beispiel: D stiehlt dem E ein Fahrrad und veräußert es an den gutgläubigen K. Dieser hat trotz guten Glaubens kein Eigentum an dem Fahrrad erworben, weil dieses dem E gestohlen worden ist, § 935 BGB.

Liegen in einer Veräußerungskette einmal die Voraussetzungen des § 935 BGB vor, so scheidet danach jeglicher gutgläubiger Erwerb aus, auch durch spätere Erwerbsvorgänge.

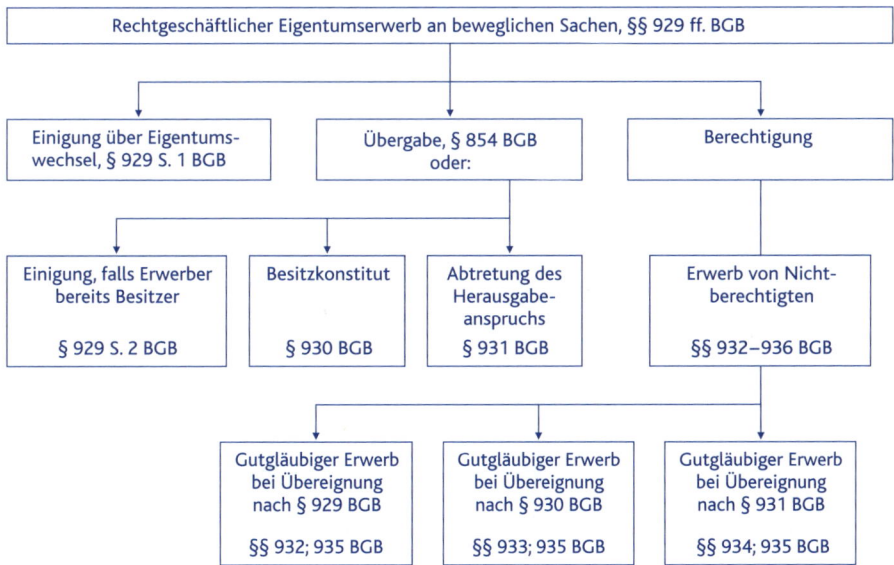

Allerdings findet aus Gründen des Verkehrsschutzes ausnahmsweise ein gutgläubiger Erwerb an abhanden gekommenen Sachen statt, wenn es sich um Geld, Inhaberpapiere oder öffentlich versteigerte Sachen handelt, § 935 II BGB.

> **Beispiel**: Ein Bankkunde erhält Banknoten ausgehändigt, die aus einem Bankraub stammen. Da er davon nichts weiß, erwirbt er nach §§ 929, 932, 935 II BGB gutgläubig Eigentum an dem Geld (Motto: „Geld stinkt nicht").
> **Weiteres Beispiel**: Das öffentlich versteigerte Fahrrad war gestohlen worden, was der Erwerber nicht wusste oder hätte wissen müssen. Hier tritt gleichfalls gutgläubiger Eigentumserwerb ein.

17.4.5 Gesetzlicher Eigentumserwerb an beweglichen Sachen

846 Kraft Gesetzes findet ein Eigentumserwerb statt in den Fällen

- der Ersitzung (§§ 937 ff. BGB),
- der Verbindung, Vermischung, Verarbeitung (§§ 946 ff. BGB),
- bei Aneignung herrenloser Sachen (§§ 958 ff. BGB),
- beim Fund (§§ 965 ff. BGB),
- sowie im Erbfall (§ 1922 BGB)

17.4.5.1 Ersitzung

847 Wer eine bewegliche Sache zehn Jahre gutgläubig **in Eigenbesitz** hat, erwirbt daran das Eigentum, § 937 BGB. Auch Rechte Dritter erlöschen bei Gutgläubigkeit nach dieser Zeit, § 945 BGB. Damit ist namentlich ein Erwerb an gestohlenem Gut durch gutgläubige Dritte (natürlich nicht durch den Dieb selbst!) möglich, der sonst rechtsgeschäftlich an § 935 BGB scheitern würde. Der Gedanke des Rechtsfriedens ist bei einer solch langen Zeitspanne für einen Eigentumserwerb kraft Ersitzung das ausschlaggebende Moment.

> **Beispiel**: Ein Violinist hat eine Stradivari Geige seit mehr als zehn Jahren in Besitz und behandelt sie als seine eigene, da er diese seinerzeit von einem angesehenen Geigenbauer erstanden hat. Wie sich erst jetzt herausstellt, war die Geige – was auch der Geigenbauer nicht wusste – zuvor dem ursprünglichen Eigentümer entwendet worden. Hier scheitert zwar ein gutgläubiger Eigentumserwerb an § 935 I BGB; jedoch führt der ununterbrochene gutgläubige zehnjährige Eigenbesitz zum Eigentumserwerb nach § 937 BGB.

17.4.5.2 Verbindung, Vermischung, Verarbeitung

848 Wird eine bewegliche Sache mit einem Grundstück verbunden, sodass sie **wesentlicher Bestandteil** des Grundstücks wird, so erstreckt sich das Grundstückseigentum auch darauf und der bisherige Eigentümer verliert sein Eigentum, §§ 946, 94 BGB. Diese Vorschrift trifft vor allem Bauunternehmer und Handwerker, die für den Grundeigentümer Gebäude errichten und Einbauten darin vornehmen. Sie verlieren nolens volens selbst bei ausdrücklichem Eigentumsvorbehalt ihr Eigentum an dem Gebäude und allen zur Herstellung des Gebäudes eingefügten Sachen, weil diese zum wesentlichen Bestandteil des Grundstücks werden, § 94 BGB. Bei Nichtbezah-

lung ihrer Leistungen sind sie auf ihre vertraglichen Vergütungsansprüche aus Werkvertrag gegen ihren Auftraggeber angewiesen.

> **Beispiel**: Ein Handwerker baut eine aufwändige Heizungsanlage in einem Neubau ein, ohne seine Rechnung bezahlt zu bekommen. Die Heizungsanlage wird fester Bestandteil des Gebäudes und damit des Hausgrundstücks und gehört damit dem Grundeigentümer, §§ 946, 94 BGB. Das Eigentum des Handwerkers geht zugleich unter. Er kann dann nur von seinem Auftraggeber die werkvertragliche Vergütung verlangen.

Die **Verbindung** verschiedener beweglicher Sachen in der Weise, dass sie wesentlicher Bestandteil einer einheitlichen Sache werden, führt zum Miteigentum der bisherigen Eigentümer. Ist eine Sache als die Hauptsache anzusehen, erwirbt ihr Eigentümer das Alleineigentum, § 947 BGB. 849

> **Beispiel**: Austausch der Filzdämpfer und Saiten am alten Klavier eines Kunden. Da diese nach Einbau nicht wieder ausgebaut werden können, ohne dass sie zerstört würden, sind sie wesentlicher Bestandteil des Klaviers geworden. Das Eigentum des Klavierbauers geht unter, da das (übrige) Klavier als Hauptsache anzusehen ist, §§ 947, 93 BGB.

Entsprechende Anwendung findet § 947 BGB bei einer untrennbaren **Vermischung oder Vermengung** beweglicher Sachen, § 948 BGB. 850

> **Beispiel**: Lieferung von Holzpellets, die in einen noch zu $\frac{1}{3}$ befüllten Bunker eingefügt werden. Folge ist nach §§ 948, 947 I BGB Miteigentum des Lieferanten zu $\frac{2}{3}$ und des Kunden zu $\frac{1}{3}$.

Wer durch **Verarbeitung oder Umbildung** eines oder mehrerer Stoffe eine neue bewegliche Sache herstellt, erwirbt daran das Eigentum, wenn nicht der Wert der Verarbeitung oder Umbildung erheblich geringer ist als der Wert des verwendeten Stoffes, § 950 BGB. Damit soll der Hersteller einer neuen Sache vor den Rohstoffeigentümern eigentumsmäßig bevorrechtigt werden.

> **Beispiel**: Ein Möbelfabrikant stellt aus Holz im Wert von 10.000 EUR und weiteren Stoffen im Wert von 20.000 EUR Möbel im Wert von 100.000 EUR her und bleibt die Bezahlung der Holzlieferung, die unter Eigentumsvorbehalt erfolgte, schuldig. Hier würde dennoch das Eigentum an den Möbeln kraft Gesetzes nach § 950 BGB dem Fabrikanten zustehen, da Möbel gegenüber dem Holz eine neue Sache darstellen und der Wert der Verarbeitung (= Wert der neuen Sache abzüglich aller Ausgangsstoffe, also 100.000 EUR abzgl. 10.000 EUR für Holz und der weiteren Stoffe im Wert von 20.000 EUR (= 70.000 EUR)) nicht erheblich geringer als der Wert der Ausgangsstoffe (insg. 30.000 EUR) ist.

Die Rechtsprechung lässt allerdings sog. **Herstellerklauseln** zu, sodass sich der Lieferant von Rohstoffen durch entsprechende Vertragsabreden selbst zum juristischen Hersteller erklären lassen kann. Hierbei darf er richtigerweise allerdings zur Vermeidung einer nichtigen Übersicherung (§§ 138, 307 BGB) kein Alleineigentum an der produzierten Ware beanspruchen, sondern nur einen wertangemessenen Miteigentumsanteil, str. 851

Güllemann

> **Beispiel**: Im genannten Beispiel wäre eine AGB-Klausel, wonach der Holzliefe-
> rant Alleineigentümer der hergestellten Möbel werden soll, nach § 307 BGB wegen
> Unangemessenheit unwirksam. Zulässig wäre dagegen die Beanspruchung von
> Miteigentum zusammen mit dem Möbelfabrikanten und anderen Lieferanten im
> Wertverhältnis der Lieferung zum Wert der nachfolgend produzierten Ware, str.

17.4.6 Rechtsgeschäftlicher Eigentumserwerb an Grundstücken

852 Die rechtsgeschäftliche Übertragung des Eigentums an einem Grundstück erfolgt
nach den Regeln der §§ 873, 925 BGB. Erforderlich sind

- Einigung zwischen Veräußerer und Erwerber
- Eintragung ins Grundbuch
- Berechtigung des Veräußerers

17.4.6.1 Einigung (Auflassung)

853 Bei der Grundstücksübertragung ist – wie bei beweglichen Sachen – zunächst eine
Einigung zwischen Veräußerer und Erwerber über den Eigentumsübergang nötig.
Diese Einigung ist nur wirksam, wenn sie vor einem Notar erfolgt, § 925 BGB. Die
formgerechte Einigung heißt **Auflassung**. Sie muss bei gleichzeitiger Anwesenheit
beider Teile vor dem Notar erklärt und von diesem nach den Regeln des Beurkun-
dungsgesetzes beurkundet werden. Gleichzeitige Anwesenheit beider Teile heißt
nicht unbedingt persönliche Anwesenheit von Veräußerer und Erwerber. Die gleichzeitige Anwesenheit von Vertretern reicht.

Die Auflassung bezieht sich stets auf ein **bestimmtes Grundstück**, das mit einer bestimmten Flurstücknummer im Grundbuch verzeichnet ist („Bestimmtheitsgrundsatz"). Rechtlich maßgebend ist immer nur das Grundstück, auch wenn es mit einem
wertvollen Gebäude bebaut ist, weil dieses rechtlich nur wesentlicher Bestandteil
des Grundstücks ist, § 94 I BGB.

Die Auflassung ist rechtlich streng von dem zugrunde liegenden schuldrechtlichen
Vertrag, also dem Kauf oder der Schenkung zu trennen (**„Abstraktionsprinzip"**). Die
Auflassung darf weder unter einer Bedingung noch unter einer Zeitbestimmung
erfolgen, § 925 II BGB. Eine Grundstücksübereignung unter Eigentumsvorbehalt
wäre demzufolge unzulässig.

17.4.6.2 Eintragung ins Grundbuch

854 Der rechtsgeschäftliche Eigentumserwerb ist zwingend an die **Eintragung** der Rechts-
änderung im Grundbuch geknüpft (konstitutive Wirkung). Grundbücher existieren
seit über 120 Jahren in Deutschland und stellen bei den jeweiligen Amtsgerichten
geführte öffentliche Register dar, in die alle rechtserheblichen Tatsachen einzutragen
sind. Das bedeutet, dass sich alle dinglichen Rechte aus dem Grundbuch ersehen
lassen (Publizitätsprinzip). Jedes Grundstück erhält ein eigenes Grundbuchblatt. Es
enthält zunächst das Bestandsverzeichnis, das das Grundstück nach Lage, Größe,
Wirtschaftsart und Parzellen-Nummer beschreibt. Sodann folgen 3 Abteilungen:

- Abteilung I bezeichnet den Eigentümer und den Erwerbsgrund.
- Abteilung II bezeichnet alle beschränkten dinglichen Rechte außer den Grund-
  pfandrechten, zB Nießbrauch, Reallasten, Erbbaurechte.

- Abteilung III bezeichnet die Grundpfandrechte, also Hypotheken, Grundschulden und Rentenschulden.

Im Grundbuch gilt ein strenges **Rangverhältnis** der eingetragenen Rechte. Bei Rechten derselben Abteilung bestimmt sich das Rangverhältnis nach der Reihenfolge der Eintragungen, § 879 I 1 BGB.   855

> **Beispiel**: In Abt. III ist unter Nr. 1 eine Hypothek zugunsten der A-Bank iHv 100.000 EUR nebst 8 % Zinsen eingetragen. Unter Nr. 2 folgt eine Grundschuld zugunsten der B-Bank iHv 80.000 EUR nebst 10 % Zinsen. Die unter Nr. 1 eingetragene Hypothek geht dann als erstrangige Hypothek der unter Nr. 2 eingetragenen zweitrangigen Grundschuld vor.

Der Rang ist bei einer Zwangsversteigerung von entscheidender Bedeutung. Es erfolgt nämlich keine anteilmäßige Befriedigung, sondern eine bevorzugte Befriedigung nach dem Rangverhältnis. Im Beispielsfall würde die A-Bank primär befriedigt, vom Rest würde die B-Bank befriedigt.

17.4.6.3 Berechtigung

Der Verfügende muss materiell berechtigt sein, dh **Rechtsinhaber** sein. Das ist bei der Eigentumsübertragung regelmäßig der Eigentümer. Vermuteter Weise ist derjenige, der in Abt. I als Eigentümer eingetragen ist, auch tatsächlich der Eigentümer, § 891 I BGB. Sollte das nicht der Fall sein, so gilt nach § 892 BGB zugunsten eines gutgläubigen Erwerbers der Inhalt des Grundbuchs als richtig. Es genießt also öffentlichen Glauben. Nur wenn ein Widerspruch gegen die Richtigkeit des Grundbuchs eingetragen ist (vgl. § 899 BGB) oder die Unrichtigkeit der Eintragung dem Erwerber bekannt ist (grob fahrlässige Unkenntnis reicht anders als bei § 932 II BGB nicht), scheitert ein gutgläubiger Erwerb, § 892 I 1 BGB.   856

Bei falschen Eintragungen sollte daher so schnell wie möglich ein **Widerspruch** ins Grundbuch eingetragen werden, um einen gutgläubigen Erwerb Dritter auszuschließen (§ 899 BGB).

17.5 Eigentumsschutz

Das Eigentum wird zivilrechtlich in mehrfacher Hinsicht vor unzulässigen Eingriffen Dritter geschützt. Die wichtigsten Ansprüche sind: 857

- Eigentumsherausgabeanspruch nach §§ 985, 986 BGB gegen den nichtberechtigten Besitzer im Falle der Besitzentziehung,
- Nutzungsherausgabe- und Schadensersatzansprüche nach §§ 987 ff. BGB gegen den unberechtigten Besitzer,
- Beseitigungs- und Unterlassungsanspruch nach § 1004 BGB gegen den Störer im Falle einer Besitzstörung,
- Schadensersatzanspruch gegen den Schädiger nach § 823 I BGB bei einer Eigentumsverletzung oder -entziehung.

17.5.1 Der Herausgabeanspruch nach §§ 985, 986 BGB

858 Der Eigentümer einer beweglichen oder unbeweglichen Sache hat gegen den nichtberechtigten Besitzer, der ihm den Besitz vorenthält oder entzieht, einen dinglichen Herausgabeanspruch nach §§ 985, 986 BGB. Die Anspruchsvoraussetzungen sind:

- Eigentum des Anspruchstellers,
- Besitz des Anspruchsgegners,
- Fehlendes Recht zum Besitz.

Dem Anspruchsteller muss also die Sache gehören (vgl. § 903 BGB), während der Anspruchsgegner nur die tatsächliche Gewalt darüber ausübt (§ 854 BGB) und kein Recht zum Besitz hat. Man bezeichnet dies als **Eigentümer- Besitzerverhältnis.**

> **Beispiel**: Ein Anwohner nimmt einen abgetrennten Teil einer Ferienhausbesitzung in der Abwesenheit des Eigentümers für sich und seine Gäste als Parkplatz in Besitz. Der Eigentümer kann nach § 985 BGB Herausgabe verlangen, da ihm das betreffende Grundstück als Eigentümer gehört und der Anwohner es in Besitz hat. Ein Recht zum Besitz des Anwohners besteht nicht, § 986 BGB.

Soweit dem Anspruchsgegner ein Recht zum Besitz zusteht, ist der Anspruch auf Herausgabe ausgeschlossen, § 986 BGB.

> **Beispiel**: Der Anwohner hatte den fraglichen Grundstücksteil vom Eigentümer angemietet. Dann gibt ihm der Mietvertrag ein Recht zum Besitz (§ 535 BGB) und hindert den Anspruch auf Herausgabe (§ 986 BGB). Ist der Mietvertrag durch Zeitablauf oder Kündigung beendet, entfällt das Besitzrecht und der Eigentümer hätte dann einen dinglichen Herausgabeanspruch.

17.5.2 Nutzungsersatz- und Schadensersatzansprüche sowie Verwendungsersatzansprüche nach §§ 987 ff. BGB

859 Soweit ein Eigentümer-Besitzer-Verhältnis (Vindikationslage) besteht, kann der Eigentümer weiterhin von dem unrechtmäßigen Besitzer **Herausgabe der Nutzungen** verlangen,

- die dieser nach Rechtshängigkeit (= Zustellung der Herausgabeklage) zieht, § 987 BGB, oder
- nach Eintritt der Bösgläubigkeit gem. §§ 990, 987 BGB zieht, oder
- nach § 988 BGB als unentgeltlicher Besitzer zieht.

Liegen die dort genannten Voraussetzungen nicht vor, haftet der redliche Besitzer nach § 993 BGB nur nach den Vorschriften über die Herausgabe einer ungerechtfertigten Bereicherung auf Herausgabe der gezogenen Früchte.

17.5.3 Der Störungsbeseitigungs- und Unterlassungsanspruch nach § 1004 BGB

860 Dem Eigentümer stehen bei Entziehung oder Vorenthaltung seines Besitzes die Herausgabeansprüche nach §§ 985 ff. BGB zu. Bei sonstigen rechtswidrigen Störungen seines Eigentums hat er gegen den Störer Beseitigungs- und Unterlassungsan-

sprüche nach § 1004 BGB. Damit erfasst § 1004 BGB alle Beeinträchtigungen, die nicht in § 985 BGB geregelt sind. Die Voraussetzungen sind:

- Beeinträchtigung des Eigentums,
- in anderer Weise als durch Entziehung oder Vorenthaltung des Besitzes,
- gegen den Störer,
- ohne Duldungspflicht.

Unter **Beeinträchtigung** ist jeder dem Inhalt des Eigentums (§ 903 BGB) widerspre- **861** chende Eingriff in die Herrschaftsmacht des Eigentümers zu verstehen (BGH NJW 2005, 1366).

Der Anspruch aus § 1004 BGB setzt die Rechtswidrigkeit des Beeinträchtigungszu- **861a** standes voraus und entfällt daher, wenn der Eigentümer ihn aufgrund **vertraglicher oder gesetzlicher Duldungspflichten** dulden muss, § 1004 II BGB. Liegen alle Voraussetzungen vor, so kann der Eigentümer die Beseitigung der Störung verlangen und bei Wiederholungsgefahr auf Unterlassung klagen, § 1004 I 1 und 2 BGB.

17.5.4 Schadensersatzansprüche nach § 823 I BGB

Eine Eigentumsverletzung stellt eine „klassische" Rechtsgutverletzung dar, die bei **862** Widerrechtlichkeit und Verschulden Schadensersatzansprüche auslöst (siehe näher 16.1).

17.6 Grundpfandrechte

Grundpfandrechte sind Pfandrechte an Grundstücken, die dem Gläubiger im Kri- **863** senfall eine Verwertung des Grundstücks erlauben. Das BGB kennt folgende Grundpfandrechte:

- Hypotheken, §§ 1113 ff. BGB,
- Grundschulden, §§ 1191 ff. BGB und
- Rentenschulden, §§ 1199 ff. BGB.

Grundpfandrechte sind vor allem bei Kreditgeschäften ein bevorzugtes **Sicherungsmittel**. Sie sind das wichtigste und sicherste Kreditsicherungsmittel überhaupt. Immobiliarsicherheiten geben dem Kreditgeber eine Vorzugsstellung gegenüber den nur durch Personalsicherheiten gesicherten Kreditgebern, weil er auf eine regelmäßig wertvolle Immobilie zurückgreifen kann, wenn der Kredit nicht vertragsgemäß bedient wird. Außerdem verschlechtert ein späterer Eigentumswechsel nicht die Rechtsposition des Sicherungsnehmers: er kann gegen den jeweiligen Grundstückseigentümer, auch wenn dieser nicht sein persönlicher Schuldner ist, die Vollstreckung in das Grundstück betreiben, § 1147 BGB.

17.6.1 Hypothek

Die Hypothek ist ein beschränktes dingliches Recht, aufgrund dessen an den Be- **864** rechtigten eine bestimmte Geldsumme **zur Befriedigung wegen einer ihm zustehenden Forderung aus dem Grundstück** zu zahlen ist, § 1113 BGB. Die Hypothek stellt ein akzessorisches Sicherungsmittel dar: sie sichert eine Forderung ab, die entweder gegen den Grundeigentümer gerichtet ist oder gegen eine andere Person.

> **Beispiele**: Der Grundstückseigentümer nimmt für sich selbst einen Kredit auf und bestellt der Bank auf seinem Grundstück eine Hypothek (Var. 1).
>
> Der Grundeigentümer bestellt der Bank eine Hypothek für einen Kredit, den seine Tochter bei dieser aufnehmen will (Var. 2).

865   Die **Akzessorietät** von der Forderung macht das Wesen der Hypothek aus. Das bedeutet: ohne Forderung besteht keine Hypothek, die Hypothek kann nur im Umfang der bestehenden Forderung geltend gemacht werden und bei Abtretung der Forderung geht die Hypothek auf den neuen Gläubiger mit über.

17.6.1.1 Bestellung der Hypothek

866   Wie bei allen dinglichen Rechten an Grundstücken ist bei der Bestellung einer Hypothek nach § 873 BGB eine entsprechende sachenrechtliche **Einigung und die Eintragung** in das Grundbuch erforderlich. Ferner sind nach §§ 1113, 1116 I, 1117 BGB das Bestehen einer (auch künftigen oder bedingten) schuldrechtlichen Forderung nötig und im Falle einer Briefhypothek, bei der die Hypothek durch eine besondere Urkunde verbrieft wird, die Aushändigung eines Hypothekenbriefes an den Hypothekengläubiger („Hypothekar"). Der Hypothekenbrief wird vom Grundbuchamt erstellt. Der Gläubiger erwirbt die Hypothek erst, wenn ihm der Brief vom Eigentümer des Grundstücks übergeben worden ist.

867   Die Bestellung einer **Briefhypothek** erfordert also:
- dingliche Einigung über die Bestellung einer Hypothek,
- Eintragung der Hypothek im Grundbuch,
- Bestehen einer zu sichernden schuldrechtlichen Forderung,
- Aushändigung des Hypothekenbriefes,
- Eine Verfügungsberechtigung des Bestellers.
  Die Erteilung des Hypothekenbriefes kann ausgeschlossen werden. Dazu ist eine entsprechende Einigung und die Eintragung im Grundbuch nötig, § 1116 II BGB. Dann ist die Hypothek nur im Grundbuch verzeichnet und heißt daher Buchhypothek.

868   Die Bestellung einer **Buchhypothek** erfordert:
- dingliche Einigung über die Bestellung einer Hypothek,
- Eintragung der Hypothek im Grundbuch,
- Bestehen einer zu sichernden schuldrechtlichen Forderung,
- Einigung über den Ausschluss des Briefes und entsprechende Eintragung im Grundbuch,
- Eine Verfügungsberechtigung des Bestellers.

17.6.1.2 Gegenstand der Hypothekenhaftung

869   Die Hypothek erstreckt sich nicht nur auf das Grundstück mitsamt aufstehender Gebäude- diese sind wesentliche Bestandteile des Grundstücks nach § 94 BGB-, sondern nach §§ 1120 ff. BGB auch auf eine Reihe mithaftender Sachen und Rechte. Dazu zählen etwa:
- Erzeugnisse, Bestandteile, Zubehör, § 1120 BGB,
- Miet- und Pachtforderungen des Eigentümers, §§ 1123 ff. BGB,
- Versicherungsforderungen des Eigentümers, §§ 1127 ff. BGB.

Güllemann

Auf diese Weise hat der Hypothekengläubiger Zugriff insbesondere auf Miet- oder Pachteinkünfte oder auf Entschädigungsleistungen eines Gebäudeversicherers bei Totalverlust oder teilweisem Verlust des Gebäudes durch Brand oder Wassereinbruch.

17.6.1.3 Übertragung der Hypothek

Die Übertragung der Hypothek erfolgt durch **Abtretung der Forderung**, § 1153 I BGB. 870
Die Forderung kann nicht ohne die Hypothek und die Hypothek kann nicht ohne die Forderung übertragen werden, § 1153 II BGB. Die Übertragung der Hypothek erfordert bei der Briefhypothek eine schriftliche Abtretung der Forderung und Übergabe des Hypothekenbriefes (keine Eintragung im Grundbuch!) oder im Fall der Buchhypothek eine formlose Abtretung und die Eintragung in das Grundbuch, § 1154 BGB.

17.6.1.4 Tilgung der Hypothek

Soweit die Hypothek vollständig oder teilweise durch Zahlungen getilgt wird, führt 871
dies nicht zum Erlöschen der Hypothek, sondern diese verwandelt sich dann ganz oder teilweise in eine **Eigentümergrundschuld**, §§ 1163 I, 1177 I BGB. Der Sinn dieser Regelung besteht darin, dem Grundeigentümer im Falle eines neuen Kreditbedarfs eine einfache und ranggeschützte Besicherung des neuen Kredits zu ermöglichen.

17.6.1.5 Verwertung der Hypothek

Wird der Hypothekengläubiger nicht durch die vereinbarten Zahlungen befriedigt, 872
kann er die Befriedigung im Wege der Zwangsvollstreckung aus dem Grundstück suchen, § 1147 BGB.

Dazu muss die Hypothek zunächst **fällig** sein. Die Fälligkeit der Hypothek richtet 873
sich grds. nach der Fälligkeit der Forderung (vgl. § 1137 BGB). Ist für die Fälligkeit der Forderung ein bestimmter Zeitpunkt maßgebend, so ist die Hypothek dann ebenfalls fällig (sog. Fälligkeitshypothek), sonst muss die Hypothek dem Eigentümer gegenüber gekündigt werden, § 1141 BGB (sog. Kündigungshypothek). Damit ist die Pfandreife gegeben.

Alsdann bedarf es eines dinglichen **Duldungstitels** gegen den Eigentümer, bevor die 874
Zwangsvollstreckung erfolgen kann. Anstelle eines Urteils reicht als Titel aber auch eine notarielle Urkunde, in der sich der Grundstückseigentümer nach § 794 I Nr. 5 ZPO der sofortigen Zwangsvollstreckung unterworfen hat.

> **Beispiel**: In der notariellen Urkunde über die Hypothekenbestellung heißt es: „Wegen der vorbezeichneten Ansprüche unterwirft sich der Grundeigentümer der sofortigen Zwangsvollstreckung in das vorbezeichnete Grundstück und in alle mithaftenden Gegenstände im Sinne der §§ 1120 ff. BGB". Hier wäre bei Fälligkeit der Hypothek eine sofortige Zwangsvollstreckung möglich.

Der Gläubiger kann nach seiner Wahl die Zwangsversteigerung (§§ 15–145a ZVG) oder Zwangsverwaltung des Grundstücks (§§ 146–161 ZVG) betreiben.
Wird der Gläubiger auf diese Weise befriedigt, so erlischt damit seine Hypothek, § 1181 I BGB.

Güllemann

17.6.2 Grundschuld

875 Die Grundschuld ist ein beschränktes dingliches Recht, aufgrund dessen eine bestimmte Geldsumme aus dem Grundstück zu zahlen ist, § 1191 I BGB. Im Unterschied zur Hypothek ist die Grundschuld **nicht akzessorisch,** dh sie ist nicht an das Vorliegen einer persönlichen Forderung gebunden. Wegen dieser fehlenden Abhängigkeit von einer Forderung hat sie sich in der Bankpraxis heute gegenüber der Hypothek weitgehend durchgesetzt. Das Grundschuldrecht entspricht dem Hypothekenrecht: Aufgrund der Globalverweisung in § 1192 I BGB ist dieses mit Ausnahme der Vorschriften anzuwenden, die das Bestehen einer Forderung voraussetzen. Daher kann auf die Ausführungen zur Hypothek verwiesen werden.

Die Grundschuld kommt als Brief- und Buchgrundschuld vor. Ihre **Bestellung** erfordert nach §§ 873, 1192, 1116, 1117 BGB:

- Eine dingliche Einigung über ihre Bestellung
- Die Eintragung im Grundbuch
- Die Aushändigung des Grundschuldbriefs bei der Briefgrundschuld oder
- Die Einigung über den Ausschluss der Brieferteilung und die Eintragung dieser Einigung im Grundbuch im Falle der Buchgrundschuld
- Eine Verfügungsberechtigung des Bestellers

876 Trotz ihrer rechtlichen Abstraktheit dient die Grundschuld zumeist der Absicherung einer Forderung und kann explizit nach § 1192 II BGB als **Sicherungsgrundschuld** bestellt werden. Sie dient dann der Sicherung eines Anspruchs. Wann und in welchem Umfang sie geltend gemacht werden kann, hängt dann von dem schuldrechtlichen Anspruch ab, der bei einer Verwertung nachgewiesen werden muss.

876a Die **Übertragung einer Grundschuld** bedarf nach §§ 1192 I, 1154 BGB der

- Abtretung der Grundschuld in schriftlicher Form unter Übergabe des Grundschuldbriefs bei der Briefgrundschuld oder erfolgt
- durch formlose Abtretung und Eintragung ins Grundbuch bei der Buchgrundschuld.

Eine Grundschuld kann auch für den Eigentümer bestellt werden, § 1196 BGB.

Die Befriedigung des Grundschuldgläubigers erfolgt wie bei der Hypothek im Wege der Zwangsvollstreckung, §§ 1192 I, 1147 BGB.

?

Kontrollfragen und Aufgaben 877

1. Welches sind die tragenden Prinzipien des
   Sachenrechts? → Rn. 828
2. Was ist unter Besitz zu verstehen? → Rn. 829
3. Welche Arten des Besitzes sind zu unterscheiden? → Rn. 830
4. Welche Besitzschutzrechte hat der Besitzer? → Rn. 833
5. Was versteht man unter verbotener Eigenmacht? → Rn. 834
6. Was ist unter Eigentum zu verstehen? → Rn. 835
7. Welche Rechte hat der Eigentümer? → Rn. 857
8. Welche Schranken sind beim Eigentum zu beachten? → Rn. 836
9. Wie wird rechtsgeschäftlich das Eigentum an beweglichen und unbeweglichen Sachen erworben? → Rn. 839 ff., 852 ff.
10. Wann ist ein gutgläubiger Eigentumserwerb möglich? → Rn. 845, 856
11. Was versteht man unter der Herstellerklausel? → Rn. 851
12. Welche Funktion hat das Grundbuch und wie ist es
    aufgebaut? → Rn. 854
13. Welche zivilrechtlichen Ansprüche stehen dem Eigen-
    tümer bei einer Rechtsbeeinträchtigung zu? → Rn. 857
14. Wann besteht der Herausgabeanspruch aus Eigentum? → Rn. 858
15. Unter welchen Voraussetzungen besteht der Störungs-
    beseitigungsanspruch des Eigentümers? → Rn. 858
16. Welche Grundpfandrechte sind zu unterscheiden? → Rn. 863
17. Welche spezifischen Vorteile haben Grundpfandrech-
    te gegenüber Personalsicherheiten? → Rn. 863
18. Welche Rechte geben die Grundpfandrechte im Ein-
    zelnen und welche Bedeutung haben sie? → Rn. 863 ff.
19. Was ist unter einer Hypothek zu verstehen und wie
    wird sie bestellt? → Rn. 866 ff.
20. Wie erfolgt die Verwertung einer Hypothek? → Rn. 872 ff.
21. Wodurch unterscheiden sich Hypothek und
    Grundschuld? → Rn. 875

Güllemann

Aufgabe 1 (Leistungsniveau: Bachelorstudiengang)

E betreibt auf einem angemieteten Industriegrundstück einen Eisenhandel. Während der Betriebsferien (1.–31.7.2022) nimmt eine Jugend-Gang das Grundstück am 3.7.2022 in Besitz und versucht, sich in dem Gebäude wohnlich einzurichten.

1. Kann E während dieser Aktion einschreiten?

2. Wie wäre es, wenn der Lagerverwalter L die Aktion bemerken würde?

3. Wie wäre es, wenn E davon erst nach zwei Wochen erfahren hätte?

Lösung

Frage 1):

E könnte die Besetzungsaktion ggf. nach § 859 I BGB stoppen und sich dieser gewaltsam erwehren. Dann müssten folgende Voraussetzungen gegeben sein:

1. E müsste Besitzer sein.

2. Es müsste verbotene Eigenmacht vorliegen.

Zu 1) Besitzer ist nach § 854 BGB, wer die tatsächliche Herrschaftsgewalt über eine Sache ausübt. E betreibt auf dem Grundstück einen Eisenhandel und ist daher in der Lage, die Sachherrschaft über diese tatsächlich auszuüben. Er hat auch einen entsprechenden Sachbeherrschungswillen. Die vierwöchigen Betriebsferien führen nicht zum Besitzverlust, da es sich allenfalls um eine vorübergehende Verhinderung in der Ausübung der Gewalt handelt, die nach § 856 II BGB keine Beendigung des Besitzes zur Folge hat.
E ist demnach Besitzer des Grundstücks mitsamt dem Gebäude.

Zu 2) Verbotene Eigenmacht begeht, wer dem Besitzer widerrechtlich ohne dessen Willen den Besitz entzieht oder ihn im Besitz stört. Mit der Besetzungsaktion erfolgt eine Besitzentziehung durch die Jugendlichen, die widerrechtlich ist, weil sie ihnen weder von E gestattet wurde noch sonst vom Gesetz erlaubt ist. Es liegt daher verbotene Eigenmacht vor.

Ergebnis: E kann nach § 859 I BGB die Besetzungsaktion gewaltsam stoppen und sich dieser eigenhändig erwehren.

Frage 2):

L könnte ggf. nach §§ 860, 859 I BGB gegen die Besetzung gewaltsam einschreiten und diese unterbinden. Dann müsste er Besitzdiener nach § 860 BGB sein und verbotene Eigenmacht nach § 859 I BGB vorliegen.

Verbotene Eigenmacht liegt vor, wie bereits oben ausgeführt wurde. Es ist daher nur noch zu prüfen, ob L Besitzdiener ist. L könnte nach § 855 BGB Besitzdiener sein, wenn er für einen anderen in dessen Haushalt, Erwerbsgeschäft oder in einem ähnlichen Verhältnis die tatsächliche Sachgewalt ausüben würde und dessen Weisungen Folge zu leisten hätte. L übt als Lagerverwalter über das Firmengrundstück die tatsächliche Sachherrschaft aus und unterliegt zugleich als Mitarbeiter den Weisungen des E. Er ist daher Besitzdiener.

Ergebnis: L kann als Besitzdiener für E gegen die Besetzung gewaltsam einschreiten und diese unterbinden.

Lösung

Frage 3):

a) E könnte eventuell nach § 859 I Selbsthilfe gegen die Jugendlichen ausüben und sie hinauswerfen.

Wie bereits bei Frage 1) untersucht, kann sich E nach § 859 I BGB grds.
gegen die verbotene Eigenmacht mit Gewalt zur Wehr setzen. Dieses
Selbsthilferecht könnte aber nach § 859 III BGB entfallen sein, wenn E
als Grundstücksbesitzer sich nicht „sofort nach der Entziehung sich des
Besitzes durch Entsetzung des Täters wieder bemächtigt" hätte. „Sofort"
heißt nach objektiven Maßstäben so schnell wie möglich ohne Rücksicht
auf den Zeitpunkt der Kenntniserlangung, wobei es um Stunden bis zu
maximal 1 Tag geht. Danach ist ein Zeitraum von 2 Wochen nach Besitzentziehung nicht mehr „sofort", insbesondere wenn man berücksichtigt,
dass die Selbsthilferechte des Besitzers nur ausnahmsweise dann erlaubt
sein können, wenn der Täter in flagranti oder in kurzem zeitlichen Zusammenhang danach ertappt wird. Die Tat muss sozusagen noch warm
sein. Danach ist keine Selbstjustiz möglich.

Ergebnis: E kann nicht im Wege der Selbsthilfe nach § 859 I BGB gegen
die Jugendlichen vorgehen und sie wieder gewaltsam hinaus werfen.

b) E könnte ggf. nach § 861 I BGB von den Jugendlichen die Wiedereinräu-
mung seines Besitzes verlangen und diesen Anspruch vor Gericht verfolgen.

Dazu ist erforderlich:

1. Besitzentziehung durch verbotene Eigenmacht, die – wie bereits ausgeführt – vorliegt.

2. Fehlerhafter Besitz

Da die Jugendlichen den Besitz an dem Firmengrundstück und dem
Gebäude durch verbotene Eigenmacht erlangt haben, ist ihr Besitz
nach § 858 I 1 fehlerhaft.

3. kein Erlöschen nach § 864 BGB

Die Besitzschutzansprüche nach §§ 861, 862 BGB müssen binnen eines
Jahres gerichtlich verfolgt werden. Davon kann hier ausgegangen
werden.

Ergebnis: E kann nach § 861 BGB vor Gericht seinen Anspruch auf Wieder-
einräumung des Besitzes erfolgreich geltend machen. Wegen der Eilbedürftigkeit kann E nach § 940 ZPO eine entsprechende einstweilige Verfügung
bei dem zuständigen Gericht erwirken.

Güllemann

Aufgabe 2 (Leistungsniveau: Bachelorstudiengang)

Dem E werden bei einem Wohnungseinbruch 5.000 EUR Bargeld, eine wertvolle Briefmarkensammlung und eine Originalgrafik des bekannten westfälischen Expressionisten Böckstiegel entwendet. Das Geld wird in den Geldverkehr eingeschleust. Der völlig gutgläubige Bankkunde B erhält es von seiner Bank ausgehändigt, die ihrerseits bei der Einzahlung durch den dubios wirkenden Täter hätte hellhörig werden müssen, aber dennoch das Geld in ihren Kassenbestand aufnahm. Die Briefmarkensammlung wird bei einer öffentlichen Versteigerung an C versteigert. Die Grafik landet bei dem Kunsthändler K, der sie an den nichtsahnenden Professor G veräußert. Wie sind die Eigentumsverhältnisse?

Lösung

Die Eigentumsverhältnisse

a) am Geld:

E war Eigentümer der 5.000 EUR, die ihm entwendet wurden. Die Bank erwarb mangels Gutgläubigkeit kein Eigentum an dem Geld, §§ 929, 932 BGB. Durch die Vermischung des Geldes mit anderen Banknoten bei der Bank wurde E nach §§ 948, 947 BGB zusammen mit der Bank Miteigentümer an dem Kassenbestand. Mit der Aushändigung des Geldes an den gutgläubigen B erwarb dieser nach §§ 929, 932 BGB dann Alleineigentum an dem Geld. Dieser Eigentumserwerb scheitert auch nicht an § 935 I BGB, weil diese Bestimmung nach § 935 II BGB nicht für Geld gilt.

Ergebnis: Die 5.000 EUR gehören jetzt dem B.

b) Eigentum an der Briefmarkensammlung:

E gehörte die Briefmarkensammlung ursprünglich. Er hat sie durch die Entwendung nicht an die Diebe verloren, könnte sie aber nach §§ 929, 932 BGB durch die öffentliche Versteigerung an C verloren haben. Durch den Zuschlag und die Aushändigung der Sammlung erfolgten zwischen Auktionshaus und C eine Einigung über den Eigentumswechsel und der Besitz wurde dem C ausgehändigt. Für diese Übereignung nach § 929 BGB fehlte aber die Berechtigung des Auktionshauses. Da C jedoch gutgläubig war, wurde er nach § 932 BGB Eigentümer der Briefmarkensammlung. Die Tatsache des Diebstahls schadet hier ausnahmsweise nicht, da es sich um eine öffentliche Versteigerung handelte, bei der wegen § 935 II BGB dennoch ein gutgläubiger Erwerb möglich ist.

Ergebnis: Die Briefmarkensammlung gehört jetzt dem C.

c) Eigentum an der Grafik:

Die Grafik gehörte ursprünglich dem E. Die Veräußerung seitens K an G könnte nach §§ 929, 932 BGB zum Eigentumserwerb bei G geführt haben, dem das fehlende Eigentum des K weder bekannt war noch hätte bekannt sein müssen. Dennoch scheitert der Eigentumserwerb hier an § 935 I BGB, da die Grafik dem E gestohlen worden war. § 935 II kommt nicht zur Anwendung, da es sich weder um Geld, Inhaberpapier noch öffentlich versteigerte Sachen handelt.

Ergebnis: Die Grafik gehört weiterhin dem E.

18 Handelsgeschäfte

Literatur: Brox/Henssler, Handelsrecht, 23. Aufl. 2020; Wörlen/Kokemoor/Lohrer, Handelsrecht, 14. Aufl. 2021; Lettl, Handelsrecht, 5. Aufl. 2021; Lettl, Fälle zum Handelsrecht, 5. Aufl. 2021.

Auch auf Kaufleute und deren Geschäfte findet grundsätzlich das **BGB** Anwendung. **878** Das HGB enthält jedoch im vierten Buch bestimmte **Spezialregelungen** für „Handelsgeschäfte" von Kaufleuten.

18.1 Begriff des Handelsgeschäfts

Während im ersten Buch mit „Handelsgeschäft" das Unternehmen gemeint ist (vgl. **879** § 22 I HGB: Übertragung des Handelsgeschäfts), erfasst das HGB im vierten Buch unter dem Begriff „Handelsgeschäft" gemäß § 343 HGB alle Geschäfte eines Kaufmanns, die zum Betrieb seines Handelsgewerbes gehören. Mit **„Geschäften"** sind nicht lediglich Rechtsgeschäfte gemeint, sondern alle Handlungen, soweit sie zum Betrieb seines Gewerbes gehören. Unerlaubte Handlungen stellen jedoch keine Handelsgeschäfte dar, auch wenn sie im Rahmen des Betriebs erfolgen (BGH NJW 2018, 2197). Handelsgeschäfte sind zudem nur solche **von Kaufleuten** im Sinne der §§ 1–6 HGB sowie von Scheinkaufleuten, soweit das HGB nicht selbst Ausnahmen davon macht (zB in § 383 II für kleingewerbetreibende Kommissionäre). „Zum Betrieb seines Handelsgewerbes" gehören die Geschäfte eines Kaufmanns, wenn sie zu diesem einen Bezug aufweisen, sei es auch nur ein mittelbarer, lockerer Zusammenhang. Ein teilweise privater Zweck („Mischgeschäfte") ändert nichts am Handelsgeschäft, reine **Privatgeschäfte** des Kaufmanns sind aber keine Handelsgeschäfte.

> **Beispiele**: Handelsgeschäfte: Anmietung von Büroräumen, Aufnahme von Krediten, Lieferung von Waren, Mahnungen. Handelsgeschäft ist auch der Abschluss eines Versicherungsvertrags, der neben betrieblichen Risiken auch private Risiken des Geschäftsführers einer GmbH absichert (OLG Düsseldorf NJW-RR 2009, 205, 207. Keine Handelsgeschäfte: Kauf von Möbeln für die Privatwohnung, von Schreibbedarf für den Privatgebrauch.

Ist nicht aufklärbar, ob ein Geschäft rein privaten Zwecken diente, dann gilt nach **880** § 344 I HGB eine **Vermutung** für ein Handelsgeschäft. Entgegen des Wortlauts des § 344 I HGB bezieht sich die Vermutung nicht lediglich auf Rechtsgeschäfte, sondern auf **alle Handelsgeschäfte** im Sinne des § 343 HGB (hM, vgl. MüKoHGB/*Maultzsch*, HGB, § 343, Rn. 5.). Die „Zweifel" im Sinne des § 344 HGB beziehen sich auf den objektiven **Empfängerhorizont** (§ 157 HGB) des Geschäftspartners. Handelte es sich aus dessen Sicht zweifelsfrei um ein Handelsgeschäft, dann greift § 344 HGB nicht, selbst wenn es sich tatsächlich nachweisbar um ein Privatgeschäft handelte. Die Vorschrift findet nur Anwendung in den Fällen, in denen auch die objektive Bedeutung des Geschäfts nicht eindeutig bestimmbar ist.

Bachert

> **Beispiel:** Kaufmann K betreibt ein Geschäft für Tischtennisbedarf und bestellt regelmäßig Ware beim Großhändler G, darunter auch Tischtennistische. Bestellt er telefonisch bei seiner nächsten Warenbestellung unter anderem einen Tischtennistisch bei G für sich privat, und muss G mangels anderer Angaben davon ausgehen, dass die Bestellung wie die bisherigen Bestellungen ein Handelsgeschäft ist, dann ist kein Raum für § 344 HGB.

881 Für **Schuldscheine** stellt § 344 II HGB noch strengere Regeln auf. Darunter sind alle Urkunden zu verstehen, in denen eine Schuld entweder (konstitutiv) begründet oder (deklaratorisch) bestätigt wird. Die bloße schriftliche Fixierung eines Vertrags (zB schriftlicher Kaufvertrag) fällt mit Ausnahme des Bürgschaftsvertrags allerdings nicht unter Abs. 2, sondern unter Abs. 1.

> **Beispiele:** Bürgschaftsurkunden, Inhaberschuldverschreibungen, Wechsel

In diesen Fällen muss sich die Privatnützigkeit des Geschäfts aus der Urkunde selbst ergeben, nicht aus sonstigen Umständen.

18.2 Einseitige und beiderseitige Handelsgeschäfte

882 Einige Vorschriften des HGB gelten nur für beiderseitige Handelsgeschäfte, bei denen beide Beteiligte Kaufleute sind (zB § 353 HGB „Kaufleute **untereinander**…"). Andere gelten für Kaufleute auch dann, wenn die Gegenseite zB ein Verbraucher ist (zB § 350 „…Bürgschaft **auf der Seite des Bürgen**… ein Handelsgeschäft ist."). Man spricht dann von einseitigen Handelsgeschäften.

18.3 Handelsrechtliche Besonderheiten bei Rechtsgeschäften

883 Für Willenserklärungen und Verträge von Kaufleuten gelten grundsätzlich die Vorschriften des BGB über Rechtsgeschäfte (§§ 104–185 BGB). Das HGB enthält jedoch vornehmlich im Interesse der Sicherheit des Rechtsverkehrs einige Regeln, die höhere Sorgfaltsanforderungen an Kaufleute stellen.

18.3.1 Schweigen im Rechtsverkehr

884 Eine Willenserklärung setzt grundsätzlich Handlungs- und Rechtsbindungswillen voraus. Bloßes Schweigen gilt daher regelmäßig nicht als Willenserklärung. Niemand muss damit rechnen, einen Vertrag abzuschließen, bloß weil er ein Angebot ignoriert.

Im Handelsrecht durchbricht § 362 HGB diesen Grundsatz für bestimmte Handelsgeschäfte. Erfasst sind nur Kaufleute, deren Geschäftsbetrieb die „**Besorgung von Geschäften für andere**" mit sich bringt. Dies ist dann der Fall, wenn der Kaufmann eine an sich **einem anderen zukommende Tätigkeit rechtsgeschäftlicher oder tatsächlicher Art diesem abnimmt** (BGH NJW 1966, 1966, 1967, hM).

> **Beispiele:** Inkasso-, Kommissions-, Lager- und Transport-, Maklergeschäfte, Zahlungsdienstleistungen.

Steht ein Kaufmann dieser Art mit einem Geschäftspartner „in Geschäftsverbin- 885
dung", so muss er diesem **unverzüglich** antworten, wenn er einen ihm unterbreiteten
Antrag ablehnen will. Die Geschäftsverbindung muss aktiv sein, ein lange zurück-
liegendes Geschäft reicht nicht aus. § 362 geht von einer legitimen Erwartung des
Geschäftspartners aus, im Falle der Ablehnung eines Angebots eine Rückmeldung
zu erhalten. Erst recht gilt dies nach § 362 I 2 HGB, wenn sich der Kaufmann zuvor
dem anderen zur Besorgung solcher Geschäfte „**erboten**" hat. Dies muss nicht individuell gegenüber der konkreten Person geschehen sein, sondern kann auch in Form
von an eine Gruppe von Adressaten **gerichteter Werbung** geschehen (zB Rundbriefe,
gezielte Emails etc.). Allgemein an die Öffentlichkeit gerichtete Werbemaßnahmen
(Fernsehwerbung, Zeitungsannonce) reichen jedoch für ein „Erbieten" nicht aus.

Unverzüglich bedeutet nach § 121 I BGB „ohne schuldhaftes Zögern". Eine gewisse 886
Bedenkzeit von einigen Tagen (BeckOK HGB/*Moussa*, § 362, Rn. 30) wird dem Kaufmann im Regelfall einzuräumen sein, in komplizierteren oder dringenden Fällen
ggf. auch mehr oder weniger.

Nach § 362 II HGB hat der Kaufmann bei Ablehnung des Angebots eventuell mitge- 887
sendete Ware (zB beim Transportgeschäft) **einstweilen vor Schaden zu bewahren**,
sofern dadurch entstehende Kosten gedeckt sind und dies keine Nachteile für den
Kaufmann mit sich bringt. Die Deckung kann bei Lagerung durch die Zahlung von
Lagergeld (§ 354 HGB) erfolgen oder in sonstigen Fällen durch den Warenwert. Der
lagernde Kaufmann kann im Notfall die Ware für seine Forderung auf Lagergeld
zurückbehalten und sich im Wege des Pfandverkaufs oder der Zwangsversteie-
gerung aus der Ware befriedigen (§ 371 HGB). „**Einstweilen**" dauert so lange, wie der
andere regelmäßig braucht, um sich selbst um die übersandte Ware zu kümmern
(BeckOK HGB/*Moussa*, § 362, Rn. 43).

18.3.2 Das kaufmännische Bestätigungsschreiben

Ein besonderer Fall des Schweigens im Rechtsverkehr betrifft das sogenannte „kauf- 888
männische Bestätigungsschreiben": Geht einem Kaufmann ein Schreiben zu, in dem
der **Inhalt vorausgegangener (insb. mündlicher) Verhandlungen** festgehalten wird, so
muss der Kaufmann dem Schreiben **unverzüglich widersprechen**, wenn es nicht mit
den tatsächlich erfolgten Verhandlungen bzw. deren Ergebnis übereinstimmt. Ansonsten gilt der Inhalt des Schreibens als vereinbart. Die „**Unverzüglichkeit**" ist nach
den unter → Rn. 886 genannten Kriterien zu bestimmen. Dieser Grundsatz gilt dann
nicht, wenn der **Vertragspartner unredlich** ist, also bewusst den Inhalt der Verhandlungen falsch wiedergibt (BGH NJW 1988, 55, 57) bzw. der Inhalt des Bestätigungsschreibens soweit vom tatsächlich Vereinbarten abweicht, dass er nicht mit einer
Genehmigung rechnen darf. Ursprünglich wurden diese Grundsätze als **Handelsbrauch** im Sinne von § 346 HGB angesehen, mittlerweile dürften sie **Gewohnheitsrecht**
darstellen (MüKoHGB/*Maultzsch*, HGB, § 346, Rn. 142). Der BGH wendet diese Grundsätze auch auf Personen an, die ähnlich Kaufleuten „in größerem Umfang am Rechtsverkehr teilnehmen", zB Freiberufler, sowie auf Gemeinden und Behörden an (BGH
NJW 2011, 1965, 1966). Aus der Entwicklung aus einem Handelsbrauch folgt, dass
auch der Absender Kaufmann sein muss (BGH NJW 1975, 1358, 1359).

Das Bestätigungsschreiben muss inhaltlich einen **vorher** (sei es auch nur vermeint- 889
lich) **erfolgten Vertragsschluss** bestätigen. Eine von einem Angebot abweichende

Annahme eines Angebots ist daher kein Bestätigungsschreiben, sondern stellt ein neues Angebot dar (§ 150 BGB). **Maßgeblich** ist dabei stets der **Inhalt** des Schreibens, **nicht** dessen **Bezeichnung**. Fasst ein als „Auftragsbestätigung" bezeichnetes Schreiben den Inhalt einer Vertragsverhandlung zusammen, so handelt es sich nicht um eine Annahme eines Angebots, sondern um ein kaufmännisches Bestätigungsschreiben.

18.3.3 Handelsbräuche und -klauseln

890 Schon das BGB erklärt in § 157 BGB die „Verkehrssitte" bei der Auslegung von Verträgen für maßgeblich. In ähnlicher Weise bestimmt § 346 HGB, dass bei der Interpretation von Handlungen und Unterlassungen auf die im Handelsverkehr geltenden Gewohnheiten („Handelsbräuche", „Handelsgewohnheiten") Rücksicht zu nehmen ist. Ob in einer Branche bestimmte derartige Bräuche bestehen, muss im Streitfall ein Gericht feststellen. Wie beschrieben hat sich zB unter Kaufleuten zunächst (mittlerweile wohl zu Gewohnheitsrecht erstarkt) der Handelsbrauch des kaufmännischen Bestätigungsschreibens herausgebildet, wonach ein Schweigen auf dieses als Genehmigung seines Inhalts angesehen wurde. Auch in anderen Konstellationen wird zum Teil aufgrund Handelsbrauchs Schweigen als Zustimmung gedeutet (vgl. dazu Hopt/*Leyens*, HGB, § 346, Rn. 30 ff.).

Von den Handelsbräuchen zu unterscheiden sind die im Handel häufig benutzten **Handelsklauseln**. Dies sind kurze Bezeichnungen oder Abkürzungen, mit denen eine Reihe von Regeln und Verantwortlichkeiten in einem Begriff zusammengefasst wird. Welche dies sind, bestimmt sich dann wiederum oft nach Handelsbräuchen. Das Verständnis der Handelsklauseln kann daher je nach regionalem Handelsbrauch variieren.

> **Beispiel:** Die im Seehandel häufig verwendete Handelsklausel „FOB" (Free on Board) wird in den USA mit anderer Bedeutung als in vielen anderen Ländern verwendet, sogar außerhalb des Seehandels.
>
> Bei der gebräuchlichen Klausel „frei Haus" ist selbst innerhalb Deutschlands streitig, welche Pflichten und Risiken damit für den Verkäufer eigentlich verbunden sind (vgl. Hopt/*Leyens*, a.aO, Rn. 40).

891 Die internationale Handelskammer in Paris (International Chamber of Commerce – ICC) veröffentlicht in regelmäßigen Abständen eine Übersicht mit im internationalen Handel gängigen Handelsklauseln (International Commercial Terms, kurz „Incoterms") sowie einer Kommentierung, welche Aufgaben und Pflichten die jeweilige Partei mit der Vereinbarung dieser Klausel treffen. Im internationalen Handel, aber zur Vermeidung von Missverständnissen auch im nationalen Handel, bietet es sich für Kaufleute an, bei der Aufnahme von Handelsklauseln ausdrücklich auf die INCOTERMS zu verweisen

> **Beispiel:** „Lieferung DDP Incoterms 2020 Caprivistraße 30a, 49076 Osnabrück". „DDP" (Delivery Duty Paid) legt dem Verkäufer alle Pflichten einschließlich Transport, Ein- und Ausfuhr etc. auf. Der Käufer muss nur auf die Ware warten.

18.4 Vom BGB abweichende Vorschriften für Kaufleute

Das HGB enthält für Kaufleute eine Reihe von Vorschriften, die mit Rücksicht auf 892
deren Geschäftserfahrung und die Bedürfnisse des Handelsverkehrs vom BGB abweichen.

18.4.1 Unverzügliche Mängelrüge bei Sachmängeln

Nach dem BGB wird die Geltendmachung von Gewährleistungsrechten lediglich 893
durch die Verjährung nach § 438 BGB zeitlich beschränkt. Für bewegliche Sachen
gilt nach § 438 I Nr. 3 BGB die zweijährige Verjährungsfrist ab Ablieferung.

§ 377 HGB stellt bei **beiderseitigen** Handelsgeschäften sehr viel strengere Anforderungen an den Käufer. Danach hat der Käufer die Ware (1.), **unverzüglich**, soweit dies
nach ordnungsmäßigem Geschäftsgang tunlich ist, zu **untersuchen**, und (2.) im Falle
eines Mangels diesem dem Verkäufer **unverzüglich anzuzeigen**. Frist und Umfang
der Untersuchungsfrist sind Gegenstand umfangreicher Einzelfallrechtsprechung.
Kriterien sind dabei ua die Art der Ware, der Aufwand für die Untersuchung, die
Größe und Ausstattung des Käuferbetriebs.

> **Beispiele:** Auf äußerlich sichtbare Schäden ist sofort bei Lieferung zu prüfen. Ggf.
> sind Stichproben zu nehmen, auch wenn dabei Ware beschädigt wird (zB Öffnen
> einer Dose bei Lieferung von Konserven). Bei Maschinen können Testläufe erforder-
> lich sein, bei chemischen Erzeugnissen uU Laboruntersuchungen. Verderbliche Ware
> wie zB Schnittblumen ist so schnell zu prüfen, dass außer einer Entsorgung noch
> anderweitige wirtschaftliche Verwertungsmöglichkeiten verbleiben.

Liegen keine Besonderheiten vor, so werden in der Literatur bei innerstaatlichen
Handelsgeschäften zB Untersuchungsfristen von **einer** (MüKoHGB/*Grunewald*, HGB,
377, Rn. 33) oder **zwei Wochen** (BeckOK/*Schwarze*, HGB, § 377, Rn. 25) genannt.

Stellt sich ein Mangel heraus, so muss der Käufer dem Verkäufer **unverzüglich An-** 894
zeige davon machen. In der Regel ist es dem Käufer zumutbar, den Mangel kurzfristig anzuzeigen, so dass lediglich Zeit für die Formulierung der Anzeige und deren
fristwahrende Absendung (vgl. § 377 IV HGB) einzuplanen ist. Dies dürfte jedenfalls
bei einfach erkennbaren Mängeln lediglich ein bis zwei Tage dauern (vgl. OLG
Koblenz NJW-RR 2004, 1553), wobei hier im Einzelnen vieles noch unklar ist.

Zeigt der Käufer einen Mangel nicht innerhalb dieser Fristen an, so gilt die Ware als 895
genehmigt (§ 377 II HGB) und damit als sachmangelfrei. Etwas anderes gilt nur, falls
ein Mangel bei der Untersuchung nicht erkennbar war. Dann muss der Käufer diese
unverzüglich anzeigen, sobald sie erkennbar werden (§ 377 III HGB). Etwas anders
gilt nur, wenn der Verkäufer den Mangel arglistig verschwiegen hat (§ 377 IV HGB).

18.4.2 Weitere Sonderregeln im HGB

Das HGB enthält noch weitere Abweichungen vom BGB. Dazu zählen insbesondere 896
die Folgenden

- Das BGB lässt die Herabsetzung einer von einem Privaten zu leistenden „unverhältnismäßigen" **Vertragsstrafe** durch ein Gericht nach § 343 BGB zu. Nach § 348
  HGB ist dies bei Kaufleuten nicht möglich.

Bachert

- §771 BGB gestattet einem Bürgen solange die die Zahlungsverweigerung, bis der Gläubiger erfolglos die Zwangsversteigerung beim eigentlichen „Hauptschuldner" versucht hat. Nach §349 HGB entfällt diese **„Einrede der Vorausklage"** für Kaufleute.
- Kaufleute können anders als Privatpersonen (§766 BGB) eine **Bürgschaft** auch mündlich eingehen (§350 HGB).
- Kaufleute müssen anders als Privatpersonen (§288 BGB) eine Schuld nicht erst ab dem Verzugszeitpunkt, sondern bereits **ab dem Fälligkeitszeitpunkt verzinsen** (§353 HGB).
- **Abtretungsverbote** (§399 BGB) sind unter Kaufleuten nicht wirksam (§354a HGB).

18.5 Kaufmännische Sorgfaltspflicht

897 Nach §347 HGB müssen Kaufleute bei ihren Handelsgeschäften für die „Sorgfalt eines ordentlichen Kaufmanns" einstehen, im BGB gilt nach §276 II BGB die „im Verkehr erforderliche Sorgfalt". Da aber auch im BGB die erforderliche Sorgfalt berufsbezogen zu bestimmen ist (BGH NJW 2000, 2812) besteht kein praktisch bedeutsamer Unterschied zu §347. Rechtsprechung und Spezialliteratur haben die Anforderungen vielfach konkretisiert.

18.6 Spezielle Handelsgeschäfte

Das vierte Buch des HGB enthält neben Abweichungen von BGB auch detaillierte Regelungen für spezielle Handelsgeschäfte, namentlich Kommissions- und Transportgeschäfte.

18.6.1 Das Kommissionsgeschäft

898 Beim Kommissionsgeschäft gemäß §§383 ff. HGB verkauft der „Kommissionär" gewerbsmäßig Waren oder Wertpapiere **(1.) in eigenem Namen (2.) für Rechnung eines anderen** (des „Kommittenten"). Das Kommissionsgeschäft wird gelegentlich als „mittelbare Stellvertretung" bezeichnet, obwohl es sich rechtlich nicht um eine Stellvertretung, sondern um ein Eigengeschäft des Kommissionärs handelt. Beim Kommissionsgeschäft macht sich der Kommittent den guten Ruf oder die Branchenkenntnis des Kommissionärs zunutze, ohne selbst nach außen in Erscheinung zu treten. Der Kommissionär erhält dafür eine Provision, selbst wenn diese nicht gesondert vereinbart wird (§354 HGB). Das Kommissionsgeschäft hat heute stark an Bedeutung verloren und findet vornehmlich im Wertpapierhandel sowie in bestimmten Branchen Anwendung.

> **Beispiel:** Ein Galerist verkauft ein Kunstwerk in eigenem Namen auf Rechnung des Künstlers. Ein Pkw-Händler bietet einem Kunden an, bei Kauf eines Neuwagens dessen alten Pkw „in Kommission zu nehmen" und auf dessen Rechnung zu verkaufen.

Bei der Kommission ist zwischen dem Rechtsverhältnis zwischen Kommissionär und Kommittent einerseits sowie Kommissionär und dessen Vertragspartner andererseits zu unterscheiden.

18.6.1.1 Das Rechtsverhältnis zwischen Kommissionär und Kommittent

Der Kommissionsvertrag ist ein Spezialfall des Geschäftsbesorgungsvertrags nach §§ 675 ff. BGB, so dass dessen Vorschriften ergänzend herangezogen werden können, soweit das HGB keine Regelungen enthält.

Der Kommissionär ist gemäß § 384 I HGB dazu verpflichtet, die Weisungen des **899** Kommittenten auszuführen, dessen Interessen (an einem möglichst vorteilhaften Geschäft) zu wahren und das Geschäft mit der Sorgfalt eines ordentlichen Kaufmanns abzuwickeln. Er kann von den Weisungen des Kommittenten nur unter den Voraussetzungen des ergänzend anwendbaren § 665 BGB abweichen (vgl. § 385 II HGB). Er muss dem Kommittenten die Ausführung des Geschäfts unter Nennung des Vertragspartners anzeigen, ihm Rechenschaft ablegen und ihm das aus dem Geschäft Erlangte herausgeben (§ 384 II HGB). Legt der Kommissionär den Namen seines Vertragspartners nicht offen, so haftet er dem Kommittenten selbst auf Erfüllung des übernommenen Geschäfts (§ 384 III).

Handelt der Kommissionär den **Weisungen** des Kommittenten zuwider, so muss **900** dieser das Geschäft nach § 385 HGB nicht für seine Rechnung gelten lassen. Das ohnehin rechtliche Eigengeschäft des Kommissionärs wird dann auch wirtschaftlich ein Eigengeschäft. Erleidet der Kommittent durch die weisungswidrige Handlung des Kommissionärs einen Schaden, so muss der Kommissionär diesen nach § 280 I BGB und § 385 I HGB ersetzen, jeweils soweit ihn ein Verschulden trifft (MüKoHGB/ Häuser, HGB, § 385, Rn. 10). Für die Erfüllung seitens des Vertragspartners haftet der Kommissionär dem Kommittenten nur in den Fällen des § 394 HGB (**Delkrederehaftung**).

> **Beispiel:** Pkw-Händler H verkauft den Gebrauchtwagen des Eigentümers E als Kommissionär an den Kunden K. H muss eine Zahlung des K an den E weiterleiten oder bei Nichtzahlung seinen Kaufpreisanspruch gegen K an den E abtreten. Er haftet dem E aber grundsätzlich nicht selbst auf Zahlung des Kaufpreises.

Die **Provision** des Kommissionärs wird nach § 396 I HGB nach der Ausführung des **901** Geschäfts fällig. Er trägt also abgesehen von den in § 396 I HGB genannten Ausnahmefällen das **Provisionsrisiko**.

Für die Provision sowie die sonstigen in § 397 HGB genannten Posten hat der Kommissionär ein Pfandrecht am Kommissionsgut, sofern er nicht ohnehin Eigentümer des Kommissionsgutes ist. Ist er Eigentümer, so kann er sich nach § 398 HGB aus dem Kommissionsgut wie bei einem Pfandrecht befriedigen.

> **Beispiel:** Juwelier J nimmt ein wertvolles Diamantarmband des Kunden K in Kommission und lagert dies bei der Bank B ein. Durch den Kommissionsvertrag wird J nicht Eigentümer des Armbands, sondern lediglich nach § 185 BGB ermächtigt, es in eigenem Namen zu veräußern. Für die Lagerkosten hat J ein Pfandrecht nach § 397 HGB. Kauft J dagegen das Armband als Ankaufskommissionär für K, so wird J zunächst Eigentümer des Armbands, bis er es an K übereignet. Bis dahin hat J ein Befriedigungsrecht nach § 398 HGB.

Ein § 181 BGB ähnlicher Interessenkonflikt besteht, wenn der Kommissionär das **902** Kommissionsgut „an sich selbst verkauft" oder bei der Ankaufskommission „von sich selbst kauft". §400 HGB lässt diesen „**Selbsteintritt**" gleichwohl zu, wenn das Kommissionsgut einen feststellbaren **Markt- oder Börsenpreis** hat. Dann kann überprüft werden, ob der Kommissionär den Kommittenten übervorteilt hat.

18.6.1.2 Das Rechtsverhältnis zwischen Kommittenten und Vertragspartner

903 Der Kommittent ist an sich rechtlich nicht an dem Geschäft des Kommissionärs mit dem Vertragspartner beteiligt. Er kann nach §392 I HGB dementsprechend Forderungen aus diesem Geschäft gegen den Vertragspartner erst geltend machen, wenn der Kommissionär ihm diese Forderung abgetreten hat. Darauf hat der Kommittent einen Anspruch nach §384 II HGB.

> **Beispiel:** In dem oben geschilderten Fall verkauft J das Collier des K in Kommission an den Erwerber E. Der Kaufvertrag kommt zwischen J und E zustande. K kann von E den Kaufpreis nur herausverlangen, wenn J ihm seine Kaufpreisforderung abtritt (§§ 392 HGB, 398 BGB).

904 §392 II HGB berücksichtigt gleichwohl den Umstand, dass das Geschäft wirtschaftlich für seine Rechnung erfolgt. Danach gelten Forderungen des Kommissionärs aus dem Kommissionsgeschäft schon vor einer Abtretung sowohl diesem selbst als auch seinen Gläubigern gegenüber als Forderungen des Kommittenten. Der Kommissionär kann diese Forderungen zwar an seine Gläubiger abtreten, im Innenverhältnis zu diesem und dem Kommissionäre gelten diese aber trotzdem als Forderungen des Kommittenten.

> **Beispiel:** Juwelier J hat im obigen Beispiel Schulden bei dem Edelsteinhändler H. Zur Begleichung der Schulden tritt er die Kaufpreisforderung gegen E an den H ab. Kunde K könnte so um den Kaufpreis gebracht werden. Nach §392 II HGB gilt die Kaufpreisforderung deshalb gegenüber J und H als Forderung des K. Will H die abgetretene Forderung gegen E zwangsvollstrecken, so kann K dagegen „Drittwiderspruchsklage" nach §771 ZPO erheben, da H im Verhältnis zu K nicht Inhaber der Forderung ist.

905 Nach dem BGH fällt allerdings die Aufrechnung einer Forderung aus dem Kommissionsgeschäft mit Forderungen gegen den Kommissionär nicht unter §392 II, so dass ein Restrisiko für den Kommittenten verbleibt.

> **Beispiel:** Hat J in obigem Beispiel das Collier an den H verkauft, so könnte H die Kaufpreisforderung mit den Schulden des J bei H aufrechnen, so dass die Kaufpreisforderung erlischt (§389 BGB) und K das Risiko trägt, kein Geld von J zu erhalten. Dagegen schützt §392 II HGB nicht.

18.6.2 Fracht-, Speditions- und Lagergeschäfte

Kaufverträge über Waren gehören zu den häufigsten Handelsgeschäften. Sie involvieren regelmäßig einen Transport von Gütern. Die Abschnitte 4-6 des vierten Buchs behandeln vor diesem Hintergrund Fracht-, Lager- und Speditionsgeschäfte. Diese können hier aus Platzgründen nur in den Grundzügen dargestellt werden.

18.6.2.1 Das Frachtgeschäft

Der Frachtvertrag verpflichtet gemäß §407 HGB den Frachtführer, gegen Zahlung 906
des vereinbarten Beförderungspreises (der „Fracht") durch den „Absender" das Gut
zum Bestimmungsort zu befördern und dort abzuliefern. Typischerweise sind also
drei Personen beim Frachtgeschäft beteiligt: Absender, Frachtführer, Empfänger.

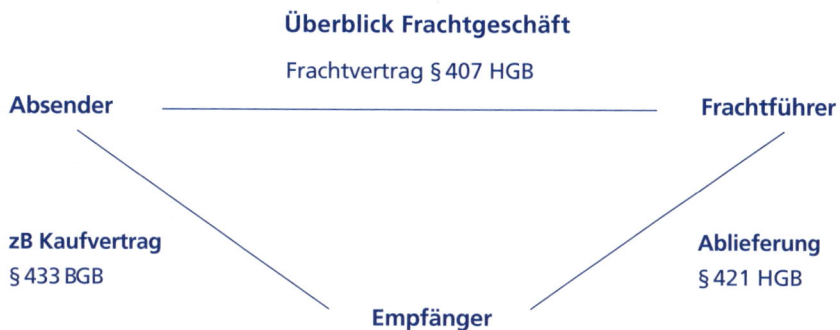

Der Frachtführer kann vom Absender verlangen, dass dieser ihm einen **Frachtbrief** 907
mit den in §408 HGB genannten Daten in drei Ausfertigungen (§408 II HGB) ausstellt. Der Frachtbrief ist vom Absender, auf dessen Verlangen auch von Frachtführer
zu unterzeichnen. Jede Partei erhält ein Exemplar, eines verbleibt bei dem Transportgut (§408 II). Häufig wird der Frachtbrief in elektronischer Form erstellt (§408 III
HGB). Neben dem Frachtbrief muss der Absender dem Frachtführer auch die erforderlichen Begleitpapiere insbesondere für die Zollabwicklung zur Verfügung zu
stellen (§413 HGB), zB Ursprungszeugnisse, die das Ursprungsland der Waren
(wichtig für die Zollabwicklung) bezeugen.

Der Frachtbrief begründet eine (widerlegbare) Vermutung für den Abschluss und
Inhalt des Frachtvertrags sowie für die Übernahme des Gutes (§409 I HGB). Hat
auch der Frachtführer den Frachtbrief unterzeichnet und auf dem Frachtbrief keinen
Vorbehalt vermerkt, so stellt §409 II HGB eine Vermutung dafür auf, dass die Ware
wie im Frachtbrief beschrieben und in äußerlich gutem Zustand vom Frachtführer
übernommen wurde.

Der Frachtführer kann einen **Ladeschein** ausstellen, der die gleichen Angaben wie 908
der Frachtbrief enthalten soll (§443 HGB). Der Ladeschein begründet insbesondere
die Vermutung der Übernahme der Ware in dem **im Ladeschein beschriebenen Zustand** (§444 I HGB) und verbrieft einen **Anspruch** des aus dem Ladeschein „legiti-
mierten Besitzers", die Ware vom Frachtführer **heraus zu verlangen** (§445 I HGB).
Legitimierter Besitzer kann nach §444 III 3 HGB je nach Ausgestaltung des Lade-
scheins entweder jeder „Inhaber" des Scheins sein (**Inhaberpapier**), nur der im Ladeschein namentlich aufgeführte Besitzer (**Namenspapier**) oder jemand, dem der
Ladeschein im Wege eines Indossaments (§364 HGB) übertragen wurde (**Orderpa-
pier**). Die Ausstellung von Ladescheinen ist heute im innerstaatlichen Handel lediglich in der Binnenschifffahrt von Bedeutung, kaum dagegen im Lkw- und Eisen-
bahntransport.

Bachert

909 Nach § 412 I 1 HGB ist grundsätzlich der Absender dazu verpflichtet, die Ware beförderungssicher zu verladen und zu entladen. Der Frachtführer hat die geeigneten Befestigungsmittel zur Verfügung zu stellen. Die **Verladungspflicht** kann nach Verkehrssitte oder Umständen auch beim Frachtführer liegen.

> **Beispiel:** Sind Spezialfahrzeuge zu beladen, deren Beladung auch Spezialkenntnisse erfordert, so wird der Frachtführer zur Beladung verpflichtet sein. Eine normale, am Fahrzeug befestigte Hebebühne ist jedoch vom Absender zu bedienen (BGH NJW 2008, 1209).

910 Auch während der Beförderung kann der Absender dem Frachtführer **Weisungen** erteilen (§ 418 HGB). Diese können sogar den Bestimmungsort ändern. Der Frachtführer muss diese Weisungen jedoch nur insoweit befolgen, als dies keine Nachteile für seinen Betrieb oder Schäden für andere Absender oder Empfänger mit sich bringt. Nach Ankunft am Zielort geht das Weisungsrecht auf den Empfänger der Ware über (§ 418 II HGB).

911 Die Fracht wird nach § 420 I HGB bei Ablieferung des Gutes **fällig**. Von der Fracht zu unterscheiden ist die Zahlung des Kaufpreises, welcher auch im Wege der „**Nachnahme**" nach § 422 BGB vom Frachtführer für den Absender eingezogen werden kann. Ähnlich wie § 392 HGB für das Kommissionsgeschäft ordnet § 420 für die Nachnahme an, dass der eingezogene Kaufpreis im Verhältnis zu Gläubigern des Frachtführers als auf den Absender übergegangen gilt. Diese sollen also keinen Zugriff auf das dem Absender zustehende Geld erhalten.

912 Nach § 425 HGB **haftet** der Frachtführer für Schäden durch Verlust oder Beschädigung der Güter während des Transports sowie durch Lieferverzögerungen. Die Haftung ist nach § 426 HGB nur dann ausgeschlossen, wenn er den „Schaden auch bei Anwendung der äußersten ihm möglichen und zumutbaren Sorgfalt nicht hätte vermeiden können" (BGH NJOZ 2003, 1845, 1846), oder einer der Haftungsausschlüsse nach § 427 HGB vorliegt. Im Gegenzug für diese scharfe Haftung enthalten die §§ 429-431 HGB umfangreiche **Haftungsausschlüsse zugunsten des Frachtführers**.

913 In vielen Fällen wird sich der Schadensersatzanspruch gegen den Frachtführer darauf stützen, dass das Gut während des Transport beschädigt wurde oder verloren gegangen ist. Für diese Fälle enthalten die §§ 429, 430 HGB eine abschließende Regelung, die die §§ 249 ff. BGB verdrängt: Die Haftung des Frachtführers ist auf den Wiederbeschaffungswert der Ware zum Verladungszeitpunkt begrenzt. Sonstige Schäden wie zB entgangener Gewinn sind nicht ersatzfähig. Hinzu kommt, dass selbst diese eingeschränkte Haftung nach § 431 HGB noch einmal auf gewisse **Haftungshöchstbeträge** begrenzt wird. Mit den in § 431 HGB genannten „Rechnungseinheiten" sind sogenannte „**Sonderziehungsrechte**" des Internationalen Währungsfonds IWF, deren Wert zum Zeitpunkt der Erstellung dieses Textes etwa 1,30 EUR entspricht. § 431 HGB begrenzt die Haftung auf 8,33 Rechnungseinheiten pro Kilo, also auf rund 10,83 EUR. Bei Rohstoffen wie zB Kohle reicht dies mehr als aus, bei teuren, leichten Gütern (zB Computern) dagegen bei weitem nicht. Die Haftungsbegrenzung gilt auch für sonstige Anspruchsgrundlagen wie zB § 823 BGB (§ 434 HGB).

Der kaufmännische Empfänger trägt nach § 447 BGB das Transportrisiko, muss also auch bei Transportschäden den vollen Kaufpreis zahlen. Da er vor Übergabe noch kein Eigentum erworben und auch keinen Vertrag mit dem Frachtführer hat, scheiden sowohl deliktische als auf vertragliche Ansprüche gegen diesen aus, so dass er schutzlos wäre. § 421 I HGB ermöglicht ihm daher die Geltendmachung von vertraglichen Schadensersatzansprüchen in eigenem Namen.

18.6.2.2 Das Speditionsgeschäft

Im Alltagssprachgebrauch wird der Spediteur häufig mit dem Frachtführer gleich- **914** gesetzt. Tatsächlich **organisiert** nach §§ 453, 454 HGB der Spediteur lediglich die Beförderung des Gutes. Dies kann, muss aber nicht mit eigenen Transportmitteln geschehen. Je nachdem, ob der Spediteur den Transport selbst ausführt oder nicht, ergibt sich also eine Drei- oder Vierpersonenkonstellation nach folgendem Schema

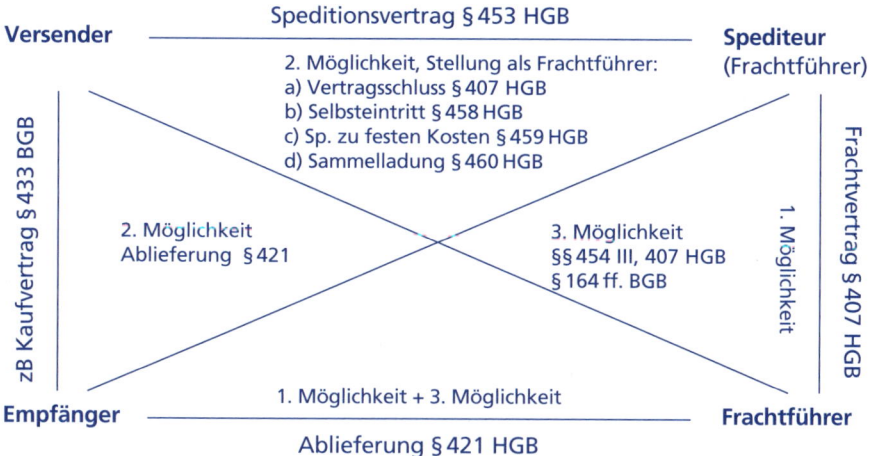

Überblick Rechtsverhältnisse beim Speditionsgeschäft

Nach § 454 I HGB gehört zu den **Spediteurspflichten** die Bestimmung des Transport- **915** wegs und der Transportmittel, Auswahl und Vertragsschluss mit den ausführenden Transportunternehmern (Frachtführern) sowie die Sicherung von Schadensersatzansprüchen des Versenders. Der Spediteur schließt die erforderlichen Verträge wie ein Kommissionär **in eigenem Namen und** – außer in den Fällen der §§ 459 und 460 HGB – **auf Rechnung des Versenders**, kann aber auch als Vertreter des Versenders handeln (§ 454 III HGB). Er ist dem Versender gegenüber weisungsgebunden (§ 454 IV HGB). Die **Pflichten des Versenders** nach § 454 HGB gegenüber dem Spediteur entsprechen weitgehend denen beim Frachtvertrag (Verpackung, Information etc.)

Nach § 458 HGB kann der Spediteur den Transport auch selbst durchführen, statt **916** einen Frachtführer zu beauftragen („**Selbsteintritt**"). In diesen Fällen treffen ihn folgerichtig auch die Frachtführerpflichten und -rechte, außerdem kann er neben seiner Spediteursprovision auch die Fracht verlangen.

Bei der in der Praxis fast ausschließlich vorkommenden **Fixkostenspedition** nach § 459 HGB macht der Spediteur dem Versender einen **Komplettpreis**, in den die Kosten für die Beförderung bereits einkalkuliert sind. In diesen Fällen treffen den Spediteur gegenüber dem Versender ebenfalls die Rechte und Pflichten eines Frachtführers. Der Fixpreis soll dem Versender grundsätzlich eine Preissicherheit geben. Aufwendungen des Spediteurs sind damit grundsätzlich abgegolten. Nur soweit ein gesonderter Ersatz von Aufwendungen „üblich" ist, also ein entsprechender Handelsbrauch nach § 346 HGB besteht, kann der Spediteur zusätzlich Ersatz verlangen.

917 Der Spediteur kann nach § 460 HGB in geeigneten Fällen das Transportgut mit Gütern anderer Kunden – etwa in einem Container oder Lkw – zusammen als **Sammelladung** auf eigene Rechnung transportieren lassen („konsolidieren"). Dann treffen ihn ebenfalls die Rechte und Pflichten eines Frachtführers. Er kann zusätzlich zur Provision noch eine angemessene Fracht verlangen, höchstens aber den Preis für eine Einzelbeförderung.

Der Spediteur **haftet** für Verlust und Beschädigung von Gütern in seiner Obhut ähnlich einem Fachtführer (§ 461 HGB), sofern keine abweichende Regelung zwischen den Parteien vereinbart wird (§ 466 HGB).

18.6.2.3 Das Lagergeschäft

918 Die §§ 467 ff. HGB regeln das Lagergeschäft. Im Lagervertrag verpflichtet sich der Lagerhalter gegen eine Vergütung, das Gut zu lagern und aufzubewahren (§ 467 I HGB). Den Einlagerer treffen neben der Vergütungspflicht hinsichtlich der Verpackung und Kennzeichnung der Ware ähnliche Pflichten wie beim Fracht- und Speditionsgeschäft (§ 468 HGB).

919 Die §§ 470, 471 HGB betreffen die **Erhaltung** der eingelagerten Güter. Sind diese bereits bei Ankunft im Lager äußerlich erkennbar beschädigt, so muss der Lagerhalter den Einlagerer informieren und Schadensersatzansprüche des Einlagerers „sichern", also beweiskräftig feststellen. Dies kann zB durch Fotos geschehen, unter Umständen aber auch durch die Durchführung eines selbständigen Beweisverfahrens nach den §§ 485 ZPO oder ähnlichem (MüKoHGB/*Hesse*, HGB, § 470, Rn. 5). Dazu erforderliche Aufwendungen kann der Lagerhalter nach § 474 HGB ersetzt bekommen. Bei drohendem Verlust oder Beschädigung nach Ablieferung muss der Lagerhalter den Einlagerer benachrichtigen, diesem Erhaltungsmaßnahmen gestatten oder, falls dies nicht rechtzeitig möglich ist, selbst angemessene Maßnahmen bis hin zum Notverkauf der Waren ergreifen (§ 471 HGB).

> **Beispiel:** Eingelagerte Lebensmittel drohen wegen ungewöhnlich hoher Temperaturen, kurzfristig zu verderben. Kann der Lagerhalter nicht rechtzeitig Weisungen des Einlagerers erhalten, so kann er notfalls die Lebensmittel verkaufen.

920 Ähnlich einem Frachtbrief kann der Lagerhalter nach § 475c HGB einen **Lagerschein** ausstellen. Dieser begründet nach § 475d HGB die Vermutung, dass die Ware in dem dort beschriebenen Zustand übernommen wurde. Der „**legitimierte Besitzer**" des Lagerscheins kann vom Lagerhalter die **Herausgabe** der Ware verlangen (§ 475e HGB). Die Vorschrift entspricht § 444 III HGB für den Ladeschein im Frachtgeschäft.

?

Kontrollfragen und Aufgaben

1. Gelten die Regelungen über Handelsgeschäfte nur zwischen Kaufleuten? → Rn. 882
2. Was unterscheidet eine Auftragsbestätigung von einem kaufmännischen Bestätigungsschreiben? → Rn. 888
3. Ein Kaufmann erhält ein Angebot zum Kauf von Waren von einem ihm bisher unbekannten Anbieter. Muss er reagieren? → Rn. 884
4. Welche Pflichten treffen den Kaufmann beim Empfang von Ware im Unterschied zu einem Privaten? → Rn. 893
5. Was unterscheidet den Kommissionär von einem Stellvertreter? → Rn. 898
6. Warum muss der Kommittent vor Gläubigern des Kommissionärs geschützt werden? Wie geschieht dies? → Rn. 903
7. Was unterscheidet den Frachtführer vom Spediteur? → Rn. 914

Aufgabe 1 (Leistungsniveau Bachelor)

S betreibt mehrere Sanitätsfachgeschäfte mit insgesamt 50 Mitarbeitern und einem Jahresumsatz von 7 Mio. EUR. Er kauft beim Großhändler G insgesamt 18.000 FFP2-Masken, aufgeteilt in 900 Kartons zu je 20 Masken. G liefert die Masken am 20. Februar. S stellt bei Lieferung keine äußerlichen Beschädigungen der Kartons fest. Die Kartons nennen als Produktionsdatum 2018. Die Einzelverpackungen der Masken zeigen jedoch, dass diese bereits 2009 produziert wurden und die Filter daher lange „abgelaufen" sind. Dies fällt erst Ende April bei Zollkontrollen auf, als S die Masken nach China weiterverkaufen will. S hätte dies nur erkennen können, wenn er Kartons geöffnet hätte, wodurch er die im Karton enthaltenen Masken nicht mehr hätte weiterverkaufen können. S verlangt von G eine Neulieferung der Masken. Zu Recht?

Lösung

Ein Anspruch des S gg G könnte sich aus §§ 437 Nr. 1, 439 I BGB ergeben. Ein Kaufvertrag liegt vor. Die 2018 produzierten Masken sind nicht zum üblichen Gebrauch nach § 434 III Nr. 1 BGB geeignet. Nach § 377 II HGB gelten sie trotzdem als mangelfrei („genehmigt"), wenn S die unverzügliche Mängelanzeige nach § 377 I HGB unterlassen hätte. Hier hat S die Kartons äußerlich untersucht und keine Mängel festgestellt. In diesem Fall gehörte zu einer ordnungsgemäßen Untersuchung allerdings auch das stichprobenartige Öffnen einzelner Kartons und das Untersuchen der Masken selbst, da es bei dem Kauf letztlich um die Masken ging, nicht um die Kartons. Dass ein geöffneter Karton nicht mehr verkäuflich ist, muss S hinnehmen, zumal es um insgesamt 900 Kartons ging, also einzelne unverkäufliche Kartons nicht groß ins Gewicht fallen. S hat also die Masken nicht ordnungsgemäß untersucht und daher auch nicht unverzüglich einen Mangel angezeigt. Nach § 377 II HGB gilt die Ware dann als mangelfrei, sofern der Mangel bei der Untersuchung erkennbar gewesen wäre. Davon ist vorliegend auszugehen, da das Datum der Produktion auch dem Zoll aufgefallen ist.

Es liegt somit kein Sachmangel vor, S hat keinen Anspruch auf Nachlieferung (vgl. LG Köln ZVertriebsR 2021, 305).

Bachert

Aufgabe 2 (Leistungsniveau Bachelor)

B betreibt ein größeres Bauunternehmen und erhält auf seine Anfrage hin ein Angebot für dreifach verglaste Fenster vom örtlichen Vertriebsmitarbeiter V des Herstellers H. Da B die Fenster zu teuer erscheinen, treffen sich V und H und besprechen Preisvarianten, darunter zweifach und dreifach verglaste Fenster. V geht anschließend von einer Bestellung des H über zweifach verglaste Fenster aus, während B meint, noch keine feste Zusage gemacht zu haben. V schickt dem B im Anschluss an das Gespräch eine Email mit dem Betreff „Zusammenfassung unseres Verkaufsgesprächs", in der er B die Bestellung von zweifach verglasten Fenstern zu dem im Gespräch besprochenen Preis bestätigt. B will kurzfristig noch andere Anbieter kontaktieren, ist zudem sehr beschäftigt und ignoriert daher die Email zunächst. Erst nach einer Woche liest B die Mail und schreibt zurück, dass doch noch gar kein Vertrag zustande gekommen sei. Nehmen Sie an, B habe tatsächlich objektiv noch nicht angenommen, aber V habe das Gespräch redlich so interpretiert.

Lösung

Ein Kaufvertrag setzt zwei übereinstimmende Willenserklärungen voraus. B hat hier während des Gesprächs objektiv noch keine Annahme erklärt. Gleichwohl könnte der Inhalt der Email nach den Grundsätzen über das kaufmännische Bestätigungsschreiben als vereinbart gelten. B und H sind beides Kaufleute. In der Email fasst V (für K nach § 164 BGB) das aus seiner Sicht im Gespräch Vereinbarte zusammen. V handelt dabei nicht unredlich, und eine Bestellung über zweifach verglaste Fenster weicht nach dem Sachverhalt auch nicht so stark vom Gesprächsinhalt ab, dass V nicht mit einer Genehmigung rechnen kann. B muss daher unverzüglich (ohne schuldhaftes Zögern, § 121 BGB) widersprechen, sonst gilt der Inhalt der Email als vereinbart. Hier reagiert B erst nach einer Woche. Dies ist nicht mehr unverzüglich, da ein schnelleres Lesen der Email und eine Reaktion dem B zumutbar gewesen wären. Somit gilt der Inhalt der Email als vereinbart. Es ist ein Kaufvertrag über zweifach verglaste Fenster zustande gekommen (vgl. OLG München, Urt. v. 19.02.2020 – 20 U 4108/19).

19 Personengesellschaftsrecht

19.1 Einteilung der Gesellschaften

Nach dem Sprachgebrauch des BGB ist zwischen **Gesellschaften** und **juristischen Personen** zu unterscheiden. Erstere nennt man auch Personengesellschaften, um sie von den Kapitalgesellschaften abzugrenzen, die einen Teil der **Körperschaften** bilden, welche wiederum einen Teil der juristischen Personen bilden. Personengesellschaften grenzen sich von den Kapitalgesellschaften dadurch ab, dass bei ihnen der Personenzusammenschluss und die Personen als Gesellschafter zentrale Bedeutung haben. Für Kapitalgesellschaften ist kennzeichnend, dass die Gesellschaft juristische Person ist und in ihrem Bestand von den konkreten Mitgliedern unabhängiger ist.

Personengesellschaften sind die BGB-Gesellschaft (im Folgenden: GbR, auch: Gesellschaft bürgerlichen Rechts, geregelt in den §§ 705 ff. BGB), die Personenhandelsgesellschaften offene Handelsgesellschaft (OHG, §§ 105 ff. HGB) und Kommanditgesellschaft (KG, §§ 161 ff. HGB), die stille Gesellschaft (§§ 230 ff. HGB), die Partnerschaftsgesellschaft (PartG, geregelt im PartGG) und die Europäische Wirtschaftliche Interessenvereinigung (EWIV, geregelt in der EWIV-VO und im EWIVAG). Die in der Praxis bedeutsamsten **Kapitalgesellschaften** sind die Aktiengesellschaft (AG, §§ 1 ff. AktG), die Kommanditgesellschaft auf Aktien (KGaA, §§ 278 ff. AktG) und die Gesellschaft mit beschränkter Haftung (GmbH, geregelt im GmbHG).

Mit dem Gesetz zur Modernisierung des Personengesellschaftsrechts (MoPeG – BGBl. I 2021 S. 3436), welches im Wesentlichen am 01.01.2024 in Kraft tritt, hat der Gesetzgeber weitreichende Veränderungen in den Strukturen des Personengesellschaftsrechts vorgenommen. Im Folgenden werden GbR und der Personenhandelsgesellschaften in diesen neuen Strukturen dargelegt und die bisherige Rechtslage gegenübergestellt.

19.2 Die Gesellschaft bürgerlichen Rechts (GbR)

Literatur: *Bachmann*, Zum Entwurf eines Gesetzes zur Modernisierung des Personengesellschaftsrechts (MoPeG), NZG 2020, 612.

19.2.1 Überblick, Konzeption nach dem MoPeG

Die GbR ist eine im Wirtschaftsleben häufig vorkommende Gesellschaftsform zur 921
Verwirklichung verschiedenster gemeinsamer Zwecke. Der Reformgesetzgeber des MoPeG unterteilt diese in Gesellschaften, die am Rechtsverkehr teilnehmen sollen (**rechtsfähige Gesellschaften**, § 705 I Var. 1, §§ 706 ff. BGB nF) und solche, die nicht im Rechtsverkehr auftreten sollen (**nicht rechtsfähige Gesellschaften**, § 705 II Var. 2, §§ 740 ff. BGB nF). Die frühere Streitfrage, wann eine GbR rechtsfähig ist (vgl. BGHZ 146, 341), hat sich damit erledigt.

Beispiele für rechtsfähige Gesellschaften sind vor allem unternehmenstragende Gesellschaften (§ 705 III BGB nF), die ein Kleingewerbe, einen land- oder forstwirtschaftlichen Betrieb oder einen freien Beruf (zB Ärzte in gemeinschaftlicher Praxis) ausüben und auf eine Handelsregistereintragung verzichten, vgl. § 107 HGB nF. Beispiel für eine nicht rechtsfähige Gesellschaft ist eine Arbeitsgemeinschaft von selbstständigen Unternehmen zur Verwirklichung eines gemeinsamen Projektes (sog. ARGE), jedenfalls dann, wenn sich die Abreden auf das Innenverhältnis beschränken, aber auch Bauherrengemeinschaften, Wett-, Tipp- und Fahrgemeinschaften. Entscheidend ist, dass sie nicht nach außen auftreten.

922 Die Zahl der Gesellschafter kann variieren, allerdings müssen mindestens zwei Gesellschafter vorhanden sein, § 705 I, § 712a BGB nF. Eine maximale Gesellschafterzahl existiert nicht. Gesellschafter können natürliche und juristische Personen sein. Die gesetzlichen Regelungen über die GbR bilden einen Standard, von welchem durch vertragliche Regelung abgewichen werden kann, es sei denn, das Gesetz schreibt etwas Anderes vor, § 708, § 740 Abs. 2 BGB nF.

19.2.2 Grundlagen und Entstehung

19.2.2.1 Der Gesellschaftsvertrag

923 Voraussetzung für die Gründung einer GbR ist ein **Vertrag**, der auf einen gemeinsamen Zweck gerichtet ist und der die Gesellschafter zur Förderung des gemeinsamen Zwecks verpflichtet (§ 705 BGB). Eine Formvorschrift für diesen Vertrag sieht das Gesetz nicht vor, sodass ein Gesellschaftsvertrag grundsätzlich auch mündlich und/oder stillschweigend geschlossen werden kann.

> **Beispiel**: Ein Ehepaar beschließt zur gemeinsamen Vermögensbildung mehrere Grundstücke zu erwerben und mit Mehrparteienhäusern zu bebauen.
>
> Eine Ehegatten-Innengesellschaft kommt hier stillschweigend zustande, jedenfalls dann, wenn der Zweck nach § 705 I BGB (hier: Vermögensbildung) über den typischen Rahmen der ehelichen Lebensgemeinschaft hinausgeht.

924 Besondere Formerfordernisse können sich für den Vertrag aber aus Vereinbarung oder dem Gesetz selbst ergeben. Letzteres ist zum Beispiel der Fall, wenn ein Grundstück in das Gesellschaftsvermögen als Beitrag, § 709 BGB nF, eingebracht wird, sodass gem. § 311b I BGB die notarielle Beurkundung des gesamten Vertrages erforderlich ist.

925 Bestimmte Fehler im Rahmen der Vertragsvereinbarung führen zur Anwendung der **Grundsätze über die fehlerhafte Gesellschaft** (BGH NJW 1992, 1501). Als Beispiele zu nennen sind das Fehlen übereinstimmender Willenserklärungen der Parteien (Dissens) oder die Anfechtung des Vertrages wegen Irrtums nach §§ 119 ff. BGB (dazu ausführlich → Rn. 232 ff.). Die in Vollzug gesetzte Gesellschaft gilt entgegen § 154 Abs. 1, § 142 Abs. 1 BGB nicht als von Anfang an (ex tunc) nichtig, sondern wird trotz Nichtigkeitsgrund wie eine fehlerfreie Gesellschaft behandelt. Für Gesellschafter, die sich auf die Unwirksamkeit des Vertrags berufen wollen, besteht aber mit Wirkung für die Zukunft (ex nunc) ein Kündigungsrecht aus wichtigem Grund (§ 725 II, § 731 Abs. 1 BGB nF). Diese Grundsätze gelten nicht bei besonders gewichtigen Fehlern wie etwa verbotenen oder sittenwidrigen Gesellschaftszwecken, §§ 134, 138 BGB (dazu → Rn. 217 ff., 221 ff.) oder bei der Beteiligung Minderjähriger, §§ 105 I, 106 BGB (dazu → Rn. 59 ff.).

Becker

19.2.2.2 Das Gesellschaftsregister und der Statuswechsel

Mit dem MoPeG wird ein Gesellschaftsregister eingeführt. Zu diesem kann eine 925a
rechtsfähige Gesellschaft mitsamt den in §707 II BGB nF aufgelisteten besonders
wichtigen Angaben von den Gesellschaftern angemeldet werden, §707 I BGB nF. Die
Eintragung hat allerdings nur deklaratorische Bedeutung, ist also keine Wirksam-
keitsvoraussetzung für die Entstehung der GbR. Die so eingetragene Gesellschaft
tritt dann im Rechtsverkehr mit dem Namenszusatz „eingetragene Gesellschaft
bürgerlichen Rechts" bzw. „**eGbR**" auf, §707a II BGB nF. Auf die Eintragung ist die
positive und negative Publizität des §15 HGB entsprechend anzuwenden (vgl.
→ Rn. 125 ff.). Nach Ausübung der Option kann nicht mehr zur registerlosen GbR
frei zurückgewechselt werden, §707a IV BGB nF. Allerdings kann ein Statuswechsel
herbeigeführt werden, also (bei Vorliegen der Voraussetzungen, dazu → Rn. 964) der
Wechsel der eGbR in eine OHG oder eine KG und die damit verbundene Umtragung
vom Gesellschaftsregister in das Handelsregister. Sollte eine **registerlose GbR** die
Voraussetzungen für eine OHG oder KG erfüllen (dazu → Rn. 964) oder sollten die
Gesellschafter für eine OHG oder KG optieren (dazu → Rn. 965) und die OHG in das
Handelsregister eingetragen werden (dazu → Rn. 965), so kann sie diese Voraussetzungen zwar nachträglich verlieren oder die Gesellschafter können sich nachträglich
gegen die OHG oder KG und für die GbR entscheiden (vgl. → Rn. 965). Die Gesellschaft wird dann zwar aus dem Handelsregister ausgetragen, allerdings kann sie
keine registerlose GbR mehr werden. Vielmehr ist sie im Wege des Statuswechsels
zwingend als eGbR fortzuführen, §107 II S. 2 HGB nF.

19.2.2.3 Der Gesellschaftszweck und die Beitragspflicht

Mit einer GbR können **beliebige erlaubte Zwecke** verfolgt werden. Abgrenzungen 926
bestehen allerdings zu den Personenhandelsgesellschaften: Eine Gesellschaft, deren
Zweck auf den Betrieb eines Handelsgewerbes gerichtet ist, ist nach §105 HGB eine
OHG und keine GbR.

Zur Förderung des Zwecks werden im Gesellschaftsvertrag regelmäßig die zu ent-
richtenden Beiträge der Gesellschafter festgelegt, wobei im Zweifel gleiche Beiträge
geschuldet sind, §709 II BGB nF. Hierbei kann es sich exemplarisch um die Überlassung oder die Übereignung von Gegenständen oder Grundstücken handeln oder
um Patente bzw. Lizenzen oder Geldleistungen und sogar Dienstleistungen (anders
bei den Einlagen der Kapitalgesellschaften, vgl. §27 II AktG). Zu einer Erhöhung
des Beitrags kann der Gesellschafter nicht verpflichtet werden, §710 BGB nF. Im
Gesellschaftsvertrag kann allerdings vereinbart werden, dass eine Beitragserhöhung aufgrund eines Mehrheitsbeschlusses der Gesellschafter erfolgen soll, falls
die Grenzen des erhöhten Beitrags bestimmt sind.

19.2.2.4 Gesellschafterbeschlüsse und Grundlagengeschäfte

Entscheidungen innerhalb der GbR werden grundsätzlich durch **Gesellschafterbe-** 927
schlüsse gefasst, §714 BGB nF. Sie bedürfen als Ausdruck der persönlichen Verbindung der Gesellschafter grundsätzlich der Zustimmung aller stimmberechtigten
Gesellschafter, allerdings kann der Gesellschaftsvertrag etwas anderes, insbesondere eine **Mehrheitsklausel** vorsehen, wovon in der Praxis häufig Gebrauch gemacht
wird. In diesem Fall ist für die Stimmkraft das vereinbarte Beteiligungsverhältnis

Becker

maßgeblich, bei Fehlen einer solchen Vereinbarung die vereinbarten Werte der Beiträge, ansonsten die Kopfzahl (nach bisheriger Rechtslage war die Kopfzahl maßgeblich, §709 BGB). Wie alle anderen Rechte aus dem Gesellschaftsverhältnis auch, kann das Stimmrecht nicht unabhängig von der Mitgliedschaft übertragen werden, §711a BGB nF (**sog. Abspaltungsverbot**). Mit den so zu fassenden Beschlüssen können die Verhältnisse der GbR weiter ausgestaltet werden, etwa kann nach §715 V BGB nF die Geschäftsführungsbefugnis und nach §720 III BGB die Vertretungsbefugnis entzogen werden. Die Beschlussebene wird allerdings verlassen, wenn ein sogenanntes **Grundlagengeschäft** vorliegt, also besonders tiefgreifend in die Struktur der GbR eingegriffen, insbesondere der Gesellschaftsvertrag selbst geändert wird. Solche Änderungen bedürfen grundsätzlich der Einstimmigkeit, §§145 ff. BGB. Sogar eine gesellschaftsvertragliche Regelung, welche für solche Änderungen einen Mehrheitsentscheid vorsieht, ist nur eingeschränkt zulässig. Nur einstimmig entschieden werden dürfen etwa eine Änderung des Gesellschaftszwecks oder die Gewinnverteilung. Bei anderen Grundlagengeschäften wird bei ausdrücklicher Umschreibung im Gesellschaftsvertrag hingegen ein Mehrheitsentscheid zugelassen, etwa bei der Aufnahme und dem Austritt von Gesellschaftern oder der Beitragserhöhung (zu letzterer → Rn.926).

19.2.3 Das Gesellschaftsvermögen

928 Die rechtsfähige Gesellschaft erwirbt in der Regel aus Geschäftstätigkeiten Vermögen. Dieses Vermögen ist ihr selbst zugeordnet, §713 BGB nF, die Gesellschafter haben in ihrem Vermögensbestand nur ihre jeweilige Beteiligung an der rechtsfähigen GbR. Die nicht rechtsfähige Gesellschaft bildet hingegen kein Vermögen, §740 Abs. 1 BGB nF, es steht vielmehr den Gesellschaftern selbst zu. Diese bilden dann nach den Vorstellungen des Gesetzgebers entweder eine **Bruchteilsgemeinschaft**, §741 ff. BGB oder ein Gesellschafter hält die Vermögensgegenstände **treuhänderisch** für die anderen Gesellschafter.

929 Das **Gesellschaftsvermögen** umfasst neben den Ansprüchen auf Beitragsleistung der Gesellschafter auch zum Gesellschaftsvermögen erworbene Gegenstände und Rechte und daraus resultierende Neuerwerbungen, zB Grundstückseigentum sowie Ersatzansprüche für die Zerstörung, Beschädigung oder Entziehung eines zum Gesellschaftsvermögen gehörenden Gegenstandes.

Beispiel: Eine von einer GbR vermietete Maschine wird durch unsachgemäßen Umgang des Mieters zerstört.

Die daraus resultierenden Schadensersatzansprüche aus Eigentumsverletzung (§823 I BGB) und/oder Vertragspflichtverletzung (§280 I BGB) sind dem Gesellschaftsvermögen zuzuordnen.

19.2.4 Geschäftsführung und Vertretung

19.2.4.1 Geschäftsführungsbefugnis

930 Die Geschäftsführung erfasst jede Tätigkeit, die auf die Verfolgung des Gesellschaftszwecks gerichtet ist. **Geschäftsführungsbefugnis** ist die Berechtigung eines Gesellschafters, im Verhältnis zu den anderen Gesellschaftern die Führung der

Geschäfte auszuüben. Sie berührt das **Innenverhältnis** der Gesellschafter untereinander, während die **Vertretungsbefugnis** das **Außenverhältnis** zwischen der Gesellschaft und Dritten betrifft. Die Geschäftsführungsbefugnis und die Vertretungsberechtigung können, müssen sich aber nicht decken. Die geschäftsführende Tätigkeit umfasst sowohl den Abschluss von Rechtsgeschäften als auch Leitungsaufgaben innerhalb des Unternehmens. Hierbei steht die Geschäftsführungsbefugnis nach § 715 III BGB nF den Gesellschaftern gemeinschaftlich zu (sog. **Gesamtgeschäftsführung**), mit der Folge, dass für jedes Geschäft die Zustimmung aller geschäftsführungsbefugten Gesellschafter eingeholt werden muss. Der Kreis der Geschäftsführungsbefugten wird in § 715 I BGB nF festgelegt, dies sind grundsätzlich alle Gesellschafter. In Gesellschaftsverträgen wird allerdings häufig von beidem abgewichen: Nur bestimmte Gesellschafter sollen geschäftsführungsbefugt sein und sie sollen darüber hinaus Einzelgeschäftsführungsbefugnis haben.

> **Beispiel**: Für den Betrieb der A, B, C GbR sollen die gesamten Lieferfahrzeuge neu erworben werden. A ist von der Geschäftsführung ausgenommen, während für B und C in der ersten Variante a) Gesamtgeschäftsführungsbefugnis besteht, in der zweiten Variante b) Einzelgeschäftsführungsbefugnis besteht.

In der Variante a) müssen B und C der Anschaffung zustimmen. Unter b) können beide ohne Zustimmung des anderen tätig werden.

19.2.4.2 Widerspruchsrecht

Der internen Sicherung der Geschäftsführung dient das **Widerspruchsrecht** nach § 715 IV BGB nF. Danach kann, wenn alle oder mehrere Gesellschafter Einzelgeschäftsführungsbefugnis haben, jeder der **geschäftsführungsberechtigten Gesellschafter** der Vornahme eines Geschäftes widersprechen. Der Widerspruch muss vor der Vornahme des Geschäftes erklärt werden und verlangt, dass entsprechende, für die Gesellschaft bedeutsame Geschäfte zuvor den anderen Geschäftsführern mitgeteilt werden müssen. Ein Gesellschafter, der entgegen einem erklärten Widerspruch ein Geschäft vornimmt, macht sich schadensersatzpflichtig.

931

> **Beispiel**: In dem oben genannten Beispiel unter b) sind B und C allein zur Geschäftsführung befugt. Muss B, wenn er die Maßnahme allein durchführen will, den C vorher informieren und einen möglichen Widerspruch abwarten oder kann er sofort tätig werden? Welche Wirkungen hat ein Widerspruch des C, wenn B das Geschäft schon geschlossen hätte? Könnte auch A tätig werden, wenn B und C verhindert sind und mit dem Aufschub der Maßnahme Gefahr verbunden ist?
>
> Da es sich um ein für die Gesellschaft bedeutsames Geschäft handelt, sind die geschäftsführungsbefugten Gesellschafter vorher zu informieren. Im Interesse der Zusammenarbeit der Gesellschafter ist es erforderlich, das geplante Rechtsgeschäft zu besprechen und einen Widerspruch abzuwarten, bevor dessen Umsetzung angegangen wird. Werden durch sofortiges Handeln vollendete Tatsachen geschaffen, so muss das Geschäft, soweit dies möglich ist, bei Einlegung eines Widerspruchs rückgängig gemacht werden. Allerdings hat der Widerspruch mit Blick auf den Vertrauensschutz Dritter keine Außenwirkung. Eine Ausnahme gilt nach § 715 III S. 1 BGB nF, wenn mit dem Aufschub des Geschäfts Gefahr verbunden ist, in diesem

Fall muss eine Gelegenheit zum Widerspruch nicht gewährt werden. In diesem Fall können sogar die nicht geschäftsführungsbefugten Gesellschafter (hier also der A) im Falle der Verhinderung der geschäftsführungsbefugten Gesellschafter die Maßnahme vornehmen, § 715a BGB nF.

19.2.4.3 Entziehung der Geschäftsführungsbefugnis

932 Die Geschäftsführungsbefugnis kann einem Gesellschafter aus wichtigem Grund entzogen werden. § 715 V BGB nF nennt dafür insbesondere **grobe Pflichtverletzung** oder **Unfähigkeit zur ordnungsgemäßen Geschäftsführung**. Darüber hinaus werden je nach Einzelfall anerkannt: Zerstörung der Vertrauensbeziehung, Hintergehung der Mitgesellschafter zum Beispiel durch Missachtung eines Widerspruchs, Missbrauch der Vertretungsmacht, Verletzung der Treuepflicht. Die **Entziehung** kann nur durch einstimmigen Beschluss oder, falls der Gesellschaftsvertrag dies vorsieht, durch Mehrheitsbeschluss erfolgen. Als milderes Mittel ist auch eine bloße Einschränkung der Geschäftsführungsbefugnis denkbar.

Der Gesellschafter kann seinerseits bei Eintritt eines wichtigen Grundes die **Geschäftsführung kündigen** (§ 715 VI BGB nF). Die Geschäftsführungsbefugnis endet dann mit dem Zugang der Kündigungserklärung bei den (anderen) Gesellschaftern.

19.2.5 Vertretungsberechtigung

933 Die GbR kann am Rechtsverkehr nur dann teilnehmen, wenn sie durch natürliche Personen letztvertreten wird. Die Vertretung ist die Befugnis, rechtsgeschäftlich verbindlich für die Personengesellschaft im Rechtsverkehr zu handeln. Diese steht aufgrund des Gesellschaftsvertrags den Gesellschaftern zu, sie sind die „geborenen" Vertreter der GbR. Es handelt sich daher um eine organschaftliche, nicht rechtsgeschäftliche Vertretungsmacht (Vollmacht, § 166 II BGB). Natürlich können die Gesellschafter aber weitere rechtgeschäftliche Vertreter benennen, wobei der **Grundsatz der Selbstorganschaft** hier Grenzen aufweist (vgl. zu diesem die Ausführungen bei der OHG, → Rn. 974). Die konkrete Art der Vertretungsmacht wird bei einer eGbR durch die Registereintragung zweifelsfrei nachgewiesen. Ist nichts abweichendes geregelt, so gilt Gesamtvertretungsbefugnis, § 720 I BGB nF, mit der Option für die Gesamtvertreter, einzelne von ihnen für einen konkreten Fall zur Einzelvertretung zu bestimmen (Letztgenannte Ermächtigung ist jedoch nicht im Gesellschaftsregister eintragungsfähig). Der Umfang der Vertretungsmacht ist nur im Innenverhältnis beschränkbar, nicht aber im Außenverhältnis, § 720 III BGB nF (anders nach aktueller Rechtslage, welche eine vergleichbare Norm nicht kennt). Der Rechtsverkehr muss sich also nur vergewissern, ob das Gegenüber Gesellschafter ist, etwa durch Blick in das Gesellschaftsregister. Durchbrochen wird dieser Grundsatz durch die Fallgruppen des Missbrauchs der Vertretungsmacht und der Kollusion.

Beispiele: Im Gesellschaftsvertrag ist festgelegt, dass der Gesellschafter A alleine vertretungsberechtigt ist. Allerdings sollen Geschäfte über einen Betrag von 10.000 EUR hinaus nur mit Zustimmung von B und C vorgenommen werden. Diese Begrenzung der Vertretungsmacht im Innenverhältnis ist nach außen hin unwirksam, A kann wirksame Geschäfte über einen Betrag von 10.000 EUR hinaus wirksam abschließen. Allerdings macht er sich gegenüber seinen Mitgesellschaftern schadensersatzpflichtig, § 280 I BGB.

Im Fall einer **wirksamen Vertretung** wird die rechtsfähige Gesellschaft verpflichtet 934 bzw. es werden Rechte zu ihren Gunsten begründet, was sich zwanglos aus ihrer Rechtsfähigkeit ergibt. Bei einer nicht rechtsfähigen Gesellschaft können demgegenüber nur die Gesellschafter selbst verpflichtet werden.
Spiegelbildlich zur Geschäftsführungsbefugnis kann auch die Vertretungsmacht nur aus wichtigem Grund entzogen werden. Auch hier ist ein Beschluss nötig, § 720 II iVm § 715 V BGB nF, ebenso stellt das Gesetz mit der groben Pflichtverletzung oder Unfähigkeit zur ordnungsgemäßen Geschäftsführung Beispiele für wichtige Gründe zur Verfügung.

19.2.6 Haftung

19.2.6.1 Haftung der Gesellschafter und der Gesellschaft

Anders als eine Kapitalgesellschaft kennt die GbR weder eine Kapitalaufbringung 934a (→ Rn. 1071) noch eine Kapitalerhaltung (→ Rn. 1074). Zum Schutz der Gläubiger der Gesellschaft bedarf es daher neben der Haftung der rechtsfähigen Gesellschaft selbst einer persönlichen Haftung der Gesellschafter, § 721 BGB nF. Voraussetzung ist die Gesellschaftereigenschaft des in Anspruch genommenen und das Vorliegen einer Verbindlichkeit der Gesellschaft. Die dann den Gesellschafter treffende Haftung ist **unmittelbar**, der Gesellschafter ist also dem Gläubiger haftbar und nicht nur im Innenverhältnis gegenüber der Gesellschaft. Sie ist **primär**, eine vorherige Inanspruchnahme der Gesellschaft durch die Gläubiger ist unnötig. Die **Gesellschafter** haften für die Verbindlichkeiten der Gesellschaft **persönlich mit ihrem ganzen Vermögen**. Interne Vereinbarungen der Haftungsbegrenzung im Gesellschaftsvertrag sind gem. § 721 S. 2 BGB nF. Gläubigern gegenüber unwirksam. Einzelvertragliche Haftungsbeschränkungen mit Gläubigern sind dagegen möglich. Die Gesellschafter haften als Gesamtschuldner, sodass jeder zur ganzen Leistung verpflichtet ist (vgl. § 421 BGB). Das gleiche Ergebnis wird nach aktueller Rechtslage aus einer analogen Anwendung von § 128 HGB auf die GbR gewonnen.

Einwendungen und Einreden (→ Rn. 108 ff.) stehen den Gesellschaftern gegenüber den Gläubigern der Gesellschaft in dem Umfang zu, in dem diese auch von der Gesellschaft gegenüber dem geltend gemachten Anspruch erhoben werden können (vgl. § 721b BGB nF, bislang: § 129 HGB analog). Darüber hinaus kann der in Anspruch genommene Gesellschafter **Einreden und Einwendungen**, die der Gesellschafter zum Beispiel aufgrund einer persönlichen Vereinbarung mit dem Gläubiger hat (unter anderem Haftungsausschlüsse), bei Inanspruchnahme der Forderung entgegenhalten.

Beispiel: Der Lieferant L hat gegenüber einer GbR einen Zahlungsanspruch iHv 935 5.000 EUR, der allerdings mit Ablauf des Jahres 2021 verjährt ist. Am 01.03.2022 nimmt L den Gesellschafter P auf Zahlung in Anspruch.
Grundsätzlich haftet P nach § 721 BGB nF für die Verbindlichkeiten der Gesellschaft unmittelbar und persönlich mit seinem Vermögen: P ist Gesellschafter und eine Gesellschaftsverbindlichkeit ist gegeben. P kann aber gem. § 721b BGB nF die Ein-

rede der Verjährung (→ Rn. 110, 341) geltend machen, da diese Einrede auch von der Gesellschaft gegenüber dem Gläubiger L erhoben werden könnte. Gleiches gilt für beliebige andere Einwendungen der Gesellschaft.

Anders zu beurteilen ist folgende Variante: Ein Gläubiger bewirkt durch Klageerhebung die Hemmung der Verjährung (vgl. § 204 BGB, → Rn. 370) einer Geldforderung gegenüber einer GbR. Ein von dem Gläubiger nach Ablauf der Verjährungsfrist persönlich in Anspruch genommener Gesellschafter kann sich nicht auf die Verjährung berufen.

19.2.6.2 Gesamtschuldnerische Haftung zwischen Gesellschaftern

936 Die Gesellschafter haften für die Verbindlichkeiten der GbR gesamtschuldnerisch. Jeder haftet auf die ganze Schuld, der Gläubiger kann denjenigen in Anspruch nehmen, von dem er sich die besten Befriedigungsaussichten verspricht. Die Leistung eines Gesellschafters hat nach §§ 421, 422 BGB Wirkungen für alle. Soweit ein Gesellschafter die Schuld begleicht, sind Rückgriffsforderungen vorrangig gegenüber der Gesellschaft und aus dem Gesellschaftsvermögen zu realisieren, § 716 I BGB nF. Soweit eine Befriedigung nicht möglich ist, kann Rückgriff bei den Mitgesellschaftern gesucht werden (§ 426 I BGB).

937 Die **Akzessorietät der Gesellschafterhaftung** bedeutet, dass der Bestand der Gesellschaftsschuld auch für die Haftung der Gesellschafter maßgebend ist. Die Gesellschafterhaftung ist nicht selbstständig pfändbar oder abtretbar, sie verjährt auch nicht selbstständig.

19.2.6.3 Gesamtschuldnerische Haftung zwischen Gesellschaft und Gesellschaftern?

938 Nach der Rechtsprechung besteht **kein echtes Gesamtschuldverhältnis** zwischen der **Gesellschaft und den Gesellschaftern**. Die für Gesamtschuldverhältnisse geltenden Vorschriften der §§ 420 ff. BGB sind nur teilweise entsprechend anwendbar. Unproblematisch ist dies bei der Erfüllung der Gesellschaftsschuld (§ 422 BGB) und beim Gläubigerverzug (§ 424 BGB). § 425 BGB ist hingegen nicht anwendbar: Ein Erlass der Gesellschaftsschuld unter Fortbestand der Gesellschafterschuld ist etwa nicht möglich. Da auch § 426 II BGB nicht zur Verfügung steht, muss ein Übergang akzessorischer Sicherheiten im Wege eines gesetzlichen Forderungsübergangs unter Analogie zu § 774 I BGB begründet werden.

19.2.6.4 Haftungsbeschränkungen

939 Die umfassende persönliche Haftung der Gesellschafter führte dazu, dass nicht wenige Gesellschaften Wege suchten, **Haftungsbeschränkungen** für die Gesellschafter zu erreichen. Entsprechende Haftungsbeschränkungen wurden im Geschäftsverkehr beabsichtigt durch Zusätze im Namen der Gesellschaft wie: GbR mbH oder BGB-Gesellschaft mit Haftungsbeschränkung.

Beispiel: Ein Gesellschafter einer GbR wird persönlich auf Zahlung einer Restschuld der Gesellschaft aus einem Mietvertrag verklagt. Er beruft sich auf eine im Gesellschaftsvertrag vereinbarte Klausel, nach der eine Haftungsbeschränkung auf das

Gesellschaftsvermögen festgelegt ist. Ferner macht er geltend, dass im Briefverkehr und in dem mit dem Kläger geschlossenen Mietvertrag auch durch den Stempelaufdruck „GbR mbH" auf die Haftungsbeschränkung hingewiesen worden sei.

Eine Haftungsbeschränkung auf das Gesellschaftsvermögen kann allein durch Hinweise im Briefkopf bzw. durch Stempelaufdruck oder einseitige Erklärung des Vertreters nicht herbeigeführt werden. Dazu bedarf es einer **individuellen Vereinbarung** der Parteien. Die Haftungsbeschränkung im Fall ist nicht wirksam.

19.2.6.5 Haftung neu eintretender und ausscheidender Gesellschafter

Gesonderte Haftungsregelungen bestehen für **neu eintretende Gesellschafter** und 940 für **ausscheidende Gesellschafter**.

Der in eine bestehende Gesellschaft neu eintretende Gesellschafter haftet nach §721a BGB nF (aktuelle Rechtslage: §130 HGB analog) voll für die Altverbindlichkeiten der Gesellschaft, die bereits vor seinem Eintritt entstanden sind; interne Haftungsbeschränkungen sind gegenüber Dritten unwirksam, §721a S.2 BGB nF. Scheidet ein Gesellschafter aus der Gesellschaft aus, besteht dessen Haftung für die bis dahin begründeten Verbindlichkeiten fort, §728b BGB nF (aktuelle Rechtslage: §736 II BGB iVm. §160 HGB). Allerdings ist die **Haftung auf einen Zeitraum von fünf Jahren** begrenzt. Die Frist beginnt sobald der Gläubiger von dem Ausscheiden des Gesellschafters Kenntnis erlangt hat oder (bei der eGbR) das Ausscheiden des Gesellschafters im Gesellschaftsregister eingetragen worden ist. Innerhalb der Fünf-Jahresfrist müssen die bis dahin fälligen Ansprüche gerichtlich gegenüber dem Ausgeschiedenen geltend gemacht werden. Für die **nach dem Ausscheiden** neu begründeten Verbindlichkeiten **haftet der ausgeschiedene Gesellschafter nicht** mehr.

Beispiel: Der Gesellschafter B scheidet zum 1.7.2024 aus der GbR aus. Wenig später wird T als neuer Gesellschafter aufgenommen. Gläubiger G macht aus einem Mietverhältnis mit der GbR die Zahlung von Mietforderungen aus dem letzten halben Jahr iHv 30.000 EUR geltend.

a) Kann G von B Zahlung verlangen?
   Gläubiger G kann sich an den ausgeschiedenen Gesellschafter B halten, da dieser nach §728b BGB nF für die vor seinem Ausscheiden entstandenen Verbindlichkeiten der Gesellschaft haftet. Diese Ansprüche müssen innerhalb der Ausschlussfrist nach §728b BGB geltend gemacht werden.
b) Kann G von T die Mietrückstände einfordern?
   Nach §721a BGB nF haftet der neu eingetretene Gesellschafter gegenüber Dritten auch für Altverbindlichkeiten der Gesellschaft. G kann somit neben der Gesellschaft und den übrigen Gesellschaftern auch T auf Zahlung in Anspruch nehmen. Ein Erstattungsanspruch des T gegenüber der Gesellschaft wäre gem. §716 I BGB nF gegeben, gegenüber den anderen Gesellschaftern aus §426 I, II BGB.

19.2.6.6 Haftung für deliktisches Verhalten

Eine **Haftung aus unerlaubter Handlung** kann sowohl die **Gesellschafter persönlich** 941 treffen als auch die **Gesellschaft**. Begeht ein Gesellschafter bei Wahrnehmung geschäftlicher Aufgaben für die Gesellschaft eine unerlaubte Handlung, so haftet er persönlich, zB nach §§ 823 ff. BGB oder § 7 StVG. Dieses deliktische Handeln **geschäftsführender Gesellschafter** kann der Gesellschaft zugerechnet werden, **§ 31 BGB analog**. Diese Zurechnung zur Gesellschaft gilt auch für eine etwaige Haftung dieser Gesellschafter nach § 831 BGB, falls ein Verrichtungsgehilfe nicht ordnungsgemäß ausgewählt und/oder überwacht wird. Diese Zurechnung ist notwendig, da die GbR selbst nicht handeln kann und damit auch nicht deliktisch handeln kann.

942 **Beispiel**: Ein geschäftsführungsbefugter Gesellschafter einer GbR beschädigt im Rahmen einer Geschäftsvereinbarung fahrlässig das Eigentum eines Kunden. Der Gesellschafter haftet gem. § 823 I BGB und die Gesellschaft als solche haftet entsprechend § 31 BGB für den Schaden.

19.2.7 Rechte und Pflichten der Gesellschafter im Innenverhältnis

19.2.7.1 Pflichten der Gesellschafter, Gesellschafterklage (actio pro socio)

943 Zu den **Pflichten** der Gesellschafter gehören außer der Beitragspflicht (§ 709 I, II BGB nF, vgl. dazu → Rn. 926) auch allgemeine Treuepflichten. Sie beruhen darauf, dass die Gesellschaft eine Personengemeinschaft ist und die Gesellschafter untereinander aber auch gegenüber der Gesellschaft zu gegenseitiger Rücksichtnahme verpflichtet sind. Aufgrund der Vielgestaltigkeit dieser Beziehungen wäre es unmöglich, für jeden Einzelfall eine Verhaltenspflicht gesetzlich festzuschreiben, so dass im Einzelfall zu beurteilen ist, wann ein Verstoß gegen die Treuepflicht gegeben ist.

Gegenüber der Gesellschaft bestehen **Treuepflichten** in Form von Handlungs- und Unterlassungspflichten. Dies können sein (nicht abschließend): Die Zustimmungspflicht zu einer für die Weiterverfolgung des Gesellschaftszwecks gebotenen Vertragsänderung, die Pflicht zur Verschwiegenheit, das Unterlassen schädigender Äußerungen über die Gesellschaft. Gegenüber den Gesellschaftern haben vor allem die **geschäftsführenden Gesellschafter** eine Treuepflicht. Zwar sieht § 715 I BGB nF eine Geschäftsführungspflicht eines jeden Gesellschafters vor, doch kann und wird in der Praxis zu dieser Gesetzesnorm häufig eine abweichende vertragliche Regelung getroffen. Für geschäftsführende Gesellschafter bestimmt die Treuepflicht den Inhalt und Umfang der Geschäftsführungspflichten in Form der Rücksichtnahme auf Geschäftsbeziehungen oder der Anzeigepflichten bei drohenden Gefahren für die Gesellschaft. Diese Pflichten stehen neben den in § 717 II BGB nF normierten Pflichten der geschäftsführenden Gesellschafter auf Auskunftserteilung.

Verletzungen der Treuepflicht können eine **Schadensersatzverpflichtung** nach § 280 I BGB begründen, die Treuepflicht bildet insoweit das nötige Schuldverhältnis.

Beispiel: In einer Gesellschaft wird festgestellt, dass ein geschäftsführender Gesellschafter zu seinen Gunsten und zulasten der Gesellschaft vorsätzlich unrechtmäßig Geschäftschancen privat genutzt hat.

Es besteht ein Anspruch der Gesellschaft auf Schadensersatz wegen Verletzung der gesellschaftsvertraglichen Treuepflicht aus § 280 I BGB (vgl. → Rn. 978 zur OHG).

944 Ansprüche gegen die Gesellschafter im Innenverhältnis wie Beitragsansprüche und Ansprüche wegen Treuepflichtverletzungen der Gesellschaft gegen den Gesellschaf-

ter werden auch „Sozialansprüche" genannt. Sie sind grundsätzlich von den geschäftsführungsberechtigten Gesellschaftern geltend zu machen. Wenn allerdings diese Gesellschafter die Geltendmachung pflichtwidrig verweigern, so sind alle anderen Gesellschafter berechtigt, den auf dem Gesellschaftsverhältnis beruhenden Anspruch der Gesellschaft in eigenem Namen gegen den Mitgesellschafter einzuklagen, §715b I BGB nF (Gesellschafterklage, **actio pro socio**, nach aktueller Rechtslage zwar anerkannt, aber nicht normiert). Diese Befugnis ist nicht dispositiv, §715b II BGB nF.

19.2.7.2 Rechte der Gesellschafter

Zu den **Rechten** der Gesellschafter zählen Unterrichtungs- und Einsichtsrechte in 945 die Geschäftsunterlagen der Gesellschaft, §717 I BGB nF. Diese Rechte haben auch Gesellschafter, die von der Geschäftsführung ausgeschlossen sind. Diese Befugnisse sind nicht disponibel, soweit sie zur Wahrnehmung eigener Gesellschafterrechte benötigt werden oder der Verdacht der unredlichen Geschäftsführung eines Gesellschafters besteht, §717 I S.2 BGB nF.

Um diese Auskunftsrechte erfüllen zu können, ist die Gesellschaft ihrerseits auf Informationen der geschäftsführenden Gesellschafter angewiesen. Diese sind ihr zur Übermittlung der erforderlichen Nachrichten von sich aus, erst recht aber auf Nachfrage hin, verpflichtet, §717 II BGB nF.

> **Beispiel**: In einer GbR ist Gesellschafter A von der Geschäftsführung ausgeschlossen. A fordert Einsicht in alle Geschäftsunterlagen. Die anderen Gesellschafter verlangen eine konkrete Bezeichnung der Unterlagen, in die Einsicht gewährt werden soll. Sie meinen, dass nicht alle Unterlagen einsehbar gemacht werden können.
>
> Auch als nicht geschäftsführungsbefugter Gesellschafter hat A ein umfassendes Einsichtsrecht in die Unterlagen, §717 I BGB nF. Eine Beschränkung ist zwar grundsätzlich denkbar, sie müsste aber im Gesellschaftsvertrag vorgesehen sein und die Grenzen des §717 I S.2 BGB nF beachten.

Für Gesellschaften, die auf längere Dauer angelegt sind, besteht für Gesellschafter 946 im Zweifel jeweils zum Schluss des Geschäftsjahres **Anspruch auf Verteilung des Gewinns**, vgl. §718 II BGB nF. Dazu sieht §709 III BGB nF dieselbe Verteilung vor wie auch bei der Stimmkraft: Eine Aufteilung soll nach Beteiligungsverhältnissen, hilfsweise nach dem Verhältnis der Beiträge, äußerst hilfsweise nach Köpfen vorgenommen werden, sofern keine anderen Vereinbarungen zwischen den Gesellschaftern getroffen worden sind (aktuelle Rechtslage: Verteilung nach Köpfen, §721 I BGB).

Im Weiteren haben Gesellschafter gem. §716 I BGB nF **Anspruch auf Ersatz von** 947 **Aufwendungen,** welche der Gesellschafter den Umständen nach für erforderlich halten durfte oder Verluste, die ihm unmittelbar aus der Geschäftsbesorgung entstehen. Auch darf der Gesellschafter bei Absehbarkeit einen Vorschuss verlangen, §716 II BGB nF. Über diese Norm kann insbesondere von der Gesellschaft Ersatz verlangt werden, wenn eine Verbindlichkeit der Gesellschaft im Außenverhältnis befriedigt wurde (vgl. §721 BGB nF, dazu ausführlich → Rn.934d). Bislang wurde dasselbe Ergebnis über einen Verweis auf §670 BGB erreicht, vgl. §713 BGB.

Becker

19.2.8 Gesellschafterwechsel unter Lebenden

19.2.8.1 Ausscheiden eines Gesellschafters aufgrund Kündigung der Mitgliedschaft und Ausschließung aus wichtigem Grund

948 Die nicht rechtsfähige GbR ist in ihrem Bestand vom unveränderten Fortbestehen der Personenvereinigung abhängig. Das **Ausscheiden** nur eines Gesellschafters, sei es durch Kündigung, Tod oder die Eröffnung des Insolvenzverfahrens über das Vermögen eines Gesellschafters oder der Ausschluss eines Gesellschafters, führt nach § 740a BGB nF zur Auflösung der Gesellschaft. Etwas anderes gilt nach neuer Rechtslage für die rechtsfähige Gesellschaft, da diese von ihrem Mitgliederbestand deutlich unabhängiger ist. Hier führt das **Ausscheiden** gerade nicht zur Auflösung, sondern zum Ausscheiden des Gesellschafters, § 723 I BGB nF.

> **Beispiel**: Aufgrund eines tragischen Unglücksfalles verstirbt Gesellschafter G einer rechtsfähigen GbR. Die Gesellschaft wird (anders als nach aktueller Rechtslage, vgl. § 727 BGB) nicht aufgelöst, sondern fortgeführt.

Der wichtigste Fall des Ausscheidens ist die Kündigung der Mitgliedschaft, § 723 I Nr. 2, 725 BGB nF. Falls die Gesellschaft auf unbestimmte Zeit eingegangen ist, so kann der Gesellschafter sie jederzeit grundlos kündigen, allerdings mit einer Frist von drei Monaten zum Ende des Kalenderjahres (**ordentliche Kündigung**). Daneben kann sie auch ohne Kündigungsfrist außerordentlich gekündigt werden, allerdings ist hierzu ein wichtiger Grund notwendig, § 725 III BGB nF (**außerordentliche Kündigung**). Bei einer auf unbestimmte Dauer abgeschlossenen Gesellschaft ist nur die außerordentliche Kündigung gegeben, § 725 II BGB nF. Eine Ausschließung oder Beschränkung des außerordentlichen Kündigungsrechts ist in jedem Fall unwirksam, § 725 VI BGB nF.

949 Für die Frage, ob ein wichtiger Grund vorliegt, ist der jeweilige Einzelfall zu betrachten.

> **Beispiel:** Grob fahrlässige oder vorsätzliche Pflichtverletzung eines Gesellschafters, § 725 II S. 2 BGB nF; wenn der kündigende Gesellschafter volljährig geworden ist, § 725 IV BGB nF.

950 Die fristlose **Kündigung durch einen Privatgläubiger** eines Gesellschafters ist möglich, wenn dieser eine Pfändung des Anteils eines Gesellschafters bewirkt hat und soweit der zugrundeliegende Titel nicht nur vorläufig vollstreckbar ist (§ 726 BGB nF, vgl. zur vorläufigen Vollstreckbarkeit §§ 704 ff. ZPO). Ziel ist es, dem pfändenden Gläubiger eine Befriedigung aus dem Gesellschaftsanteil in Form der Abfindung zukommen zu lassen.

> **Beispiel:** X hat eine Forderung aus Kaufpreiszahlung in Höhe von 20.000 EUR gegen den Gesellschafter G inne. X pfändet den Gesellschaftsanteil von G. Um ihn zu verwerten kündigt er die Mitgliedschaft des G, um den Abfindungsanspruch nach § 728 I, II BGB nF (dazu → Rn. 951) einziehen zu können.

Alternativ zu einer Kündigung der Mitgliedschaft aufgrund eines störenden Gesellschafters können die Gesellschafter auch die Mitgliedschaft des störenden Gesellschafters selbst beenden. Hierzu sieht das Gesetz die **Ausschließung aus wichtigem Grund** vor, §727 BGB nF. Allerdings bedarf es hierzu eines Gesellschafterbeschlusses, bei dem aber der Auszuschließende kein Stimmrecht hat. Ohne Sachgrund ist ein solcher Ausschluss grundsätzlich nicht möglich, da der betroffene Gesellschafter ansonsten den jederzeitigen Ausschluss fürchten müsste. Anerkannt wurde eine solche jederzeitige Ausschlussmöglichkeit aber zB für den Fall, dass ein Gesellschafter für eine bestimmte Zeit „auf Probe" an der GbR beteiligt sein soll.

19.2.8.2 Rechtsfolgen, insb. Abfindung

Mit dem Ausscheiden, egal aus welchem Grund, verliert der Gesellschafter seinen   951
Anteil am Gesellschaftsvermögen. Dieser wächst den anderen Gesellschaftern zu (§712 I BGB nF, **Anwachsung**). Die Rechtsstellung jedes einzelnen der verbleibenden Gesellschafter erweitert sich, weil der Mitgliederkreis kleiner wird. Es bedarf keiner besonderen Vermögensübertragung, da die GbR Rechtsträger aller Vermögensgüter bleibt.

Für den **Ausscheidenden** entstehen verschiedene Ansprüche. Zum einen erhält er einen **Abfindungsanspruch** gegenüber der Gesellschaft (§728 I BGB nF). Die **Abfindungshöhe** bemisst sich hierbei am Wert des Gesellschaftsanteils, §728 II BGB nF.

> **Beispiel**: In der Regel wird zur Ermittlung des Beteiligungswerts der Unternehmenswert ermittelt. Dieser ergibt sich anhand des Preises, der sich bei einem Verkauf des Unternehmens ergeben würde, wofür in der Regel das Ertragswertverfahren maßgeblich ist, also die Frage, welche Gewinne sich in der Zukunft mit dem Unternehmen der GbR erwirtschaften lassen. Vertragliche Klauseln, nach denen abweichend hiervon die Abfindung nach dem Buchwert erfolgen soll, sind grundsätzlich zulässig, es sei denn, es besteht ein erhebliches Missverhältnis zwischen Buchwert und Ertragswert; in diesem Fall kann eine solche Klausel nach §138 BGB unwirksam sein (vgl. BGH NJW 1985, 192).

Im Weiteren sind dem Ausscheidenden die der Gesellschaft zur Benutzung überlassenen Gegenstände zurück zu geben, was ungeschrieben gilt. Die Gesellschafter sind verpflichtet, den ausscheidenden Gesellschafter von den gemeinschaftlichen Schulden zu befreien, vgl. §728 I BGB nF. Der ausscheidende Gesellschafter haftet allerdings für bereits bestehende Schulden im Zeitpunkt seines Ausscheidens weiter (**sog. Nachhaftung**, §728b BGB nF, dazu bereits → Rn. 940).

Für neu entstehende Verbindlichkeiten haftet der Gesellschafter nach seinem Aus-   952
scheiden nicht. Im Innenverhältnis haben die Gesellschafter der fortbestehenden GbR die Schuldlasten allein zu tragen. Der Ausscheidende haftet aber für den Fehlbetrag, sollte das Gesellschaftsvermögen für die Deckung der Verbindlichkeiten nicht ausreichen, §728a BGB nF. Die Gesellschaft kann die Befreiung von den Verbindlichkeiten im Außenverhältnis nach §728 I BGB nF verweigern, bis dieser Fehlbetrag ausgeglichen wurde.

19.2.8.3 Eintritt eines neuen Gesellschafters

Der **Eintritt eines neuen Gesellschafters** bedarf der Zustimmung der Gesellschafter.   953
Im Gesellschaftsvertrag können Mehrheitsbeschlüsse festgelegt werden. Der neu

eintretende Gesellschafter haftet auch für die vor seinem Eintritt entstandenen Verbindlichkeiten der GbR nach § 721a BGB nF.

> **Beispiel**: Der neu eingetretene Gesellschafter N wird von einem Gläubiger auf Zahlung einer Schuld der GbR in Anspruch genommen, die noch aus einem Kaufvertrag herrührt, der ein Jahr vor dem Eintritt des Gesellschafters geschlossen worden war.
>
> N muss für die Forderung persönlich haften, kann aber im Innenverhältnis aus dem Gesellschaftsvermögen bzw. von den übrigen Gesellschaftern Ersatz verlangen.

19.2.8.4 Übertragung eines Gesellschaftsanteils

954 Die Übertragung eines Gesellschaftsanteils führt zum Ausscheiden und zum Eintritt eines neuen Gesellschafters. Sie ist von der **Zustimmung** aller übrigen Gesellschafter abhängig, § 711 I BGB nF. Im Gesellschaftsvertrag kann ein Mehrheitsbeschluss zulässig vereinbart werden. Der neu eintretende Gesellschafter übernimmt die Rechtsstellung des Ausscheidenden. Ein Abfindungsanspruch des Ausscheidenden entsteht nicht, da dieser einen angemessenen Gegenwert für seine Beteiligung durch einen privatautonom mit dem Eintretenden verhandelten Kaufpreis erhalten kann.

Ein Wechsel im Mitgliederbestand hat auf den Fortbestand von bereits mit der GbR bestehenden Schuldverhältnissen keinen Einfluss, da die Gesellschaft Rechtsträgerin der Vereinbarungen ist.

19.2.9 Gesellschafterwechsel von Todes wegen

955 Der Tod eines Gesellschafters ist bei der rechtsfähigen Gesellschaft ein **Ausscheidensgrund**, § 723 I Nr. 1 BGB nF, bei der nicht rechtsfähigen Gesellschaft ein Auflösungsgrund.

Ohne abweichende vertragliche Regelung erhalten die Erben des durch Tod ausgeschiedenen Gesellschafters als dessen Gesamtrechtsnachfolger (§§ 1922, 1957 BGB) einen Abfindungsanspruch (dazu → Rn. 951). Dieser kann jedoch im Gesellschaftsvertrag für den Fall des Todes ausgeschlossen werden, um das Gesellschaftsvermögen nicht zu belasten.

956 Oftmals wird im Gesellschaftsvertrag aber vereinbart, dass die Gesellschaft mit den Erben des Verstorbenen fortgesetzt werden soll. In diesem Fall geht der Anteil auf den Erben über, eine Abfindung ist nicht zu zahlen, § 711 II S. 1 BGB nF. Problematisch ist die Situation bei mehreren Erben. Normalerweise bilden diese eine **Erbengemeinschaft**, §§ 2032 ff. BGB, welche bis zur Auseinandersetzung (§ 2042 BGB) den Anteil gesamthänderisch halten würde. Allerdings ist diese nicht rechtlich verselbstständigt und kann nach hM nicht selbst Gesellschafter sein. Daher sieht § 711 II S. 3 BGB nF einen Ausschluss der Regelungen über die Erbengemeinschaft vor. Stattdessen erhalten alle Erben direkt einen Gesellschaftsanteil in Höhe ihrer Erbquote im Wege der Sonderrechtsnachfolge, § 711 II S. 2 BGB nF („**einfache Nachfolgeklausel**").

957 In vielen Fällen ist jedoch gewünscht, dass die GbR nicht mit allen Erben, sondern mit einem oder nur bestimmten, für besonders geeignet gehaltenen, Erben fortgesetzt wird („**qualifizierte Nachfolgeklausel**"). Auch diese Gestaltung ist zulässig, die ausgewählten Erben sind dann Sonderrechtsnachfolger in den Gesellschaftsanteil.

Zulasten der übrigen Erben kann auch hier eine Abfindung im Gesellschaftsvertrag grundsätzlich ausgeschlossen werden.

Sollte die GbR zwar ein Gewerbe, aber kein Handelsgewerbe betreiben (vgl. § 1 II HGB), eigenes Vermögen verwalten oder die gemeinsame Ausübung freier Berufe als Zweck verfolgen, so kann der Erbe bei einem Anteilsübergang den anderen Gesellschaftern innerhalb von drei Monaten das Angebot unterbreiten, die GbR als KG weiterzuführen bei Einräumung einer Kommanditistenstellung an den Erben, § 724 I, III BGB nF. Dies hat eine beschränkte Haftung nach Maßgabe von § 171 HGB zur Konsequenz (dazu → Rn. 1003 ff.). Die anderen Gesellschafter können dieses Angebot zwar ablehnen, allerdings kann der Erbe in diesem Fall oder falls die Voraussetzungen des § 107 I HGB nF nicht vorliegen, seine Mitgliedschaft außerordentlich kündigen und eine Abfindung erlangen. In beiden Fällen entgeht er einer persönlichen Haftung nach § 721 BGB nF.

Streng von den Nachfolgeklauseln zu unterscheiden sind sogenannte **Eintrittsklauseln**. Diese haben keinen direkten Übergang des Anteils zur Folge, sondern verleihen dem Begünstigten ein schuldrechtliches Recht zum Beitritt. Dieser Begünstigte muss nicht Erbe sein. Allerdings entsteht der Abfindungsanspruch ohne abweichende Regelung in diesem Fall in der Person des Begünstigten. Häufig wird daher der Abfindungsanspruch ausgeschlossen, aufschiebend bedingt auf den Fall, dass der durch die Eintrittsklausel Begünstigte von seinem Eintrittsrecht Gebrauch macht.

19.2.10 Auflösung

19.2.10.1 Auflösungsgründe

In den § 729 und 732 BGB nF sind verschiedene **Auflösungsgründe** für die GbR ge- 958 nannt. Es sind: Zeitablauf (§ 729 I Nr. 1 BGB nF), die Eröffnung des Insolvenzverfahrens über das Vermögen der Gesellschaft (§ 729 I Nr. 2 BGB nF, wobei in diesem Fall die Abwicklung nach den Regelungen der Insolvenzordnung (InsO) erfolgt), die Kündigung der Gesellschaft (§ 729 I Nr. 3 BGB nF, 731 BGB nF), ein von mindestens einer Dreiviertelmehrheit getragener Beschluss zur Auflösung der Gesellschaft (§ 729 I Nr. 4, § 732 BGB nF), die Erreichung des Gesellschaftszwecks oder auch die Unmöglichkeit der Erreichung des Gesellschaftszwecks (§ 729 II BGB nF). Weitere Auflösungsgründe können im Gesellschaftsvertrag definiert werden. In den genannten Fällen kommt es zur Auseinandersetzung **(Liquidation)** der Gesellschaft.

19.2.10.2 Kündigung der Gesellschaft in Abgrenzung zur Kündigung der Mitgliedschaft

Wie bereits gesehen, kann jeder Gesellschafter seine Mitgliedschaft in der Gesell- 959 schaft kündigen, § 725 BGB nF, was einen Ausscheidensgrund darstellt, § 723 I Nr. 2 BGB nF. Hiervon zu unterscheiden ist die Kündigung der Gesellschaft, § 729 I Nr. 3 BGB nF, § 731 BGB nF. Letztere löst die Gesellschaft auf und ist vom Vorliegen eines wichtigen Grundes abhängig. Durch den Zusatz „wenn ihm die Fortsetzung der Gesellschaft nicht zuzumuten ist" soll zum Ausdruck gebracht werden, dass die Kündigung der Gesellschaft ultima ratio ist. Mildere Maßnahmen wie bloße Kündigung der Mitgliedschaft oder die Ausschließung eines störenden Gesellschafters aus wichtigem Grund, § 727 BGB nF, gehen vor.

Becker

19.2.10.3 Auseinandersetzung

960 Mit dem Eintritt eines Auflösungsgrundes entsteht eine **Abwicklungsgesellschaft** (§ 735 I BGB nF), die auf die **Auseinandersetzung** des Gesellschaftsvermögens gerichtet ist. Mit der Auflösung der Gesellschaft erlischt die im Gesellschaftsvertrag vereinbarte Geschäftsführungsbefugnis. Von der Auflösung an steht nicht mehr den Gesellschaftern, sondern den **Liquidatoren** die Geschäftsführungs- und Vertretungsbefugnis zu, § 735 I BGB nF, § 736b I BGB nF. Allerdings sind grundsätzlich die Gesellschafter zu Liquidatoren berufen, § 736 I BGB nF („**geborene Liquidatoren**"). Aus wichtigem Grund können aber neue Liquidatoren eingesetzt werden, § 736a I BGB nF („**gekorene Liquidatoren**"). Wer Liquidator ist, muss zum Gesellschaftsregister angemeldet werden, § 736c BGB nF. Schwebende Geschäfte der Gesellschaft sind abzuwickeln, das übrige Vermögen ist in Geld umzuwandeln, § 736d II BGB nF. Aus dem so generierten Vermögen sind zunächst die Gläubiger zu befriedigen, § 736d IV BGB nF. Hiernach sind die geleisteten Beiträge zurückzuerstatten, § 736d V BGB nF. Reicht das Vermögen der Gesellschaft hierfür nicht aus, so muss ein Fehlbetrag ersetzt werden, § 737 BGB nF. Ist hingegen noch Vermögen vorhanden, so ist das übrige Vermögen unter die Gesellschafter nach dem Verhältnis ihrer Gewinn- und Verlustanteile (→ Rn. 946) zu verteilen.

Mit dem vollständigen Abschluss der Liquidation ist die Gesellschaft beendet. Auch dies muss zum Gesellschaftsregister angemeldet werden, § 738 BGB nF. Von diesem Zeitpunkt an oder von der Kenntnis des Gläubigers von dem Erlöschen der Gesellschaft an (je nachdem, welcher Zeitpunkt früher eintritt, § 739 II BGB nF) verjähren Ansprüche gegen einen Gesellschafter aus Verbindlichkeiten der Gesellschaft innerhalb von fünf Jahren, § 739 I BGB nF. Eine persönliche Haftung der Gesellschafter für nicht befriedigte Forderungen von Gläubigern bleibt bestehen.

Kontrollfragen und Aufgaben	
1. Welche beiden Grundtypen der GbR unterscheidet man?	→ Rn. 921
2. Ist der Abschluss eine GbR-Vertrags formbedürftig?	→ Rn. 923 ff.
3. Wonach bestimmt sich das Stimmrecht in einer GbR?	→ Rn. 927
4. Welche Ausscheidensgründe bestehen in einer GbR?	→ Rn. 948 ff.
5. Welche Auflösungsgründe bestehen in einer GbR?	→ Rn. 958
6. Was versteht man unter einem Liquidator?	→ Rn. 960

Aufgabe 1 Leistungsniveau Bachelorstudiengang

Dr. M und Dr. Z, zwei Urologen, führen gemeinsam eine Praxis. Die Führung der Patientendatei und die Abrechnung der erbrachten Leistungen erfolgen gemeinschaftlich. Die Praxis wird als Gemeinschaftspraxis geführt. Eines Tages unterläuft Dr. M ein schwerwiegender Diagnosefehler, in dessen Folge ein Patient zu spät behandelt wird und daher dauerhafte Schädigungen behält. Er verlangt von Dr. M und Dr. Z Schadensersatz für den erlittenen Verdienstausfall und Mehrkosten für Pflegehilfsmittel sowie Schmerzensgeld.

Lösung

Führen Ärzte eine nach außen gemeinsame Praxis, so ist nach der Rechtsprechung haftungsrechtlich eine Gemeinschaftspraxis gegeben, die in der Rechtsform einer GbR (§705 BGB) betrieben wird. Die Behandlung, zu der auch die Diagnostik gehört, soll von jedem Arzt der Gemeinschaftspraxis erbracht werden können. Der Patient geht mit der GbR einen Behandlungsvertrag gem. §630a BGB ein. Vertragliche Pflichtverletzungen der Ärzte (§280 I BGB) können der GbR nach §31 BGB zugerechnet werden. Da die GbR somit haftet, haften auch die nicht an der Behandlung beteiligten Ärzte nach §721 BGB nF.

Aufgabe 2 Leistungsniveau Bachelorstudiengang

A, B und C sind Gesellschafter einer GbR, die Verbindlichkeiten gegenüber dem Gläubiger G iHv 10.000 EUR hat. B bezahlt für die Gesellschaft aus seinem Privatvermögen den Betrag an G. B verlangt von der Gesellschaft und von A und C Ausgleich des gezahlten Betrages. Besteht ein Anspruch?

Lösung

B ist neben A und C Gesellschafter. Er haftet nach §721 BGB nF für die Gesellschaftsverbindlichkeiten. Nach erfolgter Inanspruchnahme kann er nach §716 I BGB nF von der GbR Aufwendungsersatz verlangen. Auch kann er seine Mitgesellschafter nach §426 I, II BGB in Anspruch nehmen.

19.3 Die offene Handelsgesellschaft (OHG)

Literatur: *Tröger/Happ*, Beschlussmängelrecht nach dem MoPeG: Bestandsaufnahme, Kritik und Fortentwicklung, ZIP 2021, 2059.

19.3.1 Einführung

Die **OHG** ist eine **Personengesellschaft**, deren Zweck auf den **Betrieb eines Handels-** 961 **gewerbes** gerichtet ist (§105 I HGB) oder die in das Handelsregister eingetragen und gleichzeitig kleingewerbetreibend (§107 I S.1 Var. 1 HGB nF), auf die Verwaltung eigenen Vermögens (§107 I S.1 Var. 2 HGB nF) oder auf die Ausübung freier Berufe gerichtet ist (§107 I S.2 HGB nF). **Spezialvorschriften für die OHG** sind in den **§§105–152 HGB** nF enthalten. Im Übrigen finden aufgrund eines Verweises in §105 III HGB nF die Vorschriften des Bürgerlichen Gesetzbuchs zur GbR Anwendung.

Trotz der soeben vorgestellten und in §107 HGB nF genannten Ausnahmen ist das Leitbild der OHG der Zusammenschluss von zwei oder mehreren Kaufleuten zum gemeinsamen Betrieb eines Handelsgewerbes im Sinne von §1 II HGB unter einer Firma. Die Verfolgung dieses Zwecks ist daher nicht im Rahmen einer GbR möglich, da sie automatisch als OHG anzusehen wäre. Die akzessorische Haftung (→ Rn. 977 ff.) ist für beide Gesellschaftsformen gleich. Die OHG ist als Personengesellschaft keine juristische Person. Da der Gesellschaft an sich in § 105 II HGB nF aber eine eigene **weitgehende Rechtsfähigkeit** zuerkannt wurde, ist die OHG einer juristischen Person stark angenähert. Die Haftung aller Gesellschafter gegenüber den Gesellschaftsgläubigern ist unbeschränkt (§ 105 I HGB nF iVm § 126 S. 1 HGB nF), womit eine Abgrenzung zur KG möglich ist, bei welcher bestimmte Gesellschafter nur nach Maßgabe von § 171 HGB persönlich haften (dazu → Rn. 1003).

962 Die OHG ist eine Gesellschaftsform, die unter mittelständischen Unternehmen verbreitet ist, da sie letztlich auch unerkannt entstehen kann, wenn mehrere Personen ein Handelsgewerbe betreiben. Allerdings führt das mit der Gesellschafterstellung verbundene Haftungsrisiko dazu, dass haftungsbeschränkten Unternehmensformen, wie etwa der GmbH, der Vorrang eingeräumt wird. Da die OHG auf der GbR aufbaut und dieser sehr stark angenähert ist, sollen im Folgenden die zentralen Strukturen der OHG mit einem besonderen Augenmerk auf den Abweichungen zur GbR dargestellt werden.

19.3.2 Grundlagen und Entstehung

19.3.2.1 Der Gesellschaftsvertrag

963 Zur Errichtung einer offenen Handelsgesellschaft ist – ebenso wie bei der GbR – ein **Gesellschaftsvertrag** notwendig, der mindestens zwei Personen erfordert. Der Abschluss kann formlos erfolgen. In dem Vertrag regeln die Gesellschafter den Zweck, die Organisation der Gesellschaft und die Rechte und Pflichten der Gesellschafter. Gesellschafter kann jede natürliche oder juristische Person sein.

Beispiel: Eine Gesellschaft mit beschränkter Haftung (GmbH) kann als juristische Person Gesellschafterin einer OHG sein. Ebenso kann eine GbR Mitglied einer OHG werden und umgekehrt.

19.3.2.2 Der gemeinsame Zweck

964 Der **gemeinsame Zweck** muss auf den Betrieb eines **Handelsgewerbes** iSd § 1 II HGB gerichtet sein. Sofern kein Handelsgewerbe betrieben wird (vgl. § 2 HGB), entsteht eine OHG dann, wenn die Firma im Handelsregister eingetragen ist, § 107 I S. 1 Var. 1 HGB nF. Somit können auch Kleingewerbetreibende eine OHG gründen, so wie auch eine natürliche Person zur Kaufmannseigenschaft optieren kann. Ebenso ermöglicht § 107 I S. 1 Var. 2 HGB nF die Eintragung einer Gesellschaft, die nur ihr eigenes Vermögen verwaltet. Diese Möglichkeit steht nunmehr auch Freiberuflern offen, § 107 I S. 2 HGB nF. Auf diese Weise können auch verbundene Freiberufler die Kaufmannseigenschaft erlangen, da die OHG in ihrer Eigenschaft als Handelsgesellschaft Formkaufmann ist, § 6 I HGB. Dies findet bei natürlichen Personen keine Entsprechung. Schließlich bewirkt auch die Eintragung mehrerer Land- oder Forstwirte, die gemeinsam einen entsprechenden Betrieb führen, die Entstehung einer OHG, auch wenn dies im Gesetz nicht ausdrücklich zum Ausdruck kommt (vgl. für die natürlichen Personen § 3 HGB).

Beispiel: Die Freiberufler A und B wollen sämtliche Rechte und Pflichten der Kaufmannseigenschaft für sich in Anspruch nehmen. Hierzu gründen sie eine Gesellschaft und lassen sich in das Handelsregister nach § 107 I S. 2 HGB nF eintragen. Die so entstehende OHG ist als Kaufmann anzusehen, § 6 I HGB.

19.3.2.3 Eintragung/Entstehung

Die OHG ist gem. §§ 106 ff. HGB nF von sämtlichen Gesellschaftern zur Eintragung in das Handelsregister anzumelden. 965

Die Eintragung in das Handelsregister ist in den Fällen des § 107 HGB nF **konstitutiv**, hat also **rechtsbegründende Wirkung** dergestalt, dass die OHG durch sie erst entsteht. Bei den Gesellschaften, die ein **Handelsgewerbe** gem. § 1 II HGB betreiben, hat die Eintragung in das Handelsregister **deklaratorische**, dh rechtsbekundende Wirkung, § 106 I HGB nF. Die OHG entsteht in diesem Fall unabhängig von der Eintragung. Für die Entstehung der OHG ist in diesem Fall zwischen dem **Innenverhältnis** und dem **Außenverhältnis** zu unterscheiden: Im Innenverhältnis unter den Gesellschaftern entsteht die OHG, die ein Handelsgewerbe betreiben soll, bereits mit dem Abschluss des Gesellschaftsvertrages. Falls die Gesellschaft aber bereits mit (konkludenter) Zustimmung aller Gesellschafter am Rechtsverkehr teilgenommen haben sollte, so entsteht die Gesellschaft bereits zu diesem Zeitpunkt, § 123 I HGB. Eine abweichende Vereinbarung ist Dritten gegenüber unwirksam, § 123 II HGB.

Beispiel: A und B möchten ein Handelsunternehmen in der Form der OHG für Sportartikel gründen. Am 15.7.2022 schließen sie den Gesellschaftsvertrag. Die (deklaratorische) Eintragung erfolgt am 15.9.2022. Im August kaufen beide namens und für die Gesellschaft Sportkleidung und Geräte ein. Sie legen im Gesellschaftsvertrag fest, dass die OHG erst am 01.09.2022 entstehen soll.

Die OHG ist im Innenverhältnis durch den Abschluss des Vertrages entstanden. Im Außenverhältnis (zu Dritten) ist sie nach § 123 I HGB durch die Geschäftsaufnahme vor der Eintragung entstanden. Die Abrede der Gesellschafter ist unbeachtlich, § 123 II HGB.

19.3.2.4 Gemeinsame Firma

In § 105 I HGB wird auch erwähnt, dass ein Handelsgewerbe unter **gemeinsamer** 966 **Firma** geführt werden muss. Dies ist jedoch nicht als eigenes Tatbestandsmerkmal zu verstehen, sondern soll nur zum Ausdruck bringen, dass die Gesellschaft nach außen in Erscheinung treten muss, um sie von der stillen Gesellschaft (§§ 230 ff. HGB) abzugrenzen. Nicht notwendig für die Entstehung der OHG in den Fällen, in denen ein Handelsgewerbe betrieben wird, ist daher die Bildung einer firmenrechtlich zulässigen Firma (vgl. §§ 18 ff. HGB) oder auch nur die Einigung auf eine Firma. Falls hingegen eine konstitutive Eintragung nötig ist (Fälle des § 107 HGB nF), so muss die Einigung über eine Firma erfolgen, da das Registergericht die Eintragung ansonsten ablehnen wird (§ 106 II Nr. 1 a) HGB nF). Die Firma der OHG hat gem. § 19 I Nr. 2 HGB die Bezeichnung „offene Handelsgesellschaft" oder eine allgemein verständliche Abkürzung dieser Bezeichnung zu enthalten.

Beispiele: A & B OHG, B Metallbau offene Handelsgesellschaft.

Becker

19.3.2.5 Gesellschafterbeschlüsse

967 Auch bei der OHG werden die Gesellschaftsangelegenheiten durch **Beschlüsse** bestimmt. Für bestimmte, besonders wichtige Angelegenheiten, sind diese Beschlüsse gesetzlich vorgesehen. Ein Beschluss ist erforderlich, wenn Rechtshandlungen anstehen, die über den gewöhnlichen Geschäftsbetrieb hinausgehen (§ 116 II S. 1 Var. 2 HGB nF) oder bei der Geltendmachung von Schadensersatzansprüchen aus dem Betreiben unerlaubten Wettbewerbs gegenüber einem Gesellschafter (§ 118 II HGB nF) oder wenn über die Auflösung der Gesellschaft bei gesellschaftsvertraglicher Regelung gem. § 140 HGB nF zu entscheiden ist. Der Gesellschaftsvertrag kann darüber hinaus weitere Abreden vorsehen. In diesem Fall ist die Zustimmung aller zur Mitwirkung bei der Beschlussfassung berufenen Gesellschafter erforderlich, dh die Beschlüsse sind grundsätzlich einstimmig zu fassen (vgl. § 109 III HGB nF).

967a Für die Fassung dieser Beschlüsse sieht das HGB ein formelles Verfahren vor. Sie sind in Versammlungen der Gesellschafter zu fassen, § 109 I HGB nF. Diese können per formloser **Einladung** von jedem geschäftsführungsbefugten Gesellschafter einberufen werden. Die Einladung muss die **Tagesordnung** enthalten und innerhalb angemessener Frist erfolgen. Was „angemessen" ist, hängt hierbei vom Beschlussgegenstand ab. Es ist die Frage zu stellen, wieviel Zeit die Gesellschafter im Einzelfall benötigen, um sich auf die Versammlung vorzubereiten.

967b Ein Beschluss kann jedoch an **Fehlern** leiden. Diese werden unterteilt in besonders schwerwiegende Fehler, welche zur **Nichtigkeit** des Beschlusses führen (ein Beschluss wurde nicht gefasst, seine Nichtigkeit muss nur mittels **Nichtigkeitsklage**, § 114 HGB nF, festgestellt werden) und weniger schwerwiegende Fehler (ein Beschluss wurde zwar gefasst, aber er kann mit einer **Gestaltungsklage**, nämlich der **Anfechtungsklage**, § 113 HGB nF aus der Welt geschafft werden).

967c Ein besonders schwerwiegender, zur Nichtigkeit führender Fehler ist zB gegeben, wenn Gesetze oder Regelungen im Gesellschaftsvertrag verletzt werden, über welche die Gesellschafter **nicht disponieren** können, § 110 II Nr. 1 HGB nF. Dies wäre etwa dann der Fall, wenn die Gesellschafter das Recht zur außerordentlichen Kündigung der Gesellschaft entgegen § 132 VI HGB nF durch Beschluss ausschließen würden. Ein weniger schwerwiegender, nur zur Anfechtbarkeit führender Fehler, wäre es zB, wenn in einer Gesellschafterversammlung gegen die Geltendmachung eines Schadensersatzanspruchs gegen einen Gesellschafter gestimmt wird und dessen Stimmen hierbei mitgezählt werden, was nach § 34 BGB, § 47 IV GmbHG analog unzulässig wäre.

967d Sowohl Anfechtungs- als auch Nichtigkeitsklage können von den Gesellschaftern geltend gemacht werden, die zum Zeitpunkt der Beschlussfassung der Gesellschaft angehört haben, §§ 114 S. 1, 111 I HGB nF. Ausschließlich zuständig ist das Landgericht, in dessen Bezirk die Gesellschaft ihren Sitz hat, § 113 I HGB nF. Richtige **Beklagte** ist die OHG selbst, § 113 II HGB nF, nicht etwa die anderen Gesellschafter. Allerdings sind diese über den Prozess nach Maßgabe des § 113 III HGB nF zu informieren, so dass sie als streitgenössische Nebenintervenienten dem Rechtsstreit beitreten können. Da sie diese Möglichkeit haben ist es legitim, das ergehende Urteil für und gegen alle Gesellschafter wirken zu lassen und nicht nur im Verhältnis klagender Gesellschafter und Gesellschaft, § 113 VI HGB nF.

Entscheidender Unterschied zwischen Nichtigkeits- und Anfechtungsklage ist die   967e
Klagefrist des § 112 I HGB nF. Sie beginnt mit der Bekanntgabe des Beschlusses und
beträgt nach dem Gesetz drei Monate, wobei eine Verkürzung durch Gesellschaftsvertrag auf unter einen Monat nicht zulässig ist, § 112 I, II HGB nF. Dieses Fristener-
fordernis findet auf die Nichtigkeitsklage keine Anwendung, § 114 HGB nF verweist
nicht auf § 112 HGB nF. Grund ist, dass mit der Nichtigkeitsklage nur festgestellt
wird, dass es niemals einen Beschluss gab.

Schließlich kann mit der Nichtigkeits- oder Anfechtungsklage auch eine Klage auf   967f
Feststellung eines positiven Beschlussergebnisses erhoben werden (sog. **Beschluss-**
feststellungsklage, § 115 HGB nF.

> **Beispiel**: Die Gesellschafter A und B einer OHG möchten einen Beschluss fassen,
> nach welchem Schadensersatzansprüche wegen Pflichtverletzungen gegen ihre Mit-
> gesellschafter C, D und E geltend gemacht werden; alle Gesellschafter sind zu glei-
> chen Teilen an der OHG beteiligt. In der Gesellschafterversammlung stimmen C, D
> und E gegen diesen Beschluss, obwohl ihre Stimmen nach § 34 BGB, § 47 IV GmbHG
> analog nicht hätten mitgezählt werden dürfen: Niemand darf „Richter in eigener
> Sache" sein. In diesem Fall können A und B nicht nur durch eine Anfechtungsklage
> den gefassten Beschluss wegen Gesetzesverstoß (§ 110 I HGB nF) für nichtig erklären
> lassen, sondern sie können zugleich eine Feststellungsklage erheben, wonach der von
> ihnen gewollte Beschluss wirksam zustande gekommen ist, § 115 HGB nF.

Das soeben vorgestellte Klagemodell kann auch bei der GbR im Gesellschaftsvertrag   967g
vereinbart werden. Wird es allerdings nicht vereinbart, so muss ein Gesellschafter,
der mit einem Beschluss nicht einverstanden ist, gegen alle anderen Gesellschafter
eine **Klage auf Feststellung** erheben, dass der Beschluss nicht zustande gekommen
ist, § 256 ZPO. Insoweit unterscheiden sich GbR und OHG nach neuer Rechtslage
deutlich. Nach aktueller Rechtslage ist auch bei der OHG eine Klage nach § 256 ZPO
notwendig.

19.3.3 Rechtsfähigkeit

Die Rechtsfähigkeit der OHG ergibt sich aus § 105 II HGB nF. Sie kann unter ihrer   968
Firma Rechte erwerben und Verbindlichkeiten eingehen.

> **Beispiele**: Aus den Geschäften, die namens der OHG geschlossen werden und zu
> Zahlungsansprüchen oder auch Zahlungsverpflichtungen führen, ist die OHG als
> Gesellschaft die Gläubigerin bzw. Schuldnerin. Die OHG wird bei einem Grund-
> stückserwerb als Eigentümerin im Grundbuch eingetragen. Prozesse führt die
> Gesellschaft. Sie kann Gesellschafterin einer GbR, einer Kommanditgesellschaft
> oder GmbH sein.

19.3.4 Gesellschaftsvermögen

Aus der Rechtsfähigkeit der OHG folgt, dass das Vermögen, welches in die Gesell-   969
schaft eingebracht wird oder von ihr erworben wird, zum Vermögen der Gesellschaft
wird. Dazu gehören zB die Beiträge der Gesellschafter, Forderungen, Sachen, Grundstücke, Nutzungsrechte, Patente etc.

19.3.5 Geschäftsführung und Vertretung

19.3.5.1 Die Geschäftsführungsbefugnis

970 Die **Geschäftsführungsbefugnis** der OHG-Gesellschafter ist in § 116 HGB nF geregelt.

971 Anders als bei der GbR (→ Rn. 930) gilt der Grundsatz der **Alleingeschäftsführungsbefugnis** jedes Gesellschafters, es sei denn, der Gesellschaftsvertrag sieht eine abweichende Regelung vor, § 116 III S. 1, IV HGB nF. Im Rahmen der Geschäftsführungsbefugnis hat jeder geschäftsführungsbefugte Gesellschafter ein Widerspruchsrecht, das im Einzelfall dazu führt, dass eine Handlung, der widersprochen wurde, unterlassen werden muss, § 116 III S. 2 HGB nF.

972 Die Geschäftsführungsbefugnis erstreckt sich gem. § 116 I S. 1 HS 1 HGB nF auf alle Handlungen, die nach der Verkehrsanschauung der **gewöhnliche Betrieb des Handelsgewerbes der Gesellschaft** mit sich bringt. Nur für außergewöhnliche Geschäfte ist gem. § 116 I S. 1 HS 2 HGB nF ein Gesellschafterbeschluss erforderlich. Die Abgrenzung zwischen gewöhnlichen und außergewöhnlichen Geschäften richtet sich nach dem Einzelfall.

> **Beispiele**: Zu den gewöhnlichen Aufgaben gehören in der Regel Tagesgeschäfte: Typische Kundengeschäfte, Lieferantengeschäfte, Entscheidungen im Personalbereich. Außergewöhnliche Geschäfte sind: Grundentscheidungen über neue Geschäftsbereiche, Kreditaufnahmen, Grundstückszukäufe und -verkäufe.

973 Grundsätzlich der Beschlussebene entzogen sind sog. Grundlagengeschäfte. Wie auch bei der GbR (dazu → Rn. 927) betreffen diese Änderungen des Gesellschaftsvertrags. Bei diesen wird grundsätzlich (zu den Ausnahmen → Rn. 927) Einstimmigkeit verlangt. Überschreitet ein Geschäftsführer seine Kompetenzen, indem er zum Beispiel einen Widerspruch missachtet oder ein Geschäft außerhalb des gewöhnlichen Geschäftsbetriebs ohne Beschlussfassung vornimmt, so verletzt er seine gesellschaftlichen Pflichten. Dies kann zur Entziehung der Geschäftsführungsbefugnis gem. § 116 IV HGB nF führen oder auch zu einer Schadensersatzpflicht gegenüber der Gesellschaft nach § 280 I BGB, da die vorgenommene Maßnahme im Außenverhältnis gleichwohl wirksam ist.

> **Beispiel**: Von den Gesellschaftern A, B und C einer OHG ist alleine der A geschäftsführungs- und vertretungsbefugt. Er schließt namens der OHG einen Grundstückskaufvertrag ab, welcher beinahe die gesamte Liquidität der OHG in Anspruch nimmt. Einen Gesellschafterbeschluss hat er vorher nicht herbeigeführt. Trotzdem ist der Vertrag im Außenverhältnis wirksam. Aufgrund der Durchführung des Geschäfts entsteht der OHG ein Schaden, weil ihr andernorts die Liquidität fehlt. Diesen kann sie nach § 280 I BGB bei A liquidieren. Auch kann A die Geschäftsführungsbefugnis nach § 116 IV HGB nF und die Vertretungsbefugnis nach § 124 V HGB nF entzogen werden.

19.3.5.2 Das Alleinvertretungsrecht

974 Parallel zum Grundsatz der Alleingeschäftsführungsbefugnis sieht § 124 I HGB nF ein (organschaftliches) **Alleinvertretungsrecht** für OHG-Gesellschafter vor, sofern im Gesellschaftsvertrag nicht abweichende Vereinbarungen festgelegt sind. Abwei-

chende Regelungen können gem. § 124 II und III HGB nF sein: eine **Gesamtvertretung aller oder mehrerer Gesellschafter** oder **eine gemischte Gesamtvertretung**, nach der Gesellschafter nur in Gemeinschaft mit einem Prokuristen zur Vertretung der Gesellschaft ermächtigt sein sollen. Allerdings muss auch bei der gemischten Gesamtvertretung die Vertretung **alleine durch einen oder mehrere Gesellschafter** möglich bleiben. Auch müssen die Gesellschafter den rechtsgeschäftlichen Vertretern die Vertretungsmacht wieder entziehen können. Andernfalls wäre der **Grundsatz der Selbstorganschaft** verletzt: Da die Gesellschafter eine persönliche Haftung für die Verbindlichkeiten der OHG trifft, können sie die Vertretungsmacht nicht ausschließlich in fremde Hände legen. Abweichende Bestimmungen vom Grundsatz der Einzelvertretung sind von sämtlichen Gesellschaftern zur Eintragung in das Handelsregister anzumelden, § 106 II Nr. 3 HGB nF.

Mit der Vertretungsbefugnis ist die Berechtigung verbunden, **im Namen der Gesell-** 975 **schaft mit Wirkung für die Gesellschaft und deren Gesellschafter** rechtsgeschäftliche Erklärungen abzugeben oder auch entgegenzunehmen. Wie bei der GbR gibt die Vertretungsmacht das Recht, im Außenverhältnis für die Gesellschaft zu handeln.

Die Gesellschafter der OHG erlangen gem. **§ 124 I HGB nF umfassende Vertretungs-** 976 **macht**. Diese erstreckt sich auf alle gerichtlichen und außergerichtlichen Handlungen einschließlich der Veräußerung und Belastung von Grundstücken und die Erteilung und den Widerruf einer Prokura, § 124 IV S. 1 HGB nF. Beschränkungen in der Vertretungsmacht sind im Außenverkehr gegenüber Dritten zu deren Schutz unwirksam, § 124 IV S. 2 HGB nF. Dieser Schutzaspekt besteht **nicht im Verhältnis der Gesellschafter zu ihrer Gesellschaft**.

> **Beispiel**: Der Gesellschafter G der B & Co OHG schließt für die Gesellschaft einen Mietvertrag zur Anmietung eines Lagerraumes ab. Nach interner Absprache war festgelegt, dass Verwaltungsgeschäfte, welche die Anmietung und Instandhaltung der Räumlichkeiten betreffen, ausschließlich in der Kompetenz des Gesellschafters B liegen.
>
> Der Vertrag ist für die OHG verbindlich, da gem. § 124 IV S. 2 HGB nF Beschränkungen des Umfangs der Vertretungsmacht gegenüber Dritten unwirksam sind.

> **Beispiel**: A, B, C und G sind Gesellschafter der X-OHG. Der Gesellschaftsvertrag sieht bei Geschäften über 150.000 EUR die Gesamtvertretung der Gesellschafter B, C und G vor. Gesellschafter G schließt trotz der ihm bekannten Vereinbarung mit dem Gesellschafter A als Vertreter der OHG einen Vertrag über 170.000 EUR ab.
>
> Der Grundsatz der Unbeschränkbarkeit der Vertretungsmacht greift hier nicht. Im Rechtsverkehr zwischen der Gesellschaft und einem ihrer Gesellschafter werden entsprechende Vereinbarungen als echte Beschränkungen der Vertretungsbefugnis anerkannt.

19.3.6 Haftung

19.3.6.1 Haftung der Gesellschaft

977 Für rechtsgeschäftliche Verbindlichkeiten, zum Beispiel Zahlungs- und Leistungsverpflichtungen, haftet **die OHG gem. § 105 II HGB nF** mit ihrem Gesellschaftsvermögen unmittelbar. Ebenso haftet sie analog § 31 BGB für Schäden, die geschäftsführungs- oder vertretungsberechtigte Gesellschafter während ihrer Tätigkeit verursacht haben, § 31 BGB (dazu bereits → Rn. 941).

19.3.6.2 Haftung der Gesellschafter nach § 126 HGB

Auch die Gesellschafter einer OHG trifft eine persönliche Haftung. Diese entspricht der persönlichen Haftung der Gesellschafter einer GbR und ist in § 126 HGB nF normiert. Dieser ist dem § 721 BGB nF nachgebildet, so dass auf die dortigen Ausführungen verwiesen werden kann (→ Rn. 934d). Gleiches gilt für die Einwendungen und Einreden des in Anspruch genommenen Gesellschafters, § 128 HGB nF, welcher dem 721b BGB nF nachgebildet ist (hierzu → Rn. 934a). Schließlich entspricht die in § 127 HGB nF normierte Haftung des eintretenden Gesellschafters derjenigen nach § 721a BGB nF (hierzu → Rn. 940) und die Zwangsvollstreckungsregelung in § 129 HGB nF derjenigen des § 722 BGB nF. Auch die Regelungen über den Regress sind bei OHG und GbR identisch, § 105 III HGB nF iVm § 716 BGB nF.

19.3.7 Pflichten und Rechte im Innenverhältnis

19.3.7.1 Pflichten der Gesellschafter

978 Ebenso wie bei der GbR haben auch die Gesellschafter der OHG die gesellschaftsrechtliche Verpflichtung **zur Beitragsleistung und gesellschaftsrechtliche Treuepflichten**. Hier gelten weitgehend die gleichen Grundsätze wie bei der GbR. Ein wichtiger Teilaspekt der Treuepflicht ist allerdings bei der OHG positivrechtlich normiert und dient als Vorlage für die nicht vorhandene Regelung bei der GbR, nämlich das **Wettbewerbsverbot**. § 117 I HGB nF bestimmt, dass Gesellschafter einer OHG zwei unterschiedlich ausgeprägten Verboten unterliegen. Danach darf ein Gesellschafter nicht im Handelszweig der Gesellschaft Geschäfte machen oder an einer anderen gleichartigen Handelsgesellschaft als persönlich haftender Gesellschafter teilnehmen. Verstöße gegen diese Verbote führen nach § 118 I S. 1 HGB nF zur Schadensersatzpflicht. Stattdessen kann auch die erlangte Vergütung herausverlangt werden. Diese Ansprüche verjähren nach § 118 III S. 1 HGB nF innerhalb einer extrem kurzen Frist von drei Monaten, was dazu anhalten soll, den Streit möglichst rasch auszutragen, so dass die Gesellschafter einen Neuaufbau ihrer Vertrauensbeziehung versuchen können. In jedem Fall kann für die Zukunft Unterlassung verlangt werden.

> **Beispiel**: Gesellschafter A einer OHG bestehend aus Gesellschaftern A, B und C bekommt einen günstigen Vertragsabschluss zugetragen. Statt diesen an die OHG weiterzuleiten, schließt er den Vertrag privat für sich ab. Hierdurch entgeht der OHG ein Gewinn von EUR 10.000. Aufgrund seines Verhandlungsgeschicks erreicht A für sich selbst einen Gewinn von EUR 20.000. Die OHG kann nach § 118 I HGB nF wählen, ob sie den Schaden liquidiert oder den Gewinn bei A abschöpft.

Becker

19.3.7.2 Rechte der Gesellschafter

Parallel zum Recht der GbR bestehen für OHG-Gesellschafter **Informationsrechte**, 979
§ 105 III HGB nF iVm § 717 BGB nF. Ein Anspruch auf **Aufwendungsersatz** ergibt sich
aus § 105 III HGB nF iVm § 716 BGB nF, soweit einem Gesellschafter im Rahmen der
Geschäftsführung Aufwendungen oder Verluste entstehen. Darunter fallen auch
Rückgriffsansprüche zugunsten der Gesellschafter, die von Gläubigern der OHG
persönlich haftbar gemacht werden. Jene Rückgriffsansprüche sind gegenüber der
Gesellschaft geltend zu machen.

> **Beispiel**: Gesellschafter G wird von einem Gläubiger der OHG auf Begleichung
> einer offenen Forderung in Anspruch genommen. G bezahlt den Betrag. Nach § 105
> III HGB nF iVm § 716 BGB nF kann er von der OHG Aufwendungsersatz in Höhe des
> gezahlten Betrages verlangen.

Gesellschafter haben zudem wie auch bei der GbR die Möglichkeit, Forderungen 980
der Gesellschaft, die gegenüber einzelnen Gesellschaftern bestehen, in Wege einer
Gesellschafterklage (→ Rn. 944) geltend zu machen **(actio pro socio)**.

Gegenüber der Gesellschaft hat jeder Gesellschafter das Recht und die Pflicht auf 981
Beteiligung am Gewinn und Verlust der Gesellschaft. Die Verteilung richtet sich
vorrangig nach dem Gesellschaftsvertrag. Soweit keine Regelungen getroffen wurden, richtet sich die Verteilung nach § 120 I S. 2 HGB nF iVm § 709 III BGB nF
(→ Rn. 946).

19.3.8 Gesellschafterwechsel unter Lebenden/ von Todes Wegen

Bis auf wenige Ausnahmen gelten für den Gesellschafterwechsel die gleichen 982
Grundsätze wie auch für die GbR, so dass im Folgenden nur die Abweichungen
umschrieben werden müssen.

19.3.8.1 Ausscheiden eines Gesellschafters

In § 130 I HGB nF sind die gesetzlichen **Ausscheidungsgründe** genannt. Die Gründe 983
entsprechen im Wesentlichen denen des § 723 BGB nF, so dass im Folgenden nur die
Besonderheiten bei der OHG dargestellt werden.

Für die **ordentliche Kündigung** (§ 130 I Nr. 1 HGB nF, § 132 HGB nF) bei unbestimm- 984
ter Zeitdauer (vgl. hierzu → Rn. 948) sieht § 132 I BGB nF eine Kündigungsfrist von
sechs Monaten zum Ende des Geschäftsjahres vor (bei der GbR sind es nach § 725 II
BGB nF drei Monate).

Ist hingegen ein wichtiger Grund gegeben, so kann die Gesellschaft unabhängig
davon, ob das Gesellschaftsverhältnis auf bestimmte oder unbestimmte Zeit eingegangen wurde ohne Einhaltung einer Frist gekündigt werden, § 132 III HGB nF
(vgl. → Rn. 948 zur GbR)

Liegt in der Person eines Gesellschafters ein wichtiger Grund vor, wie zB die vor- 985
sätzliche oder grob fahrlässige Verletzung einer wesentlichen gesellschaftsvertraglichen Pflicht, § 132 II S. 2 HGB nF, so können die anderen Gesellschafter anstatt zu
kündigen auch einen **Ausschluss des Gesellschafters** aus **wichtigem Grund** initiieren.

Becker

986 Anders als bei der GbR (dazu → Rn. 950) vollzieht sich dieser Ausschluss jedoch nicht durch einen Beschluss der Gesellschafter. Vielmehr ist bei der OHG ein Ausschluss durch eine Gestaltungsklage vorgesehen, § 134 HGB nF. Ein Gericht muss also entscheiden, ob der Gesellschafter tatsächlich auszuschließen ist, was erst mit Rechtskraft eines solchen Urteils feststeht, § 130 III HGB nF. Eine abweichende Regelung im Gesellschaftsvertrag, nach der die Ausschließung durch Gesellschafterbeschluss herbeigeführt werden soll und damit sogleich wirksam ist, ist aber möglich.

> **Beispiel**: A, B und C sind Gesellschafter einer OHG. Gesellschafter A begeht eine gravierende Pflichtverletzung. Ohne abweichende Vereinbarung sind B und C als Kläger darauf angewiesen, den Ausschluss des A als Beklagten gerichtlich geltend zu machen.

987 Als **weiteren Ausscheidungsgrund** nennt das Gesetz in § 130 I Nr. 1 HGB nF den **Tod eines Gesellschafters**. Für die Nachfolgeregelungen gelten dieselben Grundsätze wie für die GbR (zu diesen → Rn. 955 ff.). Auch bei der OHG kann der Erbe seinen Verbleib in der Gesellschaft innerhalb von drei Monaten, § 131 III HGB nF, von der Einräumung einer Kommanditistenstellung und der Anerkennung der ererbten Einlage als Kommanditeinlage abhängig machen (vgl. § 131 I, II HGB nF). Andernfalls hat er das Recht zur außerordentlichen Kündigung, § 131 II HGB nF.

988 Der ausscheidende Gesellschafter verliert seinen Gesellschaftsanteil und erlangt (wie auch bei der GbR, → Rn. 951) in der Regel einen Abfindungsanspruch.

19.3.8.2 Eintritt eines neuen Gesellschafters

989 Der Eintritt eines neuen Gesellschafters erfolgt durch **Aufnahmevertrag**. Der Gesellschafter erlangt einen Anteil am Gesellschaftsvermögen, haftet aber auch – wie bereits dargestellt – gem. § 127 HGB nF für die bereits entstandenen Verbindlichkeiten der Gesellschaft (→ Rn. 977). Der Eintritt kann ebenso aufgrund **rechtsgeschäftlicher Übertragung** der Gesellschafteranteile von einem Gesellschafter erfolgen, sodass der Erwerber anstelle des Übertragenden in die Gesellschaft eintritt. Für die Übertragung ist die Zustimmung der anderen Gesellschafter erforderlich, § 105 III HGB nF, § 711 I S. 1 BGB nF.

> **Beispiel**: G ist Gesellschafter einer OHG. Er veräußert seinen Gesellschaftsanteil mit Zustimmung der anderen Gesellschafter an den Interessenten N. N wird mit dem Erwerb des Anteils Nachfolger des G.

19.3.9 Auflösung der OHG

19.3.9.1 Auflösungsgründe

990 Vier **Auflösungsgründe** für die OHG sind **in § 138 I Nr. 1–4 HGB nF** aufgelistet. Als ersten Auflösungsgrund nennt das Gesetz den Ablauf der Zeitspanne, für die die Gesellschaft eingegangen ist. Ebenso führt ein entsprechender Beschluss der Gesellschafter zur Auflösung. Dazu ist nach § 109 III HGB nF grundsätzlich ein einstimmiger Gesellschafterbeschluss erforderlich. Ist allerdings eine Mehrheitsklausel im Gesellschaftsvertrag vorgesehen, so genügt eine Mehrheit von 75 % der abgege-

benen Stimmen, § 140 HGB nF. Die Eröffnung des Insolvenzverfahrens über das Vermögen der Gesellschaft ist ebenfalls ein Auflösungsgrund. Auch kann die Auflösung per **Gestaltungsklage** durch gerichtliche Entscheidung herbeigeführt werden, § 139 HGB nF. Im Klageverfahren wird dann geprüft, ob ein wichtiger Grund gegeben ist. Insoweit ist die Rechtslage eine andere als bei der GbR, bei welcher die Gesellschaft gekündigt werden kann (vgl. → Rn. 958). Die Rechte der Gesellschafter, eine Auflösung der Gesellschaft zu verlangen, können nicht durch Vereinbarung ausgeschlossen oder beschränkt werden, § 139 II HGB nF.

19.3.9.2 Abwicklung

Die Auflösung führt zur **Liquidation der Gesellschaft**. Die Auflösung ist nach den 991 Vorgaben des § 141 HGB nF von sämtlichen Gesellschaftern zur Eintragung in das Handelsregister anzumelden, es sei denn, ein Insolvenzverfahren wird über das Vermögen der Gesellschaft eröffnet oder der Antrag mangels Masse abgelehnt (in diesen Fällen sind die Vorschriften der Insolvenzordnung für die Abwicklung maßgeblich). Die Gesellschaft wird (wie auch die GbR, → Rn. 960) zu einer Abwicklungsgesellschaft mit dem Ziel der Auseinandersetzung, der Berichtigung von Schulden und der Verteilung des verbleibenden Vermögens unter den Gesellschaftern. Näheres regeln die §§ 145 ff. HGB nF; die Abwicklung ist durch die Liquidatoren zu besorgen, § 144 HGB nF. Nach Beendigung der Liquidation ist das Erlöschen der Firma zur Eintragung in das Handelsregister anzumelden. Auch nach der Auflösung bleibt die **Haftung der Gesellschafter** noch grundsätzlich fünf Jahre bestehen. Gem. § 151 HGB nF beginnt die Verjährung der Ansprüche gegen die Gesellschafter der liquidierten OHG erst mit dem Ende des Tages, an dem die Auflösung der Gesellschaft in das Handelsregister eingetragen wird (§ 159 II HGB nF).

Kontrollfragen und Aufgaben

1. Wann hat die Eintragung der OHG in das Handelsregister deklaratorische Wirkung, wann hat sie konstitutive Wirkung? → Rn. 965
2. Können Freiberufler Kaufleute sein? → Rn. 964 ff.
3. Wie kann ein Gesellschafterbeschluss angegriffen werden? → Rn. 967 ff.
4. Was muss veranlasst werden, um einen Gesellschafter aus wichtigem Grund aus einer OHG auszuschließen? → Rn. 985 ff.

Becker

Aufgabe 1 (Leistungsniveau Bachelorstudiengang)

Die C & Co. OHG, mit den Gesellschaftern C, D und E, betreibt einen Großhandel mit Rundfunk- und Fernsehtechnik. Alle Gesellschafter sind jeweils geschäftsführungs- und alleinvertretungsberechtigt. Als der Firma ein Großauftrag angeboten wird, widerspricht D einer Auftragsannahme, weil er die von der Auftragsfirma vorgegebenen Liefertermine nicht für realisierbar hält und die für den Fall der nicht termingerechten Lieferung fällig werdende hohe Konventionalstrafe fürchtet. E schließt dennoch den Vertrag. Ist der Vertragsschluss wirksam?

Lösung

Die Einzelvertretungsbefugnis berechtigt E grundsätzlich zum Vertragsabschluss. Der Widerspruch des D nach § 116 III S. 2 HGB nF hat nach der Rechtsprechung nur Wirkung im Innenverhältnis. Das trotz des Widerspruchs durchgeführte Rechtsgeschäft ist wirksam. Die OHG ist vertraglich verpflichtet worden.

Aufgrund des Widerspruchs hätte nach § 116 III S. 2 HGB nF der Vertragsschluss unterlassen werden müssen. Für eine Unzulässigkeit des Widerspruchs ergeben sich keine Anhaltspunkte, da kein Verstoß gegen Gesellschafterinteressen oder die Verfolgung eigennütziger Interessen erkennbar ist. E hat seine gesellschaftliche Treuepflichten verletzt, als er trotz des Widerspruchs den Vertrag abschloss. Er haftet der OHG aus § 280 I BGB aufgrund der Pflichtverletzung für einen daraus erwachsenden Schaden. Der Anspruch der OHG kann im Wege der actio pro socio von einem der Gesellschafter klageweise geltend gemacht werden (→ Rn. 980 iVm → Rn. 944).

Aufgabe 2 (Leistungsniveau Bachelorstudiengang)

C, D und E sind Gesellschafter einer OHG. D führt im Rahmen seiner Geschäftstätigkeit für die OHG eine Auslandreise nach Fernost durch, um neue Geschäftsfelder zu erschließen. Als D nach seiner Rückkehr die Reisekosten mit der OHG abrechnen will, muss er feststellen, dass die OHG nicht zahlungsfähig ist. Kann D sich an C und E halten und von beiden seine Aufwendungen ersetzt verlangen? (→ Rn. 926, 947)

Lösung

Nach § 105 III HGB nF iVm § 716 BGB nF kann der Gesellschafter Aufwendungsersatz von der Gesellschaft verlangen. Die Vorschrift regelt damit keine Ersatzpflicht der Gesellschafter. Deren Haftung wird in § 126 HGB nF gegenüber Gläubigern der Gesellschaft bejaht. Für Aufwendungen eines Gesellschafters, die diesem im Rahmen der Geschäftstätigkeit für die Gesellschaft entstanden sind, haften die Mitgesellschafter nicht. Dafür spricht auch, dass nach § 105 III HGB nF, § 710 BGB nF Gesellschafter nicht zu einer Erhöhung des vereinbarten Beitrags verpflichtet sind. Sie können daher auch nicht zum Aufwendungsersatz für einen Gesellschafter gezwungen werden.

19.4 Die Kommanditgesellschaft (KG)

Literatur: *Mattheus/Schwab,* Kommanditistenhaftung und Registerpublizität, ZGR 2008, 65.

19.4.1 Einführung

Die **Kommanditgesellschaft** (KG) ist wie die OHG eine Personengesellschaft, deren Zweck auf den Betrieb eines Handelsgewerbes gerichtet ist. Spezialvorschriften für die KG sind in den §§ 161 ff. HGB enthalten.

Eine grundlegende Besonderheit der Kommanditgesellschaft in Abgrenzung zur OHG liegt darin, dass die **Haftung ihrer Gesellschafter unterschiedlich** gestaltet ist. Die Haftung eines oder auch mehrerer Gesellschafter der KG ist auf den Betrag ihrer erbrachten **Haftsumme** (bis zum 31.12.2023: Einlage) beschränkt, während einer oder mehrere Gesellschafter der KG gleich den Gesellschaftern einer OHG unbeschränkt mit ihrem Privatvermögen haften. Die beschränkt haftenden Gesellschafter werden als **Kommanditisten** legaldefiniert, die unbeschränkt haftenden Gesellschafter als **Komplementäre**, § 161 I HGB. Als unbeschränkt haftender Gesellschafter kann auch eine Gesellschaft mit beschränkter Haftung, eine GmbH, eingesetzt werden. Diese extrem praxisrelevante Konstruktion firmiert unter „GmbH & Co. KG", wobei „Co." die Kurzform für „Compagnie" ist und auf mehrere Gesellschafter hindeutet. Aufgrund der gegebenen Möglichkeit der Haftungsbeschränkung hat die Gesellschaftsform der Kommanditgesellschaft in der Wirtschaft weite Verbreitung gefunden. Eine GmbH & Co. KG wird häufig auch als Publikums-KG gegründet. Hierbei ist die Gesellschaft auf eine kapitalistisch orientierte Beteiligung vieler Kommanditisten in Form einer Anlagegesellschaft oder Abschreibungsgesellschaft ausgerichtet, ohne, dass sich ihr Wesen als KG ändert.

Die **KG ist weitgehend eine Nachbildung der OHG**, was dazu führt, dass sie als **Sonderform der offenen Handelsgesellschaft** bezeichnet wird. § 161 II HGB legt fest, dass die Vorschriften, die für die offene Handelsgesellschaft gelten, auch auf die Kommanditgesellschaft Anwendung finden, soweit sich aus den Spezialregelungen der §§ 161 ff. HGB keine Abweichungen ergeben. Ebenso finden mit diesem Verweis über § 105 III HGB auch die Vorschriften der §§ 705 ff. BGB über die GbR auf die OHG Anwendung.

Nur eine ähnliche Bezeichnung hat die KG mit der **Kommanditgesellschaft auf Aktien (KGaA)** gemein. Bei letzterer handelt es sich um eine juristische Person, nicht um eine Personengesellschaft. Sie verbindet Elemente der Aktiengesellschaft und der Kommanditgesellschaft, indem mindestens ein persönlich haftender Gesellschafter unbeschränkt haftet und die Kommanditaktionäre an dem in Aktien bestehenden Grundkapital beteiligt sind, ohne persönlich zu haften. Näheres zu dieser Gesellschaftsform ist in den §§ 278 ff. AktG geregelt.

Die folgenden Ausführungen beziehen sich auf die Gemeinsamkeiten zwischen der OHG und KG und stellen die Spezifika der Kommanditgesellschaft dar; die KGaA wird unter → Rn. 1125 dargestellt.

19.4.2 Entstehung und Grundlagen

996 Die Entstehung der KG ist an die gleichen Bedingungen geknüpft wie die Entstehung der OHG. Grundvoraussetzung ist der Abschluss eines **Gesellschaftsvertrages**. Der gemeinsame Zweck muss auf den Betrieb eines Handelsgewerbes unter gemeinsamer Firma gerichtet sein. Abweichend von der OHG ist allerdings die Haftung einzelner Gesellschafter bei der KG begrenzt.

997 Die KG muss nach § 162 HGB zur **Eintragung in das Handelsregister** angemeldet werden. Zusätzlich zu den auch für die OHG geltenden Anmeldeunterlagen sind die Namen der Kommanditisten und der Betrag der Haftsumme der einzelnen Kommanditisten beizufügen.

998 Die **Eintragung in das Handelsregister** hat deklaratorische Wirkung, insofern bereits ein Handelsgewerbe im Sinne von § 1 II HGB betrieben wird, §§ 161 II, 105 III HGB. Soweit ein Kleingewerbe betrieben wird oder ein sonstiger Fall des § 107 I HGB nF vorliegt und die Gesellschaft in das Handelsregister eingetragen wird, hat die Eintragung konstitutive Wirkung. Vor der Eintragung wird der Geschäftsverkehr ohne genaue Kenntnis des Gesellschaftsvertrags in aller Regel nicht sicher wissen, welche der Gesellschafter Kommanditisten und welche Komplementäre sind. Es mag für ihn der Eindruck entstehen, dass alle Gesellschafter für die Gesellschaftsverbindlichkeiten voll haften. Dies ändert sich erst mit der Eintragung der Gesellschaft in das Handelsregister, da hiermit sicher kommuniziert wird, wer als Kommanditist einer **Haftungsbeschränkung** unterliegt. Verbindlichkeiten, die eine Gesellschaft vor der Eintragung eingeht, führen deswegen dazu, dass die Kommanditisten für diese Verbindlichkeiten grundsätzlich gleich den persönlich haftenden Gesellschaftern haften, wenn sie dem Geschäftsbeginn zugestimmt haben, § 176 HGB.

> **Beispiel**: Nach der Gründung eines Großhandelsgeschäftes, aber noch vor der Eintragung der KG in das Handelsregister, nehmen die Komplementäre die Geschäftstätigkeit auf und bestellen Waren bei Gläubiger G. Der G nimmt nach Lieferung und Fälligkeit der Geldleistung den Kommanditisten K auf Zahlung in Anspruch.
>
> Da nach § 176 IS. 1 HGB Kommanditisten für die vor Eintragung eingegangenen Verbindlichkeiten der KG gleich den persönlich haftenden Gesellschaftern haften, kann K sich nicht auf seine Haftungsbeschränkung (§ 171 I HGB) berufen. Diese Rechtsfolge des § 176 HGB setzt allerdings voraus, dass die KG ein Handelsgewerbe betreibt und der G nichts von der Kommanditistenstellung des K gewusst hat. Auch muss K dem Geschäftsbeginn vor Eintragung zugestimmt haben.

999 Die Firma der KG muss ebenso wie die OHG einen Zusatz verwenden, der auf die Gesellschaftsform hinweist, zB Hahn KG oder (falls eine GmbH Komplementär ist) Hahn GmbH & Co. KG.

Für die Beschlussfassung durch die Gesellschafter gelten grundsätzlich die Regelungen für die OHG, vgl. § 109 I HGB nF. Besonderheiten ergeben sich daraus, dass die **Kommanditisten** gem. § 164 HGB **von der Geschäftsführung ausgeschlossen** sind. Nur bei grundlegenden Entscheidungen, die über den Betrieb des Handelsgewerbes hinausgehen, sind sie an einem Beschluss nach § 116 II S. 1 HGB nF zu beteiligen, § 164 HGB. Auch Vertragsänderungen sind nur mit Zustimmung der Kommanditisten vornehmbar.

Becker

Die KG ist ebenso wie die OHG rechtsfähig. Sie verfügt über eigenes Gesellschaftsvermögen. Insofern kann auf die Darstellungen zur OHG verwiesen werden (→ Rn. 961, 968 ff.).

19.4.3 Geschäftsführung und Vertretung

Abweichend vom Recht der OHG sind, wie dargelegt, die **Kommanditisten von der**   1000 **Geschäftsführung** ausgeschlossen.

Für **Komplementäre** der KG hingehen gilt § 116 ff. HGB nF. Sie sind zur **Geschäftsführung berechtigt.**

Darüber hinaus sind sie auch nach § 161 II HGB, § 124 I HGB nF zur Vertretung der Gesellschaft im Außenverhältnis berechtigt. Demgegenüber haben Kommanditisten kein Recht zur organschaftlichen Vertretung, § 170 HGB. Allerdings kann den Kommanditisten rechtsgeschäftliche Vertretungsmacht eingeräumt werden. Ihnen kann ohne weiteres Prokura oder Handlungsvollmacht eingeräumt werden (dazu → Rn. 314 ff.).

Auch gemischte Vertretungsformen sind nach § 125 HGB durch Einbindung der   1001 Kommanditisten möglich.

> **Beispiel**: X, Y und Z gründen eine KG. X und Y sind Komplementäre, Z ist Kommanditist. Z kann unproblematisch zum Prokuristen der KG bestellt werden und einen Vertrag mit einem Geschäftspartner G im Namen der KG abschließen.

19.4.4 Haftung

Die **Haftung der Kommanditgesellschaft** selbst ergibt sich aus § 161 II iVm § 105 II   1002 HGB. Während die Haftung der **Komplementäre** nach § 161 II iVm § 126 S. 1 HGB nF unbeschränkt und nach § 126 S. 2 nF unbeschränkbar ist, gewährt die Kommanditistenstellung – wie dargelegt – gerade eine Haftungsbeschränkung. Die Haftung des **Kommanditisten** ist differenziert zu beurteilen.

19.4.4.1 Haftung des Kommanditisten

Grundsätzlich bestimmt § 171 HGB, dass der Kommanditist den Gläubigern der   1003 Gesellschaft **bis zur Höhe seiner Haftsumme unmittelbar haftet**. Eine weitergehende persönliche Haftung wird somit ausgeschlossen. Die Haftung richtet sich nach dem zur Eintragung in das Handelsregister angemeldeten Betrag, § 172 I HGB. Interne Vereinbarungen, zum Beispiel diejenige, dass die Haftsumme dem Kommanditisten erlassen wird, sind gegenüber den Gläubigern der Gesellschaft unwirksam.

Ein weitergehender vollständiger **Haftungsausschluss** des Kommanditisten ist davon   1004 abhängig, dass er seine Haftsumme an die Gesellschaft geleistet hat. Soweit die Haftsumme vollständig erbracht wurde, kann der Kommanditist die Gläubiger auf das Gesellschaftsvermögen verweisen; er haftet nicht persönlich. Soweit die **Haftsumme nicht oder nur teilweise geleistet wurde**, haftet der Kommanditist in Höhe der noch offenen Haftsumme, denn gem. § 171 HGB ist die Haftung ausgeschlossen, „**soweit** die Haftsumme geleistet ist".

> **Beispiel**: Kommanditist K hat sich zur Leistung einer Haftsumme iHv 150.000 EUR verpflichtet. Davon hat er bislang 100.000 EUR einbezahlt. Ein Gläubiger der Gesellschaft will K auf Ausgleich einer noch offenen Forderung iHv 60.000 EUR in Anspruch nehmen. Mit Recht?
>
> K hat die volle Haftsumme iHv 150.000 EUR noch nicht geleistet. Daher ist nach § 171 HGB eine Haftung nicht völlig ausgeschlossen. IHv 50.000 EUR haftet er den Gläubigern der Gesellschaft persönlich.

Soweit sich ein Kommanditist einen Teil oder die gesamte Haftsumme von der Gesellschaft **wieder auszahlen** lässt, gilt die Haftsumme als nicht geleistet, § 172 IV HGB (Wiederaufleben der Haftung). Die Rückzahlung kann in Form von Geld oder Sachwerten erfolgen.

> **Beispiel**: Kommanditist K bekommt von der KG regelmäßig Gelder als Gewinnanteil ausgezahlt, denen jedoch kein realer Gewinn der Gesellschaft zugrunde liegt, so dass der „Gewinn" aus seinem Kapitalanteil gezahlt wird, während dieser die Haftsumme unterschreitet. Hierin liegt eine verdeckte Rückzahlung der Haftsumme, die nach § 172 IV HGB ein Wiederaufleben der Haftung nach § 171 I HGB zur Folge hat, da die Haftsumme gegenüber den Gläubigern als nicht geleistet gilt.

19.4.4.2 Haftung neu eintretender sowie ausscheidender Gesellschafter

1005 Für die Haftung **neu eintretender Komplementäre** bzw. für deren Nachhaftung beim Ausscheiden aus der Gesellschaft gilt das Gleiche wie bei der OHG. Dazu wird auf die Ausführungen zur Haftung eintretender und ausscheidender Gesellschafter verwiesen (→ Rn. 977).

Für **Kommanditisten** enthält das Handelsgesetzbuch gesonderte Regelungen. Gem. § 162 III HGB sind sowohl der Eintritt eines Kommanditisten in eine bestehende Gesellschaft als auch dessen Ausscheiden im Handelsregister einzutragen.

1006 Im Weiteren bestimmt **§ 173 HGB, dass ein eintretender Kommanditist auch für Verbindlichkeiten der KG haftet**, die vor seinem Eintritt in die Gesellschaft begründet wurden. Die Haftung richtet sich hier nach **§§ 171, 172 HGB**, sodass im Wesentlichen die Haftung davon abhängig ist, ob der Kommanditist die Haftsumme voll geleistet hat und somit von der Haftung ausgeschlossen ist oder nicht. Eine (volle) **Haftung** des beitretenden Kommanditisten wird für Verbindlichkeiten der Gesellschaft, die **zwischen seinem Eintritt in die Gesellschaft und seiner Eintragung in das Handelsregister** eingegangen werden, nach **§ 176 II HGB** festgelegt. Eine Haftung kann jedoch in der Praxis dadurch vermieden werden, dass der Beitritt unter der aufschiebenden Bedingung der Eintragung als Kommanditist erfolgt. Der Beitritt erfolgt dann erst mit der Eintragung in das Handelsregister, so dass Haftungsgefahren nur nach § 171 I HGB entstehen.

1007 Für **ausscheidende Kommanditisten** findet die Haftungsregelung gem. § 137 HGB nF Anwendung. Bei Abfindungsleistungen gilt die Haftsumme als zurückbezahlt, sodass nach § 172 IV HGB eine Haftung gegenüber den Gläubigern der KG bis zur Höhe der angegebenen Haftsumme wieder greift. Die Haftung bezieht sich nur auf Gläubigerforderungen, die vor der Eintragung seines Ausscheidens begründet wurden. Eine Nachhaftung ausgeschiedener Gesellschafter besteht nur für die Verbindlichkeiten, die während ihrer Zugehörigkeit zu der Gesellschaft begründet wurden. Entsprechende Ansprüche müssen innerhalb einer Fünf-Jahres-Frist geltend gemacht werden.

19.4.5 Pflichten und Rechte der Gesellschafter

19.4.5.1 Pflichten der Gesellschafter

Für die Pflichten der Kommanditgesellschafter gilt grundsätzlich dasselbe wie für **1008** die OHG-Gesellschafter. Einzelne Sonderregelungen bestehen für **Kommanditisten**. So gelten mit Blick auf die **Treuepflicht** der Gesellschafter die Regelungen zum Wettbewerbsverbot nach §§ 117, 118 HGB nF gem. § 165 HGB nicht für Kommanditisten. Der Gesellschaftsvertrag kann hierzu abweichende Regelungen vorsehen.

19.4.5.2 Rechte der Gesellschafter

Parallel zum Recht der BGB-Gesellschafter und der OHG-Gesellschafter bestehen **1009** auch für die Gesellschafter der Kommanditgesellschaft über § 161 II HGB, § 105 III HGB die in § 717 BGB nF normierten **Unterrichtungs- und Informationsrechte**. Die Kontrollrechte für Kommanditisten werden nach § 166 HGB auf eine schriftliche Mitteilung des Jahresabschlusses und auf den Anspruch der Einsichtnahme in Bücher und Papiere begrenzt, letzteres aber nur, wenn dies zur Wahrung seiner Mitgliedschaftsrechte erforderlich ist.

Ebenso kann **Aufwendungsersatz** unter den Voraussetzungen von § 105 III HGB iVm **1010** § 716 BGB nF geltend gemacht werden und auch die Gewinn- und Verlustberechnung richtet sich grundsätzlich für Kommanditisten nach den Vorgaben für die OHG. Dazu wird auf die Ausführungen zur OHG, insbesondere zu den Rechten der Gesellschafter, verwiesen (→ Rn. 979 ff.)

19.4.6 Gesellschafterwechsel

19.4.6.1 Ausscheiden eines Gesellschafters

Für den **Gesellschafterwechsel** aus der KG kann auf die Ausführungen zur OHG **1011** verwiesen werden (→ Rn. 982 ff.).

Mit dem Ausscheiden verliert der Gesellschafter seinen Gesellschaftsanteil und erlangt in der Regel einen Abfindungsanspruch. Es gelten die bereits unter → Rn. 1007 geschilderten haftungsrechtlichen Konsequenzen.

Als einen Ausscheidungsgrund nennt § 130 I S. 3 HGB nF den Tod eines Gesellschaf- **1012** ters. Jene Regelung gilt auch für die KG über § 161 II HGB. Allerdings werden im Gesellschaftsvertrag häufig abweichende Vereinbarungen getroffen. Soweit für den Todesfall eine Fortsetzung mit mehreren oder einem Erben vorgesehen ist, rücken die Erben bzw. der einzelne Erbe in die Gesellschaft ein. Sie können die Einräumung einer Gesellschafterstellung als Kommanditist verlangen (vgl. § 131 I HGB nF).

Im Falle des **Versterbens eines Kommanditisten** ist in § 177 HGB festgelegt, dass die Gesellschaft mit den Erben fortgesetzt wird, soweit keine andere vertragliche Regelung getroffen wurde. § 177 HGB ordnet damit im Ergebnis eine „einfache Nachfolgeklausel" an, so wie sie auch bei der GbR oder OHG vereinbart werden könnte (dazu → Rn. 956). Die Erben treten somit mangels abweichender Regelung in die Gesellschafterstellung des Verstorbenen ein.

Becker

19.4.6.2 Eintritt eines neuen Gesellschafters

1013 Die Aufnahme eines neuen Gesellschafters in die KG erfolgt ebenso wie bei den anderen Personengesellschaften durch einen **Aufnahmevertrag**.

Der Gesellschafter erlangt einen Anteil am Gesellschaftsvermögen. Komplementäre haften ebenso wie neu eintretende OHG-Gesellschafter nach § 161 II iVm § 127 HGB nF für die bereits entstandenen Verbindlichkeiten der Gesellschaft. Die **Haftung des eintretenden Kommanditisten** richtet sich nach § 173 HGB, welcher dem § 127 HGB nF nachgebildet ist. Es kommt hierbei nicht darauf an, ob der Kommanditist einer bereits bestehenden KG beitritt oder durch seinen Beitritt in eine OHG erst eine KG entsteht, da § 127 HGB nF nur den Beitritt in eine Handelsgesellschaft verlangt.

Im Ergebnis haben die Gläubiger der Gesellschaft bei einem Austritt und nachfolgendem Eintritt von Kommanditisten zwei Schuldner, die auf die Haftsumme haften: Der austretende Gesellschafter haftet nach Maßgabe von § 137 HGB nF, § 171 HGB, der eintretende Gesellschafter haftet nach Maßgabe von § 127 nF, § 171 HGB. Da die Haftsumme aber zunächst nur einmal an die Gesellschaft geleistet sein wird (typischerweise vom alten Gesellschafter), kann die haftungsbefreiende Wirkung des § 171 I HGB nur einmal eintreten und zwar in der Person des neuen Kommanditisten, welcher hierfür in Form des Kaufpreises gezahlt hat.

Auch sieht § 176 II HGB vor, dass ein Kommanditist, der in eine bestehende Handelsgesellschaft eintritt, für die Verbindlichkeiten der KG vollumfänglich, also ohne die Begrenzung nach § 171 HGB haftet, die zwischen seinem Eintritt und seiner Eintragung in das Handelsregister entstehen, es sei denn, dem Gläubiger ist die beschränkte Haftung bekannt. Die Rechtslage ist insoweit mit der des § 176 I HGB (Haftung bei Geschäftsaufnahme vor Eintragung, dazu → Rn. 998) vergleichbar.

1014 Der Einstieg in die Gesellschaft kann aber ebenso durch **rechtsgeschäftliche Übertragung** von Gesellschaftsanteilen eines Gesellschafters erfolgen, sodass der Erwerber anstelle des Übertragenden in die Gesellschaft eintritt. Die Übertragung von Anteilen beim Wechsel eines Kommanditisten hat den Vorteil, dass keine Abfindung resultiert, da der alte Kommanditist den Gegenwert seines Anteils in Form des vom neuen Kommanditisten zu zahlenden Kaufpreises erhält. Mangels entstehender Abfindung kann diese auch nicht als Rückzahlung der Haftsumme an den ausscheidenden Kommanditisten beurteilt werden. Der Rechtsnachfolger geht somit kein Haftungsrisiko ein, wenn der Übertragende seine Haftsumme voll erbracht hat. § 176 HGB findet mangels „Eintritt" keine Anwendung. Anders als beim Ein- und Austritt steht dem Gläubiger bei der Gesamtrechtsnachfolge nur der Sonderrechtsnachfolger als haftender Kommanditist zur Verfügung. Eine etwaig geleistete Haftsumme enthaftet ihn, § 171 HGB. Allerdings muss die **Sonderrechtsnachfolge** im **Handelsregister** vermerkt werden, damit der Gläubiger sie von dem Ein- und Austritt (→ Rn. 1013) unterscheiden kann.

> **Beispiel**: K ist Kommanditist in einer KG. Seine Haftsumme hat er voll erbracht. Er veräußert seinen Gesellschaftsanteil mit Zustimmung der anderen Gesellschafter an den Erwerber E. Mit der Übertragung seiner Gesellschaftsanteile an E wird dieser Sonderrechtsnachfolger des K. K trifft keine Haftung nach §§ 171, 172 IV HGB, da die Vergütung durch E nicht als Rückgewähr der Haftsumme zu werten ist. Die Haftung des E ist nach §§ 173, 171 HGB ausgeschlossen, da die Haftsumme bereits

durch K erbracht wurde. Hierzu muss die Sonderrechtsnachfolge im Handelsregister eingetragen werden.

19.4.7 Auflösung der KG

Die Auflösung und Abwicklung einer Kommanditgesellschaft vollzieht sich nach den gleichen Grundsätzen, wie sie für die OHG gelten, sodass auf die dortigen Ausführungen verwiesen wird (→ Rn. 990 ff.). Wie auch bei GbR und OHG sind (geborene oder gekorene) Liquidatoren für die Abwicklung zuständig. Allerdings sind die Kommanditisten keine geborenen Liquidatoren, § 144 I HGB nF findet nach § 178 HGB auf diese keine Anwendung. 1015

Die weitere Haftung der ehemaligen Gesellschafter nach Auflösung der Gesellschaft richtet sich nach § 151 HGB nF und wird durch eine fünfjährige Verjährungsfrist begrenzt. Die Verjährungsfrist beginnt mit dem Ende des Tages, an dem das Erlöschen der Firma der Gesellschaft in das Handelsregister nach § 150 HGB nF eingetragen wird oder der Gläubiger von dem Erlöschen der Firma Kenntnis erlangt (§ 151 II HGB nF). Für den Umfang der Haftung sind für Komplementäre §§ 161 II, 126 HGB maßgebend. Die Haftung der Kommanditisten richtet sich nach den §§ 171, 172 HGB.

Kontrollfragen und Aufgabe	
1. Welchen Gesellschaftern steht in der KG die Geschäfts- führungs- und Vertretungsbefugnis zu?	→ Rn. 1000
2. Nach welchen Vorschriften richtet sich die Haftung eines Komplementärs?	→ Rn. 1003
3. Wann und in welcher Höhe haftet ein Kommanditist für Verbindlichkeiten der KG?	→ Rn. 1004
4. Haftet ein Kommanditist nach dem Ausscheiden aus einer KG?	→ Rn. 1013 f.
5. Welche Auflösungsgründe sieht das Gesetz für die KG vor?	→ Rn. 1015
6. Ist der Tod eines Kommanditisten ein Auflösungsgrund?	→ Rn. 1012

1016

Aufgabe (Leistungsniveau: Bachelorstudiengang)
Müller, Neuhaus und Stroh gründen einen Computerhandel in der Form der KG. Müller und Stroh werden persönlich haftende Gesellschafter, Neuhaus wird Kommanditist mit einer Haftsumme iHv 30.000 EUR. Wann wird die Gesellschaft wirksam? Wann und in welchem Umfang haftet Neuhaus für die Verbindlichkeiten der Gesellschaft?

Lösung

Die Geschäftstätigkeit der KG ist auf den Betrieb eines Handelsgewerbes gerichtet. Die Gesellschaft entsteht bereits mit Abschluss des Gesellschaftsvertrages. Als Außengesellschaft wird sie mit Aufnahme des Geschäftsbetriebs wirksam. Die Eintragung in das Handelsregister ist deklaratorisch. Allerdings ist die Eintragung der KG in das Handelsregister Voraussetzung für die Beschränkung der Haftung des Kommanditisten Neuhaus. Dies folgt aus § 176 I HGB. Bis zur Eintragung der Gesellschaft haftet der Kommanditist für deren Verbindlichkeiten in gleichem Umfang wie ein Komplementär. Im Weiteren ist gem. § 171 I HGB die Haftung für Neuhaus ausgeschlossen, soweit er die Haftsumme geleistet hat.

20 Die Gesellschaft mit beschränkter Haftung

Literatur: *Goette*, GmbH & Co. KG, NJW 2002, 2694; *Grüneberg*, Bürgerliches Gesetzbuch, 81. Aufl. 2022; *Grunewald*, Gesellschaftsrecht, 11. Aufl. 2020; *Kindler*, Grundkurs Handels- und Gesellschaftsrecht, 9. Aufl. 2019; *Bayer/Lieder/Hoffmann*, Bundesweite Rechtstatsachen zum Unternehmens- und Gesellschaftsrecht (Stand 1.1.2022), GmbHR 2022, 777; *Langenfeld/Miras*, GmbH-Vertragspraxis, 8. Aufl. 2019; *Miras*, Die neue Unternehmergesellschaft, 2. Aufl. 2011; Münchener Kommentar HGB, 5. Aufl. 2021; Münchener Kommentar zum GmbHG, 4. Aufl. 2022 (Band 1), 3. Aufl. 2019 (Band 2) und 3. Aufl. 2018 (Band 3); *Windbichler*, Gesellschaftsrecht, 24. Aufl. 2017.

20.1 Überblick

Allgemeines: Die Gesellschaft mit beschränkter Haftung wird üblicherweise mit 1017 „GmbH" abgekürzt. Die Existenz der GmbH beginnt mit der Eintragung im Handelsregister (§ 11 I GmbHG), sie endet mit der Löschung aus dem Handelsregister (§ 74 I S. 2 GmbHG). Alle GmbHs sind unabhängig vom Unternehmensgegenstand stets **Handelsgesellschaften** (§ 13 III GmbHG) und damit gem. § 6 II HGB **Formkaufleute** (MüKoHGB/*Karsten Schmidt* § 6 Rn. 9), so dass auf sie sämtliche HGB-Regeln für Kaufleute anwendbar sind.

> **Beispiele**:
> * Buchführungspflicht; § 238 I S. 1 HGB.
> * Regeln des Handelskaufs; §§ 373 ff. HGB, insbesondere die Rügeobliegenheit gem. § 377 I HGB.

Rechtsquellen: Die GmbH ist im „Gesetz betreffend die Gesellschaften mit be- 1018 schränkter Haftung" (GmbHG) geregelt. Dort finden sich Vorschriften zur Gründung, Innenorganisation, Auftreten der Gesellschaft nach außen und Auflösung. Regeln für die GmbH gibt es aber auch in anderen Gesetzen, unter anderem im HGB, im UmwandlungsG, im Drittbeteiligungs- und MitbestimmungsG. Darüber hinaus werden zur Lückenfüllung auch Vorschriften aus dem Vereinsrecht angewendet, beispielsweise § 31 BGB.

Wirtschaftliche Bedeutung: Die GmbH ist die beliebteste und erfolgreichste Unter- 1019 nehmens-Rechtsform der Bundesrepublik. Am 01.01.2022 waren in Deutschland 1.440.038 GmbHs eingetragen; das sind weit mehr als alle OHGs, KGs und AGs zusammen (*Bayer/Lieder/Hoffmann*, GmbHR 2022, 777, 779). Die GmbH ist daher für das Wirtschaftsleben in der Bundesrepublik Deutschland von großer wirtschaftlicher Bedeutung.

20.2 Beschränkte Haftung?

Der Namensbestandteil „mit beschränkter Haftung" ist irreführend: Die GmbH 1020 haftet für ihre Verbindlichkeiten ohne jede Einschränkung. Das im Zivilrecht geltende **Prinzip der unbeschränkten Vermögenshaftung** (BGH NJW 2015, 1296, 1297 Rn. 18) – „Geld hat man zu haben" – gilt auch für die GmbH. Dieser Grundsatz besagt, dass jede juristische und natürliche Person für die Erfüllung ihrer Verbindlichkeiten mit ihrem gesamten Vermögen einzustehen hat.

Die „beschränkte Haftung" beruht auf §13 II GmbHG und bedeutet, dass für GmbH-Verbindlichkeiten nur die GmbH haftet, also im Normalfall weder die Gesellschafter (= die Personen, denen die GmbH gehört) noch die Geschäftsführer (= die Personen, die für die GmbH handeln) für die Verbindlichkeiten der GmbH einstehen müssen. Mittels einer GmbH kann eine Person ihre eigene persönliche Haftung beschränken, indem sie ihre geschäftlichen Aktivitäten von der GmbH erledigen lässt.

> **Beispiel**: Stellen Sie sich vor, Sie wären Bombenentschärfer. Wenn Sie jeweils selbst Hand anlegen, riskieren Sie ständig Ihr Leben. Sicherer ist es, sich durch eine einmalige Investition einen Bombenentschärfungs-Roboter zuzulegen, den Sie aus sicherer Entfernung fernsteuern. Im schlimmsten Fall wird Ihr Roboter bei einem Entschärfungsversuch vollständig zerstört. Sie verlieren dabei nur den Roboter, aber nicht Ihre Existenz. Sie können sogar nach der Explosion des ersten Roboters einen neuen Roboter beschaffen und das Geschäft weiterbetreiben (Sie „haften" also nur mit dem Wert Ihres Roboters).
>
> Im Gegensatz zum Bombenentschärfer riskiert der Roboter aber bei jedem Einsatz seine komplette Existenz (er „haftet" also unbeschränkt).
>
> Gleiches gilt für einen Unternehmer, der die Möglichkeit hat, sein Unternehmen als Einzelkaufmann zu betreiben (mit dem Risiko, für alle Schulden aus dem Unternehmen persönlich zu haften) oder zwischen sich und den Risiken des Marktes eine GmbH zu stellen, die in wirtschaftlicher Hinsicht den Kopf für ihn hinhält.

§13 II GmbHG verhindert den für Personengesellschaften (GbR, OHG, KG) geltenden Haftungsautomatismus, wonach die Schulden der Gesellschaft auch die Schulden der Gesellschafter sind (§128 S.1 HGB), besagt aber nicht, dass Gesellschafter oder Geschäftsführer einer GmbH im Zusammenhang mit ihrer Tätigkeit für die Gesellschaft niemals haften würden. So haftet bei Erfüllung eines Deliktstatbestands (§§823 ff. BGB, vgl. Kapitel 16) stets derjenige persönlich, der sämtliche Tatbestandsmerkmale erfüllt hat – auch dann, wenn er bei Deliktsbegehung für eine GmbH tätig war.

> **Beispiel**: Elektrikermeister E ist Gesellschafter und Geschäftsführer der E-GmbH. Die GmbH hat einen Werkvertrag mit Hausbesitzerin H zur Erneuerung der Stromleitungen. Die Arbeiten bei H führt E persönlich durch. Dabei unterläuft ihm eine fahrlässige Ungeschicklichkeit, die zu einem Brand im Gebäude von H führt.
>
> E haftet persönlich für den Brandschaden gem. §823 I BGB. Der Umstand, dass daneben auch die GmbH für den Schaden haftet (über §31 BGB analog, vgl. 20.6.3.7), ändert nichts daran, dass E persönlich haftet. H kann es sich gem. §§840 I, 421 BGB aussuchen, ob sie E persönlich, die GmbH oder beide in Anspruch nimmt.

Die Haftungsbeschränkung des §13 II GmbHG hilft vor allem denjenigen Berufsgruppen, bei denen sich ein Fehler bei der Berufsausübung regelmäßig nicht als Rechtsgutverletzung auswirkt.

Beispiel: A ist Gesellschafterin und Geschäftsführerin einer Steuerberatungs-GmbH. K ist Kunde der Steuerberatungs-GmbH. Aufgrund eines falschen steuerlichen Ratschlags von A nimmt K eine Handlung vor, die zu einer unbeabsichtigten Aufdeckung stiller Reserven führt. Dadurch entsteht K eine zusätzliche Steuerlast in Höhe von 100 000 Euro, die bei fachgerechter Beratung vermeidbar gewesen wäre.

Hier haftet die GmbH gem. §280 I BGB gegenüber K auf Schadensersatz (zwischen der GmbH und K bestand ein Dienstvertrag, also ein Schuldverhältnis; die Falschberatung stellt eine Pflichtverletzung nach §241 II BGB dar; die GmbH hat die fahrlässige Falschberatung durch A wegen §278 BGB zu vertreten).

Für diese Verpflichtung der GmbH gegenüber K hat A wegen §13 II GmbHG nicht einzustehen.

A haftet auch nicht direkt aus §280 I BGB, da sie persönlich nicht Vertragspartnerin von K war, also kein Schuldverhältnis zwischen A und K besteht.

Eine Haftung der A aus §823 I BGB scheidet aus, da sie kein Rechtsgut des K verletzt hat.

In dieser Situation hat die GmbH also ihre haftungsbeschränkende Wirkung voll ausgespielt.

20.3 Die Entstehung der GmbH

Die Entstehung der GmbH ist **stark reglementiert**. Es bedarf folgender Schritte: 1021

- Abschluss eines notariell beurkundeten Gesellschaftsvertrags;
- Bestellung des Geschäftsführers;
- Einzahlung des Stammkapitals;
- Anmeldung zum Handelsregister;
- Eintragung in das Handelsregister.

20.3.1 Abschluss des Gesellschaftsvertrags

Wie bei jeder anderen Gesellschaftsform bedarf es für die Gründung einer GmbH eines Gesellschaftsvertrags. Der Gesellschaftsvertrag der GmbH wird auch **Satzung** genannt (BGH NZG 2014, 820).

20.3.1.1 Form

Der Gesellschaftsvertrag ist gem. §2 I GmbHG **notariell zu beurkunden** (fehlende   1022 Beurkundung führt gem. §125 BGB zur Nichtigkeit). Vertragspartner sind alle Gesellschafter. §2 II GmbHG lässt eine Stellvertretung durch Bevollmächtigte nur zu, wenn die Vollmacht ihrerseits notariell errichtet oder beurkundet ist (entgegen dem allgemeinen Grundsatz des §167 II BGB). Seit 01.08.2022 ist gem. §2 III GmbHG eine Online-Gründung der GmbH möglich. Die Online-Gründung schreibt zwingend die Mitwirkung eines Notars unter Benutzung spezieller Videokommunikationssysteme vor; es handelt sich also um eine Variante der notariellen Beurkundung.

20.3.1.2 Anzahl der Gesellschafter

1023 Die Errichtung einer GmbH ist „durch eine oder mehrere Personen" möglich (§1 GmbHG). Eine GmbH kann daher von einer Person allein gegründet werden. Das unterscheidet die GmbH von den Personengesellschaften, für die mindestens zwei Beteiligte erforderlich sind.

20.3.1.3 Mindestinhalt des Gesellschaftsvertrags

1024 §3 I GmbHG bestimmt den Mindestinhalt der Satzung. Fehlt die Regelung eines der dort genannten Punkte, ist der Gesellschaftsvertrag unwirksam, so dass die GmbH nicht in das Handelsregister eingetragen werden darf und daher nicht entstehen kann.

1025 **Firma und Sitz der Gesellschaft; §3 I Nr.1 GmbHG:** Die GmbH braucht – wie jede andere Person – einen Namen und einen Wohnort. „Name" der GmbH ist die Firma (§17 I HGB); ihr „Wohnort" ist der Sitz (§4a I GmbHG). Für die Firmenwahl gelten die allgemeinen Grundsätze der §§17 ff. HGB, allerdings mit dem Zusatz nach §4 GmbHG, wonach die Firma die Bezeichnung „Gesellschaft mit beschränkter Haftung" oder „GmbH" enthalten muss. Sitz ist der Name der Gemeinde, in der die GmbH ihren im Gesellschaftsvertrag bezeichneten Mittelpunkt hat (Satzungssitz).

> **Beispiele**:
> * Gerda Müller GmbH mit dem Sitz in Osnabrück
> * Möbelversand-GmbH mit dem Sitz in Münster

1026 **Unternehmensgegenstand; §3 I Nr.2 GmbHG:** Gegenstand des Unternehmens ist der Zweck, den die Gesellschaft verfolgt. Nach §1 GmbHG kann jede gesetzlich zulässige Tätigkeit Unternehmensgegenstand sein. Der Gegenstand muss **klar umrissen** sein. Die Angabe „Betreiben von Geschäften aller Art" ist nichtssagend und daher keine zulässige Beschreibung (BayObLG NJW-RR 1995, 31, 32). Zwar ist es legal, dass eine GmbH Geschäfte aller Art betreibt, im Gesellschaftsvertrag muss jedoch eine klarere Eingrenzung vorgenommen werden (beispielsweise: „Herstellung, Reparatur, An- und Verkauf von Neu- und Gebrauchtwaren, insbesondere Haushaltswaren, Elektrogeräten und Bekleidung").

1027 **Stammkapital; §3 I Nr.3 GmbHG:** Das Stammkapital ist der Geldbetrag, mit dem die Gesellschafter die GmbH zu Beginn ausstatten müssen. Das Stammkapital soll sicherstellen, dass jede GmbH zumindest im Zeitpunkt der Gründung eine gewisses Vermögen hat. Das Mindest-Stammkapital beträgt EUR 25.000 Euro (§5 I GmbHG). Nach oben hin ist die Höhe des Stammkapitals nicht begrenzt. Einzige gesetzliche Vorgabe ist, dass das gewählte Stammkapital in Euro ganzzahlig teilbar sein muss (§5 II S.1 GmbHG).

1028 **Stammeinlagen; §3 I Nr.4 GmbHG:** Die Stammeinlage ist der Anteil des einzelnen Gesellschafters am Stammkapital. Die Summe der Stammeinlagen aller Gesellschafter muss mit dem Stammkapital übereinstimmen (§5 III S.2 GmbHG). Die Mindeststammeinlage beträgt einen Euro (§5 II S.1 GmbHG). Die Höhe der jeweiligen Stammeinlage bestimmt den Anteil des Gesellschafters an der GmbH. Die Stammeinlagen lauten zwar stets auf einen Geldbetrag, sie können aber auch durch Leistung eines Vermögensgegenstands, der nicht in Geld besteht, erbracht werden.

> **Beispiel**: A gründet die X-GmbH mit einem Stammkapital von 25.000 Euro. A ist
> einzige Gesellschafterin. Statt ihre Einlage in Geld zu erbringen, will A der X-GmbH
> ihren ein Jahr alten VW Golf als zukünftigen Firmenwagen übertragen.
>
> Diese Vorgehensweise ist unter Beachtung von § 5 IV und § 8 I Nr. 5 GmbHG möglich.

Solche Einlagen heißen **Sacheinlagen**. Gem. § 5 IV GmbHG sind die Sacheinlagen
im Gesellschaftsvertrag zu bezeichnen. Darüber hinaus haben die Gesellschafter
in einem gesonderten „Sachgründungsbericht" darzulegen, dass der Marktwert
der Sacheinlage dem Betrag der in Euro bezeichneten Stammeinlage entspricht.
Wegen § 8 I Nr. 5 GmbHG reicht eine einfache Behauptung der Gesellschafter nicht
aus, sondern es müssen dem Handelsregister zusätzlich Unterlagen vorgelegt werden, aus denen sich ergibt, dass die eingebrachte Sache tatsächlich mindestens den
Wert der Stammeinlage hat. Bei neuen Gegenständen geht dies durch Vorlage von
Rechnungen, bei gebrauchten Gegenständen ist im Normalfall die Bestätigung eines
vereidigten Wirtschaftsprüfers oder Sachverständigen vorzulegen (MüKoGmbHG/
Herrler § 8 Rn. 36, 37).

20.3.1.4 Fakultative Bestandteile des Gesellschaftsvertrags

Neben den in § 3 I GmbHG genannten zwingenden Regelungen enthalten GmbH-   **1029**
Satzungen oft weitere Regelungen, die aus Sicht der Gesellschafter wichtig sein
können. Solche Regelungen, die vertragstechnisch nicht zwingend, aber doch ratsam
sind, heißen in der Sprache der Vertragsgestaltung „fakultative Regelungen" (Mü-
KoGmbHG/*Wicke* § 3 Rn. 58).

Hinsichtlich der fakultativen Bestandteile gilt die Satzungsfreiheit (*Windbichler* § 21
Rn. 7), wonach die Gesellschafter den Inhalt frei ausgestalten können; gesetzliche
Grenzen sind lediglich §§ 134, 138 BGB. Insbesondere werden häufig Regelungen
zum Innenverhältnis der Gesellschafter getroffen, beispielsweise (hierzu ausführlich
Langenfeld/Miras § 1 Rn. 160 ff.):

* Veräußerungsbeschränkungen hinsichtlich der Geschäftsanteile gem. § 15 V
  GmbHG.
* Vorkaufsrechte für Mitgesellschafter.
* Erbfolgeregelungen.
* Regelungen zur Einziehung von Anteilen und zum Ausschluss aus der Gesell-
  schaft.
* Wettbewerbsverbote.

20.3.2 Bestellung des Geschäftsführers

20.3.2.1 Funktion des Geschäftsführers

Die GmbH wird zwar juristisch wie eine Person behandelt (§ 13 I GmbHG), rein   **1030**
faktisch fehlen ihr aber die biologischen Voraussetzungen der Kommunikation.
Wenn sich die GmbH am Geschäftsleben beteiligen will, benötigt sie einen Menschen, der für sie handelt und ihr Mund, Ohren, Augen und Hände leiht. Diese
Funktion hat der Geschäftsführer. Er vertritt gem. § 35 I GmbHG die GmbH als **gesetzlicher Vertreter** (zum Umfang der Vertretungsmacht vgl. 20.6.3.3) und betreibt
das operative Tagesgeschäft der GmbH.

20.3.2.2 Bestellung

1031 Gem. §6 I GmbHG muss jede GmbH mindestens einen Geschäftsführer haben. Die Bestellung des Geschäftsführers erfolgt entweder direkt im Gesellschaftsvertrag oder durch nachträglichen Beschluss der Gesellschafter (§§6 III, 46 Nr. 5 GmbHG).

20.3.2.3 Person des Geschäftsführers

1032 §6 II S.1 GmbHG schreibt als positive Voraussetzungen für die Person nur sehr wenig vor: Sie muss eine natürliche, voll geschäftsfähige Person sein; kurz: ein volljähriger Mensch. §6 II S.2 und 3 GmbHG enthalten eine Liste von Ausschlusskriterien (Bestehen eines Einwilligungsvorbehalts als Betreuter oder eines Berufsverbots, Vorliegen bestimmter Vorstrafen); bei der Anmeldung des Geschäftsführers zum Handelsregister muss der Geschäftsführer versichern, dass auf ihn keines dieser Kriterien zutrifft (§8 III GmbHG).

Ob der Geschäftsführer gleichzeitig Gesellschafter der GmbH ist oder nicht, spielt keine Rolle; §6 III GmbHG. Während bei kleinen GmbHs die Geschäftsführer meistens aus dem Gesellschafterkreis rekrutiert werden, haben größere GmbHs oftmals **Fremdgeschäftsführer**, also Geschäftsführer, die nicht Gesellschafter sind. Die Kombination aus §1 und §6 III GmbHG lässt zu, dass eine GmbH von einem einzigen Menschen gegründet und dauerhaft geführt werden kann (der einzige Gesellschafter ist gleichzeitig einziger Geschäftsführer). Eine solche **reine Ein-Personen-Gesellschaft** ist nach dem deutschen Recht nur mit der GmbH möglich. (Die Aktiengesellschaft kann zwar von einem Gesellschafter allein gegründet werden, aber für die Führung sind mindestens vier natürliche Personen – ein Vorstand und drei Aufsichtsräte – erforderlich.)

20.3.3 Einzahlung des Stammkapitals

1033 Durch die Festlegung der Stammeinlagen in der Satzung (§3 I Nr. 4 GmbHG) entsteht für die GmbH ein eigener Anspruch auf Zahlung der Stammeinlagen gegenüber den Gesellschaftern aus §14 S.1 GmbHG.

§7 II GmbHG schreibt vor, dass bei Anmeldung der GmbH auf jede Stammeinlage mindestens 1/4 einbezahlt sein muss (§7 II S.1 GmbHG), wobei die Gesamtsumme mindestens 12.500 Euro betragen muss (§7 II S.2 GmbHG).

Bei Sachgründungen gilt §7 III GmbH, wonach diese komplett vor der Handelsregisteranmeldung der GmbH zur Verfügung zu stellen sind.

20.3.4 Anmeldung zum Handelsregister

1034 Die GmbH ist gem. §7 I GmbHG zum Handelsregister anzumelden. §78 I GmbHG bestimmt, dass die Anmeldung durch sämtliche Geschäftsführer zu erfolgen hat. Die Anmeldung bedarf nach §12 I HGB der notariellen Beglaubigung.

Der Inhalt der Anmeldung ist in §8 GmbHG zusammengefasst. Insbesondere muss die gem. §7 GmbHG geschuldete Einlage der Gesellschafter so geleistet worden sein, dass sie sich „in der freien Verfügung der Geschäftsführer befindet" (§8 II S.1 GmbHG).

20.3.5 Eintragung in das Handelsregister

Das Handelsregister muss gem. §§9–9c GmbHG von Amts wegen prüfen, ob die 1035
Voraussetzungen für die Eintragung der GmbH vorliegen, also ob die Anmeldung
vollständig im Sinne des §8 GmbHG ist. Ist dies der Fall, wird die GmbH mit dem
in §10 GmbHG angegebenen Inhalt in das Handelsregister eingetragen.

In diesem Moment beginnt die Existenz der GmbH (Umkehrschluss aus §11 I
GmbHG) und damit auch die von den Gesellschaftern erstrebte Haftungsbeschränkung gem. §13 II GmbHG.

20.4 Besonderheiten der Unternehmergesellschaft (haftungsbeschränkt)

20.4.1 Variante der GmbH

§5a GmbHG lässt es zu, eine GmbH zu gründen, ohne das Mindestkapital nach §5 I 1036
GmbHG aufbringen zu müssen: die Unternehmergesellschaft (haftungsbeschränkt),
im folgenden „UG" genannt. Die UG ist eine GmbH, die allerdings die in §5a
GmbHG genannten Besonderheiten aufweist. Sie wird ansonsten steuerlich und
zivilrechtlich wie eine normale GmbH behandelt (*Miras* Rn. 6). Zum 01.01.2022 waren
in deutschen Handelsregistern 175.843 UGs eingetragen.

20.4.2 Stammkapital

§5a I GmbHG lässt eine Unterschreitung des in §5 I GmbHG genannten Mindest- 1037
kapitals (25.000 Euro) zu, ohne eine ausdrückliche Mindestgrenze festzulegen. Die
Untergrenze des Stammkapitals bei der UG beträgt einen Euro pro Gesellschafter
(§5 II S.1 GmbHG), die Obergrenze beträgt 24.999 Euro. Gem. §5a II GmbHG muss
es (entgegen §7 II GmbHG) sofort in voller Höhe eingezahlt werden. Sacheinlagen
sind ausgeschlossen.

20.4.3 Firma

Obwohl die UG eine GmbH ist, darf sie sich nicht so nennen. Vielmehr gibt §5a I 1038
GmbHG vor, dass jede UG in ihrer Firma die Wortbestandteile „Unternehmergesellschaft (haftungsbeschränkt)" bzw. „UG (haftungsbeschränkt)" enthalten muss. Eine
UG, deren Gemeinnützigkeit anerkannt ist, darf „gUG (haftungsbeschränkt)" genannt werden (BGH NJW 2020, 2035).

20.4.4 Rücklageverpflichtung

Aufgrund des geringen Stammkapitals dürfen die Gesellschafter entgegen §§29 I, 1039
46 Nr.1 GmbHG nicht frei über den Gewinn der UG verfügen. Vielmehr schreibt
§5a III S.1 GmbHG vor, dass 1/4 des Gewinns als Rücklage im Gesellschaftsvermögen verbleibt. Das Ziel der Vorschrift lässt sich aus §5a III S.2 Nr.1 GmbHG entnehmen: Im Laufe der Jahre soll eine so hohe Rücklage entstehen, dass sie in das Stammkapital einer Normal-GmbH umgewandelt werden kann (MüKoGmbHG/*Rieder* §5a
Rn. 29).

20.4.5 Übergang zur Normal-GmbH

1040 Die UG wird nicht automatisch dadurch zur Normal-GmbH, dass die Rücklage die 25 000-Euro-Grenze erreicht, sondern erst durch eine formelle Kapitalerhöhung (§§ 55 ff. GmbHG), die eine notariell zu beurkundende Änderung des Gesellschaftsvertrags (§ 53 II GmbHG) und die Eintragung des erhöhten Stammkapitals im Handelsregister (§ 54 III GmbHG) voraussetzt.

Sobald die Kapitalerhöhung im Handelsregister eingetragen ist, ist die UG zur Normal-GmbH geworden; § 5a V GmbHG. Die bisherige Firma (UG haftungsbeschränkt) kann nach Belieben der Gesellschafter aus Gründen der Firmenkontinuität beibehalten oder in „GmbH" geändert werden.

Der Übergang von UG zu Normal-GmbH erfolgt **unter Wahrung der Personenidentität**: Sämtliche Rechtsbeziehungen der UG (Vertragsbeziehungen zu Dritten, Verbindlichkeiten, Forderungen, Rechtspositionen wie Eigentum und Inhaberschaft von sonstigen Rechten) bleiben nach dem Übergang zur GmbH erhalten, da die Normal-GmbH und die UG, aus der sie hervorgegangen ist, ein- und dieselbe juristische Person sind.

20.5 Die Vorstufen der GmbH

1041 Aus § 11 I GmbHG ergibt sich, dass die GmbH vor Eintragung in das Handelsregister „als solche" nicht besteht. Bis zur Eintragung in das Handelsregister durchläuft eine GmbH folgende Vorstadien:

- Vorgründungsgesellschaft
- Vor-GmbH (= GmbH in Gründung)
- GmbH

20.5.1 Die Vorgründungsgesellschaft

1042 Eine Vorgründungsgesellschaft liegt vor, wenn sich zwei oder mehrere Personen verabreden, gemeinsam eine GmbH zu gründen, der notarielle GmbH-Vertrag aber noch nicht abgeschlossen ist (*Kindler* § 14 Rn. 47). Diese Vorgründungsgesellschaft ist eine Personengesellschaft, üblicherweise eine GbR (*Windbichler* § 21 Rn. 17). Solange die Gründungsabrede selbst nicht gem. § 2 I GmbHG notariell beurkundet ist, ist keiner der Beteiligten zum Abschluss eines GmbH-Vertrags verpflichtet (§ 125 BGB). Werden die Gesellschafter bereits vor Abschluss des notariellen GmbH-Vertrags im Namen der zu gründenden (aber noch nicht existierenden) GmbH im Außenverhältnis tätig und wird dabei ein Handelsgewerbe im Sinne des § 1 I HGB betrieben, so liegt hierin ein „Geschäftsbeginn" im Sinne des § 123 II HGB, so dass die Beteiligten Gesellschafter einer OHG sind. Für in diesem Stadium entstandene Verbindlichkeiten der Vorgründungsgesellschaft haften die Gesellschafter ohne jede Einschränkung nach § 128 HGB. Die Haftungsfolge des § 128 HGB gilt entsprechend für die Gesellschafter einer GbR (BGH NJW 2001, 1056, 1061). Eine spätere Beurkundung des GmbH-Vertrags und die Eintragung in das Handelsregister beseitigt die einmal nach § 128 HGB entstandene persönliche Haftung der Gesellschafter nicht.

Plant eine einzelne Person, eine GmbH zu gründen, entfällt diese Vorstufe, da es keine Ein-Personen-Personengesellschaften geben kann (*Kindler* § 10 Rn. 30).

Miras

20.5.2 Die Vor-GmbH

20.5.2.1 Entstehung der Vor-GmbH

Als „Vor-GmbH" oder „GmbH in Gründung" wird die die Gesellschaft im Zeitraum **1043** nach Abschluss des notariellen GmbH-Vertrags und vor Eintragung der GmbH im Handelsregister bezeichnet. Da zwischen der Beurkundung des GmbH-Vertrags und der Eintragung der GmbH ins Handelsregister stets Zeit vergeht, ist die Vor-GmbH eine notwendige Phase bei der Gründung jeder GmbH. Nach der Rechtsprechung hat die Vor-GmbH als „eigenständiges Rechtsgebilde" eigene Rechte und Pflichten (BGH NZG 1998, 181). Der Bundesgerichtshof vermeidet zwar die globale Anerkennung der uneingeschränkten Rechtsfähigkeit (BGH NJW 1993, 459, 460), hat aber in vielen Einzelentscheidungen jeweils **Teilrechtsfähigkeit der Vor-GmbH** anerkannt (Parteifähigkeit: BGH NJW 2008, 2441; Konto-, Wechsel- und Scheckfähigkeit: BGH NJW 1998, 1079, 1080; Grundbuchfähigkeit: BGH NJW 1966, 1311, 1313). Insoweit kann durchaus behauptet werden, die Vor-GmbH sei voll rechtsfähig (*Windbichler* § 12 Rn. 39).

20.5.2.2 Haftung für Verbindlichkeiten

Als eigenständiges Rechtsgebilde haftet die Vor-GmbH für die in ihrem Namen **1044** entstandenen Verbindlichkeiten zunächst selbst (*Kindler* § 14 Rn. 55). Darüber hinaus stellt sich die Frage, ob neben der Vor-GmbH auch die Geschäftsführer bzw. die Gesellschafter der Vor-GmbH haften, da die Haftungsbeschränkung gem. § 13 II GmbHG wegen § 11 I GmbHG nur für die wirksam gegründete GmbH gilt, nicht jedoch für die Vor-GmbH.

Handelndenhaftung gem. § 11 II GmbHG: Für die Vor-GmbH gilt § 11 II GmbHG, der **1045** anordnet, dass „die Handelnden persönlich und solidarisch" haften („solidarisch" bedeutet als Gesamtschuldner). Als „Handelnder" im Sinne des § 11 II GmbHG kommt nur der von den Gesellschaftern bestellte **Geschäftsführer** in Frage (MüKoGmbHG/ *Merkt* § 11 Rn. 146). Daher scheidet eine Haftung des rechtsgeschäftlichen Vertreters gem. § 11 II GmbHG aus (BGH NJW 1976, 1685). Voraussetzung für die Haftung nach § 11 II GmbHG ist, dass „im Namen der GmbH" gehandelt wurde. Dabei spielt es keine Rolle, ob gegenüber dem Geschäftspartner der (falsche) Eindruck erweckt wurde, die GmbH sei schon vollständig gegründet oder ob offengelegt wird, dass es sich um eine „GmbH in Gründung" handelt (MüKoGmbHG/*Merkt* § 11 Rn. 150). Die persönliche Haftung des Handelnden nach § 11 II GmbHG **erlischt rückwirkend**, sobald die GmbH in das Handelsregister eingetragen ist (BGH NJW 1981, 1452, 1453).

Haftung der Gesellschafter? Eine Haftung der Gesellschafter der GmbH gegenüber **1046** den Gläubigern ergibt sich aus § 11 II GmbHG nicht, selbst wenn sie der Geschäftstätigkeit des Geschäftsführers zugestimmt haben. Danach haften Gesellschafter der Vor-GmbH im Außenverhältnis gegenüber Dritten nicht, soweit sie nicht selbst „Handelnde" im Sinne des § 11 II GmbHG waren. Allerdings sieht der BGH vor, dass die Gesellschafter, die einem Geschäftsbeginn vor Eintragung der GmbH in das Handelsregister zustimmen, gegenüber der GmbH analog § 9 GmbHG im Innenverhältnis haften, wenn sich durch die Geschäfte der Vor-GmbH deren Vermögen vermindert (BGH NJW 1989, 710). Haftung im Innenverhältnis bedeutet, dass die Gesellschafter der GmbH den Fehlbetrag ersetzen müssen (also nicht direkt von den Gläubigern der Vor-GmbH in Anspruch genommen werden können). Diese **Unter-**

bilanzhaftung soll gewährleisten, dass das Stammkapital im Zeitpunkt der Handelsregistereintragung unversehrt ist. Die Haftung der einzelnen Gesellschafter für die fehlenden Beträge erfolgt anteilig nach Höhe der übernommenen Stammeinlagen. Scheitert die Eintragung der Vor-GmbH – weil sie beispielsweise vor Handelsregistereintragung in die Insolvenz gerät oder aus sonstigen Gründen aufgelöst wird – trifft die Gesellschafter dieselbe Haftung, die dann jedoch **Verlustdeckungshaftung** heißt (BGH NJW 1997, 1507). In beiden Fällen haften die Gesellschafter für die Schulden der GmbH in unbeschränkter Höhe, da die Verbindlichkeiten der Vor-GmbH deren Aktivvermögen übersteigen können (sehr deutlich: „Die Gesellschafter einer Vor-GmbH haften für die Verbindlichkeiten dieser Gesellschaft unbeschränkt." BGH NJW 1997, 1507, erster Leitsatz).

! **Hinweis:** Man kann als beratender Jurist den Gründern einer GmbH nicht dringend genug davon abraten, mit der Geschäftstätigkeit schon vor der Handelsregistereintragung zu beginnen.

20.5.3 Folgen der Handelsregistereintragung

1047 Mit der Eintragung der GmbH in das Handelsregister erlischt die Vor-GmbH, es entsteht die GmbH (Umkehrschluss aus § 11 I GmbHG). Nach herrschender Meinung besteht zwischen den beiden Gesellschaftsformen Personenidentität. Sämtliche Rechte und Pflichten, die die Vor-GmbH erworben hat, gehen ohne jeden Übertragungsakt auf die GmbH als deren Rechtsnachfolgerin über. Die Handelndenhaftung gem. § 11 II GmbHG erlischt rückwirkend (nicht aber die Unterbilanzhaftung der dem Geschäftsbeginn zustimmenden Gesellschafter).

20.5.4 Schaubild zu Vorstufen der GmbH

Zeit (t)			
	t1	t2	t3
Realer Vorgang	A & B vereinbaren GmbH-Gründung.	Notarielle Beurkundung der GmbH-Gründung.	Eintragung der GmbH im Handelsregister.
Gesellschaftsrechtliche Folgen	Entstehung einer „Vorgründungs-Gesellschaft" (GbR oder OHG).	Entstehung der „Vor-GmbH".	Entstehung der GmbH.
Haftung für Schulden	Persönliche Haftung von A & B (§ 128 HGB)	Haftung des Handelnden (§ 11 II GmbHG). Unterbilanz- bzw. Verlustdeckungshaftung (analog § 9 GmbHG).	Haftung nur durch GmbH (§ 13 II GmbHG).

20.6 Die Organe der GmbH

20.6.1 Überblick

Die GmbH hat zwei notwendige Organe: 1048

- Die **Gesellschafterversammlung** als Organ der internen Willensbildung.
- Der **Geschäftsführer** als Exekutivorgan.

Daneben kann eine GmbH drittes Organ haben:

- Der **Aufsichtsrat**, dessen Aufgabe es ist, die Geschäftsführung zu kontrollieren.

20.6.2 Gesellschafter

20.6.2.1 Legitimationswirkung der Gesellschafterliste

Gesellschafter ist, wer Geschäftsanteile an der GmbH hält. Gesellschafter kann 1049 jede natürliche und juristische Person, sowie jede Personengesellschaft sein (Mü-KoGmbH/*Fleischer* §1 Rn. 50 ff.). Nachgewiesen wird die Gesellschafterstellung durch Eintragung in der beim Handelsregister eingereichten **Gesellschafterliste** (§16 I S. 1 GmbHG). Die Berechtigung aufgrund Eintragung in der Gesellschafterliste ist gesetzlich als „unwiderlegliche Vermutung" ausgestaltet: Wer als Gesellschafter in der Liste steht, ist als solcher zu betrachten, wer nicht aufgelistet ist, gilt nicht als Gesellschafter (OLG Jena NJW-RR 2021, 973). Wer nicht in der Gesellschafterliste eingetragen ist, kann also keine Gesellschafterrechte ausüben (BGH NZG 2021, 831). Wie die Gesellschafterliste auszusehen hat, ergibt sich aus §40 I GmbHG.

Miras

1050

Beispiel für eine Gesellschafterliste:

Liste der Gesellschafter
der Fantasia Textilverarbeitungsgesellschaft mbH
mit dem Sitz in Schönkirchen

Gesellschafter	übernommene Geschäftsanteile			
	Laufende Nummer	Nennbetrag jedes Geschäftsanteils in Euro	Jeweilige prozentuale Beteiligung des einzelnen Geschäftsanteils am Stammkapital	Gesamtumfang der Beteiligung des Gesellschafters am Stammkapital als Prozentsatz
Marschall, Marlen, geb. am 5.2.1989, Unter-Schönkirchen	1–2000	1	0,040 %	8 Euro%
Gesellschaft bürgerlichen Rechts mit der Bezeichnung „Fantasia-Beteiligungs-GbR", bestehend aus den Gesellschaftern: Grob, Carmen, geb. am 27.9.1959, Schönstadt Grob, Martina, geb. am 1.3.1988, Schönstadt	2001–12000	1	0,040 %	40 Euro%
Marschall-Jeans GmbH mit dem Sitz in Schönhausen (Amtsgericht Schönhausen, HRB 12345)	12001–25000	1	0,040 %	52 Euro%
Stammkapital: 25 000 Euro				
Ort, Datum, Unterschriften der Geschäftsführer				

Miras

20.6.2.2 Pflichten der Gesellschafter

Die Gesellschafter haben gem. § 14 S. 1 GmbHG als Hauptpflicht ihre gesellschafts- 1051
vertraglich übernommenen Stammeinlagen auf das GmbH-Konto einzuzahlen.

Daneben haben die GmbH-Gesellschafter Treuepflichten (§ 242 BGB), sowohl gegenüber der Gesellschaft als auch gegenseitig. Hierzu gehört beispielsweise, dass
sich Gesellschafter über GmbH-betreffende Vorgänge, die die mitgliedschaftlichen Vermögensinteressen betreffen, vollständig und zutreffend informieren (BGH
NJW 2007, 917).

Im Gesellschaftsvertrag können weitere Verpflichtungen übernommen werden,
beispielsweise vertragliche Wettbewerbsverbote (BGH NJW 1988, 2737).

20.6.2.3 Rechte der Gesellschafter

GmbH-Gesellschafter haben insbesondere folgende Rechte: 1052

- Recht auf **Beteiligung am Gewinn** der GmbH (§ 29 I GmbHG). Der Gewinnanteil des Gesellschafters entspricht dem Verhältnis seines Geschäftsanteils zum
  Stammkapital (§ 29 III GmbHG).
- **Weisungsrecht** gegenüber dem Geschäftsführer (§ 37 I GmbHG).
- **Stimmrecht** in Gesellschaftsangelegenheiten (§ 46 GmbHG).
- Recht auf vollständige **Information** durch den Geschäftsführer (§ 51 a GmbHG).

20.6.2.4 Willensbildung der Gesellschafter

§ 47 GmbHG bestimmt, dass die Willensbildung der Gesellschafter in Form von 1053
Gesellschafterbeschlüssen erfolgt. Beschlüsse werden nach § 48 I GmbHG auf Gesellschafterversammlungen gefasst. Die Einberufung der Gesellschafterversammlung geschieht durch den Geschäftsführer (§ 49 I GmbHG) per eingeschriebener
Briefe an die Gesellschafter (§ 50 II GmbHG), aus denen sich die Punkte, die zur
Abstimmung stehen, ergeben (§ 50 II GmbHG).

Bei der Beschlussfassung gilt das **Mehrheitsprinzip**, wobei die Mehrheit nach Kapitalanteilen ermittelt wird; § 47 II GmbHG (jeder Euro gewährt eine Stimme). Für die
Beschlussfassung reicht die relative Mehrheit der abgegebenen Stimmen aus, es sei
denn, dass das Gesetz oder die GmbH-Satzung etwas anderes vorsehen.

Beispiele:

- Satzungsänderung: 3/4 der abgegebenen Stimmen (§ 53 II GmbHG).
- Auflösungsbeschluss: 3/4 der abgegebenen Stimmen (§ 60 Nr. 2 GmbHG).

20.6.3 Geschäftsführer

20.6.3.1 Allgemeines

Jede GmbH muss mindestens einen Geschäftsführer haben; § 6 I GmbHG. Nach oben 1054
ist die Anzahl unbegrenzt. Die Berufung des Geschäftsführers erfolgt durch Gesellschaftsvertrag oder Gesellschafterbeschluss (§ 46 Nr. 5 GmbHG). Die Gesellschafter
können daher durch Mehrheitsbeschluss die Geschäftsführer jederzeit abberufen
(§ 38 I GmbHG) oder neubestellen. Zwar ist jede Veränderung bei Geschäftsführern

dem Handelsregister anzumelden (§§ 8 Nr. 2, 39 I GmbHG), doch gelten die Beschlüsse zur Abberufung oder Neubestellung unmittelbar. Die Eintragung der Abberufung oder Neubestellung eines Geschäftsführers im Handelsregister hat also keine rechtsbegründende („konstitutive"), sondern nur mitteilende („deklaratorische") Wirkung (BGH NJW-RR 1987, 1318, 1319).

20.6.3.2 Trennung von Dienstvertrag und Organfunktion

1055 Bei Geschäftsführern ist zu unterscheiden zwischen dem Anstellungsvertrag und der Organfunktion (BGH NJW 2003, 351). Der Anstellungsvertrag ist ein Dienstvertrag nach § 611 BGB.

Während für die einseitige Aufhebung des Anstellungsvertrags die Kündigungsvorschriften der §§ 620 ff. BGB gelten, ist die Organstellung des Geschäftsführers gem. § 38 I GmbHG jederzeit widerruflich; hierzu bedarf es nur eines Mehrheitsbeschlusses der Gesellschafter (§ 46 Nr. 5 GmbHG). Dieser Widerruf betrifft jedoch nur die Organfunktion des Geschäftsführers. Liegen die Voraussetzungen zur Beendigung des Anstellungsverhältnisses nicht vor, so hat der Ex-Geschäftsführer als Angestellter weiter einen Anspruch aus Zahlung seines Gehalts, da der Dienstvertrag weiter gilt.

20.6.3.3 Vertretungsbefugnis

1056 Die GmbH wird durch ihre Geschäftsführer vertreten; § 35 I GmbHG. Bei mehreren Geschäftsführern besteht gem. § 35 II S. 1 GmbHG **Gesamtvertretung**; es können also nur alle Geschäftsführer gemeinsam die GmbH vertreten. Von dieser Gesamtvertretung kann durch eine anderslautende Vertretungsregelung im Gesellschaftsvertrag abgewichen werden. Darin kann beispielsweise Einzelvertretungsbefugnis erteilt werden oder die Befugnis, dass bei drei und mehr vorhandenen Geschäftsführern die Vertretung durch zwei Geschäftsführer bzw. durch einen Geschäftsführer und einen Prokuristen ausreicht.

Für den Empfang von Willenserklärungen („Passivvertretung") reicht es nach § 35 II S. 2 GmbHG aus, dass die Willenserklärung, die der GmbH gegenüber abgegeben wird, einem einzigen Geschäftsführer zugeht.

1057 Soll der Geschäftsführer Verträge abschließen können, bei denen er auf der einen Seite die GmbH vertritt und auf der anderen Seite er persönlich oder als Vertreter eines anderen handelt (**Insichgeschäfte**), muss er vom grundsätzlichen Verbot des § 181 BGB befreit werden. Die Befreiung von § 181 BGB muss zu ihrer Wirksamkeit im Gesellschaftsvertrag vorgesehen und im Handelsregister eingetragen sein (BGH NJW 1983, 1676).

> **Beispiel**: A ist Alleingeschäftsführerin der X-GmbH und gleichzeitig Eigentümerin von Geschäftsräumen. Vermietet A ihre Geschäftsräume an die X-GmbH, so ist A persönlich Vermieterin, Mieterin ist die X-GmbH. Da die X-GmbH beim Vertragsschluss gem. § 35 I S. 1 GmbHG durch A vertreten wird, liegt ein Insichgeschäft gem. § 181 BGB vor. A kann den Mietvertrag zwischen sich und der X-GmbH daher nur wirksam abschließen, wenn sie im Gesellschaftsvertrag von § 181 BGB befreit wurde und dies im Handelsregister eingetragen ist.

Im übrigen ist die Vertretungsbefugnis des Geschäftsführers nach außen unbeschränkt und auch unbeschränkbar (§ 37 II GmbHG). Der Geschäftsführer kann die GmbH also im Außenverhältnis unabhängig von internen Weisungen verpflichten.

20.6.3.4 Weisungsabhängigkeit

Im Innenverhältnis ist der Geschäftsführer den Weisungen der Gesellschafter un- 1058
terworfen. Setzt sich der Geschäftsführer im Außenverhältnis darüber hinweg, macht er sich gegenüber der GmbH schadensersatzpflichtig (§ 43 II GmbHG, § 280 I S. 1 BGB).

> **Beispiel**: Die X-GmbH hat A als alleinige Gesellschafterin und G als einzelvertretungsberechtigte Geschäftsführerin. A hat G angewiesen, Verträge mit einem Volumen von über 50.000 Euro nur nach vorheriger schriftlicher Zustimmung durch A abzuschließen. D bietet der X-GmbH den Kauf bestimmter Waren zu 70.000 Euro an. G nimmt das Angebot im Namen der X-GmbH ohne Absprache mit A an.
>
> 1. Der Kaufvertrag zwischen D und der X-GmbH ist wirksam zustande gekommen. Insbesondere wurde die GmbH gem. § 164 I S. 1 BGB ordnungsgemäß vertreten, da G als Geschäftsführerin Vertretungsmacht hat (§ 35 I GmbHG), die gegenüber Dritten nicht beschränkt werden kann (§ 37 II GmbHG). Die 50.000-Euro-Grenze ist im Außenverhältnis also wirkungslos.
>
> 2. Die 50.000-Euro-Grenze gilt aber im Innenverhältnis der X-GmbH zu G. Hat G durch den Kaufvertrag mit D die Geldreserven der GmbH aufgebraucht und benötigt sie deswegen ein Darlehen, kann die GmbH (gem. § 46 S. 2 Nr. 8 GmbHG) für die dafür entstehenden Kosten Ersatz von G aus § 43 II GmbHG verlangen.

20.6.3.5 Pflichten des Geschäftsführers

Den GmbH-Geschäftsführer treffen verschiedene gesetzliche Pflichten: 1059

- **Buchführungspflicht (§ 41 GmbHG):** Die GmbH ist als Handelsgesellschaft (§ 13 III GmbHG) stets Kauffrau (§ 6 HGB) und damit gem. § 238 I S. 1 HGB buchführungspflichtig. Die Erfüllung dieser Pflicht obliegt gem. § 41 GmbHG dem Geschäftsführer.
- **Einberufung der Gesellschafterversammlung (§ 49 I GmbHG):** Die Gesellschafterversammlung muss vom Geschäftsführer einberufen werden, wenn Gesellschafter mit 10 % des Stammkapitals dies beantragen (§ 50 I GmbHG) oder bei Verlust der Hälfte des Stammkapitals (§ 49 III GmbHG).
- **Handelsregister-Anmeldepflichten (§ 78 GmbHG):** Liegt eine eintragungspflichtige Tatsache vor (beispielsweise Satzungsänderung gem. § 54 I S. 1 GmbH), trifft die Antragspflicht den Geschäftsführer.
- **Erfüllung der GmbH-Steuerpflichten (§ 34 I AO):** Geschäftsführer sind als gesetzliche Vertreter der GmbH für die Erfüllung der GmbH-Steuerpflichten verantwortlich.
- **Insolvenzantragspflicht (§ 15a I S. 1 InsO):** Bei Vorliegen eines Insolvenzgrunds bei der GmbH muss der Geschäftsführer unverzüglich den Insolvenzantrag stellen.

Miras

20.6.3.6 Haftung des Geschäftsführers

1060 **Innenhaftung des Geschäftsführers:** „Innenhaftung" ist die Haftung des Geschäftsführers gegenüber der eigenen GmbH. Geschäftsführer sind ihrer GmbH gegenüber nach § 43 I GmbHG verpflichtet, die **Sorgfalt eines ordentlichen Geschäftsmannes** anzuwenden. Geschäftsführer, die ihre Obliegenheiten gegenüber der GmbH verletzen, haften gegenüber der GmbH gem. § 43 II GmbHG auf Schadensersatz. Dieser Schadensersatzanspruch steht allein der GmbH zu, Außenstehende können aus § 43 II GmbHG keine eigenen Ansprüche herleiten. Die Entscheidung, ob die GmbH den eigenen Geschäftsführer auf Schadensersatz in Anspruch nimmt und die entsprechende Vertretung der GmbH im Gerichtsverfahren, liegt bei den Gesellschaftern (§ 46 S. 2 Nr. 8 GmbHG), die hierüber per Mehrheitsbeschluss befinden (§ 47 I GmbHG).

1061 **Außenhaftung des Geschäftsführers:** „Außenhaftung" ist die Haftung des Geschäftsführers gegenüber Dritten. Der Geschäftsführer haftet bei korrekter Vorgehensweise nicht für die Verbindlichkeiten der GmbH, denn vertritt er die GmbH wirksam, treffen die Folgen seiner Willenserklärung gem. § 164 I S. 1 BGB nicht ihn, sondern die GmbH. Der Geschäftsführer haftet gegenüber Dritten jedoch in folgenden Fällen:

- **Weglassen des GmbH-Zusatzes**: Gem. § 4 GmbHG muss die Firma der GmbH einen Hinweis auf die Haftungsbeschränkung enthalten; § 35a I GmbHG ordnet an, dass die Rechtsform auch in jedem Geschäftsbrief angegeben werden muss. Lässt der Geschäftsführer bei der Vertretung der GmbH den „mbH"-Zusatz weg, so kommt der Vertrag zwar mit der GmbH zustande (BGH NJW 2007, 1529, 1530 Rn. 12). Erleidet der Geschäftspartner jedoch aufgrund der Haftungsbeschränkung der GmbH einen Vermögensschaden (weil die GmbH insolvent wird und die dahinterstehenden Gesellschafter wegen § 13 II GmbHG nicht persönlich haften), so muss der Geschäftsführer der GmbH dem Geschäftspartner diesen Schaden gem. § 179 BGB analog ersetzen (BGH NJW 2007, 1529, 1531 Rn. 17). Diese Rechtsprechung gilt entsprechend, wenn eine UG (haftungsbeschränkt) entgegen § 5a I GmbHG gegenüber einem Geschäftspartner als GmbH bezeichnet wird (BGH NJW 2012, 2871).

> **Beispiel**: M ist Geschäftsführerin der „Müller Baustoffhandlung UG (haftungsbeschränkt)", die ein Stammkapital von 1.000 Euro hat. Sie bestellt beim Lieferanten L Ware zum Preis von 10.000 Euro und unterzeichnet mit „M, Geschäftsführerin der Müller Baustoffhandlung GmbH".
>
> Nimmt L die Bestellung an, kommt ein Kaufvertrag zwischen L und der Müller Baustoffhandlung UG (haftungsbeschränkt) zustande. Sollte die UG bei Fälligkeit des Kaufpreises insolvent sein und L mit seiner Kaufpreisforderung ausfallen, haftet M wegen des falschen Rechtsformzusatzes (die UG ist zwar eine GmbH, darf sich aber wegen § 5a I GmbHG nicht so nennen), für den Schaden, der L dadurch entsteht, dass er davon ausging, dass er mit einer „normalen" GmbH und nicht mit einer mit deutlich geringerem Kapital ausgestatteten UG (haftungsbeschränkt) kontrahiert hat, analog § 179 BGB (BGH NZG 2022, 513).

- **Vertretung ohne Vertretungsmacht:** (vgl. Kap. 8.2.4.3) Handelt ein Geschäftsführer, der die GmbH nur mit einem anderen Geschäftsführer gemeinsam vertreten kann, alleine, so hängt die Wirksamkeit des Geschäfts gem. § 177 I BGB von der Genehmigung der anderen Geschäftsführer ab. Wird diese verweigert, so kommt das Geschäft nicht zustande. Der Geschäftsführer haftet dem Geschäftspartner gegenüber nach § 179 BGB.
- **Deliktische Haftung:** (vgl. Kap. 16.2) Begeht der Geschäftsführer im Zusammenhang mit seiner Geschäftsführung eine unerlaubte Handlung nach §§ 823 ff. BGB, so haftet zum einen die GmbH nach § 31 BGB (analog) für den entstandenen Schaden. Daneben haftet aber auch der selbst handelnde Geschäftsführer dem Geschädigten gegenüber persönlich (*Grunewald* § 12 Rn. 77). Die GmbH und der Geschäftsführer haften nach § 840 I BGB gesamtschuldnerisch.

Hinweis: Aufgrund dieser gesetzlichen Haftung empfiehlt es sich dringend, eine Geschäftsführer-Versicherung abzuschließen, auch „D&O-Versicherung" genannt (aus dem Englischen „Directors' and Officers' Liability Insurance").

20.6.3.7 Haftung der GmbH für Geschäftsführerhandeln

Wenn der Geschäftsführer für die GmbH tätig wird, wird dessen Verhalten der GmbH wie folgt zugerechnet: 1062

- **Willenserklärungen:** Willenserklärungen des Geschäftsführers für die GmbH werden der GmbH nach §§ 164 ff. BGB zugerechnet.
- **Pflichtverletzungen im Rahmen von Schuldverhältnissen:** Der Geschäftsführer ist gem. § 35 GmbHG gesetzlicher Vertreter der GmbH. Daher wird der GmbH dessen schuldhaftes Verhalten – ohne Exkulpationsmöglichkeit – nach § 278 BGB zugerechnet.
- **Deliktisches Verhalten:** Verletzt der Geschäftsführer im Zusammenhang mit seiner Organfunktion fremde Rechtsgüter, so haftet er zunächst nach § 823 I BGB selbst. Eine Vorschrift, die das schadensersatzauslösende Verhalten des Geschäftsführers der GmbH ausdrücklich zurechnet, existiert nicht (weder im GmbHG noch im BGB). Nach allgemeiner Ansicht wird hier allerdings die vereinsrechtliche Zurechnungsnorm des **§ 31 BGB analog** angewandt (Grüneberg/*Ellenberger* § 31 Rn. 3).

20.6.3.8 Arbeitsrechtlicher Status von Geschäftsführern

Nach ständiger Rechtsprechung sind GmbH-Geschäftsführer aufgrund ihrer organschaftlichen Leitungsfunktion keine Arbeitnehmer im Sinne des § 611a BGB der GmbH, bei der sie angestellt sind (BGH NJW 2010, 2343 Rn. 7; BAG NZA 2020, 1179). Vielmehr ist der Anstellungsvertrag ein **freies Dienstverhältnis** gem. § 611 BGB. Daher gelten für GmbH-Geschäftsführer keine Arbeitnehmerschutzrechte (unter anderem Kündigungsschutz nach KSchG, Entgeltfortzahlung im Krankheitsfall nach EFZG, Arbeitszeithöchstgrenzen nach ArbZG). 1063

Miras

> **Beispiel**: Die gesetzliche Kündigungsfrist für Geschäftsführerdienstverträge folgt aus § 621 BGB (freier Dienstvertrag), nicht aus § 622 BGB (Arbeitsvertrag); BAG NZA 2020, 1179.

Soweit es jedoch um den Anwendungsbereich des AGG (verbotene Diskriminierung wegen Alters, Geschlechts oder sonstiger verpönter Merkmale) geht, werden Fremdgeschäftsführer als Arbeitnehmer eingestuft, wenn es um diskriminierende Umstände bei der Stellenausschreibung oder Kündigung geht (§ 6 AGG).

> **Beispiele**:
> - Der Fremdgeschäftsführer einer GmbH wird bei Kündigung als Arbeitnehmer iSd § 6 I S. 1 Nr. 1 AGG angesehen, wenn es um Altersdiskriminierung geht (BGH NZA 2019, 706).
> - Auf einen GmbH-Geschäftsführer, dessen Bestellung und Anstellung infolge einer Befristung abläuft und der sich erneut um das Amt des Geschäftsführers bewirbt, sind gem. § 6 III AGG die Vorschriften des Abschnitts 2 des AGG und § 22 AGG entsprechend anwendbar (BGH NJW 2012, 2346).

20.6.4 Der Aufsichtsrat

1064 Der Aufsichtsrat hat die Funktion, die Kontrollrechte der Gesellschafter gegenüber der Geschäftsführung wahrzunehmen (§ 111 I AktG).

20.6.4.1 Fakultativer Aufsichtsrat

1065 § 52 GmbHG überlässt es dem Willen der Gesellschafter, einen Aufsichtsrat für ihre GmbH im Gesellschaftsvertrag vorzusehen (fakultativer Aufsichtsrat).

20.6.4.2 Arbeitnehmer im Aufsichtsrat des Betriebs

1066 Im Geltungsbereich der arbeitsrechtlichen Mitbestimmungsvorschriften ist die Bestellung eines Aufsichtsrates (nicht zu verwechseln mit dem Betriebsrat nach BetrVG) für die GmbH – und dessen Besetzung mit Arbeitnehmervertretern – gesetzlich zwingend vorgeschrieben:

- **Drittelbeteiligung bei über 500 Mitarbeitern:** In Betrieben, die in der Form einer GmbH betrieben werden und mehr als 500 Mitarbeiter beschäftigen, muss ein Aufsichtsrat gebildet werden (§ 1 I Nr. 3 S. 2 DrittelbG). Die Mitglieder des Aufsichtsrats müssen zu 1/3 aus Arbeitnehmervertretern bestehen (§ 4 I DrittelbG). Die übrigen 2/3 werden von den GmbH-Gesellschaftern gewählt.
- **Paritätische Beteiligung bei über 2.000 Mitarbeitern:** In Betrieben, die in der Form einer GmbH betrieben werden und mehr als 2.000 Mitarbeiter beschäftigen (§ 1 I Nr. 1 MitbestG), muss ein Aufsichtsrat gebildet werden (§ 6 I MitbestG). Der Aufsichtsrat setzt sich zur Hälfte aus Arbeitnehmervertretern und zur anderen Hälfte aus Vertretern der Gesellschafter zusammen (§ 7 I MitbestG).

20.7 Veränderungen im Gesellschafterbestand

20.7.1 Allgemeines

Gem. § 15 I GmbHG sind GmbH-Anteile **frei veräußerlich** und vererblich. Vererblich- 1067
keit bedeutet, dass im Todeszeitpunkt des Gesellschafters dessen Geschäftsanteile
auf den Erben übergehen (§ 1922 I BGB). Veräußerbarkeit bedeutet, dass Gesellschafter ihre Geschäftsanteile durch Rechtsgeschäft übertragen können.

20.7.2 Veräußerung

Die Veräußerung bedarf der notariellen Beurkundung. Hier ist nach dem Abstrak- 1068
tionsprinzip zu unterscheiden:

- § 15 III GmbHG betrifft die Abtretung (§§ 398, 413 BGB), also den Übertragungsakt
  als solchen.
- § 15 IV S. 1 GmbHG betrifft die schuldrechtliche Verpflichtung (Kauf-, Tausch-
  oder Schenkungsvertrag).

Durch Gesellschaftsvertrag kann die Abtretung von Geschäftsanteilen nach § 15 V
GmbHG durch eine entsprechende Klausel im Gesellschaftsvertrag beschränkt
werden. Häufig anzutreffen sind sogenannte **Vinkulierungsklauseln**, wodurch die
Abtretung von Geschäftsanteilen von der Zustimmung der Gesellschaft abhängig
gemacht wird.

> **Beispiel**: Vinkulierungsklausel: Die Verfügung eines Gesellschafters über seinen
> Geschäftsanteil bedarf der Zustimmung der Gesellschaft.

§ 40 GmbHG bestimmt, dass der Übergang eines Geschäftsanteils dem Handelsregister durch Einreichung einer aktualisierten Gesellschafterliste mitzuteilen ist.
Soweit an der Veränderung ein Notar mitgewirkt hat, ist gem. § 40 II GmbHG der
Notar für die Einreichung der neuen Liste verantwortlich. Für die Einreichungs-
pflicht der Geschäftsführer gem. § 40 I GmbHG bleibt Raum in Fällen, in denen an
der Veränderung des Gesellschafterbestands kein Notar mitgewirkt hat, beispielsweise, wenn ein Geschäftsanteil durch Vererbung übergegangen ist (MüKoGmbH/
Heidinger § 40 Rn. 146).

20.7.3 Haftung für rückständige Leistungen

Der Erwerber des Geschäftsanteils haftet gem. § 16 II GmbHG für rückständige 1069
Leistungen des Veräußerers auf den Geschäftsanteil (neben dem Veräußerer; die
beiden haften gesamtschuldnerisch).

> **Beispiel**: Der Gesellschafter A der X-GmbH hat eine Stammeinlage von 10.000 Euro
> übernommen, aber bislang nur 6.000 Euro einbezahlt. A veräußert seinen Anteil an
> der X-GmbH an den D. Der Geschäftsführer der X-GmbH wendet sich an A und D
> zur Zahlung der restlichen 4.000 Euro. A beruft sich A darauf, nicht mehr Gesell-
> schafter zu sein und deswegen der Gesellschaft nichts mehr zu schulden. D beruft
> sich darauf, die Stammeinlage nicht gezeichnet zu haben; für fremde Schulden stehe
> er nicht ein. Wie ist die Rechtslage?
>
> D und A sind gem. § 16 II GmbHG gegenüber der X-GmbH als Gesamtschuldner
> verpflichtet, die fehlenden 4.000 Euro (rückständige Leistungen) zu zahlen.

Miras

20.7.4 Gutgläubiger Erwerb von Geschäftsanteilen

1070 Durch § 16 III GmbHG besteht die Möglichkeit des gutgläubigen Erwerbs von GmbH-Geschäftsanteilen. Der entscheidende Anknüpfungspunkt ist die Gesellschafterliste: § 16 III GmbHG enthält die Vermutung für die Richtigkeit der gem. §§ 8 I Nr. 3, 40 GmbHG beim Handelsregister eingereichten Gesellschafterliste. Der gutgläubige Erwerber darf sich auf die Rechtsinhaberschaft des in der Gesellschafterliste eingetragenen Veräußerers verlassen, soweit die fehlerhafte Eintragung seit mindestens drei Jahren besteht (S. 2) und kein Widerspruch hiergegen eingetragen ist (S. 3).

Derjenige, der aufgrund eines gutgläubigen Erwerbs gem. § 16 III GmbHG einen GmbH-Anteil verliert, hat gegenüber dem Veräußerer gem. § 816 I S. 1 BGB ein Recht auf „Herausgabe des durch die Verfügung Erlangten" (vgl. 16.4.3.1).

20.8 Die Finanzverfassung der GmbH

20.8.1 Ziel: Gläubigerschutz

1071 Da die Gesellschafter der GmbH für die Verbindlichkeiten der GmbH gem. § 13 II GmbHG nicht haften, soll aus Gründen des Gläubigerschutzes gewährleistet sein, dass die GmbH ein Mindestmaß an Vermögen hat, auf das die Gesellschaftsgläubiger zugreifen können. Der Gläubigerschutz wird durch zwei Prinzipien des GmbH-Rechts angestrebt:

- Grundsatz der Kapitalaufbringung.
- Grundsatz der Kapitalerhaltung.

Nach der Rechtsprechung sind diese Prinzipien „das Kernstück des GmbH-Rechts" (BGH NJW 1958, 1351). Sie ergeben sich aus §§ 19, 30 GmbHG.

20.8.2 Grundsatz der Kapitalaufbringung

20.8.2.1 Realer Kapitalzufluss

1072 Der Kapitalaufbringungsgrundsatz wird aus § 19 GmbHG abgeleitet. Danach sind die Gesellschafter verpflichtet, das vereinbarte Stammkapital der Gesellschaft real zur Verfügung zu stellen. Die erbrachte Einlage muss sich gem. § 8 II GmbHG „endgültig in der freien Verfügung der Geschäftsführer" befinden. Dies ist dann der Fall, wenn die Einlagesumme „tatsächlich, vollwertig, unbeschränkt und definitiv dem Vermögen der Gesellschaft zufließt" (OLG München BeckRS 2016, 18630). Im Normalfall geschieht dies durch Überweisung des Geldbetrags auf das Konto der (Vor-)GmbH. Nutzt ein Gesellschafter, der gleichzeitig Geschäftsführer ist, sein eigenes Bankkonto zugleich als Geschäftskonto der GmbH, führt die Überweisung des Einlagebetrags auf dieses Konto noch zu keinem wirksamen Zufluss (BGH NJW 2001, 1647, 1648). Vielmehr muss der Geschäftsführer die einbezahlten Einlagen **deutlich von seinem Privatvermögen trennen** (KG NZG 2021, 747, 748 Rn. 9; OLG Oldenburg NZG 2008, 32, 35).

20.8.2.2 Umgehung durch verdeckte Sacheinlage

1073 Eine **verdeckte Sacheinlage** gem. § 19 IV GmbHG liegt vor, wenn der zur Geldeinlage verpflichtete Gesellschafter pro forma den Geldbetrag an die GmbH überweist, gleichzeitig aber mit der GmbH eine Vereinbarung trifft, wonach diese zur Zahlung eines Geldbetrages an den Gesellschafter verpflichtet ist.

> **Beispiel**: Der Gesellschafter bezahlt an die GmbH seine Geldeinlage in Höhe von 25.000 Euro. Im unmittelbaren Anschluss daran verkauft der Gesellschafter an die GmbH Waren im Wert von 25.000 Euro. Er liefert die Waren und erhält von der GmbH den Kaufpreis in Höhe von 25.000 Euro.

In den Worten des BGH geschieht hier mit der Geldeinlage das gleiche wie mit „einem geworfenen Ball, der an einem Gummiband hängt und wieder zurückschnellt" (BGH NJW 1959, 383, 384).

Zwar hat die verdeckte Sacheinlage gem. § 19 IV S. 1 GmbHG keine befreiende Erfüllungswirkung im Sinne des § 362 BGB, doch sind nach § 19 IV S. 2 GmbHG sowohl das schuldrechtliche Grundgeschäft als auch der dingliche Vollzug der verdeckten Sacheinlage wirksam. Die dadurch in das Gesellschaftsvermögen integrierte (verdeckte) Sacheinlage wird gem. § 19 IV S. 3 GmbHG wertmäßig auf die an sich geschuldete Geldeinlageverpflichtung angerechnet, und zwar mit dem Wert, den der Gegenstand der verdeckten Sacheinlage im Zeitpunkt der Handelsregisteranmeldung oder – falls die verdeckte Sacheinlage später erfolgt – im Zeitpunkt der Überlassung hat. Die Beweislast im Hinblick auf die Werthaltigkeit des verdeckt eingebrachten Gegenstands obliegt gem. § 19 IV S. 5 GmbHG dem Gesellschafter.

20.8.3 Grundsatz der Kapitalerhaltung

20.8.3.1 Kapitalauszahlungsverbot

§ 30 GmbHG verbietet es, dass den Gesellschaftern das Kapital, das zur Erhaltung **1074** des Stammkapitals erforderlich ist, ausbezahlt wird. § 31 GmbHG ordnet an, dass Auszahlungen, die entgegen § 30 GmbHG erfolgten, der GmbH zu erstatten sind. §§ 30, 31 GmbHG dienen dem Schutz der Gläubiger, da sie vor einem Entzug der Haftungsmasse durch die Gesellschafter geschützt werden sollen.

20.8.3.2 Weite Auslegung

Unter die nach § 30 I GmbHG verbotenen Auszahlungen an die Gesellschafter fallen **1075** nicht nur reine Auszahlungsvorgänge, sondern auch sämtliche Umgehungsgeschäfte. Eine Auszahlung im Sinne des § 30 I GmbHG liegt vor, wenn ein Gesellschafter bei einem Geschäft mit der GmbH bessere Konditionen erhält, als sie ein außenstehender Dritter erhalten würde, denn dies belegt, dass der Gesellschafter seinen Einfluss auf die Gesellschaft ausgenutzt hat (OLG Dresden GmbHR 2002, 1245).

> **Beispiel**: Verzicht der GmbH auf Zahlungsansprüche gegen Gesellschafter; dazu gehört auch das gezielte Verlieren eines Prozesses der GmbH gegen den Gesellschafter durch Ablaufenlassen einer Frist (BGH NJW 2009, 2127, 2131 Rn. 42).

20.8.3.3 Unterbilanz

Voraussetzung für § 30 I GmbHG ist, dass durch das Geschäft der GmbH mit dem **1076** Gesellschafter eine Unterbilanz entsteht oder vertieft wird (BGH NZG 2017, 658).

Miras

Eine Unterbilanz liegt vor, wenn das Reinvermögen der Gesellschaft (Aktiva abzüglich der Verbindlichkeiten und Rückstellungen) nicht das Stammkapital deckt.

> **Beispiel**: Das Stammkapital der GmbH beträgt 25.000 Euro. Das Aktivvermögen beträgt 37.000 Euro, die Verbindlichkeiten der GmbH belaufen sich auf 15.000 Euro. Gesellschafter A verkauft der GmbH sein Auto, das einen Marktwert von 10.000 Euro hat, zum Preis von 20.000 Euro.
>
> Das Reinvermögen der GmbH beträgt 22.000 Euro. Die GmbH befindet sich also mit 3.000 Euro in Unterbilanz. Daher ist der Kaufvertrag zwischen A und der GmbH unter Sonderkonditionen zugunsten des A ein Verstoß gegen § 30 I GmbHG.

20.8.3.4 Rechtsfolge

1077 Auszahlungen, die gegen § 30 GmbHG verstoßen, müssen gem. § 31 I GmbHG der Gesellschaft zurückerstattet werden. Der Anspruch verjährt nach zehn Jahren (§ 30 V GmbHG).

20.8.4 Zusammenfassung: Wesen des Stammkapitals

1078 Aus den vorgenannten Kapitalgrundsätzen ergeben sich folgende Feststellungen zum Wesen des Stammkapitals (*Langenfeld/Miras* Rn. 42 ff.):

- **Gläubigerschutz:** Das Stammkapital dient dem Gläubigerschutz. §§ 19, 30 GmbHG sollen verhindern, dass Gesellschafter ihren Einfluss auf die Gesellschaft dazu ausnutzen, der GmbH dieses Kapital vorzuenthalten.
- **Volle Einzahlung geschuldet:** Die Nennbeträge der Geschäftsanteile werden in voller Höhe geschuldet. Die Möglichkeit zur Teileinzahlung gem. § 7 II GmbHG ist lediglich eine Verfahrensvorschrift zur Handelsregisteranmeldung. Gem. § 19 I GmbHG schulden die Gesellschafter die volle Einzahlung der von ihnen übernommenen Einlagen.
- **Freie Verwendung:** Die auf das Stammkapital geleisteten Mittel (Geld- oder Sacheinlagen) dürfen frei verwendet werden. Das zur Stammeinlage geleistete Geld muss nicht im Tresor oder auf einem Festgeldkonto gelagert werden, um im Bedarfsfall den Gläubigern zur Verfügung zu stehen. Vielmehr dürfen die Mittel im Geschäftsleben frei eingesetzt werden. Sie dürfen also zum Erwerb von Produktionsmitteln und zur Zahlung laufender Ausgaben (Mieten, Mitarbeiter- und Geschäftsführergehälter) verwendet und im laufenden Geschäftsbetrieb verbraucht werden. Verboten ist nur die Rückzahlung des zur Erhaltung des Stammkapitals erforderlichen Vermögens an die Gesellschafter (§ 30 GmbHG).
- **Gewinnausschüttungen:** Reinvermögen, das über der Stammkapitalziffer liegt, darf gem. § 29 I GmbHG an die Gesellschafter ausgezahlt werden, soweit nach § 46 Nr. 1 GmbHG ein entsprechender Gesellschafterbeschluss vorliegt. Bei der UG (haftungsbeschränkt) muss gem. § 5a III GmbHG ein Viertel des Überschusses als Rücklage einbehalten werden.
- **Keine Nachschusspflicht:** Die Gesellschafter schulden die Einzahlung auf die Stammeinlage nur einmal. Es besteht keine gesetzliche Verpflichtung der Gesellschafter, verbrauchtes Gesellschaftsvermögen aufzufüllen (Nachschusspflichten können allenfalls durch eine entsprechende Satzungsklausel festgelegt werden; §§ 26 ff. GmbHG).

Miras

- **Keine Überschuldung infolge verbrauchten Stammkapitals:** Das Stammkapital wird zwar auf der Passivseite bilanziert („Eigenkapital" gem. § 266 III A I HGB), doch sind Eigenkapitalposten im Überschuldungstatus auszublenden (MüKoGmbHG/*Müller* § 64 Rn. 37). Solange das Gesellschaftsvermögen die übrigen Passiva deckt, ist die Gesellschaft nicht überschuldet.
- **Stammkapital entspricht nicht dem aktuellen Vermögen:** Die Stammkapitalziffer sagt nichts über den Vermögensstand der GmbH aus. Eine GmbH mit niedrigem Stammkapital kann „reich", eine GmbH mit hohem Stammkapital kann „arm" sein.

20.9 Die Durchgriffshaftung gegenüber Gesellschaftern

20.9.1 Grundsatz und Durchbrechung

Grundsätzlich haften die Gesellschafter der GmbH nicht für die Verbindlichkeiten **1079** ihrer Gesellschaft (§ 13 II GmbHG). Dies gilt auch dann, wenn die Gesellschafter die Zahlungsunfähigkeit ihrer Gesellschaft durch Missmanagement verursacht haben. Allerdings hat die Rechtsprechung in bestimmten Einzelfällen den Durchgriff der GmbH-Gläubiger auf das Privatvermögen der Gesellschafter zugelassen (Durchgriffshaftung). Dabei betont die Rechtsprechung jedoch das **Trennungsprinzip**, wonach das Vermögen der GmbH und das ihrer Gesellschafter deutlich auseinandergehalten werden müssen: „über die Rechtsform der juristischen Person darf nicht leichtfertig oder schrankenlos hinweggegangen werden" (BGH NJW 1956, 785, 786; OLG Naumburg NJW-Spezial 2008, 561). Das Trennungsprinzip muss allerdings weichen, wenn die Rechtsfigur der juristischen Person entgegen Treu und Glauben oder den guten Sitten (§§ 242, 826 BGB) missbraucht würde.

20.9.2 Fälle der Durchgriffshaftung

Die Rechtsprechung zur Durchgriffshaftung ist stark einzelfallbezogen. Sie kommt **1080** meist zum Tragen, wenn die GmbH als eigentliche Schuldnerin zahlungsunfähig ist und die Gläubiger sich an die Gesellschafter wenden. Von der Rechtsprechung sind folgende Fallgruppen anerkannt:

20.9.2.1 Rechtsformmissbrauch

Wer eine juristische Person dazu missbraucht, einer Haftung zu entgehen, die bei **1081** sachgerechter Konstruktion ihn persönlich getroffen hätte, haftet persönlich, wenn die juristische Person (wie vorgesehen) zahlungsunfähig wird (BGH NJW 1970, 2015, 2016; NJW 2002, 3024, 3025).

> **Beispiel**: Grundeigentümer G gründet eine GmbH zum ausschließlichen Zweck, Werkverträge mit Handwerkern zum Bau eines Hauses abzuschließen. Das Stammkapital (25.000 Euro) wird korrekt eingezahlt. Die Bauleistungen erfolgen auf dem Grundstück, das in Gs Privatvermögen steht. Als die ersten Handwerkerrechnungen fällig werden, meldet G für die GmbH Insolvenz an. Haben die Handwerker Pech gehabt?

Miras

Hier wurde die GmbH dazu missbraucht, den Handwerkern das Haftungsobjekt für ihre Werklohnansprüche zu entziehen (das Haus gehört wegen §§ 946, 94 BGB dem G persönlich). Daher haftet G aus § 826 BGB persönlich für die Werklohnansprüche der Handwerker. (Vereinfachung des Falles aus BGH NJW 1988, 255)

20.9.2.2 Vermögensvermischung

1082 Werden die Vermögenssphären zwischen GmbH und Gesellschafter durch undurchsichtige Buchführung vermischt („Waschkorbbuchhaltung"), so dass sich „nicht ermitteln läßt, welcher Vermögensgegenstand zum Gesellschafts- und welcher zum Privatvermögen gehört" (BGH NJW 1985, 740), haftet der Gesellschafter, der die Vermögensvermischung verursacht hat, für die GmbH-Schulden persönlich (BGH NJW 1994, 1801, 1802). Nach BGH darf die Verschleierung der Abgrenzung von Privat- und Gesellschaftsvermögen nicht zu Lasten der GmbH-Gläubiger gehen (BGH NJW 2006, 1344).

20.10 Auflösung der GmbH

1083 Die Auflösung der GmbH geschieht nach §§ 60 ff. GmbHG. Die Auflösung läuft in mehreren Schritten ab:

- Vorliegen eines Auflösungsgrundes (§ 60 I Nr. 1 bis 7 GmbHG)
- Anmeldung der Auflösung beim Handelsregister (§ 65 GmbHG)
- Liquidation der GmbH (§§ 66 ff. GmbHG), dh Berichtigung von Schulden und Aufteilung des eventuell verbleibenden Vermögens unter den Gesellschaftern entsprechend ihrer Geschäftsanteile (nach Ablauf eines Sperrjahres gem. § 73 I GmbHG)
- Anmeldung des Schlusses der Liquidation beim Handelsregister; § 74 I GmbHG.

Die Existenz der GmbH endet mit der Löschung aus dem Handelsregister (§ 74 I S. 2 GmbHG).

20.11 Die GmbH & Co. KG

20.11.1 Allgemeines

1084 Die GmbH & Co. KG ist keine eigene Gesellschaftsform, sondern entsteht aus der **Verschachtelung zweier Gesellschaften**. Es handelt sich um eine Kommanditgesellschaft, deren persönlich haftende Gesellschafterin eine GmbH ist. Zur Konstruktion ist die Gründung von zwei Gesellschaften nötig: einer GmbH und einer KG (an der sich die zuvor gegründete GmbH als persönlich haftende Gesellschafterin beteiligt). Die GmbH & Co. KG wird häufig als „Kind des Steuerrechts" bezeichnet (*Goette* NJW 2002, 2694), weil sie mit dem Ziel konzipiert wurde, für die dahinterstehenden Gesellschafter eine niedrigere steuerliche Gesamtbelastung zu erreichen als es mit einer GmbH möglich wäre.

20.11.2 Typen der GmbH & Co. KG

1085 Als Typen der GmbH & Co. KG lassen sich unterscheiden (*Langenfeld/Miras* Rn. 118 ff.):

- die personengleiche GmbH & Co. KG, bei der dieselben Personen sowohl Gesellschafter der GmbH wie auch der KG sind,
- die personenverschiedene GmbH & Co. KG, bei der der Kreis der weisungsbefugten GmbH-Gesellschafter kleiner ist als der Kreis der Kommanditisten, und
- die Einheits-GmbH & Co. KG, bei der die KG Alleingesellschafterin der GmbH ist.

In der Praxis am häufigsten anzutreffen ist die personengleiche GmbH & Co. KG, auf die sich diese Darstellung beschränkt.

20.11.3 Personengleiche GmbH & Co. KG

20.11.3.1 Konstruktion

Bei der personengleichen GmbH & Co. KG sind die Gesellschafter der GmbH (die **1086** bei der KG die persönliche Haftung übernimmt) gleichzeitig auch Kommanditisten der KG.

Schaubild einer personengleichen GmbH & Co. KG   1087

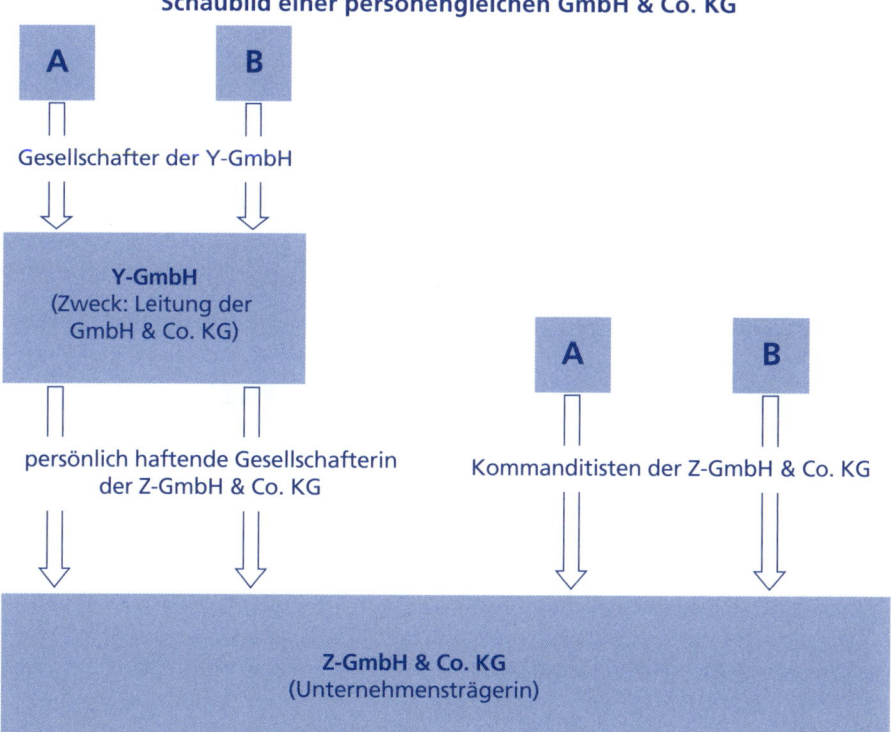

Unternehmensträgerin ist die KG, sie betreibt das operative Geschäft. Die KG wird **1088** durch ihren persönlich haftenden Gesellschafter geführt und vertreten (§§ 161 II, 114 I, 125 I HGB). Persönlich haftende Gesellschafterin der KG ist die GmbH, die wiederum von deren Geschäftsführer geführt wird (§ 35 I GmbHG). Schließt eine GmbH & Co. KG Geschäfte ab, so tut sie dies durch eine Doppelvertretung.

Beispiel: In einem Kaufvertrag, in dem eine GmbH & Co. KG als Verkäuferin auftritt, wird dies im Urkundeneingang wie folgt bezeichnet:

Verkäuferin ist die Z GmbH & Co. KG (eingetragen im Handelsregister des Amtsgerichts Osnabrück unter HRA 123456), vertreten durch ihre persönlich haftende Gesellschafterin, der Y-GmbH (eingetragen im Handelsregister des Amtsgerichts Osnabrück unter HRB 456789), diese wiederum vertreten durch ihre einzelvertretungsbefugte Geschäftsführerin Gabrielle Maier, geb. am 23.12.1995, Geschäftsanschrift: Marie-Curie-Straße 2, Osnabrück.

20.11.3.2 Spezialfall: Ein-Personen-GmbH & Co. KG

1089 Eine spezielle Variante der personengleichen GmbH & Co. KG ist die sogenannte Ein-Personen-GmbH & Co. KG, bei der nur eine einzige natürliche Person (im Folgenden „N" genannt) hinter der ganzen Konstruktion steckt. Dabei wird das Prinzip, nachdem eine Personengesellschaft mindestens zwei Gesellschafter haben muss (*Kindler* § 10 Rn. 30), formal korrekt eingehalten.

1090 **Schaubild einer Ein-Personen-GmbH & Co. KG**

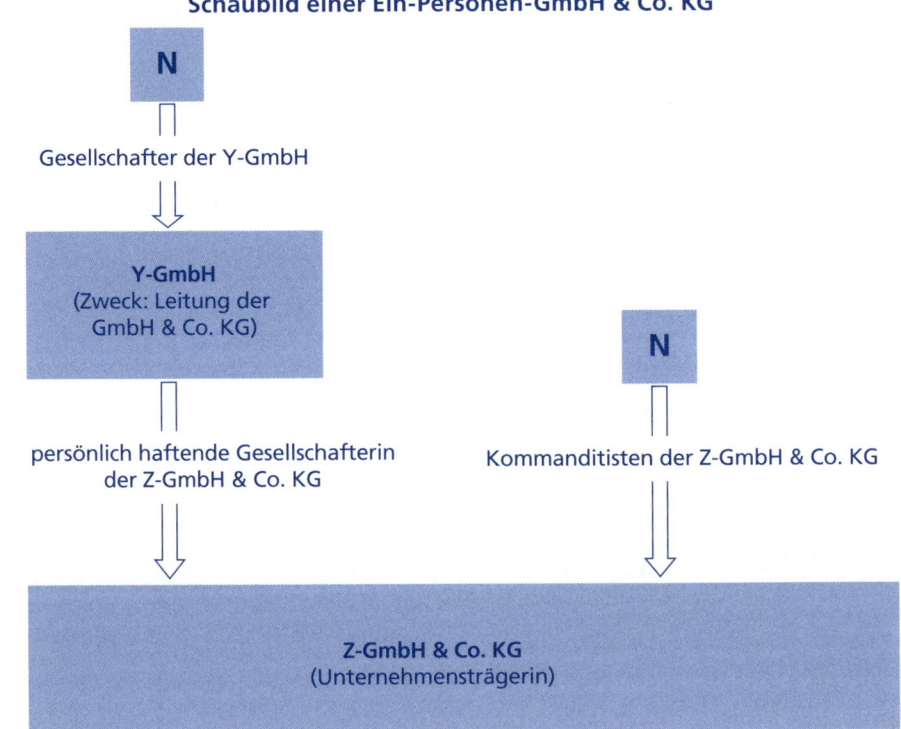

N

Gesellschafter der Y-GmbH

Y-GmbH
(Zweck: Leitung der GmbH & Co. KG)

N

persönlich haftende Gesellschafterin der Z-GmbH & Co. KG

Kommanditisten der Z-GmbH & Co. KG

Z-GmbH & Co. KG
(Unternehmensträgerin)

Die Konstruktion der Ein-Personen-GmbH & Co. KG geschieht wie folgt: 1091

- N gründet eine GmbH (nach § 1 GmbHG mit nur einem Gründer möglich) und beruft sich selbst zum alleinigen und von dem Selbstkontrahierungsverbot des § 181 BGB befreiten Geschäftsführer der GmbH.
- N schließt mit der neugegründeten GmbH einen Vertrag zur Gründung einer KG. Dabei übernimmt die GmbH die Rolle der persönlich haftenden Gesellschafterin und N persönlich die Rolle des Kommanditisten.
- Mit der Einzahlung der Kommanditeinlage an die KG ist die Haftung des N für Verbindlichkeiten der KG als Kommanditist ausgeschlossen (§ 171 I, 2. Halbsatz HGB). Für die Verbindlichkeiten der KG haftet neben der KG auch die GmbH (§§ 128, 161 II HGB). Da N wegen § 13 II GmbHG für die Verbindlichkeiten der GmbH nicht einzustehen hat, trifft N keinerlei persönliche Haftung für die KG-Verbindlichkeiten.
- Die KG wird durch die GmbH vertreten (§§ 125, 161 II HGB), wobei die GmbH gem. § 35 I GmbHG durch ihren alleinigen Geschäftsführer N vertreten wird. Im Ergebnis vertritt also N die KG.

? Kontrollfragen und Aufgaben

1. Haftet eine GmbH für ihre Schulden nur beschränkt?   → Rn. 1020
2. Sind Gesellschafter und Geschäftsführer einer GmbH stets vor persönlicher Haftung geschützt, wenn sie für ihre GmbH tätig werden?   → Rn. 1020
3. Was ist zu beachten, wenn ein Gesellschafter seine Stammeinlage dadurch erbringt, dass er der GmbH nicht Geld, sondern einen anderen Vermögensgegenstand überträgt?   → Rn. 1028
4. Wieviele Menschen sind mindestens nötig, um eine GmbH zu gründen und dauerhaft zu führen?   → Rn. 1032
5. Durch welchen Akt beginnt die Existenz der GmbH?   → Rn. 1035
6. Welche Vorstufen der GmbH gibt es und wie entstehen sie?   → Rn. 1041 ff.
7. Warum sollte den Gründern einer GmbH davon abgeraten werden, vor Eintragung der GmbH im Handelsregister mit den Geschäften zu beginnen?   → Rn. 1046
8. Kann jemand GmbH-Geschäftsführer sein, ohne im Handelsregister eingetragen zu sein?   → Rn. 1054
9. Kann sich ein Fremdgeschäftsführer auf den gesetzlichen Kündigungsschutz berufen?   → Rn. 1063
10. Muss das Vermögen, das zur Deckung des Stammkapitals dient, unangetastet bleiben?   → Rn. 1074
11. Müssen die Gesellschafter das Vermögen der GmbH stets auf Höhe des Stammkapitals halten?   → Rn. 1078
12. In welchen Situationen kommt es zur Durchgriffshaftung gegenüber den GmbH-Gesellschaftern?   → Rn. 1080 ff.
13. Kann ein einzelner Mensch eine GmbH & Co. KG allein gründen und führen?   → Rn. 1089 ff.

Aufgabe (Bachelor-Niveau)

A ist an der X-GmbH mit einem Geschäftsanteil von 10.000 Euro beteiligt. Sie wird in der beim Handelsregister eingereichten Gesellschafterliste geführt (dort als „Geschäftsanteil Nr. 1" bezeichnet). Am 1.7.2019 verkauft A den „Geschäftsanteil Nr. 1" an Y durch notariellen Vertrag. Der Kaufpreis von 12.000 Euro wird im Notartermin per Sofortüberweisung bezahlt, anschließend wird die Abtretung des Geschäftsanteils von A an Y beurkundet. Aufgrund eines Büroversehens beim Notar wird entgegen § 40 II GmbHG keine aktualisierte Gesellschafterliste beim Handelsregister eingereicht. A bemerkt, dass sie weiterhin in der Gesellschafterliste als Gesellschafterin geführt wird und nutzt die Gelegenheit, den „Geschäftsanteil Nr. 1" an Z für 15.000 Euro zu verkaufen. Z weiß von der Übertragung an Y nichts. Kaufvertrag samt Abtretung zwischen A und Z werden am 1.12.2022 bei einer anderen Notarin beurkundet, die die aktualisierte Gesellschafterliste (mit Z als neuem Gesellschafter) beim Handelsregister einreicht.

1. Wer ist Inhaber des Geschäftsanteils Nr. 1 der X-GmbH?
2. Welche Rechte hat derjenige der beiden Erwerber (Y oder Z), der hinsichtlich des Geschäftsanteils Nr. 1 leer ausgegangen ist, gegenüber A?

Frage 1

Zunächst war A Inhaberin des Geschäftsanteils Nr. 1 an der X-GmbH. Durch notariell beurkundete Abtretung (§§ 398, 413 BGB iVm § 15 III GmbHG) vom 1.7. ging der „Geschäftsanteil Nr. 1" auf Y über.

Y könnte die Inhaberschaft am „Geschäftsanteil Nr. 1" allerdings nachträglich verloren haben. Zwar hat Y über seinen Anteil nicht verfügt, doch könnte die Abtretung von A an Z vom 1.12. ihm gegenüber wirksam geworden sein. Zwar war A am 1.12. nicht mehr Inhaberin des Geschäftsanteils und daher nicht zur Übertragung befugt, doch greift hier der gutgläubige Erwerb gem. § 16 III GmbHG. Da A im Zeitpunkt der Veräußerung (am 1.12.) länger als drei Jahre als Gesellschafter in der Gesellschafterliste eingetragen war und Z keinen Anlass hatte, an der Inhaberschaft von A zu zweifeln, ist Z durch notarielle Abtretung am 1.12. Inhaber des Geschäftsanteils Nr. 1 geworden.

Ergebnis: Z ist Inhaber des Geschäftsanteils Nr. 1 der X-GmbH.

Frage 2

Y könnte gegenüber A einen Anspruch auf Herausgabe von 15.000 Euro aus § 816 I S. 1 BGB haben.

Hierzu müsste A als Nichtberechtigte eine Verfügung über einen Gegenstand getroffen haben, die Y gegenüber wirksam war. Bei der Abtretung des Geschäftsanteils Nr. 1 am 1.12. gegenüber Z war A nicht mehr Inhaberin des Geschäftsanteils, da sie den Geschäftsanteil am 1.7. wirksam an Y abgetreten hatte. Y war zwar nicht in der Gesellschafterliste aufgeführt, aber dennoch materiell-rechtlicher Inhaber des Geschäftsanteils. Bei der Abtretung an Z am 1.12. war A also Nichtberechtigte. Da A noch in der Gesellschafterliste stand und Z hinsichtlich As Inhaberschaft gutgläubig war, kam es gem. § 16 III GmbHG zu einem Übergang des GmbH-Anteils auf Z, so dass Y seine Inhaberschaft am Geschäftsanteil verlor. A hat also als Nichtberechtigte eine Verfügung getroffen, die Y gegenüber wirksam war.

A muss das aus der Verfügung Erlangte herausgeben. Dies ist der Kaufpreis in Höhe von 15.000 Euro, den A gegenüber Z erzielt hat.

Ergebnis: Y kann von A die Zahlung von 15.000 Euro verlangen.

21 Die Aktiengesellschaft

Literatur: *Goette/Goette*, Managerhaftung: Abgrenzung unternehmerischer Entscheidungen nach Maßgabe der Business Judgement Rule von pflichtverletzendem Handeln, DStR 2016, 815; *Grüneberg*, Bürgerliches Gesetzbuch, 81. Aufl. 2022; *Grunewald*, Gesellschaftsrecht, 11. Aufl. 2020; *Hölters/Weber*, Aktiengesetz, 4. Auflage 2022; *Kindler*, Grundkurs Handels- und Gesellschaftsrecht, 9. Aufl. 2019; *Bayer/Lieder/Hoffmann*, Bundesweite Rechtstatsachen zum Unternehmens- und Gesellschaftsrecht (Stand 1.1.2022), GmbHR 2022, 777; *Langenfeld/Miras*, GmbH-Vertragspraxis, 8. Aufl. 2019; Münchener Kommentar zum HGB, 5. Aufl. 2021; *Mentz/Fröhling*, Die Formen der rechtsgeschäftlichen Übertragung von Aktien, NZG 2002, 201; Münchener Kommentar zum AktG, 5. Aufl. 2019 (Band 1); *Wagner*, Bundesliga Going Public: Traumpaß oder Eigentor?, NZG 1999, 469; *Windbichler*, Gesellschaftsrecht, 24. Aufl. 2017.

21.1 Überblick

Allgemeines: Die Aktiengesellschaft wird üblicherweise mit „AG" abgekürzt. Die 1092 AG ist zwar von ihrer Form zur anonymen Kapitalbeschaffung an der Börse prädestiniert (§3 II AktG), doch nur knapp über 3 % der AGs sind börsennotiert (im Jahr 2020: 438 von circa 14.000; vgl. www.statista.com, „Anzahl der börsennotierten Unternehmen in Deutschland").

Rechtsquellen: Die AG ist im Aktiengesetz (AktG) geregelt. Dort finden sich Vor- 1093 schriften zur Gründung, Innenorganisation, Auftreten der Gesellschaft nach außen und Auflösung. Allerdings gibt es auch in anderen Gesetzen Vorschriften, die sich mit der AG befassen, unter anderem im HGB, im UmwandlungsG, im Drittbeteiligungs- und MitbestimmungsG.

Wirtschaftliche Bedeutung: Am 01.01.2022 waren in deutschen Handelsregistern 1094 13.615 Aktiengesellschaften eingetragen (*Bayer/Lieder/Hoffmann*, GmbHR 2022, 777, 779). Zahlenmäßig stehen AGs den GmbHs damit zwar nur im Verhältnis 1:100 gegenüber, doch spielen AGs im Wirtschaftsleben deswegen eine wichtige Rolle, weil sie in Deutschland traditionell die Rechtsform der Großunternehmen sind (beispielsweise Automobilhersteller, Versicherungen und Banken).

Grundlegendes:

- Die AG ist eine **juristische Person** (§1 I S.1 AktG), die ihren Gläubigern **nur mit** 1095 **dem Gesellschaftsvermögen haftet** (§1 I S.2 AktG).
- Das **Mindestkapital** der AG beträgt 50.000 Euro (§7 AktG). Darüber liegende Beträge müssen auf volle Euro lauten (§8 II S.4 AktG).
- Die **Existenz der AG** beginnt mit der Eintragung im Handelsregister (§41 I S.1 AktG), sie endet mit der Löschung aus dem Handelsregister (§273 I S.2 AktG).
- Alle AGs sind unabhängig vom Unternehmensgegenstand stets Handelsgesellschaften (§3 I AktG) und damit gem. §6 II HGB **Formkaufleute** (MüKoHGB/ *Karsten Schmidt* §6 Rn.9), so dass auf sie sämtliche HGB-Regeln für Kaufleute anwendbar sind.

Beispiele:

* Buchführungspflicht; § 238 I S. 1 HGB.
* Regeln des Handelskaufs; §§ 373 ff. HGB, insbesondere die Rügeobliegenheit gem. § 377 I HGB.

21.2 Das Wesen der Aktie

21.2.1 Bedeutungsvielfalt des Aktien-Begriffs

1096 Der Begriff der Aktie hat dreifache Bedeutung (*Windbichler* § 25 Rn. 6):

* Bruchteil des Grundkapitals
* Mitgliedschaftsrecht
* Wertpapier

21.2.2 Aktie als Bruchteil des Grundkapitals

1097 § 8 AktG bestimmt die beiden möglichen **Aktienarten**: Nennbetrags- und Stückaktien. Für eine Aktiengesellschaft kann nur eine Aktienart gewählt werden („entweder oder"; es ist also keine Mischung beider Aktienarten innerhalb einer AG zulässig).

* Nennbetragsaktien müssen gem. § 8 II AktG auf volle Euro-Beträge lauten. Die Summe der Nennbeträge muss mit dem Grundkapital übereinstimmen (MüKo-AktG/*Heider* § 8 Rn. 46).
* Stückaktien repräsentieren eine anteilige Beteiligung am Grundkapital; sie lauten gem. § 8 III S. 1 AktG auf keinen Nennbetrag. Gem. § 8 III S. 2 AktG sind alle Stückaktien am Grundkapital gleich beteiligt.

Lediglich bei der ersten Ausgabe der Aktien ist der Nennbetrag bzw. der auf die Stückaktie entfallende Betrag des Grundkapitals von Bedeutung: Gem. § 9 I AktG müssen die Gründer (= ersten Aktionäre; § 28 AktG) mindestens den Ausgabebetrag (Nominalwert der Nennbetragsaktie bzw. Anteilswert der Stückaktie) an die AG bezahlen.

Nach der Ausgabe der Aktien an die Gründer haben die Nominal-Beträge (die sich bei Nennbetragsaktien direkt aus der aufgedruckten Euro-Angabe und bei Stückaktien durch anteilsmäßige Berechnung ergeben) nur den Zweck, die **prozentuale Beteiligung** des Aktionärs an der AG zu ermitteln. Was eine Aktie nach ihrer Ausgabe wert ist, bestimmt der Markt (bei börsennotierten AGs die Börse als staatlich regulierter Markt gem. § 3 II AktG). Daher lassen sich auch aus dem Grundkapital der AG keine Rückschlüsse auf das Vermögen der AG oder gar ihren Marktwert ziehen (MüKoAktG/*Heider* § 6 Rn. 7).

21.2.3 Aktie als Mitgliedschaft

1098 Die Gesellschafter der Aktiengesellschaft heißen **Aktionäre** (§ 28 AktG). Ihre Gesellschafterstellung wird durch die Inhaberschaft von Aktien an der AG vermittelt. An die Inhaberschaft von Aktien sind die Stimmrechte des Aktionärs in der Hauptversammlung gekoppelt; § 12 I S. 1 AktG (Ausnahme: stimmrechtslose Vorzugsaktien nach § 12 I S. 2 AktG).

21.2.4 Aktie als Wertpapier

Wertpapiere sind Papiere, bei denen das Recht aus dem Papier dem Recht am Papier   1099
folgt (*Mentz/Fröhling* NZG 2002, 201). Aktien sind Wertpapiere, weil die Aktionärs-
stellung von der Inhaberschaft der Aktie abhängt (man kann nicht Aktionär sein,
ohne Inhaber von Aktien zu sein).

Verbriefte Aktien (Aktien in Papierform) werden übertragen nach §§ 929 ff. BGB (bei
Namensaktien zusätzlich „Indossament" gem. § 68 I AktG). Brieflose Aktien (also
unverkörperte Aktien) – möglich nach § 10 V AktG – werden übertragen nach §§ 398,
413 BGB (MüKoAktG/*Heider* § 10 Rn. 10).

Aktien können der Gattung nach als Inhaber- oder als Namensaktien herausgegeben werden. Bei Namensaktien kann die Übertragung gem. § 68 II AktG von
der Genehmigung durch die Gesellschaft abhängig gemacht werden („vinkulierte
Namensaktien").

21.3 Gründung der AG

21.3.1 Überblick

Für die Gründung der AG sind folgende Schritte nötig: 1100

- Abschluss des Gesellschaftsvertrags.
- Übernahme der Aktien durch die Gründer.
- Bestellung der Organe.
- Einzahlung des Kapitals.
- Erstellung des Gründungsberichts und Gründungsprüfung.
- Anmeldung der AG zum Handelsregister und Eintragung in das Handelsregister.

21.3.2 Gesellschaftsvertrag

Der Gesellschaftsvertrag der AG wird **Satzung** genannt (§ 2 AktG). Die Satzung wird   1101
von den Gründern festgestellt. Gründer sind die ersten Aktionäre der AG (§ 28 AktG).
Gem. § 2 AktG kann die AG durch eine oder mehrere Personen gegründet werden.

Die Satzung bedarf der **notariellen Beurkundung** (§ 23 I AktG).

§ 23 II, III und IV AktG schreiben den Mindestinhalt der Satzung vor. Dabei handelt
es sich in erster Linie um grundlegende Informationen wie:

- Namen der Gründer.
- Aktien: Art (Namens- oder Inhaberaktien); Gattung (Nennbetrag- oder Stückak-
  tien): bei Stückaktien die Anzahl, bei Nennbetragsaktien den Nennbetrag.
- Höhe des Grundkapitals.
- Zusammensetzung des Vorstands.

Bei der AG herrscht die **Satzungsstrenge** (Hölters/Weber/*Solveen* § 23 Rn. 29): Gem.   1102
§ 23 V AktG darf in der Satzung von den Vorschriften des AktG nur abgewichen
werden, wenn das AktG dies ausdrücklich zulässt. Die Satzungsstrenge erleichtert
die Verkehrsfähigkeit und Fungibilität der Aktie (MüKoAktG/*Pentz* § 23 Rn. 158), da
sich die am Aktienerwerb interessierten Marktteilnehmer darauf verlassen können,
dass ihre Rechtsstellung als Gesellschafter bei allen AGs in etwa gleich ist und sie
damit auf eine aufwendige Satzungsrecherche verzichten können.

Miras

21.3.3 Übernahme der Aktien

1103 Gem. §1 II AktG hat die Aktiengesellschaft ein in Aktien zerlegtes Grundkapital. Die gründenden Gesellschafter haben die Aktien zu übernehmen (§23 II Nr. 2 AktG). Durch die Übernahme werden die Gründer verpflichtet, der AG mindestens den Geldbetrag zur Verfügung zu stellen, der nominell auf die einzelnen Aktien entfällt (§9 I AktG).

21.3.4 Bestellung der Organe

1104 Die Gründer haben gem. §30 I AktG einen **Aufsichtsrat** zu bestellen. Dieser wiederum bestellt den ersten **Vorstand** (§30 IV AktG).

21.3.5 Einzahlung des Kapitals

1105 Nun müssen die Gründer das aus den übernommenen Aktien geschuldete Kapital an die AG einzahlen, so dass es zur freien Verfügung des Vorstands steht (§36 II AktG). Gem. §36a I AktG reicht es für die Handelsregistereintragung aus, wenn nur ein Viertel des Ausgabebetrags einbezahlt wird. Sofern Sacheinlagen geschuldet werden, sind sie vollständig zu leisten (§36 II S. 1 AktG).

21.3.6 Gründungsbericht und Gründungsprüfung

1106 Die Gründer haben gem. §32 AktG einen Gründungsbericht zu erstellen, der „den Hergang der Gründung" beschreibt. Dieser Bericht muss vom Vorstand und Aufsichtsrat (§33 I AktG) und unter bestimmten Umständen noch von einem externen Gründungsprüfer (§33 II AktG) auf Richtigkeit überprüft werden, insbesondere, ob die Angaben über die Einlagen auf das Grundkapital richtig sind (§34 AktG).

21.3.7 Anmeldung und Eintragung

1107 Gem. §36 I AktG ist die AG von allen Gründern, Aufsichtsratsmitgliedern und Vorstandmitgliedern zur Eintragung in das Handelsregister anzumelden. Das Registergericht hat gem. §38 AktG die Aufgabe, die eingereichten Unterlagen (§37 AktG) auf Vollständigkeit und Richtigkeit zu überprüfen. Kommt das Gericht zum Ergebnis, dass die Gesellschaft ordnungsgemäß errichtet wurde, wird die AG in das Handelsregister eingetragen (§39 AktG).

Mit der Eintragung der AG entsteht die juristische Person (§41 I S. 1 AktG).

21.4 Die Organe der AG

1108 Die Organe der AG sind:
- Hauptversammlung,
- Aufsichtsrat und
- Vorstand.

Miras

21.4.1 Hauptversammlung; §§ 118 ff. AktG

21.4.1.1 Begriff

Die **Hauptversammlung** ist die formelle Zusammenkunft der Aktionäre; nur in **1109** diesem Rahmen können Aktionäre ihre Rechte in Gesellschaftsangelegenheiten ausüben (§ 118 I AktG).

21.4.1.2 Kompetenzen der Hauptversammlung

Die Hauptversammlung hat die in § 119 I AktG genannten Aufgaben, dies sind **1110** insbesondere:

- Wahl des Aufsichtsrats (Nr. 1)
- Verwendung des Bilanzgewinns (Nr. 2)
- Vergütung und Entlastung von Vorstand und Aufsichtsrat (Nr. 3 und 4)
- Satzungsänderungen (Nr. 6)
- Auflösung der Gesellschaft (Nr. 9)

Es geht also um Aufgaben im Bereich der Grundlagenkompetenz (*Windbichler* § 25 Rn. 13). Die Hauptversammlung ist daher nicht dazu berufen, über einzelne Geschäftsleitungsmaßnahmen oder die Unternehmenspolitik zu befinden. Nur soweit der Vorstand es verlangt, kann die Hauptversammlung über Fragen der Geschäftsleitung entscheiden (§ 119 II AktG).

Darüber hinaus sieht die Rechtsprechung eine ungeschriebene Hauptversammlungskompetenz „bei schwerwiegenden Eingriffen in die Rechte und Interessen der Aktionäre, wie zB der Ausgliederung eines Betriebs, der den wertvollsten Teil des Gesellschaftsvermögens bildet" (BGH NJW 1982, 1703). Vor solchen Entscheidungen ist der Vorstand gem. § 119 II AktG nicht nur berechtigt, sondern verpflichtet, die Zustimmung der Hauptversammlung einzuholen.

21.4.1.3 Einberufung der Hauptversammlung

Die Hauptversammlung ist mindestens einmal jährlich einzuberufen, um über die **1111** Entlastung von Vorstand und Aufsichtsrat (§ 120 I AktG) und die Verwendung des Bilanzgewinns (§ 120 III AktG) zu entscheiden. Neben dieser sogenannten **ordentlichen Hauptversammlung** kann eine Hauptversammlung auch aus anderen Gründen einberufen werden, unter anderem:

- Bei Verlust der Hälfte des Grundkapitals (§ 92 I AktG).
- Auf Verlangen von Aktionären, die mindestens von 5 % des Grundkapitals halten (§ 122 I AktG). Dieses Einberufungsrecht gilt allerdings nur, wenn die Hauptversammlung hinsichtlich der zu entscheidenden Themen entscheidungsbefugt ist (OLG Düsseldorf NZG 2013, 546, 547; OLG München BeckRS 2009, 86313), es also um Themen geht, für die Hauptversammlung gem. § 119 I AktG zuständig ist. Daher ist das Verlangen einer Hauptversammlungs-Einberufung gem. § 122 I AktG mit dem Ziel, über Geschäftsführungsaufgaben abzustimmen, unbeachtlich (MüKoAktG/*Kubis* § 122 Rn. 15).

Zuständig für die Einberufung der Hauptversammlung ist der Vorstand (§ 121 II S. 1 AktG). Bei der Einladung ist die Tagesordnung anzugeben (§ 121 III S. 2 AktG). Die Frist zwischen Einberufung und Durchführung der Hauptversammlung beträgt mindestens 30 Tage (§ 123 I S. 1 AktG).

Miras

21.4.1.4 Teilnahme- und Stimmrechte der Aktionäre

1112 Aus § 118 I AktG wird ein Teilnahmerecht des Aktionärs an der Hauptversammlung hergeleitet; dieses Recht gilt auch für Aktionäre mit Minimalbeteiligungen, so dass die Inhaberschaft an einer Aktie ausreicht (MüKoAktG/*Kubis* § 118 Rn. 57).

Gem. § 12 I S. 1 AktG gewährt jede Aktie ein Stimmrecht. Mit Stimmrecht ist gemeint, dass Aktionäre bei Entscheidungen abstimmen und damit bei Beschlüssen mitwirken können (MüKoAktG/*Heider* § 12 Rn. 6). Das Stimmrecht wird gem. § 118 I AktG in der Hauptversammlung ausgeübt.

21.4.1.5 Beschlüsse

1113 **Allgemeines:** Beschlüsse werden mit der Mehrheit der abgegebenen Stimmen gefasst (§ 133 I AktG). Die Mehrheit berechnet sich gem. § 134 I S. 1 AktG

- bei Nennbetragsaktien nach den Aktiennennbeträgen
- bei Stückaktien nach deren Anzahl.

Beschlüsse dürfen nur zu Themen getroffen werden, die zuvor in der Tagesordnung bekanntgemacht worden waren (§ 124 IV S. 1 AktG). Die Hauptversammlungsbeschlüsse sind gem. § 130 I S. 1 AktG notariell zu beurkunden.

Mangelhafte Beschlüsse: Bei nicht korrekt zustande gekommenen Beschlüssen unterscheidet das Gesetz in den Rechtsfolgen zwischen Anfechtbarkeit und Nichtigkeit.

- **Nichtigkeit:** Die Nichtigkeitsgründe sind in § 241 AktG aufgezählt (beispielsweise bei nicht ordnungsgemäß einberufener Hauptversammlung). Es kann zwar eine Nichtigkeitsklage (§ 249 AktG) erhoben werden, doch ist diese nicht zwingend. Da nichtige Beschlüsse keine Rechtswirkung entfalten, bedarf es keines förmlichen Verfahrens, um ihre Wirkungslosigkeit festzustellen (MüKoAktG/*Schäfer* § 249 Rn. 8). Das Urteil im Nichtigkeitsprozess hat daher nur klarstellende Wirkung.
- **Anfechtbarkeit:** Ein mangelhafter Beschluss, bei dem kein Nichtigkeitsgrund vorliegt, ist anfechtbar (§ 243 I und II AktG). Die Anfechtung geschieht durch Erhebung der Anfechtungsklage, die innerhalb eines Monats nach Beschlussfassung zu erheben ist (§ 246 I AktG). Zuständig ist das Landgericht am Sitz der Gesellschaft (§ 246 III AktG). Anfechtungsberechtigt ist (unter anderem) jeder Aktionär, der an der Hauptversammlung teilgenommen hat bzw. nur deswegen nicht teilgenommen hat, weil die Hauptversammlung nicht richtig einberufen wurde (§ 245 Nr. 1 und 2 AktG). Stellt das Gericht einen Beschlussmangel fest, erklärt das Gericht den Beschluss durch Urteil für nichtig (§ 248 I S. 1 AktG). Das stattgebende Urteil im Anfechtungsprozess hat damit rechtsgestaltende Wirkung: Aus einem bislang wirksamen Beschluss wird ein nichtiger Beschluss.
- **Unterschied Anfechtbarkeit/Nichtigkeit:** Der Unterschied zwischen der Nichtigkeit gem. § 241 AktG und der Anfechtbarkeit besteht in erster Linie darin, dass die Nichtigkeit ohne die Einhaltung einer bestimmten Klagefrist festgestellt werden kann (§ 249 I AktG verweist nur § 246 II, III und IV AktG, aber nicht auf die Fristbestimmung des § 246 I AktG). Ist ein Beschluss nur anfechtbar führt die Versäumnis der Klagefrist zum Wegfall der Anfechtungsbefugnis (MüKoAktG/*Schäfer* § 246 Rn. 37). Im Ergebnis wirkt sich der nicht rechtzeitig durch Klage angefochtene Mangel nicht mehr aus, so dass der nicht ordnungsgemäß zustandegekommene Beschluss nach Klagefristablauf wirksam und bindend wird.

21.4.2 Aufsichtsrat

21.4.2.1 Aufgaben des Aufsichtsrats

Der **Aufsichtsrat** hat die Aufgaben, den Vorstand zu bestellen (§ 84 AktG) und zu überwachen (§ 111 I AktG). 1114

Bestellung des Vorstands (§ 84 I AktG) bedeutet, dass der Aufsichtsrat nach freiem Ermessen die Personen aussucht, die Vorstand der AG werden sollen und ihnen die Stellung überträgt. Die Entscheidung, wer Vorstand der AG wird, trifft der Aufsichtsrat durch Beschluss (§ 108 I AktG), der mit einfacher Mehrheit ergehen kann (MüKoAktG/*Spindler* § 84 Rn. 22). 1115

Überwachung des Vorstands (§ 111 I AktG) bedeutet, dass der Aufsichtsrat in eigener Zuständigkeit dafür zu sorgen hat, dass der Vorstand rechtmäßig handelt. Stellt der Aufsichtsrat unrechtmäßiges Verhalten beim Vorstand fest, hat er darauf hinzuwirken, dass der Vorstand dieses Verhalten unterlässt und sich stattdessen rechtmäßig verhält (BGH NZG 2009, 550). 1116

> **Beispiel**: Der Aufsichtsrat erkennt, dass der Vorstand trotz Insolvenzreife der AG verbotene Auszahlungen an Aktionäre plant (Verstoß gegen § 93 III Nr. 1 AktG). Hier muss der Aufsichtsrat eingreifen und den Vorstand auf die Unrechtmäßigkeit der geplanten Auszahlung hinweisen und notfalls eingreifen, um den Gesetzesverstoß zu verhindern (KG NZG 2021, 1358, 1361 Rn. 56).

Hält der Vorstand trotz entsprechender Aufforderung durch den Aufsichtsrat an seinem rechtswidrigen Vorhaben fest, kann der Aufsichtsrat die Bestellung widerrufen (§ 84 IV AktG) und damit die rechtswidrige Handlung verhindern.

21.4.2.2 Zusammensetzung des Aufsichtsrats

Der Aufsichtsrat besteht gem. § 95 I AktG aus **mindestens drei Mitgliedern**. Aufsichtsratsmitglied kann gem. § 100 I AktG jede natürliche Person sein (Einschränkungen in § 100 II bis 4 AktG), insbesondere auch ein Aktionär der Gesellschaft. Die Gründungsmitglieder können sich also selbst zu Aufsichtsratsmitgliedern berufen. Ausgeschlossen sind allerdings Vorstandsmitglieder, Prokuristen und Handlungsbevollmächtigte der gleichen Aktiengesellschaft (§ 105 I AktG). 1117

Der Aufsichtsrat wird prinzipiell von den Aktionären in der Hauptversammlung gewählt (§ 101 I AktG). In **mitbestimmten Aktiengesellschaften** ist allerdings eine bestimmte Quote der Aufsichtsräte von den Arbeitnehmern der AG zu wählen. Ob eine AG mitbestimmt ist, hängt von der Anzahl der Arbeitnehmer ab, die von ihr beschäftigt werden:

- **Bei über 500 bis 2.000 Arbeitnehmern (§ 1 I Nr. 1 DrittelbG):** Die Mitglieder des Aufsichtsrats müssen zu einem Drittel aus Arbeitnehmervertretern bestehen (§ 4 I DrittelbG).
- **Bei über 2.000 Arbeitnehmern (§ 1 I MitbestG):** Der Aufsichtsrat setzt sich zur Hälfte aus Arbeitnehmervertretern und zur anderen Hälfte aus Vertretern der Gesellschafter zusammen (§ 7 I MitbestG).

In mitbestimmten AGs gilt die Aufsichtsratswahl durch die Aktionäre gem. § 101 I AktG nur für die nicht von den Arbeitnehmern zu wählenden Aufsichtsratsmitglieder. Da der nach MitbestG zusammengesetzte Aufsichtsrat aus einer geraden Anzahl von Vertretern besteht, können Pattsituationen entstehen. Gem. § 29 II MitbestG entscheidet bei Stimmengleichheit die Stimme des Aufsichtsratsvorsitzenden (der im Regelfall von den Aktionären bestimmt wird; § 27 MitbestG).

21.4.3 Vorstand

21.4.3.1 Person des Vorstandsmitglieds

1118 Der **Vorstand** kann aus einer oder mehreren Personen bestehen (§ 76 II S. 1 AktG). Vorstandsmitglied kann nach § 76 III AktG jede natürliche und unbeschränkt geschäftsfähige Person (= volljähriger Mensch) sein. Ein Vorstandsmitglied kann Aktien der betreffenden AG besitzen, muss es aber nicht. Verboten ist allerdings eine Doppelfunktion als Aufsichtsratsmitglied und Vorstand (§ 105 I AktG): Es würde keinen Sinn machen, sich selbst zu kontrollieren.

21.4.3.2 Aufgabe

1119 Der Vorstand ist für die **Geschäftsführung** (§ 77 AktG) und die **Stellvertretung** (§ 78 AktG) zuständig.

Gem. § 76 I AktG leitet der Vorstand die AG **in eigener Verantwortung**, ist in seiner Tätigkeit also keinen Weisungen unterworfen. Die Vertretungsbefugnis des Vorstands kann nicht beschränkt werden (§ 82 I AktG).

Die Geschäftsführungsbefugnis kann im Innenverhältnis insofern eingeschränkt werden, dass die Satzung oder Aufsichtsratsbeschlüsse Zustimmungsvorbehalte vorsehen (§ 111 IV S. 2 AktG). Die davon betroffenen Geschäfte dürfen vom Vorstand nur mit vorheriger Zustimmung des Aufsichtsrats vorgenommen werden. Üblich sind Regelungen, wonach Geschäfte ab einer bestimmten Summe der vorherigen Zustimmung des Aufsichtsrats bedürfen (Hölters/Weber/*Groß-Bölting/Rabe* § 111 Rn. 85).

Im Ergebnis heißt dies, dass weder die Aktionäre (§ 119 II AktG) noch der Aufsichtsrat (§ 111 IV S. 1 AktG) den Vorstand zu bestimmten Geschäftsführungsmaßnahmen verbindlich anweisen können (MüKoAktG/*Spindler* § 82 Rn. 31). Der Vorstand hat allerdings die Möglichkeit, eine Geschäftsführungsmaßnahme, über die er selbst nicht entscheiden will, der Hauptversammlung zur Entscheidung vorzulegen (§ 119 II AktG); in diesem Fall muss sich der Vorstand an die Entscheidung der Hauptversammlung halten (die er freiwillig eingeholt hat).

Aus der **Weisungsfreiheit des Vorstands** folgt, dass die Aktionäre als Inhaber der Aktiengesellschaft wenig Einfluss auf die Geschäftspolitik haben. Der Einfluss der Aktionäre beschränkt sich darauf, über § 101 I AktG den Aufsichtsrat mit solchen Personen zu bestücken, von denen sie sich gut repräsentiert sehen. Der Aufsichtsrat kann wiederum den Vorstand abberufen, wenn ein „wichtiger Grund" vorliegt (§ 84 IV S. 1 AktG).

21.4.3.3 Haftung für Pflichtverletzungen

Vorstandsmitglieder unterliegen gem. § 93 I AktG den allgemeinen Sorgfaltspflichten 1120
gewissenhafter Geschäftsleute. Aus § 93 II AktG ergibt sich ein Schadensersatzanspruch der Gesellschaft gegenüber dem Vorstandsmitglied, das seine Pflichten
verletzt hat.

Bei der Frage der Sorgfaltspflichtverletzung im Zusammenhang mit Managementscheidungen ist ein objektiver Maßstab anzulegen, wobei der Geschäftsleitung
nach § 93 I S. 2 AktG ein weiter Handlungsspielraum einzuräumen ist. Ein Vorstand
haftet nicht für eine Managemententscheidung, die sich nachträglich als schädlich
für die AG erwiesen hat, wenn (*Goette/Goette* DStR 2016, 815, 187)

- seine Entscheidung auf gründlicher Information beruht,
- er im besten Interesse seines Unternehmens gehandelt hat, und
- er kein persönliches Eigeninteresse mit der Entscheidung verfolgt.

Somit ist die falsche Einschätzung von Marktchancen nicht ohne weiteres als Sorgfaltspflichtverletzung des Vorstands zu bewerten. Eine solche liegt erst dann vor,
wenn unverantwortliche Risiken eingegangen werden. Dieser gesetzliche Haftungsmaßstab orientiert sich bewusst an der US-amerikanischen **Business Judgement
Rule**, um die deutsche Managerhaftung internationalen Standards anzupassen
(MüKoAktG/*Spindler* § 93 Rn. 4).

Verursacht ein Vorstandsmitglied im Zusammenhang mit seiner Vorstandstätigkeit 1121
gegenüber einem Dritten einen ersatzpflichtigen Schaden (beispielsweise aus § 823 I
BGB), so haftet dem Dritten nicht nur der schadensverursachende Vorstand, sondern
gem. **§ 31 BGB analog** auch die AG (Grüneberg/*Ellenberger* § 31 Rn. 3).

21.4.4 Schaubild

1122

21.5 Spezielle Varianten der Aktiengesellschaften

1123 Neben der hier dargestellten „normalen" Aktiengesellschaft existieren zwei weitere Varianten:

- die Kommanditgesellschaft auf Aktien (**KGaA**) und
- die Europäische (Aktien-)Gesellschaft, auch Societas Europaea (**SE**) genannt.

Die beiden Gesellschaftsformen haben gemeinsam, dass sie einerseits hochkomplexe Konstrukte sind und andererseits selten vorkommen (KGaA: 378, SE: 801; beide Zahlen beziehen sich auf sämtliche Handelsregistereintragungen in Deutschland am 1.1.2022; *Bayer/Lieder/Hoffmann*, GmbHR 2022, 777, 779). Die geringe Zahl bedeutet nicht, dass diese Gesellschaftsformen unbedeutend wären, sondern spiegelt deren sehr speziellen Einsatzzweck wider. Daher sollen beide Gesellschaftsformen hier nur kurz angerissen werden.

21.5.1 Die Societas Europaea (SE)

1124 Die SE ist gesetzlich in der in der „Verordnung Nr. 2157/2001 des Rates vom 8. Oktober 2001 über das Statut der Europäischen Gesellschaft" (SE-VO) geregelt. Gem. Art. 10 SE-VO gelten für die SE neben der SE-VO zusätzlich die Vorschriften über die Aktiengesellschaft ihres Heimatstaates. In Deutschland bietet die SE ihren Betreibern die Möglichkeit, die im DrittelbG und MitbestG angeordnete Arbeitnehmerbeteiligung im Aufsichtsrat zu vermeiden, da diese Vorschriften nicht für die SE gelten. Die SE hat sich als Rechtsform für international agierende Großunternehmen etabliert.

Beispiele:

- Allianz SE (einer der weltweit größten Versicherer).
- BASF SE (eines der weltgrößten Chemie-Unternehmen).

21.5.2 Die Kommanditgesellschaft auf Aktien

1125 Die KGaA ist in §§ 278–290 AktG geregelt. Gem. § 278 I AktG ist die KGaA eine juristische Person mit zwei verschiedenen Klassen von Gesellschaftern:

- Gesellschafter, die für die Schulden der Gesellschaft unbeschränkt haften (persönlich haftende Gesellschafter); und
- Gesellschafter, die für die Schulden der Gesellschaft nicht haften (Kommanditaktionäre).

Für das Rechtsverhältnis der persönlich haftenden Gesellschafter im Innenverhältnis sowie gegenüber Dritten gelten gem. § 278 II AktG die Vorschriften der Kommanditgesellschaft (§§ 161 ff. HGB) entsprechend. Im Übrigen gelten gem. § 278 III AktG die Vorschriften über die Aktiengesellschaft (§§ 1 ff. AktG) entsprechend. Die Kommanditaktionäre haben also eine Stellung, die der eines Aktionärs einer normalen AG entspricht (Hölters/Weber/*Müller-Michaels* § 278 Rn. 19).

Die KGaA führt als Rechtsform eher ein Schattendasein; ein Grund dafür ist sicherlich die komplizierte Struktur (Hölters/Weber/*Müller-Michaels* § 278 Rn. 5). In den letzten Jahren wurde die KGaA von den professionellen Fußballvereinen als

Rechtsform für die ausgegliederten Lizenzspielerabteilungen entdeckt, da sie es erlaubt, einerseits die „50+1"-Regel des Deutschen Fußballbundes (§ 16c Nr. 3 der DFB-Satzung) einzuhalten und andererseits die Refinanzierung über die Börse zu ermöglichen (*Wagner* NZG 1999, 469).

> **Beispiele:** 1. FC Köln GmbH & Co. KGaA; Hertha BSC GmbH & Co. KGaA; Borussia Dortmund GmbH & Co. KGaA.

21.6 Rechtsformvergleich zwischen AG und GmbH

Die AG und die GmbH sind in Deutschland die wichtigsten Rechtsformen für Unternehmen. Im Folgenden ein Überblick zu den wichtigsten Übereinstimmungen und Unterschieden zwischen den beiden Rechtsformen (eingehend hierzu: *Langenfeld/Miras* Rn. 72 ff.). **1126**

21.6.1 Übereinstimmungen

- **Eigene Rechtspersönlichkeit:** Bei beiden Gesellschaftsformen handelt es sich um juristische Personen (§ 1 I S. 1 AktG/§ 13 I GmbHG). **1127**
- **Haftungsbeschränkung:** Für die Schulden der Gesellschaften haftet nur das jeweilige Gesellschaftsvermögen (§ 1 I S. 2 AktG/§ 13 II GmbHG).
- **Formalisierte Gründung:** Beide Gesellschaften bedürfen zu ihrer Gründung notariell zu beurkundender Gesellschaftsverträge (§ 23 I S. 1 AktG/§ 2 I S. 1 GmbHG). Die Existenz beider Gesellschaften beginnt mit dem Zeitpunkt der Eintragung in das Handelsregister (§ 41 I S. 1 AktG/§ 11 I GmbHG).
- **Formkaufleute:** Bei beiden Gesellschaften handelt es sich um Formkaufleute (§ 3 I AktG/§ 13 III GmbHG), sodass für sie unabhängig vom Unternehmensgegenstand die kaufmännischen Sondervorschriften (beispielsweise die Buchführungspflichten nach §§ 238 ff. HGB und die Regeln für den Handelskauf nach §§ 373 ff. HGB) gelten.
- **Mindestkapital und Kapitalschutz:** Bei beiden Gesellschaftsformen geht die Haftungsbeschränkung mit der Pflicht zur Ausstattung mit einem gesetzlichen Mindestkapital (50.000 Euro nach § 7 AktG/25.000 Euro nach § 5 I GmbHG) und entsprechenden Kapitalschutzvorschriften (§§ 9 I, 54, 57, 71 ff. AktG/§§ 19, 30 GmbHG) einher.

21.6.2 Unterschiede

Der Umstand, dass das Zahlenverhältnis zwischen AGs und GmbHs bei circa 1:100 liegt (*Bayer/Lieder/Hoffmann*, GmbHR 2022, 777, 779), ist nicht allein mit dem höheren Kapitaleinsatz bei der AG (50.000 Euro Mindestkapital gegenüber 25.000 Euro bei der GmbH) zu erklären, sondern beruht auf folgenden Hauptunterschieden: **1128**

- **Satzungsstrenge bei AG/Vertragsfreiheit bei GmbH:** Für die AG gilt gem. § 23 V AktG der Grundsatz der Satzungsstrenge: Alle satzungsmäßigen Abweichungen von den gesetzlichen Vorgaben sind unzulässig, soweit sie nicht ausdrücklich erlaubt sind. Bei der GmbH gilt die Gestaltungsfreiheit, wonach Abweichungen von den gesetzlichen Vorgaben erlaubt sind, soweit sie nicht ausdrücklich verboten sind. In der GmbH können die Gesellschafter ihre Vorstellungen im Hinblick auf interne und externe Leitungsmacht, Gewinnverteilung und Grad der einzuhaltenden Formalitäten also frei umsetzen.

- **Leitungsfunktion des Vorstands/Gesellschafter als Herrscher der GmbH:** Die AG wird vom Vorstand beherrscht (§ 76 I AktG), der hinsichtlich der Geschäftsführung nur eingeschränkt der Kontrolle des Aufsichtsrats und grundsätzlich nicht den Weisungen der Aktionäre unterliegt.

  Bei der GmbH liegt die Herrschaft in den Händen der Gesellschafter, da sie gem. § 37 I GmbHG der Geschäftsführung jederzeit verbindliche Weisungen erteilen können.

- **Dreiteilung/Zweiteilung der Organisationsstruktur:** Für die AG gilt eine zwingende Dreiteilung der Organisationsstruktur: Vorstand (§§ 76 ff. AktG), Aufsichtsrat (§§ 95 ff. AktG) und Hauptversammlung (§§ 118 ff. AktG). Neben den stark reglementierten und formalisierten Abläufen hat die Dreiteilung bei der AG einen weiteren Effekt, der sie für kleinere und mittlere Unternehmer unattraktiv macht: Zum Betreiben der AG sind mindestens vier natürliche Personen (Menschen) erforderlich, nämlich mindestens drei Aufsichtsratsmitglieder (§ 95 I AktG) und mindestens ein Vorstand (§ 76 II AktG); gem. § 105 I AktG kann ein Aufsichtsratsmitglied nicht gleichzeitig Vorstand sein. Selbst wenn die AG von nur einer Person gegründet wird, kann diese die AG nicht alleine führen; sie kann zwar Mitglied des Aufsichtsrats oder des Vorstands sein, benötigt aber mindestens drei weitere natürliche Personen, die an der AG mitwirken (und für ihre Tätigkeit auch bezahlt werden wollen).

  Demgegenüber liegt bei der GmbH eine bloße Zweiteilung vor: Geschäftsführung und Gesellschafterversammlung; ein Aufsichtsrat darf (§ 52 GmbHG), muss aber nicht bestellt werden (es sei denn, das Unternehmen beschäftigt über 500 Mitarbeiter). Daraus folgt, dass die GmbH als Ein-Personen-GmbH gegründet und geführt werden kann, da sich der einzige Gesellschafter zum alleinigen Geschäftsführer bestellen kann (§ 6 III S. 1 GmbHG). Gerade für kleine Unternehmen ist der deutlich höhere Organisationsaufwand bei der AG gegenüber der GmbH ein wichtiges Argument, sich für die GmbH zu entscheiden.

- **Übertragung der Anteile:** Da die AG auf Börsenhandel ausgelegt ist, können ihre Anteile **formlos** (also schnell, einfach und kostenfrei) übertragen werden. Demgegenüber können Geschäftsanteile der GmbH nur mittels notariell beurkundeter Abtretungserklärung übertragen werden; auch das zugrunde liegende Verpflichtungsgeschäft bedarf der **notariellen Beurkundung** (§ 15 III und IV GmbHG).

Kontrollfragen und Aufgaben

1. Haften die Aktionäre für die Schulden ihrer AG? → Rn. 1095
2. Welchen Zusammenhang gibt es zwischen dem aufgedruckten Euro-Betrag auf einer Nennbetragsaktie und ihrem Markt- bzw. Börsenwert? → Rn. 1097
3. Welchen Zweck hat der „Grundsatz der Satzungsstrenge"? → Rn. 1102
4. Im welchem Moment der Gründung entsteht die AG als juristische Person? → Rn. 1107
5. Welches sind die Organe der AG? → Rn. 1108
6. Kann eine Aktionärsmehrheit dem Vorstand vorschreiben, welche Maßnahmen er im Tagesgeschäft zu treffen hat? → Rn. 1110, 1119
7. Worin liegt der Unterschied zwischen einem nichtigen und einem anfechtbaren Hauptversammlungsbeschluss? → Rn. 1113
8. Was sind die Aufgaben des Aufsichtsrats? → Rn. 1114
9. Kann ein Aufsichtsratsmitglied gleichzeitig Vorstand der AG sein? → Rn. 1118
10. Welche speziellen Arten der AG gibt es? → Rn. 1123 ff.
11. Welche für die normale AG bestehenden Regelungen können durch eine SE umgangen werden? → Rn. 1124
12. Welche zwingende Vorgabe macht die AG als Rechtsform für kleine und mittlere Unternehmen unattraktiv? → Rn. 1128

Aufgabe

V ist Vorstand der XY-AG. V möchte mit seiner Assistentin A ein privates Verhältnis beginnen, doch lehnt A private Einladungen des V strikt ab. Daraufhin stellt V die A vor die Wahl: Entweder verbringe sie eine Nacht mit ihm oder er werde ihren befristeten Vertrag nicht verlängern. A bleibt standhaft und erhält nach Ablauf der Vertragsfrist keine Anschlussbeschäftigung bei der XY-AG. Da ihr V ein schlechtes Arbeitszeugnis ausstellt, findet A keine angemessene Anschlussbeschäftigung.

1. Kann A von der XY-AG Schadensersatz verlangen?
2. Als der Vorgang bekannt wird, beantragt Hauptaktionärin H, die 51 % der Aktien an der XY-AG hält, bei der Geschäftsleitung schriftlich, dass umgehend eine Hauptversammlung einberufen wird, um V als Vorstand abzuwählen. Als V sich weigert, fragt H, welche Möglichkeiten sie hat, „den V loszuwerden"?

Miras

Lösung

1. A könnte gegenüber der XY-AG einen Anspruch auf Schadensersatz aus § 15 I Satz 1 AGG haben.

Hierzu müsste die XY-AG gegen das Benachteiligungsverbot zum Nachteil von A verstoßen haben. Dadurch, dass V die A gegen deren erkennbaren Willen dazu aufgefordert hat, mit ihr eine Nacht zu verbringen und ihr für den Fall, dass sie ablehnt, mit beruflichen Nachteilen gedroht hat, hat V die A iSd § 3 IV AGG sexuell belästigt. Da diese Belästigung mit dem Geschlecht der A im Zusammenhang steht, liegt gemäß § 3 III AGG eine geschlechtsspezifische Benachteiligung der A iSd § 1 AGG vor.

Da V wissentlich und willentlich handelte, ist sein Verhalten als vorsätzlich einzustufen, so dass ein Vertretenmüssen iSd § 15 I Satz 2 AGG vorliegt.

Dieses vorsätzliche Verhalten des V muss sich die XY-AG gem. § 31 BGB analog zurechnen lassen, da V gesetzlicher Vertreter der XY-AG ist (§ 78 I Satz 1 AktG) und er die belästigenden Handlungen im Zusammenhang in seiner Position als Vorstand der XY-AG vornahm.

Die XY-AG ist gem. § 15 I AGG verpflichtet, A den hieraus entstanden Schaden zu ersetzen. A ist gem. §§ 249 ff. BGB so zu stellen, wie sie ohne sexuelle Belästigung stünde, also wirtschaftlich so zu stellen, als ob der Arbeitsvertrag nicht nach Fristende ausgelaufen wäre. A kann daher von der XY-AG gem. § 252 BGB den Lohn, der ihr durch die verweigerte Anschlussbeschäftigung vorenthalten wurde, als entgangenen Gewinn weiterbezahlt verlangen.

(Anmerkung: Als Anspruchsgrundlagen hätten hier auch § 280 I BGB oder § 826 BGB herangezogen werden können, jeweils mit dem gleichen Ergebnis.)

2. H könnte einen Anspruch auf Einberufung einer außerordentlichen Hauptversammlung gem. § 122 I Satz 1 AktG haben.

Hierzu müsste H Anteile im Umfang von mindestens den zwanzigsten Teil des Grundkapitals, also über 5 % der Aktien, halten. Mit 51 % der Aktien erreicht H diese Voraussetzung ohne Weiteres. Sie könnte mit dieser Mehrheit gem. §§ 133 I, 134 I Satz 1 AktG auch einen Mehrheitsbeschluss im Alleingang herbeiführen. Allerdings ist hier zu beachten, dass das Ziel der H – V als Vorstand abzuwählen – nicht von der Hauptversammlungskompetenz des § 119 I AktG umfasst ist. Vielmehr steht das Recht auf Abberufung des Vorstands gem. § 84 IV Satz 1 AktG ausschließlich dem Aufsichtsrat zu. Mangels Hauptversammlungskompetenz zu diesem Thema hat H kein Recht auf Einberufung einer außerordentlichen Hauptversammlung.

H hat hier lediglich die Möglichkeit, informell auf die Mitglieder des Aufsichtsrats einzuwirken, damit diese von ihrem Recht aus § 84 IV AktG auf Abberufung eines Vorstandsmitglieds wegen grober Pflichtverletzung Gebrauch machen. Diese werden im Normalfall dem nachvollziehbaren Verlangen eines Mehrheitsaktionärs nachkommen, da sie sonst befürchten müssen, ihrerseits nicht mehr in den Aufsichtsrat gewählt zu werden (was H gem. § 119 I Nr. 1 AktG mit ihrer Mehrheit in der Hand hat).

Miras

Sachverzeichnis

Die Zahlen verweisen auf die Randnummern.